KB122456

한국 근대 토지제도의 형성과 양안

지주와 농민의 등재 기록과 변화

The Formation of Modern Land System and Yang-an in Korea

The changes of the registration record of landlord and peasant

Wang Hyeon Jong

이 저서는 2008학년도 연세대학교 학술연구비의 지원에 의해 이루어진 것임.

한국 근대 토지제도의 형성과 양안

지주와 농민의 등재 기록과 변화

왕 현 종 지음

혜안

책을 펴내며

이 책을 집필하게 된 동기는 멀리 대학원 석사과정 시절에서 시작된다. 1980년대 후반 연세대학교 대학원 석사과정을 다니면서 석사논문 주제로 '한말 조세개혁과 광무양전사업의 성격'을 잡았다. 논제 중의 하나로 "왜 대한제국의 양전사업이 실패했는가"에 대한 의문을 가졌다. 당시 대한제국의 양전사업은 전국적으로 시행되면서 전체 2/3정도 지역에서 실시되었고, 강원도와 충남지역에서는 토지소유자에게 소유권 증서인 지계가 발급되기도 하였지만, 더 이상 확대되지 못하였을 뿐만 아니라 지세제도의 개혁으로도 이어지지 못했다. 결국 1904년 3월 대한제국의 광무양전사업은 사실상 종결되고 말았다. 본래 석사논문의 구성은 조선후기 조세제도의 문란으로 인하여 갑오개혁시기 지세의 근대적 개혁이 추진되었고, 이를 완결하기 위해 양전사업을 통해 토지소유권을 확정하고 토지소유자인 지주에게 지세를 매김으로써 지세제도와 토지제도의 근대화를 완결하는 것으로 이루어져 있었다. 그렇지만 최종적인 결과물인 광무양전·지계사업의 중단, 근대적 토지제도 개혁의 미완성으로 다소 맥 빠지는 듯한 결론을 맺고 나니 앞으로 보다 심층적인 과제를 설정해야 할지 상당기간 고민할 수밖에 없었다.

그런데 연구사적으로 1980년대 말은 토지제도의 근대화 연구에 하나의 전환기에 도달하고 있던 시기였다. 1950년대 말 '수탈을 위한 측량'과 '광무양전지계사업의 역사적 성격'에 관한 김용섭 선생의 연구가 30년이 지난 시점이었다. 일제의 토지조사사업 이전에 한국의 주체적인 토지제도의 개혁이 이루어졌고, 이는 조선후기이래 '양안'에서 그 실체를 찾을 수 있다는 초기의 입론이 비판받기 시작했다. 1980년대 중반에 일제의 조선토지조사사업의 연구가 실증적인 측면에서 시도되면서, 경제사학의 연구에서는 일제가 토지조사사업을 시행한 이유가 수탈을 위한 것이라기보다는 토지소유권의 확립과 토지제도의 근대화를 강조하였다.

이러한 비판에 대해 대한제국의 양전사업을 다시 재해석한 것이 1995년 한국역사연구회 토지대장연구반이 펴낸 『대한제국의 토지조사사업』(민음사)이었다. 필자도 참여하여 「대한제국 토지조사사업 과정」을 재정리하여 사업의 계획과 추진과정, 양안과 소유권과의 관계 등에 대하여 일부 새 사실을 밝혔다. 이 공동연구를 통해 근대적 토지제도의 형성에 대한 논쟁이 더욱 심화되었다. 이어 경제사학 측에서 재반론을 편 『조선토지조사사업의 연구』(민음사, 1997) 등이 나오게 되었다. 양측의 논쟁과 토지대장연구반의 연구는 이후 집대성한 책인 『대한제국의 토지제도와 근대』(혜안, 2010)에 집약되어 있다.

이러한 토지조사연구사 연구의 궤적에서 필자는 나름대로 대한제국의 토지제도 변화와 광무양안에 대한 일련의 연구를 수행해왔다. 1990년대 후반 필자의 박사논문을 구상할 때 기존의 경제사적 연구와 당시 근대개혁사업과의 관계를 보다 역사적으로 밝히려고 한 시도와 맞닿아있다. 대한제국의 정치구조를 중심으로 하여 대한제국의 근대적 토지제도와 경제구조를 밝히려고 하는 주제를 고려하고 있었지만, 실제 대한제국기의 문제를 다루기 위해서는 1894년 갑오개혁을 먼저 다루지 않으면 안된다고 생각했다. 당시에는 근대국민국가의 형성이라는 관점에서 근대적 개혁운동의 성격과 개혁사업의 평가가 제대로 분석되지 않았던 한계가 있었다.

따라서 필자는 박사논문의 주제로 갑오개혁을 다루면서 한국 근대국민국가의 형성이라는 틀에서 갑오개혁의 정치적 성격과 경제사적 구조를 동시에 다루려고 했다. 그렇지만 박사논문 주제를 구체화하는 과정에서 한국 근대국가의 형성이라는 관점은 갑오개혁의 정치적 성격을 다루는 것으로 축소되었다. 이에 따라 갑오개혁의 타율성을 강조한 연구를 비판하면서 나름대로 조선 개혁관료의 독자적인 구상에 입각하여 개혁을 추진하였으며, 갑오개혁은 근대국가의 3권 분립을 지향하면서 근대국가체제의 개혁을 시도한 것으로 평가하였다. 아쉬웠던 것은 18~19세기 조선사회의 변화, 그 중에서도 경제적 변화에서 왜 갑오개혁은 필연적이었는가를 설명하고자 했지만, 충분히 설명하지 못했던 것이다. 당시에는 그러한 경제적 기반을 다룰 만한 이론적인 입지나 실증적 기반이 미약했다는 것을 고백할 수밖에 없다.

이 책이 대상으로 하는 시기는 조선후기 18세기이래, 19세기 말 대한제국기를 거쳐 일제 강점 초기인 1910년대에 이르기까지이다. 연구목표로는 농업사회의 두 개의 축, 즉 지주와 농민들이 소유토지에 대한 등재를 둘러싸고 어떻게 대립하며 싸웠으며, 또한 이들이 토지장부에 등재하여 자신의 권리를 지키려고 했는지를 살펴보려고 하였다. 이에 따라 크게 3부로 나누어 검토하게 되었다.

제1부 18~19세기 조선 양전사업의 변화와 토지문제
제2부 대한제국기 광무양전사업과 지주·농민의 변화
제3부 1905년 이후 일제의 토지조사 추진과 토지소유자의 변화

이상 각부별 개별 논문에서는 대한제국기 토지제도의 근대화와 관련된 토지장부인 광무양안을 중심에 두고 분석하려고 하였다. 당시 토지소유자를 가리키는 시주(時主)는 어떠한 맥락에서 만들어진 것이며, 18세기이래 농촌사회의 변화를 배경으로 하여 농민층 분화가 이루어져 몰락농민층과 지주층은 각기 양안(量案)에 어떻게 등재되는 지를 검토하려고 한 것이다.

그런데 '대한제국의 토지조사와 토지 법제'와 관련해서는 별도의 단행본으로 내는 계획에 따라 해당 관련 부분은 제외되었다. 본의 아니게 두 권의 단행본이 연속되어 나오게 되었다. 이번 책은 하나의 체계로 이루어진 것으로 기획하기는 했지만, 기존 발표된 논문을 포함하여 작성하다보니 하나의 책이 아니라 분책이 되고 말았다.

더욱이 이 책을 탈고하기까지 예상하지 못한 시간이 흘렀다. 본래 2002년부터 시작된 연구이었지만, 2008년 7월 이후 2년간 연세학술비의 공식지원을 받아 조만간 마무리될 수 있을 것으로 생각되었다. 그렇지만 학내외적으로 여러 사정이 생겨 차일피일이 차년피년으로 흘러 무려 8년 만에 완성에 이르게 되었다. 앞서 1980년대 후반 석사과정 시절부터 궁금해오던 광무양전사업에 대한 주제로부터 시작하면 벌써 30년이 흘렀지만 아직도 이 연구를 마무리하기에는 요원하다는 후회를 남기게 한다.

이 연구를 수행하고 현재까지 마무리하는데 도움을 주신 이들은 이루 헤아릴 수조차 없다. 우선 학부시절부터 대학원 졸업과 이후에도 지도교수이자 스승이신 김용섭 선생님께 감사를 드린다. 또한 한국역사연구회 토지대장 연구반에 소속되어 그동안 지도와 편달을 함께하며 또한 동료로서 문제의식을 공유해온 이영학, 이세영, 이영호, 최원규, 최윤오, 박진태, 김건태, 김현숙, 배석만, 김경남, 이승일, 남기현, 허원영 등에게 감사의 말씀을 드린다. 또한 연세대학교 역사문화학과에 재직하고 있는 동료 교수와 대학원생에게도 큰 은혜를 입었다. 지난한 자료 정리 작업에 참여한 채관식, 이순용, 구열회 등 대학원 박사과정 및 최법화, 신형희, 임승백, 김달님 등 학부생들에게 감사의 말을 전한다. 또한 어려운 여건에도 불구하고 원고 자료를 잘 정리하여 편찬해 주신 오일주 사장님 이하 혜안출판사의 여러분께 감사의 말씀을 드린다.

마지막으로 역사 공부를 마치는 것을 보지 못하고 돌아가신 부모님과 장인어른, 그리고 연로하신 장모님께 이 책을 바친다. 오랜 세월 인내와

고락을 함께한 우리 가족, 유정미, 민주, 순언에게 사랑하는 마음을 전하고 싶다.

2016년 11월

매지리 연구실에서 왕현종 씀

차례

제2부 대한제국기 광무양전사업과 지주·농민의 변화

제4장 대한제국기 양전·지계사업 연구와 양안 자료의 활용 • 193

제5장 경기도 지역 광무양전사업의 추진과 농민층 분화 • 237

제6장 대한제국기 지계아문의 강원도 양전사업과 관계(官契) 발급 • 303

第3부 1905년 이후 일제의 토지조사 추진과 토지소유자의 변화

第7장 한말 한성부 지역 토지 가옥 거래의 추이와 거주지별 편차 • 355

第8장 일제초 토지 조사·장부 체계와 파악 방식의 변화 –안산군 월곡면 월암동 토지 장부와 주민의 대응– • 385

표 · 그림 차례

제1부 18~19세기 조선 양전사업의 변화와 토지 문제

제1장 18세기 후반 양전사업의 변화와 '시주(時主)'의 성격

제2장 19세기 후반 충청도 온양군 동상면 양안과 지주·농민층의 추이

제3장 19세기말 호남지역 지주제의 확대와 토지문제

제2부 대한제국기 광무양전사업과 지주·농민의 변화

제4장 대한제국기 양전·지계사업 연구와 양안 자료의 활용

제5장 경기도 지역 광무양전사업의 추진과 농민층 분화

제6장 대한제국기 지계아문의 강원도 양전사업과 관계(官契) 발급

제3부 1905년 이후 일제의 토지조사 추진과 토지소유자의 변화

제7장 한말 한성부 지역 토지 가옥 거래의 추이와 거주지별 편차

제8장 일제초 토지 조사·장부 체계와 파악 방식의 변화—안산군 월곡면 월암동 토지 장부와 주민의 대응—

제9장 일제의 토지조사사업 실시와 경기지역 지주제의 재편

[보설 2] 일제 식민지 토지조사와 한·일 역사교과서 서술 비판

머리말

19세기 조선사회는 흔히 조선왕조의 통치 질서의 붕괴, 대규모 민란의 발생이 점철된 시기로 보고 있다. 이 변화는 이미 17세기이래 점차 누적되어 이루어졌다. 주요 요인은 우선 농업을 비롯한 제 산업의 상품생산의 확대와 장시 발달 등 상품화폐경제의 발전이라고 할 수 있다. 농촌에서는 농업생산력의 발전 정도에 따라 경영 농민의 농업경영, 토지소유가 확대되었다. 기존의 양반·관료지주를 비롯한 농촌사회의 새로운 지주층이 지속적으로 농지를 집적하고, 각 지방마다 중규모 혹은 대지주로 성장해 나갔다. 지주들은 농지를 매득하거나 위압을 행사하여 강탈하면서 농지를 집적해 나가는 한편, 소작농민들에게 고율의 지대를 착취하면서 지주경영을 강화시키고 있었다. 이에 반하여 자영농민층은 점차 자신의 토지를 잃어버리고 소작농민층, 나아가 무전농민층으로 전락해 나갔다.

또한 조선왕조국가의 조세정책도 농민에게 과도한 부세(賦稅)를 집중시킴으로써 농민층을 몰락시켜 나갔다. 이러한 현상은 18세기이래 조선사회 저변에 만연화되었고, 구조적인 문제를 노출시켰다. 국가와 지주로부터의 수탈에 저항하는 농민들은 각개 개별적인 대항에서 벗어나 집단적인 항쟁에 나섰다. 1811년 평안도 농민항쟁과 1862년 삼남지방 농민항쟁, 그리고 1894년 동학 농민전쟁으로 이어졌다. 이러한 농민항쟁은 19세기에 본격화된 것으로 새로운 사회경제적 변화에 기초하여 밑으로부터 기존의 사회질서와 충돌하면서 이를 넘어서려고 하는 중세해체기의 농민항쟁으로 자리잡았다.

이러한 조선후기 사회 변동에 관한 연구에서는 1950년대 말부터 시작되었다. 해방 이전 일제 강점하의 식민지 역사학에서 만들어놓은 조선사회의 정체성과 타율성에 대해 본격적으로 비판한 것이다. 조선후기 사회는 정체적인 사회가 아니라 매우 역동적인 사회이며 근대로의 지향을 갖는 여러 현상들에 주목하였다. 그래서 조선후기의 거시적인 변동을 '내재적 발전'의 시각에서 다루기 시작하였다. 이른바 조선후기 상품화폐경제의 발전과 농업에서의 자본주의 현상으로서 농민층 분해에까지 이르렀다는 '자본주의 맹아론'으로 집약되어 설명되어 왔다.[1)]

조선후기 발전상의 이해는 기본적으로 '농업에서의 자본주의화 현상을 어떻게 이해할 것인가'라는 질문과 연결되어 있었다. 조선후기 농촌사회의 변화를 단적으로 설명하고자 한 연구에서는 종래 자영농적인 농업체제에서 지주적 토지소유의 확대와 자영농의 소작농화에 이어 농민층 분해에 이르기까지 농업의 생산관계의 획기적인 변화에 주목하였다. 조선후기 농촌사회의 변화를 실증적으로 규명하고자 했던 것이 김용섭 선생의 『조선후기 농업사 연구』였다고 할 수 있다. 즉, 「양안의 연구」와 「속 양안의 연구」로 대표되는 그의 연구작업은 실증적 차원에서 농지소유에서의 양극화 및 경영형 부농으로 표상되는 자본주의적 농업경영과 농민층 분해론을 해명하였다.[2)] 이러한 논의는 조선후기 상품화폐경제의 발전과 중세 해체기의 여러 사회경제적 연구와 맞물리면서 내재적 발전론이라는 거대 담론으로까지 확대되었다. 이러한 연구는 역사이론적으로 주체적인

---

1) 조선후기 사회경제적 발전에 대한 연구사에 대해서는 김인걸, 1997, 「1960·70년대 '내재적 발전론'과 한국사학」『한국사 인식과 역사이론』(김용섭교수정년기념논총 1), 지식산업사 ; 박찬승, 2007, 「한국학 연구 패러다임을 둘러싼 논의 - 내재적 발전론을 중심으로 -」『한국학논집』 35, 계명대학교 한국학연구원 ; 이영호, 2011, 「'내재적 발전론' 역사인식의 궤적과 전망」『한국사연구』 152, 한국사연구회 등 참조.

2) 金容燮, 1970, 『朝鮮後期農業史硏究[I] : 농촌경제·사회변동』, 서울 : 일조각 ; 金容燮, 1971, 『朝鮮後期農業史硏究[II] : 농업변동·농학사조』, 서울 : 일조각.

발전에 의한 근대 이행의 담론체계를 지향하게 되면서 1970~80년대를 거치면서 한국사 연구에서 지배 담론의 하나가 되었다.[3)]

그렇지만 1980년대 중반이후 내재적 발전론의 한계를 지적하면서 여러 비판론이 제기되었다. 기존의 논의가 일국사적인 발전논리에 입각해온 한계가 있다든지, 아니면 조선후기의 발전과 함께 식민지 수탈론으로 정형화한 이념형으로서 머물러 있다고 하였다. 또한 일제의 식민지 지배는 식민지 근대화로 해석할 수 있다는 식민지 개발을 옹호하는 논의도 있었지만, 그보다도 사회구성체의 이행을 설명하지 못하는 자본주의 맹아론은 그 자체로 한계를 지닌 것이며, 세계사적인 보편성에 입각해서 새로운 이행의 이론을 정립해야 한다는 근본적인 회의론까지 있었다.[4)]

최근에도 조선후기 사회의 발전상을 둘러싸고 크게 엇갈린 연구가 제출되고 있다. 종래 1970~80년대와 같이 내재적 발전의 이론을 여러 가지 측면에서 재해석하려는 연구가 이어지고 있다.[5)] 한편 이를 비판하면서 생산력의 상대적 정체 내지 후퇴, 농민층분해의 허구성을 주장하는 연구에 이어 기존의 조선후기 사회의 통설을 부정하고 동아시아에서의 유교자본주의 발전과 새로운 '소농사회의 형성'을 주장하기도 하였다.[6)]

---

3) 조선후기 연구에 대한 비판은 이미 1970년대 중반부터 제기되었다(安秉珆, 1975, 『朝鮮近代經濟史研究』, 일본 : 日本評論社 ; 鄭勝振, 2009, 「金容燮의 原蓄論과 사회경제사학의 전개 -《조선후기농업사연구 Ⅰ·Ⅱ》를 중심으로」『한국사연구』 147, 한국사연구회 ; 洪宗旭, 2010, 「內在的發展論の臨界 - 梶村秀樹と安秉珆の歷史學」『朝鮮史研究會論文集』 48, 일본 : 龍溪書舍 ; 이영호, 2011, 앞의 논문 참조.

4) 최근에는 내재적 발전론에 대한 비판적 시각에서 논의되었다. 윤해동, 2006, 「'숨은 神'을 비판할 수 있는가? : 金容燮의 '內在的 發展論'」『한국사학사학보』 13, 한국사학사학회 ; 박찬승, 2007, 위의 논문 ; 이헌창, 2008, 「조선후기 자본주의맹아론과 그 대안」『한국사학사학보』 17, 한국사학사학회.

5) 고동환, 2009, 「자본주의 맹아론과 조선후기 상업 변동 : 강만길, 《朝鮮後期商業資本의 發達》을 중심으로」『한국사연구』 147, 한국사연구회 ; 최윤오, 2006, 『조선후기 토지소유권의 발달과 지주제』, 혜안.

6) 宮嶋博史, 1984, 「方法としての東アジア - 東アジア三國における近代への移行をめぐって」

이러한 논의가 기존 조선후기 사회적 발전 자체를 부정하는 것은 아니지만 그것의 한계를 강조하는데 그치지 않고, 서구의 이행과 다른 동아시아 나름의 이행과정으로 보려는 시도라고 할 수 있다.

본서의 과제는 현재 19세기말 사회경제사 연구의 과제를 다루면서 근대 이행의 담론을 학설사적·이론적인 차원으로 해명하려는 것은 물론 아니다. 본서는 19세기 조선 농촌 현실에 서서 농민들의 토지소유 의식과 소유권 등재를 위한 노력이 어떻게 당시 조선국가의 체계에 반영되고 있으며, 어떠한 제도적 개혁의 방향으로 가고 있는가 하는 것이다. 이는 다분히 실증적인 차원에서 '토지소유권의 등재 방식 변화'에 초점을 맞추고 있다. 시기적으로도 조선후기 양전사업의 결과 작성된 양안의 기록 변화로부터 기론하여 1910년대 일제 토지조사 사업의 결과, 각 지역의 토지대장에 등재된 토지소유자의 기록 변화에 이르기까지 검토해 보려는 것이다.

이러한 연구 과제 설정으로 기존의 '내재적 발전론'에 대한 이론적인 비판과 반비판을 넘어서서 실증적 차원에서 한 걸음 더 나가고자 한다. 이러한 방향을 정립하기 위해서는 다음의 2가지 과제에 대한 해명이 필수적이라고 생각했다.

『歷史評論』 412 ; 宮嶋博史, 1991, 『朝鮮土地調査事業史の研究』, 東京大 東洋文化研究所 ; 미야지마 히로시, 2013, 『미야지마 히로시, 나의 한국사 공부 : 한국사의 새로운 이해를 찾아서』, 너머북스 ; 미야지마 히로시, 2013, 『일본의 역사관을 비판한다』, 창비 ; 이영훈, 2002, 「조선후기이래 소농사회의 전개와 의의」 『역사와현실』 45, 한국역사연구회 ; 이에 대한 최근 비평서로는 이타가키 류타, 2013, 「동아시아의 근대를 둘러싼 모색의 기록 - 『나의 한국사 공부』와 『일본의 역사관을 비판한다』를 읽고」 『역사비평』 105 ; 왕현종, 2013, 「동아시아 비교사의 방법과 의미 - 미야지마 히로시의 동아시아 근대사론」 『역사비평』 105, 역사비평사, 참조.

1. 조선후기~대한제국기 양안(量案)과 토지소유자 등재의 변화

조선시대를 통괄하여 사회적 성격을 파악할 수 있는 기초 자료는 '호적'과 '양안'이다. 이는 조선왕조국가가 '중세국가'로서 당해 사회의 인민과 토지에 대한 지배의 축이었다. 호적과 양안 자료에서 보이는 여러 추세는 이전까지는 사회신분제의 붕괴와 해체를 보여주는 증거로 활용되었지만, 최근에는 그러한 틀에서 벗어나 다기한 해석을 시도하고 있다.[7)]

19세기 조선사회의 경제 변동은 농업생산력의 발전에서 일어났다고 하면, 농업생산관계의 변화는 지주와 농민, 혹은 부농과 임노동자 사이의 계급적 변화에서 찾아볼 수 있다. 그런데 사회 변동의 이면에서 작동하는 기제로서 토지소유권의 발달과 토지제도의 변화를 주목할 필요가 있다. 지금까지 조선후기 연구에서는 이미 조선후기이래 토지소유권의 성장을 전제로 하여 보아왔다. 조선후기 당시 소유권의 실체는 국가적 차원에서 주기적으로 작성한 양안(量案)을 통해서 이해할 수 있다는 입론이다.[8)]

당시 조선후기 농촌사회에서는 양란 이후 피폐된 상황에서 농업생산성이 점차 회복되고 토지소유권의 획득과 매매, 이전 등이 빈번하게 이루어지고 있었다. 일반농민들은 자기 토지의 소유권 의식을 강화시켜 갔으며, 양반지주들은 우월한 지위를 이용하여 소작농민들의 소작료 수취를 강화한다든지 토지소유의 확대를 시도하고 있었다. 이에 따라 농민계층 뿐만 아니라 양반지주층 내에서도 토지의 소유와 경작을 둘러싸고 심각한

---

7) 권내현, 2014, 「조선후기 호적에 대한 이해 - 논쟁과 과제」 『한국사연구』 165, 한국사연구회, 301~327쪽 ; 김인걸, 2010, 「조선후기~대한제국기 양안 연구의 현황과 전망」 『한국문화』 51, 서울대학교 규장각 한국학연구원, 91~105쪽.

8) 김용섭, 1963, 「조선 후기에 있어서의 身分制의 動搖와 農地占有 - 尙州 量案 연구의 一端」 『사학연구』 15, 한국사학회 ; 김용섭, 1993, 「조선후기 신분구성의 變動과 農地所有 - 大邱府 租岩지역 量案과 戶籍의 분석」 『동방학지』 82, 연세대학교 국학연구원(이상, 증보판 『조선후기 농업사연구』, 지식산업사, 1995, 수록) ; 최윤오, 2006, 앞의 책 참조.

대립을 초래하고 있었다. 이런 갈등을 완화하고 조율하기 위해서는 새로운 토지제도의 정비가 필요하였다.

그렇지만 조선후기 민간에서는 국가의 토지제도의 규제와 관련 없이 사적인 토지소유권 인정이라는 관행, 혹은 관습적인 제도에 입각하여 소유권이 보장되고 있었다. 이것은 개인이 소장하고 있는 문기(文記), 즉 매매할 당시의 매매계약서의 일종인 매매문기였다. 보통 사적인 계약의 형태로 이루어지는 토지매매는 수없이 반복해서 이루어지고 있었기 때문에 장기간에 걸쳐 문기를 한꺼번에 모아둘 수밖에 없었다. 번거롭기는 하지만 수십 장으로 편철된 매매문기의 교환은 사적인 계약관계에 기초하여 자유롭게 토지가 매매되었음을 알 수 있는 증거였다.[9)]

물론 조선국가의 차원에서는 토지의 매매와 소유를 통제하고 관리할 수 있는 제도를 마련하고 있었다. 이는 조선왕조 초기부터 매 20년간 주기적으로 실시되었던 양전(量田)이었다. 양전은 그동안 토지의 상태 변동과 소유자 및 경영 농민의 변화를 추적하여 이를 양안(量案)이라는 장부에 기록해 둠으로써 국가가 일정하게 관리할 수 있었던 것이다.

17~18세기에는 각 지역에 주기적으로 양전사업을 실시하였다. 대표적인 것으로는 1634년에 시행된 갑술양전(甲戌量田)과 1719년과 1720년에 실시된 기해(己亥)·경자양전(庚子量田)을 들 수 있다. 종래 양전과 양안에 대한 기록은 이미 삼국시대부터 있어왔지만, 그것은 고대 사서의 기록에 불과한 것이었고, 실제 장부 자료로서 대규모로 발견된 것이 1720년 전후에 작성된 경상·전라·충청도 지역의 '경자양안'이었다.

1960년 김용섭은 「양안의 연구」에서 토지소유자인 '기주(起主)'의 다양한 존재형태를 규명하는 가운데, "기주는 토지소유자"라고 규정하면서 지주와 농민층의 소유와 경영 분화에 대한 연구를 수행하였다.[10)] 이후

---

9) 이정수·김희호, 2006, 『조선시대 노비와 토지소유방식』, 경북대학교 출판부, 46~137쪽 참조.

1963년 「속 양안의 연구」를 통해서 자작지에다 소작지를 추가하여 역농적인 농민층으로서 '경영형 부농'의 존재를 확인해 내기도 하였다.[11] 이처럼 초기 연구에서는 양전사업의 결과인 '양안(量案)'이야말로 사적 토지소유권의 실체와 농민층의 분해를 보여주는 기본 자료라고 간주하였다.

그렇지만 초기 연구에서 각 지역의 양안의 기재내용이나 소유자 인물의 존재 형태를 충분히 검토한 것은 아니었다. 이에 따라 1980년대에 들어서는 양안의 작성과정과 기록된 인명(人名)에 대한 비판적인 검토가 제기되었다.[12]

여기서 다시 주목된 것은 경자양안에 기록되어 있는 '기주(起主)'의 존재형태였다. 당시 기주는 토지를 경작하는 사람이라 하여 작인인 것처럼 해석될 수도 있지만, 사실상의 토지소유자를 표기하는 방식이었다. 물론 기주의 표기는 지역에 따라서 달라 '기(起)'로 표시되어 '주(主)'를 생략하기도 하고 다양하게 기록되어 있다. 또한 묵은 땅의 주인인 '진주(陳主)'와 대비되어 실제 소유권이 일부 결여된 주인이라고도 해석하려는 시각도 있었다. 그렇지만 당시 기주는 실제로는 토지를 경작하여 농민인 동시에 토지를 소유하고 있는 사람으로 '토지소유자'라고 볼 수 있으며, 동시에 국가에 세금을 내는 '조세부담자'라고 할 수 있다. 그런데 기주의 토지소유권이 오늘날 배타적 사적 토지소유권으로 확정할 수 있는가는 의문이지만, 기본적으로 토지소유권자임을 부인할 수는 없을 것이다. 다만 조선후기에는 국가가 사적 토지소유권에 대해 침범할 수 있는 중층적인 수조권적

---

10) 김용섭, 1960.5, 「양안의 연구(상)」 『사학연구』 7, 한국사학회, 1~96쪽 ; 김용섭, 1960.11, 「양안의 연구(하)」 『사학연구』 8, 한국사학회, 59~120쪽 ; 1970, 「양안의 연구」 『조선후기농업사연구 : 농촌경제 사회변동』, 일조각(재수록).

11) 김용섭, 1963.12, 「속 양안의 연구(상)」 『사학연구』 16, 한국사학회, 1~64쪽 : 1965.5, 「속 양안의 연구(하)」 『사학연구』 17, 한국사학회, 95~118쪽 ; 김용섭, 1971, 앞의 책.

12) 이영훈, 1988, 「양안의 성격에 관한 재검토 - 경상도 예천군 경자양안의 사례분석」 『조선후기사회경제사』, 한길사, 80~95쪽 ; 宮嶋博史, 1991, 앞의 책 참조.

규정이라든가, 또한 토지 매매시 토지소유권의 엄밀한 보증과 보호를 할 수 없다는 점이 있었다.[13)]

그런데 18세기 초반 경자양안에 등재된 '기주'의 표기는 이후 양전을 거듭하면 할수록 해당 토지에 대한 소유의 권리 관계를 보다 명확하게 확보해 두는 방향으로 변화하고 있었다. 이 변화를 도식화하자면 '기주에서 시(時), 혹은 시주(時主)'로의 변화라고 할 수 있다. 1720년 경자양안에서는 토지소유자를 '기주'로 표기했다면 이후 영·정조 시기를 거치면서 구래의 기주, 즉 사료적 표현으로 '구주(舊主)'와 더불어 현재의 소유주로서 '시(時)'가 일부 등장하였다는 사례가 있다. 이후 어느 때인가 농촌 현실에서는 전주(田主)·답주(畓主)로 통칭되다가 대한제국기에 와서 공식적으로 조사 당시의 소유주를 의미하는 '시주'로 변경되었다.[14)] 또한 대한제국의 광무양전사업에서는 '시주'뿐만 아니라 해당 농지의 소작인을 의미하는 '시작(時作)'이라는 표기가 등장하였다. 이는 평지돌출하여 갑자기 등장한 것이 아니라 1879년 온양군 개량전 양안(量案)에서 이미 전주와 작인을 동시에 등재시킨 경험이 있었다.[15)]

양안에 표기하는 토지소유자와 작인의 변화는 당시 토지소유권의 발달과 농민층 분화 현상과도 밀접한 연관성이 있었다. 이는 조선후기이래 농업에서의 지주제의 발달과 더불어, 농민층 분화의 심화와 소작농민층으

13) 오인택, 1992, 「숙종대 양전의 추이와 경자양안의 성격」 『부산사학』 23, 경남사학회 ; 김건태, 1999, 「갑술·경자양전의 성격」 『역사와 현실』 31, 한국역사연구회 ; 최윤오, 2000, 「조선후기의 양안과 행심책」 『역사와 현실』 36 ; 김건태, 2010, 「양전과 토지조사사업의 陳田과 '主' 파악」 『규장각』 37, 규장각한국학연구소 ; 손병규, 2008, 『조선왕조 재정시스템의 재발견 - 17~19세기 지방재정사 연구』, 역사비평사 ; 한국역사연구회 토지대장연구반, 2008, 『조선후기 경자양전 연구』, 혜안 참조.

14) 한국역사연구회 토지대장연구반, 1995, 『대한제국의 토지조사사업』, 민음사, 제3장 「대한제국기 양전·지계사업의 추진과정과 성격」 참조.

15) 본서, 제2장, 「19세기 후반 충청도 온양군 동상면 양안과 지주·농민층 등재의 추이」 참조.

로의 전략과 깊은 관련성이 있다고 보아야 한다. 19세기에 농촌사회에서 지주와 소작농민층의 계층적 분화가 심화되고 사회적 양극화가 전개되고 있었음과 아울러 지주와 농민간에는 소유 토지의 소유권과 경작권을 보장받기 위한 노력이 반영되어 있다고 볼 수 있다.

그래서 본서에서는 19세기 양전의 사례와 농민층 분화 양상을 검토하면서 조선사회의 토지소유제도의 형성과정과 양안의 등재 기록 변화를 검토하려고 한다. 이를 위해서 우선 18세기 후반기 양전사업에서 토지소유권 등재와 지주·농민의 동향을 살펴보려고 한다. 조선후기 내내 점차 강화되고 있었던 사적 소유권을 바탕으로 지주제가 발전하자 종래 농민층의 분화가 점차 확대되고 각종 부세 부담이 자소작농에게 집중됨으로써 농민층의 불만과 욕구가 점차 증폭되고 있었다. 이어 1876년 개항 이후 일인의 토지자본 투하가 불법적이고도 투기적으로 이루어져갔으므로 농촌사회에서 농민층의 분화가 더욱 촉진되었다. 개항으로 말미암아 농촌사회 내부의 토지소유권은 종래 국가제도적으로도 보장받지 못하였고, 개항이후 토지소유권의 근대 토지제도화를 둘러싸고 국내외와 여러 계층의 대립이 심화되어 갔다. 1880년대에는 이제 국내 상인간의 갈등뿐만 아니라 외국상인과의 대립갈등이 벌어지고 있었다. 1894년의 시점에서는 자신들의 이해관계에 입각하여 과연 어떠한 방향으로 개편할 것인가를 놓고 구체적인 대안을 마련하면서 치열하게 대립하고 항쟁하는 국면으로 치닫고 있었다.[16] 이 시기 지주제의 확대발전, 특히 국가권력이나 양반지주의 정치경제적 특권에 의거한 토지소유의 확대를 초래하고 있었다. 이때 1894년 농민전쟁의 발발은 이러한 농촌사회에서 국가와 지주·농민간의 3자 대결의 갈등구조를 잘 나타내 주는 사건이었다.

---

16) 한국역사연구회 편, 1991, 『1894년 농민전쟁연구(1)』, 역사비평사 ; 김양식 외, 2006, 『(충청북도)동학농민혁명사연구』, 충북개발연구원, 제2장, 「개항이후 사회경제변동과 충북지역」 참조.

따라서 본 연구는 19세기 조선 토지제도의 제도적 변화를 살펴보기 위해 조선후기이래 국가의 양전(量田) 사업을 통해 파악된 '양안(量案)'의 기록 변화에 주목해 보려고 한다. 조선후기이래 대한제국기까지 양안에 등재된 지주·농민들의 등재 기록 변화를 살펴보려는 것이다.

2. 근대 토지조사의 시행과 양전 사업의 새로운 이해

본서의 두 번째 과제는 근대 토지제도의 수립과 관련하여 양안의 변화를 살펴보는 것이다. 요컨대, 대한제국기 광무양전사업이라는 토지조사는 당시 토지소유권자인 지주·농민의 갈등을 어떻게 국가 제도로 수용할 것인가의 가늠자가 되었다.

1898년부터 대한제국은 전국적으로 토지를 조사하고 토지소유자에게 지계를 발급하기 위한 사업으로 양전·지계사업(量田地契事業)을 추진하였다. 1898년 7월 양전을 담당할 기구로서 양지아문(量地衙門)을 설립하였으며, 한성부로부터 전국적으로 토지측량사업을 확대시켰다. 지계(地契)—당시에는 관에서 발급한 지계라는 뜻으로 관계(官契)로 바꾸어 불렀는데—관계를 발급하기 위한 기구로서 지계아문(地契衙門)을 1901년 10월 설립했다. 이에 양지아문의 토지측량사업을 인수받아 지계아문은 1902년 3월부터 순차적으로 각 지방의 양전과 관계발급사업을 진행시키고 있었다.

지금까지 양전·지계사업의 시행과 성격에 대하여 여러 연구가 진행되었다. 그래서 기존의 연구사에서는 크게 대립되는 견해로 나눠져 있다. 초기 연구에서는 이 사업을 대한제국이 추진하는 근대적 토지제도의 수립으로서의 성격을 크게 평가하는 연구가 제기되었다.[17] 대한제국시기

17) 김용섭, 1968, 「광무년간의 양전사업에 관한 일연구」『아세아연구』11-3(2004, 김용섭, 『한국근대농업사연구』 제4부, 「광무개혁의 농업정책 - 광무년간의 양

근대화 개혁정책과 관련성을 가지면서 각 계열의 토지개혁론과 개혁 방향을 검토하는 가운데, 양안, 지계(관계) 작성과 발급 과정을 통해서 구체적인 실태 연구가 진행되었다. 초기 연구를 대표하는 '광무양전·지계사업'의 연구를 비롯하여 한국역사연구회 토지대장 연구반의 공동연구인 『대한제국의 토지조사사업』과 『대한제국의 토지제도와 근대』가 진행되었다.[18]

그렇지만, 경제사학회의 공동연구인 『대한제국기의 토지제도』와 이후 『조선토지조사사업의 연구』에서는 위의 관점을 비판하였다.[19] 우선 대한제국의 양안에는 토지소유자가 다양한 이름으로 등재되었고, 양반호의 경우 족보상 어렸을 적 이름인 자명(字名), 가호의 별칭이나 노비의 이름을 빌어온 듯한 다양한 이명(異名)들이 등장하고 있다는 점이 강조되었다.[20] 일반인의 경우도 성씨명에다가 흔히 부르는 이름으로 덧붙여서 만든 것으로 추정되는 다양한 이름이 나타났는데, 이를테면 김개동(金介同)이나 박말동(朴㐎同)과 같은 이름이었다. 이렇게 토지소유자의 혼칭(混稱)으로 말미암아 개별 토지소유자를 확정하기 어려운 것이고, 또 이런 현상은 지세의 부담을 회피하기 위한 수단으로 이용되었을 것이라고 추정하였다. 또한 토지면적도 종전 결부제라는 제도를 그대로 온전시켜 운영함으로써 토지의 객관적인 면적을 측량하였다고 보기 어렵다는 실증적인 사례가

전·지계사업」, 지식산업사, 197~285쪽, 재수록).

18) 한국역사연구회 토지대장연구반, 1995, 앞의 책, 민음사 ; 한국역사연구회 토지대장연구반, 2010, 『대한제국의 토지조사와 근대』, 혜안 참조.

19) 김홍식 외, 1990, 『대한제국기의 토지제도』, 민음사 ; 김홍식 외, 1997, 『조선토지조사사업의 연구』, 민음사 참조.

20) 李榮薰, 1989, 「광무양전의 역사적 성격 - 충청남도 연기군 광무양안에 관한 사례분석 - 」『근대조선의 경제구조』, 비봉출판사 ; 이영훈, 1990, 「광무양전에 있어서 <時主> 파악의 실상」『대한제국기의 토지제도』, 민음사 ; 이영훈, 1992, 「광무양전에 있어서 <시주> 파악의 실상 2」『성곡논총』 23, 성곡학술문화재단 ; 이영훈, 1997, 「量案上의 主 規程과 主名 記載方式의 推移」『조선토지조사사업의 연구』, 민음사, 196~197쪽.

제기되었다. 따라서 경제사학의 연구에서는 지계사업의 성격을 일부 인정하면서도 일제의 토지조사사업과 대비하여 '허부(虛簿)'라고 혹평하던가 아니면 근대적 토지소유권의 측면에서 아예 부정적으로 파악하려고 하였다.

양자의 논점 중 하나는 대한제국기 양전·지계사업을 주체적인 근대개혁으로 평가할 것인가의 여부다. 한편에서는 이를 전근대적이며, 근대적 토지제도 수립의 실현가능성이 없다고 본다. 대신에 일제 토지조사사업에 중점을 두고 근대적 토지소유권의 확립을 강조하는 입장이다. 이러한 상반된 입장은 조선후기이래 근대적 토지제도의 개혁 흐름을 어떻게 파악할 것인가에 대한 시각의 차이에서 비롯되고 있다. 그러므로 이 시기 근대 토지제도의 형성과 관련하여 다음과 같은 세부 과제를 설정해야 했다.

첫째, 조선후기이래 대한제국에 이르는 조선후기 양전사에서는 토지소유제도의 변화, 특히 사적 토지소유권의 성장 발전을 어떻게 파악하느냐다.[21]

조선후기이래 토지소유권이 점차 발전하고 있다는 것은 하나의 통설이지만 구체적으로 어떻게 기록되고 소유권이 행사되고 있는가, 그리고 그것을 어떻게 평가할 수 있는가는 아직 면밀하게 연구되지 못했다. 조선국가가 주기적으로 시행한 양전사업을 통해 작성된 양안상의 소유주와, 현실의 토지매매를 통해 이루어지는 문기상의 소유주, 사실상의 소유주를 어떻게 연관지어 파악할 수 있느냐 하는 문제가 해명되어야 한다. 예컨대 경자양전이래 광무년간의 양전사업에 이르기까지 토지소유자의 표기 형태는 '기(起)'에서 '기주(起主)'로, 그리고 '전답주(田畓主)'에서 '시주(時主)'로 바뀌어왔는데, 표기상의 변화를 어떻게 해석할 것인가. 양안의 기재양식 분석을 통해 토지소유권의 발전정도와 성격을 규명하려는 과제

21) 왕현종, 2003, 「광무양전 지계사업의 성격」『한국농업구조의 변화와 발전』, 한국농촌경제연구원, 17~22쪽.

를 해명하려고 한다.

둘째, 대한제국의 양전사업이 조선후기이래 전근대의 양전 방식을 계승하여 그 한계를 보이면서도 그 이전과 다른 점이 있다는 것을 설명해야 한다. 더욱이 양지아문과 지계아문의 양전사업 진전에 따라 일반 토지소유자들이 실명 기재가 더욱 적극적으로 대응하고 있던 측면이 일반적인 연구에서는 소홀하게 취급되고 있다. 즉, 근대적 토지제도의 수립은 단지 증명제도, 등기제도 등을 통해 토지소유자의 등록 방식의 변화에만 초점을 맞추어서는 곤란하다. 대한제국의 광무양전시기 양안과 토지조사사업시기 토지대장, 혹은 토지조사부와 비교되면서 양자의 차별성이 있었기 때문이다.[22] 또한 일본의 일방적인 삼림법 시행에 대해서도 조사 막판에 한국인 소유자 수만 명이 일거에 자신의 임야를 등록했으며, 1910년 토지조사사업에서도 적극적으로 자신의 토지를 신고해 나갈 수 있었다.[23] 이는 대한제국의 양전사업 이후 한국인의 토지소유권 의식 성장과 제도에의 대응 방식이라고 새롭게 주목할 필요가 있다.

셋째, 지금까지의 연구에서는 일본의 조선토지조사사업에 대해 근대성, 혹은 근대국가의 사적 토지소유권의 확립이라는 측면만 주목하고 있다. 일본 제국주의의 '조선 토지조사사업'과 그것이 산출한 제장부들에 대해 식민지 수탈의 관점 연구와 근대화, 혹은 근대성에 대한 긍정 연구로 상반되게 연구되어 왔다. 일본의 조선 토지조사가 근대적인 방식으로 이루어졌다는 것을 부정할 수는 없지만, 그것은 지주적 토지소유제도의

22) 이에 대해 본서에 수록된 강원도 평해군 지계아문 양안의 경우, 이후 토지조사부의 비교를 통해 실명의 일치가 25.7%에 이를 정도 높게 나왔다(왕현종, 2004, 「대한제국기 지계아문의 강원도 양전사업과 관계발급」『동방학지』 123, 연세대학교 국학연구원, <1902년 평해군 근북 원북면 지계아문 양안과 1916년 기성면 토지조사부 비교>, 168~172쪽).

23) 왕현종, 2011, 「경남 창원 토지조사의 실시와 지역 주민의 대응」『한국학연구』 24, 인하대학교 한국학연구소, 7~51쪽.

토지소유권의 합법화라는 한 측면만 강조하고 있다.

이러한 일제의 토지조사사업에서는 토지대장에 등록할 대상으로서 지주를 대상으로 하는 사적 토지소유권만을 대상으로 하고 있었다. 그렇지만 조선후기이래 양안에 등록될 대상은 지주와 더불어 농민을 동시에 고려하고 있었다. 결국 토지조사사업에서는 소작농민을 비롯한 무전 농민에 대한 권리 없음과 배제에 다름이 아니었다. 일제의 토지조사사업이 지닌 식민지 국가권력으로서의 '강제성'과 아울러 근대자본주의와 결부된 국민국가의 토지제도로서 응당 갖추어야할 생산력 주체인 농민을 배제한다는 측면에서는 근대 농업정책으로서의 '결격성'을 나타내주고 있다.[24)]

이는 해방 후 남북한 양쪽에서 농지개혁과 토지개혁을 단행함으로써 농촌사회와 농민의 안정성을 확보한 것과 대비된다. 따라서 일제의 토지조사사업을 다루는데, 당해 사회의 토지개혁 과제와 결부시켜 평가해야 하는 시각이 필요하다. 따라서 일본식 토지조사사업과 근대적 토지소유권 법인이라는 개혁이 유일한 근대개혁이라는 시각이 소위 일본제국주의의 근대지상주의적 옹호가 아닌지 재검토할 필요가 있다.

따라서 본서에서는 조선후기에서 20세기로의 전화과정에서 지주뿐만 아니라 농민의 시각에서 근대적 토지조사와 근대적 토지제도의 수립이라는 역사상을 실증적인 양전 사례들을 통하여 다루어보려고 한다.

3. 본서의 목차와 내용 구성의 의미

이제까지 개항 이후 근대적 개혁운동에 관해서 갑오개혁(甲午改革)과 대한제국(大韓帝國)의 역사적 성격을 연구하면서 조선사회의 근대변혁운

---

24) 왕현종, 2003, 「조선토지조사사업연구의 과제와 시론적 검토」『역사와 현실』 50호, 한국역사연구회 참조.

동이라는 정치사적 측면에서의 연구도 중요한 일환을 차지하고 있었다. 그렇지만, 조선사회의 사회경제적 변동의 검토는 근대자본주의의 형성이나 발전의 방향과 관련지어 검토해야할 필요가 있다. 당시 사회의 구조적인 변화를 전제하여야만 조선사회의 내재적 발전의 흐름이 이 시기 경제사적 변화에 어떠한 영향을 미치고 있었는가를 파악할 수 있기 때문이다.

이러한 토지소유자의 등재는 조선후기, 한말개혁기(갑오개혁~광무개혁), 일제강점기 등에서 어떻게 변화하고 있으며 그것의 역사적 성격은 무엇으로 말할 수 있는가 하는 것이 이 책의 대주제라고 할 수 있다. 다만 제2부와 3부에서는 전국적인 토지조사와 지주 농민층 분화의 내용을 모두 포함하여 다루고자 하였으나 다대한 추가 작업이 필요했으므로 서울(한성, 경성부)과 경기지역을 중심으로 양안을 비롯한 토지장부의 변화와 지주 농민의 등재기록의 변화를 한정하여 다루려고 하였다.

제1부에서는 「18~19세기 조선 양전사업의 변화와 토지 문제」를 다루려고 한다.

제1장에서는 「조선후기 양전방식의 변화와 토지소유권 등록의 변화」를 다루려고 한다. 1720년 경자양전 이후 19세기 초·중반에 이르는 토지소유자의 표기 방식의 변화과정을 동태적으로 추적함으로써 당시 사회변화의 토대인 사적 소유권의 발전과정을 구체적으로 살펴보고자 한다.

18~19세기 조선사회 내부에서 일어난 사적 토지소유권의 발달과정을 살펴보기 위한 방법으로 조선국가의 양전시행 등을 통해 만들어진 조선정부의 토지관련 장부를 검토해 보려고 한다. 17·18세기에서 19세기로 전환되는 시기 조선사회 내에 토지소유제도의 변화가 구체적으로 어떻게 나타나고 있었는지 살펴볼 필요가 있다. 이는 조선후기이래 근대적 토지소유권의 확립과 지주제의 발달과 농민층 분화의 추세를 객관적으로 검출해 내기 위한 것이다.

구체적으로는 18세기 중반 영조와 정조시기 양전과 양안의 작성 과정에서 자료상으로 나타나는 토지소유자의 등재방식의 변화에 초점을 맞추어 검토하려고 한다. 이는 18세기 후반 충청도 회인에서 실시되었던 1791년 신해양전(辛亥量田)에 따른 회인양안(懷仁量案)을 통해서 살펴보려고 한다. 회인양안의 경우에는 1720년 경자양전 이후 약 70여 년만에 시행된 양전으로 양안상에 기록된 토지소유자를 구양안상의 기주를 '구(旧)'와 신양안상의 '시(時)'로 표기하는 기록상의 특징을 보여주고 있다. 여기서 18세기 양전의 변화 및 토지소유자의 파악 방식의 변화를 새롭게 파악할 수 있는 실마리로 보고 집중적으로 분석해 보려고 한다. 이는 조선후기 사회경제사 연구의 초점이 되고 있는 조선왕조국가의 양전사업의 전개와 양안의 성격을 분석하는 방법론의 새로운 모색과 관련되어 있다. 최근에는 단성호적과 대구호적 등 빅데이터를 전산화로 처리할 수 있게 됨으로써 전반적인 신분 변동 추세에 대한 종합적인 해석이 가능해졌다. 조선후기 양안이나 대한제국의 양안도 언젠가 빅데이터 처리를 통해서 당해 사회 토지소유와 농민층 분화의 총체적인 이해에 접근할 수 있을 것이다.

제2장에서는 19세기 이후 개항을 거쳐 19세기말까지 '양안(量案)'의 변화를 보기 위해 1879년 충청도 온양군의 개량전에서 작성된 '동상면(東上面) 양안'에 기재된 지주와 농민의 기록을 살펴보려고 한다. 온양군 양안에는 토지소유자인 '지주(地主)'와 경작자인 '작인(作人)'을 동시에 기록하고 있다. 당시 개항이후 토지소유와 경영분해의 사례를 파악할 수 있는 유일한 사례이다. 또한 온양군 동상면 양안은 1900년 대한제국의 양전사업 당시 작성된 광무양안과의 비교 분석이 가능하다. 전후 20년에 걸친 토지소유와 경영관계의 변화를 볼 수 있는 귀중한 자료이다. 이렇게 18세기 중반에서 19세기 중반, 그리고 19세기말에 걸치는 농촌사회의 농민층 분화양상을 계통적으로 비교 분석할 수 있는 좋은 비교 자료이다.

제3장에서는 19세기말 조선사회의 토지문제를 다루기 위해 하나의 단면으로서 당시 최대지주인 왕실지주제의 전개를 검토하려고 한다. 전국

적으로 왕비와 왕실의 소요 물자를 조달하는 명례궁(明禮宮) 궁방(宮房)이 크게 확대되는 가운데 1880년대 후반 집중된 토지매입의 실태를 사례별로 검토하여 토지집적의 방식을 구체적으로 살펴보고, 1907년 이후 일제의 제실유 정리과정에서 처리된 소유권분쟁의 처리와 비교·검토하려고 한다. 19세기 후반 왕실을 비롯한 양반지주의 토지소유 확대와 농민층의 토지소유·경영 확대라는 양측면의 상충을 정합적으로 규명해 보려고 한다. 또한 19세기 후반 지세제도와 토지제도 개혁론의 추이를 검토하여 1894년 농민전쟁과 갑오개혁으로 나뉘어진 상반된 개혁론의 실체를 검토하려고 한다.

다음으로 제2부는 「대한제국기 광무양전사업과 지주·농민의 변화」이다.

18세기 중반이래 토지소유권의 발전을 기본선으로 하여 개항 이후 지주층과 소작농민층의 대립 갈등을 총체적으로 해결하려는 차원에서 대한제국의 토지조사사업을 재평가하려고 한다.

이를 위해서는 최근 대한제국의 광무양전사업에 대한 새로운 연구 및 자료 해설이 나왔으므로 이를 포함하여 대한제국의 양전·지계사업에 대한 최신 연구 경향을 살펴보려고 한다. 여기서는 새로 발견된 1899년 5월 <양지아문 시행조례>의 구체적인 조항들을 상세하게 설명할 것이다. 이를 통해 당시 양지아문의 양전조사의 원칙과 더불어 '시주'와 '시작' 등 양안 등재 기록의 방식을 구체적으로 이해할 수 있을 것이다. 또 이 시기 광무양안의 보존 현황과 자료적 활용 연구가 어디까지 와 있는지 살펴보려고 한다. 이를 통해서 최근 연구 경향의 도달점과 더불어 앞으로 양전·관계사업의 연구 의미를 검토해 보려고 한다.

제5장에서는 대한제국의 양전사업 추진의 사례로 경기도 지역 양전에 대해 살펴보려고 한다. 주요한 대상은 수원군과 용인군 양전을 비롯하여 양지군, 광주부, 이천군 등지에서 시행된 양전 결과와 양안에 수록된

인명기록을 통해 지주와 농민층 분화의 양상을 살펴보려고 한다. 경기도 각 지역 양안 사례를 통하여 인명기록의 불철저함에도 불구하고 대토지소유자를 위시하여 많은 토지소유자의 현황을 파악할 수 있었고, 특히 각 면별로 10정보 이상의 대토지소유자 현황을 검토해 보려고 한다. 한편 광무양안은 토지소유자인 지주뿐만 아니라 시작의 등재 현황을 파악할 수 있는 자료이므로 시작의 존재형태에 대해 구체적으로 검토할 수 있다. 경기도 각 지역의 농민들은 0.5정보 이하로 매우 영세한 토지를 소유하거나 경영하는 농민이 40~60%로 커다란 비중을 차지하고 있었다. 이들은 영세농민으로서 자소작 농민이거나 아니면 순소작농이었다고 볼 수 있다. 이렇게 1900년 전후 대한제국기 조선 농촌에서 농민층의 분화는 각 지역에서 크게 진척되고 있음을 확인해 볼 수 있을 것이다.

제6장에서는 대한제국기 지계아문의 강원도 지역 양전사업과 지계사업에 대해 검토하려고 한다. 1901년 10월에 설립된 지계아문은 이전 양지아문의 토지조사 성과를 수용하면서 한성부와 13도에 대한 전토계권(田土契券)을 정리하는 기관이었다. 지계아문의 양전사업과 지계발급사업은 강원도에서 처음으로 실시되었다. 강원도 양전사업은 각 군별로 시급하게 시행되었으며 이내 1902년 음력 8월 15일부터 바로 관계를 발급하도록 하였다. 그렇지만 조급하게 서두는데 따른 여러 문제를 발생시켰고, 급기야 강원도 울진농민의 항쟁과 또한 충청남도 정산 농민의 항쟁이 연이어 일어났다. 그렇지만 강원도 울진군 기성면 지계양안의 내용 분석을 통해서 당시 거주하는 사람들이 이전과 달리 실명으로 등재하였다는 사실을 새롭게 밝히려고 한다. 이를 통해 지계아문의 관계발급은 이전 양지아문의 시주조사와는 달리 좀더 성숙된 토지소유자의 등록 요구와 등재 현실을 보여준다고 보았다.

이러한 연구를 통해 대한제국의 양전사업에서 지계사업으로 귀결되는 과정에서 당시 대한제국의 주민들이 자신들의 토지소유권을 어떻게 양안에 등재시키려고 했으며, 토지소유권의 확립을 위해 노력하고 있었는지를 살펴볼 수 있을 것이다.

다음으로 제3부의 주제는 「1905년 이후 일제의 토지조사 추진과 토지소유자의 변화」이다.

제7장에서는 한성부 지역에서 일어난 토지소유의 등재 방식의 변화를 살펴보고 한다. 1904년 이후 한성부 지역의 토지 가옥 매매는 매우 활성화되어 있었다. 한성부는 대한제국의 정치 경제적 중심지였으므로 외국인의 토지 침탈, 특히 일본인의 이주가 크게 늘어났다. 이 시기 일본인이 한성부 지역에 토지나 가옥을 취득할 수 있는 방법은 두 가지였다. 통감부 산하 경성이사청의 가옥대장에 등록하는 방법과 한성부에 가계를 신청하는 방법이었다. 가계의 발급 절차가 매우 까다롭고, 한국인과의 거래에서 사용된 판각문권(板刻文券)을 그대로 신뢰할 수는 없었다. 일본인들은 자기 토지 가옥의 소유권을 확실하게 보장받으려고 하였다.

당시 한성부의 토지 가옥은 가계 발급 제도에 의하여 판각문권을 발급함으로써 소유권이 공인되었다. 그렇지만 현실의 거래에서는 계약서, 문기, 인허장, 입지 등 다양한 문서가 사용되었다. 황성신문이나 관보의 가계 분실 광고에서는 사유가 대부분 단순 분실이었고, 경매, 공시, 분쟁, 소실, 위조 등의 사례는 매우 적었다. 당시 한성부에서 이루어지는 거래 중에서 소유권 분쟁사례는 비교적 적었다. 그렇게 된 이유는 한성부에서 가옥원부(家屋原簿)인 『한성부 통표(漢城府統表)』로 토지 가옥 거래를 관리하고 있었기 때문이었다. 따라서 1906년부터 1911년까지 한성부 7개 지역 통표를 분석하여 각 지역의 토지 가옥 거래의 양상을 구체적으로 살펴보려고 한다. 이를 통해 일본인의 침투 양상의 지역적 편차와 특징을 검토하려고 한다. 이에 따라 일본인들의 토지소유의 합법화와 침탈 확대로 대한제국의 한성부가 유지해왔던 토지 관리체계는 점차 해체당했고, 결국 1910년 토지조사사업의 시행으로 인해 식민지 토지제도로 이행되었던 과정을 살펴보려는 것이다.

제8장에서는 한말 경기도 안산군 월곡면 월암동 토지 장부를 사례로 한말과 일제하 토지조사를 둘러싼 주민집단의 대응과 토지 등재 기록의 변화를 살펴보려고 한다. 여기서는 토지신고서와 아울러 토지조사의 장부로 작용한 과세지견취도 등을 연결하여 세밀한 지적조사가 이루어지고, 종래 각 면 이하 동리에서 시행된 과세장부와 토지조사 장부와의 차이와 변화를 검토해 보겠다. 특히 월암동 주민의 토지조사에 대한 대응과 등재 노력을 부각하여 보려고 한다.

제9장에서는 경기도 지역 일제의 토지조사사업 시행과정을 살펴보고 지주의 토지소유 현황에 대해 검토하려고 한다. 일본은 조선토지조사사업의 첫 대상지로 경기도에 주목하였고, 또한 1910년 8월 토지조사법의 공포로 시작된 조선토지조사사업이 경기도의 실시과정 중에 다시 1912년 8월 토지조사령의 공포로 말미암아 어떠한 혼란과 혼선이 초래되었는지를 살펴보겠다. 또한 토지조사의 전형적인 과정인 준비조사, 일필지조사, 분쟁지조사의 3단계가 구체적으로 경기도 각 지역에서 실시되는 과정을 살펴보고, 이후 토지조사서의 신고 내용을 분석하여 경기도 지역에서 지주와 농민의 분화가 어느 정도 심화되었는지를 검토하려고 한다. 특히 경기도는 경성에 거주하던 관료, 대지주가 쉽게 토지집적과 경영을 할 수 있는 인접지역이었으므로 이들 경성 부재지주의 현황을 통하여 당시 대지주의 존재형태를 검토해 보려고 한다. 또한 당시 일본인 지주나 농업회사 등이 경기도 각지에 어떻게 토지를 집적하며 농업경영을 하고 있었는지에 대한 실태를 살펴보려고 한다. 또한 1920년대 초반 경기도 지역 토지소유와 경영 상황에 대한 여러 지표들을 통하여 일제하 식민지 지주제의 확산과 농민층 분화 실태를 검토하려고 한다.

마지막으로 일제 초기 토지조사사업 시기 토지조사와 농민층 분화에 대해 보론적인 글로 일제하 식민지 근대화와 근대성에 대한 논란과 역사서술에 대해 다루려고 한다. 최근 일본과 한국 내부에서 식민지 근대화론을 옹호하고자 하는 연구뿐만 아니라 중·고등학교 역사교과서에서도 무비판적으로 서술되는 경향을 소개하면서 이를 분석해보려는 것이다. 이는 한편으로 조선후기에서 일제하까지 근대 토지제도의 수립에 관한 학술적인 연구가 단지 연구자에 한정된 학회 차원에서 논의되는 것이 아니라 현실적인 역사교육과 역사인식에도 지대한 영향을 미치고 있다는 사실을 명심해야 하기 때문이다. 이는 한말 일제하 근대적 토지소유제도와 농민층 분화에 대한 역사적 시각과 미래 전망에 대한 반성을 촉구한다는 점에서 학문의 사회적 책무에 대한 엄중한 경종을 울리고자 하는 현실적인 문제의 발로이다.

이와 같이 본 연구에서는 '조선후기에서 대한제국기까지 근대 토지제도의 수립과정에서 양전의 시행과정을 추적하면서 소유자와 경작자의 등재문서로서 양안(量案)의 변화'를 검토하려고 한다. 다만 본서의 연구 내용이 이론적인 분석에 이르지 못하고 실증적 차원에서 머물러 있는 한계를 가지고 있다. 그럼에도 불구하고 조선후기 18세기이래 20세기 초까지 토지소유제도의 발달에 따라 지주·농민들이 보인 지난한 대응과 근대 토지제도의 미완성 원인을 역사적으로 재평가할 수 있다는 점에 일차적인 의미를 두고 싶다.

제1부

18~19세기 조선 양전사업의 변화와 토지 문제

제1장
18세기 후반 양전사업의 변화와 '시주(時主)'의 성격

1. 서론

조선후기 농촌사회에서는 양란 이후 피폐된 상황에서 농업생산성이 점차 회복되고 토지소유권의 획득과 매매, 이전 등이 빈번하게 이루어지고 있었다. 일반농민들은 자기 토지의 소유권 의식을 강화시켜 갔으며, 양반지주들은 우월한 지위를 이용하여 소작농민들의 소작료 수취를 강화한다든지 토지소유의 확대를 시도하고 있었다. 이에 따라 농민계층뿐만 아니라 양반지주층 내에서도 토지의 소유와 경작을 둘러싸고 심각한 대립을 초래하고 있었다. 이런 갈등을 완화하고 조율하기 위해서는 새로운 토지제도의 정비가 필요하였다. 17·18세기에는 각 지역에 주기적으로 양전사업을 실시하였다. 대표적인 것으로는 1634년에 시행된 갑술양전(甲戌量田)과 1719년과 1720년에 실시된 기해(己亥)·경자양전(庚子量田)을 들 수 있다. 이는 효율적인 조세수취를 위해서도 필요한 조처였다.

조선후기 양전사업의 시행과정과 성과에 대해서는 일찍부터 주목해 왔다.[1)] 초기연구에서는 양전사업을 통해 작성된 '양안(量案)'이야말로 당시 사적 토지소유권의 실체와 농민층의 분해를 보여주는 가장 적절한 자료라고 간주하였다. 그렇지만 구체적인 양안의 표기방식이나 기록된 인물의 존재형태 등을 충분히 검토하지는 못했다. 이후에는 양안상에

---

1) 김용섭, 1970, 「양안의 연구」『조선후기농업사연구 I』, 일조각, 78~188쪽.

기록된 인명(人名)에 대한 비판적인 검토가 시도되었으며, 경자양전의 구체적인 과정이나 양안의 성격에 대한 연구가 뒤따랐다.[2] 특히 소유권자를 나타내주는 기주(起主)를 어떻게 이해할 것인가 하는 문제가 중요시되었다. 예컨대 '기(起)'와 '기주(起主)'로 기록되는 양식상의 차이를 밝히려는 관점도 제기되었다.[3] 이렇게 양안 기재양식의 분석을 통해서 토지소유권의 발전정도와 성격을 규명하려는 과제가 조선후기 토지제도사 연구상 논쟁의 초점이 되고 있다.

본 논문에서는 18세기 중·후반, 즉 영조·정조년간에 제기된 양전 논의와 시행과정을 다시 정리하고자 한다. 경자양전 이후 개량전과 사진양전이라는 두 가지 양전방식이 시도되었으므로 몇 지역의 양전사례를 들어 양안 작성방식의 변화를 살펴보려고 한다. 그 중에서도 토지소유권자의 등재방식에 새롭게 등장하는 '시(時)'라는 표기에 주목하고자 한다.

전라도 고산현(高山縣) 양안과 충청도 회인현(懷仁縣) 양안이 하나의

---

2) 이영훈, 1988, 「양안의 성격에 관한 재검토 - 경상도 예천군 경자양안의 사례분석」『조선후기사회경제사』, 한길사 ; 미야지마 히로시(宮嶋博史), 1991, 『朝鮮土地調査事業史の研究』, 일본 동경대학 동양문화연구소 ; 오인택, 1992, 「숙종대 양전의 추이와 경자양안의 성격」『부산사학』 23, 경남사학회 ; 김건태, 1999, 「갑술·경자양전의 성격」『역사와현실』 31, 한국역사연구회 ; 송찬섭, 2000, 「숙종대 재정 추이와 경자양전」『역사와현실』 36, 한국역사연구회 ; 염정섭, 2000, 「숙종대 후반 양전론의 추이와 경자양전의 성격」『역사와현실』 36, 한국역사연구회 ; 김건태, 2000, 「경자양전 시기 가경전과 진전 파악 실태 - 경상도 용궁현 사례」『역사와현실』 36, 한국역사연구회 ; 최윤오, 2000, 「조선후기의 양안과 행심책」『역사와현실』 36, 한국역사연구회 ; 오인택, 2000, 「경자양전의 시행 조직과 양안의 기재 형식」『역사와현실』 38, 한국역사연구회.

3) 이영훈은 조선후기에 토지소유주로서 주(主)규정이 성립한 것은 경자양전의 '기주(起主)' 이후라 하였다. 기주는 조선왕조의 국전(國田)체제 내에서 존재하는 것으로서 한시적이고 제한적인 소유자였다고 간주하였다(이영훈, 1997, 「양안상의 주(主) 규정과 주명(主名) 기재방식의 추이」『조선토지조사사업의 연구』, 민음사, 53~198쪽). 오인택은 '기(起)'와 '기주(起主)'의 차이를 단계적으로 구별해 볼 수는 없으며, 전라도 경자양안에서 나타나는 '기(起)'는 단지 '기주(起主)'의 생략형태에 불과하다고 비판하였다(오인택, 2000, 앞의 논문, 181쪽).

전형적인 사례로 제시될 수 있다. 종래 양안에서는 토지소유자를 기록할 때 구주(舊主)와 금주(今主), 혹은 기주(起主)라고 했던 데 비하여, 이들 양안에서는 '구(舊)'와 '시(時)'로 표시하고 있었다. 이는 19세기말 대한제국의 광무양안에 나타나는 '시주(時主)'의 선행형태를 보여주는 것이며, 경자양전 이후 국가와 민의 입장에서 나타나는 토지소유권 의식의 변화를 보여주는 지표로서 주목할 만한 것이었다.

그래서 해당 지역 양안의 분석과 함께 여러 가문의 족보와 향안(鄕案)을 상호 비교 검토함으로써 토지소유자인 시주(時主)의 실체와 양안상의 성격을 파악해 보려고 한다. 이러한 분석은 당시 향촌사회에서 이루어진 토지소유권 의식의 변화양상을 추적하는 데 도움을 줄 것이며, 아울러 18세기이후 조선왕조국가가 추진했던 토지소유권자 파악방식의 변화를 살펴볼 수 있을 것이다.

2. 경자양전 이후 양전 방식과 양안의 변화

1) 읍별 양전의 시행과 변화

숙종 말년 1719년과 1720년에 걸쳐 시행된 경자양전(庚子量田)은 국가적인 차원에서 심혈을 기울인 전국적인 양전사업이었다. 이미 1634년(인조 12, 갑술)에 실시된 갑술양전(甲戌量田) 이후 각 지역에서 토지소유와 조세의 과다를 둘러싼 사회적 갈등을 수습하려는 차원에서 경자양전이 시도되었다.

새로운 양전의 결과에 대해 일각에서는 토지의 전품등급이 실제보다 더 비옥하게 매겨져 결부수가 실상보다 많이 산정되었으므로 증결(增結)로 인해 조세부담이 가중된다는 비판이 제기되고 있었다.[4] 양전 직후에

벌써 다시 양전을 실시하자고 하거나 기왕의 것을 아예 폐기하자는 주장이 나올 정도였다. 이는 양전방식을 둘러싸고 농촌사회의 제계층의 이해가 착종되어 있었기 때문이었으며, 근본적으로는 결부제라는 토지파악방식을 고수하고 있었기 때문에 어쩔 수 없이 발생한 것이었다.[5)]

18세기 중반 영조년간에 이르러서는 농지의 경작상태가 크게 변화되고 있었고, 그에 따른 토지소유자의 변화도 많았다. 새롭게 양전을 통해 농촌현실을 반영하지 못하는 한, 각 지방의 결폐(結弊)는 심화될 수밖에 없었기 때문에 다각도로 양전의 시행을 모색하지 않을 수 없었다.

1726년(영조 2)에는 황해도 2, 3개 읍에서 양전을 하자는 논의가 있었다. 다음해에는 경상도 개녕에서 양전이 완료되었고, 이어 경주, 울산, 기장, 지례 등 4개 읍에서도 양전이 이루어졌다.[6)] 1730년(영조 6) 경기와 황해도에서는 전체 도 차원으로 양전을 시행할 것을 검토하기도 했다. 그렇지만 전면적인 양전이 여러 가지로 부담이 초래될 수 있다는 고려하에 문제가 심한 지역에만 부분 개량한다는 방침을 정했다.[7)] 1731년(영조 7)에는 충청도 여러 개 읍이 풍년을 기다려 양전을 시행하자고 했다. 1735년(영조 11)에 들어서서 황해도 몇 고을에서 마침내 양전을 실시하기로 결정하였으며,[8)] 이듬해 경기도에서도 다시 양전 논의가 일어나 양근, 삭녕, 적성, 연천, 마전, 지평 지역에서 양전을 실제 시행하였다.[9)] 1746년(영조 22)

---

4) 오인택, 1996, 「17·18세기 양전사업 연구」, 부산대 사학과 박사학위논문, 86~93쪽 ; 염정섭, 2000, 앞의 논문, 159~174쪽.

5) 김용섭, 2000, 「결부제의 전개과정」『한국중세농업사연구』, 지식산업사, 258~272쪽.

6) 『비변사등록(備邊司謄錄)』 영조 3년 9월 28일, 8-139쪽(이하 영인본 권-쪽수로 표시) ; 10월 2일, 8-104쪽 ; 10월 22일, 8-161쪽.

7) 『비변사등록』 영조 6년 11월 16일, 8-911~912쪽.

8) 『비변사등록』 영조 7년 12월 27일, 9-205~207쪽 ; 영조 11년 윤 4월 22일, 10-20~21쪽.

9) 『비변사등록』 영조 12년 7월 17일, 10-296~297쪽 ; 영조 14년 3월 1일, 10-592쪽.

황해도 신천에서 양전이 이루어졌다.[10] 1749년(영조 25)에 경상도 10읍을 대상으로 양전할 것을 정하여 둔 후, 경주, 장기, 연일, 흥해 등 4읍에서 양전을 실시하였다.[11] 1757년(영조 33) 경기도 수원과 장단에 양전을 시행하였다.[12] 이렇게 경자양전 이후 삼남지역 및 황해, 경기도의 지역에서는 읍차원에서 개별적인 양전이 시행되고 있었다.

한편 1739년(영조 15)과 1740년(영조 16)에는 다시 도단위로 거대 규모의 양전을 실시하자는 주장이 일어나고 있었다.[13] 전라도에서는 경자양전 이후 새로 경작지로 환기전(還起田)을 8천여 결이나 파악했지만, 반면에 새로 발생했다는 진전이 무려 9천여 결이나 보고되었다. 새로운 양전의 효과가 의문시된 셈이었다. 그래서 전면적인 개량(改量)이 문제를 크게 일으킬 수 있었으므로 '진전(陳田)'을 빠짐없이 조사하는 편이 도리어 나을 것이라고 결정했다. 물론 한전(旱田)을 철저히 조사하여 신기전(新起田)을 모두 양안 원장부에 추가로 올리도록 하는 조건에서였다.[14] 이후 1745년(영조 21)에 광주, 나주, 태인, 고부, 흥덕, 고창 등 6개 읍을 필두로 하여 1756년(영조 32)까지 전주, 금구, 임실, 익산, 고산 등 전라도 14개 읍을 대상으로 하였다.[15] 결국 진전의 전품을 강등한다거나 속전(續田)으로 편성하는 방식으로 진전에 대한 조사가 이루어졌다. 이는 도단위의

10) 『비변사등록』 영조 22년 10월 11일, 11-655~656쪽.

11) 『비변사등록』 영조 25년 3월 23일, 11-886쪽 ; 4월 21일, 11-900쪽 ; 8월 1일, 11-941쪽 ; 영조 26년 5월 30일 12-93~94쪽.

12) 『비변사등록』 영조 33년 5월 25일, 12-966쪽 ; 영조 34년 2월 5일 13-62쪽 ; 8월 4일 13-131쪽.

13) 『비변사등록』 영조 15년 8월 1일, 10-826쪽 ; 영조 16년 6월 4일, 10-918쪽.

14) 『비변사등록』 영조 16년 6월 4일, 10-918~919쪽.

15) 『비변사등록』 영조 21년 5월 16일, 11-451~452쪽 ; 5월 30일, 11-459~460쪽 ; 7월 13일, 11- 489쪽 ; 7월 21일, 11-491쪽 ; 9월 20일, 11-508~509쪽 ; 영조 22년 10월 11일, 11-655~656쪽 ; 23년 5월 29일, 11-741~742쪽 ; 8월 3일, 11-763쪽 ; 8월 21일, 11-774쪽 ; 8월 22일, 11-775쪽 ; 영조 26년 1월 11일, 12-30쪽 ; 영조 32년 윤9월 6일 12-885~886쪽.

거대양전을 시행하지 못하는 상황에서 결폐를 부분적으로 시정하려는 고육책이었다.

1758년(영조 34) 8월에는 전라도와 충청도 일대에 전면적인 양전을 실시하자는 주장이 다시 대두되었다. 1755년과 1756년에 발생한 대흉년의 영향의 여파로 각 지역에서 진전이 과다하게 발생했기 때문이었다. 좌의정 김상로(金尙魯)는 전라도와 충청도 지역에 전면적인 개량(改量)을 하자는 의견을 내놓았다.[16] 그러나 논의과정에서 전체 도단위에서나마 진전의 파악과 등급 조정에 그치자는 쪽으로 축소되었다. 이에 따라 1759년(영조 35) 2월 비변사는 '호남·호서 진전강속절목(陳田降續節目)'을 제정했다.[17] 여기서는 주로 호남 각 읍의 진전 6,300여 결과 호서 10읍의 진전 2,000결을 대상으로 하여 속전(續田)의 강등(降等), 진전의 강속(降續) 등의 조사원칙을 규정하였다. 대체로 전품의 고하에 관계없이 속전 6등으로 삼아서 수기수세(隨起收稅)한다는 것이었다.[18]

절목의 반포 이후에 전라도에서는 전품을 일괄로 6등으로 낮추는 선에서 처리하였으므로 원래 정한 사진(査陳)의 원칙은 그대로 적용되지 않았음을 알 수 있다. 아무튼 당시 단양, 회인, 청안 등은 사전에 조사가 이루어졌으며, 이 해에는 호서 19개 읍에서 실시되고 영동과 옥천에 이어 그 이외 30여개 읍이 조사할 대상이었다. 이에 따라 호서지방 2,400여 결의 진전은 수기수세의 조처를 받도록 했으며, 나머지 30여개의 읍 2,400여 결도 정밀하게 조사될 것이었다.[19]

이때 정비된 양안에는 특별히 '기묘사진(己卯査陳)'으로 조처된 전결이라는 의미에서 '기묘강속(己卯降續)' 4자를 반드시 기재하여 두도록 하였다.

---

16) 『비변사등록』 영조 34년 8월 8일, 13-133~134쪽.
17) 『비변사등록』 영조 35년 2월 6일, 「湖南 湖西陳田降續節目」 13-205~207쪽.
18) 오인택, 1996, 앞의 논문, 133~136쪽.
19) 『비변사등록』 영조 35년 11월 27일, 13-347쪽.

이것을 통해 전주(田主)에게 증빙의 근거가 될 수 있도록 했다.[20] 1759년에는 진전을 철저하게 조사하려는 양전방식[査陳量田]이 대대적으로 시행되었다. 이러한 과정을 통하여 기존의 양안이 수정되고 농지의 현실태가 일정하게 양안에 반영되었으며 이에 힘입어 지세수취방식도 변화했다. 다름아닌 경차관 답험방식에서 비총제로 바뀌는 하나의 계기가 되었다.[21]

그런데 18세기 중·후반 사진양전을 도단위라는 비교적 큰 규모로 시행하자고 하는 논의나 새로운 양전실시를 주장하는 주기가 대개 20년에 한 번 정도였다는 점을 주목할 필요가 있다. 1739년, 1759년의 양전논의에서도 확인할 수 있거니와, 1779년(정조 3)에도 다시 재론되고 있었다. 이해에는 정조와 주요 대신들이 양전의 필요성과 시행방식을 면밀하게 재검토하고 있었다. 정작 본 회의에서는 단안을 내리지 못하는 가운데, 향후 양전시행을 위한 개량규정을 만들고자 하였다.[22] 이 해는 공교롭게도 기해양전 이후 60주년을 맞이하는 해였다. 이후에도 1819년(순조 19) 이지연(李止淵)이 충청, 전라 양도의 양전을 건의한 후, 다음해인 1820년(순조 20)에 전국의 양전을 결의하고, 양전사목을 작성하기도 했다.[23] 이와 같이 적어도 20년에 한 번은 전면적인 개량이거나 사진을 하거나 간에 대대적인 규모의 양전이 시행해야 한다는 점을 강하게 인식하고 있었음을 추측할 수 있다.

당시 양전의 필요성이 제기되었던 이유는 결부제에 의한 토지조사와 조세부과제도에 여러 가지 병폐가 있었기 때문이었다. 일단 한번 양전이

---

20) 『비변사등록』 영조 35년 2월 6일(13-206쪽), "量案中各其陳處書頭 着己卯降續四字 以爲田主憑信之地".

21) 이철성, 1993, 「18세기 전세 비총제의 실시와 그 성격」 『한국사연구』 81, 79~83쪽.

22) 『비변사등록』 정조 3년 11월 7일, 15-790~791쪽.

23) 『비변사등록』 순조 19년 9월 12일, 21-210~213쪽 ; 9월 16일, 21-214~215쪽 ; 12월 12일, 21-246~249쪽 ; 순조 20년 1월 2일, 3일, 21-254쪽 ; 4월 6일, 21-271쪽 ; 8월 5일, 21-290~291쪽 ; 8월 24일, 21-295~296쪽.

이루어지면, 일반 결부제에 근거하여 일단 토지의 등급을 묶어놓았기 때문에 이후 진전이 발생하거나 신기전이 계속 추가되었음에도 불구하고 적절하게 반영할 수 없다는 것이었다. 그렇다고 해서 전면개량을 하기에는 대단한 물력과 인력이 소모되었음으로 과중한 부담을 회피하면서도 진전의 변화를 파악할 수 있는 효율적인 양전방식이 필요했다. 그래서 채택된 방식이 사진양전(査陳量田)이었다. '금진성책(今陳成冊)', '사진성책(査陳成冊)' 등의 대장을 별도로 작성하면서 기존의 양안을 수정 보완하고 있었다.[24]

따라서 경자양전 이후 18세기 중반 조선왕조국가의 양전방식은 크게 두 가지 방향으로 이루어지고 있었음을 알 수 있다. 하나는 아주 심각한 결폐가 있는 지역에는 개량을 실시함으로써 폐단을 일거에 시정해 보려는 것이다. 이는 문자 그대로 '개량전(改量田)'이라고 부르고 있다. 이는 주로 경기나 해서, 강원 등 경자양전이 이루어지지 않은 지역을 대상으로 하였지만, 기왕에 양전을 시행한 삼남의 일부 지역에서도 다시 시행되고 있었다. 다른 하나는 부세제도의 폐단이 심한 군현을 대상으로 진전을 조사하여 기존의 양안을 수정 보완한다는 것이다. 이를 '사진양전'으로 부르고 있다. 이는 이전의 경자양전의 양안에 기초하여 추후 변경된 농지의 상태를 수시로 조사함으로써 결폐를 부분적으로 시정하려는 방식이었다. 18세기 이후 양전 방식은 대체로 개량전 보다는 사진양전의 방식을 선호하고 있었다고 할 수 있다.

2) 사진양안과 '시(時)'의 기재

18세기 후반 농지의 변동과 소유자의 변화를 어느 정도 양안에 반영시키

24) 『비변사등록』 정조 2년 9월 6일, 15-639쪽.

고 있었는지 구체적인 양전사례를 통해서 검토해 보기로 하자. 경자양전 이후 각 지역에서 시행된 양전의 내용을 파악하기 위해서는 구체적인 양전과정을 밝히는 것과 아울러 당시 조사된 양안 자체를 분석하는 것이 필수적이다. 그러나 18세기 전후 양안을 비교할 수 있는 지역사례는 일부에 지나지 않는다. 단지 전라도 고산현, 능주목, 전주부, 화순현, 고부군 양안과 충청도 회인현 양안 등이 있는데, 여기서는 전라우도 고산현 양안을 먼저 검토해 보자.

18세기 고산현의 양안으로는 1719년 기해양안(己亥量案)과 1748년 무진양안(戊辰量案), 1759년 기묘양안(己卯量案) 등 세 종류의 대장이 남아있다.[25] 각기 29년, 11년간의 차이를 두고 작성되었다. 물론 군 전체나 면단위의 양안이 완벽하게 남아있지 않아서 전면적으로 대조 비교하기 어렵다. 특히 뒤의 두 양안은 진전만 따로 조사하여 기록한 '진전대장(陳田臺帳)'이므로 영조년간에 추진되었던 사진양전의 방식을 구체적으로 알 수 있는 자료로서 가치가 있을 뿐이다.[26]

우선 고산현 서면(西面) 양안의 내용을 살펴보자. 1719년에 작성된 기해양안에는 기전(起田)은 85결 39부 9속, 기답(起畓)은 164결 72부 4속, 속기전(續起田)이 2결 56부 6속이었고, 진전(陳田)은 금진(今陳)과 구진(舊陳)을 합해서 92결 24부 6속, 진답(陳畓)은 1결 17부 5속이었다. 그밖에 관둔기답(起畓) 11부 5속과 사대전(寺垈田) 20부 8속이 있었다. 그래서 전체 결수가 346결 43부 3속이었다. 전체 전답 결수 중 진전이 차지하는 비중은 약 27%를 차지하고 있었다.

---

25) 『全羅右道 高山縣己亥量田導行帳』(규15033, 15034) 11책, 숙종 45년(1719) ; 『全羅右道高山縣戊辰改量導行帳』(규15030) 5책, 영조 24년(1748) ; 『全羅道高山縣己卯降續降等陳田正案』(규15031) 2책, 영조 35년(1759).

26) 1759년 전라우도 고산현 진전양안은 경자양안에서 진전만을 추려 별도로 작성하였으므로 지번은 연속되지 않으며, 사표는 이전의 양안 내용을 옮겨 적었으며, 강등 여부와 환진(還陳) 여부에 중점을 두어 기록했다.

이후 29년이 지난 1748년에 다시 진전에 대한 조사에 착수하였다. 구래의 진전과 새로운 진전을 조사할 뿐만 아니라 양전 후 다시 강속(降續) 되었거나 기간(起墾)하였거나 성천, 포락 등 진전으로 된 것도 조사했다. 모든 토지의 다양한 변동을 조사하고 있었다. 그 결과, 새로이 진전 117결 19부 7속과 진답 10결 98부 3속 등을 조사하였다.[27] 이렇게 매필지마다 신·구의 토지상태를 대조하여 번거롭게 기록한 것은 진전의 토지 상태를 정확하게 파악하고자 한 것이었다. 그런데 조사과정에서 환기전의 경우에는 토지등급의 재평가와 함께 부수적으로 소유자의 변동도 추적하여 기록하는 성과를 거두고 있었다. 이 점이 바로 당시 토지소유자 파악의 변화를 엿볼 수 있는 측면이다.

다음은 전라우도 고산현 서면 진전 개량 도행장의 일부이다.[28] 고산현 서면(西面) 죽산평(竹山坪)의 진전 상황을 나타낸 것이다.

<표 1> 고산현 서면 1748년(무진) 진전양안 사례

사례	자호	지번	전품	결부	기주	이름	전품	강속	결부	기주	이름
①	旧量 正字	1	6등	2부 1속	起主	李奉石	6등		2부 1속	起主	李奉石內
									2속	仍起主	奴亡太
									1부 9속	成川主	同人(李奉石)
②	旧量 蘭字	33	5등	3부 8속	旧陳	無主		降6등	2부 3속	旧陳	無主
③	旧量 如字	55			旧陳	無主			18부	旧陳	無主 內
									6속	前起主	奴介先
				17부 4속				降6등	10부 9속	仍陳	無主
④	旧量 之字	34	5등	41부 4속	旧陳	無主		降6등		旧陳	無主

사례 ①은 양안상의 정자(正字) 1번 토지에 대해 기록한 것이다. 1719년 기해양안에는 기주가 이봉석이었지만 1748년에는 해당 토지내에 새로이 노망태(奴亡太)가 경작하는 토지가 생기고, 나머지 땅은 성천이 되어 진전으

27) 『全羅右道高山縣戊辰改量導行帳』(규15030), 1책, 西面 都已上條.

28) 『全羅右道高山縣戊辰改量導行帳』(규15030), 1책.

로 편입되었다. 이에 따라 내지번을 부여하여 이 토지를 노망태의 소유로 인정해 준다는 것이다. 사례 ②는 구진 무주의 토지에 대해 5등급에서 6등급으로 전품을 낮추어 결부를 줄여주고 있는 예이다. 이는 차후에 개간을 위한 배려로 볼 수 있다. 사례 ③은 앞의 두 가지 사례를 모두 보여준다. 18부 중에서 6속은 본래의 기주 노개선의 땅으로 판정되었으며, 나머지는 진전이 되어 결부를 낮추어 준다는 것이다. 사례 ④는 사례 ②와 같다. 이렇게 서면 전체의 필지 중에서 구진이나 금진으로 되어 있는 토지를 대상으로 일일이 결부수와 토지소유자를 대비하고 있는 것이었다. 그리하여 문제 있는 토지들은 일부 강등과 강속을 허용하면서 지나친 결부의 부담을 대부분 줄여주고 있었다.[29)]

그런데 이후 고산현에서는 11년만에 다시 진전양안을 작성하게 되었다. 1759년 문제시되고 있는 전답의 등재 내용을 수정하여 진전정안(陳田正案)을 만들었다.[30)]

29) 이해 서면 진전양안에서 조사된 내용은 아래와 같았다.

<표 2> 고산현 서면 진전 강등 전포(단위 : 결.부.속)

구결(1719)		신결(1748)		차이
등급	결수	등급	신결수	
2등	31.1	4등	20.1	11.0
3등	3.48.5	5등	1.99.1	1.49.4
4등	13.87.1	6등	6.30.5	7.56.6
5등	72.56.9	강속	45.35.6	27.21.3
6등	8.67.9	잉치	8.67.9	
합계	98.91.5	합계	62.53.2	36.38.3

전체 강등, 강속 대상의 토지는 모두 98결 91부 5속이었다. 2등전부터 5등전까지 해당 토지를 대개 2등급을 낮추어서 재평가하였으며, 6등전에 해당하는 진전일 경우에는 그대로 두었다. 등급변동의 대부분을 차지하는 것은 5등전에 해당하는 진전이었다. 이로써 결세 부담이 평균 36.8%의 감소로 되어 차후 환기에 유리한 조건이 조성되도록 한 것이었다.

30) 『全羅道高山縣己卯降續降等陳田正案』(규15031), 2책, 영조 35년(1759).

<표 3> 고산현 서면 1759년(기묘) 진전양안 사례

사례	자호	지번	전품	결부	양주	기주	시주	이름	추가
①	旧量 正字	1	6등	2속	量	李奉石	時	奴禮春	
②	旧量 蘭字	33	6등	2부 3속내 3속	量	旧陳無主	時	徐万卜	辛未起 壬申還陳
③	旧量 如字	55	6등	10부 9속	量	旧陳無主	時	奴介先	辛未起 壬申還陳
④	旧量 之字	34	6등	25부 9속	量	旧陳無主	時	奴戒奉	辛未起 壬申還陳

자료 1과 비교해 보면, 1759년 진전양안도 종래 기해양안에 근거하여 자호, 지번, 전답, 진기, 사표, 결부 등을 그대로 옮겨 적는 형식을 취한다는 점을 알 수 있다. 이 진전양안이 기해양전과 무진양전의 연장선에 서 있다는 것을 보여준다. 그렇지만 이 양안이 이전 양안과 현저하게 달라진 점이 있었다. 그것은 새로운 토지소유자들을 찾아내고 있었을 뿐만 아니라 이들을 표시하는 양식상의 변화가 있었다. 다름 아니라 토지소유자를 '양(量)'과 '시(時)'로 표기하고 있다는 것이다. 여기서 양(量)은 곧 양주(量主), 양안상 등재된 소유자명을 가리킨다. 즉 기해양안에 기록되어 있는 기주의 이름이다.

자료 2의 사례 ②, ③, ④에서는 1719년에는 구진의 상태에서 무주(無主)였고, 1748년에는 역시 무주였으나 결부가 낮추어졌으므로 1751년 신미년에 새로 경작자가 등장하여 토지를 개간하였다는 사정을 알 수 있다. 그렇지만 해당 토지들은 경영상의 문제였거나 혹은 조세부담으로 인해서였든지 이듬해인 1752년에 다시 진전으로 돌아갔다. 이렇게 1759년의 진전양안은 진전에서 기경으로, 다시 진전으로 환원되는 과정을 겪었던 사정을 그대로 보여준다.

그런데 그러한 토지들이 모두 예전과 같이 무주 진전으로 돌아가지는 않았다. 즉 ②의 경우 기해양전상에는 구진 무주였으나 1759년에는 서만복으로, ③의 경우 노 개선으로, ④의 경우는 노 계봉으로 명시되고 있다. 이들 토지는 무주의 진전이 아니라 유주(有主)의 진전이라는 것이다. 그리고 그러한 토지의 소유주를 '시(時) 누구'라고 기록하고 있는 것이다. 사례 ①도 1719년에 이봉석이 기주로 등재되었다가 1748년에 일부의 토지를 노망태가 소유하게 되었으며, 다시 1759년에는 노예춘이 소유하게 되었다는 것을 보여준다. 그만큼 현재 토지를 소유하고 있는 지주(地主)에게 토지소유권을 명확하게 표기해두고자 하는 농촌현실을 반영시키고 있는 것이다.

그렇다면 새롭게 등장한 '시(時)'에 관한 해석이 주목된다. 이를 단지 토지를 빌려 짓는 차경인, 즉 시작인(時作人)을 가리키는 것으로 볼 수도 있다. 그러나 이 진전양전은 단순한 답험의 장부가 아니라 진전의 변동과 소유자의 변동 상황을 기록한 대장이었고, 정안(正案)으로서 양안이라는 점을 고려해야 한다. 왜냐하면 현재 진전인 토지를 파악하는데, 굳이 진전 상태 이전에 경작했던 시작인을 조사할 필요는 없었을 것이기 때문이다.

이를 구체적으로 해명하기 위해서는 양전사목의 규정 변화를 면밀하게 검토해야 할 것이다. 경자양안에서 기록되었던 구주(旧主), 기주(起主), 금(今)이라는 표기와 관련하여 이 시기 '시'라는 표기가 등장하게 되는 계기를 살펴보아야 한다. 그런데 '시'라고 기록하는 형태는 이미 갑술양안 당시에도 적지 않게 나타난다고 한다.[31] 그렇지만 양전과정에서 명시적으로 '시'를 기록해 두어야 한다는 규정이 나타난 것은 1720년 경자양전 이후의 일이었다.

① 양전을 다시 실시할 때 오래된 전답의 송사를 곧 결정할 만한 것은 곧바로 처결하여 주인과 그렇지 않은 사람을 정하여 결정하고 실상에 따라 양안에 올린다. 그러나 상세한 조사가 미치지 못해 갑자기 처결하

31) 1634년 갑술양전 당시에도 시집(時執) 또는 시작(時作)과 같은 표기가 나타나고 있는데, 이는 경작자인 동시에 사실상의 소유, 지배라는 의미를 담고 있다고 한다(이영훈, 1997, 앞의 책, 78~96쪽).

기 어려운 것은 임시로 현재 차지하고 있는 사람을 시집(時執)이라고 하여 양명(量名)으로 기록하되 조용히 조사하여 과연 본래의 주인이 있으면 양안에 (기록된) 이름에 구애받지 말고 곧바로 추심하여 준다. 만약 (그 토지와) 관련이 없는 사람이 토지의 본 주인이 먼 곳에 있는 틈을 타서 다른 사람의 전답에 자기 이름을 몰래 기록하여 뒷날에 멋대로 점유할 계책을 삼으면 전가 사변한다.32)

② 전과 답을 가리지 말고 일일이 지역을 돌아다니면서 답험할 것. 재실과 진기는 눈으로 보이는 바대로 기록하고 시작명(時作名)은 아울러 별도의 대지에 명백하게 기록하여 둔다. 또한 밭에는 파종하는 곡물 이름을 구별하여 기록할 것이다.33)

인용문 ①은 1743년(영조 19)에 편찬한 『신보수교집록』에 수록된 부분이다. 개량할 때 오랫동안 토지의 소유권을 둘러싸고 송사가 있는 필지에 대해 소유권 판정방식을 규정한 부분이다. 그 중에서도 토지의 주인을 처결하기 곤란한 곳은 '시집(時執)'이라고 양안상에 올리고, 추후에 조사하여 본주가 있으면 양안상에 등재된 이름에 관계없이 본주에게 돌려주라는 것이었다. 여기서 "잠시 현재 차지하고 있는 사람"이란 일반적으로는 토지의 영유자이기는 하지만, 소유자로서 입증할 만한 이전의 공문서,

---

32) 위의 규정 중 "이시집현량(以時執懸量)"의 해석은 여러 갈래 해석이 가능한데, 관건은 '시집(時執)'을 '시집한 사람'이라고 보느냐 아니면 특별히 '시집'이라고 별도로 표시하는 경우로 볼 수 있느냐이다. 여기서는 일단 후자의 견해를 취했다(『新補受教輯錄』 戶典 量田(규장각자료총서 법전편, 1997, 서울대학교 규장각, 434쪽), "改量時 久遠田畓之訟 卽決者 趁卽處決 定其主客 從實懸量 而有未及詳查 難處於遽決者 姑以時執懸量 而從容查卞 果有本主 則勿以量名爲拘 卽爲推給 如有不干之人 乘其本主在遠 暗錄己名於他田畓 以爲日後橫占之計者 全家徙邊."

33) 『烏山文牒』 己卯 8월 「量田踏驗節目」, "一. 勿論田畓 一一逐庫踏驗 灾實陳起 一從目所見 時作名 幷以明白懸錄於帶紙 田則所播穀名 亦爲區別懸錄爲齊."

예컨대 양안이나 관에서 발급한 문서를 갖추고 있지 못한 사람을 가리킨다.[34] 이는 사실상 1720년 숙종의 전교에 의해 확정된 원칙이었지만, 실제로 경자양전을 실시할 때 양안에 반영되었는지는 알 수 없다.[35]

이 규정은 경자양전과 그 이후에 발생하는 토지소유권의 분쟁을 대비하는 규정으로서 향후 토지소유권자의 판정방법을 명시적으로 규정하였다는 점에서 중요했다.[36] 그래서 『신보수교집록』에 수록되었을 뿐만 아니라 1744년(영조 20)에 속대전을 편찬할 때도 그대로 삽입되었다.[37]

인용문 ②는 충청도 예산 지방에 1759년(영조 35) 8월에 내린 「양전답험절목(量田踏驗節目)」의 일부분이다. 이것은 당시 충청도와 전라도 일대에서 시행한 '기묘사진'의 일환으로 한 답험조사의 세부방침을 구체적으로 설명한 것이다.[38] 특히 토지의 경작상태를 조사하는 답험과정에서 시작명을 아울러 조사하였다는 점에서 중요하다. 그런데 조사대상이 단지 '시작명'만을 대상으로 한 것이 아니라 소유자명을 함께 기록했다는 점이 주목할 만한 점이었다.[39] 또한 적는 방식이 원장부에 기록하는 것이 아니라 별도로 대지(帶紙)에 붙여 기록한다는 점에서 양안의 소유자 등재와는

---

34) 『신보수교집록(新補受教輯錄)』 戶典 量田(규장각자료총서 법전편, 432쪽), "陳田並皆懸錄主名 無主處亦以無主懸錄 量後願爲起耕者 呈本曹受立案 然後依法永作己物 無文籍僞稱己物 欲爲懸主於量案 查覈現露 則論以冒占之罪 全家徙邊."

35) 『신보수교집록』 戶典 量田(규장각자료총서 법전편, 434쪽), "馬位田一体行量 而執折則 勿許變改 以時執載案 康熙庚子承傳."

36) 최윤오, 2001, 「조선후기 토지소유권의 발달과 지주제」, 연세대 사학과 박사학위논문, 32~42쪽.

37) 『續大典』 戶典 量田의 細注에도 '시집(時執)'이라는 규정이 실려있다. "相訟田地已決者 以決得人懸主 未決訟者 姑以時執懸主 而推後查卞 勿以量名爲拘 ○ 陳田亦皆懸主 無主處 以無主懸錄 無文籍僞稱己物懸主者 杖一百遠地定配 ○不干之人 乘其本主在遠 暗錄己名於他人田地者 杖一百流三千里."

38) 『烏山文牒』 己卯 8월, 「量田踏驗節目」(『각사등록 10-충청도편 5』, 국사편찬위원회, 609~610쪽) ; 최윤오, 2000, 앞의 논문, 231~238쪽.

39) 『居官大要』(奎古5122-7), 「田畓踏驗規式」, "踏驗時 毋論田畓懸起實下 田畓主名時作人名 雙書於裳紙.", 44쪽 참조.

구별되고 있다. 이러한 기록방식은 이전의 개인이나 궁방의 토지에서 도조를 조사할 때 흔히 나타나는 방식이었으나 이 시기 군현단위의 양안작성과정에서 특별히 채택되어 소유자와 함께 시작인을 동시에 파악했다고 보기는 어려울 것이다.

이와 같이 1759년 전라도 고산현 양안에 나타난 '시(時)'는 이 시기 양안상의 기재형태와 양전규정상으로 보아 특정한 의미를 담고 있다고 하겠다. 즉 '시'란 법전규정상으로는 아직 본주(本主)가 나타나기 이전에, 혹은 본주로 확정하기 이전에 '임시로 잠정적인 소유자'로 규정한다는 것을 의미했다. 이에 따라 양전할 당시에 토지소유자를 조사할 때는 이전의 토지주인을 뜻하는 구주(旧主)나, 양안상에 기록된 양주(量主)와 대비되는 의미로 썼던 것이다. 결국 양안상에 등장한 '시'는 토지를 새로 조사할 당시 '현실의 토지소유자'라는 의미였다. 그래서 보다 확정적인 토지소유자로서의 성격을 확정짓기 위해서는 군현단위의 전면적인 양전을 통해서 새롭게 양안이 정리되지 않으면 안되었다. 실제 그러한 양전이 일부 지역에서 실시되고 있었다. 그러면 실제로 이 시기 현실의 토지소유자가 양안에 어떻게 등재되어 파악되고 있었는지에 대해 살펴보기로 하자.

3. 충청도 회인현의 양전 시행과 양안 작성

18세기 중반 이후 농촌사회의 변화와 농민층 분화를 알 수 있는 사례를 발견하기 무척 어렵다.[40] 그 중에서 충청도 회인현(懷仁縣) 양안(量案)을

40) 1791년(정조 15)에 만들어진 전라도 고부군 성포면(聲浦面) 양안이 있으나, 전후로 비교할 만한 자료가 없다(김용섭, 1995, 「『고부군성포면양안』의 분석 - 정조 15년(1791) 고부민의 농지소유」『증보판 조선후기농업사연구[Ⅰ]』, 지식산업사, 209~236쪽).

주목할 필요가 있다.[41)]

회인현 양안은 최근까지도 정확한 작성연대를 알 수 없었다. 왜냐하면 양안의 겉 표지나 뒷 부분이 낙장이 되어 있어 작성한 일자나 양전관리의 이름이 기록되어 있지 않기 때문이다. 초기 연구에서는 경자양전 보다 진전(陳田)이 많이 나타난다는 점에 주목하여 1669년(현종 10)에 작성된 양안이라고 추정하였다.[42)] 이 양안이 그 동안 주목받아온 이유는 다름이 아니라 양안상의 이름 기재방식의 변화를 알 수 있는 사례로 간주했기 때문이었다.[43)] 그러나 최근 양안의 원본이 재발견되고 작성연대 추정이 수정됨으로써 새로운 해석이 가능하게 되었다.[44)]

우선 회인현 양안의 체제와 내용에 대해서 살펴보자. 회인현 양안에 수록된 범위는 28개 자호에 걸쳐 있으며 자호의 순서상 3개의 지역으로 분리되어 있음을 알 수 있다. 따라서 현 전체의 양전결과를 수록한 자료는 아니다. 다만 확인할 수 있는 필지는 총 1,628필지이며, 총결수는 125결 정도였다.[45)] <표 4>는 자호별로 전답의 구성을 나타낸 표이다.

---

41) 조선후기 회인현에서는 여러 차례 양전을 시행했겠지만, 그 동안 조사된 양안은 남아있지 않다. 다만 1901년 5월에 작성된 광무양안이 있으므로 상호 비교할 수 있는 사례분석의 대상이 된다(『忠淸北道懷仁縣量案』(규17684), 6책, 지계아문 편, 1901년).

42) 회인현 양안은 양란 이후 1669년(현종 10) 충청도 양전에서 1709년(숙종 35) 호서 양전 당시까지 사이에 작성된 것으로 추정하였다. 더 정확하게는 1669년(己酉) 충청도 양전을 전후해서 개별적으로 작성된 것으로 추정하였다(김용섭, 1970, 앞의 책, 81~82쪽).

43) 오인택, 1996, 앞의 논문, 177~179쪽. ; 이영훈 1997, 앞의 책, 69~71쪽, 95쪽.

44) 이 양안은 표지가 없으며, 양안의 뒷장에는 1938년 6월 3일 조선사편수회에서 구입한 자료라는 도장(구입번호 1,120번)이 찍혀있을 뿐이었다. 이 자료는 1927년에 충청북도 사료조사과정에서 수집된 일군의 문서들과는 다르다. 1938년에 별도로 구입한 것으로 보인다. 현재 국사편찬위원회에 소장되어 있으며, 제목은 『전답등별기(田畓等別記)』(B13G86)이다. 1책 분량이며 크기는 38×31.5㎝이다.

45) 회인현 양안상 전체결수는 알 수 없다. 자호를 기준으로 28자호, 140결이기는 하지만, 결부를 확인할 수 있는 필지만을 대상으로 하면, 125결 18부 2속이었다.

<표 4> 회인현 양안의 자호별 전답구성(단위 : 결.부.속, %)

지구	자호	필지수	전	답	전 비율	지구	자호	필지수	전	답	전 비율
Ⅰ	玄	55(63)	1.96.2	3.03.8	39.2	Ⅱ	藏	65	4.61.0	39.0	92.2
	黃	90	4.59.8	40.2	92.0		潤	82	5.00.0	0	100
	宇	81	5.00.0	0	100		餘	47	5.00.0	0	100
	宙	49	3.46.3	1.53.7	69.3		成	61	4.92.2	7.8	98.4
	洪	94	3.75.5	1.24.5	75.1		歲	45(?)	*	*	*
	荒	64	3.35.8	1.64.2	67.2	Ⅲ	景	19(60)	4.66.4	33.6	93.3
	日	48	4.18.6	81.4	83.7		行	61	3.00.6	1.99.4	60.1
	月	56	4.80.4	19.6	96.1		維	64	4.93.7	6.3	98.7
	盈	56	4.57.5	42.5	91.5		賢	65	4.77.9	22.1	95.6
	昃	47	5.00.0	0	100		剋	80	3.85.1	1.14.9	77.0
	辰	47	5.00.0	0	100		念	46	4.86.3	13.7	97.3
	宿	28(?)	*	*	*		作	59	4.79.1	20.9	95.8
Ⅱ	收	54(75)	4.95.3	4.7	99.1		聖	44	4.73.8	26.2	94.8
	冬	110	5.00.0	0	100		德	33(?)	*	*	*

참고 : 玄자는 총 63필지(1-8번 필지 모름, 55필지만 등재되어 있음), 月(19번부터 40번까지 20필지 결), 宿(29번 이하 결), 收(21번까지 결), 歲(46번이하 결), 景(41번까지 결), 德(34번이하 결) ; * 표시는 자호결수 집계가 없는 것을 말함.

위의 양안상 천자문 자호의 합계가 등재된 집계를 살펴보면, 전이 110결 81부 5속이며, 답이 14결 18부 5속이었다. 그 중에서도 우, 오, 진, 동, 윤, 여 등의 지역은 모두 밭으로 구성된 토지였으며, 전체적으로 전의 비중이 높아 88.6%에 이르고 있었다.

회인현 양안의 수록 지역은 연속된 자호의 순서로 보아 Ⅰ, Ⅱ, Ⅲ 지구로 나뉘어진다. 앞의 두 지구는 동일한 면내에 소재한 토지일 가능성이 높았다. 20세기 초에 작성된 「회인현양안(1901)」과 「소명성책(小名成冊, 1907)」에서 근거를 찾아볼 수 있다.[46] 그 중에서도 뒤의 자료에 수록된

그 중에서 전은 56결 80부 9속으로서 총결수의 45.4%를 차지한다. 무주(無主) 진전은 127필지, 17결 35부 8속이나 되었다.

46) 『忠淸北道懷仁縣量案』(규17684), 6책, 지계아문편, 1901년 ; 『懷仁郡丙午條川沙田畓石數結數踏査小名成冊』(규16396), 청주세무소, 1책(124장) 1907년.

내용에 의하면, 자호는 대체로 본 회인현 양안과 비슷한 순서를 가지고 있었다. 현(玄)-월(月)자를 포괄하는 Ⅰ지구는 대개 교동평(校洞坪), 애치평(艾峙坪), 용상동평(龍上洞坪) 등에 분포하고 있다. 수(收)-세(歲)자를 포괄하는 Ⅱ지구는 눌곡평(訥谷坪), 죽암평(竹岩坪), 황평리평(黃坪里坪) 등이다. 이곳은 다름 아닌 읍내면에 소재한 지역을 말한다. 반면에 경(景)-덕(德)자가 있는 Ⅲ지구는 계산평(桂山坪), 수곡평(首谷坪), 청룡평(淸龍坪), 두산평(斗山坪)을 포괄하고 있다. 이곳은 당시 북면(北面)이다. 지금의 행정구역상으로는 충청북도 보은군 회북면(懷北面) 북부 및 청주시 가덕면(加德面)의 일부에 해당된다.

회인현은 북으로 구룡산을 중심으로 하여 읍치를 아우르는 산줄기가 내려오는 지형이었으며, 산이 높고 골이 깊었다. 그래서 문의(文義)의 동쪽은 전토가 좋고 회인(懷仁)의 북쪽은 산수가 좋아 그리로 옮겨가서 살고자 한다고 할 정도였다. 이런 지리적 조건 때문에 답에 비해서 전이 압도적으로 높은 비율을 나타내는 것은 당연했다.[47)]

18세기 당시 이 지역에서는 흉년이 여러 차례 거듭되고 기민들이 발생함에 따라 인구의 변동이 극심하게 일어나기도 했다. 그래서 호서의 다른 지역에 재결을 처리하거나 속전으로 편입시킬 때 전형적인 사례가 될 정도였다.[48)] 회인현의 인구동태를 살펴보면 1759년(영조 35) 기묘장적에서는 6개 면 41개 리에 원호 1,006호, 인구 2,196명이었다.[49)] 이후 1789년(정조 13)에는 13개 리가 증가하였으며, 원호도 184호, 인구도 2,272명이나 증가하였다. 이전에 비해서는 원호수가 18.3%, 인구수도 103.5%나 증가하였던 것이다. 당시 흉년이 빈번함에 따라 정부의 구휼조치가 집중적으로

---

47) 『湖西邑誌』(1871)에 의하면, 한전이 991결 34부 7속, 수전은 168결 32부 7속으로 총 1,159결 67부 4속이었다. 한전의 비율은 85.5%로서 위 양안의 비율과 비슷하다.

48) 『비변사등록』 영조 33년 4월 28일, 12-952쪽 ; 영조 34년 2월 13일, 13-63쪽.

49) 『輿地圖書』(영조 36년, 1760), 국사편찬위원회, 344쪽 ; 『호구총수』(정조 13년, 1789), 서울대학교 출판부, 97~98쪽.

이루어진 데 힘입은 것이었다.

이런 상황에서 회인현과 같이 결폐가 심한 지역에서는 양전이 필요하다는 논의가 재삼 강조되고 있었다. 1778년(정조 2) 당시 충청도감사 서유린(徐有隣)은 기묘사진 이후에도 진답이 4천여 결이나 문제로 되고 있으니까 개량을 하는 것이 최선의 방책이라고 하였다.[50] 회인현 지역에 양전이 바로 실시되지는 못했다. 실제로 실시된 것은 1791년(정조 15, 신해) 12월이었다. 충청도는 결폐가 심했던 청안, 결성, 회인 등 3읍에 양전을 실시하려고 하였다. 충청감사 박종악(朴宗岳)은 결성과 회인의 양전이 이미 시작되어 해가 바뀌면 마칠 수 있을 것이라고 하면서 양전의 완료를 독려하고 있었다.[51] 그래서 이때 만들어진 양안이 현재 남아있는 회인현 양안일 가능성이 높다. 왜냐하면 1791년 이전에 회인현에 양전 실시에 관한 기록을 찾을 수 없다는 점과 아울러 양안에 등재된 인물이 대개 영·정조 년간에 생존했던 인물이라는 점을 고려했기 때문이다.

이렇게 새롭게 연대를 측정할 수 있다면, 회인현 양안에 기록된 기재내용과 토지소유자의 등재형태를 전면적으로 재검토할 필요가 있다.

회인현 양안상에 기재된 표기방식은 대개 경자양안의 것과 대동소이했다.[52] 첫 번째 사례는 현(玄)자 10번과 11번의 답을 기록한 것이다. 지번을 필두로 하여 남범(南犯), 북범(北犯) 등 양전 방향과 필지, 재직(裁直), 제(梯),

50) 『비변사등록』 정조 2년 1월 10일, 15-555~557쪽.

51) 『비변사등록』 정조 15년 12월 25일(17-921쪽) ; 『승정원일기』 정조 15년 12월 25일(90-167~168쪽), "此忠淸監司 朴宗岳狀啓也 以爲淸安等三邑量田 己爲設施 而結城·懷仁兩邑事役 旣至就緖 待歲翻 可以告訖."

52) 초기 연구에서 회인현 양안의 일부내용을 예시해서 소개할 때, 기(起) 앞에 사표를 생략하고, 토지소유자의 표기 앞에 구(旧)와 시(時)를 생략하여 간략하게 소개하였다(김용섭, 1970, 앞의 책, 83쪽). 이에 따라 회인현 양안에서 주 규정이 보이지 않는다는 점, 기경 상태를 나타내는 기(起)만 나타나고 있다는 점이 부각되었으며, 경자양전 이전단계에는 기주(起主)가 성립되어 있지 않았으며, 무성(無姓)의 명자(名字)형태가 지배적이었을 것으로 추정했다(이영훈, 1997, 앞의 책, 69~71쪽, 95~96쪽).

구(句) 등 전답모양, 장광척, 전답의 등급, 결부수, 동서남북 주변토지의 소유자를 표시한 사표(四標), 전답의 경작여부를 표시하는 진(陳), 기(起), 그리고 전답을 소유하고 있는 소유자명의 순으로 되어 있다.[53] 10번 필지에는 구주(舊主)를 '덕지(德只)'로 기록해 두고, 시주(時主)를 '우사호노정애(禹師浩奴丁愛)'로 기록해 두었다. 11번 필지에는 구주를 '룡례(龍禮)'로, 시주를 '우택정노룡례(禹宅鼎奴龍禮)'로 표시해 두었다.

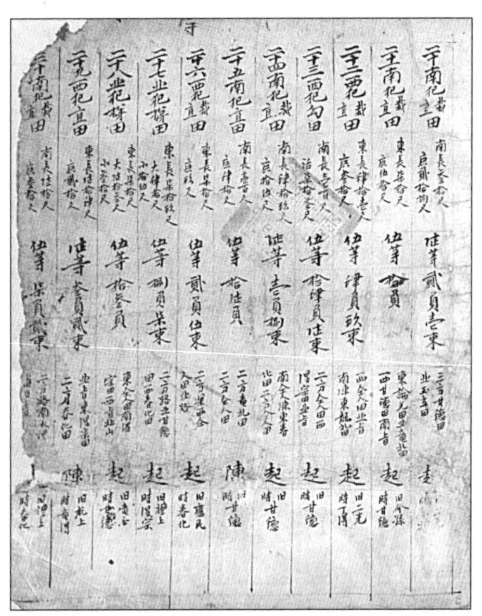

<그림 1> 회인현 양안 우자 20~30필지(『전답등별기』 국사편찬위원회 소장)

두 번째 사례는 우(宇)자 21번부터 27번까지 전을 기록한 것이다. 여기서도 앞의 것과 같은 형식이다. 다만 소유자명이 성(姓)이 없이 2자로 기록되어 있다. 감덕, 정득, 득종 등이 그러한 예이다. 특이한 점은 23번과 24번 필지의 구주와 시주가 같은 사람인 '감덕'으로 기록한 것이다. 세 번째 사례는 우(宇)자 60번 필지로서 시주가 성과 이름을 같이 표기하는 '김수만'의 형태로 기록되어 있다.

회인현 양안에서는 소유자명을 표시하는 방식으로 구(旧), 시(時)로 표기한 점이 가장 큰 특징이다. 구주명은 모두 성이 없는 명자(名字)로 되어

53) 회인현 양안의 기재양식은 경자양안 중 경상도 지역의 양안에서 보이는 5결 1자호의 원칙을 따랐고, 경작 여부를 중시하여 기(起)를 기재한 점에서 전라좌도 양안의 형식을 반영했다(오인택, 2000, 앞의 논문, 174~181쪽 참조).

<표 5> 회인현 양안의 기재방식

사례	자호	지번	양전방향	토지모양	장광척	등급	결부	사표	기진	구시	소유자명
1	玄字	十	南犯	直畓	東長玖拾伍尺 廣貳拾貳尺	參等	拾肆負陸束	東渠北德只畓西龍礼畓南乙生畓	起	旧時	德只 禹師浩奴丁愛
		十一	北犯	句畓	東長長玖拾尺 活貳參壹尺	參等	陸負陸束	東丁愛畓北水礼畓西甘德畓南成云畓	起	旧時	龍禮 禹宅鼎奴龍禮
2	宇字	二十一	南犯	裁直田	東長柒拾尺 廣伍拾尺	伍等	拾負	東論先田北龍礼田西甘德田南旨	起	旧時	介孫 甘德
		二十二	西犯	裁直田	東長肆拾壹尺 廣參拾尺	伍等	肆負玖束	西仝人田北旨南陳東龍礼田	起	旧時	二先 丁得
		二十三	西犯	句田	南長壹百尺 活柒拾參尺	伍等	拾肆負陸束	二方仝人田西得宗田北旨	起	旧時	甘德
		二十四	南犯	裁直田	南長肆拾玖尺 廣拾伍尺	陸等	壹負捌束	南仝人陳東春化田二方仝人	起	旧時	甘德
		二十七	北犯	梯田	東長柒拾玖尺 大肆拾尺 小拾伍尺	伍等	捌負柒束	二方路北甘德田西春化田	起	旧時	禮上 得宗
3	宇字	六十	西犯	裁直田	南長玖拾尺 廣柒尺	陸等	壹負陸束	二方先丹田北甘德西福男田	起	旧時	汗徵 金水萬

있는 반면, 시주명은 세 가지 형태로 나뉘어져 기록되어 있다. 우선 성명(姓名)과 노(奴)와 명(名)으로 구성되어 있는 경우이다. 첫 번째 사례가 여기에 해당한다. 다음은 성명의 형태로 나오는 경우이다. 세 번째 사례가 그러한 예이다. 마지막으로는 명 2자의 형태로 나오는 경우로서 두 번째 사례가 해당된다. 세 가지 형태의 소유자명 기록방식을 필지별로 구분하여 표시하면 <표 6>과 같다.

여기서는 회인현 양안에 수록된 전체 1,628필지에서 인명을 알 수 없는 필지, 관둔, 교위, 무주 등 197필지를 제외하고 모두 1,431필지를 분석의 대상으로 했다. 우선 노비소유자는 모두 134필지로서 9.3%의 비중을 차지하고 있었다. 성명기록자와 명기록자는 각각 170필지와 1,127필지로 나타났으며, 명기록자의 비중이 78.8%에 이르는 다수를 차지하고 있음을 알 수 있다.

그런데 필지를 기준으로 하지 않고 하나의 인물을 중심으로 재분류했을

<표 6> 회인현 양안의 인명기재방식

사례	필지수	비중	사람수	비중	수정필지수	비중
노비소유자	134	9.3	111	31.3	618	43.2
성명기록자	170	11.9	128	36.0	418	29.2
명기록자	1,127	78.8	116	32.7	395	27.6
합계	1,431	100	355	100	1,431	100

때는 양상이 크게 달라진다.[54] 특히 노비소유자의 경우에는 자신의 이름과 노비를 일일이 밝혀서 기록하지 않고, 대표적으로 1, 2필지에 기재한 후, 나머지는 노비명으로써만 등재하는 경우가 많았다. 예컨대 위의 사례에서 등장하는 '우택정노룡례'는 1필지에 불과하고 8필지는 '룡례'의 이름으로 등재시키고 있는 것이다.[55] 그리하여 노비소유자는 사람 수로서는 성명기록자, 그리고 명기록자와 거의 비중이 같았지만, 실제 소유한 토지는 상당히 높은 수치인 43.2%에 이르게 나타났다. 그만큼 노비소유자가 본인 소유토지를 자기 휘하의 노비 이름으로 등재하고 있는 경우가 많다는 것을 알 수 있다.

이런 표기형태는 경자양안의 경우에서 크게 벗어난 것은 아니었다. 그렇지만 일반적인 경자양안에서는 구주, 기주, 혹은 금주의 형태로 기록

54) 조선후기 양안에서는 일반적으로 양반의 이름과 노명이 같이 기재되는 경우보다는 노명으로 표시하는 경우가 훨씬 많았다. 1820년(순조 20) 양전사목에서도 종래 사대부의 경우에는 자기 이름을 쓰지 않고 노명을 쓰는 폐단이 많았다고 지적하고 있다(『量田事目』(庚辰5月, 純祖20) 吏關草, "曾前田案中 士夫不書名 只書奴名 混而難辨 今則二品守監司以上 書其姓某職某奴某 正三品以下 悉書姓名及奴名 良民具姓名 公私賤只書其名爲乎矣"). 회인현의 경우 동일한 노비명을 사용하는 노비소유자인 양반호는 거의 발견되지 않았다는 점과 산간벽지인 회인 지역에서 비교적 예속관계가 높았을 것을 고려하여 노비명의 토지를 양반호의 것과 합산하여 처리하였다.

55) 노비소유자와 노비를 합산하여 처리할 때 물론 오류가 발생할 수도 있다. 그렇지만 회인현 양안에서는 동명이인으로 추정될 수 있는 인물은 그다지 많지 않았다. 특히 양반 상전의 이름으로 기록된 토지 뒤에 바로 노비명이 거론되는 것으로 보아, 양안의 기록관행상 앞에 기록된 노비소유자의 토지라고 추정할 수 있다.

된 데 반하여, 회인현 양안은 구주와 대비되는 시주를 등재시키고 있다는 점에서 차이를 보이고 있었다. 다시 말해서, 회인현 양전은 1720년 경자양전 이후 변화된 농촌현실을 반영하면서도 토지소유자의 변동을 '시(時)'의 형식으로 파악해 내려는 것이었다.

이것은 앞서 살펴보았듯이 18세기 중반 이후 전라도 고산현 진전양안에서 기재된 '시'라는 파악의 연장선상에 있으면서 한 단계 더 진전된 것이었다. 회인현 양안에서는 이를 이제 양안의 기재방식 안에 공식적으로 도입했다는 것이다. 이렇게 기재양식의 변화를 보인 배경에는 당시 농촌사회에서 토지소유권 의식의 발달과정과 깊은 관련성이 있을 것이다. 이러한 측면은 회인현 양안에 등재되어 있는 시주의 실명 여부와 함께 그들의 사회적 지위를 살펴봄으로써 해명할 수 있을 것이다.

4. '시주(時主)'의 존재와 양안상의 성격

회인현에는 예로부터 단양우씨(禹氏)와 남원양씨(梁氏), 그리고 영해박씨(朴氏)의 세 성씨가 매우 유명하였다.[56] 그래서 속칭 '우양박'이라고 불렀다. 여기서는 회인의 주요 성씨 중에서 단양우씨와 영해박씨, 남양홍씨, 고령신씨 문중의 인물들을 중심으로 살펴보기로 하자.[57]

우선 단양우씨는 읍내면 동북쪽에 위치한 애곡(艾谷), 혹은 애치(艾峙)라고 불리는 쑥티에서 동족마을을 이루고 살았다고 한다. 양안상에 나타난 인물을 보면 다음과 같다.

---

56) 김건식, 1999, 『보은의 지맥과 인맥』, 보은문화원, 301~312쪽.

57) 이하는 2001년 3월 회인 답사를 통해 현지에서 직접 조사한 내용을 토대로 하고 있다. 당시 회인 향교의 자료를 열람할 수 있게 편의를 봐주신 우쾌명씨를 비롯하여, 박근수씨, 홍송영씨, 향교의 전교로서 자료를 정리해 주신 김동기 선생님께 감사를 드린다.

<표 7> 단양우씨의 양안상 이름 등재와 소유규모

이름	소유토지	양안상의 등재방식(필지수)	자명	생몰연대
우간호	23부 4속	禹簡浩奴先丹(1)/先丹(3)	衡叔	
우계호	21부 9속	禹繼浩奴丁得(1)/丁得(4)	善淑	을축(1745)-정묘(1807)
우기호	52부 2속	禹基浩奴乙生(1)/乙生(9)	子吉	신사(1701)-계묘(1783)
우룡복	16부 8속	禹龍卜奴得宗(1)/得宗(1)		
우사호	64부 6속	禹師浩奴丁愛(2)/丁愛(5)	士宗	임술(1742)-병진(1796)
우성구	64부	禹聖九奴春化(1)/春化(13)	君範	무신(1728)-기사(1809)
우성치	98부 3속	禹聖置奴德只(1)/德只(13)		
우행호	92부 1속	禹行浩奴每化(1)/每化(9)		
우택정	83부 9속	禹宅鼎奴龍禮(1)/龍禮(8)	和重	무자(1708)-계축(1793)
우면호	24부 4속	禹勉浩奴先萬(1)	昌哉	기묘(1759)-갑인(1794)

단양우씨들은 회인에 세거한 주요한 양반 성관 중의 하나였다. 단양우씨들은 대개 실명으로서 등재하고 있었다. 토지소유자의 기록은 자기 이름과 노명을 함께 연이어서 기록하는 노비소유자 방식과 함께 명기록자의 형태로 노비명을 기재하는 두 가지 방식을 채택했다. 이 중에서 우택정은 이 지역에서 유학자로서 저명하였다.[58] 그는 1757년(영조 33)에 흉년에 대한 구휼사업이 벌어졌을 때 마을사람들과 같이 상경하여 영조 임금을 뵙고 사은하기도 했다.[59] 우택정과 우면호는 족보상으로 조손(祖孫)관계로 확인되는데, 아들인 우성률의 경우에는 1781년(정조 5)에 사망하여 이 양안에는 어떤 토지도 소유하지 않은 것으로 나타났다.[60] 반면 우기호의 경우에는 이미 사망했음에도 어떤 사정이 있었는지 그대로 등재되어 있다.[61]

58) 우택정은 자가 화중(和仲)이고 호가 봉곡(蓬谷)으로 입향조 세문의 5세손으로 자질이 효우하고 재주가 민첩하여 경사에 밝고 성리지학에 달통했다고 한다. 그는 어렸을 때부터 스스로 독서하여 학문을 대성시켜, 모산초당을 짓고 후학을 길렀다. 그래서 그를 인산부자(仁山夫子)라 불렀다고 한다(朴文鎬, 『壺山集』 권48, 「仁山六處士傳」).

59) 『영조실록』 권90, 영조 33년 8월 23일, 43-660쪽.

60) "성률(禹聖律), 생부 천장(天鼎), 양부 택정(宅鼎), 자명(字名) 대지(大之), 병오(1726)-신축(1781)"(『단양우씨 대동보』 3권, 458쪽 참조).

이렇게 회인현의 양전조사에서 단양우씨의 경우에는 대부분의 필지에 대해 실명을 사용하여 등재하고 있으며, 일부 필지에 대해 종전의 소유자명을 그대로 기록하고 있음을 알 수 있다. 한편 단양우씨 일가의 등재기록상 특징으로 보아서, 노비소유자들은 양반으로서 자기의 실명을 사용하여 한두 필지만 등재시켜 놓는 대신에, 나머지 필지에서는 노비의 이름으로 등재했을 것이라고 추정할 수 있었다.

다음으로 영해박씨 문중의 경우를 살펴보자.[62] 영해박씨의 경우에는 청주목사 박채(朴彩)의 6세손 효원(孝元)이 광해군 때 옥천군 소남면 가삼리에서 살다가 회인으로 들어와서 눌곡리(訥谷里)에 살았다고 한다.

그래서 후손들은 계속해서 이곳에 거주하고 있었다. 그러던 중 19세기말에는 호산(壺山) 박문호(朴文鎬)는 이 지역 유림의 핵심으로서 풍림정사에서 수많은 제자들을 가르친 유학자로 유명하기도 했다.

영해박씨들도 실명을 그대로 사용하였다. 박찬, 박침, 박현 등을 비롯한 일가 친척들은 당시 이 지역의 향안에도 그대로 올라가 있는 인물이었다. 이중에서 박성윤, 박성진, 박재겸 등은 자기의 이름으로는 1필지 정도였고 나머지는 모두 노비명으로 등록하고 있다. 박성천(朴性天)은 자기의 이름과 더불어 노비명인 '시례'로 각각 3필지와 6필지를 등재시키고 있었다. 그리고 박희서(朴熙瑞)의 경우에는 모두 23필지 중에서 자기의 이름으로는 3개의 필지에 등록하고 있었으나 기례, 어덕, 취강 등 각기 다른 노비명을 사용하고 있었음을 알 수 있다. 박성윤과 박성천, 박재겸, 박찬, 박희서

---

61) 족보상으로 보면, 우기호의 자손은 출계한 아들 집원(執元, 1726~1748)과 역시 출계한 손자 익주(益疇, 생부 집형, 1749~1806), 아들 집형(執亨, 1728~1803)과 손자 범주(範疇, 1752~1817) 등이 있어 복잡한 구성을 보여주고 있는데, 이러한 상황이 시주 등재의 미변경과 관련이 있었을 것이다(『단양우씨 대동보』 3권, 444~445쪽 참조).

62) 『寧海朴氏大同譜』 권2~권3, 「太師公派, 懷仁門中」, 45~75쪽 ; 『寧海朴氏牧使公派派譜』, 1985, 회상사) 권1, 8~101쪽, 족보에는 출생년도만 표기될 뿐 사망년도는 표시되지 않았음.

<표 8> 영해박씨의 양안상 이름 등재와 소유규모

이름	소유토지	양안상의 등재방식(필지수)	자명	생몰연대
박경신	17부 3속	朴慶新奴貴奉(1)/貴奉(1)		
박광휘	3부 2속	朴光輝(1)/光輝(1)		
박련	24부 2속	朴鍊奴日生(1)/日生(1)	士甫	경신(1740)-
박사빈	5부 1속	朴思彬奴多可金(1)/多可金(1)		
박사심	11부 4속	朴思審奴以每(1)		
박석희	48부 3속	朴錫希奴玉三(1)/玉三(2)		
박성보	5부 3속	朴聖甫奴允今(1)		
박성연	32부 1속	朴性淵奴万丹(1)/万丹(3)		
박성윤	1결 68부 2속	朴性潤奴丁位(1)/丁位(23)	性直, 字 眞卿	병인(1746)-
박성진	94부 7속	朴性眞奴時丹(1)/時丹(10)		
박성천	1결 49부 6속	朴性天奴時禮(3)/時禮(6)		
박성호	5부 2속	朴性浩奴時才(1)	善養	신사(1761)-
박성홍	1부 9속	朴性洪奴五壯(1)	子寬	갑신(1764)-
박재겸	1결 62부 5속	朴在謙奴朔不(1)/朴在謙奴乭奉(1)/朔不(15)		
박진홍	14부 4속	朴鎭鴻奴七才(1)		
박찬	1결 20부 1속	朴鑽奴三月(1)/三月(8)	士順	을묘(1735)-
박침	59부 2속	朴鍼奴連香(1)/連香(7)	士經	갑자(1744)-
박현	15부 1속	朴鉉奴千禮(2)/千禮(3)	士玉	경술(1730)-
박협	28부 6속	朴鋏奴丙戌(1)/丙戌(5)	士夾	기묘(1735)-
박호	3부	朴鎬奴千德(1)		병인(1746)-
박용	48부 9속	朴鏞奴承今(1)/承今(19)	上聲	병진(1736)-
박령	19부 6속	朴鈴奴元禮(1)/元禮(3)	鳴甫	무오(1738)-
박탁	8부 7속	朴鐸奴千金(1) 仲玉		계해(1743)-
박희서	1결 6부 3속	朴熙瑞奴己禮(1)/己禮(10) 朴熙瑞奴於德(1)/於德(10)/朴熙瑞奴就江(1)	汝玉	정사(1737)-

등은 모두 1결이상의 토지를 가지고 있는 지주였다고 할 수 있다. 결국 이러한 회인현 양안상의 시(時) 표기인물로 보아 시가 경지의 경작자를 표기하기 보다는 역시 시주(時主), 즉 조사할 당시의 토지소유자를 표기한 것으로 보여진다.

한편 남양홍씨 일가는 회인현 죽암평에 세거하고 있었다.[63] 이곳에는

63) 『남양홍씨세보』, 1956, 회인 참의공파 참조.

회인 참의공파의 후손이 살고 있는데, 특히 영조 때 벼슬이 호조참의까지 올랐던 홍병경(洪秉慶)의 아버지인 홍하정(洪夏禎)이 양안에 등장하고 있다.

이 중에서는 홍천선(洪天先)이 2결 31부로서 이 지역에서 가장 많은 토지를 가지고 있는 지주 중의 하나였다. 그는 자신의 이름으로 1필지를 가진데 불과했지만 명덕이란 이름으로 21개 필지의 토지를 소유하고 있었다.

<표 9> 남양홍씨의 양안상 이름 등재와 소유규모

이름	소유토지	양안상의 등재방식 (필지수)	자명	생몰연대
홍옥	28부 6속	洪沃奴季香(1)/季香(4)		
홍정	22부 2속	洪淨奴有德(1)/有德(1)		
홍천선	2결 31부	洪天先奴明德(1)/明德(21)		
홍하룡	41부 6속	洪夏龍奴季金(1)/季金(5)		
홍하서	2부 3속	洪夏敍奴己辰(1)	子三	경자(1780)-갑진(1844)
홍하인	5부 6속	洪夏仁奴吉化(1)/吉化(1)		
홍하일	52부 8속	洪夏一奴忠一(1)/忠一(5)		
홍하적	32부 2속	洪夏績奴甘春(1)/甘春(4)	汝順	임오(1762)-순조 을해(1815)
홍하정	57부 2속	洪夏禎奴金丹(1)/金丹(4)	就相	갑자(1744)-순조 정묘(1807)

다음으로 고령신씨 가문의 경우를 살펴보자.

고령신씨들은 대개 회인현 북면에 거주하고 있었던 것으로 보인다. 그 중에서 신지록의 아버지인 신세권(申世權)이 1738년(영조 14) 사마시에 합격했을 뿐 별다른 출사를 보이지 않았다. 이들 가문의 대부분은 회인 향안에도 등재되지 않는 것으로 보아 회인 읍내면에까지는 크게 득세하지 못한 가문으로 보인다. 그렇지만 토지소유의 규모는 제법 큰 규모를 보여 신재록의 경우에는 2결 37부 7속으로 양안 기록상 최대의 토지소유자였으며 신지록의 경우도 93부 7속이나 되었다. 한편 회인현의 주요한 양반 가문들의 후손들은 회인현 향안에 여러 차례에 걸쳐서 입록되고 있었던 인물들이었다. 예컨대, 1748년에 작성된 향안에는 우택정, 우성률, 홍하서 등이 입록되었다. 이후 18세기 후반경에 작성된 향안에는 훨씬 더 많은

<표 10> 고령신씨의 양안상 이름 등재와 소유규모

이름	소유토지	양안상의 등재방식 (필지수)	자명	생몰연대
신두록	50부 8속	申斗祿奴千每(1)/千每(7)	而供	영조35년 기묘(1759)-순조23년 계미(1823)
신문중	13부 1속	申門中奴次分(1)/申門中奴愛春(1)		
신백록	33부 1속	申百祿奴厚辰(2)/厚辰(3)	士宜	영조13년 병진(1736)-순조 원년 신유(1801)
신범록	15부 5속	申範祿奴吉音才(1)	敍仲	영조41년 을유(1765)-순조 16년 병자(1816)
신억록	14부 2속	申億祿奴正月(1)/正月(1)	士億	영조22년 병인(1746)-순조12년 임신(1812)
신의록	26부	申宜祿奴加卜(2)	永受	영조 2년 병오(1726)-순조 2년 임술(1802)
신의모	35부 8속	申義模奴貴香(1)/貴香(4)/申義模奴㱪卜(1)/㱪卜(1)		
신재록	2결 37부 7속	申載祿奴六香(1)/六香(16)		
신지록	93부 7속	申智祿奴二每(2)/二每(6)	士得	영조14년 무오(1738)-순조14년 갑술(1814)
신혜권	8부 6속	申慧權奴貴男(1)	聖智	숙종30년 갑신(1704)-?
신홍록	35부 8속	申弘祿奴得禮(1)/得禮(7)	聖範	영조13년 정사(1737)-?

사람들이 입록되었다. 즉 박찬, 박성윤, 박침, 박용, 박현, 박령, 박호, 박성천, 박성호, 박성홍, 우계호, 우행호, 우사호, 우면호, 우간호, 홍하정, 홍하적 등이 들어가고 있었다.[64] 이렇게 회인현의 주요한 양반가문은 선대에서 뿐만 아니라 후세들도 지속적으로 향안에 입록되는 가운데 향촌사회에서 우월한 지배자로서의 지위를 유지시켜 나갔던 것이다.

한편 회인현 양안에는 기존의 양반이외에도 평·천민들이 자신의 토지를 등재시켜 놓고 있었다. 이들 성명, 혹은 명기록자 중에서는 양반 시주에 버금갈 정도로 많은 토지를 소유한 부농이 존재하고 있었다. 예컨대 명기록자들 중에서 1결 이상의 토지를 소유한 사람은 6명이나 되었고, 성명기록자

64) 『(懷仁)鄕案』 권4(영조 13년, 1748) ; 『仙案』 권1(영조 24년, 1759) ; 『仙案』 권5(연대 미상, 18세기 후반 말 추정) ; 『鄕仙案』 권6(연대미상, 19세기 초반 추정) 참조.

중에는 1결 이상 토지를 소유한 사람이 5명이었다. 그 중에서 감덕(甘德)은 구주로서는 36부 3속의 토지를 소유한 데 그쳤지만, 이제 시주로서는 2결 24부 3속의 토지를 가지고 있을 정도였다.

이렇게 회인현 지방에는 양반지주와 농민층은 각기 신분계층의 차이에도 불구하고 토지소유의 확대를 기도하고 있었다. 그리고 토지소유권의 근거로서 자신의 이름을 실명으로 양안에 등재시킴으로써 국가로부터 소유권을 확인받고 있음을 알 수 있다. 또한 이들 토지소유자의 등재형식은 경자양안에서는 '구(舊)'에 대비되는 '금(今)'이라는 형태로 기록될 것이었지만, 18세기 중반이후 새로운 형식에 따라 '시(時)'로서 기록되었던 것이다. 이렇게 하여 18세기말 사적 토지소유권자들은 자신의 토지소유권을 인정받기 위해 국가의 토지장부인 양안에 자신의 이름을 '시주'로서 등재시켰던 것이었다.

이에 따라 회인현 양안상에 나타난 시주(時主)는 이전과는 다른 성격을 지니게 되었다. 앞서 18세기 후반 고산현 양안사례에서와 같이 사진양안에 등재되었던 '시'와는 차이가 있었다. 고산현의 경우는 대상이 진전이었으므로 진전의 환기여부가 중심이었음으로 토지의 권리범위를 나타내주는 사표(四標)를 제대로 기록할 수 없었다.[65] 따라서 고산현 진전양안상의 '시'는 양안의 형식상으로는 아직 미완성이었으며, 결국 '시'로서 규정된 소유권의 범위와 내용도 아직 미흡한 것이었다. 그렇지만 이제 회인현 양안에서는 모든 토지를 대상으로 하여 시주를 파악하게 되었다. 그리고 양안상에 사표상의 이름과 시주명(時主名)을 완전히 일치시킴으로써 비로소 소유권자의 권리를 보증하는 토지대장으로서의 양안을 완성한 것이었다.

이렇게 경자양전 이후 영조년간에 이루어진 양전의 발전형태가 바로

---

65) 위의 고산현의 세 시기 양안의 사표를 서로 비교해 보면, 1719년 기해양안상의 사표가 이후 1759년의 양안에 그대로 옮겨 적고 있음을 알 수 있다. 이는 전면적인 개량이 아니고서는 사표의 수정이 불가능하기 때문이었다.

1791년에 만들어진 회인현 양안에 반영되어 있었다. 이는 고산현 진전양안과는 달리 한 단계 진전된 형태를 보여주고 있는 것이고 18세기 양전사에서 하나의 완결을 이루는 것이었다.

5. 결론

조선후기 농촌사회에서는 토지의 소유와 경영뿐만 아니라 국가의 조세 수취를 둘러싼 계층간의 대립이 심화되고 있었다. 1720년 경자양전 이후 영조·정조년간에 전국 각 지역에서는 양전사업이 계속해서 시행되고 있었다.

본고에서는 경자양전 이후 18세기 중·후반 양전 방식의 변화와 양안 기재방식의 추이를 검토하였다. 이 시기에 시행된 양전은 대체로 두 가지 형태로 이루어졌다. 결폐가 심한 지역을 대상으로 개량전(改量田)을 실시하였으며, 진전을 조사하는 사진양전(査陳量田)을 실시하는 경우가 많았다. 여기에서는 구체적인 양전사례로서 1748년과 1759년에 실시된 전라도 고산현 진전양안과 1791년에 실시된 충청도 회인현 양안을 검토하였다. 그 중에서도 토지소유자의 표기를 중심으로 해서 양안 기재양식의 변화를 살펴보았다.

고산현의 양안에서는 토지의 진기여부를 세밀하게 파악하는 가운데 현실 토지의 소유자의 변동을 추적하여 새롭게 파악하고 있었다. 이는 경자양안상의 기주인 양주(量主) 이외에 별도로 '시(時)'라고 표기되었다. 당시 법전규정상으로는 '시'는 아직 본주가 나타나기 이전에, 혹은 본주로 확정되기 이전에 임시로 '잠정적인 소유자'로 규정한다는 것이었다. 1759년 고산현 진전양안의 '시'는 조사할 당시의 토지소유자를 의미했지만, 양안에 정식으로 등록된 것은 아니었다. 특히 사표를 표기할 때 주변토지의 소유자를 새로 재조사하여 수록하는 개량전의 과정이 필수적이었다.

이후 1791년에 시행된 충청도 회인현 양안에 등장하는 '시'가 비로소 공식적인 기재방식으로 채택되었다고 보았다. 회인현에 세거한 단양우씨, 영해박씨, 남양홍씨, 고령신씨의 가문 족보와 대조하여, 양안상의 '시'가 현실의 소유자임을 확인하였다. 그리고 이 지역의 양반가문들이 모두 자신의 소유토지를 자신의 실명으로 등재하기도 하였지만, 대부분 솔하의 노비명으로 등재하고 있다는 점을 알 수 있었다. 또한 다른 일반농민층들도 역시 토지소유권을 확보하는 수단으로서 자신의 이름을 '시'로서 토지대장인 양안에 등재시키고 있었음을 알 수 있었다.

따라서 회인현 양안상에 등장하는 '시'는, 곧 시주(時主)를 가리키는 것으로 토지를 조사할 당시 현실적으로 존재한 토지소유자를 지칭하는 것이었다. 이것은 경자양안상에 '기주'로서 표기되는 것과는 크게 다른 것이었다. 이전에는 진기의 여부가 소유주를 파악할 때 하나의 관건이었던 데 비하여, 18세기 중반 이후에는 진기와 상관없이 현실의 토지소유자로서 인정했다는 것으로 해석될 수 있다. 또한 회인현 양전은 이전 양전에서 조사한 토지소유자를 '구주'로 규정하면서 새로이 토지소유권자인 '시주'를 확정하고 있는 것이었다. 회인현 양안에서는 모든 토지를 대상으로 하여 시주를 파악하게 되었으며, 양안상에 사표상의 이름과 시주명(時主名)을 완전히 일치시킴으로써 비로소 소유권자의 권리를 보증하는 토지대장으로서의 양안을 완성한 것이었다.

이는 조선후기에 전개된 현실의 토지소유자의 권리가 점차 강화되는 추세에 있었음을 반영하는 것이었다.

그러므로 18세기말 충청도 회인현 양안은 경자양안 이후 토지소유권 의식의 성장을 반영하는 가운데, 현실의 소유자명인 시주명을 등재시키면서 하나의 토지대장으로서 일단 완결되었으며, 소유자명 등재방식에서 하나의 전기를 이루고 있었다. 그리하여 이후 100년이 지난 대한제국시기 광무양전·지계사업에서는 현실의 토지소유자를 지칭하는 '시주'라는 용어로 최종적으로 확정하였던 것이다. 조선후기에 전개된 현실의 토지소유자의 권리가 점차 강화되는 추세에 있었음을 반영하는 것이었다.

그러므로 18세기말 충청도 회인현 양안은 경자양안 이후 토지소유권의식의 성장을 반영하는 가운데, 현실의 소유자명인 시주명을 등재시키면서 하나의 토지대장으로서 일단 완결되었으며, 소유자명 등재방식에서 하나의 전기를 이루고 있었다. 그리하여 이후 100년이 지난 대한제국시기 광무양전·지계사업에서는 현실의 토지소유자를 지칭하는 '시주'라는 용어로 최종적으로 확정하였던 것이다.

제2장
19세기 후반 충청도 온양군 동상면 양안과 지주·농민층의 추이

1. 서론

1876년 개항은 조선사회에 제국주의 열강의 상권 침탈과 토지매매의 확대를 통하여 조선후기이래 지속되어온 농촌사회의 분화를 촉진시켰다. 경제적 변화는 농촌내 토지소유, 농업경영을 둘러싸고 지주와 소작농민간의 대립을 격화시켰다. 이러한 농촌내 변화와 갈등의 심화는 기존 조세제도의 전반에도 커다란 영향을 미치고 있었다. 이른바 결폐(結弊)라는 토지세제의 문제는 농촌사회내 계층관계에도 압박을 가하고 있었다. 이에 따라 당시에는 조선사회 농업의 개혁을 위해 제 논의에서는 전정(田政)의 폐단을 시정하려는 조세제도 개혁뿐만 아니라 토지제도 자체의 개혁을 요구하는 여러 종류의 토지개혁론이 제기되고 있었다.[1)]

여기에서는 19세기 후반 삼정 조세제도의 문제를 검토하면서 충청도 일대의 토지 조세 문제를 먼저 살펴보려고 한다. 이를 위해서는 이전 조선국가의 조세 제도하에서 여러 가지 폐단을 시정하기 위한 것이었음에

1) 김용섭, 1984,「조선후기의 부세제도 이정책 - 18세기 중엽~19세기 중엽」『한국근대농업사연구』(上) 증보판, 일조각 ; 김용섭, 1974,「철종 임술개혁(壬戌改革)에서의 응지삼정소(應旨三政疏)와 그 농업론」『한국사연구』 10, 한국사연구회(1984, 같은 책, 재수록), 202~302쪽 ; 김용섭, 1974,「甲申·갑오개혁기 개화파의 농업론」『동방학지』 5, 연세대학교 국학연구원(1984,『한국근대농업사연구』(下), 일조각, 재수록) 61~62쪽.

도 불구하고 동시에 여러 문제를 야기하였던 조세 금납화와 도결화의 추세를 먼저 검토해야 한다.[2] 지세가 금납화되고 도결화되는 추세는 18세기이래 전국적인 상품화폐경제의 활성화에 힘입은 바 크지만, 19세기 전반을 거치면서 크게 왜곡되고 내부 모순이 누적되는 추세를 보이고 있었다. 따라서 19세기 후반 각 지방의 결폐는 해당 지역의 조세문제에서 발생하기는 했지만, 누적적으로 쌓여온 토지제도의 문제에서 발생된다는 점을 연관지어 이해할 필요가 있다.

이러한 의미에서 당시 조세문제의 일단으로서 충청도 지역 결폐 문제와 이에 대한 조선정부의 대책을 살펴보려고 한다. 당시 정부의 논의 중에서 특히 1878년 암행어사 별단(別單)에 나타난 전정 폐단과 양전 논의를 살펴보려고 한다.

이렇게 충청도 지역의 결폐 문제와 양전 대책에 주목한 이유는 무엇보다도 해당 지역, 그 중에서도 온양군 지역에서 수행한 양안 자료가 새로 발견되었기 때문이었다.[3] 이 온양군 양안은 보존 상태가 아주 불량할 뿐만 아니라 기록 내용에서도 모호한 부분이 많았다. 그럼에도 불구하고 양안상 기록된 토지의 필지와 위치로 보아 온양군 동상면(東上面) 양안으로

---

2) 안병욱, 1989, 「19세기 부세의 도결화와 봉건적 수취체제의 해체」『국사관논총』 7, 국사편찬위원회 ; 정선남, 1990, 「18,19세기 전결세의 수취제도와 그 운영」『한국사론』 22, 서울대학교 국사학과 ; 방기중, 1990, 「19세기 전반 조세수취구조의 특질과 기반」『국사관논총』 17, 국사편찬위원회 ; 김선경, 1990, 「'1862년 농민항쟁'의 도결 혁파요구에 관한 연구」『이재룡환력기념 한국사학논총』, 한울 ; 고동환, 1991, 「19세기 부세운영의 변화와 그 성격」『1894년 농민전쟁연구(1)』, 역사비평사.

3) 충청도 지역의 양안 사례는 1720년 경자양전이래 영·정조년간 양전을 수행한 여러 지역의 양안이 다수 존재한다. 대표적인 사례가 충청도 회인현 양안이다. 이에 대해서는 1장 내용 참조. 회인현 양안은 양란 이후 현종 10년 충청도 양전에서 숙종 35년 호서양전 당시까지 사이에 작성된 것으로 추정하였다. 더 정확하게는 1669년(현종 10, 己酉) 충청도 양전을 전후해서 개별적으로 작성된 것으로 추정했지만(김용섭, 1970, 『조선후기 농업사연구 I』, 일조각, 81~82쪽), 앞장에서 검토하였듯이, 1791년(정조 15, 辛亥)에 시행된 양안이었다.

추정될 수 있다.[4] 이 양안에 기록된 자호는 장(張) 자에서 성(聲) 자에 이르는 37개 자호로 만일 1자 5결의 원칙이 지켜졌을 경우 적어도 190결 규모이겠지만, 실제로는 크게 축소되어 기록되었다. 그럼에도 불구하고 온양군 양안 사업의 실시 사례를 통해 18세기이래 지속되어온 온양 지역의 결폐 문제를 해결하려는 조선정부의 의지와 동시에 그 한계점을 파악할 수 있다.

이 온양군 양안 자료에 주목한 두 번째 논점은 이 양안 자료가 단순히 토지소유자인 지주, 당시 표기된 기주(起主)만이 아니라 해당 토지의 작인(作人)을 표기하고 있다는 점이다. 이 양안 자료는 조선후기이래 각 궁방이나 대지주 등이 개별적으로 작성한 양안이나 토지관련 문서에서 기록한 작인 상황과는 달리 면단위에서 기록한 지주와 작인을 동시에 기록했다는 점에서 특별한 의미를 지니고 있다. 따라서 충청도 온양군 양안의 사례를 통해서 당시 농촌사회의 변화, 특히 지주와 소작인의 상황을 알 수 있다. 다만 이 자료의 해석에는 주의를 요하는데, 온양군 전체를 수록한 것이 아닐뿐더러 온양군 동상면의 전체가 아닌 일부 지역, 그 중에서도 조사된 방식의 특이성으로 인하여 전체 농지가 아닌 일부의 농지에 한정되어 있다는 한계가 있다.

또한 세 번째 논점은 이후 대한제국에서 실시한 광무양전의 일환으로 1899년에 작성된 온양군 동상면 광무양안이 존재하기 때문이다. 만일 두 개의 온양군 양안, 즉 1879년과 1899년이라는 20년에 걸친 농지의 변화와 지주 소작 관계의 변화를 검토할 수 있다면 시계열적인 양안 분석이 가능한 자료일 수 있다. 보다 구체적으로 온양군 동상면 지역에서 살고 있던 지주와 농민들의 농지경영과 그 변화를 추적해 낼 수 있다면, 당시 농민층 분화의 추세를 찾아낼 수 있을 것이다. 따라서 온양군 양안

4) 이 양안은 국민대 박물관 소장 『설촌고문서(雪村古文書)』 중에서 「양안(量案)」 자료이다. 자세한 분석은 본문을 참조.

자료의 특이한 성격으로 인하여 향후 개항 이후 조선사회에 불어 닥친 농촌사회의 급격한 변화와 그에 따른 지역 농민층의 변화 양상을 검토해 볼 수 있을 것이다.

지금까지 이 시기 지주제의 변화는 양안 자료의 부재로 인하여 개별 지주가의 추수기를 활용하여 파악할 수 있었다.[5] 그렇지만 지주가의 문서들은 1860년대 이전에 머물러 있거나 아니면 대체로 1894년(갑오) 이후에 작성된 것이어서 양 기간내에 있는 변화를 제대로 보여주지 못했다. 또한 개별 지주제의 사례를 넘어 해당 지역사회의 변화, 지역적인 농업경영의 변화를 추적하기에는 여러 한계가 있었다.

이곳 온양군은 서울과 가깝고 해상교통이 편리해서 조선후기이래 지주제의 발전과 더불어 서울에 거주하는 부재지주들이 많았던 곳이었다. 1876년 개항 이후 쌀과 콩을 중심으로 하는 곡물유통이 확대되면서, 1885년부터 내지행상이 허용되자 일본인 상인들은 내지의 곡물매집에 나섰다. 1895년 시찰보고에 의하면, "충청 북부 및 경기 남부는 경성에 거주하는 양반의 소유지가 그 태반을 점하므로, 소작미는 본래 오강(五江)으로 보내는 경우가 많았는데, 지금은 현지에 있는 정미상에 팔아버리는 경향이 있다"라고 보고하고 있다.[6] 당시 미곡유통의 활성화와 관련하여서도

---

5) 金容燮, 1976, 「韓末 日帝下의 地主制 事例 3 : 羅州 李氏家의 地主로의 成長과 그 農場經營」『震檀學報』 42, 진단학회 ; 金容燮, 1978, 「韓末 日帝下의 地主制 事例 4 : 古阜 金氏家의 地主經營과 資本轉換」『한국사연구』 19, 한국사연구회(1984, 『韓國近現代農業史硏究』 재수록) ; 洪性讚, 1981, 「「韓末 日帝下의 地主制硏究 - 江華 洪氏家의 秋收記와 長冊分析을 中心으로」『韓國史硏究』 33, 한국사연구회 ; 李榮薰, 1985, 「開港期 地主制의 一存在形態와 그 停滯的 危機의 實狀」『經濟史學』 9, 경제사학회 ; 崔元奎, 1985, 「韓末 日帝下의 農業經營에 관한 硏究 - 湖南尹氏家의 例」『韓國史硏究』 50·51, 한국사연구회 ; 왕현종, 1991, 「19세기말 호남지역 지주제의 확대와 토지문제」『1894년 농민전쟁연구(1)』, 역사비평사 ; 최윤오, 1997, 「18, 19세기 서울 不在地主의 土地集積과 農業經營」『한국 고대 중세의 지배체제와 농민』, 지식산업사.

6) 『通商彙纂』 20·21호, 「朝鮮忠淸南道地方巡廻復命書」 上, 일본외무성통상국, 여강출판사 영인본, 21쪽.

주요한 요지에 위치한 충청도 온양군에는 조선국가의 조세와 지주와 농민층 사이에 토지의 경영 수익을 둘러싼 대립이 크게 격화되었을 것이다. 이러한 상황에 비추어 충청도 온양군 양안의 시계열적 비교 검토는 기존 연구에서 비교 연구의 공백을 일부 메워줄 것으로 기대된다.

따라서 본고에서는 우선 충청지역 조세제도의 문제와 이에 대한 대책으로서 양전 논의가 제기되고 있음을 설명하여 온양군 양전 실시의 배경을 살펴보려고 한다. 또한 19세기말 충청도 온양군 양안으로 추정되는 양안 자료를 새로이 소개하고, 수록 내용의 분석을 통해 지주와 소작인의 분화를 검토해보려고 한다. 대한제국기 광무양전사업에서 새로 작성된 「충청남도 온양군 동상면 양안」의 해당 지표의 분석을 제기하고 이어 2개의 양안 자료에서 나타난 지주와 농민층의 추이를 비교해 보려고 한다. 이를 통해 19세기 후반 농촌사회의 지주와 농민층의 분화 상황과 그 변화양상을 보다 구체적으로 검토해 보려고 한다.

2. 충청지역 결폐 문제와 온양군 양전 시행

1) 충청지역 조세 문제와 양전 제기

19세기 후반 조선국가의 조세제도는 삼정(三政)의 폐단으로 말미암아 혼란이 가중되고 있었다. 삼정이란 조선왕조국가의 물적 토대로서 역할을 하는 부세제도인 바, 그것은 지방자치에 기초한 군현단위의 총액제(摠額制)로 운영되고, 이를 민에 부과할 때는 직접 간접으로 신분제(身分制)를 매개로 하여 분담시키는 것을 특징으로 하였다. 이는 조선후기이래 상품화폐경제의 발달과 관련하여 변화되는 추세에 있었고, 1876년 개항 이후 보다 확대된 지역간 유통경제의 발달에 따라 크게 변화하고 있었다.

개항 이후 상품화폐경제가 확대되어 미곡 유통이 활발해지자 지세 금납화와 토지매매에 따른 각종 폐단이 생겨났다. 원래 조선왕조에서 법적으로 규정된 수세법(收稅法)에 의하면, 1결(結)에 불과 20여두(餘斗)인데 반하여, 19세기 후반에 이르면 각 고을의 수세 내역을 모아 기록하는 계판(計板)에는 이보다 높은 30여두에 이르렀다. 이외에도 결역(結役)이나 환결(還結) 등이 10여량 이상이며, 민고전(民庫錢), 신구관 쇄마비(新舊官刷馬費), 표선접응(漂船接應), 서원고급조(書員考給租), 면주인 역가(面主人役價) 등이 덧붙여졌다. 따라서 이를 통계하면, 1결에 부과되는 세미가 심지어 100여 두에 이르렀다. 이렇게 각 읍에서 부과하는 세금은 전세, 대동, 삼수미, 포량미 등 토지에 부과되는 정규세액 이외에 읍재정 마련이나 결포(結逋), 환포(還逋), 방납(防納) 등을 포함하고 있다. 이는 도결가(都結價)라는 명목으로 지역민에게 세금을 증액하여 부과하였으므로 각 고을의 민인에게는 커다란 부담이 되었다.

이로 인하여 이미 1862년 농민항쟁에서 조세의 도결화는 일부 지역에서 집중적으로 문제가 되었다. 충청도 지역의 진천, 영동, 연풍, 보은 등지에서 농민항쟁이 일어났다. 진천의 경우, "매년 결가를 몇몇 서리들의 얘기만 신임하여 20냥으로 고액 책정하였다. 또한 새로운 재결 550냥을 각 면의 서원들이 자의로 착복하였는데도 이를 바로잡지 못하였고, 가하전(加下錢) 1,700냥도 갚지 않아 포흠에 이르게 하였다"고 보고되었다.[7] 연풍의 경우에도 결가 중 매년 2냥을 기한 내에 수봉하였고, 가렴조로 매결당 1냥 5전씩 거두었고, 영동에서는 1860년 재결 18결에 세금을 거둬 사복으로 채우고 서리에게 내려주는 가하전 516냥도 현감의 사복으로 채웠다. 보은군의 경우에도 조세 수취를 이용한 수령의 탐학이 농민봉기의 주된 이유였다. 회덕의 경우에는 결세 문제뿐만 아니라 환총의 포흠곡도 큰 문제였다.

7) 『승정원일기』 철종 13년 6월 6일, <충청우도 암행어사 정기회 서계>, 6월 3일 <정기회 보고>.

이에 따라 1862년 6월 회덕현감은 결폐의 일단을 생생하게 지적하고 있었다. "삼정은 세 가지의 일이나 실제로는 한 가지 일이다. 일정(一政)에서 폐가 있으면 삼정에서 모두 폐가 발생한다. 일정에서 폐가 없으면 삼정에 모두 폐가 없다. 우리 고을을 예로 들어 말하자면, 군정에 폐가 생겨 결렴하였고, 이에 전정에 폐단이 생겨서 이황(吏況)을 줄여 전정의 부족을 보충하였다. 때문에 서리들이 생계를 이을 방도가 없어서 다시 나라 곡식인 환곡을 훔쳐 먹게 되어 환정에 폐가 발생하였다. 그러므로 모든 폐단의 근원은 군정에서 말미암은 것"이라고 하였다.[8] 이와 같이 19세기 중반 신분제의 동요로 말미암아 군역 수취의 폐단이 발생되는 상황에서 전정 문란과 환곡의 폐단이 서로 겹쳐지면서 도결(都結)로서 해결하려고 하였고 이로 인하여 다시 삼정의 문란이 가중되었던 것이다.

이러한 폐단은 개항 이후 1870년대 후반에도 더욱 심화되었다. 1878년 전라좌도 암행어사 심동신(沈東臣)은 별단에서 이렇게 지적하고 있다. "결정(結政)이란 터럭하나라도 문란하거나 섞이면 안되는데, 요즘 소위 계판(計版)의 명색이 다양한 조목이 나타났다. 열읍(列邑)이 사사로이 세(稅)를 만들고 명목을 이끌어서 항전(恒典) 외에 덧붙이는 조목으로 계판하여 자못 가렴(加斂)과 방납(防納) 등 허다한 폐단이 나타났다"고 보았다.[9] 이에 대한 대책으로는 조선정부에서는 획기적인 조세제도의 개혁을 취하기 보다는 기존의 체제를 유지 보완하는 방향으로 결폐를 수습해 나가려고 했다. 예컨대 충청도 각 지역의 결폐를 일정하게 개선하기 위해 각 지역의 결가 수준을 규제하려는 차원의 대책이 고려되었다.

1876년 12월에 작성된 『충청도 각읍 병자조 결가성책』에 따르면, 충청도

---

8) 『懷德縣三政說救弊條目成冊』, 망원한국사연구실 19세기 농민항쟁분과, 1988, 『1862년 농민항쟁』, 동녘, 346~347쪽 참조).

9) 『일성록』(고종 편 15), 1878년 4월 4일, <전라좌도 암행어사 심동신 별단>, 316~317쪽.

각 읍을 대개 결가 책정의 기준으로 미곡 쌀, 화폐 전, 면포 목(木)을 어느 정도 비중으로 걷어들이느냐에 따라 세 가지로 구분하였다. 전목참반읍(錢木參半邑), 미전목참반읍(米錢木參半邑), 미납읍(米納邑) 등으로 구분하였다. 우선 전목참반읍은 진잠, 회덕, 옥천, 영동, 황간, 청산, 보은, 회인, 문의 등 9읍이며, 미전목참반읍은 연기, 청주, 진천, 청안, 전의, 목천 등 6읍, 미납읍은 괴산, 충주, 음성 등 3읍 등으로 편성되어 있었다. 이들 지역에서 전목참반읍 결가는 평균적으로 24냥, 미전목참반읍은 42~45냥, 미납읍은 38냥 정도였다고 조사하였다.[10] 이러한 징수 실태에서 알 수 있듯이 전목참반읍에 비하여 미납읍이 더 부담이 크고, 미전목 참반읍이었던 반산반연(半山半沿) 6읍의 부담이 가장 큰 것임을 알 수 있다. 이렇게 각 군마다 현물조세의 법정액과 시가액의 괴리가 생겼는데, 전세뿐만 아니라 군포가(軍布價)에서도 발생하였다. 해당 지역의 면작(綿作) 상황에 따라서 1필가가 4냥에서 7냥 이상에 이를 정도로 다양하게 적용되었다.[11] 또한 동일한 지역에 적용되는 미가의 기준도 해당년도에 따라 다를 수 있었다. 이는 현물납에 대한 법정세액을 산정하는 과정에서 당해 년도 사정에 따라 재계산되기 때문이었다. 그래서 충청도 일대 지역에서는 공통적으로 미·전·목(木) 3자간의 교환비율과 시가의 적용기준이 각각 달랐으므로, 각 지역마다 결가의 불균 현상을 초래하였다.[12]

이후 정부에서는 각 읍으로 하여금 공용(公用)의 명목에 의거하여 결가를 책정하고 감영에서 재조정하여 보고하도록 하였다. 당시 정부의 대책은 부세명목을 가급적이면 제한시키고 결역, 환자, 민고, 잡세 등을 통합하여

---

10) 『忠淸道 各邑丙子條結價成冊』(규16620), 1책(3장), 1876년 12월.

11) 『일성록』 20, 1883년 8월 23일, <부호군 허직 상소>, 209쪽.

12) 『대전회통』의 규정에 의하면, 미 1석=5량, 대두 1석=2량 5전, 전미(田米) 1석=4량, 전세미의 대전(代錢) 매필 3량임에도 불구하고 미 1석은 22.5량(1두 1.7량)에서 30량(1두 2량)으로 한다든지, 목(木)은 1필 10량으로 환산함으로써 미와 목가가 5배의 가격차가 발생하였다.

부과하지 못하도록 하였다. 그러면서도 정부에서는 조세금납화와 도결화의 추세를 인정하지 않을 수 없었으므로 정작 불가피하다면 허용할 수밖에 없다는 입장을 취하고 있었다.

1878년 경기도 암행어사 이헌영이 연천(漣川)의 결폐를 시정하기 위해, "도결(都結)은 비록 경법(經法)은 아니지만 만약 처분을 받으면 백성에게 커다란 혜택을 준다"고 언급하고 있는 것이 그러한 예이다.[13] 또한 전라좌도 암행어사 심동신(沈東臣)도 각 읍의 3, 4년의 계판을 모아 조사하여 가렴하거나 도를 넘어선 자에 대해서 처벌을 요구하면서도 지역적으로 광범위하게 시행되고 있었던 도결 그 자체를 거부하지 못하였다.[14] 당시 정부에서는 다소 미봉적인 대책이지만, 미납세금이나 진전에 대해서도 일정한 연수의 제한을 두고 일정액을 금납(金納)으로 인정한다는 이른바 '한년금납화(限年金納化)' 방침을 실시하는 등으로 보완해 나가고 있었다.[15]

그런데 당시 지세제도 폐단이 발생한 근본원인을 따져보면, 다름 아니라 조세부과의 기본 장부로 쓰였던 수조안(收租案)과 양안(量案)의 폐단으로 말미암은 것이었다. 이는 숙종조 경자양전 이후로 백수십년이나 양전사업이 시행되지 못했기 때문에 당시 축결(縮結), 은결(隱結)의 폐단이 해가 갈수록 가중되고 있었기 때문이었다. 결국 개별 토지의 생산성에 비추어 비례하는 공평한 세원 파악과 조사가 거의 이루어지지 못했으므로 고종 초기인 1870년대에는 우선 결폐가 심한 지방 군현을 대상으로 부분적인 사진(查陳)이나 전면 양전을 시행하지 않으면 안 되었다.

13) 『일성록』 15, 1878년 3월 9일, <경기암행어사 이헌영 별단>, 66~74쪽, 312~313쪽.

14) 『일성록』 15, 1878년 4월 4일, <전라좌도 암행어사 심동신 별단>, 316~317쪽.

15) 『일성록』 21, 1884년 3월 16일(73쪽), 4월 28일(111쪽) : 1883년 강원도 강릉 등 9읍의 경우, 납포(納布)의 대전(代錢)이 이루어졌으나 재정 부족으로 인하여 이듬해에는 신미조(辛未條) 1/4 대전으로 축소되기도 하였다(『일성록』 21, 1884년 4월 28일, 111쪽 ; 8월 21일, 253쪽).

2) 충청도 온양군 결폐와 양전 시행

19세기 중반 대원군정권 이후에는 오랫동안 결폐가 많았던 일부 지역에 대한 양전 논의가 본격적으로 이루어지고 있었다. 이에 따라 1869년 전라도 영광군을 대상으로 하는 양전이 실시되었으며,[16] 다음 해에는 경상도 동래부에,[17] 1871년에는 언양현 지역으로 확대되었다.[18] 1872년 황해도 평산현,[19] 1878년 경상도 영일현 양전으로 이어졌다.[20] 이렇게 각 도에서 대표적으로 문제가 있는 군현을 대상으로 양전을 시행한 것이며, 그 결과 일부 결폐를 시정하고 시기결을 상당히 확보할 수 있었다.[21] 이렇게 개량한 이후에도 각 지역에서 결폐가 시정되지 않았는데,[22] 이는 개량전이 구래의 양안상 총결수를 준수하는 선을 지키면서 현지의 농지 상태를 일부 반영시키는 형태로 부분 수정을 가했기 때문이었다. 그런데 충청도 온양군의 결폐 문제는 이미 18세기 중반 영조년간에도 지적되어왔던 문제였다.

1759년 2월 영의정 유척기(兪拓基)는 "아산과 온양 등 읍에서 근래

---

16) 『비변사등록』 26, 1870년 1월 22일, 309쪽 ; 『전라도영광군서부면개량안』(규 25036) ; 영광군 서부면 개량안에 대해서는 구양안에서는 7,074필지 775결 48부 2속이었는데, 1868년 양안에서는 6,105필지 578결 16부 9속으로 무려 25.4%가 감소되었다고 한다. 이렇게 된 원인으로 개간의 부진, 대규모 진전화의 전개에 두고 이를 농업생산력의 쇠퇴와 농촌경제의 피폐화로 결론지었다(정승진, 1999, 「영광군 서부면 개량안의 분석」 『대동문화연구』 34, 성균관대학교 대동문화연구원, 305~324쪽).

17) 『비변사등록』 26, 1870년 11월 25일, 397~398쪽.

18) 『비변사등록』 26, 1871년 2월 7일, 426쪽 ; 10월 25일, 505쪽.

19) 『비변사등록』 27, 1875년 10월 26일, 35쪽 ; 1878년 2월 3일, 165~166쪽.

20) 『비변사등록』 27, 1878년 11월 20일, 249쪽.

21) 1878년 경상도 영일현에서는 원장부 전답이 3,334결여이고 진잡탈결이 1,299결여로 시기결이 2,034결여가 확보되었고, 1789년에 실시된 기유양전(己酉量田)에 비해 211결 50부 8속이 증가되었다(『비변사등록』 27, 1878년 11월 20일, 249쪽).

22) 황해도 평산의 경우 1872년 개량이후 불과 6년 후인 1878년에 새로이 허결 1,400여결이 발생하였다(『비변사등록』 27, 1878년 2월 3일, 165~166쪽).

종친으로 왕래하는 자의 말을 들으니 이 지역에 진황이 심하다고 하니 어느 곳보다 먼저 최우선으로 시행해야 한다"고 주장하였다.[23] 이 기사 이후, 며칠 후 좌의정 김상로(金尙魯)도 충청감사의 보고를 인용하여, 충청좌도의 아산, 온양 등 5개 읍과 우도 부여, 석성 등 6개 읍이 모두 진전의 백징의 폐단이 있어 영남의 여러 읍과 다름이 없을 정도이니 영남의 예와 같이 진전을 감하해 줄 것"을 요청하고 있다.[24] 다음 해인 1760년 10월 충청감사 구윤명(具允明)은 호조년분사목에 계축비총(癸丑比摠)으로 실결을 제하고, 또 계축이후 각년 잡탈 및 작년 사진한 총외잉여결이 7천 6백여 결로 파악되었다고 보고하고 있다.[25] 여기서 '계축비총'이란 영조년간 1733년의 사진 양전을 통해 조정된 각 읍별의 전결 결총이었다. 이러한 보고에도 불구하고 온양지역에서 진전에 대해 감면하거나 제외시키는 조치는 조세 수취에 반영되지 않았던 것으로 보인다. 한편, 1798년 12월 임천군수 윤지범(尹持範)은 경자양전 이후 80년간이나 지나 재결이 많이 발생하였음에도 불구하고 제대로 사진되지 않았다고 비판하였다.[26] 이에 윤지범은 양전의 필요성을 제기하면서도, 전면적인 양전이 아니라 진전을 조사하는 사진양전을 통해 농민들의 피해를 막아보자고 주장하였다.[27]

---

23) "拓基曰, 嶺底, 則臣所少時往來熟知者, 而至於牙山·溫陽等邑, 近聞宗族來往者之言, 亦多陳荒云. 德音一下之後, 道臣似必加請, 姑先以最急處行之, 似宜矣."(『승정원일기』 영조 35년 2월 4일).

24) "尙魯曰, 道臣上書中, 以左道之新昌·稷山·牙山·溫陽·燕岐等五邑, 右道之扶餘·石城·定山·德山·懷德·禮山等六邑, 陳田白徵之弊, 與嶺底諸邑無異, 一依嶺底邑例, 擧行爲請矣. 此亦使之依請施行, 似宜矣. 上曰, 依爲之."(『승정원일기』 영조 35년 2월 19일).

25) "以爲, 公州等十九邑, 置之稍實, 淸州等二十二邑, 置之之次, 稷山等十三邑, 置之尤甚. 仍以爲, 該曹年分事目, 以癸丑比摠而除却實結, 及癸丑以後各年雜頉與昨年査陳, 則摠外餘結, 只爲七千六百餘結."(『승정원일기』 영조 36년 10월 4일, 「忠淸監司具允明狀本」).

26) "三南量田, 自庚子以後, 八十年間改量者, 只是十之一, 山川屢變, 饒确互換, 昔之禾稼如雲者, 今之林木蔚然, 而一執成案, 永不許頉, 惟彼無告, 寧不可哀, 身爲長吏者, 不忍其白徵, 每以流來未蒙頉之數, 混入於新災, 於是乎新災之數, 則每患太濫, 俵災之規則, 例必太削, 傷民之弊, 莫此爲甚."(『승정원일기』 정조 22년 12월 7일, 「林川郡守尹持範疏」).

27) "臣謂改量一款, 雖非輕易, 若照其已成之案, 間一年査陳, 覈其新起, 報彼冤徵, 彼此相補,

이렇게 18세기 중반 이후에는 삼남 지방에서 결폐가 심한 군에 대해 부분 사진양전을 통해 원장부결수를 재조정하는 조치를 취하였던 것으로 보인다.[28] 1720년 경자양전이래 충청도에서 가장 결폐가 심한 지역 중의 하나로 지적되었던 온양군 지역은 영조와 정조년간에도 진전과 결폐를 시정하기 위한 양전의 필요성이 제기되기는 했지만 실제로 시행되지는 않았다.

19세기 후반 고종년간에 들어와서도 온양지역의 조세 폐단이 더욱 심화되고 있었다. 충청도 온양군 양전의 필요성은 고종년간에 들어서 본격적으로 제기되었다. 1874년 10월 암행어사 김명진(金明鎭)은 고종과의 대화에서 "양전(量田)은 10년에 한 번 하기도 하고 혹은 20년에 한 번 하기도 하는데, 이것은 응당 옛 제도이다. 그러나 근래 호좌(湖左)의 열읍에서는 오랫동안 토지 측량을 다시 하지 못해서 경계가 점차로 문란하게 되었다. 이것은 전정에서 폐단이 되는 것이니, 다들 토지 측량을 다시 한 연후에야 바로 잡을 수 있다고 말한다. 그러나 매양 사안이 크고 공역이 부담스러워 서둘러 의논하지 못했다. 만약 토지를 다시 측량하려 한다면 일시에 다 거행할 필요는 없겠고, 가장 어지러움이 심한 곳에 나아가서 먼저 몇 읍에 행하도록 하되 비록 한 읍내라 하더라도 먼저 몇 면(面), 몇 리(里)에 행하여 점차 바른 데로 돌려 나간다면 국가의 재정과 백성들의 형편을 위해서 진실로 매우 다행한 일이 될 것"이라고 보고하였다.[29]

이어 1878년 7월 충청좌도 암행어사 이승고(李承皐)는 충청도의 각 고을의 폐단을 시정하기 위한 방안을 열거하면서, "그 하나는, 호좌(湖左) 27고을의 현재 기경 전답(起耕田畓)은 총 5만 6천 결인데, 전에 탈이 났던

則可救其弊, 此直易易, 而因循未擧, 臣竊憂歎, 臣邑如此, 道·內諸邑, 可以反隅, 分付道臣, 待明年, 一竝査陳, 則雖無改量之名, 而必有改量之實效矣."(『승정원일기』 정조 22년 12월 7일, 「林川郡守尹持範疏」).

28) 『승정원일기』 순조 20년 4월 29일, 「慶尙監司金履載狀啓」 참조.

29) 『승정원일기』 고종 11년 10월 30일, 「暗行御史 金明鎭 報告」 참조.

것과 숨겨 빠진 것은 모두 여기에 들어 있지 않다. 현재는 토지가 모두 개간되어 판적(版籍)에 의당 보태야 하는데, 국가의 세(稅)는 날로 감축되고 백성들이 내는 부세(賦稅)는 날로 무거워지니, 이것은 오로지 경계(經界)가 바르지 않은 데에서 연유한 것이다. 그러니 묘당에서 한결같은 법제를 강정(講定)하여 열읍에 반포한 다음, 묘(畝)를 계산하고 등급을 나누어 등급에 따라 부세를 정하게 하되, 만일 너무 큰 것이 장애가 된다면 먼저 온양(溫陽)으로부터 시행하게 하자는 일"이라고 하였다. 여기서 주목할 수 있는 것은 충청도에서 가장 먼저 양전을 실시해야 할 곳으로 '온양'을 지목하던 부분이었다.[30)]

당시 정조년간 이후 작성된 것으로 추정되는 온양군 읍지에서는 다음과 같이 전답 결총과 변동 사항이 기록되어 있다.[31)]

<표 1> 충청도 온양군 읍지의 원장부 전결 총수 비교(단위 : 결.부.속)

	전결	잡탈결	시기결(1853)	전답 비중	잡탈 비중	실결 비중
전결	2,048.56.4	1,459.78.4	588.78.0	60.4%	71.3%	28.7%
답결	1,342.14.3	579.44.0	762.70.3	39.6%	43.2%	56.8%
총결	3,390.70.7	2,039.22.4	1,351.48.3	100.0%	60.1%	39.9%

위의 표에서 온양군 전답결은 모두 3,390결여인데, 이 중에서 전결이 2,048결여로서 전체 결수 비중이 60.4%를 차지하고 있었던 반면 답결은 1,342결여이고 비중이 39.6%로 낮았다. 그런데 전결에서는 잡탈이 많이 발생하였고, 답결에서는 잡탈결의 비중이 적었다. 그래서 실제 온양군에서

30) 『승정원일기』 고종 15년 7월 19일, 「暗行御史 李承皐 別單」 참조.

31) 이 자료는 『온양군읍지』(상백고 915.13-0n9)로서 1853년(철종 4) 이후에 작성된 충청도 온양군 읍지의 내용이다. 이 중 전부의 내용으로 계축년(1853)의 시기결 상황을 전결 588결 78부, 답결 762결 70부 3속으로 기록하고 있다. 한편, 『온양군읍지』(규17383)는 간행연대를 알 수 없으나 정조대 이후로 추정되고 있으며, 방리, 전부, 전결, 창고, 장시 등 재정 관계 항목이 상세하게 되어있다. 이는 이후 『호서읍지』(규12176, 1871)와 『호서읍지』(규10767, 1895) 등에 기록 내용이 그대로 수록되어 있다.

조세로 징수하는 대상인 시기결(時起結) 실결(實結)은 전체 총결 중에서 전결은 588결여, 답결은 762결로 되어 전답의 비율이 28.7%와 56.8%로 역전되어 있었다. 이러한 온양군 조세 징수 결수의 변화는 당시 전국적인 현상의 하나였다고 할 수 있는데, 원래 온양군 전체 양전을 통해서 확보했던 총결수에 비해서 60.1% 정도가 잡탈결로 그동안 누락되어왔던 반면, 시기 실결로 정해진 결수는 39.9%에 불과한 것이었다. 그만큼 1853년 이후에도 여전히 각종 재해, 포락, 진전화 등으로 인해 전답 결수의 결축이 진행되어왔으며 1870년대에 이르러서는 더욱 고질화된 결폐의 문제로 심화되었음을 알 수 있다.

이러한 상황에서 1879년 11월 당시 영의정이었던 이최응(李最應)이 국왕에게 온양군 양전의 필요성을 주장한 자문(咨文)을 올렸다.

"온양의 결정(結政)은 가장 어려운 지출의 폐단으로 되었다. 이곳 읍의 양전은 이미 수백년 정도로 오래되었다. 장부를 살펴보면 번잡함을 끊어도 근거가 없으며, 경계도 문란하여 판별할 수 없다. 진전으로 위장하고 함부로 탈루되었으며, 속전과 기전 신간의 땅도 많아서 전결의 총수 외에 가집하여 첨부한 것이 많으나 사검을 하게 되면 편히 문구가 갖추어져서 올바르게 할 수 있다. 그런고로 본군의 9개 면의 내에서 5개 면에 부족한 결총은 임장배들이 모두 도피하여 한 해를 지내는 데 지장을 내어 교정할 수 없으니 어찌 장차 읍이 됨이 있겠습니까. 신은 개량(改量)이 국가의 올바른 법전이라고 말합니다. 따로 도신(道臣)과 읍수(邑守)에게 명령을 내려 신속하게 기강을 잡고 호강(豪强)이 은루하거나 투농한 것을 철저하게 조사하여 굶주린 무리들(窮蔀)이 백지징세하는 것은 실제에 따라 견제하여 정상적인 부세에 결함이 없게 하고 민간에서 은익한 것(民隱)을 찾아내서 느슨한 것을 잡아내게 할 것이다. 해도에 관칙(關飭)을 내고 다른 제 읍에도 더욱 심한 것을 잡아서 점차 이정할 뜻을 일체

> 분부함이 어떠합니까"라고 하였다. 상이 말하기를 "상소에 의하여 그렇게 하라"고 하였다.[32]

위의 상소에서 주요한 내용을 요약하면, 충청도 온양의 결정(結政)이 지탱할 수 없을 정도로 폐막이 크다고 지적하고, 그것은 양전이 수백년 전에 시행되어 조세 징수 장부로서 전혀 근거가 없다고 하였다. 특히 진전이라 속이고 탈루를 도모하고 속기(續起) 신기(新起) 등으로 총외(摠外)에 가집(加執)한 것이 많다고 하여 장부상의 잘못을 지적하고 있다. 또한 그는 군내 9개 면 중에서 5개 면에 결총이 부족하므로 온양 지역에 다시 양전을 시행해야 한다고 주장하였다. 고종은 이러한 의견에 따랐다. 이에 따라 실제 충청도 온양지역에서는 1879년 기묘(己卯)년에 양전을 시행하였던 것이다.[33]

3. 충청도 온양군 양전 조사와 양안의 작성

1) 온양군 「동상면 양안」 자료와 자호별 기록 내용

이 글에서 새롭게 충청도 온양군 양안으로 추정되는 자료는 현재 국민대학교 박물관에 소장되어 있다. 자료의 이름은 단순하게 「양안(量案)」이라고

---

32) "溫陽結政 寔爲難支之瘼矣 該邑量田 既在數百年之久 按簿則斷爛無憑 經界則紊亂莫辨 僞陳冒頉 續起新墾 雖多有添摠之可執 而査檢之政 便歸文具 以是之故 本郡九面之內 五面有不足之摠 任掌輩舉皆逃避 課歲生梗 莫之矯整 將無以爲邑矣 臣謂改量 國之成典也 另飭道臣邑守 亟速經紀 豪强之隱漏偸弄者 築底爬櫛 窮蔀之白地徵稅者 從實蠲除 俾正賦無缺 而民隱獲紓事 關飭該道 而外他諸邑 撮其尤甚 漸次釐正之意 一體分付何如 上曰依爲之."(『備邊司謄錄』 제260책, 고종 16년 계사 11월, 27권 361~362쪽).

33) 이 기사는 『증보문헌비고』의 다음 기록에서도 확인된다. '(續) 今 上十六年 改量溫陽郡田 從領議政李最應啓也.' 『증보문헌비고』 권142, 전부고(田賦考) 2, 648쪽.

명명했다.[34] 이 양안은 보존 상태가 아주 불량할 뿐만 아니라 기록 내용에서도 모호한 부분이 많다. 우선 이 양안에는 토지의 필지와 규모가 다양하게 기록되어 있다. 자호는 장(張) 자에서 성(聲) 자에 이르는 37개 자호가 해당된다. 만일 1자 5결의 원칙이 지켜졌을 경우 적어도 100~150개 필지가 있고, 결부의 규모로는 190결 정도로 추정할 수 있다. 그렇지만 이 시기 양전에서는 실제 각 자호내에 기록되지 않은 필지가 많은 관계로 전체 필지의 수는 831필지에 지나지 않았고, 전체 결수도 74결 38부 7속만 기록되어 있다. 따라서 이 자료의 수록 분량은 전체 자호에 포함하여 기록되어야 할 전답의 필지에 비해서는 크게 축소되어 약 40%에 지나지 않았다.

양안 자료의 내용으로 보아 양안의 자호별 기록내용은 각 자호별로 큰 차이를 보였다. 맨 앞에 기록된 장(張) 자호(字號)의 경우 28개 지번 중 1~12번까지는 생략된 채, 13번부터 28번까지로 되어 있다. 그나마 온전한 자호는 전체 37개 자호 중에서 13개 정도에 불과하다.[35] 자호당 필지는 전체 843개 필지 중에서 장자 12필지를 뺀 831필지로서 자호가 36개 자호이므로 평균 22개이며, 자호당 결수는 1결 95부 7속에 불과하다.[36] 보통 1자호의 결수가 5결 단위로 되어 있는 만큼 상당히 부실한 자료임에 틀림없다. 더욱이 자호별로 필지수도 대개 20~30필지로 되어

---

34) 온양군 동상면 양안은 전체 79장에 불과하고 표지도 없고 앞 뒷장에 낙장이 많아 출처나 소재처나 면전체 상황을 헤아릴 수는 없다. 그렇지만 양안 작성시 중간마다 전답이 소재한 지역명이 기록되어 있다. 率峙谷, 旌門前, 至亭洞, 冷井洞, 賓望坪, 舞鶴村, 草山, 衣食洞, 世出里, 望德坪, 防築坪, 新嶋, 馬岱, 可實坪, 東山, 合農谷, 防牙洞, 多卽發伊坪, 金城發里坪, 葛梅, 后吉坪, 小沙坪, 葛梅洞, 小東華洞 등 24개였다. 자호의 순서에 따라서 양안의 등재 순서를 재편성하였다.

35) 자호내에 필지를 모두 기록한 것이 아니기 때문에 각 자호별 총결수는 제대로 알 수 없다. 다만 위의 표에서 비고란에 ◯표로 표시한 것은 전과 답의 합계가 일치한다는 의미이며, 필지는 자호내 기록된 필지수를 가리킨다.

36) 전체 결수는 74결 38부 7속이지만, 위의 표의 합계와는 약 5결의 차이가 있다. 이는 마지막 결부의 총합이 기록되지 않았기 때문이다.

<표 2> 「양안」의 자호별 기록 내용(단위 : 속)

순서	평명	자호	필지	전결	답결	전답합	진전	비고
1	솔치곡(率峙谷)	장(張)	28	562	286	2,648	400	12번까지 기록 없음.
2	빈망평(賓望坪)	신(信)	35	1,061	1,826	2,887	260	○
3	빈망평	사(使)	34	669	2,396	3,065	206	전 454, 답 2,332 오차
4	빈망평	가(可)	30	1,944	274	2,218		전 2,444 오차
5	무학촌(舞鶴村)	복(覆)	5		703	703		○
6	무학촌	기(器)	12	1,483	58	1,531		전 1983 오차
7	초산(草山)	욕(欲)	22	1,731	864	2,595		전 1,807, 답 668 오차
8	의식동(衣食洞)	난(難)	6		1,004	1,004		○
9	의식동	량(量)	20	374	920	1,294	60	○
10	의식동	묵(墨)	20	1,260		1,260		전, 1,311 오차
11	의식동	비(悲)	2	139		139		○
12	의식동	사(絲)	18	272	1,991	2,263		답, 2,036 오차
13	의식동	염(染)	27	1,153	639	1,792	787	전, 1,154 오차
14	의식동	시(詩)	25	2,163		2,163	60	전, 2,115 오차
15	의식동	찬(讚)	38	2,149	406	2,555	60	전, 2,159 오차
16	세출리	고(羔)	20	477	1,328	1,805		답, 1,428 오차
17	망덕평(望德坪)	양(羊)	25	422	1,747	2,169		전 425, 답, 1,752 오차
18	망덕평	경(景)	27	533	1,533	2,066		전, 516, 답, 1,550 오차
19	망덕평	행(行)	30	895	1,389	2,284	600	○
20	방축평(防築坪)	유(維)	29	434	1,214	1,648		전, 868, 답, 1,387 오차
21	신도(新嶋)	현(賢)	24	26	2,315	2,341		○
22	마대(馬垈)	극(剋)	12	265	969	1,234		○
23	마대	염(念)	28	476	2,037	2,513		전, 333, 답 2165 오차
24	가실평(可實坪)	작(作)	16		2,537			답 2,497 오차
25	가실평	성(聖)	24	683	1,313	1,996		전 684 오차
26	동산(東山)	덕(德)	33	1,546	1,060	2,606		○
27	동산	건(建)	26	1,106	1,199	2,405	600	○
28	방아동(防牙洞)	명(名)	27	717	1,421	2,238		전, 771, 답, 1,468 오차
29	금성발리평(金城發里坪)	립(立)	24	318	1,636	2,054		답, 1610 오차
30	금성발리평	형(形)	26	63	2,599	2,662		답, 2,600 오차
31	갈매(葛梅)	단(端)	1	200			200	○
32	갈매	표(表)	16	200	2,427	2,627	200	○
33	갈매	정(正)	33	522	1981	2,503	200	답, 2,011 오차

34	소사평(小沙坪)	공(空)	1	200			200	○
35	소사평	곡(谷)	21	764	1,445	2,209		전 765, 답 1,444 오차
36	소사평	전(傳)	59	2,238	1,552	3,790		전, 2,243 오차
37	소동화동(小東華洞)	성(聲)	19					19번까지만 있음
	합계		843	27,045	43,069	69,267	3,833	

있으나 어떤 경우에는 불과 서너 개의 필지를 포함하는 자호로부터 59개 필지가 있는 전(傳) 자의 경우까지 다양하다. 이렇게 기록되어 있는 양상으로 볼 때 이 양안은 면내의 전체 전답 가운데 기존의 자호내에서 전체 필지를 조사한 것이 아니라 실제 경작되고 있는 시기(時起) 전답을 재조사하는 차원에서 양전을 실시했기 때문이었다. 따라서 이 양안은 기존의 조세관련 문서를 바탕으로 하여 새롭게 추가 정리하는 방법을 사용하여 문서를 재정리하는 형식으로 작성된 양안으로 추정할 수 있다.37)

<그림 1> 온양군 동상면 지도(1872)

한편 1872년 작성된 온양군 지도에 의하면, 동상면 지역에는 면내 21개 동리 지역이 있었다.38) 다음 <표 3>은

37) 1895년 온양군 읍지사례에서는 원장부 총결이 이전의 것과 다름없었으며, 특히 계축(癸丑)년의 시기전답을 기준으로 하여 결세를 부과하고 있다는 점이 확인된다. 여기서 계축년은 아마도 1853년이나 그 이전의 1793년이겠지만 실제 양전한 시기는 정확하게 알 수 없다(『湖西邑誌』 5책, 「溫陽郡邑誌(付事例)」 『邑誌』 9. 충청도 3, 아세아문화사 간행, 1984, 374쪽).

38) 「온양군 지도」(규10389), 1871년 지도를 베껴 올리라는 명령에 따라 1872년 충청도 각부, 군현에서 만들어 올린 채색지도 중 온양군의 지도이다. 동상면의 경우에는 21개 동리에 243호, 418명의 인구가 거주하는 것으로 기록되어 있다.

양안에 나타난 거주지와 해당 기주 및 작인들이 경작하는 평명을 비교한 것이다. 전체 농지 중에서 거주지가 표시된 필지 531개 중에서 381개 필지의 분포를 알 수 있는 표이다.

<표 3> 온양군 동상면 거주 동리 명칭과 경지 지역 명칭 비교

번호	동리명	양안 지역명	비고
1	판동(板洞)		
2	공수(拱手)		
3	창대(倉垈)	賓望坪, 舞鶴村, 草山, 衣食洞, 世出里, 望德坪, 防築坪, 馬垈, 東山, 金城發里坪	94개 필지
4	월천(月川)		
5	북수(北水)		
6	서수(西水)		
7	무학(舞鶴)	率峙谷, 至亭洞, 冷井洞, 賓望坪, 舞鶴村, 草山, 衣食洞, 望德坪, 防築坪, 新嶋, 馬垈, 東山	82개 필지
8	탑동(塔洞)		
9	오동(梧桐)	冷井洞,賓望坪, 舞鶴村, 世出里, 望德坪, 防築坪, 馬垈, 可實坪, 東山, 合農谷, 金城發里坪, 葛梅	64개 필지
10	회룡(回龍)	率峙谷, 旌門前, 冷井洞, 賓望坪, 舞鶴村, 衣食洞, 望德坪, 馬垈, 可實坪, 金城發里坪, 小東華洞	79개 필지
11	연주(連珠)		
12	초산(草山)	衣食洞, 世出里, 望德坪, 新嶋	13개 필지
13	세출(世出)		
14	의식(衣食)	草山, 衣食洞, 望德坪	50개 필지
15	동산(東山)		
16	갈매(葛梅)	賓望坪, 衣食洞, 多郎發伊坪,葛梅, 后吉坪, 小沙坪, 小東華洞	75개 필지
17	자우(雌牛)	賓望坪, 衣食洞, 葛梅, 后吉坪, 小沙坪	24개 필지
18	이천(二川)		
19	조산(鳥山)		
20	모산(毛山)		
21	갈동(葛洞)		
	합계		381필지

이 중에서 창대, 무학, 오동, 회룡, 초산, 의식, 갈매, 자우 등 8개 지역에서 거주하였던 기주와 작인들이 해당 농지를 경작하고 있었던 것으로 보인다. 이처럼 양안 자료는 특정 지역의 거주민들이 경작하는 경지의 분포를 잘 나타내고 있다.

그렇다면 좀 더 구체적으로 경지의 분포를 알기 위해서는 1899년에 작성된 온양군 광무양안과 비교할 필요가 있다. 이어서 「양안」상에 기록된 평명을 근거로 하여 온양군 주변 면들과 비교하여 온양군의 면지역을 추정해 보기로 하자.[39]

<표 4> 「양안」 자료의 평명기록 비교

필지순서	평명	자호	지번	일치여부	필지순서	평명	자호	지번	일치여부
6	솔치곡(率峙谷)	張	12		449	마대(馬岱)	賢	8	○
17	정문전(旌門前)	信	1		491	가실평(可實坪)	念	14	
21	지정동(至亭洞)	信	5	○	529	동산(東山)	聖	8	○
28	냉정동(冷井洞)	信	12		589	합농곡(合農谷)	建	11	
49	빈망평(賓望坪)	信	33		605	방아동(防牙洞)	名	1	
116	무학촌(舞鶴村)	覆	1	○	610	다즉발이평(多卽發伊坪)	名	6	
144	초산(草山)	欲	12	○	627	금성발리평(金城發里坪)	名	23	
156	의식동(衣食洞)	難	2	○	676	갈매(葛梅)	形	21	○
287	세출리(世出里)	鑽	15	○	704	후길평(后吉坪)	正	6	
321	망덕평(望德坪)	羔	11		723	소사평(小沙坪)	正	25	
393	방축평(防築坪)	行	11	○	755	갈매동(葛梅洞)	傳	2	○
429	신도(新嶋)	維	17		764	소동화동(小東華洞)	傳	11	

위의 기록은 양안에 기록된 각 자호명 및 지번에서 언급된 평명을 대한제국기에 작성된 충남 온양군 양안의 동상면 양안의 기록과 비교한 것이다. 여기에 일치여부 '○'이라고 기록한 지역은 2개의 양안에 동시에 확인된 부분을 말하는 것이다. 이렇게 본다면 다음 지도 그림에서 해당 지역을 표시할 수 있다.[40]

39) 「양안」(국민대 박물관 소장 도서)과 「온양군 동상면 양안」(규17666, 17887)에 나타난 평명을 비교한 것이다. 상당수의 평명이 일치하는 것으로 보아 같은 면의 양안으로 추정하였다.

40) 1914년 일제의 지방제도 개편에 따라 충청남도 온양군 동상면은 아산군 배방면(排芳面)으로 개편되었다. 배방면에는 온양군 동상면, 동하면, 군내면 등 12개가 통폐합되어 소속되었다. 온양군 동상면의 경우에는 개정 이전에는 공수리(갈동, 오산리, 공수리, 이북면 오류동 일부, 모산리 등), 북수리(이천리, 창대리, 월천리, 북수리, 서수리 등), 세출리(초산리, 의식리, 출세리, 무학리 각 일부), 갈매리(갈

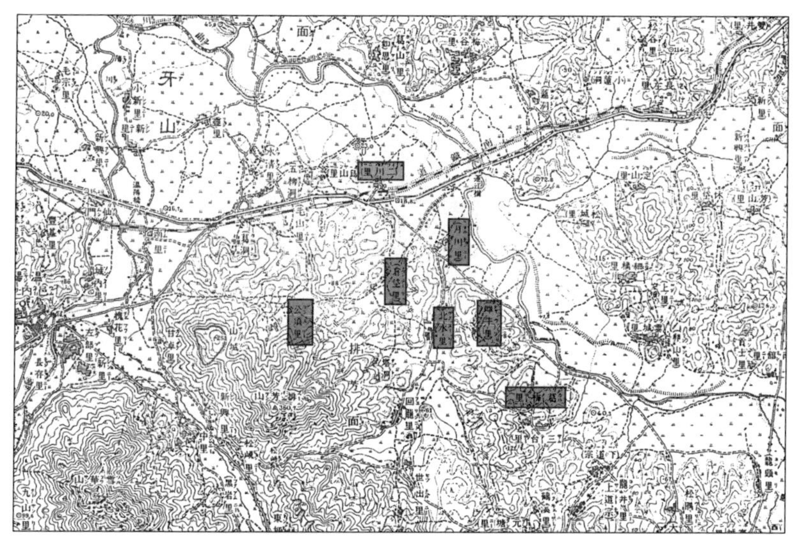

<그림 2> 충청 온양군 동상면 지도(1915, 배방면 지도에서 추출)

다음으로 이 「양안」에 기록된 양안의 전체 통계의 내역을 살펴보자.

<표 5> 충청도 온양군 동상면 양안(1879년 추정) 통계(단위 : 척, 속, %)

항목	전	비중	답	비중	대	비중	합계
필지수	349	42.0%	445	53.5%	37	4.5%	831
면적	627,735	40.5%	897,689	57.9%	25,857	1.7%	1,551,281
결수	26,406	35.5%	46,182	62.1%	1,799	2.4%	74,387

온양군 동상면 양안 중에서 전체 양안의 기록내용에는 지목별로 다양하게 나타났다. 우선 전은 전체 831필지 중에서 349필지로 42%를 차지하고 있으며, 면적으로는 62만여 척, 결수는 26결 40부 6속으로 결수의 비중은 35.5%를 차지하였다. 답의 경우는 전보다는 비중이 높아 필지수로도 445필지로 53.5%를 차지했으며, 면적으로는 89만여 척, 결수는 46결 18부

매리, 자우리), 회룡리(회룡리, 탑동, 오리, 무학리, 출세리 각 일부) 등 5개리로 구성되어 있었다(趙智唯七 編纂, 『(新舊對照)朝鮮全道府郡面里洞名稱一覽』京城 中央市場, 1917, 265~266쪽).

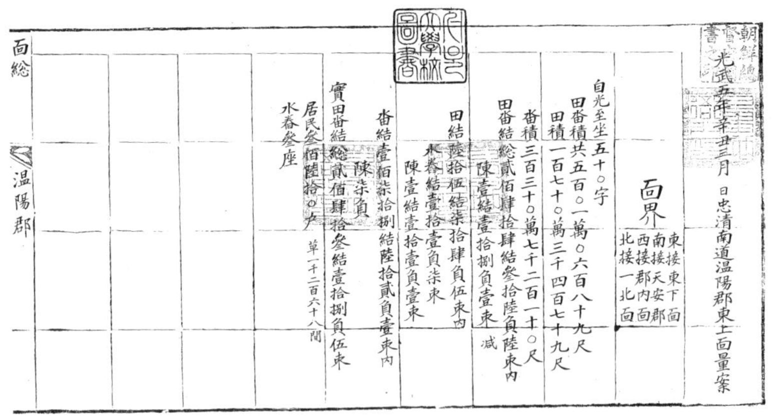

光武五年辛丑三月 日忠清南道温陽郡東上面量案

面界
東接東下面
南接天安郡
西接郡内面
北接一北面

自光至坐五十○字
田畓積共五百○一萬○六百八十九尺
田積一百七十○萬三千四百七十九尺
畓積三百三十○萬七千二百一十○尺
田畓結總貳佰肆拾肆結叁拾陸負陸束内
陳壹結壹拾捌負壹束 減
田結陸拾伍結柒拾肆負伍束内
水脊結壹拾壹負柒束
陳壹結壹拾壹負壹束
畓結壹佰柒拾捌結陸拾貳負壹束内
陳柒負
實田畓結總貳佰肆拾叁結壹拾捌負伍束
居民叁佰陸拾○戶
草一千二百六十八間
水舂叁座

温陽郡

面總

<그림 3> 온양군 동상면 면총목(1901)

2속으로 62.1%를 차지하였다. 반면에 대지는 37필지로 면적이나 결수 비중이 작았다.

그런데 양안상에서 기록된 진전(陳田)의 상황 여부가 주목된다. 전체 831필지 중에서 진전은 17필지 3결 42부 7속에 불과했다. 더구나 무주 진전은 20부, 30부 등으로 간단히 기록되었을 뿐이었으며, 유주진전은 불과 4필지에 불과했다. 그러나 전체 자호수가 37개 자호에 190여결을 기준으로 했을 때, 전체 결수와 대비해 보았을 때, 현재 「양안」에 기록된 결수는 74결 38부 7속에 불과하므로 전체의 39% 정도만이 기록되어 있음을 알 수 있다. 앞서 온양군 전체 원장부 결총과 관련하여 상당히 많은 필지들이 잡탈결로 기록된 것으로 보아, 「양안」에 기록된 실결 기록, 74결여는 18세기이래 온양군 양안상 고질적인 폐단으로 지적되고 있는 상황과 충분히 부합되는 것이었다.

이러한 온양군 결폐 문제는 이후 1898년이래 대한제국 정부에서 착수한 광무양전사업의 결과와 비교해도 어느 정도 심각한지 알 수 있다. 다음은 1900년 양지아문에서 온양군 지역을 측량하여 1901년에 결과를 보고한 문서이다. 위의 동상면 면총목(面總目)과 각 필지별 경지 상황은 다음의 표와 같이 정리될 수 있다.

<표 6> 충청도 온양군 동상면 양안(1900) 통계(단위 : 척, 속, %)

항목	전	비중	답	비중	대	비중	합계
필지수	894	37.7%	1,115	47.0%	363	15.3%	2,372
면적	1,565,018	31.2%	3,307,210	66.0%	138,461	2.8%	5,010,689
결수	56,632	23.2%	178,621	73.1%	9,113	3.7%	244,366

광무양전 당시에는 동상면 전체 필지수가 2,372필지로 크게 늘었으며, 전과 답의 비중은 면적으로는 31.2대 66이며, 결수로는 23.2대 73.1로 답의 비중이 전에 비해 2배 정도 많았음을 알 수 있다. 또한 대지의 경우에도 363필지로 숫자상으로는 많지만, 면적 및 결수는 아주 작은 비중에 불과했다.

그러면 본 「동상면 양안」자료와 「충청남도 온양군 동상면 양안」과 비교해 보자. 아래의 표는 전과 답, 대지를 광무양안을 중심으로 비중 여하를 표시한 것이다.

<표 7> 충청도 온양군 동상면 2개 양안의 대비 통계(1879~1899)(단위 : 척, 속, %)

항목	전	비중	답	비중	대	비중	합계	비중
필지수	349	39.0%	445	39.9%	37	10.2%	831	35.0%
면 적	627,735	40.1%	897,689	27.1%	25,857	18.7%	1,551,281	31.0%
결 수	26,406	46.6%	46,182	25.9%	1,799	19.7%	74,387	30.4%

전의 경우에는 필지수가 1900년 측량한 것에 비해 39%에 불과했으며 면적과 결수도 각기 40.1%, 46.6%에 불과했다. 답의 경우에도 필지수에서 39.9%였으며, 면적과 결수는 전의 경우보다 크게 낮아져 27.1%와 25.9%에 불과했다. 대의 비중은 전과 답보다 크게 떨어져 있다. 이러한 수치의 결과로 판단하건대, 1879년 실시된 동상면 양안은 원전답의 전체 결수가 37개 자호에 190여결이었음에도 불구하고 앞서 추정하였듯이 39%에 불과한 결수에 대해 조사한 것처럼, 1900년 광무양전의 결과와 비교해서도

동상면의 전체 결수가 244결 36부 6속으로 조사되었으므로 상당수의 농지가 결수 파악에서 누락되었음을 알 수 있다. 단순한 비교로는 광무 양안 상으로 전체 필지수는 831필지와 2,372필지로 불과 35.0%에 지나지 않았으며, 면적으로도 31.0%, 결수로는 30.4%에 지나지 않았음을 알 수 있다. 물론 이러한 수치의 차이는 두 자료의 작성기간이 20년 이상 차이가 나기 때문에 본래 1879년 경지상황이 어느 정도 낮았을 것이라는 점과 더불어 20년간 개간과 경지의 확장이 일어날 수도 있었을 것을 감안하면 양자의 차이는 조금 축소될 가능성도 있다.

아무튼 1879년 「동상면 양안」에 반영된 농지의 실태는 당시 농지의 현실태를 그대로 반영한 것은 아니라고 하더라도 일정 정도 반영하고 있었다는 점은 확인될 수 있다. 다만 농지의 현실태와 기록된 상황의 차이는 다른 방증 자료의 부족으로 인하여 보다 면밀하게 검토하기는 어렵다. 다만 현재 「양안」 자료는 1879년 당시 온양군의 결폐 문제를 그대로 드러내는 자료이며, 동시에 간접적으로나마 당시 농촌 현실의 일단을 반영하여 기록한 자료임을 알 수 있다.

2) 온양군 「동상면 양안」의 지주·작인의 기록

앞서 설명하였듯이 1879년에 실시된 충청도 온양군 양전의 결과 동상면 「양안」 자료가 작성되었다고 추정하였다. 그런데 이 양안은 전후 양안이나 다른 지역의 양안에서 볼 수 없는 특성을 가지고 있었다. 일반적인 양안의 기록에는 해당 토지의 소유자로 기주(起主)라고 기록하는 데 그친 반면, 토지를 경작하고 있는 당사자인 작인(作人)을 기록하지는 않았다. 반면에 이 자료에는 기주뿐만 아니라 작인도 동시에 기록하고 있다. 예를 들어 가실평(可實坪)의 작자(作字) 16개 필지의 기록 내용을 예시하면 다음과 같다.[41]

<표 8> 「양안」 작자(作字)의 기주와 작인 기록 사례

자호	순서	등수	지목	배미	결부	기주	작인
제 1	남범(南犯)	3등	직답(直畓)	3	168	향둔(餉屯)	경준(慶俊)
제 2	서범(西犯)	3등	직답	5	80	향둔(餉屯)	근중(近中)
제 3	남범	3등	직답	5	148	향둔(餉屯)	근중近中)
제 4	남범	4등	직답	4	162	봉금(奉今)	선손(先孫)
제 5	남범	4등	직답	8	315	봉금(奉今)	오강(五江)
제 6	서범	3등	직답	3	191	봉금(奉今)	오강(五江)
제 7	남범	3등	직답	4	219	봉금(奉今)	오강(五江)
제 8	남범	4등	직답	6	211	봉금(奉今)	성운(聖云)
제 9	남범	4등	직답	2	112	덕상(德尙)	삼단(三丹)
제10	남범	4등	직답	10	211	봉금(奉今)	오강(五江)
제11	서범	3등	직답	5	206	봉금(奉今)	오감(五江)
제12	서범	3등	직답	1	73	봉금(奉今)	오강(五江)
제13	서범	3등	직답	4	111	봉금(奉今)	오강(五江)
제14	북범(北犯)	3등	직답	1	131	을정(乙丁)	을정(乙丁)
제15	북범	3등	직답	2	42	을정(乙丁)	을정(乙丁)
제16	북범	3등	직답	6	137	덕상(德尙)	명산(明山)

우선 <그림 4>에 의하면, 사표아래 기주(起主)로 기록하면서 그 옆에 작은 글씨로 작(作)의 초서체 글자 작(㐅)으로 표기하고 있다. 예컨대 작자 1필지는 기주를 향둔(餉屯)으로 작인을 경준(慶俊)으로 표시하고 있다. 이는 관둔전의 작인을 표시하는 것으로 일반적인 예이다. 그런데 제4번 필지의 기주는 봉금(奉今)이라고 했는데, 이는 민간의 기주인 것으로 보인다. 이 토지의 작인은 선손(先孫)으로 표기하였다. 이에 따라 기주로는 양향둔이라는 표기(作 1~3), 이외에 기주 봉금(奉今), 을정(乙丁), 덕상(德尙)이 기록되어 있는 반면, 그 옆단에 경준(慶俊), 근중(斤中), 오강(五江), 성운(星云), 삼단(三丹), 명산(明山) 등의 이름이 기재되어 있다. 이는 기주인 전답주

41) 기록된 내용 중 장광척(長廣尺) 및 사표(四標)는 생략하였다. 또한 자호의 결수통계에 의하면, 기상(已上) 답(畓) 2결 53부 7속, 향둔답(餉屯畓) 39부 6속, 민기답(民起畓) 2결 14부 1속 등으로 되어 있다. 여기서 실제 합계와 비교하면 2부의 오차가 있다. 이는 13필지의 답을 14부 1속에서 11부 1속으로 하는 과정에서 오류가 발생한 것으로 보인다.

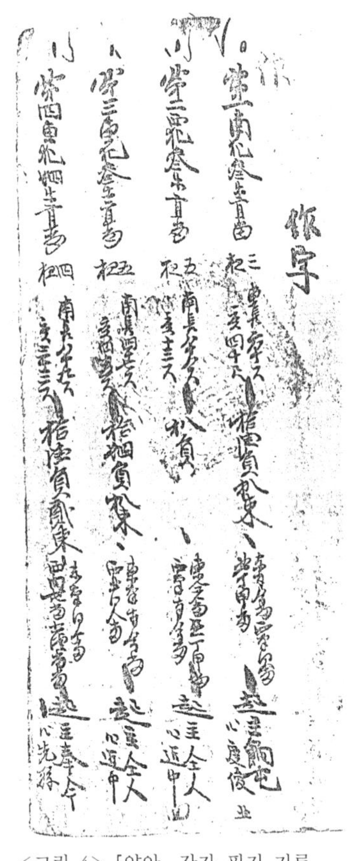

<그림 4> 「양안」 작자 필지 기록

와 별도로 작인을 표기한 것으로 보인다. 이 「양안」의 기록방식은 조선후기 관둔전이나 궁장토의 양안 기록에서 나타나는 일반적으로 표기되는 방식과 달리 군현을 단위로 하는 읍별 양전에서는 처음으로 보이는 것이라 할 수 있다. 이는 대한제국시기 광무양안 이전에 19세기 후반기의 양안으로서는 거의 유일한 사례로서 온양군 지역의 지주와 작인의 관계를 보다 수치적으로 살펴볼 수 있는 자료라고 할 수 있다.

한편 온양군 양안과 유사한 양안 자료 중에는 위의 「(동상면) 양안」의 경우 기주와 작인을 동시에 기록해 둔 것과 같이 기주와 작인을 표기한 경우도 있었다. 이 자료는 「온양소재전안(溫陽所在田案)」이라는 양안 자료이다.[42]

이 전안은 속지에 가경(嘉慶) 10년 을축(乙丑) 12월로 기록되어 있고, 또한 말미에 온양 관의 수결(手決)과 함께 적간색리(摘奸色吏) 하성채(河成采)의 수결이 적혀 있다. 이로 보아 이 자료는 서울이나 외지의 대지주나, 혹은 궁방이 온양지역의 장토를 관리하면서 해당 군현에 요청하여 군내 토지 상황을 조사케 한 문서로

42) 이 자료는 토지박물관 유물번호 10693의 자료로서 표지명 「온양소재전안(溫陽所在田案)」이며, 총 11장(표지 포함)이다. 온양군 서면 및 남상, 남하면 등지의 농지로 모두 54개 필지의 상황을 기록해 두었다. 표 중 '?'는 표기를 알 수 없다는 표시다.

볼 수 있다. 이 자료의 기록내용에서는 몇 가지 특이한 사항이 있다. 우선 전체 수록된 필지의 내역을 간단하게 표로 정리하여 검토해 보자.

<표 9> 온양군 소재 양안(「온양소재전안」)의 기록사항(1805)

순서	면명	자호	지번	지목	등급	결부	결부2	배미	척수	구주	시작	비고
1	서(西)	微	46	답	4	49		4	900	박귀성(朴貴成)	복지(卜只)	
2	서	遙	24	답	3	118		1	1,470	철운(哲云)	복지	
3	서	遙	25	답	3	238		3	3,403	철운(哲云)	복지	
4	남상(南上)	招	50	답	3	109		?	1,554	연화(連化)	복지	방매
5	남상	渠	81	답	5	45		8	1,125	이천석(李千石)	복지	
6	남상	條	41	답	2	242		6	2,850	이익성(李益成)	복지	
7	남상	條	42	답	3	58		1	832	이성익(李成益)	복지	
8	남상	飄	3	답	3	274		4	3,910	산업(山業)	복지	방매
9	남상	遊	1	답	3	73		?	1,100	철이(哲伊)	복지	방매
10	남상	遊	2	답	3	134		6	1,920	철이(哲伊)	복지	방매
11	남상	遊	3	전	4	8			150	철이(哲伊)	복지	방매
12	남상	遊	4	답	4	88		3	1,540	철이(哲伊)	복지	방매
13	남상	易	20-2	전	5	35			882	최이관(崔二寬)	복지	
14	남상	易	21	전	6	77			1,922	이관(二寬)	복지	
15	남상	輶	14	답	3	76			1,080	김사오(金士五)	卜只	
16	남상	輶	19	답	3	250		4	3,569	정립이(鄭立伊)	복지	
17	남상	收	57	답	4	124	186		2,430	득용(得用)	복지	
18	남상	畏	7	답	4	90	256	1	1,460	고덕환(高德煥)	복지	
19	남상	畏	9	답	3	230	270	8	?	고귀산(高貴山)	복지	
20	남상	垣	89	답	4	119	225	7	2,200	최돌몽(崔乭夢)	복지	
21	남상	垣	134	답	3	172		6	4,917	이태백(李太白)	복지	
22	남하(南下)	故	17-2	답	3	169		2	2,409	함덕(咸德)	복지	
23	남하	妾	43	답	3	178		6	2,540	정이용(鄭二用)	복지	
24	남하	妾	44-2	답	2	43		?	?	정이용(鄭二用)	복지	
25	남하	妾	45	답	5	84		8	2,100	정이용(鄭二龍)	복지	
26	남하	侍	7	답	3	119		4	1,700	차일(次日)	복지	
27	남하	紈	9	답	2	62		1	730	김도명(金道明)	복지	
28	남하	扇	13-2	답	2	150	219	1	1,825	영덕(永德)	복지	
29	남하	潔	48	전	5	42			1,058	막실(莫失)	복지	
30	남하	潔	76	전	5	42			855	소립(所立)	복지	
31	남하	夕	162	답	3	157	315	3	2,240	이상식(李尙植)	복지	
32	남하	寐	4	답	3	132		3	1,890	수봉(水奉)	복지	
33	남하	藍	10-2	답	3	138		2	1,978	이천중(李千中)	복지	
34	남하	象	1	답	5	27		12	665	최갑술(崔甲戌)	복지	

35	남하	象	15	답	3	122		7	1,750	이성식(李星式)	복지	
36	남하	床	32	답	6	64		9	1,170	박오산(朴午山)	복지	
37	남하	絃	10	답	3	11		3	160	김이동(金二同)	복지	
38	남하	絃	11	답	4	63		6	1,144	김이동(金二同)	복지	
39	남하	接	49	전	3	17			238	걸시(乞屎)	복지	
40	남하	接	50	전	4	39			2,538	걸시(乞屎)	복지	
41	남하	杯	29	답	4	99		3	1,810	만복(萬卜)	복지	
42	남하	矯	16	전	5	71	144		1,224	봉도(奉嶋)	복지	
43	남하	嗣	54	답	5	18		3	444	덕길(德吉)	복지	
44	남하	嗣	55	답	5	52		8	1,300	덕길(德吉)	복지	
45	남하	嗣	55-2	답	5	2		3	51	덕길(德吉)	복지	
46	남하	嗣	55-3	전	6	10			396	덕길(德吉)	복지	
47	남하	嗣	55-4	전	5	5			204	덕길(德吉)	복지	
48	남하	嗣	55-5	전	6	2			98	덕길(德吉)	복지	
49	남하	嗣	56	답	6	30		10	742	덕길(德吉)	복지	
50	남하	懼	27	답	3	224		5	3,195	석노미(石老味)	복지	
51	남하	拜	26	전	6	13			522	정축(丁丑)	복지	
52	남하	拜	60	답	3	108		1	1,540	봉이(奉伊)	복지	
53	남하	拜	25	답	5	83		11	2,079	정축(丁丑)	복지	
54	남하	超	17	답	3	122		3	1,746	수봉(水奉)	복지	

이 자료는 온양군 서면, 남상면, 남하면에 걸쳐 산재한 54개 필지의 전답 내역을 담고 있다. 자호, 지번, 지목, 등급, 결부, 배미, 장광척수, 구주와 시작 이름 등을 기록해 두고 있다. 전체 토지 결수는 5결 10부 7속이다. 각 전답 중에서 전보다 답이 큰 비중을 차지하고 있으며 토지의 등급은 2등급에서 6등급까지 다양하지만 3등급 23개 필지로 가장 많다. 이 자료에서 주목되는 것은 전답의 구주인 경우 성과 명을 함께 기록한 표기가 23필지, 그렇지 않고 명만 표시한 것은 31개 필지이라는 점이다. 특히 본 양안에는 구래의 소유주인 구주(舊主)와 더불어 시작(時作)이 표기되어 있는데, 시작 표기는 모두 복지(卜只)로 되어 있다. 이는 궁방이나 대지주의 토지상황에 대해 기록한 것으로 일정 시점에서 구매한 사항을 적고, 또 이 장토를 관리하는 복지라는 마름의 이름을 시작으로 등재한 양안으로 추정된다.

이 양안은 앞서 「온양군 동상면 양안」과 비교해 보면, 전답의 내역을 종전 양안의 기재형식에 따라 자세히 기록하고 있다는 점에서 공통적이며, 반면 소유주의 명은 드러나지 않은 채, 구래의 소유주와 현재 관리자를 시작으로 표기하고 있다는 점에 차이가 있었다. 토지의 소유주는 해당 장토에서 구래의 소유주를 구별하여 기록하고, 현재 시작을 기록해 두는 형식으로 「온양소재전안」을 작성한 것이었다.[43] 아무튼 이 양안 자료는 당시 개인, 혹은 궁방 양안의 소유자가 해당 군현을 통해 자기의 장토 상황을 조사하여 기록해 두었다는 점에서 온양군 양안의 표기방식의 차이를 살펴볼 수 있다.

그러면 「온양군 동상면 양안」 자료에 나타난 기주의 경제적 처지를 살펴보기 위해 해당 지역 농지소유의 집적 형태를 검토해 보자.

<표 10> 온양군 동상면 토지소유분화(1879) (단위 : 속, %)

구간	소유규모	인원	인원비율	면적규모	면적비율	소유평균
가	5000~	1	0.5%	6,081	8.4%	6081.0
나	2000~5000	1	0.5%	4,172	5.8%	4172.0
다	1000~2000	10	4.9%	13,637	18.9%	1363.7
라	750~1000	9	4.4%	7,905	11.0%	878.3
마	500~750	19	9.3%	11,168	15.5%	587.8
바	250~500	46	22.5%	15,392	21.4%	334.6
사	0~250	118	57.8%	13,687	19.0%	116.0
	합계	204	100.0%	72,042	100.0%	353.1

<표 10>은 온양군 동상면 토지소유의 편차를 모두 7개 구간으로 나누어 본 것이다.[44] 이 지역의 전체 농민 중에서 토지소유자수는 모두

43) 해당 장토의 소유자는 이 양안을 근거로 해서 매년 농지 경영자로서 시작의 변동 상황과 추수내역을 첨지의 형태로 기록해 두었을 것이다. 또한 남상면의 일부 토지 옆에 '방매'라고 기록하여 추후 토지를 매매했음을 기록해 두었다.

44) 이 표는 대전(垈田)과 진전(陳田)을 제외하고 작성한 것이다. 25부 미만의 토지를 소유한 농민(사)을 비롯하여 25부 이상 50부 미만(바), 50부 이상 75부 미만(마), 75부 이상 1결 미만의 경우(라), 1결에서 2결의 경우(다), 2결 이상 5결 미만(나), 5결 이상(가) 등 7개로 분류하였다.

204명이었다. 25부 미만의 토지를 소유한 농민(구간-사)은 118명으로 전체의 57.8%를 차지하지만, 토지소유의 규모로는 13결 68부 7속으로 전체 농지의 19%에 지나지 않았다.

다음 25부 이상 50부 미만으로 소유한 것으로 나타내는 (바)구간에 해당하는 사람은 46명이며, 전체 면적은 15결 39부 2속으로 전체 농지의 21.4%를 차지했다. 다음 50부 이상 75부 미만으로 소유한 것으로 나타내는 (마)구간에 있던 사람은 19명이며, 소유 면적의 비중은 15.5%이고, 다음 구간(라)는 75부에서 1결 미만의 소유자로 9명이며, 소유 면적의 비중은 11.0%였다.

1결 이상의 토지소유자 중에는 구간(다)에서는 10명이 전체 토지의 18.9%를 차지하고 있으며, 2결 이상 5결 미만(구간-나), 5결 이상의 소유자(구간-가)도 각각 1명이었다. 이들의 소유면적은 5.8%와 8.4%에 이르렀다. 결국 1결 이상의 토지소유자(구간 : 가~다)는 12명에 불과했지만, 전체 토지면적은 23결 89부로 전체 면내 농지의 33.2%나 차지하였다. 1결 이상의 농지를 소유한 자들은 아마도 지주거나 부농이라고 추정된다. 특히 6결 8부 1속의 토지를 소유한 면내 최대지주는 이름이 '봉금(奉今)'으로 기록되어 있고, 대지 2필지를 포함하여 57개 필지의 농지를 소유하고 있었다. 4결 17부 2속의 토지를 소유한 자는 '삼대(三大)'로 기록되어 있으면서 대지 2필지를 포함한 46필지를 소유하고 있는 대지주였다.

이러한 농지 소유자의 현황은 크게 1결 이상의 지주, 부농과 25부 미만의 영세 소유자층을 구분하여 특징을 살펴볼 수 있다. 양안상 소유자층의 분포는 1871년 당시 경상도의 언양현 사례연구와 비교해 보면 매우 유사함을 알 수 있다. 예컨대 25부 미만의 소유자층은 숫자로는 67.8%~72.4%로 큰 비중을 차지하고 있으며, 전체 농지의 비율도 20.9%~29.7%로 면별로 차이가 나타났다. 경상도 언양현 3개 면의 경우에도 역시 높은 비율로 영세빈농의 존재를 말해준다.[45)]

이러한 온양군 지역 농지소유 규모의 분화 현상은 다른 지역의 사례에서도 비슷한 경향으로 추출됨을 확인할 수 있다. 전반적으로는 이 시기 토지소유 분화의 양상은 한편에서 토지소유의 영세성을 나타내고 있는 반면에, 다른 한편에서는 대토지소유의 존재를 확인해 주는 것으로 이해된다. 따라서 이 양안에 수록된 농지의 소유 분화 현상은 이 시기의 일반적인 경향을 보여주는 사례로 추가될 수 있다.

<표 11> 온양군 동상면 농업경영 분화(1879) (단위 : 속, %)

구간	경영규모	인원	인원비율	면적규모	면적비율	경영평균
가	5000~					
나	2000~5000					
다	1000~2000	11	4.7%	14,613	20.5%	1328.5
라	750~1000	6	2.6%	5,331	7.5%	888.5
마	500~750	22	9.5%	12,782	17.9%	581.0
바	250~500	65	28.1%	23,066	32.4%	354.9
사	0~250	128	55.2%	15,503	21.7%	121.1
	합계	232	100.0%	71,295	100.0%	307.3

그런데 이러한 소유 분화의 양상만으로는 이 시기 온양군 농민층의 계층적 분화 현상을 제대로 이해하기는 어렵다. 이 지역에서 진행된 농민층 분화의 실상을 알기 위해서는 해당 농지를 경작하는 상태의 양상을 동시에 살펴보아야 한다. 이 동상면 양안 자료는 농지의 경작자인 시작의 경영 형태를 함께 검토할 수 있는 자료이다.

45) 1871년 언양현(彦陽縣)의 3개 면의 소유분화상황과 비교하면 비슷한 사실을 추출할 수 있다. 25부이하의 농지를 소유한 인원은 하북(下北)면의 경우 71%이고 전체 농지의 23%, 중남(中南)면의 경우, 각각 인원의 72.4%, 농지 면적의 29.7%이며, 삼동(三同)면의 경우 역시 인원의 67.8%, 농지면적의 20.9%였다. 또한 1결이상의 인원은 하북면의 경우 4.5%, 중남면의 경우 2.1%, 삼동면의 경우 0.85%이었지만 이들의 소유규모는 하북면 농지의 29.4%, 중남면 농지의 18.2%, 삼동면 농지의 9.9%로 나타났다. 따라서 대개 25부이하의 농민이 70% 정도이며 이들의 소유농지는 20~30% 정도였다는 것을 알 수 있다(이영훈, 1989, 『조선후기사회경제사』, 한길사, 373쪽, <표 1> 참조).

이 지역의 전체 경작농민 수는 모두 232명이었다. 여기서 0 이상 25부 미만 (사)구간의 토지를 경작하는 농민이 128명으로 전체 농민 232명 중에서 55.2%를 차지하여 절대 다수임을 알 수 있다. 이들이 경영하는 농지는 모두 합해 15결 50부 3속이었으며, 전체 농지면적의 21.7%에 불과하다. 다음으로 25부 이상 50부 미만 (바)구간의 농민들은 65명이고 그 다음 50부 이상 75부 미만의 (마)구간의 농민은 22명이다. 75부 이상 1결 미만의 (라)구간의 경작 농민은 6명에 불과했다. 이에 반하여 1결 이상의 농지를 경작하는 농민은 11명이었는데, 이들이 경작하는 농지의 총면적은 14결 61부 3속이고, 전체 면내 농지의 20.5%를 차지하였다. 그런데 2결 이상을 경영하는 농민은 존재하지 않았다. 이들은 대개 자작 혹은 대여지 경영의 한계치로서 그 이상 경영을 확대할 수는 없었던 것으로 보인다. 다만 농업경영상 1결 이상의 농지를 소유하면서 동시에 경영하는 농민들을 부농이라는 범주로 간주한다면, 이들 부농은 전체 인원상 4.7%에 지나지 않았지만 전체 농지경영에서 차지하는 비중이 20.5%를 높게 차지하고 있다. 따라서 온양군 지역에서는 소유의 분화 못지않게 경영에서도 영세한 농민과 더불어 일부 자작 상농, 혹은 부농층이 존재하고 있음을 확인해 볼 수 있다.

그러면 각 농민계층을 각기 소유지와 경영지의 상관관계에 따라 연관지어 검토해 보자.[46] 아래의 표는 양안 자료에 기록된 소유 농지와 경영 농지의 상황을 10부 단위로 구분하여 각 구간의 인원을 표시한 것이다.[47]

46) 이 표는 온양군 동상면 양안에서 기록된 농지소유자인 기주와 농지 경영자인 작인의 기록을 일률적으로 수치로 환산한 것이다. 자료의 특성상 기주와 작인의 기록이라는 점에서 의미를 가지고 있지만, 반면에 이전의 양안이나 부실한 자호별 필지의 상황을 감안하면 전체 농지의 상태를 그대로 반영하지 못하다는 점에서 부분적인 계량 수치에 불과하다는 한계를 가지고 있다.

47) 세로축 하단의 200부 이상 '*'표시는 표의 구간에 미처 표시할 수 없는 것을 가리키며 그 인원은 모두 2명으로 1인은 4결여, 1인은 6결여를 가리킨다.

<표 12> 충청도 온양군 동상면 지주 농민의 소유 경영 분화(1879) (단위 : 10부, %)

소유 \ 경영	0	1	2	3	4	5	6	7	8	9	10	11	12	13	14	15	16	17	18	19	20	합계
0	0	10	13	6	6	6	1	2													1	45
1	3	35	2	3	3	2	2		1													51
2	5	1	38	3		2		2														52
3	6	0	1	23	0	1																31
4	2		2	2	14	2	1															23
5						6	1															7
6	1	0					9															10
7		1			3			1	2	1												8
8				2					1													3
9	1									2	1			1								5
10											2	1										3
11	1											2										3
12												1	1									2
13																						0
14																						0
15		1																				1
16																	1					1
17																	1	1				2
18			1																			1
19																						0
20																						0
			*		*																	2
합계	19	48	58	38	27	20	14	5	4	3	3	4	1	2	0	0	2	1	0	0	1	250

우선 위의 표에서는 세로축이 토지소유자의 현황, 가로축이 경영자의 현황을 보여주고 있다. 소유농지와 경영농지의 합계가 모두 20부가 되지 않는 사람들은 모두 107명이었는데, 소유지만을 가지고 있는 자는 8명이었고, 소유지 없이 경작지만 20부 미만을 경작하는 농민은 23명이었다. 이들은 최하의 극빈농이라고 할 수 있다. 반면에 소유와 경작지가 20부 이상이지만 50부 미만의 농민들은 모두 89명이었다. 영세소농의 범주에 드는 계층으로 추정할 수 있다. 또한 50부 이상 1결 미만의 농민들은 모두 36명으로 소유지가 50부 미만이지만 경작지가 50부 이상인 경작농민이 다수를 차지하고 있었다. 이들은 대개 소유지와 경작지가 일치하는 경향을 나타내고 있다. 이들은 소농의 범주로 비정할 수 있다.

이 표에서 주목되는 것은 1결 이상 농지를 소유하고 있으면서 실제 경작하는 농지는 규모가 작은 자들이다. 첫 번째 사례는 1결 이상을 소유하고 있으면서도 경영면적이 거의 없는 지주들이 있다. 이들은 모두 5명으로서 14결여로 전체 농지 중에서 20.7%이지만 대부분 농지를 대여하였다. 이들 중에는 6결 8부 1속을 소유한 '봉금(奉今)'의 경우, 전체 소유지는 56필지이지만, 경작지는 3부 8속으로만 기록되어 있다. 2번째 대지주인 '삼대(三大)'의 경우도 모두 46필지, 4결 17부 2속을 소유하고 있지만, 2필지의 40부 3속의 경작지만을 가지고 있었다. 이들은 거의 경작지가 없는 대지주이며, 동상면에 거주한다고 보기 어려운 부재지주의 존재로 보인다. 그밖에 1결 이상의 토지를 소유하고 있으면서 동시에 경영하는 농민들이 있다. 모두 5명으로서 을정(乙丁), 종돌(宗乭), 만손(萬孫), 관덕(官德), 을립(乙立) 등이다.[48)]

<표 13> 중에서 '봉금(奉今)' 소유의 토지 중에서 14개 필지의 농지를 경작하는 소작농민으로 '오강(五江)'이라는 농민이 주목된다. 그는 단 한 필지의 소유지도 보이지 않고 경작지만 1결 95부 2속을 경작하고 있는 경우도 있다. 이는 아래의 표와 같이 기주인 '봉금'과 특별한 관계가 있는 농민으로, 그 집의 노비이거나 혹은 장기 고공이 아닌가 한다. 이렇게 상층농 중에는 순수한 지주를 제외하고 비교적 큰 규모의 농지를 경영하고 있는 부농도 존재하고 자작상농도 있었다. 물론 이들의 경영규모의 총합은 그리 크지 않은 것으로 보인다.[49)]

---

48) 이 중에서 을립(乙立), 만손(萬孫)과 종을(宗乭) 등은 대지의 소유자로도 등장하고 있는데 각기 111평, 518평, 1,310평 대지를 가지고 있었다. 표에서 비고란에 주소라고 적혀있는 곳은 오(梧)는 오동(梧桐) 지역을 가리키는 것으로 보이며, 대주(垈主)는 대지의 주인을 가리킨다.

49) 이는 양안의 기재내용이 면적상으로도 축소되어 있을 뿐만 아니라 실제 소작인 내부의 고용관계를 알 수 없다는 점에서 보다 구체적인 분석과 방증작업이 필요하다.

<표 13> 온양군 동상면 대지주 '봉금(奉今)'의 토지소유상황(1879) (단위 : 속, 척)

번호	지역	자	지번	등급	지목	배미	척수	척수	실적수	결	기주	작인	주소
1	방축평(防築坪)	행(行)	19	5	답	7	118	26	3,068	123	봉금(奉今)	완돌(完乭)	오(梧)
2	방축평	행	23	6	전		53	25	1,325	33	봉금	덕창(德昌)	
3	마대(馬垈)	극(剋)	12	4	전		78	32	2,496	137	봉금	오강(五江)	오(梧)
4	마대	념(念)	1	4	전		60	42	2,520	139	봉금	오강(五江)	오(梧)
5	마대	념	2	4	답	1	45	7	315	17	봉금	오강(五江)	
6	가실평(可實坪)	념	21	5	전		48	14	672	27	봉금	성운(聖云)	
7	가실평	념	22	4	답	5	85	14	1,190	65	봉금	오강(五江)	
8	가실평	념	26	4	답	12	111	20	2,220	122	봉금	순철(巡哲)	
9	가실평	념	27	4	답	8	110	25	2,750	151	봉금	악선(岳先)	
10	가실평	작(作)	4	4	답	4	89	33	2,937	162	봉금	선손(先孫)	
11	가실평	작	5	4	답	8	146	38	5,548	315	봉금	오강(五江)	
12	가실평	작	6	3	답	3	78	35	2,730	191	봉금	오강(五江)	
13	가실평	작	7	3	답	4	71	44	3,124	219	봉금	오강(五江)	
14	가실평	작	8	4	답	6	116	33	3,828	211	봉금	선손(先孫), 성운(聖云)	
15	가실평	작	10	4	답	10	137	28	3,836	211	봉금	오강(五江)	
16	가실평	작	11	3	답	5	95	31	2,945	206	봉금	오강(五江)	
17	가실평	작	12	3	답	1	52	20	1,040	73	봉금	오강(五江)	
18	가실평	작	13	3	답	4	96	21	2,016	111	봉금	오강(五江)	
19	가실평	성(聖)	2	4	답	3	100	32	3,200	176	봉금	한용(汗用)	
20	가실평	성	3	4	답	2	61	23	1,403	77	봉금	삼손(三孫)	
21	가실평	성	5	4	답	4	59	31	1,829	101	봉금	선손(先孫)	
22	동산(東山)	성	13	5	전		50	19	950	38	봉금	노매(老每)	오(梧)
23	동산	성	14	6	전		55	28	1,540	38	봉금	봉금(奉今)	
24	동산	성	16	3	대		25	12	300	21	봉금	복선(卜先)	오(梧) 대주(垈主)
25	동산	성	17	5	전		50	31	1,550	62	봉금	복선(卜先)	
26	동산	성	21	4	전		105	22	2,310	127	봉금	거벽(去璧)	

27	동산	덕(德)	3	3	대		28	18	504	25	봉금	갑득(甲得)	오(梧) 대주(垈主)
28	동산	덕	4	5	전		80	16	1,280	51	봉금	갑득(甲得)	
29	동산	덕	5	5	전		80	41	3,280	131	봉금	성운(聖云)	
30	동산	덕	8	5	전		58	21	1,218	49	봉금	순철(巡哲)	
31	동산	덕	11	5	전		103	14	1,442	58	봉금	옥례(玉禮)	
32	동산	덕	13	5	전		85	52	4,420	177	봉금	사금(士今)	
33	동산	덕	16	6	전		81	20	1,620	40	봉금	을득(乙得)	
34	동산	덕	17	5	답		65	21	1,365	55	봉금	을득(乙得)	
35	동산	덕	19	5	답	11	73	22	1,606	64	봉금	어질덕(於叱德)	
36	동산	덕	20	6	전		34	20	680	17	봉금	어질덕(於叱德)	
37	동산	덕	21	5	전		133	31	4,123	148	봉금	오강(五江)	
38	동산	덕	22	6	전		50	16	800	20	봉금	오질덕(於叱德)	
39	동산	덕	23	5	답	10	55	33	1,815	73	봉금	옥례(玉禮)	
40	동산	덕	24	5	답	20	100	30	3,000	120	봉금	성운(聖云)	
41	동산	덕	25	5	답	23	120	55	6,600	264	봉금	치연(致連)	
42	동산	덕	29	5	전		78	10	780	31	봉금	순철(巡哲)	
43	동산	덕	32	4	답	6	55	47	2,585	142	봉금	순철(巡哲)	
44	동산	덕	33	4	답	14	60	53	3,180	175	봉금	귀동(貴同)	
45	합농곡(合農谷)	건(建)	11	6	전		80	34	2,720	68	봉금	오강(五江)	오(梧)
46	합농곡	건	15	6	전		59	14	826	21	봉금	오강(五江)	
47	금성발리평(金城發里坪)	형(形)	1	5	답	8	40	33	1,320	53	봉금	소만대(小万大)	
48	금성발리평	형	3	5	답	3	64	29	1,856	74	봉금	오례五禮)	
49	금성발리평	형	5	5	답	12	100	49	4,900	196	봉금	윤동(允同)	
50	금성발리평	형	8	5	답	11	130	39	5,070	203	봉금	명산(明山)	
51	금성발리평	형	10	5	답	12	100	30	3,000	120	봉금	한용(汗用)	
52	금성발리평	형	11	5	답	4	150	30	4,500	180	봉금	덕성(德成)	
53	금성발리평	형	12	5	답	1	52	15	780	31	봉금	한용(汗用)	
54	금성발리평	형	13	5	답	12	130	50	6,500	260	봉금	선손(先孫)	
55	금성발리평	형	17	5	전		42	19	798	32	봉금	한용(汗用)	
56	금성발리평	형	20	6	전		56	5	280	7	봉금	한용(汗用)	
57	갈매(葛梅)	형	21	5	답	5	70	15	1,050	43	봉금	천금(千今)	

<표 14> 온양군 동상면 부농 '오강(五江)'의 농지경작상황(1879) (단위 : 속, 척)

번호	지역	자	지번	등급	지목	배미	척수	척수	실적수	결	기주	작인	주소
1	마대(馬垈)	극(剋)	12	4	전		78	32	2,496	137	봉금(奉今)	오강(五江)	오(梧)
2	마대	념(念)	1	4	전		60	42	2,520	139	봉금	오강	오(梧)
3	마대	념	2	4	답	1	45	7	315	17	봉금	오강	
4	가실평(可實坪)	념	22	4	답	5	85	14	1,190	65	봉금	오강	
5	가실평	작(作)	5	4	답	8	146	38	5,548	315	봉금	오강	
6	가실평	작	6	3	답	3	78	35	2,730	191	봉금	오강	
7	가실평	작	7	3	답	4	71	44	3,124	219	봉금	오강	
8	가실평	작	10	4	답	10	137	28	3,836	211	봉금	오강	
9	가실평	작	11	3	답	5	95	31	2,945	206	봉금	오강	
10	가실평	작	12	3	답	1	52	20	1,040	73	봉금	오강	
11	가실평	작	13	3	답	4	96	21	2,016	111	봉금	오강	
12	동산(東山)	덕(德)	21	5	전		133	31	4,123	148	봉금	오강	
13	합농곡(合農谷)	건(建)	11	6	전		80	34	2,720	68	봉금	오강	오(梧)
14	합농곡	건	15	6	전		59	14	826	21	봉금	오강	
15	소동화동(小東華洞)	전(傳)	44	6	전		60	21	1,260	31	월금(月金)	오강	매(梅)

따라서 이곳 충청도 온양군 동상면 지역에서는 소유분해의 측면에서 한편으로는 다수의 빈농을 양산해내고 있으면서 다른 한편으로는 지주의 토지소유 확대가 이루어지고 있었고 이들은 1/3이상의 토지를 과점하고 있었다. 경영분해의 측면에서는 역시 다수의 영세빈농이 많이 존재하고 있었으며 상층농 중에서 소유지와 비슷하게 경영지를 확보하고 있는 경영하는 부농이 다수 존재하고 있었다고 볼 수 있다. 소유지에 비해서 경영지를 월등하게 경영하는 부농은 아니었다는 측면에서 중소지주를 겸하고 있는 부농으로 위치지을 수 있지 않나 한다.

4. 대한제국기 온양군 동상면 지주와 농민층 변화 양상

충청남도 온양군 동상면의 지주와 농민층 분화 상황은 1879년에 조사되었던 「온양군 동상면 양안」과 더불어 1900년에 작성된 광무양안을 통해서 살펴볼 수 있다. 그런데 양 문서는 조사 내용에서 몇 가지 차이가 있기 때문에 직접 비교하기 어려운 상황에 있다.

<표 15> 온양군 양안의 중초 정서과정

순서	면명	자호	수정자호	양 전 일 시	초사 개시일	정서일시
1	읍내	天~餘 26	天~成 27	1899.11.14~12.24	1900.10.24~	1901. 3. 2
2	군내	成~出 20	歲~夜 28	1899.11.14~12.24	1900.10.26~	1901. 3. 2
3	동상	崑~弔 51	光~坐 50	1899.11.14~12.24	1900.10.22~	1901. 3. 2
4	동하	民~鳴 32	朝~被 33	1899.11.14~12.24	1900.10.10~	1901. 3. 2
5	일북	鳳~烈 35	草~長 46	1899.11.14~12.24	1900.10.11~	1901. 3. 2
6	이북	男~競 76	信~履 75	1899.11.14~12.24	1900.10.13~	1901. 3. 2
7	서	資~愼 53	薄~甘 56	1899.11.14~12.24		1901. 3. 2
8	남상	終~訓 47	상~枝 45	1899.11.14~12.24		1901. 3. 2
9	남하	入~意 59	交~意 39	1899.11.14~12.24	1900.10.23~	1901. 3. 2
	전체	天~意399	天~意 399	1899.11.14~12.24		1901. 3. 2

위의 표와 같이 온양군 동상면 양전은 1899년 11월 14일부터 12월 24일까지 약 40일간 시행되었으며, 이때 일차 조사에서 조사된 자호가 일부 수정되어 총 50개 자호 면적 501만 689척, 전답 총 244결 36부 6속으로 정리되었다.[50]

우선 비교상의 문제점으로는 양안에 기록된 자호 지번의 기록 상황이 크게 다르다는 것이다. 이는 위의 <표 15>와 같이 각 자호별 필지수가 전답의 실적수와 결수의 비교를 통해서 알 수 있다. 대개 총 50개의 자호로

50) 온양군 동상면 양안 면총목에 의하면, 자호가 곤(崑)~조(弔)(51)에서 광(光)~좌(坐)(50)로 수정 정리되었다. 양전 이후 처음으로 양안으로 정리된 날짜가 1900년 10월 22일이고, 정서한 날짜는 1901년 3월 2일이었으므로 처음 양안을 정리한 날짜를 초사일을 기준으로 1900년에 작성된 것으로 삼았다.

이루어져 있으며 총 501만척 중에서 답의 실적수는 330만척으로 대개 66.0%를 차지하고 있었으며, 전결의 결수에서도 답결의 비중이 높아 73.1%를 차지하였음을 알 수 있다. 이는 객관적인 면적의 비중이 높아졌음과 아울러 답의 결수가 전에 비해 높게 책정되었다는 것을 알 수 있다. 이에 따라 1879년 실시된 동상면 양안은 원전답의 전체 결수가 37개 자호에 190여결이었음에도 불구하고 39%에 불과한 72결여 결수의 상황을 기록한 반면, 1900년 광무양전의 결과로는 동상면의 전체 결수가 244결 36부 6속으로 조사되었으므로 이전에 74결여에 비해 상당수의 농지가 증가하여 3.4배 정도 늘어났기 때문이다. 이처럼 전답의 결수 차이와 수록 내용의 확대로 인하여 지주와 농민층 분화의 양상은 크게 달라질 수 있다.

또한 양안상에 기록된 토지소유자인 '시주(時主)'의 기록 형태의 차이도 있다. 『온양군 동상면 양안(상)』의 경우에는 처음에는 '시주'와 '시작'으로 기록되다가 이후 대부분 '전·답주'와 '작인(作人)'으로 표기되어 있다.[51] 『온양군 동상면 양안(하)』의 경우에는 '시주'와 '시작'이라는 형태와 더불어 '전·답주'와 '작인(作人)'으로 혼재되어 나타난다.[52] 물론 1900년에 중초를 거치면서 완성된 정서책 양안에서는 '시주'와 '시작'으로 통일되었다.[53]

---

51) 『溫陽量案 抄-東上面 上』(규17667, 18-5).

52) 『溫陽量案 抄-東上面 下』(규17667, 18-6).

53) 시주의 소유지 통계 자료에서 관둔전, 2필지, 9부 9속, 공수동답 6필지, 76부 7속, 진전 4필지 1결 5부 9속 등이 별도로 산정되었다. 이하 통계상의 오류 시정 필요.

<표 16> 온양군 동상면 토지소유분화(1899) (단위 : 속, %)

구간	소유규모	인원	비중(%)	필지수	실적수	비중(%)	전결수	비중(%)	평균소유
가	5000~	6	1.0	224	790,926	16.3	45,165	19.3	7,527.5
나	2000~5000	16	2.7	355	925,564	19.1	46,483	19.8	2,905.2
다	1000~2000	22	3.7	194	565,476	11.6	27,522	11.7	1,251
라	750~1000	23	3.9	162	397,891	8.2	19,698	8.4	856.4
마	500~750	45	7.6	234	590,522	12.2	27,366	11.7	608.1
바	250~500	96	16.3	301	721,713	14.9	33,471	14.3	348.7
사	0~250	381	64.7	533	863,228	17.8	34,521	14.7	90.6
	합계	589	100.0	2,003	4,855,320	100.0	234,226	100.0	397.7

위의 표와 같이 온양군 동상면 양안에 기록된 토지소유자는 모두 589명에 이른다.[54] 이 중에서 구간(사)에 속하는 영세빈농은 381명으로 인원수로는 64.7%, 필지수로 533필지이고, 실적수로는 전체 실적의 17.8%이고 결부수로도 전체 결수의 14.7%에 불과했다. 구간(바)에 속한 인원도 96명으로 16.3%이고, 실적수 대비에서도 14.9%, 결수로는 14.3%로 인원의 비중에 비해 소유토지의 총량은 낮은 편이었다. 이에 따라 50부 미만으로 되어 있는 구간(바~사)에 속한 소유자는 477명으로 81.0%를 차지하고 있음에도 불구하고 실적수에서도 32.7%, 결수에서도 29%로 되어 영세한 소유자층의 적체가 많았음을 알 수 있다. 반면에 1결 이상의 토지를 가지고 있는 사람들은 구간(다)의 경우에는 22명으로 실적수의 비중이 11.6%, 결수 11.7%를 차지했다. 또한 구간(나)의 경우에도 16명에 불과했지만, 도리어 실적수와 전결수의 비중이 19.1%와 19.8%로 높아졌다. 최상위층인 5결이상 소유한 자는 6명에 불과했지만, 실적수에서 16.3%, 결수에서 19.3%에 있었다. 따라서 2결이상의 지주들(구간 가~나)은 모두 22명이고, 실적수에서는 35.4%, 결수로도 39.1%로 높은 비중을 차지하고 있었다. 이러한 추이는 이전 1879년 양안의 통계와 비교하여 보면, 이후 20년간의 농지소유

54) 위의 표는 온양군 동상면 양안(1900년)에서 토지소유로서 전답의 소유만을 대상으로 한 것이다. 대지는 본 표의 통계에서 배제하였다.

비중의 변화로 보다 확실히 알 수 있다.

<표 17> 온양군 동상면 토지소유자의 변화(1879~1899) (단위 : 결, %)

구간	소유규모	1879		1899		1879		1899	
		인원(1)	비율(1)	인원(2)	비율(2)	전결(1)	비중(1)	전결(2)	비중(2)
가	5000~	1	0.5	6	1.0	6.081	8.4	45.165	19.3
나	2000~5000	1	0.5	16	2.7	4.172	5.8	46.483	19.8
다	1000~2000	10	4.9	22	3.7	13.637	18.9	27.522	11.7
라	750~1000	9	4.4	23	3.9	7.905	11.0	19.698	8.4
마	500~750	19	9.3	45	7.6	11.168	15.5	27.366	11.7
바	250~500	46	22.5	96	16.3	15.392	21.4	33.471	14.3
사	0~250	118	57.8	381	64.7	13.687	19.0	34.521	14.7
	합계	204	100.0	589	100.0	72.042	100.0	234.226	100.0

온양군 동상군 전후 양안을 비교해 보면, 이전 양안에서 구간(마)와 구간(바)의 소유자들의 비중이 낮아지고, 반면에 구간(사)가 새로운 양안 기록에서는 상대적으로 늘어나는 경향을 보였다. 결국 1결 미만의 토지소유자들은 점차 소유규모가 적어지고, 결국 25부 미만 영세 빈농층의 비중이 늘어나는 경향을 보였다. 반면에 2결 이상의 토지소유자들은 이전에 2명에 불과했던 것이 22명으로 크게 증가되고, 결수의 비중도 14.2%에서 39.1%로 크게 증가되었다.

물론 이는 양안 자료의 기록상 한계로 말미암아 1879년 양안의 경우 전체 결수의 40% 정도에 이르고 있지 않아서 상호 비교는 불가능하다. 그렇지만, 두 양안에 나타난 토지소유자층 중에서 2결 이상 지주에 속하는 자들이 크게 증가되고 이들의 토지소유 비중이 크게 늘어난 것은 확인할 수 있다. 이는 영세 빈농층의 비중이 늘어난 것과 관련하여 2결 이상의 지주층이 증가한 것은 서로 맞물려 나타난 것이 아닌가 한다. 결론적으로 위의 표는 불과 20년차였지만, 온양군 동상면 지주와 농민층의 토지소유 변화 양상을 단적으로 보여주는 것이라고 할 수 있다.

<표 18> 온양군 동상면 토지경영분화(1899) (단위 : 결, %)

구간	경작규모	인원	비중(1)	필지수	실적수	비중(2)	전결수	비중(3)	평균경작
가	5000~								
나	2000~5000	3	0.4	38	139,491	2.9	7.118	3.0	2.372.7
다	1000~2000	40	5.5	357	1,071,205	22.1	55.636	23.7	1.390.9
라	750~1000	36	5.0	188	583,733	12.0	31.187	13.3	866.3
마	500~750	66	9.2	339	852,673	17.6	40.791	17.4	618.0
바	250~500	152	21.1	461	1,096,115	22.6	53.148	22.7	349.7
사	0~250	424	58.8	620	1,112,103	22.9	46.346	19.8	109.3
	합계	721	100.0	2,003	4,855,320	100.0	234.226	100.0	324.9

한편 온양군 동상면 농지의 경영 분화 양상은 위의 표와 같다. 구간(사)의 경우와 같이 25부 미만의 토지를 경작하는 농민은 모두 424명으로 전체 농민 중 58.8%에 이르렀는데, 이들이 경작하는 농지의 실적수는 22.9%이며, 결수로는 19.8%에 불과했다. 이러한 양상은 구간(마)와 구간(바)의 경우에도 마찬가지였다. 반면에 1결 이상 2결 미만 경영 농민은 비교적 많은 경작지를 차경하는 농민으로 볼 수 있는데, 이들은 43명으로 전체 농민 중 5.9%에 불과했지만, 실적수로는 24.0%, 결수로도 26.7%에 이르렀다. 이들은 50부 미만의 영세농과는 달리 어느 정도 부력을 가진 경영부농으로 생각된다.

<표 19> 온양군 동상면 토지경영 농민의 변화(1879~1899) (단위 : 결, %)

구간	경영규모	1879		1899		1879		1899	
		인원(1)	비율(1)	인원(2)	비율(2)	결수(1)	비중(1)	결수(2)	비중(2)
가	5000~								
나	2000~5000			3	0.4			7.118	3.0
다	1000~2000	11	4.7	40	5.5	14.613	20.5	55.636	23.7
라	750~1000	6	2.6	36	5.0	5.331	7.5	31.187	13.3
마	500~750	22	9.5	66	9.2	12.782	17.9	40.791	17.4
바	250~500	65	28.1	152	21.1	23.066	32.4	53.148	22.7
사	0~250	128	55.2	424	58.8	15.503	21.7	46.346	19.8
	합계	232	100.0	721	100.0	71.295	100.0	234.226	100.0

이러한 경영농민의 분화 양상은 위의 표와 같이 25부 미만의 농민의 비중이 128명, 55.2%에서 424명 58.8%로 약간 증가하였지만, 경작하는 결수에서는 도리어 21.7%에서 19.8%로 소폭 축소되었다. 그만큼 영세빈농의 처지는 더욱 열악해졌다고 할 수 있다. 반면에 1결 이상 2결 미만의 경우에는 인원의 비중은 11명 4.7%에서 43명 5.9%로 약간의 변화를 보였지만, 역시 경영면적으로는 20.5%에서 26.7%로 크게 늘어났다. 이렇게 보면, 소유분화와 마찬가지로 경영분화에서도 영세빈농의 증가와 경영면적의 축소가 일어나고 1결 이상 부농 경영자의 경영면적의 확대를 보이고 있음을 알 수 있다.

따라서 온양군 동상면 지역에서는 소유분해의 측면에서 다수의 빈농을 양산해 내고 있는 반면, 지주의 토지소유 확대가 이루어졌음을 확인할 수 있었다.[55] 특히 2결 이상의 지주들은 전체 토지 실적수의 39.1%로 과점하고 있었다. 경영분해의 측면에서는 25부 미만의 영세빈농층이 인원수로 68.9%가 되었지만, 토지실적수에서는 19.8%로서 평균 경영규모가 10부 9속 정도에 그치고 있었다. 다수의 영세빈농이 존재하고 있었으며 상층농 중에서 경영부농의 비중은 점증하고 있었으므로 농촌사회 내부에서는 토지와 경영을 둘러싼 각 계층간의 대립과 갈등이 크게 일어났다고 할 수 있다. 결론적으로 1879년 이후 20여년 동안 농촌사회에서 발생한 농민층 분화의 추이는 전체적으로 지주제의 확대, 경영상층의 일부 증가, 영세빈농의 대거 창출이라는 경향을 보여주고 있었다.

---

55) 1899년 광무양전사업에서 조사된 온양군 일북면(一北面) 지역의 경우에는 5정보 이상의 지주들은 모두 23명으로서 이들의 소유 총면적은 203.39정보로서 일북면 전체 경지면적의 39.3%를 차지하고 있었다(최윤오, 이세영, 1995, 「대한제국기 토지소유구조와 농민층 분화」『대한제국의 토지조사사업』, 민음사, 419~421쪽. 특히 <표 6> 「일북면의 5정보 이상의 토지소유 지주」; 李榮薰, 앞의 책, 344~345쪽 참조).

<표 20> 온양군 동상면 지주 농민의 소유 경영 분화(1899) [단위 : 10부(負), %]

경영 / 소유	0	1	2	3	4	5	6	7	8	9	10	11	12	13	14	15	16	17	18	19	20	* 이상	합계
0	0	149	81	39	27	22	8	5	6	6	5	3			1	1	1			1			355
1	48	103	24	12	8	5	4	8	2	3	2	1	1		1	1		1	1		1		226
2	43	5	43	8	7	2	3		2	2	1	1		1		1							119
3	18		2	27	5	2	1	1													1		57
4	11	2	2	3	18		2	2	1		1			1							1	1*	45
5	2			3	2	8	2	2				1	1		1								22
6	4	2	0	2	2		7	2	1		1					1							22
7	6	0	0		1		1	4	2				1	1				2					18
8	4		1			1	1		3				1										11
9	3		1						1	1	1										1		8
10	4							1						1									6
11	1		1						1		2	1											6
12	1							1					1									2**	5
13	2	1					1						1	1	1	1							8
14											1												1
15	1		1																				2
16	1													1									2
17							1																1
18		1											1										2
19																							0
20																							0
2000~3000	1	1	1	1	1				1						1						2		9
3000~4000	3	1	1	1														1					7
4000~5000							1																1
5000~	1		1							1			1										4
소계	154	265	159	96	71	40	32	26	20	13	14	7	8	6	5	5	1	4	1	1	6	3	937

위의 표에서 세로축은 토지소유자의 현황을 가로축은 경영농민의 현황을 보여주고 있다. 표에서 보는 바와 같이, 토지소유를 가지고 있으면서도 어떤 토지도 경영하지 않는 자는 154명이었으며, 반면에 토지를 전혀 소유하지 않은 경작 농민도 355명이나 되었다. 토지소유와 경영의 측면에서 공히 50부가 되지 않는 농민들이 다수를 차지하고 있었으며, 분포도에서는 2결 이상의 소유자가 일부 나타나고 있으며, 반면에 2결 이상 경작농민도 일부 나타남을 알 수 있다. 예컨대 신성진의 경우에는 소유면적 35부 1속, 경영면적, 2결 56부 5속으로 나타나 농업 경영을 위주로 하는 부농으로

생각된다. 이영복의 경우에는 소유면적 1결 13부, 경영면적 2결 24부 8속으로 지주겸 부농으로 볼 수 있고, 전덕삼의 경우에도 소유면적 1결 15부 4속, 경영면적 2결 46부 4속으로 지주 겸 부농의 지위를 가지고 있었을 것으로 추정된다.[56)]

<표 21>은 온양군 동상면 2결 이상 지주의 경우 소유지와 경영지를 비교하여 정리한 것이다.

<표 21> 온양군 동상면 2결 이상 지주의 존재형태(단위 : 결)

순서	시주명	시주명(한자)	소유지	필지수	비고
1	홍득복	洪得卜	2.163	28	대지 3필지
2	심동복	沈同卜	2.191	29	대지1, 용주(舂主)
3	이주상	李冑相	2.335	14	
4	손판복	孫判卜	2.382	16	
5	성경복	成京卜	2.448	30	대지 10필지
6	이갑득	李甲得	2.735	32	공수동, 초10칸, 대지 8필지
7	이만복	李万卜, 李萬卜, 李萬福	2.784	15	대지 3필지
8	전금철	全今哲, 全今鐵, 全今喆	2.848	22	
9	최경유	崔敬有	3.087	22	대지 5필지
10	정락원	鄭洛元	3.167	23	대지 10필지
11	양향둔	糧餉屯	3.183	20	대지 1필지
12	김종옥	金宗玉	3.408	31	대지 6필지
13	김재돌	金再乭, 金才乭	3.616	31	대지 2필지
14	이삼득	李三得	3.824	19	
15	이연홍	李延弘	3.970	36	대지 2필지
16	이천만	李千萬, 李千万	4.527	42	
17	한복동	韓卜同	5.501	23	
18	이수복	李壽卜, 李水卜, 李水福	5.704	30	대지 6필지
19	성봉금	成奉今	6.005	42	대지 3필지
20	민명쇠	閔命釗	6.177	38	대지 18필지
21	한순석	韓順石	10.733	67	대지 12필지
22	조노미	趙老未	11.765	67	대지 4필지
	총합계		94.553	677	

56) 위의 표 중에서 소유구간 3~4구간에 있던 2결 이상 '1*'표시가 신성진이며, 소유구간 11~12구간에 있던 2결 이상 경영자로 '2**'표시가 이영복과 전덕상의 경우다.

위의 온양군 동상면 2결 이상 토지소유자의 현황을 보면, 총 지주의 수는 22명이다. 1번의 홍득복의 경우 소유지가 2결 16부 3속인데, 필지수는 28필지를 가지고 있으며, 여기에 대지 3필지를 가지고 있었다. 이하 심동복, 이주상, 손판복, 성경복, 이갑득 등은 시주명의 한자가 한 가지로 동일하게 나오지만, 이만복, 전금철, 김재돌, 이천만, 이수복 등 5명의 경우에는 '이명동음(異名同音)'으로 발음되는 시주명(時主名)으로 기록되어 있다. 이들의 경우 보다 정밀한 비교를 위해서는 족보나 호적과의 비교가 필요하다. 양안의 기록으로만 파악할 때는 이들 5명은 중복이거나 과다 파악될 우려가 있다.57) 이들 22명의 2결 이상 지주의 경영형태를 비교하면 <표 22>와 같다.58)

<표 22> 온양군 동상면 2결 이상 지주의 소유와 경영 형태(단위 : 결)

순위	성명	소유	대여	필지	대여 비율(%)	경영	자작	차작	필지	소작 인수	비고
1	홍득복	2.163	853	28	39.4	1.310	1.310	0	17	6	
4	손판복	2.382	836	16	35.1	1.975	1.546	429	13	7	
5	성경복	2.448	1.871	30	76.4	716	577	139	7	18	
6	이갑득	2.735	1.392	32	50.9	1.950	1.343	607	16	17	
13	김재돌	3.616	1.956	31	54.1	1.660	1.660	0	13	16	
2	심동복	2.191	2.066	29	94.3	125	125	0	2	17	
3	이주상	2.335	2.335	14	100.0	0	0	0	0	11	
7	이만복	2.784	2.572	15	92.4	212	212	0	1	10	
8	전금철	2.848	2.808	22	98.6	40	40	0	1	15	
9	최경유	3.087	3.009	22	97.5	78	78	0	1	13	
10	정락원	3.167	3.167	23	100.0	0	0	0	0	17	

57) 대한제국 당시 양전기록에서는 흔히 동명이인, 혹은 이명동음의 경우가 다수 발생하고 있었다. 이는 면리동별로 다른 이름을 쓰고 있다는 양전조사시 관행, 실제 조사 원칙 중에서 호적과 대조하여 시주와 작인을 확인하지 않고 있다는 조사방법상의 문제로 인해서 발생한 것이다.

58) 이 표 중에서 순위 좌측 상단 5명(1,4,5,6,13)은 토지 소유와 대여의 비율이 80%이하인 경우를 나타낸다. 즉, 자기 소유 토지 중에 상당수를 직접 경작하고 있는 지주이다. 반면에 나머지의 경우는 자기 토지의 대부분을 대여하고 있는 지주이다. 이에 따라 전자는 자작 겸 지주(가), 지주(나)로 구분하여 통계하였다.

11	양향둔	3.183	3.183	20	100.0	0	0	0	0	14	
12	김종옥	3.408	3.226	31	94.7	182	182	0	2	23	
14	이삼득	3.824	3.553	19	92.9	271	271	0	1	12	
15	이연홍	3.970	3.970	36	100.0	0	0	0	0	19	
16	이천만	4.527	3.985	42	88.0	542	542	0	1	27	
17	한복동	5.501	5.377	23	97.7	124	124	0	1	15	
18	이수복	5.704	4.581	30	80.3	1.123	1.123	0	2	20	
19	민명쇠	6.177	6.177	42	100.0	0	0	0	0	30	
20	성봉금	6.005	5.123	42	85.3	882	882	0	7	25	
21	한순석	10.733	10.718	67	99.9	15	15	0	1	48	용주
22	조노미	11.705	10.940	67	93.5	765	765	0	1	42	
종합		94.493	83.698	681	88.6	11.970	10.795	1.175	87	422	
(가)합계		13.344	6.908	137	51.8	7.611	6.436	1.175	66	64	
(나)합계		81.149	76.790	544	94.6	4.359	4.359	0	21	358	

위의 표 중에서 상단 홍득복에서 김재돌에 이르는 5명의 경우에는 자기 소유 토지를 일부 경작할 뿐만 아니라 다른 지주의 토지도 소작하는 경우를 나타낸다. 예컨대 손판복의 경우에는 원래 자기 소유 토지가 2결 38부 2속이었는데, 이중 76.4%인 1결 87부 1속을 다른 소작인에게 대여하여 경작시키고 있었다. 이것만 보면 그는 전형적인 자작겸 지주로서 볼 수 있다. 그런데 손판복은 자기 토지 1결 54부 6속을 자작할 뿐만 아니라 다른 지주의 토지 42부 9속을 빌려 경작하고 있는 것이었다. 이들은 단순히 지주적 형태로 보기 어렵고 자소작겸 지주로 볼 수 있다. 비슷한 유형의 5명의 경우에는 자기 토지의 대여 비율이 35%에서 76% 정도를 차지하고 있었다.

반면 전형적인 부재지주들은 위의 표에서 경영 면적이 전혀 없는 경우를 가리키는데, 이주상, 정락원, 양향둔, 이연홍, 민명쇠 등이 이에 해당된다. 그밖에 자작한다고 하는 필지가 1, 2필지에 불과하기 때문에 심동복, 이만복, 전금철, 최경유, 김종옥, 이삼득, 이천만, 한복동, 이수복, 한순석, 조노미 등도 역시 지주적 형태를 유지하고 있다고 할 수 있다. 자작겸 지주의 경우(가)는 토지의 평균 대여비율이 51.8%이고, 지주의 경우(나)는

94.3%로 현격하게 차이를 보이고 있다. 이들의 대조적인 형태는 아래의 표에서 해당 지주의 소작인의 면적별 분포를 보아도 확인된다.

<표 23> 2결 이상 자작겸 지주의 토지 임차 소작인 상황(단위 : 속)

경영 소유	1~250	~500	~750	~1000	1000~	2000~	합계
0	16	8	2	2	1		29
1~250	6	5	4	3			18
~500		2	1		2		5
~750		1			1		2
~1000					1		1
1000~				1			1
2000~					1		1
5000~							0
합계	22	16	7	6	6		57

위의 표와 같이 2결 이상 지주 중 자작겸 지주의 토지를 경작하고 있는 소작인은 모두 57명인데, 이중 소유가 전혀 없는 순소작인이 29명이고, 25부 미만의 토지를 소유하고 있는 자는 18명이 있다. 반면에 거의 토지가 없으면서도 다수의 토지를 경작자인 소작인으로 1결 이상의 경영자가 6명이나 되었다.

<표 24> 2결 이상 대지주 토지 임차 소작인 상황(단위 : 속)

경영 소유	1~250	~500	~750	~1000	1000~	2000~	합계
0	108	51	23	11	19		212
1~250	34	25	21	16	21		117
~500		6	4	2	9		21
~750				1	5		6
~1000					1		1
1000~				3	3		6
2000~					2		2
5000~							
합계	142	82	48	33	60		365

위의 표는 2결 이상 토지를 가진 대지주의 토지를 빌려 경작하는 소작인

의 상황을 나타낸 것이다. 이들의 처지는 본래 소유한 토지가 25부가 되지 않은 영세 빈농들로서 경영면적도 불과 25부에 지나지 않는 사람들이 142명에 이르고 있다. 이들은 대개 대지주의 대지를 빌려 사는 임차인으로 영세소작인의 위치에 있었다. 이들은 대지주의 호저집, 호외집 등 대지주의 간섭을 크게 받는 예속농민이었을 가능성이 크다. 반면에 1결 이상 토지를 경작하고 있는 소작인도 많아 60명에 이르고 있었다. 이들은 부재지주의 지휘를 받아 해당 지역 토지를 관리하는 마름이나 중간지주로서 역할하고 있었을 것으로 추측된다.

그러면 온양군 동상면 양안이 작성된 전후 시기 양안의 기록내용 변화를 상호 비교하여 검토해 보기로 하자.

우선 1879년 온양군 동상면 양안의 경우 앞서 설명하였듯이 전체 경지의 조사가 아니기 때문에 1결 이상의 토지소유자를 대상으로 하여 검토한 바 있다. 이들 중에서 1899년 광무양안에 동시에 등장하는 인명의 경우 상호 대조하여 보자.[59)]

<표 25> 온양군 동상면 양안 비교(1879~1899)(단위 : 결)

분류	순서	1879년 양안				1899년 광무양안			
		지주명	필지	소유토지	경영토지	지주명	필지	소유토지	경영토지
가	1	을립(乙立)	13	1.060	1.060	홍을립(洪乙立)	15	1.260	1.178
	2	종복(宗卜)	15	1.076	1.076	곽종복(郭宗卜)	17	1968	253
	3	종복(京卜)	9	1.077	0	성경복(成京卜)	30	2.448	716
	4	관덕(官德)	18	1.132	1.071	홍관덕(洪官德)	2	165	524
		소관덕(小官德)	8	874	874	홍소관덕(洪小官德)	2	143	284
	5	만복(万卜)	10	1.159	1.159	이만복(李万卜)	15	2.784	212

59) 아래의 표에서 분류 [가]는 1879년 양안에서 1결이상의 토지를 소유한 자를 순서대로 배치한 것이고, [나]는 1899년 광무양안 중에서 2결이상의 토지를 소유한 자를 역으로 1879년 양안에 대비시킨 경우이다. 이렇게 서로 기준 결수가 다른 것은 첫째 양안의 기록상 편차가 2배 이상 크기 때문에 이를 감안한 것이고, 둘째 종전 양안상 1결 이상 토지소유자의 동향을 기준으로 대조하기 위한 편의적인 표이다.

	6	금철(今哲)	14	1.481	99	전금철(全今哲)	22	2.848	40
	7	종돌(宗乭)	8	1.544	1.544	홍종돌(洪宗乭)	2	241	104
	8	을정(乙丁)	23	1.868	1.519	홍을정(洪乙丁)	20	1.519	1.212
	9	만손(万孫)	14	1.699	1.671	홍만손(洪萬孫)	13	475	375
						이만손(李萬孫)	3	286	446
	10	덕상(德尙)	16	1.838	173	×			
	11	삼대(三大)	46	4.172	403	×			
	12	봉금(奉今)	57	6.081	38	성봉금(成奉今)	42	6.005	882
	소계		251	25.061	10.687		183	20.142	6.226
나	13	득복(得卜)	5	522	522	홍득복(洪得卜)	28	2.163	1.310
		소득복(小得卜)	4	397	397	홍소득복(洪小得卜)	1	118	224
	14	갑득(甲得)	4	88	519	이갑득(李甲得)	32	2.735	1.950
	15	향둔(餉屯)	3	376	0	양향둔(糧餉屯)	20	3.183	0
	16	수복(水卜)	1	255	0	이수복(李水卜)	30	5.704	1.123
	소계		17	1.638	1.438		111	13.903	4.607
	합계		268	26.699	12.125		294	34.045	10.833

위의 표와 같이 첫 번째 등장하는 을립(乙立)은 자신의 소유 토지 1결 6부가 있으며, 거의 같은 토지를 경작하고 있는 농민이다. 이후 광무양안에는 을립이라는 이름만이 아니라 성인 '홍(洪)'을 붙여 '홍을립(洪乙立)'이 기록되어 있다. 이는 동일한 인물로 추정되는데, 소유필지는 15개이며, 소유토지가 1결 26부이고 경작하는 토지도 거의 비슷한 1결 17부 8속에 이르고 있다. 양 수치의 차이는 홍을립이 빌려준 2채의 가옥과 스스로 빌려짓고 있는 1필지 6부 2속이 있기 때문에 발생한 것이다. 두 번째 인물인 종복은 곽종복과, 경복은 성경복과 같이 대응하며, 만복은 역시 이만복과 금철은 전금철, 을정은 홍을정 등과 같이 서로 대응을 이루고 있다. 반면에 이전 양안에서 최대의 지주인 '봉금(奉今)'은 이후 광무양안에서 '성봉금(成奉今)'과 일치하는데, 57개 필지 6결 8부 1속에서 42개 필지 6결 5속으로 거의 비슷한 규모의 부재지주임을 나타내 주고 있다. 다만 양자의 편차를 크게 보여주고 있는 경우도 보이는데, 갑득(14), 향둔(15), 수복(16)의 경우에는 광무양안에서 각기 2결 73부 5속, 3결 18부 3속, 5결 70부 4속 등으로 현저하게 차이를 보이고 있다.[60)]

이렇게 이전 양안에서 1결 이상의 토지소유자가 이후 양안에서 일치를 보이는 경우는 상당수 확인할 수 있다. 또한 20년간의 변화에서는 1결 이상의 지주 중에는 자작농민의 일부를 제외하고 온양군 동상면에 살고 있지 않은 부재지주의 경우에서는 대개 필지의 증가를 보이고 있다. 전체적으로 지주들의 토지에서는 필지 수 증가, 소작지의 확대, 더불어 소작농민의 수효 증가를 보이고 있다고 하겠다. 그만큼 2개의 양안 작성의 시차속에서 대지주의 확대 현상과 영세 빈농의 확대, 대지주 솔하 예속민 증가 현상을 확인할 수 있다.

이와 같이 온양군 동상면의 두 시기 양안의 비교는 당시 20년간 농가경제의 변화 추이를 추정해 볼 수 있으며, 이를 재구성한다면 당시 농민층 분화 현상을 구체적으로 밝힐 수 있는 단서가 될 것이다. 앞으로 이 시기 양안 자료와 상관성 있는 다른 문헌자료, 족보, 호적, 기타 관련 장부와의 상호 대조를 통해 보다 객관적인 지주 소작인의 관계망을 추출해야만 보다 입체적인 분석이 가능할 것이다.

5. 결론

개항 이후 조선 농촌사회에서 일어난 농업경영관계의 변화와 농민층의 분화현상을 살펴보기 위해서는 동일한 지역의 양전이나 추수기 자료의 분석이 필요하다. 마침 대한제국기에 이루어졌던 광무양전의 결과, 전국 각지의 양안 자료가 현재 남아있다. 그런데 이들 양전 지역이 그 이전에

60) 이러한 사례 이외에도 4번의 관덕과 소관덕의 경우 이후 성명으로 홍이 추가된 것과는 크게 차이가 나고 있으며, 9번의 만손의 경우도 홍만손과 이만손으로 나뉘어져 실체를 잘 알 수 없다. 13번의 득복, 소득복의 경우도 홍득복, 홍소득복으로 볼 수 있으나 수치상의 편차가 크다.

시행된 부분 양전이나 군현단위의 양전 지역과 일치하는 지역을 발견하기 어렵다. 이 글에서는 충청도 온양군(溫陽郡) 동상면(東上面)의 양안 사례를 검토하였다. 이 양안은 1879년에 시행된 「양안」 자료가 있을 뿐만 아니라 광무양전에서도 1899년 조사된 「온양군 동상면 양안」 자료가 남아있다. 일반적으로 광무양안의 특징으로 거론하는 것은 전답주와 더불어 작인의 표기가 있다는 점인데, 1879년 양안에서도 동일하게 작인에 대한 기록이 있었다. 이렇게 2개의 양안에는 공히 토지소유자와 경작자의 인명과 규모를 확인할 수 있었다. 이러한 특징이 충청도 온양군 동상면 양안에 주목하게 되는 첫째 이유였다.

이 글에서는 우선 충청도 지역의 결폐의 문제를 검토하였다. 1862년 임술 농민항쟁에서 충청도 일대 조세문제는 결폐의 문제로 부각되어 있었다. 특히 기존의 결세를 도결로 납부하는 폐단이 가장 심각했는데, 조세를 거둬들이는 각종 부가세 등이 결세에 합쳐져 엄청난 부담을 야기하고 있었다. 이러한 불공평한 조세부과와 징수의 원인 중에는 조세부과의 기본 장부로 쓰였던 수조안이나 양안이 부실했기 때문이었다. 충청도의 여러 지역 중에 특히 아산, 온양 등은 폐단의 온상이나 마찬가지로 심각했고, 결국 1874년에 본격적으로 양전의 필요성이 제기되었다. 이후 1879년 영의정 이최응에 의해 정식으로 양전의 시행이 요청되었고, 이에 따라 전격적으로 온양군에 양전을 시행하게 되었다.

새로 발견된 온양군 양안은 본래 자호가 37개 자호로 약 190결 정도의 토지에 대한 기록을 담고 있어야했다. 그렇지만 현재 기록된 분량은 전체 843필지, 74결여에 불과했다. 이는 당시 양전 조사가 전체 전답을 대상으로 이루어지지 못하고 부분적으로 시기전답을 재조사하는 차원에서 시행되는데 따른 것으로 보인다. 양안의 해당 지역은 구체적으로 온양군 동상면 지역으로 추정하였으며, 이것은 이후 광무양안의 평명으로도 확인되었다.

전후 온양군 동상면 양안의 면총목과 각 필지의 비교에서는 전으로는

39%, 답은 39.9% 등으로 이후 양안의 결과에 비해 불과 40%에 지나지 않았다. 그렇지만 1879년 양안에 주목한 이유는 양안의 기록 내용 중에서 기주와 작인이 동시에 기록되어 있는 측면을 중시했기 때문이었다. 우선 토지소유자의 분화에 대해서는 7개의 분류 구간을 통해 25부 미만의 영세토지 소유자가 전체 토지소유자수 204명 중에서 118명으로 57.8%를 차지했지만, 실제 토지소유규모는 전체 농지의 19%에 지나지 않았다는 점을 밝혔다. 또한 1결 이상의 토지소유자는 10명으로 소수였지만, 전체 농지 중에서 33.2%를 차지하고 있었다. 이는 당시 소수의 토지소유자와 다수의 영세농의 편차를 그대로 보여주는 것으로 보았다.

또한 농지를 경영하는 형태에 대한 분화에 대해서도 전체 경작농민 232명 중에서 25부 미만의 토지 경작농민이 128명으로 55.2%를 차지했지만, 이들의 경영지는 전체 농지의 21.7%에 불과함을 확인했다. 반면에 1결 이상 경영 농민도 11명이며 전체 면내 농지의 20.5%를 차지하고 있음을 검토하였다. 이러한 토지의 소유와 경영의 분화상은 종합적으로 정리한 표에서는 영세빈농의 대규모 분포를 비롯하여 1결 이상 소유와 소규모의 경영, 혹은 무경영하는 부재지주, 대지주, 그리고 자작 겸 지주의 존재 형태를 살펴볼 수 있었다. 그중에서도 봉금(奉今)은 전체 소유지로 56필지를 가지고 6결 8부 1속을 지닌 대지주였으며, 2번째로 삼대(三大)는 46필지, 4결 17부 2속을 가진 대지주의 존재를 알 수 있었다.

이러한 온양군 동상면의 지주 농민층의 상황은 대한제국기에 작성된 양안에서도 확인되었다. 우선 1899년에 조사되고 1900년에 정리된 온양군 동상면 양안에는 전체 토지 규모가 자호로 50자로, 501만척이고, 결수로도 244결 36부 6속으로 종전 양안의 74결여에 비해 3.4배 정도 늘어났다. 이에 따라 토지소유자의 수와 면적도 크게 늘어났는데, 그럼에도 불구하고 지주와 농민층 분화의 정도는 비슷한 양상을 보였다. 25부 미만 토지소유자층은 381명으로 전체 인원 589명의 64.7%에 이르렀지만, 토지소유 규모는

533필지, 전체 실적의 17.8%, 결수의 14.7%에 지나지 않았다. 20년 전 양안의 수치와 비교하면 영세빈농의 인원 비중은 7% 정도 조금 늘었지만, 토지면적 비중은 도리어 5% 정도 낮아졌다. 반면에 2결 이상의 토지를 가진 지주들은 22명으로 소수였지만, 이들의 비중은 실적수에서 35.4%, 결부수에서 39.1%로 늘어났다. 종전 양안에서 나타난 1결 이상의 지주의 수보다 늘었으며, 결부수도 비중이 크게 늘었다. 그런데 이전 양안에서 1결 이상의 지주에 주목한 반면, 2결 이상의 토지소유자로 지표를 높인 것은 사실 농지를 경영할 때 최대치가 2결에 미치지 못하는 일반적인 지표를 감안한 것이었다. 농지 경영의 측면에서는 역시 25부 미만의 농민은 128명으로 전체의 55.2%였지만, 이들의 경영면적은 전체 결부의 19.8%에 불과했다. 반면 1결 이상의 2결 미만 농민은 11명으로 전체 결부의 23.7%를 경영하고 있었다. 이렇게 소수의 농민이 10배나 되는 영세빈농이 경작하는 농지보다 많은 농지를 경작하고 있었던 것이었다.

이러한 분석의 결과에 의하여 2개의 양안 자료에 반영된 지주와 농민의 토지소유와 경영의 추이는 비교적 선명하게 확인되었다. 소유의 측면에서는 다수의 빈농이 양산되고 있는 반면 지주의 토지소유 확대가 지속적으로 이루어졌음을 확인할 수 있었다. 특히 2결 이상의 지주들이 크게 증가되었음을 주목할 수 있었다. 경영의 측면에서는 역시 다수의 영세빈농이 존재하고 있었고, 상층농 중에서 경영부농의 비중이 점증하고 있었다는 사실을 확인하였다. 소유와 경영 양 측면에서 보다 구체적인 분석이 이루어지기 위해서는 각종 족보, 호적, 기타 토지 관련 문서의 발굴이 병행되어야 하지만 이 글에서는 충분히 이를 다루지 못했다. 다만 2개의 양안 자료에서는 2결 이상 대지주의 존재형태를 문서상으로나마 확인할 수 있었다. 그 결과 22명의 지주 경영 형태 중에서 일부 자작 겸 지주의 형태도 보이는 반면, 대다수 대지주의 경우에는 영세 빈농들을 휘하에 두고 예속농민으로 경영하는 형태를 확인할 수 있었다. 더욱이 온양군 동상면 2개의 양안 비교를 통하여 인명상으로도 대지주의 명단을 광무양안에서도 확인할 수 있으며 이들의 토지소유 규모 확대와 경영방식을 유추할 수 있었다. 이렇게 1879년에서 이후 20년간의 추세는 한편에서는 다수의 농민들이 영세빈농으로 전락하고 있는 것을 보여주고 있으며, 반면 대지주들의 토지에서는 지속적인 필지 수의 증가, 소작지의 확대, 솔하 소작 농민의 증가 등이 일어났다는 측면을 확인할 수 있다. 또한 이러한 추세의 배경에는 개항 이후 유통시장의 확대와 미곡 수출 확대, 그로 인한 농촌사회내 계층 변동이 이루어졌던 것으로 볼 수 있다.

제3장
19세기말 호남지역 지주제의 확대와 토지문제

1. 서론

19세기 후반기에 구래의 지주제는 크게 변동하고 있었다. 이 시기 지주제는 조선후기이래 토지소유를 더욱 확대하고 소작농민을 통제하면서 지주경영을 강화하고 있었다. 19세기 중반에는 농민층의 항조투쟁이나 국가의 부세기구를 이용한 중간수탈의 가중 등으로 인하여 한때 정체의 위기에 직면하기도 하였다. 그럼에도 불구하고 개항 이후로 지주제는 더욱 확대되었다. 즉 양반지주이건 서민지주이건 간에 개항 이후 대일미곡 수출을 활용하여 부를 축적할 수 있는 계기를 마련하였던 것이다. 여기에서 양반관료, 미곡상인, 지주층, 부농층 등이 이러한 기회를 활용하여 경제적 이득을 획득하였다.[1)]

이러한 지주층의 활동은 바로 지주층이 중심이 되고 지주제를 바탕으로 하는 근대적 개혁의 물적 토대를 이루는 것으로 주목된다.[2)] 그런데 이 시기 지주층의 동향에 대해서 이미 일련의 사례연구가 진행되어 대체적인

---

1) 김용섭, 1988, 「근대화과정에서의 농업개혁의 두 방향」 『한국근대자본주의성격논쟁』, 대왕사 참조.

2) 19세기 후반 농민들은 민란이나 농민전쟁을 통하여 토지문제의 농민적 해결을 요구하고 있었다. 이러한 농민들의 지향은 지주·지배층의 입장과 양립할 수 없었다. 지배층은 이를 진압한 위에서 이후 지배층 위주의 근대화 정책을 단행하였다. 따라서 지주제는 갑오농민전쟁에서 빼놓을 수 없는 사회경제적 배경이 되어 있었다.

추세를 확인할 수 있다.[3] 특히 갑오농민전쟁의 배경과 관련하여 보면 호남 일대의 중요한 농업문제·토지문제로서 다음의 두 사례연구가 주목된다. 곧 '균전수도(均田收賭)'의 문제와 '고부(古阜) 김씨가(金氏家)'의 지주제 사례가 바로 그것이다.[4] 전자가 이 시기 왕실에 의해 자행되는 민전침탈에 대한 문제를 다루고 있다면, 후자는 지주층의 동향 가운데 봉건권력에 의존하면서 어떻게 토지소유를 확대시켰는가 하는 문제를 실증적으로 규명한 것이었다.

이는 그동안 1894년에 발발한 농민전쟁의 중요한 경제적 배경을 이루는 것으로서 특히 전북지방의 전반적인 상황을 짐작하게 해주는 유일한 사례로서 간주되는 경향이 있었다. 그렇지만 사실 이와 유사한 사례에 대한 연구는 아직도 본격화되지 못하고 있다.

이 글에서 다루려는 사례가 바로 그러한 예의 하나이다. 이 지주제 사례는 1888년 흥덕 일대 5개 군현에 새로 설치되어 20여 년간 소유권분쟁이 발생되었던 '명례궁장토(明禮宮庄土)'의 문제이다. 이 명례궁장토는 '균전'의 문제와 마찬가지로 왕실에 의해 장토가 설치되었는데, 기존의 지주들이 소유·경영하고 있던 민전을 침탈하면서 설치된 것이어서 토지소유나 경영문제를 둘러싸고 심각한 갈등을 초래했다.[5]

이는 갑오농민전쟁에서도 주요한 토지문제의 하나로 제기되었거니와

---

3) 한말·일제하의 지주제에 관해서는 김용섭, 홍성찬, 박천우, 최원규, 김성보 등의 사례연구가 주목된다.

4) 김용섭, 1968, 「고종조의 균전수도문제」『동아문화』 8집, 서울대학교 동아문화연구소 ; 김용섭, 1978, 「한말·일제하의 지주제 - 사례4 : 고부김씨가의 지주경영과 자본전환」『한국사연구』 19, 한국사연구회 참조.

5) 전북지방에 '균전수도(均田收賭)'의 문제가 1891년부터 발생되어 전주, 김제, 금구, 태인, 임피, 부안, 익산 등 7개 군에 걸치는 문제였다면, 이 명례궁장토는 1888년부터 흥덕, 고창, 무장, 고부, 부안 등 5개 군에 걸친 문제였다. 이 두 지역의 문제는 장토의 설치주체, 과정, 문제의 소재 등에서 동일한 성격이었다. 따라서 갑오농민전쟁에서는 두 문제가 결합되어 전북일대의 토지문제로 대두된 것으로 생각된다.

이후 몇 차례 민란에서도 재론되었다. 따라서 농민전쟁이 어떻게 발생되었는가하는 원인규명에 있어서 중대한 문제가 아닐 수 없는 사례라고 생각된다. 이는 당시 지주제의 동향, 특히 국가나 왕실이 어떤 목적으로 민유지를 침탈하고 있으며 그러한 침탈의 방식이나 성격을 규명하는데 중요한 시사점을 제시해 줄 것이다. 다만 이 사례가 농민전쟁 이후 일제의 제실재산정리과정에서 주요한 문제로 노정되었고 시기적으로 추수기도 1894년 이후 시기에 더 많이 남아있다는 한계가 있다.[6]

그러므로 여기에서는 이 시기 지주제에 대한 일반적인 사례연구와 병행하면서 다음과 같은 문제를 해명해보려고 한다. 즉 이 시기 토지소유와 지주경영관계를 둘러싸고 국가나 왕실, 지주층 대 농민층이라는 삼자가 어떻게 대립하고 있는가 하는 문제이다. 특히 왕실에 의한 지주제의 확대, 민유지의 침탈방식이나 농민수탈의 양상을 살펴보고 이에 대항하는 농민항쟁은 어떻게 전개되는가 하는 문제를 살펴보려고 한다. 이런 문제의 해명은 결국 이 시기에 지주제가 어떻게 강화되고 있으며 그 역사적 성격을 어떻게 파악해야 하는가 하는 문제로 귀결된다. 따라서 이러한 문제를 규명함으로써 갑오농민전쟁의 중요한 배경이자 원인으로 이 시기 지주제의 성격을 검토해 보려는 것이다.

2. 지주제의 확대와 호남지방의 농업환경

19세기 후반에 농촌사회에서는 조선후기이래 전개되고 있었던 농민층

---

6) 이 사례를 검토하는 데는 우선 『臨時財産整理局事務所要綱』(130~143쪽)에 기술되어 있는 혼탈입지의 상황과 처분내용에서 시사점을 받았다. 당시 민전으로서 혼탈입지로 판정되고 원소유자에게 환급된 경우는 모두 46건인데, 이 중에 16건이 이곳의 장토와 관련된 것이었으며, 이는 전국적으로 가장 큰 분쟁지역의 하나였다.

의 분화가 더욱 확대 발전하고 있었다. 그것은 당시 상품화폐경제가 이전에 비해 더욱 확대되고 있었고 이에 따라 농민들의 농업경영이 그만큼 격심하게 변동되었기 때문이었다. 그런데 그러한 농민층분화를 촉진한 것은 바로 지주층의 농지집적이었다. 지주들은 농지를 계속해서 집적하고 농민에 대한 통제를 강화하여 고율의 지대를 착취하면서 지주경영을 강화시키고 있었다. 또한 봉건국가가 농민에 대해서 과도하게 봉건적 부세를 수탈하는 것도 농민층을 더욱 몰락시키고 있었다.

토지는 일반적으로 소수의 지주·부농에 집중하였으며 많은 농민들은 점차 농지에서 배제되어 소작농민으로 되었다.[7] 이러한 농민들이 더 몰락하면 임노동층으로 전락하거나 유민화하기도 하였다. 이렇게 지주층들이 경영규모를 확대시키는 것은 결국 소작농민층의 희생 위에서 이루어지는 것이었다. 지주층은 주로 왕실, 각 아문, 양반층으로 구성되었지만 상·천민층 가운데서 지주가 되는 서민지주도 있었다. 한편 소작농민층이나 임노동층은 주로 상·천민으로서 구성되었지만 몰락한 양반층도 적지 않았다.[8]

이러한 신분계급구조 속에서 차경지와 농업경영관계를 둘러싸고 지주와 소작농민층, 부농과 임노동층의 대립관계는 보다 심각하게 진행되었다. 이는 불합리한 봉건적 부세제도와도 관련하여 마침내 관료, 서리, 대호(大戶), 부농, 요호(饒戶) 대 소민(小民), 빈농의 모순관계로 나타났다. 이런 모순관계는 18세기 말에 이르면 심화되고 결국 19세기에 들어서서 대규모의 농민항쟁을 유발하게 하고 있었다. 즉 1811년 평안도 농민항쟁과 1862년 삼남지방 농민항쟁이 그러한 모순의 귀결이었다.[9]

---

7) 19세기 초반 호남지방에서는 100호 중 지주는 5호, 자경자 25호, 차경자 70호라고 운위되기도 하였다(『與猶堂全書 詩文集』, 「擬定嚴禁湖南諸邑佃夫輸組之俗箚子」『全書』 上, 198쪽 참조).

8) 김용섭, 1971, 「18·9세기의 농업실정과 새로운 농업경영론」『대동문화연구』 9(『한국근대농업사연구』 수록) 참조.

따라서 19세기 중엽에 이르면 농촌사회에서 농민들이 대규모 항쟁을 전개하고, 또한 봉건지배층의 입장에서 이를 수습하려는 대원군의 집권을 통해서 여러 가지 변동을 겪게 되었다. 흥선대원군이 추진한 여러 정책은 분명히 소농민의 안정과 더불어 전제왕정의 복구를 목적으로 추진되었지만 실제 소농민의 안정을 제도적으로 보장해 주는 것은 아니었다. 반면에 봉건지배층에게 농민수탈을 제약하고 지주로의 성장을 일정정도 제약하는 것이기도 했다.[10] 따라서 이 시기 지주제는 이전의 확대 경향과는 달리 비록 일시적이긴 하지만 도리어 위축되는 현상을 나타내기도 하였다.[11]

한편 이 시기에 호남지방의 농업환경을 살펴보면서 농민전쟁 직전의 토지소유분화에 대해서 살펴보자. 호남지방은 조선후기이래 농법의 발달에 따라 수전농법에서 종전의 직파법(直播法)을 대신하여 이앙법(移秧法)이 전환 보급되었다. 이런 농법의 전환, 즉 이앙법이 보급되기 위해서는 반드시 수리시설이 갖추어지지 않으면 안되었다. 이앙법은 노소공다(勞少功多)한 장점을 지니고 있지만, 반면에 이앙기에 물이 없으면 실농(失農)을 하게 된다는 단점도 있었다. 이 농법이 보급되기 위해서는 그 전제조건으로서 수리문제를 해결해야 했다. 그래서 이앙법이 보급되는데 따라서 수리시

---

9) 망원한국사연구실(19세기 농민항쟁분과), 1988, 『1862년 농민항쟁 - 중세말기 전국 농민들의 반봉건투쟁』, 동녘 참조.

10) 이는 1862년의 민란과 이에 대응하여 집권하는 대원군정권의 시정과 관련되어 있다. 그 중에도 경복궁을 중건하기 위해서 원납전이란 명목하에 각 지방의 부호에게 염출한 일, 세제의 개선으로 양반지배층의 부담을 늘리고 농민부담을 경감하는 일로 나타났다(김용섭, 1984, 「조선후기의 부세제도 이정책」 『한국근대농업사연구』 수록 참조).

11) 해남윤씨가의 경우, 1863년과 1871년 사이에 농지규모가 23결 40부 6속에서 약 5결 정도 감소하고 있다. 이는 대원군의 정책과 관련되어 있기도 하지만 주로 농민들을 통제하기 어려워 지주경영이 그만큼 어려워진 데서 기인했다(최원규, 1987, 「한말일제하의 농업경영에 관한 연구 - 해남윤씨가의 사례」 『한국사연구』 50·51합집, 한국사연구회, 282~287쪽).

설이 더욱 확대되었으며, 수전지대에 있어서는 특히 더 이 시설에 유의하게 되었다. 그리하여 호남지방에는 '땅에는 수전이 많지만 관개에 힘쓰고 있다(地多稻田務灌漑)'[12]라는 말처럼 제언시설이 광범하게 보급되어 있었던 것이다.

이 지역의 주요한 농업지대는 전북평야와 나주평야를 중심으로 광범하게 편성되어 있었다. 전북평야는 금강 이남, 노령산맥 이북의 황해와 연한 평야지대이며, 남북 200리, 동서 120리에 달하는 광활한 지역이다. 금강, 만경강, 동진강, 고부천, 정읍천 등이 동서남북으로 관류하고 있어서 수원이 풍부하고, 토지가 비옥하며, 기후도 온난한 굴지의 도작지대 미산지가 되는 곳이었다. 이 지역의 농산물은 이미 조선후기이래 각 고을마다 개설되는 장시를 통해서 거래가 행해졌다. 그 중에서도 군산, 전주, 줄포, 남원 등 주요 도시가 상품의 중심지였다. 특히 미곡의 상품화가 가장 활발하게 진행되어 장시에서 미곡이 가장 널리 유통되고 있었다. 즉 금강, 영산강을 중심으로 한 포구와 내륙장시들로 연결되는 시장권을 통하여 미곡의 상품화가 활발하게 진행되었다. 뿐만 아니라 서울, 평양 등 대도시 미곡소비시장과 원격지간 유통도 활발하게 진행되고 있었다.[13]

또한 미곡이외의 농산물이나 수공업제품의 유통도 활성화되어 있었다. 목면, 면포의 경우, 전남 도서지방에서 재배, 생산되어 중부지역으로 원격지 유통이 이루어졌으며, 마포는 곡성, 구례 등 전라 동부에서 생산되었고 저마(苧麻)의 경우는 태인과 금구 등 전북지역에서 집중 재배되었고 충남지역에서는 이를 직조하는 등 지역 간의 분업관계가 발전되었으며 원격지 상품유통을 전개할 정도로 발달하고 있었다.[14]

---

12) 徐有榘, 『林園經濟志』 倪圭志 3, <화식 팔역물산>, 제6권, 515쪽.

13) 이세영, 1983, 「18·9세기 곡물시장의 형성과 유통구조의 변동」 『한국사론』 9, 서울대학교 국사학과 참조.

14) 『通商彙纂』 22호, 「朝鮮國全羅道巡廻復命書」(1895.5.28조) 참조.

이러한 상품유통경제의 발전은 1876년 개항을 계기로 하여 이제 국제적 상품유통시장의 확대로 이어졌다. 이 지역은 비록 개항장의 시장권에 직접 편입되지는 않았다고 하더라도 기존의 원격지 상품유통시장을 통하여 확대되고 있었다.[15] 개항통상을 통해서 조선이 수출하는 것은 쌀과 콩 등 농산물이 주였으므로 농업에서의 상품생산이 종전에 비하여 급속하게 발전할 수 있었다. 특히 미곡의 유출이 점차 증가함에 따라 대소비시장과 세미(稅米)의 수송에 그치고 있던 이 지역의 미곡상품화는 이제 개항지를 매개로 하여 확대하게 되었다. 이 지역에서 미곡유출은 주로 인천과 부산을 경유하여 이루어졌는데, 특히 1890년대에 들어서서 급격히 확대되고 있었다.[16] 그로 인해 곡가가 날로 상승하게 되었다.[17] 따라서 어떤 방법으로든 미곡무역에 참여하고 있는 양반관료, 미곡상인이나 농산물을 판매하고 있는 지주, 부농층에게 있어서는 그러한 미곡무역을 통하여 이익을 보고 성장할 수 있었다.

따라서 19세기 후반 지주제는 개항 이후 확대된 상품유통경제를 배경으로 하여 더 많은 토지를 집적하면서 지주경영을 강화하고 있었다. 이는 개항장 부근 뿐만 아니라 그 외 다른 지역에서도 나타났는데, 지주들은 적극적으로 지주경영을 활용하여 미곡무역을 통해 소작미를 판매함으로써 수입을 증대하였다. 여기에서 지주제의 확대는 어떤 방법이든 몰락농민

15) 이헌창, 1985, 「한국 개항장의 상품유통과 시장권 - 한국개항기에서의 시장구조의 변동을 초래한 일차적 요인 - 」『경제사학』 9호, 경제사학회, 3장, 4장 참조.

16) 吉野誠, 1975, 「朝鮮開國後の穀物輸出について」『조선사연구회논문집』, 12, 34~39쪽 및 이헌창, 1985, 앞의 논문, 124~142쪽 등 참조.

17) 강화도 김씨가의 사례연구에서는 이 지역의 곡가가 1883년 조 1석당 10냥에서 1894년에 56.6량으로 급등하고 있다. 이는 당오전의 유통과도 관련을 가지고 있지만 당시 미곡유출의 확대로 인한 것이었다(김용섭, 1972, 「한말일제하의 지주제사례1 ; 강화김씨가의 추수기를 통해 본 지주경영」『동아문화』 11, 서울대학교 동아문화연구소, 24~29쪽).

층의 토지를 계속해서 추가 매입하고 지주경영 내에 소작농민에 대한 통제를 어느 정도 강화하느냐에 달린 것이었다.

이 시기 지주층의 토지집적은 봉건권력을 배경으로 한 특권지주를 위시하여 토호, 서민지주들에게서도 일어나고 있었다. 이들은 토지를 정상적으로 매득하기도 했지만 헐값에 의한 늑매와 늑탈을 통하여 토지를 겸병하고 있었다. 즉 빈농의 토지를 담보로 하여 높은 이자로 곡식이나 자금을 빌려주고 만일 이자나 원금을 갚지 못했을 때는 그 토지를 지주가 수탈하는 것이 빈번했다.[18] 그리고 경우에 따라서는 권력을 매개로 하여, 혹은 폭력적으로 수행되었는데, 왕실에 의해 자행되었던 '균전'의 예에서 잘 알 수 있다. 이것은 바로 왕실까지도 미곡무역의 확대를 이용하여 토지소유의 확대를 도모한 것이었다.

또한 지주경영의 강화를 위해서 기존의 소작경영 이외에 임노동을 이용하여 직영지경영을 강화하기도 했다. 그것은 당시 지주전호간의 갈등을 해소하는 한편, 농민층분해로 광범위하게 형성되었던 임노동층, 즉 '협호(挾戶)', '일고(日雇)' 등을 고용하여 소작경영지의 일부를 직접경영지로 전환시키는 것이었다.[19] 이 직영지경영의 강화는 지주수입의 안정을 꾀하고 직영지를 확대시킴으로써 소작지의 감소, 농민경영의 영세화를 촉진시켜 지주권의 강화를 도모하는 것이었다. 그렇지만 이 시기에도 대부분의 농지는 소작경영을 위주로 했기 때문에 소작농민들과 빈농들의

---

18) 강화 홍씨가의 사례에서는 당시 고리대경영보다는 지주경영의 수입이 낮은데도 불구하고 미가상승, 환물심리, 이자회수의 어려움 등으로 인하여, 이 시기에 집중적으로 토지매입에 나서고 있다(홍성찬, 1981, 「한말·일제하의 지주제연구 - 강화 홍씨가의 추수기와 장책분석을 중심으로」『한국사연구』 33, 한국사연구회, 74~82쪽).

19) 김용섭, 1976, 「한말·일제하의 지주제 - 사례3 ; 나주 이씨가의 지주로의 성장과 그 농장경영」『진단학보』 24, 진단학회 ; 이영훈, 1985, 『조선후기 토지소유의 기본구조와 농민경영』, 서울대 경제학과 박사학위논문 ; 이세영, 1985, 「18·9세기 양반토호의 지주경영」『한국문화』 6, 서울대학교 한국문화연구소 ; 최원규, 1987, 앞의 논문 참조.

반지주투쟁은 더욱 노골화하고 있었다.

반면에 소농민경영의 안정화를 위협하고 농민통제를 어렵게 만드는 요인도 있었다. 그러한 예는 19세기 후반에 이 지역에서 빈번하게 발생했던 흉작에서 찾아 볼 수 있다. 전라북도 연해안지방에서는 이 시기 흉작이 여러 차례 거듭되었다. 우선 1876년과 77년에 겸황이 발생했는데, 1876년에는 항한(亢旱)과 조상(早霜)으로 인하여 호남지방은 피해가 가장 컸으며 이앙이 거의 이루어지지 않았다라고 할 정도였고, 1877년에는 수재로 인하여 커다란 피해를 입었다.[20] 이 두 해에 걸친 흉작으로 인하여 호남지방의 거의 전역이 큰 타격을 받았고, 많은 토지가 진전화함으로써 농민들은 빈궁하게 되고 농지를 이반하는 사태까지 발생하였다. 이후 이들 진전이 대부분 미처 개간되기도 전인 1886년과 1888년에 또다시 큰 흉작을 당했다. 그 중에서도 1888년의 흉작은 구한(久旱)에 인한 것이었는데, 1876년의 그것보다 더욱 심하였다. 당시 전라감사 이헌직(李憲稙)의 보고에 의하면, 이 해의 재해는 부안을 비롯하여 35개 읍이 가장 심했고, 다음은 능주(綾州) 등 20개 읍이며, 초실읍(稍實邑)은 무주(茂朱) 등 4개 읍에 불과했다. 그리하여 이 지역의 재결(災結)은 구재(舊災)와 정세조(停稅條) 외에도 113,988결 68부 2속이나 되었다.[21] 거듭된 흉작에도 불구하고 당시 진전(陳田)의 면세(免稅)가 거의 이루어지지 않았던 상황에서 농업경영도 실패하는 경우가 허다했다.

이는 자연적인 재해 때문만은 아니었다. 그 배경에는 농민층에게 집중적으로 가해졌던 부세수탈이 있었다. 이 시기 봉건정부는 여러 재정수요의 팽창으로 인하여 봉건적 부세를 더욱 확대시켜 수탈하고 있었는데, 주로 전정(田政)에서 정규적인 세 이외에 부가세가 추가되고 군포, 환곡 등도 부세로 바뀌어 지세화(地稅化)가 진행되었다. 이런 결세는 지역에 따라서

20) 『비변사등록(備邊司謄錄)』 고종 13년 9월 10일조, 고종 14년 6월 4일조 참조.
21) 『비변사등록』 고종 25년 11월 14조 참조.

1결당 50두 혹은 100두에 이르기까지 과도한 수탈로 이루어졌다.[22] 여기에 지세를 부담하는 대상이 토지의 소유자가 아니라 소작인에게 전가되었고, 이에 따라 소작인은 지주에게 지대인 소작료를, 국가에 지세를 부담하는 등 과중한 부담을 안게 되었다. 결국 농업경영에서 소농민경영의 안정을 위협하는 것이었고 영세소농, 빈농, 특히 소작농에게 경영에서 탈락하여 농지에서 유리하게 만들었다.[23] 이러한 농업경영 내외의 불안정성은 한편으로 광범한 농민층을 경영에서 탈락시키고 몰락농을 양산하였고 농민층의 분해를 더욱 심화시켰다. 다른 한편에서 지주층이 토지를 집적하는 것이 더욱 용이하게 되었다.

결국 이 시기 지주제의 확대는 대개 1890년 무렵에 가속화하기 시작한 미곡의 대일 유출과 소·빈농층의 토지로부터의 이탈과 몰락을 배경으로 하고 있었다. 이는 19세기 중반보다 더욱 확대되는 경향을 나타내고 있었으며 이제 지주뿐만 아니라 상인, 고리대금업자 등도 본격적으로 토지를 집적하게 되었다. 따라서 당시 농촌사회에서는 한편으로 농민층의 분화가 심화되고 다른 한편에서 지주층의 토지집적과 지주경영이 강화되고 있었다.

22) 한우근, 1971, 『동학난기인에 관한 연구』 2장 참조.

23) 이러한 농민층의 몰락은 당시 농업경영조건을 악화시켜 중소지주뿐만 아니라 대지주층에게도 타격을 가했다. 이를테면 무장(茂長)의 이성거(李性擧)라는 지주는 대개 1860년대까지 집적한 4석(石) 10두락(斗落)의 토지를 1889년에 화곡(禾穀)과 더불어 1,027량(兩)에 방매하고 있다. 또한 흥덕(興德)의 진기섭(陳基燮)이라는 대지주는 1880년경까지 대략 130여석락(石落)을 소유하고 있었지만, 본인이 병이 들고 농업경영에 실패함에 따라 전토의 대부분을 80년대에 집중적으로 방매하였다(『全羅道庄土文績』(규19301) 2책 ; 「全羅北道興德郡所在庄土陳東均提出圖書文績類」 참조).

3. 명례궁장토의 설치와 지주경영

1) 흥덕 일대 장토의 설치

19세기 후반 개항 이후 지주제의 일반적인 동향은 앞서 설명한 바와 같이 미곡무역의 확대를 이용하여 지주경영을 확대하는 방향으로 나아가고 있었다. 이 시기에는 일반적으로 대지주, 중소지주뿐만 아니라 왕실에서도 적극적인 관심을 보이면서 토지집적을 수행하고 있었다.

여기에서 분석해 보려는 지주제 사례는 이 시기 토지소유문제의 일단을 보여주는 '궁장토 지주제'에 관한 것이다. 이는 일반적인 사적 지주제(私的地主制)의 경우와는 다르지만 지주제의 확대양상을 상징적으로 나타내준다. 즉 사적 지주제의 전개 위에 그것을 능가하면서 거대한 왕실에 의해 추진되는 것이다. 여러 궁장토 중에서도 1888년에 흥덕 일대 5개 군에 설치된 명례궁장토를 다루려고 한다.[24)]

이 사례는 단순히 명례궁의 토지집적과 지주경영을 나타내주는 것은 아니었다. 이 장토에서는 당시 소유권분쟁이 가장 치열하게 전개되었으며 이후 전북지역에 커다란 소유권분쟁이었던 균전수도(均田收賭)의 경우와 마찬가지로 취급되었다. 따라서 후술하듯이 갑오농민전쟁에서 주요한 문제의 하나인 궁답(宮畓)의 침탈과 가장 밀접하게 연관되어 있는 사례였다.

명례궁은 대표적인 영구존속궁(永久存續宮)으로 '왕실의 사고(私庫)'로서 역할하고 있었으며, '특히 왕후가 사용하는 내탕(內帑)'을 조달하는

24) 명례궁장토에 관한 일반적인 사례분석으로는 이미 1985년에 이영훈씨가 김포, 천안, 장성, 흥해 등 11개지역의 추수기를 분석한 바 있다(이영훈, 1985, 「開港期 地主制의 一存在形態와 그 停滯的 危機의 實相 - 明禮宮房田에 관한 事例分析」『경제사학』 9집, 경제사학회 참조).

궁이었다. 이러한 명례궁방전은 전국적인 범위로 퍼져있어서 91처나 달했고, 명례궁은 이를 '원고(元庫)' 30처, '내별치(內別置)' 61처로 나누어 별도로 관리하고 있었다. 먼저 원고 30처는 모두 17~18세기의 것들로서 대부분의 경우 절수·사여의 방식에 의해 성립하였다. 이는 곧 2종 유토 성격을 가져 일반 사적 지주제와는 다른 것이었다. 한편 내별치 61처는 모두 19세기 중엽 이후에 명례궁에 속한 것인데, 대부분인 47처는 1886~1891년의 5년간 궁에 의해 집중적으로 매득, 혹은 개간된 것이었다.[25] 특히 집권민비척족의 대표격인 민비가 명례궁소속의 궁방전을 이 기간 동안에 가장 왕성하게 확대시키는 것으로 보인다.[26]

그런데 이렇게 매득이나 개간에 의해서 장토가 설치되었다고 하더라도 그것 모두가 정상적인 방식으로 이루어졌다고 보기 어렵다. 왜냐하면 그 중에서 일부의 토지는 궁방전으로 투탁되거나 혼입, 또는 탈입되어 설치되었으므로 이후 1907년부터 일제에 의해 추진된 제실재산 정리과정에서 소유권이 원소유자에게 환급된 경우도 많이 발생되기 때문이었다.[27]

당시 토지에 대한 소유권분쟁이 발생되는 지역에서 가장 주목되는 곳은 전북 일대의 '균전'문제 이외에 바로 이곳의 장토였다. 이 명례궁장토는 1888년에 흥덕 일대에 설치되었다. 그런데 이 궁장토의 대부분은 원래 흥덕현 현내면에 살고 있던 진기섭(陳基燮)이 소유하던 토지였다. 이 장토의 설치과정은 진기섭이 1889년 제출한 소장에 나타나있다.[28]

---

25) 『明禮宮元結及田畓收稅井間冊』(규19577), 『明禮宮新買新屬田畓收稅總案』(규19580) 참조.

26) 와다 이치로(和田一郞), 1918, 『朝鮮土地地稅制度調査報告書』, 日本 東京 : 宗高書房(覆刻, 1967), 164~168쪽 참조.

27) 『臨時財産整理局事務要綱』, 130~143쪽 참조.

28) 『全羅道庄土文績』(규19301) 2책, 『全羅北道興德郡所在庄土陳東均提出圖書文績類』(진기섭 소장, 己丑(1889)년 11월조) 참조.
　화민 진기섭 발괄
　삼가 제가 소지를 말씀드리는 것은, 본인은 여러 대 동안에 농업에 종사하였고 그는 이 지방에서 '세수자업(世守資業) 자생초실(資生稍實)'하던 대지주였다.[29] 이즈음에 들어와서 '가운다루(家運多戾)'하고 본인이 병에 들어 장토의 관리를 원활하게 하지 못하게 되자 어려운 상황에 빠졌으며 급기야 탕패(蕩敗)하게 되어 조그만 땅이라도 보존하기 어려운 상황에 빠졌다. 그리하여 더이상 전장을 관리하지 못하는 상황에서라면 도리어 그가 소유한 전답을 모두 명례궁에 '원납(願納)'하려고 하였다. 또한 원납의 대가로 일정한 대금을 요구했던 것이다.[30] 이때 그가 바친 토지는 전북지역

재산도 넉넉하였습니다. 근년이래 집안의 운이 좋지 않아서 공연히 백징을 당하기도 하고 공연히 빼앗기는 일이 비일비재해서 마침내 탕패하여 조그만 땅이라도 보존하기 어렵게 되었습니다. 얼마간 가지고 있는 전답을 원컨대 명례궁에 납부하고 처분을 기다렸습니다. 특히 저의 가련한 정세를 생각하시어 내려주신 5천 냥으로 생활하게 해주셨으니 하해와 같은 덕택은 죽을 때까지 잊지 못하겠습니다. 그러나 근래 인심이 예측할 수 없어, 제가 미약한 것을 보고 재물이 생기는 것으로 삼아 감히 까닭없는 채무가 생기거나 혹은 빼앗는 폐단이 생겼습니다. 그러므로 먼저 감히 소를 올려 바라거늘 잘 생각하신 후에, 특히 엄한 제를 내려 나중에 근심이 있을 것을 막아 주시면 더 이상 바랄 것이 없겠습니다. 명령을 내려주실 일. 관사 주 처분. 기축(1889)년 11월 일.

29) 진기섭(陳基燮)의 집안은 이 지역에서 대대로 세거하던 양반토호(兩班土豪)였으며 무반(武班)계통이라고 추측된다. 그는 여양진씨(驪陽陳氏) 매호공파(梅湖公派) 28대손으로 장손인데 가계도는 다음과 같다(『驪陽陳氏大同譜』 中卷, 209~220쪽 참조).

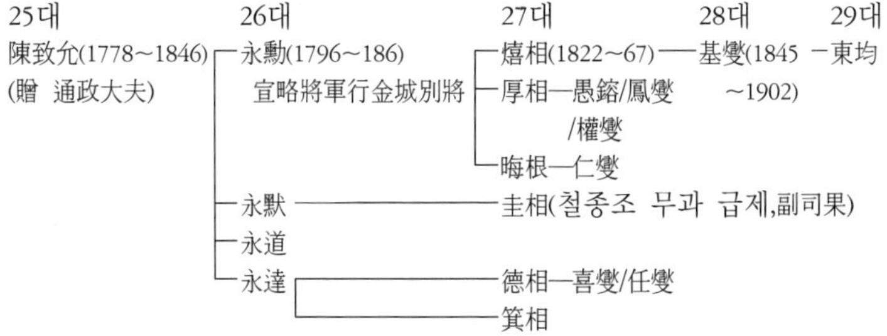

30) 실제 명례궁에 방매하는 과정은 "基燮의 妻가 (중략) 戊子(1888)년분에 潛自上京하야 차 庄土를 明禮宮 宮屬輩와 符同하고 該宮에 暗囑하야 沒數奪入하고 陳基燮이가 投托한 양으로 量案을 繕出하고 매년 秋收를 自宮占奪이라"(『各道郡各穀時價表』(규21043) 2책, 임시재산조사국 결의안 참조)고 하듯이, 진기섭(陳基燮)의 처(妻)인 김조이[金召史]가 명례궁 관속배와 함께 민전(民田)을 빼앗은 것으로 보인다.

흥덕, 부안, 무장 등 3개 현에 걸쳐 무려 130여 석락(石落)으로 2,600여 두락(斗落)이나 되었던 것으로 보인다.[31]

이러한 요청이 있자 명례궁에서는 우선 1888년 초에 영읍의 색리나 당해 지역의 현감 및 현지인으로 하여금 진기섭의 전답을 척량하여 양안(量案)을 따로 작성하게 하였다.[32] 이 양안작성은 1월에 무장현(茂長縣)으로부터 시작되었다. 무장현감 신모(申某)의 지휘하에 김락서(金洛瑞)와 양문화(梁文化)가 지심(指審)을 담당했다. 2월에는 고창현(高敞縣)에서 현감 이모(李某)의 지휘하에, 그 다음으로 흥덕현(興德縣)에서는 4월에 현감(縣監) 조모(曺某)의 지휘하에 이덕수(李德洙)와 박연종(朴淵鍾)이 지심을 담당했고 이 중 이덕수는 고부군(古阜郡)의 부안면(富安面)도 담당했다. 5월에는 부안현(扶安縣)에서 현감 임모(任某)의 지휘하에 양안이 각각 작성되었다. 이러한 양안의 작성은 새로 양안을 작성하는 것이 아니라 종전 양안의 자호와 지번을 그대로 수록하되 토지면적을 정확하게 기록하면서 소작인의 인명을 철저하게 조사하는 것이 중심이었다.

실제로 이 장토를 경영하기 시작한 것은 양안을 작성하고 난 직후 바로 그해 가을부터였다. 그런데 원납의 대가로 주기로 한 대금은 바로 지불된 것이 아니었다. 양안작성이 끝난 다음도 아니고 다음해 추수가 끝난 이후에나 겨우 대금이 지급될 수 있었다. 즉 명례궁은 1889년 12월까지 1만 냥과 1891년 8월에 5천 냥 등 모두 15,000냥을 지급했다.[33]

---

31) 주 28)의 자료(「陳基燮處 傳令」; 己丑 9월조) 참조.

32) 이때 작성된 양안은 현재 3지역 모두 규장각에 남아있는데, 이 양안의 해제에서는 이 3종의 양안이 "한말임시재산정리국에서 혼탈입지 청원시 제출되었던 것으로 이들 토지는 混奪入地否認으로 처리되었다"(『규장각한국본도서해제』사부 2, 411~413쪽)고 기술되어 있다. 그렇지만 이 토지의 대부분은 명백하게 '혼탈입지승인(混奪入地承認)'으로 결정되었다. 기재형식 중에 양안의 상단에 있는 첨지는 환급대상자를 구별해 놓은 것으로 추측된다(『往復書類綴』(규20610), 175~188쪽 참조).

33) 『明禮宮捧下冊 ②』(규19075) 16책 중 기축(己丑), 신묘조(辛卯條) 참조.

그런데 이 양안의 작성과정에서 여러 가지 물의를 일으키고 있었다. 다름 아니라 일반 민전의 토지가 명례궁장토로 혼입되었다는 소유권분쟁이 발생했다. 우선 원래 진기섭이 소유한 전답이 아니었는데도 불구하고 진씨 일가의 토지였다는 이유로 이번 양안에 편입되었다는 것이었다. 그것도 이미 여러 차례 전매되어 다른 사람에게 넘어간 토지들이었는데, 구체적인 소유권의 변동을 확인하지도 않고 편입시킴으로써 이들 토지가 상당수 포함되었기 때문이었다.

분쟁은 그것에 그치는 것이 아니었다. 정작 진기섭이 자기 토지라고 명례궁에 바친 토지에서조차 분쟁이 발생했다. 이런 토지의 경우에는 이 지역에 다른 토지소유자들이 이미 수년 전에 진기섭으로부터 토지를 매입하였고 이들이 실제적으로 수년간 경작하고 있었다는 것이다. 이처럼 양쪽의 주장이 서로 엇갈리면서 소유권의 분쟁이 발생한 이유는 무엇인가. 그 이유는 뒤에서 언급하듯이, 본래 진기섭이 소유했던 전토의 대부분이 이미 다른 사람들에게 방매되었기 때문이었다. 이 매매는 대체로 1880년대에 집중적으로 이루어진 것으로 보인다. 따라서 진기섭은 종전의 자기소유 토지에 대해서 이중의 매매를 통해 다시 명례궁에 판 것으로 추측된다. 결국 이미 토지소유자가 다른 사람으로 바뀐 토지가 이제 명례궁장토로서 혼입되었던 것이었다.[34]

이런 소유권분쟁에도 불구하고 명례궁은 기존의 장토설치를 강행하고 있었다. 그러면서 장토의 규모를 크게 늘리고 있었다. 이렇게 하여 종전의 진기섭 전답은 명례궁에 편입되는 과정에서 그 규모도 크게 증가하였다. 그러한 명례궁장토의 규모는 <표 1>과 같다.[35]

---

34) 이러한 토지매매에 대해서는 구체적인 매매문기와 대조하여 추적하지는 못했다. 왜냐하면 아직 당시의 매매문기를 찾지 못했기 때문이다. 그러나 1907년 제실재산정리과정에서 당시 토지환급을 신청하는 서류에는 다수의 매매문기가 첨부되었다는 것을 알 수 있다(『參考書綴』(규21701) 「奪入審理事件證據調」 참조).

<표 1> 명례궁장토의 규모 (1888년 현재) (단위 : 두락, 결·부·속)

	답		전		합	
	두락	결부	두락	결부	두락	결부
흥덕(興德)	3,670.0	159.57.8	46.0	1.31.1	3716.0	160.88.9
고부(古阜)	283.0	11.25.9	0	0	283.0	11.25.9
고창(高敞)	594.4	23.41.3	35.5	1.30.3	629.9	24.71.6
무장(茂長)	570.6	24.14.1	0	0	570.6	24.14.1
부안(扶安)	184.0	5.68.5	0	0	184.0	5.68.5
계	5,302.0	224.07.6	81.5	2.61.4	5,383.5	226.69.0

이 명례궁장토는 흥덕현 8개 면에 걸쳐 160여 결, 고부군 부안면 11결여, 고창현 5개 면 24결여, 무장현 6개 면 24결여, 부안군 남하면 5결여 등 모두 226결 69부이며, 두락으로는 무려 5,383두(斗) 5승락(升落)에 달했다. 또한 답의 비율이 98.5%로 나타나 답이 압도적으로 비중이 높은 것을 알 수 있다.

그렇지만 이 토지의 대부분은 이미 다른 지주나 자작농에게 방매된 상태였으므로 기존의 소유자가 있는 가운데 그 위에 명례궁이 장토를 설치한 것이었다. 예를 들어 익산군에 사는 이석현(李石峴)이라는 대지주는 흥덕, 무장, 고창 등지에 전답 98석여를 이미 1880년에 진기섭에게 매입하였다. 그 후 8년 동안 부재지주로서 지주경영을 해 오고 있었는데 이제 모두 명례궁장토로 편입된 것이었다. 명례궁이 소유하게 된 무장현 소재 전답은 사실 그의 소유였다. 또한 부안현 남하면의 토지도 모두 신익현(辛翊鉉)에게 전매된 상황이었다. 고창현의 전답은 원래 진기섭의 토지가 아니라 친척인 진규상(陳圭相)의 토지로서 1884년에 18명의 지주에게 각각 매매된 상태였다.[36] 그리고 다른 대부분의 토지도 이와 마찬가지였는데, 1888년

35) <표 1>은 다음과 같은 자료를 근거로 해서 작성되었다. 『明禮宮屬付興德縣所在陳基燮畓土開錄量案』(규18224) 2책, 고종 25년(1888) ; 『高敞縣所在明禮宮畓量案』(규18229) 1책(37장), 1888 ; 『明禮宮屬付茂長縣所在興德陳基燮畓土開錄量案』(규18225) 1책(11장), 1888 ; 『扶安縣所在明禮宮屬付畓土量案』(규18223) 1책(5장), 1888.

당시 명례궁장토로 편입된 토지 중에서 실제 진기섭의 토지는 겨우 15석 12두락, 즉 312두락에 불과한 실정이었다.[37] 결국 대부분의 민전이 명례궁장토로 혼탈입(混·奪入)되면서 소유권 자체를 빼앗겼던 것이었다.[38]

이들 개별 지주나 자작농들은 여러 차례 영읍에 정소(呈訴)하여 소유권을 되찾아 줄 것을 호소하게 되었다. 그렇지만 각읍이나 순영(巡營)에서는 비록 '조사허실(詳査虛實) 비무혼집지폐(俾無混執之弊)'라고 하면서도 이미 답험문서 중에 들어간 이상 이제는 '불가변통(不可變通)'이라는 입장을 고수하고 있었다.[39] 반면에, 이후로 소작료의 수취에 대하여 '진기섭조(陳基燮條) 지위정세(只爲定稅)'라고 하여 결세(結稅)를 거두는 것으로 한다고 하면서 무마하였다. 그러나 실제 이들 지역에서 면세결이나 면세면부결로 처리되어 결세에서 면제되지 않았다.[40] 즉 원래 결세 대신 명례궁에 그에 해당하는 소작료를 바치는 것은 아니었다.

이러한 상황에서 명례궁에서도 이미 매입한 토지에 대해서 왕실의

36) 『各道郡各穀時價表』(규21043) 2책 중 「認定을 經하고 姑未下給件」 『全羅道庄土文績』(규19301) 제37책 참조.

37) 『臨時財産整理局事務要綱』 140쪽 참조.

38) 이 장토에 탈입된 민전소유자의 두락별 상황은 다음 표와 같이 추정된다. 아래의 표는 『왕복서류철』 중 「투탁지급혼탈입지환부통고건(投托地及混奪入地還付通告件)」에서 작성했다.

<표 2> 장토 탈입 민전소유자 두락별 상황(단위 : 두락)

두락	0~7	8~19	20~39	40~99	100~199	200~	합계
인원	14	24	11	9	7	4	69
비중	20	35	16	13	10	6	100
소유규모	54.5	283.0	340.0	542.5	922.5	2,848.90	4,991.40
비중	1	6	7	11	18	57	100

39) 『全羅道庄土文績』(규19301) 7책 「全羅北道興德郡所在崔鳳權提出圖書文績類」, 崔鳳權 訴狀 참조.

40) 이 지역에서 명례궁장토로 면세된 토지는 없었고 갑오승총 이후에도 마찬가지로 보인다(『全羅道各邑癸巳條收租實結磨鍊冊』(규17933) ; 『前全羅道各邑甲午條實結磨鍊冊』(규17934) 참조).

권위로서 이들 개별지주가 토지의 소유권을 주장하지 못하게 하였다. 결국 명례궁에서는 일시적으로 지주층의 불만을 회유하면서 이후 명실공히 이들 토지에 대한 지주로서 지주경영에 착수하게 되었던 것이다. 따라서 이 장토에 편입된 토지를 소유하고 있던 지주들은 명례궁에 의해 소유권을 탈취당해서 본의 아니게 중답주로 전락하거나 경영일선에서 탈락하였으며, 소작농들, 특히 원래의 자작농들은 결세는 결세대로, 또한 새로이 명례궁에 소작료를 바치는 이중의 부담을 안게 되었던 것으로 보인다.

2) 지주경영의 변동

이렇게 하여 명례궁은 흥덕 일대에 장토를 설치한 직후인 1888년부터 본격적으로 지주경영을 시작하였다. 이 명례궁장토는 이후 여러 차례 농업경영상의 변화를 가지면서 진행되는데, 실제 명례궁의 농업경영은 여느 부재지주와 다를 바 없었지만, 봉건권력을 이용하여 폭력적으로 토지를 탈취했음으로 소작민의 통제가 어느 정도 강화하느냐에 따라 장토경영의 내용이 달라질 수밖에 없는 것이었다.

우선 1888년부터 초기의 경영내용을 살펴보면, 당시에 작성된 양안을 근거로 하여 소작인을 파악하고 이 지역의 일반적인 지대수취방식인 도조제(賭租制)를 통해서 지대를 수취하고 있는 것으로 보인다. 이 장토는 각 군현별로 나뉘어 관리되었는데, 대개 흥덕의 8개 면과 고부의 부안면, 무장군 6개 면, 고창군 5개 면, 부안군 남하면 등 4개 지역으로 나누어 관리하였고 특히 고창현의 산내면의 7개 평은 별도로 관리했다. 이 장토의 관리를 위해 마름은 현지 소작인으로서 임명하거나, 특히 지방관아의 이서층 중에서 선정하도록 했다. 이들을 통해서 소작인을 적절하게 파악 통제하는 체계를 갖추게 되었다.

그렇지만 1888년 당시에는 극심한 대흉작으로 인하여 초기부터 난관에 봉착하게 되었다. 당시 추수기를 살펴보면 그 재상(災傷)의 정도를 짐작할 수 있는데, 예를 들어 고창현(高敞縣) 오동면(五東面) 중리전평(中里前坪) 감자답(感字畓)의 경우, 30두락(1결13부1속)에서 작인(作人) 옥속(玉粟)은 단 3두락만 경작할 수 있었으며 나머지는 재상을 당한 것으로 나타나 있다.[41] 이렇듯 극심한 흉년으로 인해서 흥덕·고창지역에서 소작료수입이 112석 10두 1승으로 전문으로는 2,364냥에 불과하였으며 그것도 이듬해인 1889년 9월에야 내역을 겨우 정리할 정도였다.[42] 더구나 경영상의 잡비도 많이 발생하여서 수입의 절반가량은 다시 지출되어야했다. 그리하여 이 지역이 흉년으로 인해 작황도 좋지 않아서 다음해 종조(種租)까지 지급해야 하는 상황이었다.

지주경영 초기의 난점은 그런 요인뿐만 아니라 장토 내의 소작인들을 정확하게 파악 통제하지 못했다는 것에서도 연유했다. 예를 들어 『무자(戊子) 십일월(十一月) 전라도고창현소재 명례궁답저전 각면도조성책(全羅道高敞縣所在明禮宮畓楮田各面賭租成冊)』을 보면, 고창현지역의 전체 98개 필지 중에 단지 37개 필지에서만 개별 소작인의 지대수취 여부가 기재되어 있다. 그렇지만 나머지에서는 소작료의 수취내용이 나타나지 않는다. 이는 모두 재상을 당한 전답이라기보다는 상당수의 소작인에게 개별적으로 지대를 징수하지 못하고 있다는 것을 보여주고 있다. 그 이유는 형식적으로 지대를 징수하는 기구로서 각 지역별로 마름을 지정하고 이들로 하여금 작인들을 통제하게 하였으나 토지의 소유권문제와 관련하여 원활하게 이루어지지 않았기 때문이었다.[43]

따라서 이후에는 소작인에 대한 통제는 주로 소작인을 빈번하게 교체시

---

41) 『全羅道高敞縣明禮宮畓楮田各面賭租成冊』(규20506) 참조.

42) 『明禮宮捧下冊②』(규19075) 제1책, 기축(1889) 10월조 참조.

43) 고창현(高敞縣) 오동면(五東面)의 경우 240.5두락은 현지에 사는 지주 16명이 1884년에 매입한 토지였고 20두락 미만을 소유한 자가 대다수인 12명이고 이들은 대개 자작농으로 보인다.

키면서 고율의 지대수취가 가능하도록 하는 것으로 이루어졌다. 즉 무장현의 경우에는 총 130필지 가운데 1889년에 59필지, 1890년에 47필지, 1891년에 31필지에서 소작인의 변동이 발생하고 있는데, 여기에서 소작인의 교체를 통해 점차 지주경영을 안정화시키려고 하는 측면을 엿볼 수 있다. 또한 1891년부터 이제 왕실에서는 직접 궁감을 파견하여 이들이 추수시에 해당지역에 내려와 마름들이 거두어 놓은 소작료를 확인 수납하게 하였다.[44]

한편 지주경영을 보다 용이하게 만든 것은 이 지역의 미곡유통망을 장악할 수 있었다는 점이다. 이 시기 미곡의 활발한 유통을 배경으로 하여 수확기에 적치된 소작미를 어떤 수단을 통해서 적절한 시기에 판매하느냐도 지주경영의 중요한 조건으로 작용하고 있었다. 특히 이 흥덕 일대 지역은 전북지방의 2대 항구인 줄포(茁浦)가 위치해 있었으며 이 줄포만내의 여러 포구를 통해서 군산, 법성포, 목포, 인천 등지로 연결되었고, 그 배후지로서 부안, 고부, 흥덕, 정읍, 고창 등 바로 육로로 연결되는 요충지였다. 그런 미곡의 반출루트 중에서 포구의 객주, 여각을 장악하는 것이 중요했다. 그래서 명례궁은 흥덕 일대 사포, 후포, 우포, 석호 등 4개의 포구에 있는 객주, 여각을 장악하려고 했다. 그래서 명례궁은 1890년부터 영읍서리의 폐단을 시정한다는 명목으로 객주, 여각에게 직접 세를 징수하는 방법을 통해서 이 지역의 미곡유통망을 적절하게 이용하고 있었다.[45]

그러면 각 군현별로 나누어 시기적으로 어떻게 지대수입이 달라지고 있으며, 그동안의 지주경영의 변화양상을 구체적으로 살펴보자. 이것은 이 명례궁장토가 각 군현단위로 실제 관리되었다는 점과 아울러 이곳의

---

44) 궁감이 파견된 시기는 부안과 무장의 경우 추수기상으로 신묘(辛卯, 1891)년부터 시작된 것으로 나타난다.

45) 『全羅道興德縣沙浦·後浦·牛浦·石湖等 四浦口都旅客主人節目』(규18288의 19) 참조.

지주경영의 실체를 파악하기 위한 자료로서는 추수기가 전시기의 것이 계통적으로 남아있지 않아서 부분적으로 남아있는 추수기를 통해 접근할 수밖에 없다는 점 때문이다.

우선 무장현의 장토에 대해서 살펴보면, 이 곳의 장토는 하리(下里), 와공(瓦孔), 백석(白石), 이동(二東), 탁곡(托谷), 일동(一東) 모두 6개 면, 36개 평에 걸쳐 있다. 규모는 28석 10두 6승, 결부로 24결 14부 1속이었고 1결당 평균 두락수는 23.6두락이었다. 이러한 장토의 규모는 이후 20년간 전혀 변동이 없이 그대로 유지되고 있었으며 이 장토의 마름은 1889년에 김진영(金鎭英), 1891년, 1892년에 김진형(金鎭瑩), 1893년부터는 김진풍(金鎭豊)이 각각 담당하고 있었다.

이곳은 총 130개의 필지로 나뉘어져 있었으며 소작인은 대개 97~98명에서 102명 사이였으며 이들과의 소작관계는 이 지역에 일반적인 소작관행인 '도조(賭租)'에 의한 것으로 보인다. 이 시기 농업경영의 형태는 종자와 결세를 지주가 부담하는가 작인이 부담하는가라는 것에서 달라지는데, 소작료의 수취가 타조방식에 의한 경우 지주가, 도조에 의할 경우 작인이 결세와 종자의 부담자가 되었다. 이곳에서는 추수기상에 종자나 결세를 부담하여 생기는 지출이 나오지 않는 것으로 보아 후자의 방식으로 경영된 것으로 보인다. 이곳에서 구진전(舊陳田)은 1두 7승락, 즉 7부 4속에 불과했고, 다만 미앙(未秧)으로 인해서 소작료를 낼 수 없는 경우가 1892년에만 93.5두락이 발생했다. 전반적으로 이 지역의 농업경영상태는 비교적 안정이 되어 있었다. 비록 10년간의 추수기를 통해서 전반적인 상황은 파악하기가 어렵기는 하지만 그만큼 여타 지역에 비해서 경영조건이 매우 좋은 편이라고 하겠다. 이곳의 소작료수입의 변동은 다음 <표 3>과 같다.[46]

46) 무장현 소재 각년도 명례궁추수기는 모두 규장각도서이고 도서번호는 다음과 같다. 1889년(규22021), 1890년(규21142), 1891년(규21981), 1892년(규21910), 1893년(규20771), 1895년(규21910), 1897년(규22021), 1899년(규21914), 1900

<표 3> 무장현 소재 명례궁장토의 소작료 수입의 추이(단위 : 두, 승)

년도	총수입	총지출내역			실상납
		마름	궁감	수리, 기타	
1889	3,536	340			3,196
1890	3,558	355			3,203
1891	3,825	382	382	40	3,021
1892	2,020	202	202		1,616
1893	2,702	270	270		2,162
1895	2,252	225.2	225.2		1,801.6
1897	2,315	220	220	80	1,795
1899	2,439	240	240	40	1,919
1900	2,621	262	262	157	1,940

이러한 지대수입의 변화를 놓고 볼 때, 무장현 장토에서는 1889~1891년까지 안정적인 소작료수취를 하고 있었지만 1892년 흉작으로 인해 미앙답이 다수 발생하여 수입이 줄어들었고 1893년에는 약간 회복한 것으로 나타났다. 그렇지만 1894년 농민전쟁기에는 전혀 지대수취가 이루어지지 못했던 것으로 보이고 이후에도 지주경영은 매우 어려운 상황이었던 것을 알 수 있다. 이후로는 이전에 비해서 대략 1/3정도 낮아진 수준에서 소작료를 수취하고 있었다. 그것도 1900년까지 겨우 상승하다가 1901년과 1902년에 다시 흉년을 거침으로써 큰 타격을 받았고 1905년도에는 실상납이 2,510두에 불과하여 농민전쟁 이전 수준에는 결국 도달하지 못하였다.

이 장토에서 지대수입이 감소한 이유는 일반적인 부재지주의 상황과 마찬가지로 농민층을 적절하게 통제하지 못한데서 발생했다. 한편 추수기상으로 보면, 총수입 중에서 실상납으로 들어오는 도조액이 현저히 감소하였는데, 이는 마름과 궁감에게 각각 총수입의 10%를 고정적으로 지출했기 때문이었다. 이렇게 중간수입 부분이 상대적으로 높은 비중을 차지했음에도 낮출 수 없었던 것은 이들이 아니고서는 그나마 소작인에 대한 통제가

년(규21142), 및 『明禮宮捧下冊②』(규19075) 참조.

어려웠던 까닭이었다. 반면에 결세에 대한 지출은 거의 없어서 소작인에게 결세를 전가시켰다는 것을 알 수 있고, 다만 구진결에 대한 결세만 약간 부담했을 뿐이었다.[47] 한편 이 지역 장토의 관리를 위해 수리시설의 확충을 위해 방천량비(防川粮費)로 1891년, 1897년에 2석이 지출되었으며, 1900년에 13두가 지출되는 정도에 불과했다.

한편 이 무장현 소재 명례궁장토에서 이루어진 농민수탈의 정도는 이 시기 도조액의 변화를 통해서 구체적으로 알 수 있다. 특히 두락당 도조액은 소작인에게 징수한 소작료 총수입을 두락당으로 나눈 것으로 산정할 수 있는데, 여기서 구진(舊陳)이나 미앙답(未央畓), 혹은 결당답(結當畓)도 제외한 후에 실전답에 대한 변화를 살펴보았다.

<표 4> 무장현 소재 명례궁장토 도조액의 변화(단위 : 두락, 두)

연도	1889	1890	1891	1892	1893	1895	1897	1899	1900
실전답	561.2	567.9	566.9	469.1	567.9	556.5	567.9	556.8	567.9
총세조	3,536	3,558	3,825	2,020	2,702	2,252	2,315	2,439	2,621
두락당	6.3	6.3	6.7	4.3	4.8	4	4.1	4.4	4.6

위의 표를 보면 이 지역에서는 1889년부터 1891년까지는 일반 민전의 도조액과 마찬가지로 소작료의 수취가 6.3두정도로 되어 있다가 1892년을 고비로 점차 낮아져서 농민전쟁직후인 1895년에는 최하인 4두정도로 낮아졌다. 그러한 변화 중에서 1892년의 경우는 재해로 인하여 전반적으로 수확이 부진했다는 점이 감안되어야 하지만, 적어도 1893년부터 1896년까지는 상당히 지대수취가 어려웠다고 할 수 있다. 그 이유는 바로 1894년 농민전쟁을 전후로 한 시기에 이 지역에서 활발했던 농민의 항세, 항조투쟁

47) 무장군(茂長郡) 하리면(下里面) 난자진결(蘭字陳結) 9부 5속의 경우, 갑오 이전에는 재탈결(災頉結)로 취급되었지만 갑오 이후에는 3량 4푼식 매년 징세케 되었는데 그동안 납부하지 않다가 6년이 지난 기해년에 이르러야 18량 2전 4푼을 완납하고 있었다(『明禮宮秋收記』(규21914) 참조).

의 영향에 따른 것이었다.

물론 이렇게 농민전쟁기에 소작료수입이 감소하는 추세를 명례궁이 그대로 방치하고 있었던 것은 아니었다. 장토설치 초기와 마찬가지로 1895년 이후에도 더욱 심하게 소작인을 교체시키고 있었다. 즉 전체 130필지 중에서 1896년 44필지, 1897년 70필지, 1899년 37필지에서 소작인의 변동이 일어나고 있었다.[48] 그럼에도 불구하고 소작료수입이 농민전쟁 이전 수준으로 회복하지 못하고 있다는 것은, 물론 농민전쟁으로 인한 토지의 황폐화, 중간수탈의 가중 등의 요인도 있겠지만, 기본적으로는 농민들의 항조투쟁이 더욱 가속화된 데 기인한 것이었다.

다음으로 고창현의 장토는 고창군 천북(川北), 천남(川南), 오동(五東), 대아(大雅), 산내면(山內面) 등 5개 면에 걸쳐서 32개 평에 산재하여 있다. 규모는 31석 9두 9승락, 결부로는 24결 71부 6속으로 1결당 평균 25.5두락이었다. 그 외에 산내면의 경우는 저전(楮田) 2석 6두 2승락이 있어서 피저(皮楮)를 생산하고 있었다. 이곳의 장토는 다시 둘로 나뉘어 관리되었는데, 특히 산외면의 21개 평 중 7개 평을 분리하여 관리하였다. 이곳도 역시 20년간 장토의 규모가 변동없이 유지되고 있었고 이 장토를 관리하는 마름은 4개 면의 경우에는 1888년에 봉내삼(奉乃三), 1901년에 김복동(金福同)이 확인될 뿐이며, 산내면은 김치문(金致文)이 1888년에 이어 1899년, 1900년, 1903년에도 담당하는 것으로 보아 계속해서 담당했던 것으로 보인다.

이 지역에는 추수기가 별로 남아있지 않아서 구체적인 지주경영의 변동을 살펴보기는 어려우나 그 중에서 산내면의 경우를 중심으로 살펴보려고 한다. 이곳의 소작료수입의 변동은 다음 <표 5>와 같다.[49]

48) 이 변동사항은 각년도 추수기를 서로 비교한 것이며, 1896년의 경우는 『經理院驛屯土成冊』(규20249), 「茂長郡所在明禮宮畓改量量案」(1896년 3월 작성)과 그 전해의 것을 비교했다.

<표 5> 고창현 소재 명례궁장토의 소작료수입의 추이(단위 : 두)

년도	면명		총수입	총지출내역				실상납
				마름	궁감	두량인	수리	
1888	5개면		1,139					
1889	4개면		4,063	403				3,660
		산내면	760	76				684
1896	4개면		2,893	288	288	30		2,287
1899		산내면	444	44	44	6		350
1900		산내면	540	54	54	12		420
1901	4개면		2,003	200	200	40	180	1,383
1903		산내면	386	38	38		10	300

전반적인 소작료수입의 추세를 살펴보면, 1888년에는 초기였기 때문에 1,139두에 불과했는데 1889년에는 모두 4,823두에 이를 정도로 과도한 수탈을 했다. 한편 농민전쟁 이후인 1896년에는 크게 낮아져서 산내면을 제외한 지역만 보아도 2,893두로 매우 낮아졌으며 산내면의 경우도 대개 540두 이상을 넘어가지 못하고 있었다. 1900년 이후에 몇 차례 오르내림이 반복되다가 1904년에 실상납 2,604두, 1905년에도 2,764두를 수취하고 있었다.

이곳에서도 마름과 궁감은 총수입의 20% 정도를 고정적으로 지급받고 있음으로써 이것은 전체 지출의 대부분을 차지하고 있었다. 또한 토지생산성을 증대시키기 위한 생산적인 지출이 거의 없는 가운데 소작농민에 대한 소작료 수취에만 전념했고 그 결과, 1901년의 경우처럼, 빈번하게 재해가 발생하고 있었다.

한편 이곳에서 소작료의 두락당 징수액을 살펴보면, 1888년에는 전체 98개 필지 중에서 징수된 37개 필지만을 한정하여 보면 두락당 8.1두나

49) 고창현소재 각년도 명례궁추수기의 도서번호는 다음과 같다. 1888년(규20506), 1889년(규21912), 1896년[규22018, 규21051(山内面)], 1899년[규22000(山内面)], 1900년[규26027(山内面)], 1901년(규21918), 1903년[규21912(山内面)] 및 『明禮宮捧下冊②』(규19075) 참조.

되었다. 이는 대부분의 재답(災畓)에서 수취하지 못하는 것을 대신하여 그 이외의 토지에 가혹한 수취를 한 것으로 보인다. 1889년에는 대부분의 필지에서 징수할 수 있게 되어 두락당 8.3두정도로 역시 일반 민전과 비슷한 수준에서 수취가 이루어지고 있었다. 그런데 농민전쟁 이후인 1896년에 고창현 4개 면의 경우, 두락당 소작료의 수취액은 5.8두였고 1901년 5.5두로 더욱 낮아졌다. 따라서 이 장토에서도 농민전쟁 이후에는 그 이전에 비해서 제대로 소작료의 수취가 이루어지지 않고 있음을 알 수 있다.

이 고창현 지역은 무장과는 달리 토지의 원소유자들이 대부분 현지에서 살고 있어서 직접적으로 농업경영을 침탈당하고 있었다. 그런데 그 중의 일부는 이 장토 내에 중답주로서 경영에 참여하고 있는 것으로 보인다. 예를 들면 진홍섭(陳洪燮)은 산내면에 있는 자기 토지 115.5두락의 소유토지를 이 명례궁에게 빼앗겼는데, 그는 바로 흥덕현의 하리(下吏)로서 을미년 3월 17일에 '가색도조임농탈작사(加索賭租臨農奪作事)'로 고발되어 한동안 감옥에 갇히기도 하였다.[50] 이 사건은 비록 이 장토와 직접 관련이 있는지 아니면 다른 것인지는 분명하지 않지만, 적어도 그는 이 시기에 본래의 자기토지에 대해 농업경영상 중답주로 밀리면서도 향리로서 소작농민에 대한 과도한 수탈을 했을 것으로 생각된다.

다음으로 부안현의 경우를 살펴보면, 이곳은 남하면 황사평(黃沙坪)지역으로 규모는 9석 4두락, 5결 68부 5속의 토지였다. 이 장토는 한 지역에만 모여 있고 29개 필지로 나뉘어져 있는데 워낙 작은 규모였기 때문에 커다란 변동을 찾기 힘들다. 이 지역의 관리는 먼저 소작인으로 1890년 양처중(楊處中), 1891년과 1892년에는 소작인인 최정숙(崔正淑)이, 1895, 1896년에는 이홍삼(李弘三)이, 1899년에 김태규(金泰圭)가 각각 담당했으

50) 『民狀置簿冊』(규고 5125-63) 제2책, 乙未 3월 17일조(『韓國地方史資料叢書』 10, 民狀篇1, 驪江出版社, 335쪽) 참조.

며 궁감은 1891년부터 파견된 것으로 보인다. 이곳의 소작료수입의 추세는 <표 6>과 같다.[51)]

<표 6> 부안현 소재 명례궁장토의 소작료수입의 추이(단위 : 두)

년도	총수입	총지출내역			실상납
		마름	궁감	사복, 기타	
1890	359	28		20	311
1891	350	27	27	20	276
1892	182	20	20	20	122
1895	472	47	47	20	358
1896	436	43	43	20	330
1898	854	80	60	10	704
1899	1,128	112	112	30	874
1903	560	56	56	118	330

이 지역의 소작료수입은 농민전쟁 이전에는 대개 350두 정도였다가 이후에는 점차 높아져서 1899년에 최고로 1,128두에나 도달했다. 이는 초기에 비해서 무려 3배 이상 소작료수입을 올린 것이었다. 이 지역의 토지가 1결당 대략 33두 4승락으로 다른 지역에 비해서 토지생산성이 상대적으로 매우 낮은 것으로 보이는데, 반면에 농민들에 대해 수취가 1894년 이후 더욱 높아져간다는 것을 알 수 있다. 한편 지출에서 마름과 궁감이 차지하는 비용은 다른 지역과 마찬가지였다.

그런데 이곳에는 이미 무토둔결(無土屯結)인 사복시결(司僕寺結)이 설정되어 52두락, 1결 55부 7속이었는데, 이는 전체 장토 중에 28%를 차지하고 있었다. 이에 따라 명례궁은 수취한 소작료 중에서 20두를 결세로 지출하고 있으며 1894년의 결세개정(結稅改正)으로 인하여 1898년에는 10두로 결세가 낮아졌다. 그러나 다시 1900년과 1902년의 결가인상으로 인해 1903년에

51) 부안현 소재 각년도 명례궁추수기의 도서번호는 다음과 같다. 1890년(규22002), 1891년(규21982), 1892년(규21981), 1895년(규21910), 1896년(규21979), 1898년(규21978), 1899년(규26121), 1903년(규21912) 참조.

는 이전해의 가결세분(加結稅分)과 함께 70두나 부담하고 있었다.

이 지역이 비록 토지생산력이 낮았지만 점차 지주경영이 강화되면서 소작료수취를 높여가고 있었다. 이러한 추세는 두락당 도조액의 변화를 통해서 알 수 있다.

<표 7> 부안현 소재 명례궁장토 도조액의 변화(단위 : 두락, 두)

연도	1890	1891	1892	1895	1896	1898	1899	1903
실전답	152.0	149.0	108.0	181.0	181.5	175.0	180.0	147.0
총세조	359	350	182	472	436	854	1128	560
두락당	2.4	2.3	1.7	2.6	2.4	4.9	6.3	3.8

위의 표에서 보는 바와 같이, 장토의 설치 이후 초기에는 두락당 2.3두, 혹은 2.4두 정도로 나타나고 있는데 이는 다른 지역에 비해서 토지생산성이 낮았고 마름이 현지소작인에 불과하여 소작인들을 적절하게 통제하지 못한데서 연유한 것이었다.

그런데 이 지역은 유난히 다른 지역에 비해서 '결당답(結當畓)'이 많은 것으로 지적되었는데,[52] 이것은 이 지역에 빈번하게 발생하는 재결에 대해서 다음해 작인이 해당토지의 결세를 부담하는 관행과 관계가 있었다. 즉 1890년에 재해로 인해 미종답(未種畓) 23두락이 발생되었는데 이에 1891년에는 결당답이 32두락이 발생하였다. 반면 1892년에 다시 75.5두락이나 발생되었다. 그런데 이들 토지는 대개 중복되고 있었다. 결국 이것은 전해의 재결에 대한 급재(給災)가 이루어지지 않는 상황에서 그 결세의 부담을 다음해 소작인에게 부담하고 있는 것이었다. 따라서 이 장토에서는 토지생산성이 대체로 낮았으며 소작인에 대한 통제나 지주의 농업투자가 거의 이루어지지 않는 상황에서 더 이상의 수취는 하기 어려웠던 것으로 보인다. 그렇지만 1898년 이후에는 제반 역둔토의 정리사업을 수행하면서

52) 이영훈, 1985, 앞의 논문, 404쪽 참조.

지주경영이 다른 곳과 같은 수준으로 강화되고 있었던 것으로 생각된다.

다음으로 흥덕현에 설치된 장토에 대해서 살펴보자. 이곳은 흥덕현의 현내(縣內), 북(北), 이남(二南), 일서(一西), 일동(一東), 이동(二東), 일남(一南), 이서(二西) 등 8개 면과 고부 부안면(富安面)에 걸쳐 무려 172개 평에 산재한 장토였다. 규모는 총 201석 11두 5승락(4,031두 5승락)이며 결부로는 172결 91부 5속이었고 1결당 평균 두락수는 23.3두락이었다. 이 중 전은 46두락에 불과했고 전체 전답에 98.9%가 답인 것을 보면 이 지역의 장토의 설치의도를 명확하게 파악할 수 있다. 즉 당시 미곡무역의 확대를 이용하여 소작미를 유통시켜 지대수입을 증대시키려고 했던 것이다. 이러한 규모는 이후 20년간 변하지 않았으며, 실제 이들 토지의 원소유자들은 주로 이 지역에 거주하는 양반지주, 향리들이어서 대지주들이었다. 그 밖에 영세소농의 토지도 포함하고 있었다.[53)]

그런데 이 지역은 지방제도상으로 흥덕과 고부 등 2개 군이었지만 실제 고부의 부안면은 고부군의 비지(飛地)로서 흥덕현과 이웃한 지역이었다. 그래서 명례궁에서는 같은 장토지역으로 통괄하여 관리했던 것이었다. 이 흥덕현의 장토도 설치초기에는 많은 경영상의 어려움을 겪고 있었다. 1888년 가을, 현내, 북, 이남, 일서 등 4개 면의 소작료 수취상황을 보면 총 2046.5두락에 대해서 2279.1두를 수취한데 불과했다.[54)] 이는 두락당 약 1.2두에 불과했다. 즉 설치 초기에는 소유권문제와도 관련하여 소작인의 거납(拒納)이 주요한 문제였다. 다음해인 1889년에도 실상납이 635석이

53) 이 지역에 장토설치 전인 1887년경 토지소유자의 분화를 살펴보면, 12두락 미만 소유자가 19명, 12두락 이상 20두락 미만이 7명, 20두락 이상 100두락 미만이 16명, 100두락 이상 1379.5두락까지가 7명으로 나타난다. 전체 3,304두락 중에 약 71.4%의 토지인 2,358두락이 100두락 이상 대지주들에게 속하였다는 것을 알 수 있다(『往復書類綴』(규20610), 175~188쪽 참조).

54) 『明禮宮秋收記』(규22037), 2책 「全羅道興德縣所在明禮宮田畓秋監成冊」(戊子 11月) 참조.

었고 1891년에는 조금 높아져 1,103석이었다.[55)]

이 지역 장토의 경영내역을 파악할 수 있는 것은 바로 명례궁의 추수기인데, 이 지역에서 농민전쟁이 가장 극심하게 일어났고 농민전쟁에서 주요한 토지문제로 제기되었음에도 불구하고 그러한 배경을 이해하고 입증하기 위한 자료는 유감스럽게도 남아있지 못하다. 다만 농민전쟁 이후의 추수기가 대부분 남아있어서 그 이후 지주경영의 동향을 조금이나마 파악할 수 있다. 이 장토의 경영내용을 살펴보면, <표 8>과 같다.[56)]

<표 8> 흥덕현 소재 명례궁장토의 소작료 수입의 추이(단위 : 두)

년도	총수입	총지출내역			실상납
		마름	궁감	수리, 기타	
1895	20,233	2,020	1,779	420	16,014
1896	24,052	2,400	2,100	460	19,092
1897	24,389	2,440	2,140	428	19,381
1899	29,271	2,920	2,580	460	23,311
1900	30,113	3,000	2,660	420	24,033
1901	15,564	1,540	1,630	920	11,474
1907	16,120	1,610	0	460	14,050

위의 표를 살펴보면 농민전쟁 직후인 1895년부터 점차 소작료수입이 증가하여 1900년에 1,505석 13두로 최고조로 오른 것을 알 수 있다. 한편 1901년에 소작료수입이 대폭 감소한 것은 전국적인 대흉작이 일어났던 해로 이 지역에도 재결규모가 모두 1,200두락이나 되어 전체 장토의 약 30%에서 소작료를 한 푼도 걷지 못했다.

한편 장토의 관리자인 마름이나 궁감이 지출하는 경비는 다른 지역과 마찬가지로 지출되어 전체 지출 중에 거의 90%가 넘는 비중을 차지하고

55) 『明禮宮捧下冊②』(규19075) 참조.

56) 흥덕현 소재 각년도 명례궁추수기의 도서번호는 다음과 같다. 1895년(규21981), 1896년(규22018), 1897년(규21142), 1899년(규22000), 1900년(규22021), 1901년(규22018), 1907년(규21976) 참조.

있었다. 이는 바로 장토의 관리와 소작료의 수납을 책임지고 있는 중간관리층의 공식적인 지출에 불과했다. 특히 마름은 궁감과는 달리 실질적으로 장토를 경영하고 있었으며 작인들로부터 지대의 수취과정에서 가혹한 지대수취를 감행하는 중간수탈자로서 활동했지만 추수기상으로는 그것보다는 적게 기입했을 것이다. 이 장토를 담당하던 마름이 추수기상으로 보면, 1895년에 김지환(金智煥), 1896년부터는 박우종(朴佑鍾)이었다. 특히 박우종은 1907년까지 계속해서 이 장토를 관리했던 것으로 보인다. 그는 이 시기에 흥덕군에서 수서기(首書記)로 있었다. 이는 농민전쟁 이후 농민들의 항조투쟁을 억누르면서 장토를 경영하기 위해서 취한 조치로 보인다. 따라서 지출에서 막대한 비중을 차지하는 마름료비를 지출하면서까지 이들로 하여금 원활하게 장토를 경영하려는 필연적인 조치였다.

따라서 두락당 소작료수취도 높아졌는데, 그 추세는 <표 9>와 같다.

<표 9> 흥덕현 소재 명례궁장토 도조액의 변화(단위 : 두)

면명	1895	1896	1897	1899	1900	1901	1907
현내	6.2	6.5	6.0	6.6	7.1	4.8	3.8
북	5.9	6.5	7.0	7.8	8.6	6.1	5.9
이남	5.4	7.2	6.9	7.8	8.0	5.8	4.4
일서	5.6	6.9	7.6	7.6	8.5	8.0	6.9
일동	4.7	5.5	6.0	7.2	7.5	5.4	4.8
이동	5.6	6.5	5.8	7.4	7.8	5.3	5.4
일남	5.4	7.1	6.1	8.4	8.2	6.0	4.3
이서	5.1	6.1	6.3	8.3	7.4	5.2	4.7
부안	6.1	8.0	6.7	9.3	8.5	6.6	7.4
평균	5.7	6.6	6.5	7.8	7.9	5.8	5.2

이 지역은 전체 전답에 대해 평균적으로 1895년에 5두, 1897년에 6두였다가 1900년에 7.9두로 높아졌다. 면에 따라서는 9.3두까지 수취하고 있었다. 이것은 이 시기 역둔토에서 지주경영이 강화되는 것과 같이 지주제가 재편·강화되는 추세를 반영하는 것이었다. 그렇지만 1891년의 도조가 대략 6.5두 정도 수취되었다고 추정되는데, 이와 비교하면 1899년까지도

이전의 지대수준으로 높이지 못했던 것을 알 수 있다. 그 원인은 마름 등의 중간수탈도 있겠지만 농민전쟁 이전뿐만 아니라 1899년까지도 이 지역에서 활발하게 일어났던 농민들의 항조투쟁에서 연유한 것이었다.

이 시기 흥덕 일대에서 명례궁이 행한 지주경영은 전반적으로 농업기반에 대한 투자가 이루어지지 않는 가운데 농민수탈을 강화하고 있었다. 설치 초기에 토지소유문제와 관련하여 여러 난관이 있었지만 이후 수탈의 정도는 점차 증대되고 있었고 민전의 도조와 비슷한 수준에서 소작료를 수취하고 있었다. 이에 따라 농민들에게는 점차 늘어나는 봉건부세의 부담과 아울러 농업경영이 악화되고 있었으므로 농민들은 항조투쟁을 전개했던 것으로 보인다. 따라서 농민전쟁이라는 거대한 농민들의 반봉건투쟁을 일으켰던 것이고 이에 1894년에는 거의 지대수탈을 이루지 못했던 것이었다.

이 농민전쟁이 지난 뒤에도 한동안 장토의 경영은 난관에 봉착해 있었다. 이후 봉건권력의 강화추세를 배경으로 지대수탈을 위한 기구의 재조정과 장토의 사판사업을 통해 보다 강화된 지주경영을 심화시킬 수 있었다.[57] 여러 지역의 장토가 각기 다른 사정으로 인하여 소작료의 수탈정도가 달랐지만, 그것은 농민전쟁 이전의 수준까지는 가지 못했던 것으로 파악된다. 또한 일반 민전의 도조 수준에도 미치지 못하는 것으로 보인다. 따라서 이 시기 지주경영의 재강화에도 불구하고 도조 수준을 크게 높이지 못하는 것은 그만큼 농민들의 저항이 더욱 치열해졌다는 것을 반증하고 있는 것이었다.

57) 김용섭, 1978, 「韓末에 있어서의 中畓主와 驛屯土地主制」 『동방학지』 20, 연세대학교 국학연구원 참조.

4. 소작농민층의 동향

1) 소작지의 분화추이

이 흥덕 일대 명례궁장토의 사례에서 우리는 장토 내 소작농민의 존재형태, 즉 소작지의 분화상태와 그 경향성을 살펴보아야한다. 이것은 이 시기 농민운동의 전개과정에서 특히 1894년의 농민전쟁이라는 폭발적인 반봉건투쟁의 성격을 살펴본다는 측면에서 중요하다. 또한 '농민전쟁에서 부농이 어떠한 역할을 했었는가'라는 의문에 답하는 의미도 있다. 농민전쟁을 전후하여 농민층이 농업경영에서 어떠한 변화를 보이고 있는가, 특히 부농층의 성장가능성 및 농민전쟁에서의 역할에 대해 일정한 시사점을 제시하는 것이 중요한 과제이다. 그런데 이 자료는 명례궁이라는 부재지주의 추수기이고 이 장토는 소유권문제가 복잡하게 얽힌 토지여서 여러가지 한계가 있다.

우선 추수기 상의 소작지는 당해 소작농의 전경지가 될 수 없다. 이들 소작농은 이 지역에 그들의 자작지나 다른 지주의 소작지를 경작하고 있었을 것이다. 따라서 여기에서는 장토내에 순소작농의 형태만을 초점으로 놓고 볼 수밖에 없으며 그것도 소작농의 전소유와 경영 전체가 아니라 그 중 일부의 측면만을 해명하는 것이다.

또한 장토 내에서 농민층의 분화문제를 다루는데도 역시 기본적인 토지소유문제에 봉착한다. 왜냐하면 이 장토의 소유구조가 위로 명례궁이 있었으며 중간에 원소유자 혹은 마름층이 중답주로서 기능하고 있었을 것으로 추정되므로 소위 '중층적' 구조를 가지고 있다고도 할 수 있다.[58]

58) 이 명례궁장토의 문제는 바로 국가적 토지소유의 지배적 관철이라는 측면에서 볼 수도 있지만, 실제 일반 민전을 침탈하는 과정에서 봉건권력을 이용하면서 이루어진 '불법적인 수탈'이라는 측면에서 보는 것이 타당할 것 같다. 왜냐하면

그런 상황에서라면 소작농 중에서 부농으로 성장할 가능성은, 물론 자작지가 편입된 경우에는 다르겠지만, 대부분의 경우에는 매우 한정적일 수밖에 없겠다.

이 장토 내에서 소작지의 분화상황을 살펴보기 위해서 다음 <표 10>과 같이 지역별, 연도별로 나누어 검토해 보자.

<표 10> 각 지역별 각 연도별 소작지의 분화상황

1. 무장(6개면)　(단위 : 인원, 명 / 경지합, 두락)

보유정도	1888		1889	1890	1891	1892	1893	1895	1896	1897	1899	1900	
	인원	경지합	인원	인원	인원	인원	인원	인원	인원	인원	인원	인원	경지합
24~	0	0	1	0	0	0	0	1	1	0	0	0	0
20~23	1	20.0	1	0	0	0	1	1	0	1	2	1	23.0
16~19	3	52.0	4	2	2	2	1	1	1	2	2	4	71.0
12~15	7	92.4	5	6	7	6	7	6	7	6	6	6	77.8
8~11	11	98.5	9	13	14	15	15	12	14	10	8	10	86.5
4~7	43	244.1	39	49	47	47	44	44	45	48	50	46	243.5
0~3	24	61.9	25	30	27	28	29	32	29	35	32	30	68.8
합	89	568.9	84	100	97	98	97	97	97	102	100	97	570.6

2. 고창(5개면)

보유 정도	1888		1889	1896	1901	
	인원	경지합	인원	인원	인원	경지합
24~	6	195.5	5	0	0	0
20~23	1	21.0	1	2	1	22.0
16~19	2	34.0	3	4	4	66.0
12~15	4	51.0	3	2	1	13.0
8~11	9	84.4	13	13	12	114.5
4~7	29	160.5	23	35	39	196.0
0~3	18	46.0	21	15	27	69.9
합	69	592.4	69	71	84	481.4

이후 일제에 의한 국유지정리과정에서 결국 정상적인 매매로 볼 수 없다고 판정하고 원토지소유자에게 돌려주고 있기 때문이다.

3. 부안(남하면)

보유정도	1888		1890	1891	1892	1895	1896	1898	1899	1903	
	인원	경지합	인원	인원	인원	인원	인원	인원	인원	인원	경지합
24~	1	34.5	0	0	0	0	0	2	0	1	40.0
20~23	1	20.0	1	1	1	0	1	0	1	0	0
16~19	0	0.0	2	2	1	1	0	0	1	0	0
12~15	1	12.0	2	2	4	4	2	0	1	1	12.0
8~11	7	62.0	7	6	4	5	5	5	5	5	47.0
4~7	9	52.5	6	7	8	11	16	15	15	11	61.0
0~3	1	3.0	1	1	1	1	2	2	3	6	16.0
합	20	184	19	19	19	22	26	24	26	24	176

4. 흥덕(흥덕 8개면 및 고부 부안면)

보유정도	1895		1896	1897	1899	1900	1901	1907	
	인원	경지합	인원	인원	인원	인원	인원	인원	경지합
40~	0	0.0	2	1	2	2	2	4	224.0
32~39	0	0.0	2	2	2	1	3	3	103.0
24~31	4	116.0	1	2	1	3	1	12	329.5
20~23	5	107.0	4	4	6	4	4	1	20.0
19~19	10	176.5	15	13	17	19	20	11	194.5
12~15	39	526.0	32	31	40	40	42	38	514.5
8~11	118	1,072.0	120	127	124	122	118	106	958.0
4~7	332	1,760.0	330	326	289	293	288	279	1,489.5
0~3	98	258.0	99	102	78	75	75	71	180.0
합	606	4,015.5	605	608	559	559	553	525	4,013.0

이 표는 현재 남아있는 명례궁추수기 중에 해당년도에 진전을 제외하고 경작자 위주로 작성했으며, 해당년도의 소작농민의 인원과 경영규모를 일일이 제시하지 않고 다만 첫해와 마지막해의 경우만을 적시하고 나머지는 생략하였다.[59] 이 지역의 경우, 결부의 면적이 전품에 따라 다르겠으나 대략 20두락에서 24두락 정도가 결부 1결과 거의 동등하게 산정된 것으로

59) 이 지역에서 소작인 인명의 표기가 중복되는 경우도 발생하는데, 거주지를 참조하여 구분하였다. 또한 흥덕군의 경우에는 고부의 부안면이 서로 인접한 지역이어서 소작인이 겹치는 경우가 많았기 때문에 함께 처리했다.

보인다. 그래서 일단 20두락을 기준으로 해서 각각 4두락씩 차이가 발생하도록 두락별 구획을 나누었다.[60]

위의 소작지의 분화상황을 살펴보기 전에 우선 전제로 해 둘 점이 있다. 위의 표에서 보다시피 각 지역의 장토규모에 따라서 농민층의 분화추이에 편차가 많이 발생한다는 것이다. 무장과 고창의 경우는 장토의 규모가 비슷하지만 부안은 그에 비해 1/3정도에 불과한 반면, 흥덕의 경우에는 앞의 세 경우와는 달리 매우 커다란 규모이다.[61] 따라서 다른 지역의 경향보다는 흥덕지역의 경향을 기본적인 추세로 놓고 검토하는 것이 타당하다고 생각한다.

다음으로 이 장토는 명례궁이라는 부재지주뿐만 아니라 현지에 거주하고 있는 원지주들이 농업경영에 일정한 영향을 끼치고 있었다고 추측되기 때문에 소작농의 경영상태는 일반 민전의 경우보다 훨씬 더 열악했다고 볼 수 있다. 그렇다면 각 지역의 소작인과 중답주와의 관계가 보다 면밀하게 검토될 여지가 있지만 현재로선 더 이상 검토하기 어렵다는 점을 지적하는 것에 그치겠다.

다시 <표 10>의 분석으로 돌아가서 보면, 무장의 경우는 8두락 미만 영세소농층이 1888년에 67명에서 1893년까지 73명으로 증가되고 있으며 다시 1897년에는 83명에 이르렀다. 그만큼 이 장토에서 소규모의 토지조차 차경하기 어려운 하층농이 증대되고 있다는 것을 나타낸다. 반면에 20두락 이상의 상층농도 일부의 경우를 제외하고 안정화되지 못하고 있다. 고창의

---

60) 이 지역에서는 대략 20두락은 대략 84부에서 1결사이이며 12두락은 대략 52부 정도이고 8두락은 35부 정도이며 4두락은 18부 이하로 나타난다. 여기에서는 일단 20두락을 기준으로 해서 소작농을 구분하였다. 8두락 미만을 하층농, 8두락 이상 20두락 미만을 중층농, 20두락 이상을 상층농으로 구분해 보았다.

61) 이는 분석의 결과에도 상당한 영향을 끼치는 것으로 보인다. 예를 들어 고창현(高敞縣) 산내면(山內面)의 경우에는 별도로 추수기가 작성되기도 하였는데, 4두락 미만의 빈농층(貧農層)이 집중적으로 나타나 전체의 반이상을 차지했지만, 흥덕현(興德縣)의 경우에는 도리어 16% 정도에 불과했다.

경우에도 마찬가지 현상을 알 수 있다. 초기에 20두락 이상을 경작하는 상층농이 7명이나 되고 이들의 경영규모는 전체의 36.5%나 되었는데 농민전쟁 이후에는 추수기상에서 사라졌으며 대신에 일부의 상층농이 새로 등장하는 현상을 보이고 있다. 8두락 미만의 하층농은 1888년에 47명에서 1896년에는 50명, 1901년에는 66명으로 증대되고 있었다. 다음으로 부안의 경우에는 상층농은 매년 1, 2명씩 나타나고 있다. 그렇지만 그들은 대개 2, 3년간 짧은 경영기간에 그치고 바로 농업경영에서 탈락되고 있다. 여기에서도 하층농은 지속적인 증대현상을 보이고 있다.

이렇게 보면 자료상 매우 한정된 추수기여서 전체적인 양상을 단언하기는 어렵지만, 농민전쟁 직전까지 상층농도 일반농민층과 마찬가지로 더 이상의 경영확대를 도모하지 못할 정도여서 경영조건이 악화되고 있었다는 것을 알 수 있다.[62]

소작경영을 유지하고 확대시키지 못하는 주된 이유는 먼저 장토설치초기에 지주경영이 강화되고 있었던 점이다. 앞서 살펴본 것처럼 무장현 소재 장토의 경우 빈번하게 소작인을 교체시킴으로써 초기에 상층농들이 경영에서 탈락되는 것이 나타났다. 따라서 명례궁장토 내에서 소작상층농으로 차경하기에는 어려웠을 것으로 추측된다. 실제 이 시기 도조수탈은 1894년 이후보다도 오히려 높았고 중간수탈도 더욱 가혹했을 것인 만큼 경영상의 수익을 거두기 매우 어려웠기 때문이다.

다음으로 이 시기 봉건부세의 부담이 점차 증대되고 있었던 점이다. 이 시기에 부세의 부담은 지역에 따라, 농업관행에 따라 각기 다르지만 호남지방에서, 특히 도조제에서는 작인이 직접 종자와 조세를 부담하게

62) 무장(茂長)의 경우, 1888년부터 1893년까지 8두락 이상 차경지를 경작한 적이 있는 소작농은 모두 32명이었는데, 이들 중에서 4년 이상 계속해서 자기 경영지를 유지시키고 있는 소작농이 18명이었으며 그 중에서 경영규모를 확대시킨 경우는 2명에 불과했다.

되어 있었다. 이런 상황에서 무장소재 장토의 경우를 들어 보면, 상층농들은 자기가 차경하는 농지가 20두락이라고 하면 1889년 당시 두락당 6.3두씩의 도조를 내어 모두 126두나 내야 하고, 또 결세를 100두나 내야 하는 조건에서라면 사실상 경영의 안정화와 확대는 도모하기 어렵다고 하겠다. 특히 하층농, 즉 빈농층에게는 더욱 커다란 부담이 되었을 것이다.

다음으로 주목되는 것은 흥덕지방의 경우이다. 여기는 비교적 장토의 규모가 커서 전체적인 양상을 판단하기 어렵지 않다. 그렇지만 여기에는 농민전쟁 직전까지의 추세를 판단할 수 있는 추수기가 없기 때문에 농민전쟁 이후의 추이만을 놓고 그 이전을 추정해볼 수밖에 없다. 또한 구체적인 경영분화의 양상은 자료상 1895년부터 1901년까지의 경향성이 추출되지만 이후 6년간의 변동은 알 수 없다. 따라서 1907년 장토의 해체직전의 상황을 놓고 그 이전의 경향을 확대하여 적용할 수밖에 없다.

먼저 이 시기 역둔토의 사례연구와 마찬가지로 농민전쟁 직후인 1895년에 극심한 차지경쟁이 벌어지고 있다는 것을 알 수 있다.[63] 그런데 이 지역에서는 다른 지역의 장토의 경향과는 다르게, 하층농이 430명(1895년), 363명(1901년), 350명(1907년)으로 축소되고 있다. 전체 경지에서 차지하는 비중도 1895년에 50.3%에서 1901년에는 42.6%로 떨어졌고 다시 1907년에는 41.6%로 떨어졌다. 이들 하층농의 감소현상은 후술하는 바와 같이, 주로 상층농의 경작지의 증대에 기인한 것이었다. 그처럼 많은 수의 하층농이 경영에서 탈락되어 나갔다는 것은 당시 농촌현실에 비추어 영세 소농, 빈농층이 시간이 지날수록 증대하는 현상과 관련된 것이다. 중층농의 경우는 대개 170에서 180명사이로 안정되어 있고 전경지의 비중도 1895년에 44.2%에서 1901년에 48.9%로 되었다가 1907년이 되면 41.5%로 나타나고 있다. 이들 중층농은 대개 10두락 정도를 경영하고 있었고 경영상

63) 박찬승, 1983, 「한말 역토·둔토에서의 지주경영의 강화와 항조」『한국사론』 9, 서울대학교 국사학과, 264~277쪽 참조.

별다른 애로없이 자기 차경지를 계속해서 유지하고 있었던 것으로 보인다.

이 지역에서 다른 사례와 다르게 특별히 주목되는 것이 바로 상층농의 증대현상이다. 20두락 이상의 상층농은 1895년에 9명에서 1900년에는 10명으로, 다시 1907년에는 20명으로 증가했다. 이들의 차경지도 1895년에 223두락에서 1900년에 405.5두락으로, 다시 1907년에 676.5두락으로 대폭 증대된 것이다. 따라서 전체 경지에서 차지하는 비중도 각각 5.6%, 10.1%, 16.9%로 증대되었다. 이러한 현상은 이 장토내의 영세 소농, 빈농층들을 축출하면서 경영의 확대를 꾀했기 때문에 나타난 것이었다. 결국 1895년부터 1907년까지 흥덕현 소재 장토 내에서 농민층의 분화추이를 요약하면, '하층농의 축소경향, 중층농의 안정화 및 상층농의 증가현상'이 나타난다고 하겠다.

이곳에서 20두락 이상 상층농의 범위에 든 농민은 모두 28명인데 그 중 8명은 거의 6년간 안정적으로 상층경영을 유지하거나 확대시켰다. 또한 중층농에서 상층농으로 상승하는 경우가 대부분이며 상층농에서 탈락하는 경우는 3명 정도에 불과했다. 이러한 상층농의 차경지 확대 가운데 40두락 이상, 즉 2결 이상 경지를 차경하는 소작인도 있었다. 이들은 모두 4명으로 시기가 지날수록 점차 경영규모를 확대하였고 그 중 박금속(朴今粟)이라는 소작인은 74두락까지 이르렀다.[64] 이들은 바로 부농층이라고 할 수 있다. 이들은 장토 외에 자기 토지를 경작하면서 자소작을 겸하는 농민들이었겠지만, 이 시기에 지주의 토지를 차경하면서 순소작을 통해서도 성장가능성을 실증해 주는 것이다. 이들 부농층의 상승배경에는 갑오 이후 지세의 금납화로 인하여 실제 결세의 부담이 경감되었던 요인이 있다. 또한 1898년에 군산이 새로이 개항되어 미곡수출이 확대되자 이제 부농층에게 그만큼 축적할 수 있는 기회가 증대된

64) 이들 상층농중에는 중답주인 가능성도 있다. 그러나 원래 소유자로서 상층농에 편입된 경우는 보이지 않으며 다만 이서층으로서 포함되었을지도 모른다.

것으로 보인다.

따라서 개항 이후 미곡수출의 확대로 인한 상품경제가 확대되는 상황에서라면 기존의 지주층만 아니라 부농층에게도 지속적으로 성장할 가능성을 갖고 있었다. 다만 봉건부세의 가혹성 때문에 경영외적으로 다양한 침탈을 받고 있었다. 이는 지주층의 침탈과 더불어 농업경영상의 위축을 가져왔다.

그러므로 농촌사회 내부에서 농업경영의 확대를 둘러싸고 영세소작농과 부농층의 이해가 서로 대립하고 있었고 농민전쟁 전후의 시기에는 더욱 심화되었다고 하겠다. 그런데 농민전쟁 직전의 상황은 일반농민층뿐만 아니라 상층농, 특히 부농의 경영도 위축되어 있었으므로 그러한 대립관계는 아직 내재화되어 있었다고 보여진다. 이렇게 본다면 적어도 1894년 농민전쟁 초기에 부농층의 이해는 일반 영세소농, 빈농층의 이해기반과 전혀 다른 것은 아니었다. 즉 양자는 1차 농민전쟁에서 봉건정부가 행했던 여러 가지 농업경영상의 침탈을 저지하려고 했다. 적어도 폐정개혁운동의 전개선상에서는 동일한 이해를 가지고 있었다고 하겠다. 1894년 이후 이제 그러한 침탈의 소재가 줄어든 만큼 부농층들은, 흥덕현의 경우에서와 같이, 보다 확대된 상품유통경제에 적극적으로 편입되어 농업경영을 확대시켜 간 것으로 보인다.

2) 농민항쟁의 동향

앞에서 살펴본 바와 같이 1888년에 흥덕 일대에 설치된 명례궁장토는 이 지역에 사는 양반토호, 대지주, 이서층뿐만 아니라 소토지소유자에 이르기까지 수많은 농민의 토지를 탈취하면서 만든 것이었다. 이것은 왕실에서 개항 후 미곡무역 등 상품화폐경제의 확대를 이용하여 적극적으로 재원을 확장하기 위하여 새로 장토를 설치하거나 확대하는 정책의 일환이었다. 이 시기 어느 지역에서나 지주층들이 토지를 집적하고 지주경영을 확대시키고 있는 것이 일반적인 현상이었지만 그 중에서도 왕실은 봉건권력을 이용하여 폭력적으로 민전을 탈취하면서 거대한 지주로 등장하고 있는 특징을 가지고 있었다. 이곳에 장토를 설치한 것은 바로 3년 후인 1891년에 본격적으로 추진되는 또다른 장토의 선례가 되었다. 전북일원에 설치되는 '균전(均田)'이 바로 그것이다.

이 균전이란 1891년부터 전주토호 김창석(金昌錫)이 전주, 김제, 금구, 태인, 부안, 옥구, 임피 등 7개 읍에 균전사(均田使)로 파견되었는데, 이 지역 무자진전(戊子陳田)을 개간한다는 명목으로 균전양안(均田量案)을 작성한 데부터 시작된다. 그런데 이 균전에는 개간된 진전뿐만 아니라 다수의 기경전(起耕田)도 혼·탈입(混·奪入)되었다. 그 이유는 균전이 되면 국가에 납부하는 결세(結稅)를 낮추어주고 3년 이후부터 균도(均賭)는 가볍게 해준다는 선전으로 인하여 많은 농민들이 자진하여 자기 토지를 납입하게 되었던 것이었다.[65] 이러한 균전사업의 시행과정을 보면, "조가로부터 균전사를 특별히 파견하여 각 군에 두루 돌아다니면서 세금을 덜어내고 개간을 권하였다(自朝家特派均田使 遍行各郡 蠲稅勸墾), 또한 명례궁으로부터 사람들을 모아 경작을 돕고 또한 지방관의 공첩에 의거하여 일일이 답험하여 따로 양안을 만들었다(又自明禮宮募民助耕 亦據地方官公牒 逐一踏驗 另成量案)" 하는 것이었다.[66] 즉 이 사업은 1891년부터 1894년까지 진행되었는데, 바로 명례궁(明禮宮)이 자금을 대는 것이며 균전사를 파견하고 지방행정기관을 이용하여 별도로 양안을 작성하고 있는 것이다. 그것은 다름 아니라 3년 전에 흥덕현 일대 장토의 설치과정을 그대로 재현한데 불과한 것이었다. 이 균전은 이후 내장사(內藏司)의 장토(庄土)로 관리되고 있었으며 진전개간자에게 3년간 균도와 결세도 면제해 준다고 했으나

---

65)『內藏院各部府來牒』7, 광무 8년 7월 15일 照會 제86호 참조.

66)『일성록(日省錄)』, 기해(1899년) 3월 5일조 참조.

1893년부터 균전에서 도조를 수취하기 시작했다.

이러한 상황에 비하면 이 흥덕 일대 장토는 비록 진기섭이라는 대지주의 토지를 매매하는 형식을 취하기는 했지만, 사실상 처음부터 민유지에 대해 소유권을 빼앗아 설치한 것이었다. 이어 그 해에 도조를 징수하였고 대신에 결세가 면제된 것도 아니어서 이곳 농민들에게는 가혹한 침탈을 당한 것이었다.

이에 대해 이 지역 농민들은 한편으로는 명례궁의 도조수취를 거부하고 있었다. 이는 1888년 당시 흥덕현이나 고창현의 명례궁장토 추수기에 잘 나타나있다. 다른 한편으로 소유권을 되찾기 위해 정소운동도 전개하였다. 즉 "명례궁에서 궁속(宮屬)을 파송하여 토지를 측량한 후에 일체(一切) 점유(占有)하였으나 해궁(該宮)세력을 저항(抵抗)치 못하고 영군(營郡)에 누도정소(屢度呈所)하여도 소유권(所有權)을 추환(推環)치 못하였다"[67]라는 지적과 같이 몇 차례 집단적인 소장을 제출하는 방법으로 저항하였다. 그렇지만 이 탈입된 토지 중에는 장토의 반가량을 소유하던 부재지주, 이 지역의 양반 토호들의 토지가 포함되어 있어서 이들이 이 문제를 부각시키고 반환운동을 하기에는 애초부터 많은 한계를 지닌 것이었다.[68] 또한 이 지역의 민전이 다수 이 장토에 탈입된 것은 아직 지역적인 차원으로 국한되어 있어서 당시 봉건권력의 최고자리에 있는 왕실에 대항해서 환급을 적극적으로 요구하는 것에 이르지는 못했다.

반면에 소작농인 영세소농, 빈농층의 입장으로서는 당시 이중적 소유관

---

67) 『各道郡各穀時價表』(규21043) 제2책 「認定을 經하고 姑未下給件」(14. 興德郡 畓12石落 柳章奎외 17명에 대한 田畓下給件) 및 『全羅道庄土文績』(규19301) 제7책 「全羅北道興德郡所在崔鳳權提出圖書文績類」(崔鳳權 上訴文 : 戊子 4月) 참조.

68) 이 장토의 원소유자들은 대부분 대지주였고 또한 봉건권력과 일정한 관련이 있었다. 그 중에는 익산군에 사는 부재지주 이석현(李石峴), 양반지주로서 김기준(金祺中, 진사), 박종만(朴鍾萬, 중추원의관), 백남준(白南璿, 유학), 유장규(柳章奎, 유학) 등이 있었으며 향리로서 진홍섭(陳洪燮, 흥덕 下吏) 등이 확인된다(『興城誌』 乾,坤, 흥덕향교간, 1962 참조).

계하에서 소작료는 더욱 수탈당했을 뿐만 아니라 결세의 작인에의 전가로 인해 농업경영상 큰 타격을 입게 되었다. 특히 각종 봉건부세도 점차 증대되어 거듭된 흉작에도 불구하고 그 부담이 증대되고 있었던 현실이었다. 이제 농민들은 종전 국지적인 항세, 항조투쟁의 차원을 넘어서 그 정점에 있는 봉건권력을 타도하려는 혁명운동으로 나아가게 되었다.

따라서 전북 일대에서는 적어도 1891년 이후에는 전주 등 7개 군의 균전수도 문제와 더불어 이 지역 5개 군의 명례궁장토 문제가 결합되어 이 지역의 중대한 토지문제로 대두되었던 것으로 보인다. 이러한 토지문제는 1893년 전주민란에서 나타났고 그 연장으로서 갑오농민전쟁으로 표출되었던 것이다. 이는 고부민란에서 '진답기간처 도조지(陳畓已墾處賭租也)'[69]라는 읍폐(邑弊)의 시정(是正)과 바로 직결된 것이며 농민전쟁과정에서 제기된 '원세(보세){願稅(洑稅)} 급(及) 궁답물시(宮畓勿施)'라는 폐정개혁안에서 나타난 것이었다.[70] 1차 농민전쟁에서 농민군이 제기한 '폐정개혁안'은 주로 가혹한 봉건부세의 폐지, 특히 전결부담의 경감, 균전과 균전관의 폐지, 만석보, 팔왕보의 수세(水稅) 문제 등으로 이루어졌다. 그것은 농민들의 토지소유권의 확보와 농업경영의 안정성을 위협하는 제침탈을 방지하고 농업생산력의 발전을 도모하고 농민의 소상품생산자로서의 발전을 지향하려는 것으로 파악할 수 있다. 그러한 농민적 농업개혁의 요구는 이 시기 영세소농, 빈농들의 요구인 동시에 상층농, 부농의 요구와 일치하는 것으로 볼 수 있다.[71]

그러나 농민전쟁의 발전과정에서 집강소 시기에 이르면 농민군이 부농을 침탈하면서 빈농중심의 개혁을 기도하는 것으로 보아 빈농과 부농의

---

69) 『일성록』 甲午(고종 31년) 4월 24일조, <안핵사 狀啓의 邑弊 7조> 참조.

70) 한우근, 1971, 앞의 책, 88~121쪽 참조.

71) 정창렬, 1982, 「한말 변혁운동의 정치 경제적 성격」 『한국민족주의론』 1, 창작과비평사, 50쪽 참조.

대립관계는 보다 현재화되었고 농민전쟁의 대열에서 부농들이 일정하게 이반하고 있었다고 파악된다. 따라서 농민전쟁 과정에서 이 지역은 명례궁을 포함한 봉건권력과 양반·토호지주, 그리고 소작인들 간에 적대적인 대항관계가 형성되어 치열한 투쟁을 벌인 것이다. 그렇지만 결국 농민군의 패배로 말미암아 이들 농민들이 제기한 토지문제를 포함한 농업개혁의 요구는 받아들여지지 않았다. 이 흥덕, 고창지역에서 보수적인 유생층(儒生層), 지주층들은 전쟁의 전세가 기울자 적극적으로 농민군을 탄압하는 민보군(民堡軍)에 가담하여 주요한 역할을 했던 것이었다.[72]

한편 농민전쟁 이후 대한제국기의 개혁사업은 이른바 '구본신참(舊本新參)'의 이념아래 지주제의 재편강화를 시도하였다. 이는 지주제를 해체하는 방향이 아니라 지주권을 강화하는 방향으로 나타났다. 그것은 갑오이후 역둔토지주제의 강화였다. 역둔토(驛屯土)는 전국의 국유(國有), 관유토지(官有土地) 및 왕실유토지(王室有土地)를 총칭하는 것으로 전자는 탁지부를 거쳐 내장원(內藏院)에서 관리하게 되었고, 후자는 황실(皇室)의 각 궁방(宮房)에서 계속해서 자기 토지를 관리 경영하였던 것이다. 이 역둔토의 관리는 그 토지를 정확하게 파악하고 그 토지로부터 도지를 징수하는 일이었는데, 소유권의 조사는 '사판(查辦)'사업을 통해 이루어졌다. 이는 토지의 면적과 소유권을 확인하는 것을 중심으로 하여 이루어졌다.[73] 이 장토의 경우에는 1896년 3월에 사판위원 김일하(金一河)에 의해 종전의 토지소유권이 여전히 명례궁에게 있다는 것을 확인하면서 종전과 같은 면적으로 장토의 규모를 확정하여 파악하고 있었다.[74]

---

72) 이 민보군(民堡軍)은 고창 유학(幼學) 강영중(姜泳重)의 주창으로 이 지역의 양반 지주층을 대거 포함하여 갑오(甲午) 11월부터 적극적으로 활동하기 시작하는데, 이 장토문제와 관련된 지주들이 다수 참여하고 있었다[『聚義錄』(규고 2452.4-27), 『擧義錄』(규고4252.4-28) 참조].

73) 김용섭, 1978, 앞의 논문, 45~58쪽 참조.

74) 『經理院驛屯土成冊』(규20249), 「茂長郡所在明禮宮畓改量案」 및 『經理院驛屯土成冊』

또한 이 시기 역둔토의 강화경향과 아울러 이 장토 역시 도조가 높아가고 있었다. 이 지역의 명례궁장토는 목장토나 역둔토의 경우와 마찬가지로 원래의 소유자들이 대거 중답주로 편입되었으므로, 이들이 자작으로 경영하는 경우에는 도조를 상납하는 소작농민으로, 지주일 경우에는 그 소작농민으로부터 지대를 징수하여 그 중의 일부를 명례궁에 바치는 방식이 발생하지 않을 수 없었다. 따라서 순소작농의 입장에서는 원래의 지주에게 과중한 도조를 바치고 다시 결세를 납부해야하는 수탈을 당하게 되었다. 이에 따라 이 지역의 농민들은 광무정권의 지주제 재편에 반대하여 항조투쟁을 벌여, 앞서 본 바와 같이 명례궁의 수입감소를 초래하게 만들었다. 또한 근본적으로 농민적 토지소유를 실현하기 위한 운동을 전개하였다.

1898년 12월 말과 1899년 봄에 이 지역에서 민란이 일어났다. 민란의 중심지는 바로 흥덕, 고부, 무장지역이었으며 전북 일대 여러 지방의 농민들이 참여했다.[75] 먼저 흥덕군에서 1898년 12월 28일부터 30일까지 민란이 일어났는데, 주로 군수의 부정행위를 시정하려는 목적에서 무력봉기를 꾀하여 관아를 점령하고 민회를 개최하여 군수를 축출하였다. 다음해 봄에는 전북 일대의 균전문제를 중심으로 농민들의 저항이 전개되었고 이 지역 영학당운동이 조직적으로 전개되었다. 영학당은 고부, 흥덕, 무장 등지를 습격하고 고창을 거쳐 영암의 민란을 도운 다음, 곧 광주, 전주를 거쳐 서울로 쳐들어갈 계획이었으나, 고창 습격시 수성군과 민병의 반격으로 패배하였다.[76]

(규21051), 「高敞郡山內面所在明禮宮畓案」 참조.

75) 흥덕, 고창, 무장군은 1895년 5월 지방제도가 '23부제(府制)'의 개편되어 전주부(全州府)에 편입되었다가 1896년 8월에 '13도제(道制)'의 실시로 전라남도로 편입되었다. 1906년 다시 전라북도로 편입되었다.

76) 이 흥덕민란(興德民亂)과 영학당(英學黨)의 난(亂)에 대해서는 다음과 같은 글이 참조된다. 정창렬, 1982, 앞의 논문 ; 김도형, 1983, 「대한제국의 개혁사업과 농민층동향」 『한국사연구』 41, 한국사연구회 ; 오세창, 1988, 「영학당 연구」 『계촌민병하교수정년기념사학논총』, 서울 : 계촌 민병하교수 정년기념사학

이 민란의 원인과 목적에 대해 흥덕민란 당시 명사관(明査官)으로 파견된 장성군수 김성규(金星圭)는 군수 임용현(林鏞炫)의 부정행위에 주목하고 있다. 그렇지만 다음해 일어난 영학당운동에 대해서 김윤식(金允植)은 왕실에 의한 민전침탈에 주목하고 있었다. 즉 "호남 고부 등 여러 읍에서는 민답이 궁장토에 견탈이 되었는데, 서로 모여 원통함을 호소하고 무기를 가지고 소집하는 도중이 있으니 크게 난리가 일어날 모양이라고 한다(湖南古阜等諸邑 以民畓見奪於宮庄 相聚呼寃 持軍器嘯集徒衆 大有亂形云)"라고 하였다. 또한 그는 보다 구체적으로 설명하면서, "대개 근일 수령 및 어사 시찰이 탐학함이 날로 더하였다. 또한 고부 등지에서는 균전사 김창석이 민전을 빼앗아 명례궁에 속하게 하니 여러 민들이 호소하였으나 궁내부 대신 이재순이 민의 소를 들어주지 않고 억압하여 민전을 빼앗았으니 이러한 소란이 있게 된 것이다(盖緣近日守令及御史視察貪虐日甚 又古阜等地以均田使金昌錫奪民田屬之明禮宮 齊民呼訴 宮大李載純不聽民訴 抑奪民田 故致有此擾)"라 하였다.[77] 이 지역의 토지문제도 바로 김창석이 주도한 균전사업에서 발생한 것으로 파악한 것이었다. 그는 이곳 고부, 흥덕, 무장 등지에서 발생한 민전침탈문제가 전북 일대 7개 군의 균전문제와 같은 것이라고 이해한 것이었다. 그 이유는 앞서 지적한 바와 같이 농민전쟁 이전에 이미 이 지역의 명례궁장토의 문제는 균전수도의 문제와 같은 맥락에서 취급되었기 때문이다. 따라서 이 시기에도 전북일원에 광범위한 궁장토의 민전침탈, 도조의 문제가 여전히 지속되고 있었다는 것을 알 수 있다.

이러한 농민들의 항쟁은 무장할 정도로 강경한 것이었으나 전주 광주 등지의 지방대에 의해 바로 진압되었으며 농민들의 요구도 무산되고 말았다. 이후에도 이 지역에 대한 명례궁의 장토경영은 그대로 강행되었다.

논총간행위원회) ; 이영호, 1991, 「대한제국시기 영학당운동의 성격」『한국민족운동사연구』 5, 한국민족운동사학회.

77) 金允植, 『續陰晴史』(상), 광무 3년(1899) 6월 13일, 24일조 참조.

다만 이 지역의 조세수탈의 강화, 고마답(雇馬畓)의 문제나 도조(賭租)의 남징(濫徵)에 대한 문제는 그대로 방치할 수 없는 일이었으므로 이 시기에 전국적인 양전사업이 실시되는 가운데 전라남도에서는 처음으로 흥덕군에 양전을 실시하기에 이르렀다.[78)]

이후 이 지역의 농민들은 1902년 이후 다시 제기된 균전문제와 더불어 항쟁을 계속하는 것으로 보인다. 한편 이 시기 역둔토에서 도조가 더욱 가혹하게 수탈되었는데, 부안군 사복둔답(司僕屯畓)의 경우 일반 민전인 무토둔전(無土屯田)이 1901년부터 '결외집도(結外執賭)'하기 시작하여 '결도첩징(結賭疊徵)'하는 사태가 일어났다. 이 도조징수를 둘러싸고 부안둔결(扶安屯結)의 농민과 내장원(內藏院) 사이에 여러 해에 걸쳐 분쟁도 발생하였고 여기에 부안군 소재 명례궁장토의 일부도 관련되고 있었다.[79)]

이렇듯 이 시기 명례궁장토의 지대강화에 대항하는 농민들은 도조문제뿐만 아니라 토지문제를 해결하기 위한 항쟁을 계속 확대시켜 가고 있었다. 그렇지만 이 흥덕 일대 명례궁장토의 소유권분쟁은 일제에 의해 통감부 때에 들어와서야 겨우 마무리되었다. 일제는 1907년 7월 '임시제실유급국유재산조사국(臨時帝室有及國有財産調査局)'을 설치하여 전국적으로 역둔토 및 각 궁장토를 조사하면서 소유권분쟁지에 대해 소청을 받고 실지조사를 통해서 국유재산을 정리하게 된 것이다.[80)] 그런데 그러한 민전의 환부대상은 관계민인들이 청원서를 제출하는 날로부터 20년 전까지 한하여 탈입된 것만을 대상으로 환부하기로 결정하였다. 이에 따라 전라북도

---

78) 『草亭集』 권9, 「全南量務監理時公文-報告量地衙門書」(광무 3년 10월 27일자), 『鳳南日記』 기해 11월 1일, 12월 30일조 참조.

79) 박명규, 1986, 「식민지 지주제의 형성 배경 - 한말 전북지역을 중심으로」 『한국근대농촌사회와 일본제국주의』, 한국사회사연구회, 24~39쪽 참조.

80) 신용하, 1982, 『조선토지조사사업연구』, 일조각, 2장 및 배영순, 1985, 「조선토지조사사업기간의 국유지분쟁에 있어서 소유권의 정리방향」 『일제의 한국 식민통치』, 차기벽 엮음, 109~122쪽 참조.

9개 군의 균전은 그해 9월에 폐지하기로 결정되었다. 이 흥덕 일대 명례궁장토에 대해서도 청원의 접수와 실지조사를 진행시켰는데, 1908년 6월에는 결국 명례궁에 의해 탈입된 토지라고 판정하고 1910년 6월경에까지 원래 민전의 소유자에게 모두 환급해 주었다.[81)]

이렇게 해서 이곳 흥덕 일대 5개 군에서 1888년부터 20여 년간 계속되었던 명례궁장토의 소유권분쟁은 해결되었다. 그러나 그 해결의 방향은 지주제를 그대로 인정하고 이 지역의 지주층을 보호하면서 농민적 토지소유의 실현을 저지하는 것이었다. 이 시기에는 지주층이 소작농민들에 대한 통제를 강화하고 보다 많은 지대를 수탈하면서 상품경제에 급속하게 진출하고 있었다. 또한 일본제국주의는 그 식민지지배의 일환으로 지주제를 기초로 삼고 있었으므로 이러한 농업정책으로 인해 이 지역에서도 지주제가 보다 발전하고 있었고 거대한 대지주가 형성되고 있었다. 예를 들어 고부의 김씨가,[82)] 흥덕의 진씨가[83)] 등 대지주가 바로 그것이다.

---

81) 이때 환급된 토지는 전체 5381.5두락에서 모두 68명의 지주에게 4679두 4升落이었다. 원래 소유자들이 제출한 문기, 소장 등의 내역은 『參考書綴』(규21701) 중 「奪入審理事件證據條」에 나와 있으며 그 중 일부가 『全羅道庄土文績』(규19031)에 남아있다. 일부 토지의 환급이유서는 『各道郡各穀時價表』(규21043) 제2책에 나와 있고, 환급된 토지에 대한 자세한 명세는 『往復書類綴』(규20610) 중 「投托地及混奪入地還付通告件」에서 볼 수 있다.

82) 고부 김씨가의 토지는 고창, 부안, 순창, 장성 등에 산재하고 있는데, 1918년까지 모두 11,707두락이었다(김용섭, 1978, 앞의 논문 참조).

83) 이 명례궁장토의 처리과정에서 진기섭답(陳基燮畓) 중 15석 12두락이 그의 아들인 진동균(陳東均)의 이름으로 신청되었으나 혼탈입지로 인정되지 않았다. 그러나 1926년 현재 '진흥농장(陳興農場)'은 그 규모가 346정보인데, 그의 사촌인 진인섭(陳仁燮)의 이름으로 되어 있다. 또한 1930년 현재 진임섭(陳任燮)의 이름으로 155정보의 토지가 있음을 확인할 수 있다(「일제치하의 전라북도의 농업관계자료(I)」『전라문화논총』 1집, 전북대 전라문화연구소, 1986, 345쪽 및 『농지개혁사편찬자료 X』, 1986, 한국농촌경제연구원, 179~213쪽 참조).

5. 결론

19세기 후반기에 지주제는 종전의 토지집적을 보다 확대시키고 있었다. 이 시기 지주층의 토지집적은 양반토호나 서민지주에게서도 일어나고 있었고 또한 봉건권력을 배경으로 왕실에 의해 추진되고 있었다. 특히 명례궁은 1886년과 1891년 사이 5년간 집중적으로 토지를 매득하거나 개간에 의하여 거대한 장토를 설치하고 있었다. 여기에서는 명례궁이 정상적인 매득이라기보다는 일반 민전을 불법적으로 소유권을 빼앗아 소유권분쟁을 발생시켰던 흥덕군 일대의 궁장토에 대해 살펴보았다.

이 장토는 1888년에 흥덕, 고부, 무장, 고장, 부안 등 5개 군현에 걸쳐서 설치되었다. 이 토지는 원래 이 지방의 토호(土豪)인 진기섭(陳基燮)이 소유하던 토지였는데, 그가 농업경영에 실패했기 때문에 기존의 자기소유 토지를 매매의 형식으로 명례궁에 원납했던 것이었다. 그렇지만 이미 그의 토지의 대부분은 다른 지주나 농민에게 방매된 상태였으며 그 이외의 토지도 명례궁에서 일반민전을 침탈하면서 장토에 포함시킨 토지였다.

따라서 장토 설치과정에서 토지규모는 더욱 확대되어 무려 5,300여 두락으로 결부로는 226결여(結餘)나 되었다. 결국 많은 민전이 대거 명례궁 장토로 편입된 것인데, 이 지역의 소유권문제는 당시에 '균전수도(均田收賭)'의 문제와 같이 커다란 토지문제로 부각되지는 못한 것으로 보인다. 그 주된 이유는 장토의 상당 부분이 대지주의 토지였고 따라서 그들은 봉건권력과 일정한 연계하에 있었던 때문이라고 생각한다. 다만 일반 농민층의 토지도 탈입되었으므로 농민층들은 소유권을 되찾기 위해 정소운동(呈訴運動)을 벌였던 것이었다. 이에 대해 명례궁은 이 지역의 원토지소유자의 환급요구를 무마하면서 1888년 설치 직후부터 지주경영을 감행하고 있었다.

이 지역의 장토는 대개 군현별로 나뉘어 관리되었지만, 설치초기에는 소유권의 문제와도 관련하여 제대로 소작료의 수취가 이루어지지 못했다. 그러나 명례궁은 곧 장토의 관리를 강화하고 소작인을 통제하기 시작했다. 이후 소작인에 대한 도조수탈은 이 시기 일반 민전과 비교하면 거의 비슷한 수준이었으며 장토의 지역적인 사정에 따라 어느 정도 편차는 있지만 점차 도조액의 인상을 통해서 지대수입의 확대를 꾀하고 있었다. 그렇지만 실제 명례궁장토의 경영수입은 그리 안정된 것이 아니었고 농민들의 농업경영의 위축이나 항조투쟁으로 인하여 변동이 매우 심하였다. 그런데도 불구하고 중간관리자인 마름과 궁감에 대한 지출이 막대한 비중을 차지하고 있었다. 그 이유는 바로 그들이 아니고서는 소작농민들의 통제가 불가능했기 때문이다.

한편 이 시기에는 농촌사회 내부에서 농업경영의 확대를 둘러싸고 영세소작농과 부농층의 이해가 서로 대립하고 있었고 더욱 심화되었다고 하겠다. 그런데 농민전쟁 직전의 상황은 일반농민층뿐만 아니라 상층농, 특히 부농의 경영도 위축되어 있었으므로 그러한 대립관계는 아직 내재화되어 있었다고 보여진다. 반면에 명례궁의 장토설치와 지주경영이 영세소농, 빈농들의 경제적 형편을 더욱 악화시키고 있었으므로 농민들은 명례궁에 대해 항조투쟁을 벌이게 되었으며 봉건부세의 가혹한 수탈에 반대하면서 민란을 일으키게 되었다.

특히 이 흥덕 일대 5개 군의 명례궁장토의 문제는 1891년부터 전북 일대 7개 군에 '균전(均田)'이 설치되면서 왕실에 의한 민전침탈이 주요한 토지문제로 대두되었던 것으로 보인다. 이를 해결하기 위해 농민들은 1894년에 농민전쟁이라는 거대한 반봉건투쟁에 나서고 있었다. 이는 고부민란에서 '진답기간처 도조야'라는 읍폐의 시정과 바로 직결된 것이며 농민전쟁과정에서 제기된 '원세(보세)급 궁답물시'라는 폐정개혁안에서 나타난 것이었다. 1차 농민전쟁에서 농민군이 제기한 '폐정개혁안'은 주로 가혹한 봉건부세의 폐지, 특히 전결부담의 경감, 균전과 균전관의 폐지, 만석보, 팔왕보의 수세 문제 등으로 이루어졌다. 그것은 농민들의 토지소유권의 확보와 농업경영의 안정성을 위협하는 제침탈을 방지하고 농업생산력의 발전을 도모하고 농민의 소상품생산자로서의 발전을 지향하려는 것으로 파악할 수 있다. 그러한 농민적 농업개혁의 요구는 이 시기 영세소농, 빈농들의 요구인 동시에 상층농, 부농의 요구와 일치하는 것으로 볼 수 있다.

이러한 농민들의 혁명적 운동은 기본적으로 토지문제의 농민적 해결을 요구하는 것이었으나 봉건권력과 양반지주 및 일제에 의해 실패로 돌아가고 말았다. 이후에는 지주제를 바탕으로 한 지배층 위주의 근대화정책을 단행하고 있었고 이 시기에 역둔토 및 각궁의 장토에서 지주제가 개편, 강화되고 있었다.

한편 농민전쟁 이후 이 장토내의 농민층분화의 양상을 살펴보는 가운데, '하층농의 확대경향, 중층농의 안정화 및 상층농의 증가현상'을 주목해 보았다. 특히 흥덕지역에서는 바로 상층농의 증대현상이 뚜렷하게 나타났는데, 이들은 장토내의 영세 소농, 빈농층들을 축출하면서 경영의 확대를 꾀했기 때문이었다.

따라서 농민전쟁시기에 궁장토내의 농민층의 분해방향은 단순히 '농민층(農民層)의 하강분화(下降分化), 전층적 몰락(全層的 沒落)'으로 요약될 수 있는 것이 아니라, 도리어 '하층농(下層農)의 몰락'과 더불어 '상층농(上層農)의 상승현상(上昇現象)'을 나타내는 것이었다. 이것은 봉건해체기의 전형적인 농민층분해로서 양극분해로 볼 수 있다고 생각한다. 이러한 분해방향은 바로 조선후기이래 농촌사회의 변동 속에서 지속적으로 전개되는 것이다. 물론 여기에는 이 시기 지주제가 농민층의 분해를 일면 저지하면서 일면 자기의 기반으로 삼으면서 포섭하려고 하는 측면도 무시할 수 없다. 그렇지만 적어도 당시 농업생산력의 발전을 기축으로 하여 전개된 농민층의 분화가 토지소유뿐만 아니라 농업경영에서도 매우 심각하게 전개되었다는 사실은 부인할 수 없을 것이다.

그러므로 조선후기이래 농촌사회의 변동 속에서 지속적으로 전개되어 온 농민층의 분해는 1876년 개항 이후 확대된 상품화폐경제를 배경으로 보다 심각해지고 있으며 1890년대에 들어서 뚜렷하게 검증해 볼 수 있는 현상으로 나타난 것이었다. 이런 농민층의 분해를 배경으로 지주제는 일면 몰락농민들의 토지를 집적하면서 다른 한편으로 이들을 소작농민으로 포섭하면서 발전할 수 있었다. 여기에서 다룬 흥덕 일대의 명례궁장토도 일제의 식민지지배의 일환으로 추진된 왕실재산정리과정에서 비로소 마무리 되었다. 이는 일제가 지주제를 기축으로 재편하려는 정책적 의도아래 원래의 지주층들에게 다시 환급되었다. 결국 대한제국의 농업정책과 아울러, 일본제국주의의 식민지적 상품화폐경제에의 예속과 경제구조로의 편입이 전개되면서 농업에서 지주제는 보다 확대되고 있었던 것이었다.

[보설 1]

19세기 지주제의 변화와 궁장토내의 농민층 분화 양상 비평

본 논문이 발표된 이후, 몇 편의 비평이 있었다. 그 중에서 이영훈의 논문은 본 논문의 논지와 실증을 정면으로 비평한 것이었다(李榮薰, 1992, 「朝鮮時代의 社會經濟史 硏究에 있어서 몇 가지 基礎的 難題들」『國史館論叢』 37, 국사편찬위원회, 129쪽, 각주 36 ; 1985, 「開港期 地主制의 一存在形態와 그 停滯的 危機의 實相」『經濟史學』 9, 경제사학회 참조). 주요한 비판점은 다음과 같다. 즉, "농민경영의 분화추세에 관한 최근의 연구성과로서 왕현종씨의 「19세기말 호남지역 지주제의 확대와 토지문제」(『1894년 농민전쟁연구』 1, 역사비평사, 1991)가 주목된다. 왕씨는 호남지역 4곳의 명례궁장토의 사례를 분석한 결론으로 '하층농의 몰락'과 '상층농의 상승현상'을 지적하고 있다. 이러한 결론에 대해 필자는 회의적"이라고 논평하였다. 그 근거로 (1) 4사례 가운데 왕씨의 결론적 지적에 적합한 경우는 1사례뿐이며, 나머지 3사례에서는 오히려 거꾸로 하층농의 증대와 상층농의 감소현상이 나타나고 있다는 점, (2) 1사례의 경우에도, 장토의 소유구조를 지주 - 소작제로 단일화할 수 없는, 그래서 중답주가 개재된 구조로 보인다는 점을 들었다.

이러한 논평은 사실 처음 논문을 작성할 때부터 염두에 두고 신중하게 검토하고자 한 부분이었다. 논문의 논지는 1894년 농민전쟁 이전에 1888년 명례궁장토의 조성 이후 각 장토의 소작료 추이를 검토했을 때, 1894년 농민전쟁 전후로 커다란 변화를 보이고 있다는 점이다. 무장현 소재 장토의 도조액이 1889년 두락당 6.3두에서 1900년 4.6두로 크게 낮아졌다. 흥덕현 소재 장토에서도 1895년에 5.7두에서 1900년 7.9두로 높아졌다가 1907년에 5.2두로 다시 낮아졌다. 이러한 소작료 수입의 변화는 단순히 지주경영의 약화와 강화라는 정도의 차이만이 아니라 농민들의 항조투쟁과 밀접하게 관련되어 있을 것이다.

또한 문제가 되었던 점은 소작지의 분화상황에 대한 것인데, 앞서 주목한 '상층농의 증가현상' 등은 사실 전체 4개의 사례 중에서 흥덕현의 경우에만 설명할 수 있는 사례이다. 그러나 명례궁장토는 단순히 명례궁이 매입한 것으로 '궁방 - 중답주 - 소작농민'의 중층적 구조가 있는 것이 아니라 '궁방 - 중답주, 혹은 원소유자 - 소작농민' 등 복합적인 구조가 겹쳐 있다. 흥덕 일대 명례궁장토는 혼탈입지로 원래 민전의 소유자에게 모두 환급해준 토지였기 때문이다. 따라서 소작농민으로서의 상층농이 아니라 원래 소유자일 수도 있으며, 아니면 일반적인 중답주의 확대일 수도 있다. 이러한 이유로 원래 논문에서도 단순하게 '소작 상농층의 증가'라고 설명하지 않고 잠정적으로 '상층농의 증가'라고만 하였다.

마지막으로 19세기 후반 농촌사회의 장기간 추세로 당시 농업변동의 추이를 살펴보는 것이 중요하다는 지적은 타당하다. 개별 사례로서 개항 전후 각 지방에서 토지가격의 지속적인 현상과 아울러 자소작 상농층의 등장과 농업 경영의 확대 현상은 일부 추출할 수 있을 것이다. 그러나 지주제의 정체적 위기와 농업생산력의 저하는 단지 개별 지주 사례에서 추출된 도조액의 저하로 연결하여 설명되어서는 곤란하다. 조선후기, 혹은 19세기 중반 이후 농업생산력의 발전과 소농민 경영의 분화 특질은 생산력적인 차원에서 규명되는 것이 기본선이겠지만, 19세기말 조선국가의 농업정책과 토지제도하에서 지주 - 농민간의 계급적 역관계에 따른 요인도 함께 검토되어야 한다.

이와 관련하여 필자의 서평(「장기사회변동으로서 지역경제사 연구는 어떻게 가능할 것인가 - 정승진, 『한국근세지역경제사 - 전라도 영광군 일대의 사례 - 』(경인문화사, 2003)」 『경제사학』 36, 경제사학회, 2004, 173~178쪽)을 들고 싶다.

이 책에서는 다음과 같이 논평하였다. "1980년대 중반까지만 해도 19세기 후반 지주제 개별 사례연구가 중심이었다. 주요논제는 아무래도 지주제의 확대와 일본 자본주의의 진출이라는 문제였다. 이후 80년대 중반 이영훈 교수는 일련의 양안과 궁장토 연구를 통해 지주제의 불안정성을 제기하고 '지주제의 정체적 양상'이라는 반론을 제기한 바 있었다. 그리고 나서 1990년대 말에 이르러 17~18세기 장기간에 걸쳐 기록된 칠곡 석전 이씨가나 영암 남평 문씨가 등 지주가의 추수기가 새로 발견됨으로써 장기시계열에 의한 미가와 지대추이에 관한 계량적인 연구를 진척시킬 수 있었다. (중략) 본서에서 해명된 1830년부터 무려 100여년에 걸치는 장기지대수입의 추이는 당시 농업경영변동을 분석할 때 획기적인 통계자료로 간주될 수 있다."고 평가하였다. 또한 "종래 개별 지주가의 사례연구에 그쳤던 한계를 지역사로서 돌파하였을 뿐만 아니라 그것을 장기사회변동의 관점에서 구조화시켜 파악함으로써 방법론적인 측면에서 한 단계를 진전시켰음을 보여주고 있다."고 간주하였다.

그런데 정승진은 영광 신씨가의 추수기에 기록된 지대량의 변화를 계량적으로 검토하면서 소위 '거대한 U자형 커브'로 강조하고 있었다. 이는 지대량의 감하와 반전이 소작농민층의 항조, 즉 '지주권'의 약화에 따른 지대율의 하락 현상으로 보지는 않았다. 더 중요 요인으로 "재해의 누적, 수리시설의 황폐화, 대규모 진전의 발생, 2차 재해, 영구진전화, 농업생산구조의 붕괴"라는 연속적인 악순환의 결과로 해석하고 있다.

19세기 후반 농촌사회에서 특히 1860~1890년대 중반 사이에 두락당 지대량의 저위성과 지주제의 위축현상, 1894년 농민전쟁의 실패 이후 지주제의 반전에 대하여 과연 생산력적 기반만으로 해명가능한 것인가는 문제다. 왜냐하면 지대량의 감하는 생산력적 변화에 기초하기는 하겠지만, 보다 중요한 것은 지주와 농민간의 생산관계의 변화라고 할 수 있다. 영광 신씨가의 토지매득기록에서는 19세기 전반기 토지 매득의 수익성이 매년 10%를 넘었으며, 1857년에는 무려 20%에 근접했던 반면, 1870~1880년대에는 불과 8~9%에 머무르고 있었다. 1894년 농민전쟁 후인 1898년에는 다시 15% 이상의 수익을 내었음을 지표로서 보여주고 있다. 이렇게 토지가격의 지속적인 상승이라는 현상이 있기는 하지만, 1870~1880년대 토지 매득 수익성의 저하 원인은 당시 지주와 소작농민간의 갈등과 국가의 조세수취와의 관계 속에서 살펴보아야 하지 않을까 한다.

앞으로 장기사회변동에 대해서는 보다 계량적이고 합리적인 분석틀이 마련되어야 하지만, 그보다도 중요하게 역사적 맥락에서 이해할 필요가 있다. 일제하 지주·소작제는 본질적으로 봉건적인 유제이며, 자본의 입장에서 뿐만 아니라 노동자·농민의 투쟁을 통해서 극복되어야할 문제였다. 따라서 조선후기이래 자소작 농민층을 중심으로 전개된 농민운동은 지주제를 극복하고 농민문제를 해결하려는 운동으로서 자리매김되어야 한다.

제 2 부

대한제국기 광무양전사업과 지주·농민의 변화

제4장
대한제국기 양전·지계사업 연구와 양안 자료의 활용

1. 서론 : 대한제국기 양전사업 추진과 양안 작성

1898년부터 대한제국은 전국적으로 토지를 조사하고 토지소유자에게 지계를 발급하기 위한 사업을 추진하였다. 이는 '양전·지계사업'으로 불리었다. 1898년 7월 양전을 담당할 기구로서 양지아문을 설립하였으며, 한성부로부터 전국적으로 토지측량사업을 확대시켰다. 1901년 10월에는 지계를 발급하기 위한 기구로서 지계아문을 설립했다. 이에 양지아문의 토지측량사업을 인수받아 지계아문은 1902년 3월부터 순차적으로 각 지방의 양전과 관계발급사업을 진행시키고 있었다.

지금까지 양전·지계사업의 시행과 성격에 대하여 많은 연구가 진행되었다. 초기 연구에서는 이 사업을 대한제국이 추진하는 근대적 토지제도의 수립으로 높이 평가하였다.[1] 1980년대 중반부터는 기존 연구에 대한

---

1) 대한제국의 양전·지계사업에 대한 본격적인 연구는 1968년 김용섭에 의해 이루어졌다(김용섭, 1968, 「광무년간의 양전·지계사업」『아세아연구』 31(『증보판 한국근대농업사연구 : 농업개혁론·농업정책』, 일조각, 1988, 재수록). 광무년간의 양전·지계사업은 조선왕조 양전의 최종적인 형태인 동시에 근대적 개혁의 주요한 지주였다고 평가되었다. 또한 이 사업은 조선후기이래 지배적인 소유관계인 지주적 토지소유를 그대로 온존시키면서 근대적 소유권제도로서 추인해 주는 것이었다고 평가함으로써 토지소유권제도에는 본질적인 차이가 없었다고 간주하였다. 그는 광무양전·지계사업을 '토지소유권의 변화 없는 부르조아 개혁'으로 평가하였다(김용섭, 1988). 이후 사업연구에 대한 비판은 근대개혁의 주체평가라는 반론으로 제기되었다. 신용하는 '광무개혁'이란 개념이 성립될 수 있는가, 대한제국시기 근대개혁운동의 주체를 누구로 설정할

비판적인 견해가 제시되었다. 지계사업과 관련해서는 일부 추진의도를 인정하면서도 근대적 소유권의 법인이라는 측면에서 제도상으로나 실질상으로도 결함이 많다고 하였다.[2] 결국 일제의 토지조사사업을 통해야만 우리나라의 근대적 토지제도와 소유권제도가 확립되는 것으로 파악하였다.

이후 1990년대 중반 양전사업과 관계발급사업에 대해 종합적인 연구가 시도되었다.[3] 여기에는 구체적인 양전·지계사업의 추진과정과 아울러 장부형식체제와 양안분석의 방법론에 이르기까지 전반적인 측면이 재검토되었다.

이렇게 지금까지 대한제국의 양전·지계사업의 추진과정과 양안의 내용분석에 이르기까지 다양한 문제의식이 제기되고 농민층분화의 구체적인 분석이 진행되고 있다. 이 시기 근대적 토지제도의 수립을 둘러싼 논의는 이후 일제의 토지조사사업과의 비교 연구를 통하여 심화되어 갔다.[4]

것인가 하는 문제를 제기하였다.

2) 본격적인 비판은 1990년에 간행된 『대한제국기의 토지제도』에서 이루어졌다. 이 연구서는 김홍식, 미야지마 히로시(宮嶋博史), 이영훈, 조석곤, 이헌창의 공동연구 성과를 수록한 것이다(김홍식 외, 1990, 『대한제국기의 토지제도』, 민음사). 여기서 미야지마 히로시와 이영훈은 양안 자체를 실증적으로 분석함으로써 이전에 파악하지 못한 양안장부상의 문제점을 제기하였다(宮嶋博史, 1990, 「광무양안의 역사적 성격」 『대한제국기의 토지제도』, 민음사 ; 이영훈, 1990, 「광무양전에 있어서 <시주> 파악의 실상」 『대한제국기의 토지제도』, 민음사).

3) 1995년 한국역사연구회 근대사분과 토지대장연구반의 『대한제국의 토지조사사업』이었다. 이 책에서는 광무양전의 실시과정 및 사업의 구체적 경과와 양안 및 지계에 대한 실증적 연구를 수행함으로써 양전·관계발급사업이 토지제도사적 관점에서 근대적이었는가를 종합적으로 검토하고자 하였다(한국역사연구회, 1995, 『대한제국의 토지조사사업』, 민음사).

4) 1997년 김홍식 등은 공동연구로서 『조선토지조사사업의 연구』를 내놓았다. 이 공동연구에서는 조선후기이래 토지소유권의 발전과 토지소유자인 '주(主)'의 존재형태에 대한 연구와 함께, 광무양안과 토지대장의 비교연구도 제기되었다(김홍식, 이영훈, 宮嶋博史, 1997, 『조선토지조사사업의 연구』, 민음사). 1990년대 초·중반에는 광무양전·지계사업과 일제의 토지조사사업에 관련된 많은 연구서들이 박사학위논문이나 간행본 형태로 제출되었다(宮嶋博史, 1991, 『朝鮮

최근에는 자료적인 차원에서 광무양안의 자료 현황과 연구를 되짚어 보는 정리가 시도되는 한편, 각 지역의 양전 사례로서 충청북도 일대 진천, 충주 등지의 양안 내용에 대한 종합적인 연구가 시도되었다.

여기에서는 대한제국의 토지조사사업인 광무양전, 관계 발급 사업에 대해 전반적인 추진과정을 살펴보는 가운데, 초기 양전기구의 설립과 양전의 목적 설정에 대해 검토하려고 한다. 다음으로 전국 각지역에 실시된 양전사업의 추진과정과 그 결과로 만들어진 광무양안의 분포에 대해 설명하고, 특히 토지소유자인 '시주(時主)'와 경작자인 '시작(時作)'에 대한 조사가 어떻게 이루어졌으며, 광무양전사업의 결과 토지소유와 경영 분화에 대한 연구현황을 살펴보려고 한다. 여기에서는 지금까지 이루어진 광무년간 양전·지계사업에 대한 최근 연구 경향을 쟁점별로 정리하면서 양전사업의 추진과 양안의 자료적 성격에 대한 개관을 통하여 대한제국기 토지조사사업의 의미를 재정리해 보려고 한다.

2. 광무양전·지계사업의 추진과 토지조사

1) 양전사업의 추진 배경과 목적

19세기 후반 조선사회에는 조선후기이래 진전된 상품화폐경제의 발달과 개항이후 미곡무역의 활성화로 인하여 토지의 상품화가 촉진되었으며, 토지소유를 둘러싼 계층간의 분해가 심화되었다. 이 시기 지주제의 발전과

土地調査事業史の硏究』, 東京大學 東洋文化硏究所 ; 崔元奎, 1994, 『韓末·日帝初期 土地調査와 土地法 硏究』, 연세대 사학과 박사학위논문 ; 趙錫坤, 1995, 『朝鮮土地調査事業에 있어서의 近代的 土地所有制度와 地稅制度의 確立』, 서울대 경제학과 박사학위논문).

농민층의 몰락현상은 기본적으로 봉건적 토지소유제도의 비합리·불평등에 기인한 것이었다. 더불어 조세제도의 불균 편중현상에 의해 촉진되었다.[5] 또한 개항 이후 제국주의 열강은 개항장 및 그 주변 토지에 대한 침탈을 더욱 확대시켜 나가고 있었다. 당시에는 농촌사회의 변혁과 자본주의 발전 방향을 둘러싸고 토지문제가 핵심적인 해결과제로 등장했으며, 국가적 차원에서도 토지주권의 수호와 침탈대책이 요망되고 있었다.[6]

고종초기인 1860년대 말에는 국가적 차원에서 토지조사가 일부 시행되기도 했다. 1869년 전라도 영광군의 양전을 비롯하여 1870년 경상도 동래부 양전, 1871년 언양현 양전이 시행되었다. 1872년 황해도 평산현 양전, 1878년 경상도 영일현 양전이 이어졌다. 각 도에서 대표적으로 문제가 있는 군현을 대상으로 양전을 시행한 결과, 일부 군현의 결폐(結弊)를 시정하는 성과와 더불어 시기결(時起結)을 상당히 많이 확보할 수 있었다. 당시 조세 불균을 비롯한 전정(田政)의 폐단은 이렇게 양전을 시행하고도 쉽사리 시정되지는 않았다.

1876년 개항 이후 제국주의 열강에 대한 문호개방은 종래 토지소유의 제도를 크게 변화시키는 계기로 작용했다. 조선정부는 개항이후 일련의 조약체결을 통해 통상항의 조계구역 내에서 외국인이 택지를 임차할 수 있도록 제도화하였다. 특히 1885년 11월 한영조약은 제물포, 원산, 부산, 한양, 양화진 등의 지정장소 내에서 토지 가옥의 임차는 물론이고

---

5) 金容燮, 1984, 「朝鮮後期의 賦稅制度 釐正策 - 18세기 中葉~19세기 中葉」 『韓國近代農業史硏究(上)』 증보판, 일조각 ; 裵英淳, 1988, 『韓末·日帝初期의 土地調査와 地稅改正에 關한 硏究』, 서울대 국사학과 박사학위논문(『韓末 日帝初期의 土地調査와 地稅改正』, 영남대학교출판부, 2002) ; 李榮昊, 1992, 『1894~1910년 地稅制度 연구』, 서울대 국사학과 박사학위논문(『한국근대 지세제도와 농민운동』, 서울대학교출판부, 2001) ; 왕현종, 1992, 「한말(1894~1904) 지세제도의 개혁과 성격」 『한국사연구』 77, 한국사연구회 참조.

6) 鄭昌烈, 1982, 「韓末 變革運動의 政治·經濟的 性格」 『韓國民族主義論』, 창작과 비평사 ; 金容燮, 1988, 「近代化過程에서의 農業改革의 두 方向」 『韓國資本主義性格論爭』, 대왕사.

소유권의 획득까지 명시하였다. 그래서 조계 밖 10리까지 외국인의 토지소유가 합법적으로 허용되었다. 이제 조약의 법규정 한도에서 외국인 소유 부동산에 대한 지계발급제도가 시행되었다. 그러자 외국인들은 개항장과 그 주변에 대해서 뿐만 아니라 조선의 수도인 한성지역에서도 외국인이 직접적으로 토지를 소유하거나 임차하는 등 점차 토지침탈을 확대시켜 나가고 있었다. 당시에는 농촌사회의 변혁과 자본주의 발전 방향을 둘러싸고 토지문제가 핵심적인 해결과제로 등장했으며, 국가적 차원에서도 토지 주권의 수호와 침탈대책이 요망되고 있었다.7)

1880년대에 들어와서는 본격적으로 새로운 토지제도를 수립하자는 논의가 제기되었다. 1884년 광주유생 조문(趙汶)이 주장한 방전법(方田法) 실시론, 경상도 진사 송은성(宋殷成)이 주장하는 토지계권의 발급과 한전론(限田論), 1885년 김준영(金駿榮)이 주장한 균전론(均田論) 등이 그것이다. 이들은 공통적으로 새로운 양전방식으로 경무법(頃畝法)을 채택하려고 하였으며, 새로 구획된 토지를 경작하는 농민에게 분배할 것을 주장하였다.8)

이에 반하여 기존의 지주제를 그대로 온존한 채, 지주의 토지소유를 서양의 근대적인 법제를 통해서 확고히 보장하려는 논의도 나타났다. 1884년 9월 한성순보에서는 일본의 지조개정을 소개하면서 지주의 이해를 보장하기 위한 지권(地券)제도라고 평가하고 있었다. 1884년 갑신정변에는 '지조법(地租法)으로 개정할 사'라는 갑신 정령(政令)이 제기되었으며, 이후 1888년 박영효의 상소에서도 '지조를 개량(改量)하여 지권제(地券制)를 시행할 것'이라고 주장하였다.9)

---

7) 孫禎睦, 1982, 『韓國開港期 都市變化過程研究』, 일지사, 194~201쪽 ; 崔元奎, 1994, 『韓末·日帝初期 土地調査와 土地法 研究』, 연세대 사학과 박사학위논문, 25~29쪽.

8) 金容燮, 1984, 「韓末 高宗朝의 土地改革論」 『東方學志』 41(『한국근대농업사연구(下)』 재수록, 1984), 11~21쪽 ; 崔潤晤, 1992, 「肅宗朝 方田法 시행의 역사적 성격」 『국사관논총』 38, 국사편찬위원회, 23~30쪽.

1891년 유길준은 지권제도의 수립에 대해 『지제의(地制議)』에서 구체적인 방안을 제시하였다. 그는 조세의 부과대상인 토지에 대해 소유권을 정확하게 파악하고 이를 기초로 근대적인 지세제도를 수립할 것을 주장하였다. 토지의 측량에 경무법을 적용하여 양전을 해야 하며, 전통도(田統圖)를 작성하여 전국의 지적도를 마련하자고 하였다. 이것을 기초로 하여 농지만이 아니라 산림, 과수원, 목장, 어지(漁池), 광소(鑛所)에 이르기까지 모든 부동산을 대상으로 토지소유권을 나타내는 지권을 발행하자고 하였다. 또한 전지문권도식(田地文券圖式)을 만들어 외국인에게 영매(永賣)나 권매(權賣), 전당(典當)이 이루어질 수 없도록 함으로써 내국인의 토지소유권을 보호하고 동시에 지주의 토지소유권을 확립하려고 하였다.[10)]

이렇게 전통적인 농본사상으로서 '경자유전'이라는 원칙하에 농민의 토지소유와 경작권을 확보하기 위한 토지재분배론이 제기되는 한편, 기존의 지주제를 옹호하고 이에 의거한 농업생산과 상업자본으로의 전화를 추구하려는 논의가 제기되고 있었다. 개항이후 외래 자본주의의 미곡유출과 토지침탈로 인해 더욱 확대된 농민층의 몰락과 지주제의 확대 강화와 결부되어 이러한 논의는 양대 계급에게는 회피할 수 없는 현안이 되어가고 있었다.

이에 따라 1894년 농민전쟁과 갑오개혁에서는 토지제도의 개혁을 둘러싸고 적대적인 입장에서 상반된 개혁론으로 대립하였다. 1894년 농민전쟁에서 농민들은 집강소기 폐정개혁정강 12개조 중에서 '토지를 평균으로 분작케 할 사'라는 토지균등분작의 요구를 내세우고 있었다. 이 조항이 오늘날 가장 치열한 논쟁점이 되고 있다. 일부에서는, "토지를 평균으로

9) 『漢城旬報』 35호, 「日本地租條例」(1884년 9월 29일), 813쪽 ; 金玉均, 「甲申日錄」(『金玉均全集』, 아세아문화사, 1979), 95~96쪽 ; 原敬文書硏究會編, 1986, 「朴泳孝 上疏文」 『原敬關係文書』 6, 日本放送出版協會, 160~174쪽.

10) 兪吉濬, 「地制議」 『兪吉濬全書』 IV, 145~172쪽.

분작할 사"라는 조항의 실재성 여부 자체에 의문을 표시하고 있다. 또한 그것의 의미에 대해서도 논란이 되고 있다. 한편에서는 소작농민의 경작지 분배라는 견해로부터 정전론, 혹은 균전론이라는 사적 토지소유제도의 폐지라는 해석에 이르기까지 다양하다.11) 평균 분작의 주장은 실재성 여부도 앞으로 더 확인해야 하겠지만, 단순히 소유권의 재분배라고 해석한다든지 농민의 경작규모만 균등케 하려는 것인지 좀 더 구체적인 검토가 필요하다.12) 다만 농민들은 현실 지주제의 모순을 뼈저리게 경험하고 있었고, 토지에 대한 자신의 권리를 일정하게 주장하고 있었던 것은 당대 현실이었다. 따라서 농민들이 '경자유전(耕者有田)'의 이상을 실현하고자 했던 것은 사실이었다고 생각된다. 당시 농민들의 지향점에 입각하여 볼 때, 토지제도의 농민적 개혁의 가시적인 성과는 현실의 지주제 개혁과

11) 이 조항이 내포하는 의미에 대해서는 지주제 해체와 농민들의 균등 경작 요구로 보는 견해(김용섭, 1992, 「조선왕조 최말기의 농민운동과 그 지향」『한국근현대 농업사연구』, 지식산업사, 367쪽), '均作論'(정창렬, 1991, 「갑오농민전쟁연구 - 전봉준의 사상과 행동을 중심으로」, 연세대 사학과 박사학위논문, 232~237쪽), '井田論'(신용하, 1993, 『동학과 갑오농민전쟁연구』, 일조각, 271~281쪽), '均田論'(박찬승, 1985, 「동학농민전쟁의 사회 경제적 지향」『한국민족주의론』 3, 창작과비평사, 68쪽) 등이 주장되었다. 또 박찬승은 익산지방에 한하여 채택되었을지도 모르는 均作論이었을 것으로 추측하기도 하였다(박찬승, 1997, 「1894년 농민전쟁의 주체와 농민군의 지향」『1894년 농민전쟁연구(5)』, 역사비평사, 123~130쪽). 한편 배항섭은 빈농층의 균전론적인 개혁요구는 왕토사상에 의한 구상으로 근대적인 지향을 보이는 것은 아니며, 또 평균분작이 농민군의 전면적인 요구로 표출되지 않았다는 점을 들어 단지 오지영의 저술의도에 따라 기술된 것에 지나지 않다고 평가하였다(배항섭, 1994, 「1894년 동학농민전쟁에 나타난 토지개혁 구상」『사총』 43, 고려대 사학과, 125~138쪽).

12) 정창렬은 전봉준이 정다산 비결(『경세유표』)과 연결하여 '경작능력에 따른 득전(得田)'을 구상하고 있었고, 농민들도 곳곳에서 지주의 토지문서와 도조를 횡탈한 사실에서 지주제의 철폐를 지향하고 있었다고 보았다. 다만 1894년 7월 20일 전후에 전라감사 김학진(金鶴鎭)과 전봉준(全琫準) 사이에서 폐정개혁안을 합의하는 과정에서 김학진측은 경작평균안을 제시하고, 전봉준측은 균산주의 이념에 입각한 경작능력(耕作能力)에 따른 득전안을 제시하였는데, 전봉준측이 양보하여 김학진측의 안을 수용하였을 것으로 추정하였다(정창렬, 1991, 위의 논문, 232~237쪽).

맞물리면서 혁명적인 차원에서 사적 토지소유제의 폐지에는 이르지 못하겠지만, 적어도 궁방전, 역둔토를 비롯한 대규모 국가지주제의 해체와 농민적 경작권의 획득으로 실현될 수 있었을 것이다.[13)]

당시 갑오개혁 토지제도의 개혁에서는 결국 농민층의 농업경영을 보장하는 방안으로 주장된 '평균분작'을 비롯한 농민적 토지재분배론은 받아들여지지 않았다. 갑오개혁에서는 봉건부세명목의 단일 지세로의 통합이나 근대적 조세체제의 정비를 시도하는 수준에서 조치를 취했으며, 1895년 6월 중순 한성부내 외국인 거류지를 설정하는 계획을 수립하여 외국인의 무제한적인 토지침탈을 제도적으로 억제하려고 하였을 뿐이었다.[14)] 이러한 토지정책은 1893년부터 추진된 가계발급제도를 근간으로 하면서도 점진적으로 소유권의 법인을 이루어나가려 한다는 점에서 잠정적인 조치에 그쳤다고 하겠다.

대한제국기에 들어와서 토지문제를 둘러싼 계층간의 대립은 보다 심화되었다. 대한제국 정부는 1898년에 '옛 제도를 따르되 새로운 법규를 참작한다(率舊章而參新規)'라는 이념을 내세워 신구를 새롭게 절충하고 개혁하려는 방향 전환을 모색하였다. 특히 이 시기에는 이전에 비해 더욱 구체적인 양전론이 제기되었을 뿐만 아니라 토지제도의 근대화를 추구하는 논의가 본격적으로 일어나고 있었다. 요컨대 이전에 해결하지 못한 토지조사와 소유권 법제를 수립하는 것이 초미의 과제가 되고 있었다.[15)]

당시 논의 중에서 이기(李沂)의 『전제망언(田制妄言)』이나 유진억(兪鎭億)의 『방전조례(方田條例)』는 주목할 만한 양전론의 하나였다.[16)] 이들은

---

13) 왕현종, 2014, 「1894년 농민군의 폐정개혁 추진과 갑오개혁의 관계」 『역사연구』 27, 역사학연구소, 149~167쪽.

14) 왕현종, 1997, 「19세기 후반 地稅制度 改革論과 甲午改革」 『한국 근현대의 민족문제와 신국가건설』, 지식산업사, 149~157쪽.

15) 金容燮, 1968, 「光武年間의 量田·地契事業」(『한국근대농업사연구』(下) 증보판 재수록 1984), 508~509쪽.

구래의 결부제 폐단을 시정하기 위해 방전(方田)·경무법(頃畝法)의 취지를 일정부분 수용·해결함으로써 객관적인 토지측량을 이룰 수 있게 했으며, 토지소유자에게 전안(田案)을 발급함으로써 국가가 전국의 토지를 효율적으로 관리하고자 하였다. 장기적으로는 지주의 토지소유를 제한하면서 소농민의 토지소유 확보와 농업경영을 보장하기 위한 제반 방안을 마련하고자 하였다.

2) 양지아문의 설립과 양전 추진

이러한 양전논의를 배경으로 하여 대한제국기의 근대개혁을 추진하던 광무정권은 1898년 6월 '토지측량에 관한 청의서'를 마련하였다. 6월 23일 내부대신 박정양과 농상공부대신 이도재가 주도하여 '전국토지측량사'라는 제목으로 의정부회의에 정식 안건을 올렸다.[17)]

토지측량에 관한 청의서

전국에 지방을 나누어 구역을 정하고 구역에 지질을 측량하야 조리가 밝게 함은 나라에 있어 커다란 정사이라. 대저 우리나라에 구역이 크지 않음이 없고, 토지가 아름답지 않음이 없으나. 강계가 나누어져 있지만, 지질에 대한 측량이 자세하지 않고, 들판의 넓고 협착함과 천택의 길고 짧음과 산 고개의 고저와 수풀의 활협(濶狹)과 바닷가의 넘침과 너울, 밭이랑과 두락의 비척(肥瘠)과 가옥의 점거한 거리, 토지 성질의 마름과 습함, 도로의 거침과 험함이 가히 준거하기 어렵다 하니, 정치 유신한

16) 李沂, 『海鶴遺書』 권1, 「田制妄言」 권2, 「急務八制議」; 兪鎭億, 『田案式』 「方田條例」; 兪致範, 『一哂錄』 참조.

17) 『去牒存案(農商工部去來牒存案)』 3책, 「土地測量에 關흔 事件」(光武 2년(1898) 6월 22일); 『奏議』 17책(光武 2년 6월 23일).

시기에 이르러 가히 일대 흠전(欠典)이 아니리오. 지금 금일의 급무가 토지측량보다 더한 것이 없기로 이때에 회의에 올릴 것.

광무 2년 6월 일

의정부찬정 내부대신 박정양

의정부찬정 농상공부대신 이도재

의정부참정 윤용선 각하 사조(查照)

위의 청의서에서는 광무양전사업에서는 측량의 대상이 종래의 양전사업에서와 같이 농지의 비척이나 가옥의 규모를 조사하는 것에 그치지 않았다. 위의 청의서에서 알 수 있듯이, 지질, 산림과 천택, 수풀과 해변, 도로에 이르기까지 광범위하게 설정하고 있었다. 요컨대 전국토지 일체에 대한 조사를 목표로 하고 있었다. 이렇게 거대한 측량사업을 추진하는데는 시행상 여러 가지 문제점뿐만 아니라 이론(異論)이 검토될 필요가 있었다. 당시 의정부회의에서는 격렬한 토론이 벌어졌다. 당시 회의를 주재한 참정 윤용선은 "이는 국가에 있어 최대의 정책이므로 대저 누가 불가(不可)라고 하겠는가"라고 하여 강력하게 시행의 의지를 피력했지만, 중론은 원칙적으로는 당연한 사업이라고 해도 실시에는 적당한 인물이나 허다한 어려움이 있기 때문에 신중하게 고려하지 않으면 안된다는 것이었다.

1898년 6월 23일 의정부회의에서 난상 토론한 결과, 실제 의안에 찬성한 대신은 청의서를 낸 박정양과 이도재 이외에 윤용선과 궁내부 윤정구 등 4인에 불과한 반면, 반대한 대신은 외부대신 유기환을 비롯하여 군부대신 민영기 등 6인이었다. 결국 이 날 회의에서는 토지측량에 관한 건을 부결시키고 말았다. 그렇지만 이 안건이 완전히 수포로 돌아간 것은 아니었다. 회의 결과를 보고 받은 고종황제는 의정부회의 결과를 뒤집어서 본래의 청의대로 시행하라는 비답을 내렸다. 고종황제는 전격적으로 전국적인 양전사업을 시행하라고 선언한 것이었다. 7월 2일에 그는 직접 토지측량을 재가하고 양전을 담당할 아문과 그 처무규정을 마련하라는 조칙을 내렸다.[18]

<표 1> 1898년 의정부회의 양전 논쟁

순서	직위	성명	주장의 요지	찬반
1	의정		임명되지 않음	-
2	참정	윤용선(尹容善)	이는 국가에 있어 최대의 정책이다. 대저 누가 불가(不可)라고 하겠는가?	○
3	찬정궁내부대신 서리	윤정구(尹定求)	양지는 급무이다. 큰 정책이다. 반드시 관리를 선택한 연후에 시행하는 것이 가(可)하다.	○
4	찬정 내부대신	박정양(朴定陽)	청의함.	○
5	찬정 외부대신	유기환(兪箕煥)	사업이 심히 크니 재삼 생각해야한다.	×
6	찬정 탁지부대신	심상훈(沈相薰)	병이 나서 불참함.	-
7	찬정 군부대신	민영기(閔泳綺)	사업이 실로 지극히 옳지만 현실은 적당한 사람이 없으니, 먼저 졸업한 우리나라 사람을 구한 이후에 시행하는 것이 가(可)하다.	×
8	찬정 법부대신	조병직(趙秉稷)	병이 나서 불참함.	-
9	찬정 학부대신	조병호(趙秉鎬)	이 논의는 대단히 좋다. 항상 늦었다고 말해진다. 장차 어찌 적당한 사람을 얻어서 할 것인가. 충분히 어렵고도 신중하게 고려하여 힘써 헤아리는 것이 可하다.	×
10	찬정 농상공부대신	이도재(李道宰)	청의함	○
11	찬정	서정순(徐正淳)	아직 칙(勅)을 받지 못함.	-
12	찬정	이종건(李鍾健)	사업이 진실로 가히 시행해야한다. 실제로 어렵고 신중해야 할 점이 많다.	×
13	찬정	이윤용(李允用)	병이 나서 불참함	-
14	찬정	김명규(金明圭)	비록 말로는 용이하지만 행함에는 반드시 신중하게 살펴야한다.	×
15	찬정	이근명(李根命)	이 사업은 아직 시행할 수 없다. 허다한 어려움이 있기 때문이다.	×
16	찬정	민병석(閔丙奭)	병이 나서 불참함.	-

출전 : 『주의(奏議)』(규17703) 17책, 주본 123호 <전국측량사> 1898년 6월 23일.

한편 전국적인 토지조사방침이 공론화되는 상황에서 한성부의 토지·가옥 문제에 대한 대책도 마련되고 있었다. 1898년 6월 23일 탁지부 사세국은

18) 『奏本存案』 3책, 「奏本 123호」; 『일성록』 1898년 5월 14일(양 7월 2일).

'한성 오서 자내(字內)에 국내외 인민 가옥 기지를 정납년세(定納年稅)할 사'라는 청의안건을 준비하고 있었다.[19] 이 안건은 주로 한성부의 가옥 전체에 대해 가옥세를 부과해야 한다는 내용이었다. 이전에는 미과세되고 있었던 가옥에 대한 세를 신설하면서 그 적용범위를 내국인의 것뿐만 아니라 외국인이 소유한 가옥에 확대한다는 것이었다. 그런데 이 안건에서 주목되는 점은 "훼옥한 기지(基址)나 무옥토지(無屋土地)는 전매를 물허(勿許)하여 오서내에 일체지단으로 관유에 상속(常屬)케" 한다는 원칙이었다. 여기서 '훼옥한 기지나 무옥토지'란 원래 소유자가 있기는 하였으나 현재 가옥이 무너져 없는 토지로서 소유권자가 불분명한 토지였다. 이런 토지를 외국인들이 집중적으로 매점하는 상황이었다.

이에 따라 원소유자와 현 외국인소유자간의 분쟁이 빈번하게 발생했기 때문에 대한제국 정부는 가옥이 없는 나대지의 잠매가 원천적으로 불법이라는 원칙을 내세워 관리하고자 했다. 따라서 외국인의 토지침탈은 다만 현존의 가옥을 사용하는 지상권에 한하여 허용될 뿐이며 토지 그 자체의 소유권은 절대로 허용될 수 없다는 입장을 표명한 것으로 이해된다. 국가의 입장에서 외국인이 이미 매입한 토지에 대해 재정적으로나 정책적으로나 환수가 어려운 상황이었지만, 이러한 문제에도 불구하고 1898년 6월 한성부지역에서 외국인 소유 가옥에 대한 국가적인 통제나 관리를 강화하겠다는 방침을 세운 것이었다.

1898년 7월 6일 의정부회의에는 내부대신 박정양, 외부대신서리 유기환, 탁지부대신 심상훈에 의해서 한성부가옥세에 관한 안건이 정식으로 상정되어 결정되었다.[20] 이날은 공교롭게도 앞서 고종이 직접 결정한 양지아문

---

19) 『外部去來牒』 1책, (1898년 6월 23일) ; 『奏本』 「주142호 : 漢城五署官有地管理定稅에 關ᄒᆞᆫ 請議書」(1898년 7월 4일).

20) 『奏本存案』 3책 ; 『奏議』 6책, 「奏本 142號」 ; 『各部請議書存案』 6책, 『奏議』 제18책 ; 『日省錄』 1898년 5월 18일(양력 7월 6일).

을 설립하는 처무규정도 축조·심의되었다. 따라서 대한제국은 이 시점에서 토지조사 및 토지소유분쟁에 대한 처리방침을 결정함으로써 전국적인 토지조사를 통해서 토지규모와 소유에 대한 제권리를 확정하려고 하였으며, 적어도 한성부지역에서 외국인의 토지소유 확대를 저지하고 대한제국의 토지주권을 확보하려고 하였다.

양지아문은 성격상 정부기구 중에서 내부, 탁지부, 농상공부 등 3부와 밀접한 관계에 있었으며, 각기 내부의 토목국, 판적국과 탁지부의 사세국, 농상공부의 농무국, 광산국 등이 유기적으로 관련되었다. 그래서 양지아문 총재관은 별도의 관료를 임명한 것이 아니라 내부·탁지부·농상공부의 대신을 겸임 발령하여 박정양, 심상훈, 이도재 등을 그대로 임명하였으며, 부총재관도 유관부서로서 한성부와 학부의 장관으로 판윤 이채연과 협판 고영희를 임명하였다.[21] 이렇게 범정부적인 유관기구를 포괄하면서 양전을 전담할 독립관청으로서 양지아문이 발족된 것이었다.

당시 대한제국 정부는 종전의 양전논의를 일부 수용하면서 몇 가지 새로운 방침을 세우고 있었다. 특히 주목되는 것은 토지의 객관적인 측량을 위해 외국인 기사를 고빙하고 있었던 점이다. 1898년 7월 14일 정부는 미국인 기사 크롬(Krumm, 巨廉)의 주도하에 측량견습생을 양성하고 서양의 측량방식을 사용해서 5년동안 측량에 종사하도록 하였다.[22]

이렇게 양전을 위한 기구와 방식이 확정되었지만 토지측량은 곧바로 이루어지지 못했다. 일부에서는 서양의 측량기술이나 조사관리들에 대한 불신을 표명하며 비판하는 논의가 일어났다. 1899년 3월 10일 중추원에서는 측량사업이 실시되지 못하는 것을 비판하면서 심지어 양지아문의

---

21) 「勅令 제25호 量地衙門職員及處務規定」 제6조 ; 『일성록』 1898년 5월 18일(양력 7월 6일).

22) 『各部請議書存案』 6책, 「勅令 제25호 量地衙門職員及處務規定」 9조 ; 『外部量地衙門來去文』 「大韓政府에서 美國量地技士 巨廉을 本國量地技師로 雇聘ᄒᆞᄂᆞᆫ 合同」.

폐지를 주장하는 논의가 일어날 정도였다.[23] 이러한 논의는 근본적으로는 이번 토지조사를 통하여 농촌사회 내부에서 기존의 계급관계가 어떻게 변화될 것이며, 또한 어떤 방향으로 변화되어야 하느냐 하는 문제를 둘러싼 논쟁이었다.

드디어 1899년 4월 5일 양지아문은 조세수입의 확대라는 명분으로 전국적인 양전의 확대·시행을 결정하였다.[24] 결국 조선후기 숙종조 경자양전이래 전국적인 양전사업이 거의 180여년 동안 없었는데 비로소 여기에서 실시를 보게 되었다. 이번 양전사업은 측량 방식과 구체적인 목적에서 보아 크게 2개의 지역으로 나뉘어졌다. 하나는 한성부였고, 다른 하나는 전국지역이었다. 우선 한성부에는 서양의 측량기술에 의거하여 측량하되 기존의 가계발급제도의 확대 실시라는 방향으로 추진되었던 반면, 나머지 각 도의 지방에서는 옛 제도인 결부제를 준용하는 방식으로 측량하되, 토지에 관한 여러 사항을 포괄적으로 조사하는 국세조사의 방향으로 추진되었다.

양지아문은 1899년 4월 1일 한성부지역의 토지를 측량하기 시작하였다.[25] 최초의 측량은 숭례문 안에서부터 시작되었다.[26] 이어 수표교에 이르는 도로와 방리 구획을 대상으로 도로의 길이와 넓이, 인가의 집터 그리고 관유 민유의 일체 지단 등을 측량할 예정이었다. 특히 외국 공관, 교당, 사택 및 상점인 잔방(棧房) 등 외국인 거주지도 포함되어 있었다.

양전사업이 순조롭게 진행된다면, 1899년 한성부의 도로와 5서 내의

23) 왕현종, 1995, 「대한제국기 量田·地契事業의 추진과정과 성격」『대한제국의 토지조사사업』, 민음사, 55~65쪽.

24) 『各部請議書存案』 10책, 「各道量務監理를 該道內郡守 중에 諳術著績ᄒᆞᆫ 者로 擇任ᄒᆞ야 爲先試可에 關ᄒᆞᆫ 請議書」 1899년 4월 5일 ; 『奏本』 29책, 「奏本 72호」 1899년 4월 24일.

25) 『皇城新聞』 1899년 4월 1일 잡보 「量地開始」, 679쪽.

26) 『독립신문』 1899년 4월 5일 잡보 「량디아문」, 290쪽.

방리를 측량하고 이후 1년 이내인 1900년 5월경까지 측량을 마무리할 것을 기대하고 있었다.[27] 그렇지만 그렇게 빠른 시일 안에 양전을 끝마치기는 어려운 상황이 발생하였다. 측량과정에서 측량추를 분실하거나 학도들의 봉급 등의 문제도 많았으나,[28] 한성부의 양전에서 부딪친 가장 큰 문제는 외국인의 불법적인 토지소유를 어떻게 처리하느냐 하는 것이었다. 그래서 1900년 3월 9일에서야 외국인 거류지를 측량하기 시작하여, 9일과 10일에는 일본 공관, 12일, 13일은 죽동 수비대영을, 그리고 14일에는 락동 수비대영을 측량했다. 또한 4월 17일에는 러시아 공관을, 19일에는 불란서 공사관을 측량하기로 하였다.[29]

이렇게 양지아문의 측량사업이 진행되면서 한성 주재 각국 공사와 외국인들은 이 사업에 주목하고 있었다. 특히 일본과 미국 공사는 깊은 관심을 표명하였는데, 이들은 양지아문의 설립초기부터 장차 한성내의 가옥 지기를 측량하고 별도로 입안을 나누어주는 사업을 하는 기관으로 파악하고 있었다. 그래서 그들은 외국인에게 계안을 발급하는 법을 세울 기회로 파악하고 가계제도를 개항장에서 쓰이는 지계와 같은 제도로 만들 것을 희망하고 있었다. 특히 일본은 1899년 3월에 한성부내 토지 가옥의 위치와 면적을 측량하되 부동산의 원부를 작성하고 이에 의거하여 지권과 가권을 발급해 달라고 요구하고 있었다.[30] 이는 외국인의 토지 가옥의 소유를 보다 정확히 파악하고 공인하는 제도의 필요성을 제기하는 것이었지만, 그 이면에는 외국인 토지소유의 합법화를 기도하는 것에

27) 『地契衙門來文』「公文」, 1899.5.29.

28) 『황성신문』 1899.4.20, 잡보 「學徒退去」, 743쪽 ; 『황성신문』 1899.4.29, 측량추 분실 광고, 776쪽.

29) 『황성신문』 1900.3.9, 잡보 「居留地測量」, 198쪽 ; 『外部量地衙門來去文』 「조회」, 1900.3.5, 4.12.

30) 『舊韓國外交文書(日案 4)』 4권, 5040호, 「漢城府家劵制度改正實施要望」(일본공사 加藤增雄→ 외부대신 朴齊純, 1899년 3월 23일), 252~254쪽.

다름없었다. 이러한 외국인 토지소유의 무제한적인 개방과 합법화 요구는 결국 대한제국의 토지주권뿐만 아니라 대한제국 국민의 토지소유권의 해체를 추구하고 있다는 점에서, 대한제국이나 한성부로서는 도저히 받아들일 수 없는 것이었다. 이러한 상황에서는 한성부의 토지조사가 쉽게 마무리되기 어려운 상황이었다. 이미 1901년 초에 이르러서는 서울주민의 가호(家戶)에 대한 조사가 거의 마무리단계에 와 있었으므로,[31] 향후 근대적 토지소유권의 제도수립에 대한 방침이 가능한 한 빨리 내려져야 했다.

3. 전국적인 토지측량과 광무양안의 작성

1) 전국 양전의 시행과 「양지아문 시행조례」

1899년에 들어와서도 양지아문은 실제 양전사업을 추진하지 못하고 있었다. 이처럼 사업이 지지부진하게 되자 당시 중추원에서는 양전사업을 재검토하자는 주장이 제기되기도 하였다.[32] 그해 4월 5일 양지아문은 <각 도에 양무감리(量務監理)를 해당 도내의 군수 중에서 계산이 밝고 성적이 우수한 자로 선택하여 우선 시험함이 가(可)하다는 청의서>를 제출하게 되었다.[33]

> 오늘날 전국 지면의 거대한 면적을 측량할 일로 양지아문을 개설하여 외국기사를 연빙(延聘)하고 견습생을 교수하나 사무가 완전히 성취함은

31) 『황성신문』 1901.1.12, 잡보 「當懸門牌」, 436쪽.

32) 『來照原本 二』(국편, 中.B14.26-v2) 1899년 3월 10일 설명서 참조.

33) <各道量務監理를 該道內郡守중에 暗術著績ᄒᆞᆫ 者로 擇任ᄒᆞ야 爲先試可에 關ᄒᆞᆫ 請議書>(『各部請議書存案』 10책 참조).

수년으로 확정하여 기일을 잡기 어렵고, 탁지부에 결세전 세입은 각부군이 무망(無亡)이라 진천이라 탈보하여 세전원액에 감손함이 매년 증가하니, 이를 조속히 조사하여 1년이 빠르면 국고에 1년 리(利)를 첨증하고 2년에 빠르면 국고에 2년 리를 첨가하여 증액하올지라. 각지방군수중 중서(中西)의 산술을 잘 이해하고 공정한 성적이 현저한 자를 따로 선택하여 해도 양무감리(量務監理)를 맡겨 학원을 가르쳐 양성하고 방편을 따로 설하여 해군에서 먼저 시험하야 확실히 효과를 본 후에 각군에 옮겨 시행하되 조례를 명확히 정하여 비용은 국고 금일 수입실전에 지출함이 없게 하고 결총은 시기전답(時起田畓)에 은루함이 없게 함이 오늘날 시조(時措)에 타당하겠기로 규칙 8조를 첨부하여 이 사항을 회의에 제출할 사.

광무 3년 4월 5일 양지아문총재관 이도재

대판(代辦) 이채연

대판 고영희

의정부의정 임시서리 찬정 학부대신 신기선 각하

여기서는 종래 외국인 기사를 고용하여 전국적으로 양전을 시행하는데 수년이 걸리게 될 것인데 반하여, 그동안 지세수입의 확충을 위해서는 조속히 양전을 실시하는 것이 필요하다는 것이었다.[34] 또한 양전 방법으로서는 각 도에 양무감리를 파견하여 학원을 교성(敎成)하고 먼저 해당 지역에서 시험적으로 양전을 실시한다는 것이었다.[35]

---

34) 1898년 3월 28일 전주사 이승원은 시무에 관한 10조목의 상소를 올리면서, 특히 전정의 문란이 긍고미유(亘古未有)라고 그 심각성을 지적하고, 경계를 분명히 한 연후에 법식을 마련하여 따로 세칙을 정하고 양전을 하면 매년 조세수입이 증대되어 국고가 유족하게 될 것이라고 주장하였다(『승정원일기』 1898년 3월 28일(양 4월 18일) 前主事 李升遠 상소).

35) 1899년 4월 6일 의정부는 이 청의서를 중추원에 보내 자문을 구했으며 4월

또한 1899년 5월 11일 양지아문은 「양지아문 시행조례」를 미리 공포하였다.[36] 이 시행조례는 전국적인 양전을 앞두고 양전의 원칙과 시행방식을 각항목별로 상세하게 규정하고 있다.

「**量地衙門 施行條例**」

一 成冊式은 左開를 依홀 事

某道某郡時起田畓字號夜味斗數落成冊 △某面, 某坪, 或稱員, 或稱里, 依前日量案 △某字田 幾夜味(或稱座) 幾斗幾升落, (日耕息耕) 時主姓名, 時作姓名 △ 某字畓(上仝) △已上某字田, 合幾夜味, 幾斗落, 某字畓, 合幾夜味, 幾斗落, 共合田, 幾夜味, 幾斗幾升落, 畓, 幾夜味, 幾斗幾升落, 年月日, 郡守姓名, 鈐章, 踏勘有司姓名鈐章, 該掌書記姓名鈐章

二 田畓을 勿論原結還起加耕新起火粟ᄒᆞ고 但從今日耕農ᄒᆞ야 一體登載ᄒᆞ야 毋或一夜味一座見漏ᄒᆞ며 至若陳川等田畓은 雖昨年耕農이라도 今日陳川이어든 勿爲入載홀 事

三 成冊은 以該郡公用紙로 編造ᄒᆞ며 每一面各成一冊ᄒᆞ야 本衙門으로 都聚上送홀 事

四 自該郡으로 另擇該面內有地望公正解事者 一員或二員ᄒᆞ야 差定踏勘有司ᄒᆞ

8일 조회(照會)에서는 중추원이 제기한 외국인 측량기사 문제를 인정하면서 이미 설치된 아문을 함부로 폐지를 논의할 수 없고 오직 양전의 방식을 구체적으로 마련하는 것이 중요하다고 강조했다. 이에 대해 중추원은 4월 15일 조복(照覆)을 통해 이전에 양지아문의 폐지를 주장한 설명서는 오직 양전을 실시하지 못하고 국재만 허비하게 될 것을 우려한 것이었다고 해명했다. 또한 <量務監理擇任請議書>와 그 이유를 심사한 즉, 이내 실시의 조짐이 있고 또한 비용지출도 없어 '似合方便이오 將見確效'라고 하여 양전실시에 적극적으로 찬성하고 있었다(『中樞院來文』(규17788), 3책 照覆 26호 참조).

36) "量地衙門 施行條例"(『時事叢報』 52호(1899년 4월 2일, 양력 5월 11일) ; 53호(1899년 4월 4일, 양력 5월 13일). <전령 서초면(西初面) 각동대소민인>으로 1899년 5월 4일에 영해군 서초면에 내린 전령의 일부이다. 원본은 영해 인량 재령이씨 충효당에 소장되어 있다(『고문서 집서 94 - 영해 재령이씨편(Ⅲ)』, 한국학중앙연구원, 2008 참조).

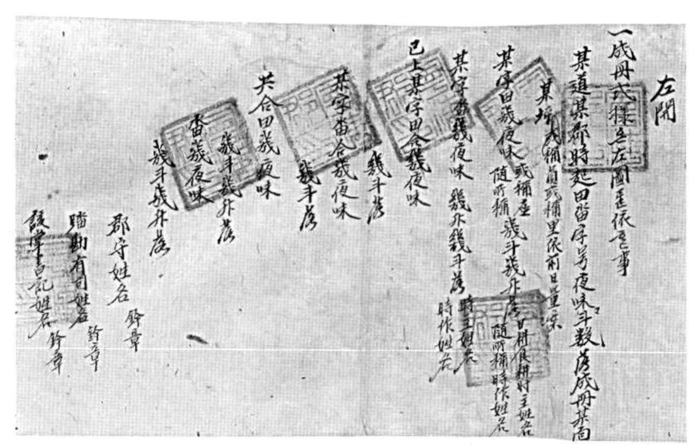

<그림 1> 양지아문 시행조례 1조

該掌書記와 該面任과 各田畓主와 作人을 指揮辦事케ᄒᆞᆯ 事

五　田畓主或舍音作人輩가 疑沮或漫漶ᄒᆞ야 夜味數와 斗落이 隱漏或錯誤ᄒᆞᄂᆞᆫ 弊가 有ᄒᆞ야 開量後綻露ᄒᆞ며 該有司와 書記와 田畓主를 別般嚴懲ᄒᆞᆯ 事

六　田畓時主가 朝暮變遷ᄒᆞ며 一家異産ᄒᆞ니 田畓主姓名相左ᄂᆞᆫ 勿爲究詰ᄒᆞ야 民等의 便宜를 從케ᄒᆞᆯ 事

七　各該郡이 訓到ᄒᆞᆯ 時ᄂᆞᆫ 自該郡直報ᄒᆞ며 成冊도 自該郡直爲賚上ᄒᆞ되 抵納期限은 訓到後九十個日과 該郡의셔 居京都每日八十里로 計算ᄒᆞ야 定ᄒᆞᆯ 事

八　田畓踏驗後에 成冊修正賚上等費ᄂᆞᆫ 該郡에셔 精略定數ᄒᆞ야 明細書를 另具ᄒᆞ야 本衙門으로 直報ᄒᆞ야 公錢을 計劃케할 事

九　驛土屯土及各樣公土도 一例入錄하되 區別標題ᄒᆞᆯ 事

十　各該郡新舊陳川都摠數ᄅᆞᆯ 成冊末端에 另附할 事[37)]

첫째, 토지조사의 방식이 실제의 토지상태를 고려하고 배미[夜味]와

37) 『時事叢報』 52호(1899년 4월 2일, 양력 5월 11일) ; 53호(1899년 4월 4일, 양력 5월 13일). <傳令 西初面 各洞大小民人>, 두 문서의 기사 순서 및 내용이 달라 8~10조는 뒤의 자료로 보충함.

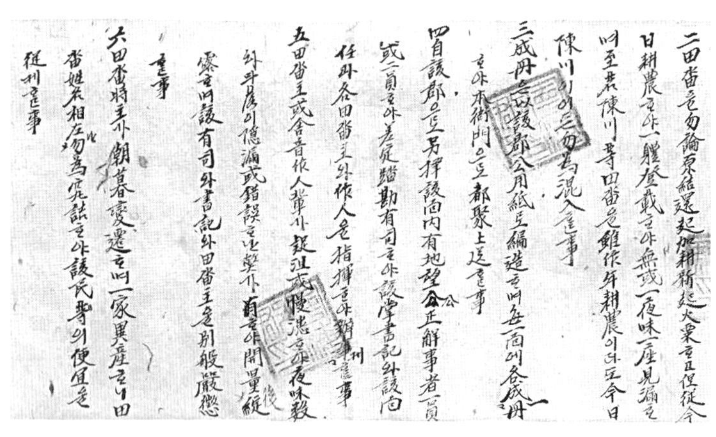

二田畓을 勿論原結還起加耕新起火粟ᄒ고 但從今
日耕農ᄒ야 一體登載ᄒ야 無或一夜味一座見漏ᄒ
며 至若陳川 等田畓은 雖作年耕農이나 至今日
陳川이어든 勿爲混入ᄒᆯ事
三成冊은 以該郡公用紙로 編造ᄒ며 每一面에 各成冊一
ᄒ야 本衙門으로 都聚上送ᄒᆯ事
四自該郡으로 另擇該面內有地望公正解事者一員
或二員ᄒ야 差定監勘有司ᄒ야 該掌書記와 該面
任과 各田畓主와 作人을 指揮ᄒ야 [illegible]ᄒᆯ事
五田畓主或舍音作人輩가 疑阻或慢忽ᄒ야 夜味數
와 斗落이 隱漏或錯誤ᄒ난 弊가 有ᄒ야 間量後綻
露ᄒ며 該有司와 書記와 田畓主을 別般嚴懲
ᄒᆯ事
六田畓主가 朝暮變遷ᄒ며 一家異産ᄒ나 田
畓姓名相左勿爲[illegible]訛ᄒ야 該民等의 使宜을
從利ᄒᆯ事

<그림 2> 양지아문 시행조례 2~6조

두락(斗落)을 파악하고자 하였다. 이는 조선후기이래 전통적인 양전방식인 결부제를 폐기하고 객관적인 토지면적 단위인 두락제를 채택한 것이다. 그렇지만 이 원칙은 이후 아산군의 시험양전 과정에서 크게 변경되기도 했다.

둘째, 양안에 수록될 농지의 범위를 일단 한정하고 있었다. 토지를 측량할 때 원래 양안에 수록된 환기전, 가경전, 신기전, 화속전 등의 명목을 가리지 말고 올해 경작하고 있는 농지를 일체 수록한다는 것이다. 예컨대 진전, 포락전 등은 작년에 경작을 했더라도 올해 진전이 되었다면 등재시키지 않는다는 원칙을 제시하였다. 실제 양전과정에서 이러한 원칙을 그대로 적용하여 기경전 위주로 토지를 조사하고 있었다.

셋째, 토지의 소유와 경영에 관련되어 있는 당사자로서 전답주와 작인을 동시에 조사하려고 하였다. 기왕의 양전에서는 전답주만을 조사하는 원칙을 가지고 있었지만, 이번 양지아문의 양전에서는 작인을 조사한다는 원칙을 세웠다. 이는 규정 자체만으로도 중요한 의미를 갖고 있었다. 양안에 작인의 성명이 기록됨으로써 작인의 경작권과 관련된 모종의 후속조치를 기대할 수 있었다. 이에 대해서는 제6조의 규정이 주목된다.

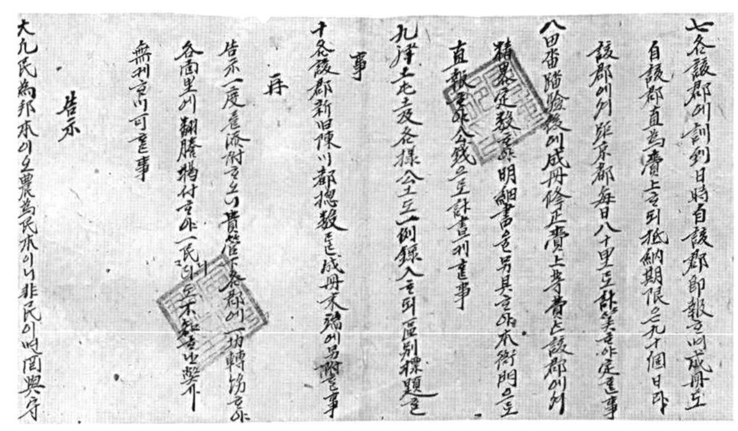
七 各該郡에 訓到日時 自該郡卽報ᄒᆞ며 成冊도
自該郡直爲齎上ᄒᆞ되 抵納期限은 九十個日로
該郡에셔 距京郡每日八十里로 計算ᄒᆞ야 定ᄒᆞᆯ 事
八 田畓踏驗後에 成冊修正齎上等費ᄂᆞᆫ 該郡에셔
精算定數ᄒᆞ야 明細書를 另具ᄒᆞ야 本衙門으로
直報ᄒᆞ야 公錢으로 計畫케 ᄒᆞᆯ 事
九 洋土地及各樣公土도 一例錄入ᄒᆞ되 區別標題ᄒᆞᆯ
事
十 各該郡 新舊陳이 都總數ᄂᆞᆫ 成冊末端에 另附ᄒᆞᆯ 事
再
告示一度를 添附ᄒᆞ오니 貴管下各郡에 一切轉飭ᄒᆞ야
各面里에 翻謄揭付ᄒᆞ야 一民이라도 不知ᄒᆞᄂᆞᆫ 弊가
無케 ᄒᆞᆷ이 可ᄒᆞᆫ 事
告示
大凡民爲邦本이오 農爲民本이니 非民이면 罔與守

<그림 3> 양지아문 시행조례 7~10조

"육(六). 전답 시주가 아침저녁으로 변동하며, 일가(一家)의 경우에도 이산(異産), 즉 분호별산(分戶別産)의 경우가 많은데, 이를 치밀하게 조사하는 것은 물의를 일으킬 수 있으므로 이를 가급적 민인들의 편의에 따르도록 한다."38)

그러나 양지아문 시행조례의 제6조에서 지주조사의 원칙을 강조하기는 했지만, 개별적인 토지소유자를 파악하기 위한 구체적인 조사방식을 규정하지 않았다. 구체적으로 일가의 경우에도 이산, 분호별산 등을 치밀하게 조사하는 원칙을 제시해야 했으며, 또한 각 동리의 호적 자료상의 성명을 참조하여 기록하도록 하는 등의 구체적인 원칙을 제시하지 않음으로써 소유권 조사의 원칙상으로는 크게 미흡한 규정이었다.39)

넷째, 양지아문 시행조례에서 가장 주목되는 점은 양전사업에서 조사될 전주와 답주, 그리고 작인의 이름에 새로운 표기명을 부여하고 있다는

---

38) "六 田畓時主가 朝暮變遷ᄒᆞ며 一家異産ᄒᆞ니 田畓主姓名相左ᄂᆞᆫ 勿爲究詰ᄒᆞ야 民等의 便宜를 從케ᄒᆞᆯ 事."

39) "量地衙門 施行條例" 참조.

것이다. 즉 전답의 '시주(時主)'와 '시작(時作)'으로 표기하고 있다.

이러한 양지아문의 양전 방침은 이전의 양전사목보다 당대 현실을 크게 반영하면서도 새로운 원칙을 포함하고 있었다. 이러한 원칙을 세운 이상 양전사업을 더 이상 미룰 수 없었다. 이에 따라 1899년 6월 양지아문에서는 충청남도 아산군(牙山郡)에서 시범적인 양전을 실시했다. 전의군수 정도영이 충청남도 양무감리를 맡아 이종대, 이기, 이교혁, 송원섭 등 4인의 양무위원을 비롯한 학원 22명을 대동하고 6월 20일부터 약 3개월간 양전을 실시하였다.

이곳의 양전에서는 매필지마다 실지에 나아가 민간의 두락이나 구결부도 조사하였으며 특히 농지의 형상을 그대로 본떠서 전답도형을 그렸고 실적수를 정밀하게 표기하였다. 뿐만 아니라 토지의 소유자인 전주, 답주 이외에도 작인도 빠짐없이 조사하였으며 심지어 대주 이외에 여러 명의 가주도 조사하였다.[40] 비록 양무위원에 따라 각기 다른 양식으로 조사되기는 했으나, 이후 양안의 정리과정에서 이기가 도입한 양안의 기재양식에 따라 통일적으로 정연하게 정리되었다.[41] 따라서 아산군 양전은 이후 전국적인 양전사업의 확대실시에 기초적인 토대가 되었다. 무엇보다도 아산군 양전을 거쳐서 토지조사 방법과 양안 작성 원칙이 최종적으로 결정되었다. 즉 전답도형도의 도입, 절대면적인 실적수 표기, 토지의 소유와 경영관계를 나타내주는 '시주와 시작'의 병기로 확정되었다. 이후 아산군 양전을 담당한 양무위원들이 양전의 확대와 더불어 경기, 충청, 전라도의 양전을 실질적으로 담당하게 되었다.

이를 바탕으로 양지아문에서는 전국적으로 양무감리와 위원을 파견하

---

40) 宮嶋博史, 1990, 「光武量案의 역사적 성격」『대한제국기의 토지제도』, 민음사, 60~69쪽.

41) 왕현종, 1995, 「대한제국기 양전·지계사업의 추진과정과 성격」『대한제국의 토지조사사업』, 민음사, 65~75쪽.

<표 2> 전국 양무감리 명단(1899~1901)

지역	전임자	전임관직	임명일자	후임자	전임관직	임명일자
경기	이종대(李鍾大)	양무위원	1899.11.11	이승우(李勝宇)	종2품	1900.4.27
충남	정도영(鄭道永)	전의군수	1899.5.29	민치순(閔致純)	정3품	1900.5.21
충북	이계필(李啓弼)	옥천군수	1899.11.11	이덕하(李德夏)	6품	1900.4.27
				이필영(李弼榮)	3품	1901.4.9
전남	김성규(金星圭)	장성군수	1899.3.18~ 1900.10.30	이우규(李祐珪)	4품	1900.11.6
				전병훈(全秉薰)	전의관	1901.3.21
				한용원(韓龍源)	4품	1901.4.9
전북	이태정(李台珽)	남원군수	1899.5.29	이승연(李承淵)	익산군수	1900.5.30
				오횡묵(吳宖默)	양무위원	1901.3.21
경남	남만리(南萬里)	거창군수	1899.3.18	최두문(崔斗文)	정3품	1900.4.5
경북	박준성(朴準成)	신녕군수	1899.11.11	김자선(金滋善)		1900.4.5
황해	전병훈(全秉薰)	전의관	1901.4.9			
평남	팽한주(彭翰周)	평양감리	1901.10.22			

면서 양전사업을 체계적으로 진행시키게 되었다.

양지아문에서의 측량사업은 토지조사 방식에서 구래의 양전방식을 준용하면서도 새로이 몇 가지 원칙을 추가로 설정하고 있었다. 우선 양지아문의 양전은 모든 부동산을 대상으로 삼았다는 점이다. 경작지는 지목이 크게 전·답으로 나뉘는데, 전의 경우에도 작물 재배 여부에 따라 자세히 구분하였다. 가사(家舍)는 용도에 따라 공해·사찰·서원 등으로 표기하였으며, 수용(水舂)·방축·제언·토기점·염전·화전 등도 상세히 조사 기록하였다. 이제 양지아문의 사업은 전국적인 토지조사와 가옥조사 등 일체 토지에 관련된 사항을 조사하는 범국가적인 양전조사사업으로 확대되었다.

2) 광무양안의 작성과 토지소유자·작인 조사

대한제국기 양전을 총괄하는 양지아문에서 작성한 양안에는 다음과 같은 특징이 있었다. 기본적으로 양안에 등록하는 방식에서는 종래 국조구전에 의거하여 천자문 순서에 따른 자호체계를 그대로 유지하였으며,

일정한 생산량을 기준으로 토지를 파악하는 방식인 결부제, 전품 6등에 따른 동적이세제를 그대로 준수하였다.[42] 이렇게 토지조사 방식에 있어 구래의 양전 방식을 유지하면서도 보다 객관적인 토지면적을 파악하기 위한 조사 방식을 채택했다. 첫째, 매필지의 면적을 기록하는 방식의 차이가 있었는데, 종래에는 장광척만을 기록한 데 대해 이것 이외에도 총실적수를 기입하여 절대면적을 표시하였다. 둘째, 개별 필지의 형상을 단순화했던 다섯 가지 도형에 그치지 않고 다양한 등변, 부등변형을 표기하여 세분화된 토지의 형상을 파악하려고 했다. 셋째, 전답도형도를 처음으로 도입함으로써 이전의 양전에서 파악된 토지형상의 파악에서 한 단계 진전시켜 지적도제로 이행하려는 중간과정을 보여주었다. 따라서 양지아문의 양전사업은 종래 소출 중심으로 토지를 평가하던 단계에서 객관적인 면적과 토지 가치를 평가하는 단계로 전환하는 것을 의미했다.[43]

양지아문은 전국적으로 측량사업을 실시하면서, 대개 세 단계의 과정을 거쳐 양안을 작성·정리하고 있었다. 우선 각 지방에서 면단위로 실제 들에 나가 측량하고 관련사항을 기록하는 단계이다. 초기 양전과정에서 작성되는 장부를 '야초(野草)'라 하였다.[44] 경상북도 의성군 북부면의 야초가 유일하게 남아있다. 여기에는 각 필지별로 전답과 초가·와가의 구별, 배미[夜味]의 기재, 양전방향, 토지형상, 사표, 실적수, 등급, 결부수, 전답주 및 작인 등의 순서로 기록하였다. 실지조사를 통해 실적수와 등급,

42) 『增補文獻備考』 田賦考 2, 中卷, 645쪽.

43) 崔元奎, 1995, 「대한제국기 量田과 官契發給事業」 『대한제국의 토지조사사업』, 민음사, 222~229쪽.

44) 전라도 구례군 오미동의 사례연구에서 실지 토지조사에 대한 기록이 처음으로 소개되었다. "(1900년 3월 1일) 오후에 量地人들이 들어와 바깥 서쪽 담장 산수유나무 아래에서 땅을 측량하니 길이가 46자, 너비는 50자이었고 칸수는 23칸이었다. 일부는 가고 일부는 사랑에 머물렀다"라고 하였다(『紀語』 권2, 1900년 3월 ; 李鍾範, 1995, 「韓末 日帝初 土地調査와 地稅問題」 『대한제국의 토지조사사업』, 민음사, 546쪽).

결부수를 계산하여 기록하고 사표명과 전답주명이 양전방향과 반드시 일치하도록 표기하였다.[45] 야초의 말미에는 하루 측량한 토지면적을 마무리하면서 총실적수와 결부수가 표기되었다. 대개 하루의 측량필지수와 결부수는 88필지에서 128필지에 이르기까지 다양하였다. 평균적으로는 121필지, 8결여를 측량하였다. 이는 이전의 경자양전에서는 하루당 3결이 조사되었음에 비추어 광무양전은 보다 짧은 기간에 많은 토지를 조사하였음을 알 수 있다.[46] 이렇게 작성된 야초 장부에는 아직 자호와 지번이 부여되어 있지 않으나 각 필지의 사표가 나란히 연속되어 있어서 양전을 거쳐간 동리나 평의 순서 그대로 표기되었으며 이후 양안의 정리과정에서도 그대로 준수되었다. 초기 양전과정에서 기록의 정확성 여부가 전체 양전 및 양안작성에 결정적으로 중요한 의미를 지니고 있었다.

광무양전의 두 번째 단계는 각 도별로 '중초본(中草本) 양안'을 작성·정리하는 단계이다. 이는 군별로 양무위원과 학원들이 한데 모여 각 면별로 측량된 야초를 수집해서 전체 군단위로 새로 정리하는 과정을 말한다. 이들은 우선 일정한 면의 순서에 따라 각 필지별로 자호와 지번을 부여하였으며, 면적과 결부, 시주와 시작기재의 정확성, 사표와 시주의 일치 등을 수정하였다. 일부 지역의 중초책 양안에는 조사형식과 내용이 달리 기재된 것도 보인다. 예를 들어 경기도 지역 양안에서는 면 총목에 이전의 구결수 및 호수 총액을 조사한다든지, 충청남도 남부지역 양안에서는 가호를 조사하면서 원호뿐만 아니라 협호도 조사하고 있다.

다음으로 각 군별로 정리된 중초본 양안을 양지아문에서 모아놓고 재수정하는 과정을 거쳐 '정서본(正書本) 양안'을 완성하는 단계를 밟는다.

---

45) 이영호, 1995, 「光武量案의 기능과 성격」『대한제국의 토지조사사업』, 민음사, 128~131쪽.

46) 宮嶋博史, 1997, 「광무양안과 토지대장의 비교분석」『조선토지조사사업의 연구』, 민음사, 204쪽.

양지아문의 조사위원들은 중초본 양안의 표지에 초사(初査), 재사(再査)를 붙여가면서 각 면별로 전답의 실적통계 및 결부수, 시주(時主)와 시작(時作) 등을 최종적으로 확정하였다. 각 군현이나 도단위에서 양전관리가 나름대로 파악하여 중초본 양안에서 기재한 구결총이나 전답주와 소작인의 표기 등은 삭제되었다. 이러한 과정을 통해서 전국적인 광무양안은 통일적인 형식을 갖추게 되었다. 이렇게 광무양안은 야초의 작성단계에서 대개 3개월 정도의 측량과정을 거치고, 중초책 양안에서 정서책 양안의 정리단계에서 거의 1년 이상 기간을 거쳐 완성을 보게 되었다.

당시 광무양안에서는 국가수세지의 확충이라는 목표를 달성하기 위해 실제 경작농지의 면적을 파악하여 종래의 결총보다 많은 신결을 찾아냈으며, 가옥세나 호구조사와 연계하여 대지의 규모와 가옥 상태, 현거주자의 가호구성 여부 등을 정밀하게 파악하였다. 이는 광무양전이 지닌 목적 중의 하나였던 대한제국의 국세조사로서의 성격이 어느 정도 성과를 거두고 있었음을 보여주고 있다. 그리하여 완성된 광무양안은 비로소 토지의 위치와 면적 및 토지소유자를 기재한 '토지조사부'의 기능을 갖게 되었다.

지금까지 대한제국기에 추진된 양지아문의 양전사업의 결과물인 양안이 갖고 있는 기능과 성격에 대해서는 여러 가지 이론이 제기되었다.47) 초기 연구에서는 양안이 본래 토지에 대한 세를 부과하기 위하여 작성하는 것이지만, 그것은 동시에 소유권을 보호하기 위한 등기부의 기능도 있다고 보았다. 특히 광무양안은 토지소유권의 보호를 목적으로 발급되는 지계제도를 수립하기 위한 것이었다는 점이 강조되었다.48)

이에 대하여 광무양전은 국가의 수조 대상지 조사과정에 불과했으며,

---

47) 이영학, 1991, 「광무양전사업 연구의 동향과 과제」 『역사와 현실』 6, 한국역사연구회, 327~343쪽.

48) 金容燮, 1968, 앞의 논문, 336쪽.

토지의 측량에 한정하여 광무양전과 토지조사사업은 연장선상에 있다고 볼 수 있다고 비판한 연구가 있다. 특히 연기군 동일면(東一面)의 사례연구의 경우에는 시주의 실명여부가 추구되었는데, 호적이나 족보와 상호 비교하였지만 실제 양안상의 호와 호적상의 호는 커다란 차이를 보이고 있었고 동일인으로 확인된 167명 가운데에도 불과 48명만이 정상적으로 기록된 형태이고 나머지는 분록(分錄)과 대록(代錄) 등으로 형제들이나 사망한 선조의 이름으로 기록되었다는 점이 밝혀졌다.[49] 이로써 '기주(起主)'를 곧바로 '농가세대'로 간주하는 것은 무리이며, 또한 시주와 시작을 토지소유자와 경영자로 단순화하기 어렵다는 점이 제기되었다.[50]

그런데 양안상의 시주 실체를 보다 분명히 파악하기 위해서는 광무양전사업에서 추진된 농가 조사방식과 소유자의 파악과정에 보다 주의할 필요가 있다. 이 시기 양전사업에서는 농촌사회에서 현실의 토지소유자와 경작자를 정확하게 파악하려는 방침을 세우고 있었다. 실제 양전사목으로 채택되었을 것으로 추정되는 오병일(吳炳日)의 '양전조례(量田條例)'에서는 "양전을 실시하기 전에 해당지역에 훈령을 내려 전주가 자기 성명의 표를 세워 경계를 판별하도록 할 것"을 채택하고 있었다.[51] 이렇게 전주(田主)의 자진신고를 기초로 하여 소유자조사가 이루어지는 것을 원칙으로 하였지만, 실제 대부분의 경우에는 지주들이 일일이 참여하지는 않았던 것으로 보인다. 대부분의 지역에서는 경기도 수원과 용인군의 토지조사과정에서 나타났듯이, 지심인(指審人)이나 두민(頭民), 동장(洞長)들이 대신 보고했으며, 아니면 학원(學員)이 시작의 소명을 통해서 간접적으로 조사하였던 것으로 생각된다.[52]

---

49) 李榮薰, 1990, 앞의 논문, 115~123쪽 ; 李榮薰, 1992, 「光武量田에 있어서 <時主> 파악의 실상 2」『省谷論叢』 23 참조.

50) 宮嶋博史, 1996, 「量案における "主"の性格 - 1871年 慶尚道彦陽縣量案の事例」『論集朝鮮近現代史 - 姜在彦先生古稀記念論文集』, 明石書店, 128~131쪽.

51) 吳炳日, 「量田條例」『田案式』 參조.

양지아문의 양전방식 중에서 특이한 것은 전답주라고 간주되는 시주만 조사하지 않고 작인이라고 할 수 있는 시작도 조사했다는 점이다. 또한 일부 지역에서 결명(結名)·결호(結戶)를 조사하는 경우도 있었다. 이는 초기 양전지역의 하나인 온양군 일북면(一北面)의 일부, 남상면(南上面), 서면(西面) 등이 해당된다. 여기서 시주와 시작의 기재란에 더불어 표기된 결명과 결호는 특정한 성에다 노명(奴名)이나 호명류(戶名類)의 이름을 조합시킨 형태를 취하고 있었다.[53]

<표 3> 온양군 양안에 기재된 결명별 시주·시작 유형

구분	중초책 양안	정서책 양안	필지수(%)	전답면적 : 정보(%)
	전·답주명-결명-작인명	시주명-시작명		
I	A-a-A	A-A	190 (27.5)	29.10 (21.3)
II	A-a-B	A-B	243 (35.2)	54.52 (39.8)
III	a-a-a	a-a	1 (0)	0.13 (0.1)
IV	a-a-B	a-B	5 (0.7)	0.65 (0.5)
V	A-A-A	A-A	97 (14.2)	14.65 (10.7)
VI	A-A-B	A-B	141 (20.4)	36.85 (26.9)
VII	A-B-B	A-B	13 (2.0)	0.93 (0.7)
계			690 (100)	136.83 (100)

위의 표에 나타난 바와 같이, 결명은 전답주와 작인 사이에 위치하면서 다양한 관련형태를 나타내고 있었다. 결명은 대부분의 경우(I-VI)에서 전주·답주와 밀접한 관련성을 가지고 있었다. 따라서 실질적인 토지의 소유자가 결명을 차명하여 대록하고 있는 것이 아닌가 추측할 수 있다.[54] 이렇게 결명도 기록한 것은 시주·시작을 파악하기 위한 하나의 과정이었다고 하겠다. 즉 종래 서로 분리되었던 수세장부와 양안을 일치시키는 동시에

52) 『司法稟報』 乙, 제42책, 「平理院檢事 洪鍾檍의 法部大臣 李址鎔에 대한 제64호 報告書」(光武 8년 6월 15일).

53) 최윤오·이세영, 1995, 「光武量案과 時主의 실상」 『대한제국의 토지조사사업』, 341쪽, <표 2> 전재.

54) 최윤오·이세영, 1995, 위의 논문, 340~355쪽.

조세납부자를 파악하고자 했기 때문이었다. 그러한 과정을 통하여 양안의 기재양식상으로는 현실의 조세납부의 대상자가 곧 토지의 소유자인 시주로 귀착되었다는 점을 알 수 있다.

그런데 여기서 조사된 시주의 규정은 일반적으로 '양전 조사 당시의 시점에서의 토지소유자'라는 의미로 해석되어 왔다. 또한 '시주'의 표기방식은 초기 아산군 양전에서 주도적인 역할을 하였던 양전관리인 이기에 의해 만들어진 것이었다. 특히 시주는 광무양전 과정에서 양전관리에 의해, 곧 국가에 의해 일률적으로 표기되었다는 점에서 각별한 의미가 있을 것으로 추측되었다. 실제로 충청남도 아산, 온양, 연기군 일부 및 경기도 광주군 일부 및 수원과 용인군 전체의 중초책 양안에서 토지소유자를 전주와 답주로 표기하기도 했으나 이후 정서책 양안에서는 모두 일률적으로 '시주'로 바뀌었다는 점에서도 확인할 수 있다.

그렇지만 최근 양안상의 시주 규정 자체를 토지소유자의 사적 토지소유권을 인정하는 것이 아니라는 반대론도 제기되었다. 조선국가가 당초 국전제(國田制) 이념을 대한국국제의 기본으로 두고 있었기 때문에 시주는 단지 '인민의 임시적 내지 한시적 존재'임을 규정한 것에 불과하다는 것이다.[55] 이는 인민의 토지소유보다 상위에 위치한 국가적 토지지배의 우위성을 전제하고 있는 논의였다.

이러한 시주의 기재방식과 관련해서 양안상에 기록된 토지소유자의 성격을 재검토할 필요가 있다. 광무양안에는 전답주가 실명을 사용하든 대록명을 사용하든 자신의 토지에 대한 토지소유권을 행사하는 데 전혀 문제를 느끼지 않았다는 점이다. 또한 향촌에서는 해당토지의 소유자명이 비실명이라도 그 토지의 실질적인 소유주가 누구인지를 알고 있었기 때문에 굳이 대록이 문제시되지 않았다.[56] 이는 당시 철도용지의 보상을

---

55) 李榮薰, 1997, 「量案上의 主 規程과 主名 記載方式의 推移」『조선토지조사사업의 연구』, 민음사, 196~197쪽.

위해 지급된 명세서에서도 나타난 바와 같이, 토지소유자의 이름형태와 관계없이 보상이 이루어졌으며, 결국 국가에서 이들 호명이나 가명으로 기재된 토지의 소유자와 그 소유권을 인정하고 있었다는 점에서 알 수 있다.[57]

또한 양안상의 '시작' 규정은 단순히 조세납부자로서 조사된 것이 아니라 소작인의 경작권을 보호하고 일정하게 보장해주려는 의도도 포함하는 것으로 볼 수 있다.[58] 따라서 조선후기이래 사적 토지소권의 성장이 이루어지고 있는 가운데 독특한 재산상속과 권리의식이 형성되고 발전하고 있었으며, 이에 대해 대한제국은 이러한 토지소유권과 더불어 농민의 경작권도 일정하게 보호하려는 정책방향을 취하고 있었다고 할 수 있다.

한편 '시주'의 규정이 등장한 배경에는 당시 대한제국이 토지주권 강화정책의 일환으로 외국인 토지소유 금지정책을 추진하려는 목적도 작용하고 있었다고 보아야 할 것이다. 특히 시주의 자격에는 조약상으로 허용된 지역 이외에 불법적으로 토지를 취득한 외국인의 소유권을 용인하지 않았다. 이후 지계양안에서는 비록 민유지에만 시주라는 규정이 적용되고 국유지에는 적용되지 않았으나 전답관계(田畓官契)에서는 민유지와 국유지를 막론하고 모든 토지의 소유자를 시주로 규정하고 있다는 점도 고려하여야 한다. 따라서 광무양안 자체를 '허부(虛簿)'로 규정하고 현실의 토지소유관계를 전혀 반영하지 못하는 것으로 간주하는 것은 당시의 토지소유관행을 고려하지 못했을 뿐만 아니라, 대한제국의 양전·지계사업의 단계적 전진성을 고려하지 않는 견해라고 하겠다. 양안상의 '시주' 규정은 대한제국의 국가적 지배가 관철된다는 의미라기보다는 이후 전개될 지계사업을 통해 관계발급과정에서 재확인되고 수정될 존재였기 때문이었다.

56) 최윤오·이세영, 1995, 앞의 논문, 355쪽.
57) 이영호, 1995, 앞의 논문, 179~187쪽.
58) 최원규, 1995, 앞의 논문, 211~212쪽.

결국 최종적으로 관계발급과정을 통해서 '원시취득'의 소유권자로 사정될 것이었다.

이렇게 지계아문의 양전사업과 연계된 관계발급사업은 양전사업이 확대되어가고 각 도별로 완성됨에 따라 시행될 수 있었다. 이에 따라 1902년 말부터 강원도 전지역에 관계발급사업이 시행될 수 있었고, 1903년 11월 21일부터는 충청남도 직산에서부터 시작하여 충청남도 전역에 확대 실시될 예정이었다.[59] 1902년과 1903년 2년간에 걸쳐 전국적으로 94개 군에서 양전이 마무리되었으며, 종래 양지아문에서 양전한 지역까지 합치면 218군으로서 전국적으로 2/3의 군에 이를 정도였다.[60]

4. 광무양안의 보존 현황과 자료적 활용

광무양안은 대한제국기 고종황제의 재위 기간 중 광무 연간에 만들어진 양안을 말한다. 광무 연간은 물론 1897년부터 시작되지만, 실제 1898년 양전을 담당할 기구인 양지아문이 만들어진 이후, 1899년부터 양전사업이 실시되었으므로 이후 만들어진 양안을 지칭한다.[61] 광무양전사업은 전국적인 218군에서 시행되었기 때문에 그만한 군별 일반양안이 남아있어야 하지만, 실제로는 그것에 크게 미치지 못한다.

광무양전사업을 추진한 기구는 1898년에 설립된 양지아문이고, 또한 1901년에 설립된 지계아문 등 2곳이었다. 이들은 현지에서 양무관리,

---

59) 『官報』 2669호(1903년 11월 13일) 광고 참고.

60) 『增補文獻備考』 「田賦考」2, 中卷, 645쪽.

61) 광무양안의 자료적 성격에 대해서는 김종준, 2010, 「광무양안의 자료적 성격 재고찰」 『한국문화』 51, 규장각 한국학연구원, 181~220쪽 ; 서울대학교 규장각 한국학연구원 엮음, 2012, 『일반양안 기타양안 : 조선후기~대한제국기 양안 해설집 3』, 민속원, 135~264쪽 참조.

즉 양무감리, 양전위원 및 학원 등에 의해서 작성된 '야초 양안'을 각 군별로 정리하여 '중초책 양안'을 완성한 이후, 중앙에서 '정서책 양안'을 제작하는 등 크게 3차례의 단계로 이루어졌다. 이를 통해서 3종류의 양안이 작성되었을 것으로 보여지고, 이밖에 각 군의 공토(公土)에 대해 별도의 성책을 작성하거나 해당 지역의 가호(家戶)에 대한 기록을 모아 별도로 성책한 가호안(家戶案) 등 부수되는 장부도 포함하여 광범위하게 광무양안 장부류로 포함하여 명명할 수 있겠다.[62]

광무양전의 실시 지역 전체 현황과 더불어 현재 광무양안이 남아있는 곳은 다음의 표와 같다.

<표 4> 전국 지역별 양전기관과 양안 분포 상황

양전기관 / 지역	양지아문		지계아문
	양지아문(A)	지계아문(B)	지계아문(C)
경기	果川*1900 廣州 1900 廣州*1900 水原 1900 安山*1900 安城 1901 陽城 1901 陽智 1901 驪州 1901 龍仁 1900 陰竹 1901 利川 1901 竹山 1901 高陽 長端	安城* 1902 陽城* 1902 陽智* 1902 振威* 1902	水原 1903 龍仁 1903 始興 南陽 楊州 楊根 砥平
충북	槐山 1900 文義 1900 延豊*1901 陰城 1900 鎭川*1901 淸安 1900 忠州 1900 淸州 沃川 淸風 報恩 丹陽 提川 永同 黃澗 靑山	永春* 1902 忠州* 1902 懷仁* 1901	
충남	鎭岑 1901 天安 1900 韓山 1901 石城 1901 木川 1900 扶餘 1901 牙山*1900 燕岐 1900 連山 1901 溫陽 1900 全義 1900 定山 1901 公州 林川 鴻山 恩津 魯城 藍浦 鰲川 靑陽 泰仁 保寧	石城* 1902 連山* 1901 韓山* 1903	德山 新昌 禮山 大興 海美 沔川 唐津 瑞山 泰安 洪州 庇仁 瑞川 結城 稷山 平澤 懷德
전북	南原 古阜 金堤 錦山 金溝 咸悅 淳昌 任實 高山 井邑 雲峰 長水 求禮		全州 勵山 益山 臨陂 扶安 茂朱 鎭安 珍山 沃溝 萬頃 龍安 龍潭
전남	羅州 靈光 寶城 興陽 長興 康津 海南 茂長 綾州 樂安 南平 興德 和順 高敞 靈巖 務安		
경북	大邱 永川 安東 醴泉 淸道 靑松 寧海 張機 盈德		尙州 星州 金山 善山 仁洞

62) 서울대학교 규장각, 1982, 『규장각한국본도서해제 - 사부 2』 양안 설명 부분 참조.

	河陽 榮川 奉化 義城 淸河 眞寶 軍威 義興 新寧 延日 禮山 英陽 興海 慶山 慈仁 比安 玄風 慶州	順興 龍宮 開寧 聞慶 咸昌 知禮 高靈 漆谷 豊基
강원		江原道전부(杆城 1903 平海 1902) 江陵 襄陽 春川
경남	密陽 蔚山 宜寧 昌寧 居昌 彦陽 靈山 昆陽 南海 泗川	昌原 金海 咸安 咸陽 固城 梁山 機張 草溪 漆原 巨濟 鎭海 安義 丹城 熊川 三嘉 晉州 河東 東萊 1904 山淸 1904 鎭南 1904 陜川 1904
황해	海州 瓮津 康翎	

*비고 : 연도 표시지역은 규장각에 양안을 소장한 지역, 그중 *표시지역은 정서책 소장지역임. 밑줄 친 지역은 전답관계의 발견지역임.

*자료 : 『증보문헌비고』, 전부고2, 중권, 645쪽 ; 奎章閣, 1982, 『규장각한국본도서해제 - 사부2』, 1982 ; 최원규, 1995, 「대한제국기 量田과 官契發給事業」 『대한제국의 토지조사사업』, 민음사, 212~213쪽 일부 수정 재인용.

위의 표와 같이 광무양전의 실시 지역은 양전 시행 순서와 양지·지계아문의 양안 정리를 기준으로 편성한 것이다. 우선 양지아문의 실시지역에서는 경기 충북 충남 등지에서 시행한 양지아문 단계의 광무양안이 많이 남아있다.63)

<표 5> 경기 충청남·북도 지역 광무양안의 분포상황

도명	군명	면수	책수	작성기관	작성연대	양안종류	연구활용	규장각 소장 번호
경기도	과천	7	14	양지아문	1900	중초본		규17655-v1.~14.
	과천	1	1	양지아문	1900	정서본		고4258.5-10
	광주	22	48	양지아문	1900	중초본	*	규176411-v1.~22.
	광주	22	22	양지아문	1900	정서본		규176411-v1.~22.
	수원	39	73	양지아문	1900	중초본	*	규176651-v1.~73.

63) 위의 표 중에서 수원군 제34책 갈담면의 경우, 파손분이 지계아문의 수원군양안(규17650) 66책으로 잘못 편입되어 있다. 아산군 제10책 근남면의 경우 18자호가 다른 곳으로 있다. 아산군의 경우 <忠淸南道牙山天安兩郡査結量案>(1책, 12장, 규17699)의 양안이 있어 1903년 아산군의 삼서, 이서, 천안군 돈의면 등지 사득전답 58필지를 따로 기록하고 있다. 전의군 양안 중 1책과 2책은 원래 책명이 <全義北面量案抄 一, 二>로 되어 있다. 또한 『牙山郡量案』의 근남, 원남면 양안은 『全羅道興陽縣所在耆老所屯田畓量案』(규17701) 內 <牙山郡南面量案>으로 잘못 편철되어 있다.

	수원	39	65	지계아문	1903	미완성	*	규17650-v.1~66.
	안산	6	15	양지아문	1900	중초본		규17654-v.1~15.
	안성	24	30	양지아문	1901	중초본		규17647-v.1~30.
	안성	24	24	지계아문	1902	정서본		규17646-v.1~24.
	양성	18	30	양지아문	1901	중초본		규17653-v.1~28.
	양성	18	18	지계아문	1902	정서본		규17652-v.1~18.
	양지	11	16	양지아문	1901	중초본		규17658-v.1~16.
	양지	11	11	지계아문	1902	정서본		규17657-v.1~11.
	여주	20	41	양지아문	1901	중초본		규17642-v.1~41.
	용인	16	29	양지아문	1900	중초본	*	규17645-v.1~29.
	용인	16	27	지계아문	1903	미완성	*	규17644-v.1~27.
	음죽	9	17	양지아문	1901	중초본		규17659-v.1~17.
	이천	15	29	양지아문	1901	중초본		규17643-v.1~29.
	죽산	15	26	양지아문	1901	중초본		규17656-v.1~26.
	진위	13	21	양지아문	1901	중초본		규17649-v.1~21.
	진위	13	13	지계아문	1902	정서본		규17643-v.1~13.
충청북도	괴산	8	9	양지아문	1900	중초본		규17679-v.1~9.
	연풍	5	5	양지아문	1901	정서본		규17685-v.1~5.
	영춘	6	12	지계아문	1902	정서본		규17687-v.1~12.
	음성	4	12	양지아문	1900	중초본		규17680-v.1~12.
	진천	15	15	양지아문	1901	정서본	*	규17678-v.1~15.
	청안	6	12	양지아문	1901	중초본		규17686-v.1~12.
	충주	38	98	양지아문	1900	중초본	*	규17682-v.1~98.
	충주	38	38	지계아문	1902	정서본	*	규17681-v.1~38.
	회인	6	6	지계아문	1901	정서본		규17684-v.1~6.
충청남도	목천	8	15	양지아문	1900	중초본		규17675-v.1~5.
	문의	7	13	양지아문	1900	중초본		규17674-v.1~13.
	부여	12	16	양지아문	1901	중초본	*	규17663-v.1~6.
	석성	9	9	양지아문	1901	중초본		규17670-v.1~9.
	석성	9	9	지계아문	1902	정서본		규17669-v.1~9.
	아산	11	19	양지아문	1900	중초본		규17675-v.12~30.
	아산	11	11	양지아문	1900	정서본		규17675-v.1~11.
	연기	7	17	양지아문	1900	중초본	*	규17672-v.1~17.
	연산	8	17	양지아문	1901	중초본		규17673-v.9~25.
	연산	8	8	양지아문	1901	정서본		규17673-v.1~8.
	온양	9	18	양지아문	1901	중초본	*	규17667-v.1~18.
	온양	9	9	양지아문	1901	정서본		규17666-v.1~9.
	전의	6	12	양지아문	1900	중초본		규17665-v.1~12.
	정산	9	12	양지아문	1901	중초본		규17677-v.1~12.
	진잠	5	10	양지아문	1901	중초본		규17676-v.1~10.
	천안	15	27	양지아문	1900	중초본		규17668-v.1~27.

	한산	9	16	양지아문	1901	중초본	*	규17672-v.1~16.
	한산	9	9	지계아문	1903	정서본	*	규17671-v.1~9.
합계			1024					

경기도와 충청남도, 충청북도에서 시행한 양지아문의 양전사업은 대개 1899년부터 1901년까지 진행되었다. 위의 표와 같이 경기도 13개 지역, 충청남도 13개 지역, 충청북도 8개 지역 등의 양안이 남아있다. 그중에서 분석 대상이 되었던 양안 지역은 극히 일부에 불과하다. 또한 위의 표에서 잘 드러나듯이 양지아문의 중초본 이외에도 지계아문에서 정리한 중초본과 정서본이 있으며, 또한 지계아문이 시행한 결과 지계양안도 있다. 다만 지계아문이 재차 양전을 시행했던 수원과 용인의 경우에는 각 면별로 일부 완성되지 못하거나 정리과정에 있는 양안의 내용으로 보아 미완성본으로 간주된다. 이처럼 각 지역별 양안의 기록양식과 특징은 수록 내용을 검토하기 전에 미리 충분히 검토될 필요가 있었지만, 아직 제대로 자료적 성격이 해명되었다고 보기 어렵다.

한편 경기, 충청도 지역에서 작성된 양안의 자료적 특성은 당시 전국적인 양안의 시험양전 지역이었던 아산군 양안의 사례에서 잘 드러난다.[64] 이곳은 1899년 6월부터 약 3개월간 양전이 시행되었는데, 종래 결부와 함께 두락을 기재하였고 토지의 소유주와 작인 표시가 전주와 작인으로 표시되다가 추후에 수정되어 시주와 시작으로 통일되었다.[65] 각 면별로도 차이를 보이다가 결국 양지아문의 양전조례에 따라 획일적으로 통일되었다.[66] 이렇게 초기 양전사업에서는 현실의 농촌 관행에 따라 전주와 답주,

64) 아산군양안의 장부양식에 대해서 이미 미야지마 히로시(宮嶋博史)가 양안에 기록된 중초본(中草本) 19책을 분류하여 분석한 바 있다. 특히 이북(二北), 삼북(三北), 남면(南面)(두락수의 기재 : 宮嶋가 말하는 1유형), 그리고 이동(二東)(하책, 구결부의 표시 : 3유형), 현내면(縣內面)(중, 하책, 두락수의 기재)의 일부에서 민간의 두락이나 구결부(舊結負)가 기재되었다는 점을 지적했다.

65) 왕현종, 1995, 앞의 논문, 65~75쪽.

작인을 일일이 구별하여 조사했던 것으로 보인다. 또한 양전사업에서는 대지의 주인인 대주(垈主)와 빌려사는 가주(家主)를 구별하여 기록하였고, 진전(陳田), 방앗간을 뜻하는 용주(舂主) 등도 빠짐없이 기록한 것으로 보인다. 이렇게 원래 양전사업이 의도하였던 전국 토지의 일체 항목에 대한 조사는 경기, 충청도 일대의 양안 사례에서 어디에서도 충분하게 찾아볼 수 있다. 그렇지만 양안상에 기록된 시주와 시작에 대해서는 곧바로 농가세대로 환치하거나 지주와 소작인의 존재형태를 추적하는 것은 여러 가지 문제점을 가지고 있다.

지금까지 경기도와 충청남·북도 지역 양안은 대개 용인군 이동면과 모현면 일부, 수원 숙성면, 광주 북방면과 충청남도 한산, 연기군 동일면 일부, 부여군 일부, 아산군 일부, 그리고 충청북도 진천군과 충주군 전체 양안 등이 연구되었다.[67]

---

66) 『忠淸南道牙山郡量案』 9책 중 1책 縣內面, 뒷장 기록(光武 3년 6월 20일 始量, 光武 3년 9월 13일 畢量, 光武 4년 5월 일 正書) 참조.

67) 김용섭은 광주군 초부면, 수원군 토진면, 안성군 견내면 등지, 온양군 동상면, 연산군 외성면, 석성면 원북면 일부를 다루었고, 이영훈은 연기군 東一面 龍湖里와 合江里, 부여군 지역, 이영호는 용인군 이동면, 곽창호는 용인군 수여면, 이세영은 광주군 북방면, 그리고 이세영·최윤오는 온양군 양안 등을 분석하였는데, 이는 대개 면이나 특정 리를 단위로 한 것이었다(김용섭, 1968, 「광무년간의 양전사업에 관한 일 연구」 『아세아연구』 11-3, 고려대학교 아세아문제연구소 ; 이영훈, 1988, 『조선후기사회경제사』, 한길사 ; 이영훈, 1989, 「광무양전의 역사적 성격 - 충청남도 연기군 광무양안에 관한 사례분석 - 」 『근대조선의 경제구조』, 비봉출판사 ; 이영훈, 1990, 앞의 논문 ; 宮嶋博史, 1990, 앞의 논문 ; 이영호, 1990, 「대한제국시기의 토지제도와 농민층분화의 양상 - 京畿道 龍仁郡 二東面 「光武量案」과 「土地調査簿」의 비교분석 - 」 『한국사연구』 69, 한국사연구회 ; 이세영, 1995, 「대한제국기 농촌사회경제구조의 변화 - 1900~1903년 경기도 광주부 북방면을 중심으로」 『한국문화』 16, 서울대학교 한국문화연구소 ; 최윤오·이세영, 1995, 앞의 논문 ; 곽창호, 1993, 「대한제국기를 중심으로 한 토지소유관계의 일연구 - 용인군 水餘面 광무양안의 사례분석 - 」, 명지대 사학과 석사학위논문 ; 宮嶋博史, 1997, 앞의 논문. 충청북도의 경우 충북대 중원문화연구원에서 신영우 연구팀이 시도한 진천군과 충주군 전체 양안의 분석이 전체 군을 단위로 한 연구였다(최윤오, 1995, 「대한제국기 광무양안의 토지소유와 농업경영에 관한 연구 - 충북 진천군양안 전체분석을 중심으로 - 」 『역사와

<표 6> 강원도 경상남·북도 광무양안 보존 상황

도명	군명	면수	책수	작성기관	작성연대	양안종류	연구활용	비고
강원도	간성	8	11	지계아문	1903	정서본		규17692-v.1~11.
	평해	8	11	지계아문	1902	정서본	*	규17691-v.1~11.
경상북도	의성	1	4	양지아문	1900	야초		규 20876, 규 26311, 규 20993, 규 20994
	경주	9	139	지계아문	1903	중초본	*	古大 4258.5-17-v.1~139.
경상남도	동래	2	2	지계아문	1904	정서본		규18111
	산청	15	15	지계아문	1904	정서본		규17689-v.1~15.
	진남	10	11	지계아문	1904	정서본		규17690-v.1~11.
	합천	20	20	지계아문	1904	정서본		규17688-v.1~20.
합계			213					

한편 위의 표에서 간성군의 양안에서는 지계아문의 면단위 양안과 함께 별도로 가사안을 마련하고 있었으며,68) 경주군의 경우는 전체 9개 면에 대해 185책으로 양안을 작성하였으나 그 중 46책이 결여되어 139책만 이 남아있다. 이러한 강원도와 경상남·북도 지역에 대한 광무양안 연구는 일부를 제외하고는 크게 부진한 상태이다.69)

한편 경상남도의 경우에는 11개 군에서 공토를 별도로 기록한 공토성책(公土成冊)을 별도로 정리해 두고 있었다. 또한 경상남도 11개 군에서 가호안도 공토성책과 함께 정리해 두고 있다.70)

현실』 58, 한국역사연구회 ; 신영우 편, 2007, 『광무양안과 진천의 사회경제 변동』, 혜안 ; 신영우 편, 2010, 『광무양안과 충주의 사회경제구조』, 혜안 ; 신영우 편, 2012, 『광무양안과 진천의 평산신씨 무반가문』, 혜안).

68) <江原道杆城郡家舍案>(규17692.-v.11)은 간성군 양안 작성시 함께 만들어진 것으로 면리에 따라 통번호, 호번호, 초와(草瓦) 칸수, 가주성명이 기재되어 있다. 이는 다른 지역의 가호안과 다른 형식으로 주목된다.

69) 왕현종, 2004, 「대한제국기 지계아문의 강원도 양전사업과 官契 발급」 『동방학지』 123, 연세대학교 국학연구원 ; 김소라, 2014, 「광무양안과 토지대장을 통해 본 광무양전의 성격 - 충남 한산군 창외리와 경북 경주군 구정동 사례 중심으로」 『한국사론』 60, 서울대학교 국사학과.

70) 경상남도 동래군 사중면, 사하면 양안의 경우, 같은 지역의 공토성책과 가호안이

<표 7> 경상남도 공토성책 및 가호안 보존 상황

순서	공토성책					가호안					
	지역이름	면수	책수	작성시기	비고	지역이름	면수	책수	작성시기	내용	비고
1	거제	6	1책 (零本)	1904	규17957	삼가	10	1책	1904	상, 하책 중 상책	규17950
2	고성	17	1책 (106장)	1904	규17960	함양	18	2책	1904		규17945-v.1-2
3	기장	8	1책 (45장)	1904	규17961	기장	8	1책	1904		규17949
4	김해	15	1책 (190장)	1904	규17958	김해	13	1책 (230장)	1904	상, 하책 중 하책	규17954
5	동래	13	1책 (114장)	1904	규17959	동래	12	2책	1904	12面 居民 4,871호, 寺刹 11座, 公廨 2座, 亭舍 1座	규17947-v.1-2
6	안의 초계 단성		1책 (54장)	1904	규17963	단성	8	1책 (126장)	1904		규17951
7	웅천	8	1책 (75장)	1904	규17964	진해	3	1책 (71장)	1904		규17952
8	진남	7	1책 (98장)	1904	규17961	진남	5	1책 (102장)	1904	상, 하책 중 상책	규17961
9	진주	30	3책	1904	규17955-v.1-3	진주	55	5책	1904		규 17944-v.1-5
10	창원	15	2책	1904	규17956-v.1-2	창원	6	1책	1904	상, 하 2책 중 하책 남음	규 17956-v.1-2
11	함안	5	1책 (53장)	1904	규17962	함안	18	2책	1904		규17946-v.1-2

각 군의 공토성책은 대개 1904년 이후에 작성된 것으로 경상남도 11개 군에 집중하여 남아있다. 이 자료에는 궁장토와 역토, 둔토 등 다양한 토지가 포함되어 있으며, 기재 양식의 지계아문의 양식에 따라 필지별로 자호, 지번, 전답 구분, 열수 또는 좌수, 두락 또는 일경, 토지 등급, 결부, 작인 성명 순으로 되어 있다. 이들 토지들은 대개 궁방이나 국가 및 지방 관아가 관리하는 국유지의 성격이 강했다.

한편 경상남도 각 군의 가호안은 광무양안의 대지와 가호 기록에 근거하

남아있어 상호 비교를 통해 지계아문의 양전 조사 방침과 성격을 파악할 수 있다(『慶尙南道東萊郡量案』 규1811, 2책 참조).

여 각 면별로 작성한 것이다. 전체 자료에 등재된 면의 수는 158개이며, 동의 수는 1,627개, 총 45,256호의 가호에 관한 정보가 수록되어 있다.[71] 이는 해당 지역의 주민 파악과 가옥세 부과를 위해 작성한 것으로 보인다.

5. 결론 - 최근 연구 동향과 사업의 의의

1898년부터 1904년까지 7여 년 동안 추진한 광무양전·지계사업은 근대적인 토지제도와 지세제도를 수립하고자 하는 목표아래 전국가적인 차원에서 추진되었던 사업이었다. 이 사업은 양지아문이 주도한 양전사업과 지계아문의 양전·관계발급사업으로 전개되었다.

대한제국의 양전·관계발급사업은 무엇보다도 '토지소유권의 법인'이라는 측면에 중요한 성과를 거두고 있었다. 이전의 양전사업과 달리 토지소유자에게 관계를 발급하였다. 즉 대한제국기에는 양전사업을 통하여 개별 토지와 토지소유자를 조사하고, 그 토지소유자가 매매문기 등을 제출하여 현실의 토지소유자임을 확인하는 사정과정을 거쳐 토지소유권자로 확정되었다. 이 관계사업은 주도면밀하게 양전과정과 결합되지는 못했으나 적어도 사적 토지소유에 대한 근대적 법인을 목표로 한 것이었고, 조선후기 이래 지배적 소유관계인 지주적 토지소유를 그대로 온존시키면서 그것을 토대로 하여 근대적 제개혁을 추구한 것이다. 결국 이들 지주 부르주아 계층의 입장에서 근대적 토지소유권의 확립을 추구한 것이었다는 시각이었다.[72]

71) 최영준, 2004, 「『家戶案』분석을 통해 본 개화기 경상남도의 가옥형태와 구조」 『대한지리학회지』 39권 제3호, 대한지리학회, 297~320쪽. 이 논문에 따르면 경상남도 11면 당시 임차가좌는 사유지가 68%, 국공유지가 약 32%로 보았다.

72) 金容燮, 1968, 앞의 논문 ; 김용섭, 1988, 앞의 논문 참조.

이에 대한 반론은 1980년대 말부터 제기되었다. 먼저 배영순은 광무양전사업이 근대적 토지소유의 확립을 지향한 것은 사실이지만 결국 실패했으며, 지세제도의 완성과 관련하여 일제 토지조사사업의 전사로서 의의를 부여하였다.[73] 또한 이영훈은 「양안의 성격에 관한 재검토」에서 기존 연구의 통설인 '기주=농가세대설'을 부정하고 평·천 양계층 중에서 양반 농가를 능가하는 부농호가 존재한다는 사실 등이 유효하지 않다고 비판하였다. 또한 그는 연기군 양안 전체를 대상으로 검토하면서, 광무양안상 압도적인 다수인 93.8%가 2정보 미만의 영세경작규모에 속하는 것으로 보아 당시 연기지방에 지배적인 소유-경영관계는 '자작농체제하의 영세소경영체제'였다고 결론지었다.[74] 또한 충남 연기군 광무양안에 대한 일련의 연구에 기반하여 특히 '시주(時主)' 문제를 집중적으로 논했다. 연기군 동일면(東一面) 용호리(龍湖里)와 합강리(合江里) 토지대장, 광무호적, 족보 등의 방증자료와의 비교를 통해 양안이 당시 지주제를 반 정도로 과소평가하고 있다고 보았다.[75] 이는 광범위한 분록, 대록 현상으로도 확인된다고 하면서 더 이상 분석적인 양안 연구는 이루어지기 어렵다는 반론을 제기하였다.[76] 그는 결론적으로 현실의 토지소유관계 그 자체에 대해 하등의 변혁적 재편을 가하지 않은 근대적=부르주아적 개혁이 역사에서 과연 존재할 수 있는 것인지 이해할 수 없다며 국가적 토지소유가 그 자체로는 근대법적 형식으로 전환되기 어려웠다고 하였다.[77] 이러한 관점에서 조선후기 양전이란 어디까지나 국가적 수취의 입장에서 그 수조지와 수조대상자를 확정하는 과정이었다고 보고 있다. 특히 토지소유권의 조사의 측면에

73) 배영순, 1988, 앞의 논문 참조.

74) 이영훈, 1990, 앞의 논문, 102~115쪽.

75) 이영훈, 1989, 「광무양전의 역사적 성격 - 충청남도 연기군 광무양안에 관한 사례분석 -」 『근대조선의 경제구조』, 비봉출판사 참조.

76) 이영훈, 1990, 앞의 논문 ; 이영훈, 1992, 앞의 논문 참조.

77) 김종준, 2010, 앞의 논문, 183~184쪽 참조.

서는 추진주체의 의도가 있었을지 모르지만 근대법적인 소유권 확정과 관리체계를 결여하고 있었기 때문에 양전사업이 그 자체로 실패할 수밖에 없었다고 파악하였다.[78] 따라서 광무양전사업에서는 소유권조사사업으로서의 성격은 하나의 의제에 불과하였다고 하였다.[79] 그러한 사업은 도리어 일제의 토지조사사업에서 찾아볼 수 있다고 간주하였다.

이러한 반론은 대개 1980년대 중반 이후 본격적으로 제기된 것이었다. 이에 대해 한국사 연구자들은 대한제국기 양전사업이 '대한제국의 토지조사사업'이었다는 관점에서 공동 논문집을 내었고, 또한 그러한 광무년간의 양전·관계발급사업이 대한제국의 근대적 토지제도의 수립과정이었다는 점을 강조하였다.[80]

이후 1990년대 후반에서 현재까지의 연구경향은 크게 보아 광무양안의 토지소유 구조와 농촌경제 실상에 대한 연구에서 한 걸음 나아가 사회사, 지적사 등 분야사로서 나아가고 있다.

이런 경향은 2000년대 들어 충청북도 진천과 충주 등 여러 군 지역의 양안에 대한 공동연구에서 시도되었다.[81] 이들에 따르면 지금까지 광무양안이 농업사 자료의 가치로서 주로 활용되었으며, 이에 따라 토지소유주와 작인을 기재한 항목에서 지주층과 농민들의 토지소유를 확인하고, 그 규모와 농민층 분화의 양상 등을 파악할 수 있었다고 보았다. 그렇지만

78) 宮嶋博史, 1991, 앞의 책 ; 金鴻植 외, 1990, 앞의 책 참조.

79) 이영훈, 1989, 앞의 논문 참조.

80) 왕현종, 1991, 「광무양전사업의 다양한 성격과 좁은 시각」(서평) 『역사와 현실』 5, 한국역사연구회 ; 근대사분과 토지대장연구반, 1992, 「'내재적 발전론'을 가장한 또 하나의 식민주의 역사인식」(서평) 『역사와 현실』 7, 한국역사연구회 ; 이윤갑, 1995, 「대한제국의 양전 지계발급사업을 둘러싼 제2단계 광무개혁 논쟁」(신간서평) 『역사와 현실』 16, 한국역사연구회.

81) 최윤오, 2003, 「대한제국기 광무양안의 토지소유 구조와 농민층의 동향 : 충북 진천군 양안을 중심으로」 『역사교육』 86, 역사교육연구회 ; 신영우 편, 2007, 앞의 책 ; 신영우 편, 2010, 앞의 책 ; 신영우 편, 2012, 앞의 책, 혜안.

이제 광무양안은 농업사뿐만 아니라 사회사의 중요한 자료로 취급되어야 한다는 점을 강조하였다. 각 면과 마을별로 지명이 기재되어 전근대 지명 연구의 중요한 자료일 뿐만 아니라 가옥과 취락의 형태, 당시 살고 있었던 사람들의 인명 등 인명 연구도 활성화될 필요성을 제기한 것이었다. 한편 개별 양안 사례를 통해 관련 자료인 호적·지세관련 자료와 지적도 등을 비교하면서 토지 측량 기록의 정확성과 소유 토지의 변화상을 조선후기 자료와 연계하여 추적해 나가고 있다.82)

이러한 광무양안에 관한 심화 연구에도 불구하고 아직 대한제국의 양전·관계발급사업과 일본제국주의의 토지조사사업에 대한 성격규정을 둘러싸고 커다란 논쟁점이 있다. 이는 대한제국시기 근대적 토지제도의 형성과 수립이라는 역사적인 전환이 어떻게 이루어졌는가 하는 거시적인 문제이다. 그런데 양 사업의 방향은 지주적 토지소유의 법인이라는 측면에서는 사업의 목표와 내용에 있어 크게 다른 것이 아니었다. 대한제국의 토지조사와 관계발급에서도 이전의 모든 매매문기를 강제적으로 거둬들이고 새로이 관계로 환급함으로써 국가가 토지소유권을 공인한다는 것이 핵심이었다. 이것은 국가가 모든 부동산의 소유권 등록과 이전 및 관련사항을 통제하도록 하는 강제규정이었다. 이렇게 구권과 관계의 교환과정을 통하여 그 시점이후로는 관계가 소유권의 법적, 실재적 권원부(權原簿)로서 사적 토지소유권을 행사하는 문서가 됨을 의미했다. 양전사업에서 잠정적으로 조사되고 인정받았던 토지의 소유자인 시주가 관계발급과정을 통해 최종적으로 사정 이후에 확정된 토지소유권자가 되는 것에 다름이 아니었

82) 종래 광무양안의 기록 내용을 일제강점기 토지조사사업의 장부, 즉 토지조사부와 지적도를 전반적으로 비교하는 연구가 있었지만, 이제 새롭게 양안상의 개별 필지와 지적도를 대조 작업을 수행하는 Jigsaw Map을 이용한 최신의 연구가 진행되고 있다. 김건태, 2013, 「광무양전의 토지파악 방식과 그 의미」 『대동문화연구』 84, 성균관대 대동문화연구원 ; 김소라, 2014, 앞의 논문 ; 김건태, 2015, 「광무양전과 조선후기 양전의 관계 - 경기도 용인 오산리 사례」 『대동문화연구』 92집, 성균관대학교 대동문화연구원 참조.

다. 따라서 관계발급으로 취득한 소유권은 어떤 이유로도 취소할 수 없는 국가로부터 추인받은 일지일주의 배타적 소유권으로서 '원시취득'한 소유권이었다.[83] 이렇게 대한제국의 양전·관계발급 사업의 목표와 의도는 분명했음에도 불구하고 일제의 토지조사사업과 같은 형태로 완결된 토지제도의 완성으로 귀결될 수 없었다는 한계가 있었다.

또한 대한제국의 양전·관계발급사업은 기본적으로 외국인에게 토지소유를 허용하지 않았다는 점이 주목된다. 대한제국의 사업에서는 당시 외국인들의 침탈이 빈번해짐에 따라 증대된 토지의 매매 혹은 양여의 경우뿐만 아니라 전당의 경우에도 관의 허가를 받도록 되어 있었다. 또한 대한제국에서는 일정하게 소작농의 제권리를 보호하려는 정책이 취해졌던 측면도 있다. 따라서 토지조사사업을 계기로 농민적 토지소유나 소작권 등 농업에 대한 제권리는 배제되고 농민수탈을 통해 식민지 농업체제를 갖추었던 것과는 대비된다. 이런 측면에서 보더라도 일제의 토지조사사업에 의해서 근대적인 토지소유권이 정착되는 것이라기보다는 대한제국 고유의 양전·관계발급사업에 의해 형성될 것이었다.

그러므로 19세기 말 대한제국의 토지개혁정책은 양지아문과 지계아문의 단계적 발전을 거치면서 본래 의도한 바대로 근대적인 토지소유제도의 확립과 외국인의 토지침탈 방지정책을 수행하고 있었다. 따라서 양전·관계사업은 한국의 토지제도 발전과정에서 볼 때 한국 중세사회의 최종적인 해체를 이룸과 동시에, 근대국가의 형성에 경제적 토대를 제공하려고 했다는 점에서 한국의 주체적인 근대화를 위해 전개된 토지제도의 개혁사업으로서 의미를 부여할 수 있을 것이다.

---

83) 崔元奎, 1995, 앞의 논문, 308~309쪽.

제5장
경기도 지역 광무양전사업의 추진과 농민층 분화

1. 서론 : 경기도 광무양전의 시행

양지아문은 1899년 봄부터 본격적으로 양전사업을 추진하기로 했다. 4월 1일부터 한성부지역의 토지를 측량하기 시작하였다. 4월 5일 양지아문은 전국적인 토지조사를 위해 구체적인 양전조례와 측량계획을 최종적으로 확정하여 공포하였다. 각 지방의 양전을 책임지는 관리는 각 도단위로 임명되는 양무감리(量務監理)였다. 양무감리는 대개 각 도 현직 군수 중에서 임명되었으며 각 지방에 양전 사무를 주관하는 역할을 맡았다. 실제 양전과정에는 별도로 양무위원(量務委員)을 임명하여 토지의 측량과 문서정리를 담당하도록 하였다.

1899년 4월부터 양전의 담당기관인 양지아문은 한성부를 비롯하여 전국적으로 양전사업을 실시하였다. 이어 6월부터 양지아문은 충청남도 아산군(牙山郡)에서 시범적인 양전을 실시했다. 아산군의 양전 결과는 예상대로 종래에 비해 새로운 결수를 찾아냈으며, 토지에 관련된 각종 내역 조사, 가호 조사, 시주와 시작 조사 등 다양한 조사가 이루어졌다. 이를 바탕으로 하여 전국적으로 양전은 확대될 수 있었다. 경기도의 경우, 아산군에서 양전을 담당했던 양무위원(量務委員) 4인 중 한 사람인 이종대(李鍾大)가 1899년 11월 11일 경기도의 양무감리로 승진 파견되어 양전사업을 추진하였다.[1)]

경기도 지역에서 양전이 처음으로 실시된 곳은 용인과 수원 지역이었다.

수원과 더불어 용인지역이 처음 시행하는 지역으로 선택되었던 이유는 특별했다. 1899년 음력 6월 29일에서 7월 2일까지 용인농민항쟁이 일어났기 때문이었다.[2)]

용인은 원래 수세의 원총을 충당하기 위해 민간에서 추가로 징수한 가결(加結)의 폐단이 심한 지역이었다. 1841년 원래 수세결총에 비해 줄어든 결수가 무려 306결여이었는데, 이를 시기결(時起結)에 분배하여 추가로 부담하게 하였다. 그렇지만 이후 수세를 담당하지 못하고 결축이 난 결수는 계속해서 추가로 부담이 되어 줄어들지 않았다. 갑오개혁 이후에는 이서배의 은결을 일부 찾아내어 보충하여 일시적으로 부담을 줄이기도 했지만, 1895년부터는 53결 정도의 은결이 다시 원래 수세결총(收稅結總)에 추가로 되었다. 그래서 결국 용인군에서는 모두 112결 17부 9속의 결세 부족분을 발생시키고 있었다. 1898년 1월에는 용인군수 이민창(李敏昌)이 일부 이서들의 은결을 적발하고, 또 112결여의 탕감을 요구하였으나 시행되지 못하자,[3)] 11월부터 농민들은 면회(面會)를 개최하고 용인군과 탁지부에 상소하여 상납액의 감액을 요청했었다.

그래서 탁지부에서는 은결을 색출하여 농민에게 추가된 가결을 대신하여 보충하라고 명령을 내렸지만 용인군수는 이를 거절하였다. 이렇게 용인군의 조세문제는 여전히 계속되고 있었다. 이에 용인 농민들은 민란을 일으켜 수서기 박희종(朴熙宗)을 결박하고 구타하여 요구조건을 관철시키려고 했다. 이렇게 되자 용인군수는 하는 수 없이 이들의 요구대로 가결의 탕감을 허락하였다. 또한 정부는 1899년 7월 12일에는 사태를 수습하기

---

1) 왕현종, 1995, 「대한제국기 量田·地契事業의 추진과정과 성격」『대한제국의 토지조사사업』, 민음사, 55~65쪽.

2) 이영호, 1990, 「대한제국시기의 토지제도와 농민층분화의 양상 - 京畿道 龍仁郡 二東面 「光武量案」과 「土地調査簿」의 비교분석」『한국사연구』 69, 한국사연구회, 79~84쪽.

3) 『공문편안』 <12호 보고>(경기관찰사 오익영, 1898.1.14.).

위해 죽산군수를 파견하고 사태의 원인을 조사케 했으며, 수세실결에서 가결을 탕감하려고 하였다.[4] 그리하여 양지아문은 경기도에서 용인지역을 우선 실시하여 은결을 찾아내어 원래 결총에 보충하려는 방안을 모색하였다.[5] 따라서 이 지역의 결세 폐단을 시정하기 위해서 용인군을 경기도에서 최우선으로 양전을 실시하는 대상으로 삼았다.[6]

이로써 경기도의 양전이 본격적으로 시작되었다. 아래는 경기도 양전지역과 양안 현황에 대한 표이다.

<표 1> 경기도 지역 각 군별 광무양전과 담당 관리

순서	지역명	면명	양안 소재	양전 시행일	면수	양안 자호	결총 규모	양무위원 이름
1	용인	읍치면	29책 중 1책	1899.11~	16	天-兩遣, 1748	9137.244	李商鎬, 元稷常, 金基宗
2	수원	북부면(상)	73책 중 69,70책	1900.2.7.~	39	天-勸, 669	3542.974	李商鎬, 元稷常, 金基宗, 李圭尙, 金完欽, 林炳漢, 金東駿, 金完欽, 姜凞世, 金正斗, 徐丙德
3	광주	문외동	70책 중 1책	1900.6.24.~7.27	22	天-,	5675.634	李商鎬
4	과천	군내면	14책 중 9,10책	1900.8.22.(하서면 8.29~10.1)	7	天-之, 271	1387.39	元稷常, 姜凞世, 李商鎬, 李哲珪, 朴會九, 河炳淳, 張奎煥, 宋鍾遠, 李性稙, 南啓暘, 申鉉弼, 金正斗, 柳永秀, 李圭尙, 李圭信, 魚宅善, 金東駿, 元永常
5	안산	군내면	15책 중 1,2책	1900(초산면 8.12~)	6	天-興, 262	1337.376	李商鎬, 李圭尙, 趙東元, 魚宅善, 南啓暘, 宋鍾遠, 李性稙, 河炳淳,

4) 평리원은 1899년 12월 12일 용인군수 이민창에 대한 심리에서 이민창이 1897년 11월 용인군수에 임명되어 1899년 9월 면관될 때까지 정유년(1897) 결호전미상납조 2만 5,447량 8전 1분, 무술년(1898) 결호전 미상납조 3만 8,738량 4전 6분 등을 내지 않았다는 이유로 처벌을 내렸다(『관보』 1899.12.12., 1면 3단).

5) "(査隱補結) 龍仁郡에 從前 虛卜의 痼瘼으로 民鬧가 起함은 向報에 已記ᄒᆞ얏거니와 近日에 度支에서 該郡結簿를 檢覈ᄒᆞ야 官隱과 吏隱 중에서 百餘結을 査出ᄒᆞ야 民間의 寃徵結을 補充ᄒᆞ고 餘結의 不足條는 今方査覈中이라더라"(『皇城新聞』 <잡보 査隱補結> 1899.9.16., 3면 2단)

6) "(龍仁査結) 近聞한 즉 量地衙門에서 李鍾大氏를 龍仁郡에 派送ᄒᆞ야 精實改量ᄒᆞ고 原結外에 千餘結을 量得査報ᄒᆞ얏다더라"(『皇城新聞』 제3권, <잡보 龍仁査結> 1900.1.25., 2면 2단, 70쪽).

								朴會九, 元永常, 李承泌, 柳永秀, 張奎煥, 申鉉弼, 元稷常, 李圭信, 李哲珪
6	죽산	군내면	26책 중 26책	1900.10.2.~ (서일면 10.1~)	15	天-階, 458	2323.463	李商鎬, 柳永秀, 李圭信, 林炳漢, 金正斗, 柳永秀, 李哲珪, 李性植, 李圭尙, 朴會九
7	여주	주내면 (상)	41책 중 6,7책	1900.11.6.~ (북면 11.4 ~)	20	天-易, 793	4029.649	李商鎬, 朴會九, 李哲珪, 李圭信, 宋鍾遠, 金正斗, 元永常, 柳永秀, 金基宗, 林炳漢, 南啓暘, 張奎煥, 李圭尙, 趙東元, 申鉉弼, 李承泌, 元稷常, 魚宅善, 李性植
8	안성	읍동리면(상)	30책 중 19,20책	1901.2.27. (읍북리면 2.28~ /4.15.~5.1 정서)*	24	天-啓, 444	2279.36	元稷常, 金容健, 朴會九, 趙東元, 李商鎬, 李圭信, 李源贊, 魚宅善, 李圭尙, 柳 碧, 李哲珪, 李承泌, 李哲珪, 林炳漢, 姜明欽, 朴會九, 金容健, 金基宗, 魚宅善
9	양지	읍내면 (상)	16책 중 9,10책	1901.3.17. (5.5.~5.14)*	11	天-傳, 219	1114.135	元稷常, 朴會九, 李圭信, 李源贊, 林炳漢, 金基宗, 李商鎬, 姜明欽, 金容健, 魚宅善, 柳 碧, 李哲珪, 李承泌, 趙東元
10	양성	읍내면	28책 중 28책	1901.3.28.~ (5.5~5.14)*	18	天-綵, 438	2228.363	元稷常, 金基宗, 林炳漢, 李源贊, 李承泌, 柳 碧, 朴會九, 李圭信, 姜明欽, 金容健, 李商鎬, 魚宅善, 李哲珪, 李圭尙, 趙東元
11	진위	군내면	21책 중 8책	1901.4.16.~ (6.2~6.19)	13	天-顚, 381	1931.857	元稷常, 李哲珪, 趙東元, 李承泌, 金基宗, 李源贊, 李圭信, 林炳漢, 朴會九, 李圭尙, 魚宅善, 柳 碧, 李商鎬, 金容健, 姜明欽
12	이천	읍면 (상)	29책 중 18,19책	1901.9.29.~ (읍면)	15	天-弁, 616	3132.006	元稷常, 宋鍾遠, 張奎煥, 魚宅善, 李承泌, 申鉉弼, 元永常, 宋鍾遠, 魚宅善, 金基宗, 趙東元
13	음죽	군내면	17책 중 11책	1901.10.19. ~(남면) (10.18~ 상율면)	9	天-上, 329	1666.155	李商鎬, 林炳漢, 南啓暘, 李圭信, 魚命雨, 柳永秀, 李哲珪, 朴會九, 金正斗, 李圭尙

위의 표와 같이 경기도 양전은 1899년 11월 용인으로부터 시작되어 그 다음해인 1900년 2월 수원으로 확대되었다.[7] 용인군의 양전은 1899년

7) 당시 양지아문 총재관 제11호 조회에서는 용인군 개량비 1만량을 부근 공전 중에서 획급할 것을 명령하고 있다(『公文編案』(규17876), 6책 「훈령 수원군수」(광무 3년 11월 1일 및 12월 1일)).

11월부터 12월경까지 2개월여 동안 16개 면에 걸쳐 실시되었다.[8)] 이곳에서는 경기도 양무감리인 이종대의 지휘하에 이상호(李商鎬), 원직상(元稷常), 김기종(金基宗) 등 3명의 양무위원을 중심으로 양전을 실시하였다. 이후 '광주→ 안산→ 과천→ 죽산→ 여주' 등지로 확대되었으며, 1901년에는 '안성→ 양지→ 양성→ 진위→ 이천→ 음죽' 등지로 시행되었을 것으로 보인다.

각 군별로 양전 시행과정을 보면, 우선 각 군의 관사가 있는 면에서 양전이 시작된 것으로 보인다. 위의 표에서 보면, 수원 북부면, 용인 읍치면, 광주 문외동, 과천과 안산, 죽산, 진위, 음죽군 등의 군내면, 여주 주내면, 안성 읍동리면, 양지과 양성 읍내면, 이천 읍면이 여기에 해당된다. 양전 시행일자는 각 군내에서도 면별로 조금씩 차이를 보이는데, 대개 1달여를 소요하는 것으로 보인다. 안성, 양지, 양성, 진위 등지는 중초본에 기록된 양전시행일과 정서본에 기록된 일자가 2~3개월씩 차이가 나고 있다.

각 군·각 면별로 양전의 시행방식은 대체로 다음과 같은 순서로 진행되었다. 앞 장에서 설명하였듯이, 먼저 각 지방에서 면단위로 실제 들에 나가 측량하고 관련사항을 기록하는 단계이다. 초기 양전에서 작성되는 장부를 '야초(野草)'라 불렀다. 여기에는 각 필지별로 전답과 초가·와가의 구별, 배미의 기재, 양전 방향, 토지형상, 사표(四標), 실적수(實積數), 등급, 결부수, 전답주 및 작인 등의 순서로 기록하였다.

---

8) 『龍仁郡量案抄』(규17645) 29책 참조.

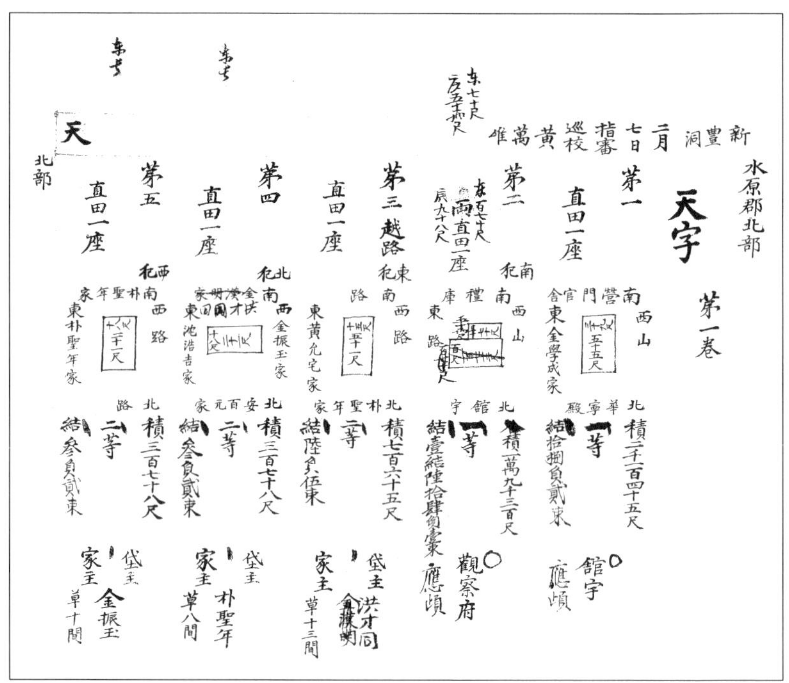

<그림 1> 수원군 북부면 양안 천자 1번~5번 필지

위의 그림은 수원군 북부 천(天)자 1번 지번 이하 토지를 기록한 양안의 첫머리를 옮겨놓은 것이다. 상단에는 자호의 시작 위치(신풍동), 양전시행 일자(경자년 2월 7일), 지심인(순교 황만유) 등이 기재되어 있다. 중앙 부분은 크게 4단으로 나뉘어 제1단에는 지번(제일), 토지모양 및 지목(직전, 1좌), 제2단에는 토지모양과 주위 토지를 표시한 4표, 제3단에는 실적수, 등급, 결부수, 제4단에는 소유자(관우, 관찰부, 개인 소유) 등으로 되어 있다. 중앙 부분의 기재방식은 양전이 시행될 때 처음부터 기록하는 방식인 '야초'의 순서 그대로 기록하고 있다.

위의 기재양식을 보면 자호, 지번이 정연하게 기록되어 있으며, 전답도형도의 경우에는 다양한 형태가 기재되어 있다. 또한 이 지역이 주거지가 많으므로 대지의 소유주인 대주와 가주를 분리하여 표시하고 있으며, 또한 초가와 와가도 구별되어 있다. 소유자의 표시로는 전주, 답주, 대주로 표시되어 있으며, 소작인의 표시는 경작지에서는 작인으로, 대지의 집의 경우에는 가주로 표시되어 있다. 이는 광무양전의 초기 시행지역에서 공통적으로 나타나는 것으로 광무양전의 소유자와 작인의 공식적인 표기 방식인 '시주(時主)'와 '시작(時作)'이라는 표기를 사용하지 않고, 대신에 '전답주'와 '작인'으로 표기하는 것이다. 이는 당시 현실 농촌사회의 관행을 따른 것으로 생각된다. 특히 대지의 소유자와 구별하여 집의 소유자인 가주를 표시하는 방식이 특이하다. 또한 초가와 와가의 칸수를 자세히 조사하여 기록해 둠으로써 차후에 가옥세 부과의 근거로 삼으려고 했다.

다음으로 경기도 광무양전의 시행 단계는 야초를 정리하여 '중초본(中草本) 양안'을 작성·정리하는 것이었다. 이는 군별로 양무위원과 학원들이 한데 모여 각 면별로 측량된 야초를 수집해서 전체 군단위로 새로 정리하는 과정을 말하였다. 여기에서는 가호수를 조사하면서 대지 소유자와 대지를 빌려 사는 임차인(賃借人), 즉 가주(家主)의 성명을 구체적으로 조사하고 있었다.

다음으로 각 군별로 정리된 중초책 양안을 양지아문에서 모아놓고 재수정하는 과정을 거친다. 이른바 '정서본(正書本) 양안'을 완성하는 단계를 밟았다. 그런데 지금 현재 남아있는 수원군 39개 면의 양안 대부분은 정서책이 만들어지기 직전인 중초책 양안이었다.

이렇게 중초본에서 정서본으로 양안을 정리하는 방식은 각 면별 결수의 분표를 알 수 있는 천자문을 순서대로 매기는 과정과 이후 세부 내용의 교열 교정이 이루어지며, 이후에는 최종적으로 양안의 표지에 관련 내용을 기록하는 것으로 끝난다. 예컨대 수원군 39개 면에서 양전이 정리되는 방식은 다음의 표에서 일부 알 수 있다.

<표 2> 수원군 각 면 양전 시행 현황

순서	책수	면명	자호	자호2	총호수	양전날짜	양전시작
1	제69·70책	북부(北部)	天	稱	54	19000207	신풍동(新豊洞)
2	제5·6책	남부(南部)	夜	愛	59	19000207	매향동(梅香洞)
3	제40·41·42책	장주(章洲)	育	女	48	19000215	구역촌서외가산곡(舊驛村西外加山谷)
4	제57책	안녕(安寧)	慕	讚	37	19000214	곡반정일동(谷磻亭一洞)
5	제3·4책	문시(文市)	恙	盡	57		
6	제28·29책	태촌(台村)	命	從	56	19000215	구봉리니천평(龜峰里泥川坪)
7	제9·10·20책	동북(東北)	政	友	51	19000215	당현리(堂峴里)
8	제21·22책	어탄(漁灘)	投	意	37		방교동(防橋洞)
9	제73책	청호(晴湖)	移	禽	36	19000214	분곡(焚谷)
10	제46·47책	초평(楚坪)	獸	墳	40	19000215	위포(圍浦)
11	제13·14책	정림(正林)	典	驅	34	19000221	덕동(德洞)
12	제7·8·19책	남곡(南谷)	轂	用	88		수곡대원(秀谷大員)
13	제1·2책	남(南)	軍	昆	36	19000304	칠야평(七夜坪)
14	제23책	상홀(床笏)	池	畝	27		청등동(靑登洞)
15	제66책	양간(楊澗)	我	理	32		시남곡(時南谷)
16	제58책	수북(水北)	鑑	幸	27	19000930	상용곡(上春谷)
17	제63책	종덕(宗德)	卽	的	36		가산전평(佳山前坪)
18	제56책	오타(五朶)	歷	畏	41	19000316	동청평(東靑坪)
19	제17·18책	숙성(宿城)	屬	眠	46	19000229	주교동(舟橋洞)
20	제43책	토진(土津)	夕	嘗	30	19000316	토진삼동(土津三洞) 용천평(湧泉坪)
21	제11·12책	청룡(靑龍)	稽	盜	36	19000314	벌대리(㳽垈里)
22	제50·51책	오정(梧井)	捕	羲	41		사근평(沙斤坪)
23	제62책	광덕(廣德)	暉	眺	35	19000314	허청평(墟淸坪)
24	제61책	가사(佳士)	孤	兩金	57	19000317	복언평(洑堰坪)
25	제67·68책	현암(玄巖)	兩生	兩翔	31	19000807	서두호전평(西斗湖前坪)
26	제59·60책	포내(浦內)	兩龍	兩遐	49	19000330	일문곡(日文谷)
27	제71·72책	장안(長安)	兩邇	兩女	40		화도남평(花島南坪)
28	제30·31책	초장(草長)	兩慕	兩念	45		산은천전곡(山隱川前谷)
29	제24·27책	압정(鴨汀)	兩作	兩斯	61	19000327	만곶리(萬串里)
30	제37·38·39책	우정(雨井)	兩馨	兩隨	69	19000408	오동멱운리창촌전병산평원(五洞覓雲里倉村前餠山坪員)
31	제64·65책	공향(貢鄕)	兩外	兩神	55	19000323	삼일암(三日岩)
32	제54·55책	팔탄(八灘)	兩疲	兩鼓	62	19000404	장지동전평(長芝洞前坪)
33	제34책	갈담(葛潭)	兩瑟	兩杜	28	19000415	충량리(忠良里)

34	제32·33책	삼봉(三峰)	兩稿	兩時	53	19000416	삼천병마동(三千兵馬洞)
35	제48·49책	용복(龍伏)	兩阿	兩滅	45	19000406	해수동후평(海水洞後坪)
36	제52·53책	매곡(梅谷)	虢	赤	52		린치곡(鱗峙谷)
37	제15·16책	송동(松洞)	兩城	兩賞	39	19000314	숙곡(肅谷)
38	제35·36책	형석(荊石)	兩黜	兩譏	37	19000316	탑동전평(塔洞前坪)
39	제44·45책	일용(日用)	兩誠	兩遣	41	19000302	지지현(遲遲峴)

현재 수원군 양안 자료는 서울대학교 규장각한국학연구원에 소장되어 있다.[9] 그런데 현재 규장각에서 정리한 책의 목록에는 원래 천자문 자호별 면의 순서가 혼란되어 있다. 이를 위의 표와 같이 정리해 볼 수 있다. 39개 면의 편철 순서는 양전은 수원군 북부면 신풍동 관찰부의 관사로부터 시작되었다. 이때는 1900년 2월 7일로 기록되어 있다. 같은 날 남부면 매향동에서도 양전이 시작되었다. 이렇게 수원군 북부면과 남부면에서 시작되어 수원 지역 39개 면으로 확장되어 천자문의 순서로 재편성되었다.

위의 표는 각 면별 양안의 편철 과정에서 매긴 자호를 기준으로 해서 각 면별 양안의 순서를 재배열한 것이다. 각 면별 양전 시행일자가 거의 동시병행적으로 진행되었음에도 불구하고 이를 각 면별로 천자문의 순서로 다시 배열한 것임을 확인할 수 있다. 또한『수원부지도』(1872)와 비교해 보면, 각 면의 순서는 인접 면에 따라 연속되어 역시 천자문의 자호순으로 정리되어 있음을 알 수 있다. 이는 각 면별로 각기 토지조사가 이루어지고 난 이후에 군에서 전체적으로 자호 순서를 정할 때 면과의 연속성을 지키면서 재배열하고 있음을 의미한다. 이러한 이유는 각 면별 경계와 경계 사이를 명확히 함과 동시에 자호의 연속성을 그대로 유지함으로써 수원군 전체의 지역 지도와 일치하도록 한 것으로 추측된다. 이렇게 정리되는 과정은 각 면별 양안의 표지에 교열 교정 과정을 간단하게 표기하면서

9)『京畿道水原郡量案』(규17651 V.1-73) 양지아문 편, 광무 4년(1900), 필사본(筆寫本), 크기(31.7×41.4cm) 73책 ;『京畿道水原郡量案』(규17650 V.1-66) 지계아문 편, 광무 7년(1903), 필사본, 크기44.2×26.6cm), 66책.

정리되었다.

<표 3> 수원군 남곡면 양안 표지 첨지 내용

광무(光武) 4(四) 년	수원군 남곡면(南谷面) 중초(中草) 상(上) 1책		147장
재사(再査) 김세목(金世穆)	시(始) 8월 18일 지(止) 8월 25일	초사(初査) 홍유현(洪裕鉉)	시 7월 26일 지 8월 6일
재서(再書) 정규영(丁奎英)	시 9월 14일 지 9월 26일	초서(初書) 현제택(玄濟澤)	시 8월 26일 지 9월 9일
재준(再准) 고윤상(高允相) 고정규(高楨奎) 윤태영(尹泰榮)	시 11월 2일 지 11월 3일	초준(初准) 이승옥(李承玉)	시 9월 11일 지 9월 13일
삼준(參准) 이범하(李範夏) 최재환(崔在煥) 윤희선(尹熙善)	시 5월 23일 지 5월 27일		

수원군 남곡면 양안의 경우, 홍유현(洪裕鉉)이 중초책 양안에 대해 7월 26일부터 약 2주일간 처음으로 조사하여 초사를 마친 후에 김세목(金世穆)이 이어 8월 18일부터 일주일 동안 재사를 했다. 이어 현제택(玄濟澤)이 양안의 내용을 8월 26일부터 초서하였으며, 이에 대해서 이승옥(李承玉)이 초서 내용을 자세히 검토하여 초준 과정을 거쳤다. 이어 정규영(丁奎英)이 다시 9월 14일에 재서하고 이를 고윤상(高允相) 등이 다시 확인하는 재준 과정을 마감했다. 이어 다음 해 5월 이범하(李範夏) 등이 삼준을 통해 다시 검토하였다. 이렇게 일련의 과정을 거쳐 수원군 양전은 1900년 2월이래 1900년 11월에 일단 마감되었고, 이듬해 1901년 5월에 다시 교정되었음을 알 수 있다.

그러면 경기도 각 군의 양전사업 시행과 그에 따른 결과를 보다 구체적으로 살펴보자. 이 글에서는 경기도에서 주목되는 지역으로 수원군, 양지군, 이천군, 광주군 등 4개 군을 대상으로 살펴보려고 한다.

2. 경기도 지역 광무양전사업의 조사와 양안 작성

1) 경기도 지역 양전의 추진과정과 조사 실태

경기도 지역에서 양전이 처음으로 실시된 시기는 1899년 11월부터였다. 처음으로 양전이 시행된 지역은 용인군으로 1899년 11월에 시작하여 1900년 1월 25일 이전에 이미 양전을 마쳤다. 이어 2월부터는 수원군 지역의 양전을 착수하였다.[10)]

우선 수원군 각 면별 양전 시행과정을 살펴보자. 우선 양전사업에서 실제 양전을 담당한 사람은 양무위원과 학원이었다. 대체로 양무위원 1명과 학원 4~10명 정도로 하나의 양전조직을 이루어 활동하였다. 이러한 양전조직은 하나의 면만 담당하는 것이 아니라 2~3개 면을 함께 맡았으며 한 군에서 마치면 다음 군으로 넘어가는 방식으로 활용되었다. 위의 표에서는 각 군별로 양무위원들에 한정하여 작성한 것으로 각 군별로 양무위원의 이름이 여러 차례 반복되고 있음을 알 수 있다.

좀 더 구체적인 각 면별 양무위원과 학원의 조직을 살펴보기 위해 수원군양안에 나타난 이름을 확인해 보자.

<표 4> 수원군 각 면 양전 관리 현황

번호	면명	책수	양무위원	학원
1	남	1	서병덕(徐丙德)	김정두(金正斗), 김형식(金榮植), 이현우(李賢雨), 윤자학(尹滋學)
		2		권영우(權永佑), 김교순(金敎恂), 정동하(鄭東夏), 윤태정(尹泰貞)
2	문시	3	이상호(李商鎬)	원영상(元永常), 이규열(李圭烈), 박초양(朴初陽), 고희만(高熙萬)
		4		어명우(魚命雨), 구연해(具然海), 이한기(李漢紀), 이승필(李承必)
3	남부	5	김기종(金基宗)	이범하(李範夏), 조동환(趙東煥), 이범직(李範稙), 남계양(南啓暘), 서상우(徐相禹), 이원찬(李源贊)
		6		×

10) 『황성신문』 제3권, 「잡보 龍仁査結」, 70쪽 ; 『수원군양안』(규17651).

4	남곡	7	원직상(元稷常)	박재돈(朴載敦), 정해창(鄭海昶), 임용구(林容九), 감태균(姜泰均), 이승우(李承雨), 전양호(全養浩), 이영헌(李令憲), 이인호(李寅浩), 권명채(權命采)
		8, 19		×
5	동북	9	이규상(李圭尙)	박회구(朴會九), 원긍석(元兢錫), 오영국(吳永國), 백락홍(白樂弘)
		10		오명근(吳命根), 심원직(沈遠稷), 오영조(吳永祚), 유벽(柳碧)
		20		이종면(李鍾冕), 이응우(李應宇), 윤태정(尹泰貞), 이규화(李奎和)
6	청룡	11	김완흠(金完欽)	권응면(權應冕), 김병기(金秉夔), 신현국(申鉉國), 김용기(金龍起)
		12		신현필(申鉉弼), 김정연(金正涓), 고섭(高涉), 성주경(成周慶)
7	정림	13	원직상(元稷常)	박재인(朴載寅), 김계환(金啓煥), 이인호(李寅浩), 권명채(權命采)
		14		박재인(朴載寅), 김계환(金啓煥), 이인호(李寅浩), 권명채(權命采)
8	송동	15	임병한(林炳漢)	정현조(鄭顯朝), 이종하(李鍾夏), 이신희(李信凞), 김택기(金宅基)
		16		조병일(趙炳日), 이병완(李秉完), 박창수(朴昶壽), 박인양(朴仁陽)
9	숙성	17	김동준(金東駿)	어택선(魚宅善), 권형집(權衡集), 고택규(高宅奎), 채규원(蔡奎遠)
		18		김학로(金學魯), 김승렬(金承烈), 연병환(延秉煥)
10	어탄	21	송종원(宋鍾遠)	이규신(李圭信), 송순영(宋淳榮), 김영주(金永周), 이하교(李夏敎)
		22		홍재진(洪在震), 황종균(黃鍾均), 유영수(柳永秀), 허숙(許塾)
11	상홀	23	이상호(李商鎬)	이규열(李圭烈), 박초양(朴初陽), 이교승(李敎升), 이승필(李承泌)
12	압정	24	김완흠(金完欽)	신현국(申鉉國), 고섭(高涉), 성주경(成周慶), 신현필(申鉉弼)
		25		신현국(申鉉國), 고섭(高涉), 성주경(成周慶), 신현필(申鉉弼)
		26		김용기(金龍起), 권응면(權應冕), 김병기(金秉夔), 김정연(金正涓)
		27		김용기(金龍起), 권응면(權應冕), 김병기(金秉夔), 김정연(金正涓)
13	태촌	28	강희세(姜凞世)	허숙(許淑), 이헌우(李憲雨), 이현성(李玄成), 손석윤(孫錫胤), 이성직(李性稙)
		29		조동원(趙東元), 원병순(河炳淳), 오득영(吳得泳), 정규하(丁奎河)
14	초장	30	×	×
		31	×	×
15	삼봉	32	임병한(林炳漢)	이철규(李哲珪), 노정호(盧定鎬), 조동오(趙東五), 이용설(李容卨)
		33		조기준(趙基駿), 정규하(丁奎河), 김규영(金奎英), 박영구(朴永九)
16	갈담	34	김기종(金基宗)	남계양(南啓暘), 이범직(李範稙), 이원찬(李源贊), 조동환(趙東煥), 서상우(徐相禹), 김학로(金學魯), 이승렬(李承烈), 박초양(朴初陽), 원영상(元永常)
17	형석	35	임병한(林炳漢)	조동오(趙東五), 이용설(李容卨), 이병만(李秉晩), 이석균(李錫均)
		36	임병한(林炳漢)	이철규(李哲珪), 노정호(盧定鎬), 최광국(崔光國), 오문환(吳文煥)
18	우정	37	이규상(李圭尙)	이종면(李鍾冕), 박회구(朴會九), 장규환(張奎煥), 원긍석(元兢錫), 이종화(李鍾華), 오영국(吳永國), 전영기(錢英起), 조동숙(趙東肅)

		38		백락홍(白樂弘), 유벽(柳碧), 이승우(李應宇), 이규화(李奎和)
		39		오명근(吳命根), 심원직(沈遠稷), 오영조(吳永祚), 박채춘(朴采春)
19	장주	40	김완흠(金完欽)	신현국(申鉉國), 고섭(高涉), 신현필(申鉉弼), 김병기(金秉夔)
		41		권응면(權應冕), 김정연(金正涓), 이신희(李信熙), 성주경(成周慶)
		42		신현국(申鉉國), 고섭(高涉), 신현필(申鉉弼), 김병기(金秉夔)
20	토진	43		조동원(趙東元), 오긍선(吳肯善), 강태영(姜泰鑅), 서두영(徐斗榮), 박제호(朴齊浩)
21	일용	44	임병한(林炳漢)	정현조(鄭顯朝), 이철규(李哲珪), 최광국(崔光國), 오대환(吳大煥)
		45	임병한	조동오(趙東五), 이용설(李容卨), 노정호(盧定鎬), 이병만(李秉晩)
22	초평	46	원직상(元稷常)	박재돈(朴載敦), 임용구(林容九), 강태균(姜泰均), 박재인(朴載寅), 정해창(鄭海昶), 이승우(李承雨), 전양호(全養浩), 이인호(李寅浩)
		47		×
23	용복	48	임병한	조량(助量) 사무원 남정춘(南廷春), 정행민(鄭行敏)
		49		조동오(趙東五), 이용설(李容卨), 이종하(李鍾夏), 이석균(李錫均)
24	오정	50	×	이종면(李鍾冕), 장규환(張奎煥), 전영기(錢英起), 이종화(李鍾華)
		51		조기준(趙基駿), 김규영(金奎英), 정규하(丁奎河), 박영구(朴永九)
25	매곡	52	임병한	정현조(鄭顯朝), 김택기(金宅基), 박창수(朴昶壽), 이종각(李鍾珏)
		53		조병일(趙炳日), 박인양(朴仁陽), 이병만(李秉晩)
26	팔탄	54	원직상(元稷常)	박재돈(朴載敦), 정해창(鄭海昶), 임용구(林容九), 강태균(姜泰均), 이승우(李承雨), 전양호(全養浩), 이영헌(李令憲), 이인호(李寅浩), 권명채(權命采), 윤희영(尹熹榮), 신세구(申世求), 이근인(李根仁), 김두현(金斗鉉)
		55		×
27	오타	56	이규상(李圭尙)	박회구(朴會九), 오영국(吳永國), 원긍석(元兢錫), 조동숙(趙東肅), 오명근(吳命根), 오영조(吳永祚), 심원직(沈遠稷), 박래춘(朴來春), 유벽(柳碧), 백락홍(白樂弘), 이규화(李奎和), 이응우(李應宇)
28	안령	57	서병덕(徐丙德)	김정두(金正斗),김형식(金滎植), 이현우(李賢雨), 윤자학(尹滋學), 조병일(趙炳一), 공익렬(孔益烈)
29	수북	58	송종원(宋鍾遠)	이규신(李圭信), 송순영(宋淳榮)
30	포내	59	강희세(姜凞世)	하병순(河炳淳), 오득영(吳得泳), 허숙(許淑), 이성직(李性稙), 손석윤(孫錫胤), 공석진(孔錫辰), 공재헌(孔在憲), 안교선(安敎善)
		60	이상호(李商鎬)	원영상(元永常), 이규열(李圭烈), 박초양(朴初陽), 고희만(高熙萬), 이승필(李承泌)
31	가사	61	김동준(金東駿)	김학로(金學魯), 김승렬(金承烈), 연병환(延秉煥), 고택규(高宅奎)
32	광덕	62	강희세(姜凞世)	하병순(河炳淳), 이헌우(李憲雨), 허숙(許淑), 오득영(吳得泳), 이성직(李性稙), 손석윤(孫錫胤), 공석진(孔錫辰), 공재헌(孔在憲)
33	종덕	63	김기종(金基宗)	남계양(南啓暘), 이범직(李範稙), 이범하(李範夏), 조동환(趙東煥), 서상우(徐相禹), 이원찬(李源贊), 김창식(金昌植), 유은영(柳殷永)

34	공향	64	김동준(金東駿)	어택선(魚宅善), 권형집(權衡集), 이재철(李載轍), 박재화(朴在和)
		65		어택선(魚宅善), 권형집(權衡集), 박재화(朴在和), 이재철(李載轍)
35	양간	66	이상호(李商鎬)	원영상(元永常), 이규열(李圭烈), 어명우(魚命雨), 이교승(李敎升)
36	현암	67	김동준(金東駿)	손석윤(孫錫胤), 오시중(吳時中), 김택기(金宅基), 임병선(林炳善), 송석진(孔錫辰)
		68	김정두(金正斗)	권영우(權永祐), 박재화(朴在和), 정규하(丁奎河), 정동하(鄭東夏), 박래춘(朴來春), 연병환(延秉煥)
37	북부	69	임병한(林炳漢)	조동오(趙東五), 윤태범(尹泰凡), 노정호(盧定鎬), 이용설(李容卨)
38	장안	71	송종원(宋鍾遠)	이규신(李圭信), 이하교(李夏敎), 황종균(黃鍾均), 허숙(許塾)
		72		송순영(宋淳榮), 김영주(金永周), 홍재진(洪在震), 유영수(柳永秀)
39	청호	73	김동준(金東駿)	어택선(魚宅善), 김학로(金學魯), 권형집(權衡集), 김승렬(金承烈), 연병환(延秉煥), 고택규(高宅奎)

위의 표와 같이 각 면별로 위원 1명과 여러 명의 학원이 양전에 종사하였지만, 일부 면에서는 양무위원 없이 학원만으로 양전을 시행한 곳도 있었다.[11] 이렇게 보면 수원군 39개 면에서 동원된 양무위원과 학원의 인원은 양무위원 60명, 학원 313명으로 총 연인원 373명이었다. 이 중에서 중복되는 인원을 제외하면, 최소한 양무위원 13명과 학원 125명 등 138명이라는 대규모 인원이 참여하였던 것이다.[12]

그런데 각 면리 이하에서 양전이 추진되는 과정도 중요했다. 이에 따라 각 리동 이하에서는 단순히 서류조사를 진행했다기보다 현지에서 직접 들에 나가 조사하였다는 측면을 나타내 주는 기록이 남아있다.

예컨대 아래의 표는 각 동별 양전 진행과정에서 양전 일자와 지번과

11) 위의 표에서와 같이 6책 남부면(하), 8책과 19책의 남곡면, 30책과 31책의 초장면, 47책의 초평면(하), 55책의 팔탄면(하)의 경우에는 별다른 표시가 없었다.

12) 전체 양무위원 중에서 김정두와 학원 김정두는 같은 사람으로 생각되어 학원 인원에서 제외하였고, 이승필(李承必)과 이승필(李承泌)은 같은 사람으로 처리한 반면, 조병일(趙炳一)과 조병일(趙炳日)은 다른 위원아래 일하고 있는 점으로 보아 다른 인물로 처리하였다.

지심인 등의 내역을 따로 기록한 내용이다.

<표 5> 『수원군 북부면 양안(상)』에 나타난 각 동별 양전 상황

순서	동이름	날짜	지번 및 필지수	지심인	비고
1	신풍동(新豊洞)	1900.2.07	天 1-50, 地 19- 53	순교 황만유(黃萬唯)	
2	군기동(軍器洞)	1900.2.09	天 51-69, 地 1- 18, 54-114	순교 황만유	
3	장안동(長安洞)	1900.2.10	玄 1-132	순교 황만유, 순교 이덕환(李德煥)	
4	보시동(普施洞)	1900.2.11	黃 1-276	순교 이덕환	
5	관길동(觀吉洞)	1900.2.13	宇 1-48	순교 이대술(李大述), 동장 윤춘명(尹春明), 소임 신기현(申基鉉)	
6	영화동(榮華洞)	1900.2.15	宇 49-58,宙 1-33, 洪 1-22	강사인(姜士仁)	
7	서문외 한평동 (西門外 寒坪洞)	1900.2.15	荒 1-26, 日1-18, 月 1-11	동장 박치원(朴致元)	
8	오소평(五所坪)	1900.2.17	盈 1-7, 仄 1-15, 辰 1-16, 宿 1-15	순교 홍인옥(洪仁玉)	
9	군기동(軍器洞)	1900.2.18	宿 16-54, 列 1-20	순교 홍인옥, 군기동 동장 홍경수(洪京守)	
10	방교(芳橋)	1900.2.10	列 21- 57	순교 이대술, 동장 강인수(姜仁守), 순교 엄선효(嚴善孝)	
11	고등촌(高登村)	1900.2.19	張 1-63, 寒 1-84, 來 1-46, 暑 1-28	존위 심원석(沈遠錫), 동장 김순돌(金順乭), 소임 김용서(金用西), 순교 홍인옥(洪仁玉)	高 登 村 後 坪(來 19~)
12	동촌 서둔평 (東村 西屯坪)	1900.2.19	往 1-33, 秋 1-33, 收 1-39, 冬 1-10, 藏 1-3	강인수(姜仁守)	
13	서둔(西屯)	1900.2.19	藏 4-21, 閏 1-19, 餘 1-29	장도일(張道一)	
14	서둔평(西屯坪)	1900.2.20	成 1-48	유대여(柳大汝), 순교 홍인옥	

북부면 양안에 나타난 각 동은 모두 14개였다. 수원성을 중심으로 하여 신풍동, 군기동, 장안동, 보시동 등 중앙 및 북쪽과 서쪽에 위치하고 있는 동리였다. 이들 동별 양전은 대개 1900년 2월 7일부터 시작하여 2월 20일까지 이루어졌다. 각 동리별로는 대개 1~2일 정도 소요되었던 것으로 추정된다. 각 동별 필지는 다양하여 작게는 방교동의 37필지 정도에서 보시동의 276개 필지 등 다양했다. 또한 지심인은 각 동리별로 각기

1명에서 4명에 이르게 다양하게 분포되어 있었다. 다만 지심인의 직위는 순교, 동장, 소임 등이 보이는데, 순교가 대부분 참여했던 것으로 보이는 점이 특이하다. 양전 관리인 양무위원과 학원이 실제 양전을 담당하였던 반면, 지심인은 당해 지역의 농지사정과 지주 소작인 등을 잘 아는 사람으로 추정해 볼 수 있는데, 각 동리의 동장, 소임이 그러한 일을 맡았던 것이라고 생각된다. 순교는 양전 시행과정을 현지 주민들에게 협조하도록 하는 역할을 하였을 것으로 추측된다.

다음으로 양지군 지역의 양전시행을 살펴보자. 양지군의 경우에는 1901년 3월에 양전사업이 시작된 것으로 보인다.[13] 양전은 양지군 읍내 관우리(館宇里)에서 1901년 3월 17일부터 시작되었으며, 고북면(古北面)의 경우에도 1901년 3월 18일에 시작되었다.

<표 6> 양지군 광무양전의 실시과정

책수	면명	자호	개시지역	개시일	필량일	정서일	비고
1	읍내(邑內)	天-寒 17자	관우리(館宇里)	1901.3.17./5.5	1901.5.14	1902.8.20	규17658-9,10
2	목악(木岳)	來-調 14자	월촌(越村)	날짜 없음			규17658-6
3	고동(高東)	陽-果 26자	쌍령돈묵곡(雙嶺敦默谷)	날짜 없음			규7658-15,16
4	고서(古西)	珍-官 21자	향림평(香林坪)	1901.3.18	1901.5.14	1902.8.20	규17658-5
5	고북(古北)	人-陶 17자	상가동(上加洞)	1901.3.18			규17658-1
6	주서(朱西)	唐-伏 23자	광곡(廣谷)	날짜 없음			규7658-13,14
7	주북(朱北)	戎-被 20자	고래곡(古來谷)	날짜 없음			규17658-2
8	주동(朱東)	草-烈 26자	금곡(金谷)	1901.3.17			규7658-11,12
9	박곡(朴谷)	男-罔 13자	신창리(新倉里)	날짜 없음			규17658-3
10	고안(高安)	談-賢 27자	백동대흥동(栢洞大興洞)	날짜 없음			규17658-7,8
11	제촌(蹄村)	剋-傳 15자	국동(菊洞)	날짜 없음			규17658-4

13) 『陽智郡量案』(규17658), 양지아문 편, 16책.

당시 양지아문의 양전사업에서는 일반적으로 행해지는 것처럼 양지군에서도 면단위로 실제 들에 나가 측량하고 관련사항을 기록하였다. 이때는 기초적인 조사에 바탕을 두고 야초(野草)를 작성하였다. 각 면별 양전의 시작일은 각기 다른데, 대개 1901년 3월 17일 혹은 3월 18일에 시작되었다. 나중에 정서책 양안에서는 양전의 시작일을 5월 5일에서 5월 14일에 마친 것으로 기록했는데, 이는 읍내면 표지에 양안을 조사한 것이 1901년 10월인 것으로 보면, 정서책 양안의 기록에서 기록의 오류가 발생한 것으로 보인다.14)

이곳에서 양전을 담당한 관리는 크게 양무위원과 학원, 그리고 현지 지심인, 줄사령 등으로 이루어졌다. 당시 양지군의 양무위원으로는 원직상(元稷常), 이상호(李商鎬), 이승필(李承泌), 조동원(趙東元), 김기종(金基宗), 박회구(朴會九), 이철규(李哲珪), 이규신(李圭信), 어택선(魚宅善), 이원찬(李源贊), 강명흠(姜明欽), 임병한(林炳漢) 등 12명이었다. 이는 한 면에 보통 1명의 양무위원이 전담하고 있었는데, 고북(古北)면의 경우에는 다른 지역과 달리 2명의 양무위원이 측량에 종사하는 경우도 있었다. 각 면별로 파송된 양무위원과 양무학원은 현지 지심인(指審人)들의 협조를 받아 야초를 작성하였다. 일반적인 경우에는 양무위원 1인이 각기 3명에서 6명 정도의 학원을 대동하고 실지 측량에 임하였다. 당시 각 면별로 양무위원과 학원의 이름은 <표 7>과 같았다.

이후 군의 관아에서 이러한 야초를 취합하여 재편집하는 중초본 양안을 작성하는 과정을 거쳤다. 이때 정리된 양안에는 면별로 순서를 매겨 천자문으로 자호를 부여하는 과정을 거치게 된다.

---

14) 양지군 읍내면(邑內面)의 경우에서 원래 중초본에는 3월 17일로 시작되었으나, 지계아문 정서본에는 5월 5일에 시작하여 5월 14일에 양전을 마친 것으로 잘못 기록되어 있다. 이렇듯이 양전에 관한 사항이 정밀하게 기록되어 있지 않았다(『陽智郡量案』(규17658), 9~10책 ; 『陽智郡量案』(규17657) 1책 참조).

<표 7> 양지군 양전관리 양무위원과 학원 현황

책수	면명	양무위원	양무학원
1	읍내(邑內)	원직상(元稷常)	임용구(林容九), 정해창(鄭海昶), 홍일섭(洪一燮), 조동우(趙東愚)
2	목악(木岳)	이상호(李商鎬)	권명채(權命采), 이규열(李圭烈), 노경희(盧敬熙), 박영구(朴永九)
3	고동(高東) 상	이승필(李承必)	고희만(高熙萬), 이도원(李道源)
3	고동(高東) 하	조동원(趙東元)	이교승(李敎升), 김정연(金正涓), 박제호(朴齊浩)
4	고서(古西)	김기종(金基宗)	김봉식(金鳳植), 김주식(金周植), 이기춘(李起春)
5	고북(古北)	박회구(朴會九)	오명근(吳命根), 김창식(金昌植), 조동환(趙東煥)
6	주서(朱西)	이철규(李哲珪)	이병만(李秉晩), 조동환(趙東煥)
7	주북(朱北)	이규신(李圭信)	공석진(孔錫辰), 김영주(金永周), 이익녕(李益寧)
8	주동(朱東)	어택선(魚宅善)	김준모(金濬謨), 김학로(金學魯), 이달영(李達永), 유병룡(柳秉龍)
9	박곡(朴谷)	이원찬(李源贊)	권형옥(權衡玉), 황종서(黃鍾瑞)
10	고안(高安)	강명흠(姜明欽)	윤태범(尹泰凡), 박로정(朴魯正), 김서묵(金諝默), 김회성(金會性)
11	제촌(蹄村)	임병한(林炳漢)	조동오(趙東五), 박창수(朴昶壽), 최기덕(崔基悳), 김세직(金世稷)

위의 표에서 나타난 바와 같이, 면 양안은 읍면, 목악면, 고동면, 고서면, 고북면, 주서면, 주북면, 주동면, 박곡면, 고안면, 제촌면 등 11개 면이 천자문의 순서로 일률적으로 배치되어 정리되었다.15) 최종적으로 정서책에 양안의 내용을 정서하는 과정이 수개월간 후속 작업으로 이어졌다.

이렇게 초사에서 초서(初書)에 이르기까지 한달 반 정도 소요된 후 다시 한달 반 정도 정서책을 정리하는 시간이 걸렸다. 대개 한 지역에서 토지를 조사하고 완성된 양안을 작성하는 데는, 대개 4개월 정도 걸렸음을 알 수 있다. 일부 면지역에서는 더 많이 시간을 소비하기도 하였다. 양지군

15) 예컨대, 용인군 상동촌면(上東村面)과 하동촌면(下東村面) 양지아문 양안의 정리 과정을 살펴보자. 상동촌면은 1900년 6월 23일부터 야초에 대한 정리작업으로서 초사(初査)에 들어가 7월 18일에 마쳤다. 하동촌면의 경우에도 6월 29일에 시작하여 7월 16일에 끝났다. 거의 비슷한 시기에 정리기간을 거쳤다. 다음으로 결부수 등을 재확인 하는 과정인 재사(再査)과정을 거쳤다(이영호, 1995, 「광무양안의 기능과 성격」『대한제국의 토지조사사업』, 민음사, 131~133쪽).

고북면 양안의 경우, 1901년 3월 양전을 시행했지만, 바로 정리하지 못하고 해를 넘겨 1902년 8월 20일에야 마무리하고 있었다.

다음으로 경기도 광주지역 양전사업에 대해 살펴보자.

경기도 광주부(廣州府)에는 조선후기이래 수도 한성과의 지리적 조건으로 미곡유통이 활성화되고 토지생산물들이 시장에 나가 판매되기 시작하였다. 1889년 광주부에서 수취할 지세대장은 이미 오래전의 토지대장에 근거하고 있었다. 1836년 이전에 작성된 토지대장의 전답결수에 기초를 두고 있었다. 당시 광주부 전체의 전답 면적은 모두 5,858결 88부 1속이었다.[16] 광주부 전체에 부과되는 조세량을 나타내는 총 납세결인 원총(原摠)은 1869년 2,931결 45부였으며, 1889년의 경우 2,962결 90부 5속이었다. 거의 20년간 변화가 없었다. 한편 실제 경작되고 있는 토지의 종류에는 정부에 직접 세금을 내는 토지도 있었지만, 서울에 있는 왕실의 토지인 궁방(宮房)과 지방관청에 세금을 직접 납부하는 토지들도 있었다. 이렇게 별도로 파악되고 있는 토지를 합하면, 1889년 당시 광주부의 장부상 경작지는 모두 4,569결 43부 9속으로서 원래 대장에 있는 전체 결수 5,858결의 78%에 이르고 있었다. 전체적으로 밭과 논의 비율은 7대 3이었다. 밭이 논보다 훨씬 많았다.

경기도 광주부에서 광무양전사업이 추진된 것은 다른 지역보다 조금 뒤늦게 1900년 6월부터 시작하였다. 당시 광주부에는 위의 표에서 나타나듯이 모두 22개 면이 있었는데, 이 중에서 주목되는 곳은 의왕, 왕륜, 월곡 등 3개 면 지역이었다. 우선 분석의 대상으로 삼은 것은 광주부

16) 1890년대 광주부의 지세수취는 원래 양전에서 파악한 토지 중에서 구래의 진전과 수해를 입은 토지 등 1,300여결이 축소되고 있었지만, 다른 지역에 비해서는 실제 정부에 세금을 납부하는 대상 토지가 비교적 높은 비중을 차지하고 있었다. 과중한 조세부과를 크게 부담스럽게 생각하고 있었다. 1899년 작성된 『광주부읍지』에 의하면, 광주부의 원장부전답은 5,634결 67부(밭 3,886결 13부 1속, 논 1,748결 53부 9속)로 1890년 원전답 5,858여 결보다 도리어 220여 결이 줄었다.

의곡면(儀谷面)과 왕륜면(旺倫面) 지역이다. 의곡면은 밭이 65결 50부 1속이며 논이 54결 24부 1속이었다. 왕륜면은 밭이 84결 29결 2속이고 논이 72결 40결 2속이었다. 밭과 논의 비율은 의곡면이 54.7%, 45.3%이며, 왕륜면이 53.8%, 46.2%로 왕륜면의 논 비율이 약간 높음을 알 수 있다. 이 두 면의 논의 비율은 위의 표에서 나오는 것처럼 21개 면 중 55.1%를 차지한 퇴촌면에 이어 2위와 3위를 차지할 정도로 논농사 위주의 지역이라고 할 수 있었다. 두 면의 총면적은 모두 276결 43부 6속였다. 2면의 경지비율은 전체 광주부에서 차지하는 비중은 불과 4.7%에 지나지 않았다. 반면 월곡면 지역에서는 밭의 면적이 155결 3부 5속이며, 답의 면적이 61결 3속이었다. 월곡면의 논 면적은 28.2%에 불과하여 주된 밭농사 지역에 해당되었다.

이곳 광주부 의곡, 왕륜, 월곡은 양무감리 이종대의 지휘하에 4개의 조사위원이 지역을 나누어 조사하고 있었다.17) 의곡면과 월곡면 지역은 각기 조동원, 이철규의 지휘아래 3명의 양무학원이 양전에 종사했으며, 왕륜면은 2개의 지역으로 나누어 조사하고 있었다. 이러한 조사방식은 경기도의 다른 지역에서도 마찬가지로 시행된 바 있었다.

양전 시행기간은 크게 세 시기로 나뉜다. 첫째 양전 시행기간은 1900년 6월 24일부터 7월 27일까지 약 한달 간 진행되었으며, 양전을 기록한 문서인 양안(量案)을 작성한 때는 1900년 10월경, 그리고 양안을 잘 정리한 때는 1901년 3월 10일이었다. 광무년간의 양전은 각기 시기를 구별하여 조사하고 정리하였다. 첫째의 시기가 현지에 나아가 토지를 조사하는 '야초(野草)'의 작성시기이며, 둘째 시기가 조사한 결과를 정리하는 '중초(中草)'를 만드는 시기이고, 셋째 시기는 자세히 정리하는 '정서책(正書冊)'을 만드는 시기였다. 특히 광주군 토지의 전체결수가 5,675결 63부 4속이나

17) 『경기광주부양안』(규장각, 17641) 총 70책 중 18~20책, 37~38, 51~52, 63책 등 8책 참조.

되었으므로 천개의 자호를 넘어서 1,112자(字)나 되었다. 따라서 의곡, 왕륜, 월곡 등지는 922번째 필(筆)자로부터 1,031번째 조(調)자까지 모두 110개 자호를 부여받았다. 이어 결부수 등을 재확인하는 과정인 재사(再査) 과정을 거치는데, 이 지역에서는 대개 1900년 10월경에 모든 과정을 마쳤다고 기록되어 있다.

<표 8> 광주부 3개 면 양전실적수와 결총의 변화(단위 : 척, 결, 속)

면명	지목	실적수 I	실적수II	실적 차이	정보	결총I	결총II	결총 차이
의곡	전		1,571,551		171.4	51.576	51.639	-63
	답		1,639,326		178.8	70.752	70.859	-107
	합계	3,215,576	3,210,877	-4,699	350.2	122.328	122.498	-170
왕륜	전		2,088,470		227.8	73.136	73.132	4
	답		2,672,878		291.5	105.142	105.136	6
	합계	4,750,348	4,761,348	11,000	519.3	178.278	178.268	10
월곡	전		2,259,279		246.4	77.677	78.592	-915
	답		4,048,690		441.6	187.977	187.992	-15
	합계	6,309,215	6,307,969	-1,246	688	265.654	266.584	-930
총합계		14,275,139	14,280,194	5,055	1557.5	566.260	567.350	-1090

위의 표는 광무양전이 진행되는 동안 3개 면 지역에서 현지조사에서 조사된 결과(실적수 I, 결총 I)와 이후 양안의 정리과정에서 변화된 부분(실적수 II, 결총 II)을 정리한 표이다.[18] 의곡면의 경우는 4,699척 정도 축소된 반면, 왕륜면은 도리어 1만 1천척이 늘었으며, 월곡면은 1,246척 정도 줄었다. 결부 면적도 약간의 변동이 있어 의곡면은 17부 정도 감소한 반면, 왕륜면은 1부 증가, 월곡면은 도리어 93부나 축소되는 결과를 가져왔다. 이렇게 양전의 수정 정리과정에서 미세하기는 하지만 약간의 면적 변화가 보인다는 점을 확인할 수 있다.

양지아문은 양안을 최종적으로 손질을 거쳐 완성하는 단계를 거쳤다.

18) 이 표에 사용된 단위는 양전척 1척=주척 5척, 결부속(結負束)이다.

광주부 양안의 정서책은 양안의 내용을 깔끔하게 정리하여 기록하여 완성되었다. 이 지역의 양안은 대개 1901년 3월 10일에 일률적으로 정서를 시작하였으므로 양전을 시작하고 나서 10개월 만이었다. 다른 지역에 비해서는 비교적 빠른 시일동안 양전과 최종적인 양안의 완성까지 수행한 것이다.

1900년 6월부터 1901년 3월까지 시행된 광주군 지역 양전사업은 당시 농지의 객관적 면적조사와 실결수를 파악해 내었으며, 더불어 국유지 조사, 가호의 조사 등 일종의 국세조사를 포함하여 토지의 전반적인 상황에 대한 조사를 마쳤다.

다음으로 1901년 후반기에 시작된 이천 지역의 양전에 대해 살펴보자. 이천지역의 양전은 그해 9월 29일부터 시작되었다.[19] 우선 양전은 이천읍면의 관아에서 시작하였으며, 곧이어 부면(夫面)과 월면(月面)에서는 양전이 착수되었다.

이천군 광무양전은 기록상으로는 읍면에서 1900년(광무 4) 9월 30일부터 시작되었다. 당시 양무관리는 위원으로 원직상, 학원으로는 정해창, 임용구, 이교승, 이령헌, 이근인 등이 종사하였다. 이곳에서도 역시 각 면별로 1명의 위원과 3~6명 정도의 학원이 양전에 종사하였다.[20] 이들 양무 관리들은 각 면리를 돌아다니면서 개별 농지를 측량하였으며, 그

---

19) 『이천군 양안』은 1901년(光武 5) 양지아문에 의해 작성된 이천군의 15개 면에 관한 양안이다. 표지에는 조사안이 부착되어 있는데 이에 의하면 본 양안이 중초본임을 알 수가 있다. 전체 29책 각 면 책수는 다음과 같다. 제1·2책 : 신면(新面), 제3·4책 : 모면(暮面), 제5·6책 : 발면(鉢面), 제7·8책 : 백면(栢面), 제9객 : 월면(月面), 제10책 : 가면(加面), 제11·12책 : 초면(草面), 제13·14책 : 장면(長面), 제15·17책 : 호면(戶面), 제18·19책 : 읍면(邑面 - 郡總目收錄), 제20·21책 : 대면(大面), 제22·23책 : 부면(夫面), 제24·25책 : 사면(沙面), 제26·27책 : 마면(麻面), 제28·29책 : 둔면(屯面) (이상15개 면).

20) 양전관리의 현황은 위의 표에서 나타난 것처럼 기록되지 않은 면도 있었다. 백면 양안의 상권, 사면 양안의 상권, 둔면 양안은 상하권 전체에서 양전관리의 명단이 발견되지 않았다(『경기도 이천군 양안』 7책, 24책, 28책, 29책).

결과를 정리하여 중초본 양안으로 기록하였다.21)

이천군 지역에서 시행된 양전은 초기 양전을 나타내는 야초 작성에 이어 중간 정리단계인 중초본 양안의 정리에 이어 최종적으로 정서본 양안으로 정리되었다. 우선 이천군 전체의 양전 성과를 살펴보면, 총경지의 면적은 7,658만 79척으로서 약 8,352.97정보였으며, 전답의 비율은 대개 70.4%로 답의 비중이 높았다. 결부로서는 전결이 747결여, 답은 2,384결여로서 전답의 총결수는 3,132결 6속이었다.22)

<표 9> 경기도 이천군 광무양전 시행과정

책수	면명	시작 자호	양전 개시일	양무 관리	양무학원
1,2책	신면	조(鳥)		송종원(宋鍾遠)	박로정(朴魯正), 조재승(趙載承), 이원우(李元宇), 이승하(李承夏), 이하교(李夏敎), 이광우(李光宇)
3,4	모면	축(逐)	1910. 10.16	장규환(張奎煥)	이붕래(李朋來), 유철준(兪哲濬), 전영기(錢英起) 이해욱(李行九), 장준환(張駿煥), 이종억(李種億)
5	발면	흥(興)		어택선(魚宅善)	노정호(盧定鎬), 김승렬(金承烈), 유병룡(柳秉龍), 최광국(崔光國), 이헌상(李憲相)
6	발면	지(之)		어택선(魚宅善)	이규화(李奎和), 권형집(權衡集), 김학로(金學魯), 이상룡(李相龍), 이긍주(李兢周)
7	백면	양(養)			
8	백면	시(恃)		이승필(李承泌)	오명근(吳命根), 남철우(南哲祐), 이장호(李章鎬)
9	월면	수(受)	1900. 9.30	장규환(張奎煥)	이붕래(李朋來), 유철준(兪哲濬), 전영기(錢英起), 이행구(李行九), 장준환(張駿煥), 이종억(李種億)
10	가면	자(慈)		장규환(張奎煥)	이대영(李大泳), 이병덕(李秉德), 이종화(李鍾華), 이소구(李韶九), 이기춘(李起春), 신철우(申澈雨)
11	초면	기(基)	1900. 9.30	신현필(申鉉弼)	김정연(金正涓), 신태영(申泰永), 연병환(延秉煥)
12	초면	거(去)		신현필(申鉉弼)	조기준(趙基駿), 윤응수(尹應秀), 신철희(申喆凞)
13,14	장면	좌(佐)		원영상(元永常)	홍희철(洪凞轍), 조동환(趙東煥), 신승희(申承熙), 최호만(崔浩萬), 이병모(李秉模), 최호민(崔浩敏)

21) 출전 : 『이천군양안』(규17643) 29책. 단위 결부속.

22) 이천군 양안은 정서과정에서 수정 가필된 부분이 많았다. 따라서 최종적인 집계가 간혹 틀린 경우도 발생하였으므로 일단 면별 집계에 준하여 합계를 산출하였다. 예를 들어 전결수에는 1결 51부 9속의 오차가, 답결수에는 2결 5부 8속 오차가 발생하였다. 또한 총결수에서도 61부의 오차가 발생하고 있었다.

15	호면	두(杜)	1900. 10.19.	신현필(申鉉弼)	김정연(金正涓), 신태영(申泰永), 연병환(延秉煥)
16	호면	괴(槐)		신현필(申鉉弼)	조기준(趙基駿), 윤응수(尹應秀), 신철희(申喆凞)
17	호면	영(纓)		송종원(宋鍾遠)	박로정(朴魯正), 조재승(趙載承), 이광우(李元宇), 이승하(李承夏), 이하교(李夏敎)
18	읍면	천(天)	1900. 9.29	원직상(元稷常)	정해창(鄭海昶), 박용구(林容九), 이교승(李敎升), 이령헌(李令憲), 이근인(李根仁)
19	읍면	추(秋)		원직상(元稷常)	이도원(李道源)
20	대면	수(獸)	1900. 10.19	어택선(魚宅善)	노정호(盧定鎬), 김승렬(金承烈), 유병룡(柳秉龍), 최광국(崔光國), 이헌상(李憲相)
21	대면	납(納)		어택선(魚宅善)	이규화(李奎和), 권형집(權衡集), 김학로(金學魯), 이상룡(李相龍), 이긍주(李兢周)
22,23	부면	작(作)	1900. 9.30	김기종(金基宗)	이범하(李範夏), 이능순(李能淳), 서상우(徐相禹), 이원찬(李源贊), 금종찬(琴鍾贊), 황종서(黃鍾瑞), 백범수(白範洙)
24	사면	신(臣)			
25	사면	목(木)		조동원(趙東元)	손석윤(孫錫胤), 이종룡(李鍾龍), 이은구(李殷求)
26	마면	회(會)		김기종(金基宗)	이범하(李範夏), 이능순(李能淳), 서상우(徐相禹), 이원찬(李源贊), 황종서(黃鍾瑞)
27	마면	최(最)		조동원(趙東元)	김봉식(金鳳植), 박창수(朴昶壽), 손석윤(孫錫胤), 오긍선(吳肯善)
28,29	둔면	수(水)			
	합계	천(天)-병(幷)			

2) 경기도 각 군 양전 후 토지결수의 증가와 의미

이상과 같이 경기도 양지군과 광주군, 그리고 이천군을 중심으로 하여 경기도 양전의 시행과정을 살펴보았다. 이제 대한제국 정부가 광무양전사업의 목표로 설정하고 있는 조세제도의 개혁 측면을 검토해 보기로 하자. 여기서 초점은 각 군별 양전사업의 성과로 종전 부세결수에 비해 어느 정도 새로운 경작 결수, 즉 사기결(査起結)을 찾아내었는가 하는 것이 관건이었다.

우선 경기도 각 군별 양전사업의 성과를 위의 3개의 군과 일부 면을 중심으로 살펴보자. 우선 양지군의 양전 결과는 다음과 같았다.

<표 10> 양지군 광무양전의 성과 (단위 : 결)

순서	지역	전결수	답결수	총결수	원결	결차2	증가폭	원호	사기호	와가	초가
1	고북	16.275	67.924	84.199	58.753	25.446	143.3	74	102		344
2	주북	53.056	49.704	102.760	51.085	51.675	201.1	187	296	15	1,017
3	박곡	15.506	51.624	67.130	26.002	41.128	258.1	86	122		392
4	제촌	17.560	57.278	74.838	50.966	23.872	146.8	81	104		301
5	고서	31.856	74.622	106.478	68.327	38.151	155.8	110	140	8	484
6	목악	22.660	50.674	73.334	62.841	10.493	116.6	140	197		663
7	고안	22.801	113.582	136.383	98.965	37.418	137.8	121	258		486
8	읍내	38.864	48.360	87.224	47.213	40.011	184.7	112	221		938
9	주동	42.197	89.897	132.094	87.881	44.213	150.3	162	212	80	728
10	주서	49.323	68.210	117.533	91.247	26.286	128.8	144	207		709
11	고동	40.217	91.958	132.175	97.537	34.638	135.5	225	282	19	881
	합계	350.315	763.833	1,114.148	740.817	373.331	150.3	1,442	2,141	122	6,943

경기도 양지군의 양전결과, 원결은 모두 740여 결이었는데, 새로 조사된 결수는 1,114결이었음으로 대체로 150% 정도의 증가를 보였다. 고북면에서 고동면에 이르기까지 전체적으로 이전의 결수에 비해서 작은 경우에는 116%의 증가를 보이고 큰 경우에는 258%의 큰 증가를 보였다. 호구파악의 경우에도 이전에 비해 크게 늘어났음을 확인할 수 있다. 1,442호에서 2,141호로 148%나 더 파악되었다. 양지군의 결수증가는 이웃 용인군의 증가폭을 상회하는 것으로 이 지역 주민들에게 향후 많은 조세부담을 초래하게 되었다는 것을 의미했다.

다음으로 광주부 지역 의곡, 왕륜, 월곡 지역의 양전결과는 다음과 같다.

<표 11> 광주부 3개 면 지역 양지아문 양전 결과(단위 : 척, 결, %)

지역명	전실적수	전결수	답실적수	답결수	답실적 비중	답결수 비중	원결	사기결	증가비율 (%)
의곡	1,571,551	51,639	1,639,326	70,859	51.1	57.8	103.705	122.328	18.0
왕륜	2,088,470	73,136	2,672,878	105,136	56.1	59	123.216	178.278	44.7
월곡	2,259,279	78,592	4,048,690	187,992	64.2	70.5	184.214	265.654	44.2
합계	5,919,300	203,367	8,360,894	363,987	58.5	64.2	411.135	566.260	37.7

위의 표에서 주목되는 점은 앞서 1836년이래 광주부의 양안에 기록된 전답 결부수와 비중이 크게 달라져 있다는 것이다. 3개 면에서 공히 전의 비중이 높았으나 특히 월곡면에서는 전의 결부수가 무려 71.8%였다. 그렇지만 1900년 광무양전에서는 전답의 비중이 역전되었다. 답의 비중이 크게 높아졌다. 실적수에서도 평균 58.5%에 이르렀으며, 결수로도 평균 64.2%로 높아졌다. 특히 월곡면의 경우에는 전과 답의 비중은 완전히 역전되어 답 결총의 비중이 도리어 70.5%에 이를 정도였다. 이와 같이 1836년 이후 60여 년간 광주부 3개 면 지역의 농업은 종래 밭 작물 중심의 농업경영에서 크게 전환되어 논 작물 중심의 농업경영으로 크게 변화하였음을 알 수 있다(<표 12> 참조).

이러한 농지현실의 변화는 각 면별로 조세를 내는 기준인 결총수도 크게 변화시켰다. 의곡면의 경우, 원결(原結) 103결 70부 5속에 비해서 새로 찾은 사기결(査起結)이 122결 32부 8속으로 조사되었다. 원결보다 사기결 18결 62부 3속을 새로 파악한 것이었다. 그 이외에 화속결 70부가 따로 파악되었다. 왕륜면의 경우에는 원결이 123결 21부 6속이고, 사기결이 178결 27부 8속이므로 55결 6부 2속이 새로 파악되었다. 월곡면의 경우에도 원결이 184결 21결 4속이었으나, 새로 찾은 사기결이 265결 65부 4속이었다. 월곡면은 새로 파악된 결부가 무려 81결 44부이나 되었다. 새로 찾은 사기결의 증가비중은 전체적으로 37.7%에 이를 정도였다. 이러한 수치로 보아 많은 토지가 개발되었음을 알 수 있다.

또한 이 지역 양안에서는 국가가 소유하거나 왕실이 소유한 토지도 정밀하게 조사되었다. 의곡면 지청평(至淸坪), 의일동구(義逸洞口), 외의일(外義逸), 발산동(鉢山洞), 곡멱(曲覓), 학포동(鶴浦洞) 일대에 있었던 본부둔전(本府屯田)이 1결 22부 4속이었고, 일부 지역에 충훈부 둔전이 있었다. 또한 월곡면 지역 천앙평(天仰坪), 하초평(下草坪), 사사리(沙士里) 등지에 있었던 인릉(仁陵), 효릉(孝陵), 헌릉(獻陵)의 위토(位土)가 많았다. 이들 위토는 67개 필지에 5결 86부 2속이었다. 그렇지만 이 3개 면의 경우에는 광주부의 여타 지역에 비하여 국유지에 해당되는 토지가 별로 없었다고 볼 수 있다.

이러한 성과는 다른 광주부 각 면별 토지 결수의 전후 상황 변화를 비교해 볼 수 있다.

<표 12> 광주부 각 면별 토지 결수 상황(단위 : 속)

	면명	밭면적	비율	논면적	비율	합계
1	경안	218,643	68.1	102,507	31.9	321,150
2	오포	223,075	80.8	53,110	19.2	276,185
3	도척	170,985	63.8	97,003	36.2	267,988
4	실촌	127,716	61.5	80,010	38.5	207,726
5	초월	214,949	80.8	51,060	19.2	266,009
6	퇴촌	66,643	44.9	81,656	55.1	148,299
7	초부	126,661	61	81,140	39	207,801
8	동부	206,788	78.2	57,500	21.8	264,288
9	서부	209,607	79.2	55,001	20.8	264,608
10	구천	312,295	70.4	131,001	29.6	443,296
11	중대	261,395	64.5	144,101	35.5	405,496
12	세촌	134,247	68.3	62,330	31.7	196,577
13	돌마	168,584	62.5	101,221	37.5	269,805
14	낙생	166,522	62.2	101,009	37.8	267,531
15	대왕	267,516	70.5	112,043	29.5	379,559
16	언주	634,484	75.1	210,104	24.9	844,588
17	의곡	65,501	54.7	54,241	45.3	119,742
18	왕륜	84,292	53.8	72,402	46.2	156,694
19	월곡	155,035	71.8	61,003	28.2	216,038
20	북방	158,908	82.7	33,210	17.3	192,118
21	성곶	99,139	69.1	44,244	30.9	143,383
	합계	4,072,985	69.5	1,785,896	30.5	5,858,881

다음으로 이천군의 경우를 살펴보자. 아래의 표와 같이 이천군 각 면별 전결과 답결 총수는 각 면의 규모에 따라 달랐다. 대개 200결 전후가 많았다. 읍면의 경우 217결이었지만, 가면과 월면은 135결과 158결로 작은 면에 속했고, 반면에 호면과 발면은 266결로 큰 면에 속하고 있었다.

<표 13> 이천군 광무양전의 성과(단위 : 결)

면명	면명	전결	답결	총결	원결	결총차이	비율(%)	원호	사기호	와가	초가
1	신면	58.864	148.671	207.535	151.547	55.988	36.9	213	257	0	869
2	모면	38.746	161.283	200.029	143.836	56.193	39.1	199	243	55	829
3	발면	54.674	211.794	266.468	208.442	58.026	27.8		406	21	1,446
4	백면	61.459	196.510	257.969	208.440	49.529	23.8		399	40	1,370
5	월면	22.812	135.548	158.360	134.697	23.663	17.6		186	0	732
6	가면	26.078	109.123	135.201	111.285	23.916	21.5		209	5	674
7	초면	36.659	156.803	193.462	134.308	59.154	44.0	200	272	0	847
8	장면	72.964	183.666	256.630	188.357	68.273	36.2	278	457	15	1,565
9	호면	46.569	220.040	266.609	216.143	50.466	23.4	319	430	5	1,257
10	읍면	68.467	149.490	217.957	166.530	51.427	30.9	421	582	0	2,909
11	대면	37.639	191.109	228.748	201.691	27.057	13.4		263	50	861
12	부면	47.501	154.732	202.233	168.137	34.096	20.3	277	326	0	1,150
13	사면	70.259	128.537	198.796	194.383	4.413	2.3	321	372	24	1,289
14	마면	53.679	119.169	172.848	109.638	63.210	57.7	221	382	70	1,406
15	둔면	53.043	115.589	168.632	144.917	23.715	16.3	280	386	60	1,448
	합계	747.884	2,384.122	3,132.006	2,482.351	649.655	26.2	2,729	5,170	345	18,652

위의 표에서 주목되는 점은 이천군 양안에서는 기존 정부에서 수취하는 각 면별 수세실결로 이해되는 원결(原結)과 새로 파악한 사기결(査起結)을 함께 기록해 두고 있는데, 각 면별로 원래 수세결과 비교해서는 이전보다 결수가 증가하는 경향이 현저하였다. 대개 50결 이상 토지가 많이 파악된 것으로 나타났다. 각 면별로 30%이상 결수의 증가가 보인 면은, 신면, 모면, 초면, 읍면, 마면 등 5개 면이나 되었으며 군단위의 평균으로도 26.2%의 증가가 나타났다.[23)]

한편, 이천군에 거주하는 민호는 모두 5,170호로 조사되었으며, 와가의 총규모는 346칸이며, 초가는 18,652칸으로 집계되었다. 위의 표에서 나타났듯이, 이 지역에서 원래 호적에서 파악한 원호와 새로 파악한 사기호(査起

23) 이웃한 음죽군의 양전 결과와 비교해 보면, 이천군은 원결(原結)이 2,482결이었고, 신결(新結)이 3,132결이었으므로 650결여로 26.2%의 증가를 보였다. 음죽군은 원결이 1,059결이었고, 신결이 1,666결이었으므로 605결여로 57.5%의 증가를 보였다. 이천군의 경우보다 음죽군의 신결은 무려 두배 정도 늘어난 셈이다(『음죽군양안』(규17659) 17책).

戶)가 구체적으로 파악되고 있었다. 신면(新面)의 경우 원호 213호인데 새로 257호가 증가한 것으로 파악하고 있었다. 또한 장면(長面)의 경우도 278호에서 457호로 파악되어 180여 호가 증가되었으며, 읍면(邑面)도 421호에서 582호로 160여 호로 크게 증가했다. 전체적으로 원호는 2,729호에 불과했던 반면, 사기호는 5,170호로 기존 원호에 비해 89.4%나 증가할 정도였다.[24] 이렇게 1900년 이천 지역에서는 그동안 호구의 변동이 크게 일어나고 있었음을 알 수 있다.

이렇게 광무양안상의 결수는 이전 각 군에서 수취하고 있었던 결세(結稅)의 총액과 크게 달랐다. 각 면별로 20결에서 50결에 이르기까지 이르러 전체적으로는 1900년 당시 수세결(收稅結)에 비해서 650결여 정도나 많이 파악해내고 있었다. 이것으로 보아 광무양전의 목표 중의 하나였던 새로운 경작지의 파악은 구체적인 양전과정에서 실현되고 있었음을 알 수 있다.

그렇지만 이렇게 경기도 광무양전사업의 실시로 말미암아 크게 결수의 증가를 초래하자 여러 가지 반발이 제기되었다.

1901년 하반기 당시에 양전을 마친 군은 전국적으로 1/3에 미치지 못하는 상황에 있었고, 더욱이 당시에 엄청난 피해를 입히고 있었던 대흉년의 여파로 더 이상 양전사업을 진행하지 못하고 있었다.[25] 이에 따라 1901년 10월 양전사업을 조속히 끝내고 지계발급사업을 전담하게 될 지계아문이 새로 설립되었다. 따라서 양지군의 양안 정리는 종래 양지아문

---

24) 한편 광주부 지역 조사항목 중에는 각 면별로 주민의 거주상황 조사도 역시 있었다. 의곡면의 경우에 새로 파악한 주민의 가호수는 330호이었는데, 기와집이 42칸, 초가집이 1,092칸이었다. 왕륜면에서 새로 파악한 가호수는 317호이며, 기와집이 56칸, 초가집이 1,404칸으로 조사되었다. 월곡면에서는 새 가호수는 342호인데, 초가가 138칸이고, 와가가 49칸으로 조사되었다. 여기서 주민의 가호수와 가옥형태를 파악한 것은 이후 가옥세를 부과하기 위한 것이었다.

25) 1899년 6월부터 1901년 7월까지 2년간 양전을 실시한 군의 수는 경기 14군, 충북 13군, 충남 18군, 전북 14군, 전남 13군, 경북 22군, 경남 8군, 황해 2군 등 104군이었다(『皇城新聞』 1901년(광무 5) 11월 27일 「査得結戶」).

이 아니라 지계아문으로 넘겨져 정리하게 된 사정과 관련되어 늦어지게 되었다.[26] 1902년 3월 지계아문은 양지아문을 통합하여 명실공히 토지의 측량과 관계(官契)의 발급기관으로 정립하게 되었기 때문에 양지군 양안은 양지아문 시기 때 작성한 것을 이어받아 새로 정리하게 되었다.

그런데 이웃한 수원과 용인의 양전 결과가 비교적 현지의 측량을 통하여 현실의 농지상태를 적절하게 반영하였음에도 불구하고 결세를 부담하는 기준인 결총이 크게 증가한 것으로 나타났다. 특히 용인군의 경우에는 기존의 출세결에 비해 138%나 증가되는 결과로 나타냈다. 종래 농민항쟁에서 제기된 가결의 폐단을 더욱 초과하는 심각한 문제를 야기시켰다.[27] 이렇게 결총이 증가한 원인은 양전과정에서 토지등급을 지나치게 상품(上品)으로 높게 규정한다든지 진전(陳田)을 시기전(時起田)으로 파악했기 때문이라고 당시 여론은 지적하고 있다.[28] 실제로 양지아문의 양안에서 살펴보면, 토지상태와 달리 전품등급을 상향 조정하여 결부가 과다하게 평가된 토지도 많았다. 그렇지만 당시 중앙의 관료지주와 향촌유력자들이 이 지역 토지의 상당 부분을 소유하고 있었는데, 양전에 의하여 새로 과세대상으로 파악되었기 때문에 당연하게 새로 추가로 조사된 결수가 늘어난 것이었다.

이렇게 되자 용인군 광무양전의 과중한 결수를 그대로 지세수취에 활용할 수는 없었다. 1903년 8월 지계아문(地契衙門)에서는 용인군의 재양전을 결정하였다. 지계아문은 기존의 토지를 다시 측량하면서 전품을 하향 조정함으로써 해결하려고 하였다.[29]

---

26) 『일성록』 1902년(광무 5) 11월 29일 참조.

27) 용인군의 전답결총이 3,542결 97부 4속으로 당시 수세결총 2,549결 15부 5속에 비하여 993결 81부 9속이 증가하였다. 추가로 조사된 결수는 이전 수세결에 비하여 138%의 증가를 보인 셈이다. 이웃 수원의 경우에도 같은 경자년의 수세결에 비해 무려 2,321결여나 증가하였다.

28) 『관보』 1903년(광무 7) 9월 30일 ; 『일성록』 1903년(광무 7) 음 8월 5일, 23일.

<표 14> 경기도 용인군 광무양안의 재조정 과정

순서	면명	양지아문양안		지계아문양안		비고
		자호	순서	자호	순서	
1	읍치	天-宿(14)	1	天-宿(14)	1	등급 하향조정
2	동변	列-劍(35)	2	列-玉(31)	2	등급 하향조정
3	구흥	號-羽(32)	3	出-淡(23)	3	등급 하향조정
4	기곡	翔-臣(46)	4	談-尺(56)	7	면적/등급 하향조정
5	지내	伏-慕(45)	5	白-罔(45)	6	면적/등급 하향조정
6	서변	貞-彼(17)	6	鱗-字(16)	4	면적/등급 하향조정, 거주지 표시
7	수진	短-緣(51)	7	乃-樹(48)	5	면적/등급 하향조정, 거주지 부분 표시
8	모현	善-業(68)	8	義-仙(62)	10	면적/등급 하향조정, 거주지 표시
9	포곡	所-造(75)	9	從-節(67)	9	진전조사, 거주지 부분 표시
10	수여	次-階(85)	10	璧-職(77)	8	일부 등급조정
11	상동촌	納-槐(37)	11	禪-叔(37)	16	면적/등급 하향조정, 거주지 부분 표시
12	하동촌	卿-微(46)	12	途-岱(43)	15	면적/등급 하향조정
13	남촌	旦-弊(49)	13	銘-假(50)	14	등급 하향조정
14	현내	煩-主(32)	14	靈-聚(39)	11	일부 면적/등급 하향조정
15	도촌	云-査(25)	15	群-冠(28)	12	진전 조사
16	서촌	冥-勸(22)	16	陪-刻(21)	13	진전 조사
	합계	天-勸(669)		天-叔(657)		

표와 같이 용인군 2차 양전에서는 종전에 비해 면별 자호순서가 달라지고 있는데 이는 종래 양안에 자호지번을 근거로 하지 않는 일반적인 작성방식을 그대로 보여주고 있다. 그리고 각 면내의 토지상태에 대한 조사를 살펴보면, 종래 파악되지 않았던 진전에 대한 추가조사와 기존의 경지에 대한 진전부분 조사가 이루어졌다. 더욱이 결수 감소를 위한 조처로 전품(田品)의 등급을 조정하였다. 결국 용인군의 자호 결수가 천 자호에서 권 자호에 이르기까지 총 669자호였는데, 무려 12개 자호 60여 결이 축소되었다. 각 면리별 자호의 축소에서 나타나듯이 전반적으로 결수를

29) 재양전은 1903년 8월 26일부터 9월 28일까지 실시되었다. 양전의 사무원은 송무용(宋武用)과 곽준영(郭峻榮) 등이었다. 용인군 기곡면의 경우에는 대부분의 토지에서 필지마다 양전실척수가 조정되었으며, 각 마을별 총실적도 재조사되었다.

축소시키고 있는 점을 알 수 있다.[30]

이와 같이 용인군의 재양전에는 양지아문시 작성된 중초본을 기초로 하여 진전을 새로 조사하고 전답주의 변동을 표시했으며 실제 재측량을 통해서 종전의 양안을 전면적으로 새로 작성하고 있었다. 그리하여 중초본 위에 다시 수정된 사항을 기록하면서 전답주의 표기는 시주(時主) 혹은 진주(陳主)로 표기하되 작인(作人)은 파악대상에서 제외시켰고 또한 시주(時主)의 거주지를 조사하는 등 토지소유자를 위주로 일원화하여 파악했다. 그 결과 양지아문의 용인양안은 재수정되는 진통을 겪으면서 새롭게 추가로 필지를 추가하고 등급을 조정하면서 현실의 요구에 부응하여 필지별 전결수를 조정하는 수준에서 재조정되었다. 원래 의욕적으로 출발한 대한제국 정부의 양전사업은 측량과정에서의 객관성 확보에 실패하고 주민들의 과다결수 요구를 일부 수용하면서 일시적인 어려움을 타개하고 타협책을 찾아나가는 굴절된 모습을 보여주었다.

3. 경기도 각 군 양안에 나타난 지주·농민의 경제 상황

1) 경기도 각 군 토지소유자 지주의 소유규모와 분포

19세기 후반기 서울 주변 경기도지역 농촌사회에서는 경제적으로 크게 분화하고 있었다. 지역적 기반을 가진 재지지주와 서울의 부재지주들이 주로 기존의 관료적 지위를 이용하거나 기왕의 권력이 활용되면서 각지에 토지소유의 확대를 도모하고 있었다. 실제로 서울과 지방 소재에서 대토지 소유자의 토지소유가 크게 확대되는 경향을 띠었다.

30) 왕현종, 1995, 앞의 논문, 107쪽.

그런데 당시 광무양안에서는 토지소유자를 뜻하는 시주(時主)와 더불어 경작자인 시작(時作)을 같이 표기하고 있는 경우가 많았다. 따라서 시주와 시작은 거의 동일한 인물로 기록하는 경우가 많았다. 그래서 양안상에 기록된 시주와 작인의 이름으로 확실하게 지주 소작관계의 실체를 규명하는 것은 불가능하다. 그럼에도 불구하고 일단 시주와 시작을 별도로 기록한 광무양안의 농지에서는 당시 지주·소작관계를 일정하게 반영하고 있다고 볼 수 있다.

이러한 지주층의 토지소유 확대와 농민층 분화 양상이 경기도 양지군의 사례에서 어떻게 나타나는지 알아보자.

여기서 먼저 양지군 읍내면(邑內面), 주동면(朱東面), 주서면(朱西面), 주북면(朱北面) 등 4개 면 등을 살펴보기로 하자. 이곳은 1914년 일제에 의하여 군면의 통합조처에 따라 내사면(內四面)으로 합쳐진 지역이다.[31] 이곳의 토지면적을 살펴보면 다음과 같다.[32]

<표 15> 양지군 4개 면의 토지조사현황(1901년)

지역 \ 지목		전		답		총계		
		실적(척)	비중(%)	실적(척)	비중(%)	실적(척)	평수(평)	결부(속)
1	읍내	1,059,259	53.5	921,210	46.5	1,980,469	648,059	87.21.9
2	주동	1,237,258	39.6	1,884,458	60.4	3,121,716	1,021,504	132.10.4
3	주서	1,365,924	47.7	1,497,692	52.3	2,863,616	937,047	117.59.0
4	주북	1,450,322	55.7	1,151,760	44.3	2,602,082	851,467	102.74.2
합계		5,112,763	48.4	5,455,120	51.6	10,567,883	3,458,077	439.65.5

31) 경기도 양지군 지역에는 모두 11개 면 지역으로 나뉘어져 있었다. 이중에서 이후 일제의 토지조사사업 장부와 비교하기 위해 하나의 획정된 면 지역을 대상으로 선택하였고, 이에 따라 소위 '내사면'이라는 읍내, 주동, 주서, 주북 등 4개의 면을 분석대상으로 하였다.

32) 출전 : 『양지군양안』(규17658)(단위 : 평, 결, 부, 속, %).

양지군 4개 면의 경지면적은 각 면별로 차이가 있지만, 전의 양전실적수는 대개 105만 척에서 145만 척 정도였으며, 답의 양전실적수는 읍내면의 92만 척, 주동면의 188만 척 등 편차가 많이 났다. 총 실적으로 보면 읍내면이 198만 척으로 평수로 계산하면 64만 8,059평이었고, 주동면은 312만 척으로 평수로는 102만 1,504평이었다. 주서면은 286만 척으로 93만 7,47평, 주북면은 260만 척으로 85만 1,467척이었다. 이렇게 하여 양지군 4개 면의 전체면적은 1,056만 척으로 평수로는 345만 8,077평이었다. 이는 1911년 토지조사사업 당시 조사된 425만 1,981평에 비하면, 토지조사부상의 면적이 광무양안에 비하여 약 23% 정도 증가한 것이었다.[33]

그러면 양지군 4개 면의 토지소유자층의 소유분화에 대하여 살펴보기로 하자.[34]

<표 16> 양지군 4개 면 토지소유분화 양상(1901년)

소유규모	인원	비율	필지	비율	면적	비율
5-	34	2.2	1,872	27.7	1,090,693	32.2
3-5	31	2.0	618	9.1	358,188	10.6
2-3	44	2.8	638	9.4	315,242	9.3
1-2	115	7.3	845	12.5	461,125	13.6
0.5-1	256	16.4	1,044	15.4	538,037	15.9
0.2-0.5	440	28.1	943	13.9	432,835	12.8
0.2	645	41.2	813	12.0	190,264	5.6
합계	1,565	100.0	6,773	100	3,386,384	100.0

양지군내 이 지역의 토지를 경작하기는 하지만 토지가 없거나 대지만을 소유하고 있었던 사람은 992명이나 되었는데, 이들은 토지소유에서 배제

33) 양지군 내사면 지적 통계는 전, 답, 대, 지소, 임야, 잡종지, 사사지, 분묘지 등을 합하면 431만 5,403평이었다. 여기서 전과 답, 대지만을 합하면, 425만 1,981평으로 산정된다(용인시 내사면, 『토지조사부』, 1914 참조).

34) 출전 : 『양지군양안』(규17658)(단위 : 평, %).

되어 있는 사람이었다. 양안상의 전체 인원 2,557명 중에서 38.8%를 차지하고 있다. 4개 면에서 논과 밭을 소유한 토지소유자층으로 파악된 사람들은 모두 1,565명이었다. 0.2정보 미만의 토지밖에 소유하지 못한 사람들은 645명이었고 이들은 인원상으로 41.2%나 되었지만, 소유한 토지는 813필지 19만평에 불과해서 전체 토지면적의 5.6%를 차지한 데 그쳤다. 0.2정보 이상 0.5정보 미만의 영세농민들도 440명이나 되었지만, 전체 토지에서 차지하는 비중은 12.8%를 소유하고 있었으며, 0.5정보 이상 1정보 미만 농민들도 256명이긴 했지만, 전체 토지에서 차지하는 비중은 15.9%에 불과했다. 이렇게 1정보 미만 농민들이 절대 다수를 차지하면서도 영세소농의 처지에 있었음으로 전체 토지에서 차지하는 비중은 크게 낮았다. 반면에 3정보 이상의 토지를 가지고 있는 지주와 부농은 모두 65명이었는데, 이들이 소유한 토지는 전체 토지면적의 42.7%에 달하고 있었다. 특히 5정보 이상의 지주는 모두 34명이었고, 이 중에서 국유지인 교궁, 수어둔, 총관둔, 총어영둔 등을 제외하고도 많은 지주들이 분포되어 있었다.

이들 지주와 부농 중에서 2결 이상 대토지소유를 하고 있는 인사들의 면모를 살펴보면 다음과 같다.

<표 17> 양지군 4개 면 대토지소유자 현황

순서	성명(한자)	필지	실적수	소작비율	결부	주요지역		비고
1	유동이(柳同伊)	27	50,787	76	2.197	주동	용동평(龍洞坪)	
2	고복산(高卜山)	27	58,238	8.6	2.235	읍내	우황평(牛黃坪)	
3	민순록(閔順祿)	24	51,218	98.7	2.328	주동	산매동(山梅洞)	
4	이완석(李完石)	35	49,922	69	2.334	주동	산매동(山梅洞)	
5	김학이(金學伊)	20	52,891	51	2.388	주동	공세신촌(貢稅莘村)	
6	낭주경(浪周京)	28	60,319	75	2.412	주북	정수동(定水洞	
7	이노미(李老未)	25	49,948	71	2.557	읍내	긴설미평(緊屑美坪)	
8	이돌봉(李乭奉)	40	63,759	58	2.856	주동	동리개곡(銅里介谷)	
9	총관둔전(總管屯畓)	30	77,401	100	2.862	주서	고진리(古陳里)	국유
11	이중득(李中得)	37	87,621	16	2.94	주서	어둔리(魚屯里)	
12	유광손(柳光孫)	44	71,377	35	2.941	주서	상가평(上駕坪)	

13	배순봉(裵順奉)	23	54,010	64	2.982	읍내	궁평(宮坪)	
14	정흥석(鄭興石)	32	69,204	48	3.121	주동	고막곡(高幕谷)	
15	이대덕(李大德)	34	70,889	85	3.152	주북	불사평(佛寺坪)	
16	이흥복(李興卜)	38	66,572	67	3.184	주동	식송(植松)	
17	교궁(校宮)	47	73,220	100	3.52	읍내	교동후평(校洞後坪)	국유
18	유복만(柳卜萬)	47	76,635	47	3.544	읍내	상곡(上谷)	
19	남노복(南老卜)	24	56,885	86	3.816	읍내	궁평(宮坪)	
20	박원봉(朴元奉)	40	82,838	63	4.079	주북	박성동(朴成洞)	
21	조칠복(趙七卜)	46	96,479	90	4.331	주동	공세신평(貢稅莘村)	
22	유금석(柳今石)	56	103,328	18	4.822	주서	반정리전(半亭里前)	
23	민종손(閔宗孫)	45	100,263	89	4.842	주서	상가평(上駕坪)	
24	유암석(柳岩石)	69	109,985	40	5.084	주서	어둔리(魚屯里)	
25	정노적(鄭老積)	83	130,162	59	6.342	읍내	오리평(五里坪)	
26	이쾌록(李快祿)	69	131,750	56	6.469	주동	한천곡(寒泉谷)	
27	총어영둔(摠禦屯)	168	224,451	100	6.877	읍내	오리평(五里坪)	국유
28	민경태(閔京太)	117	178,852	98.5	7.885	주동	한강곡(漢江谷)	
29	김흥철(金興哲)	125	239,879	78	9.612	주북	변곡(邊谷)	
30	수어둔(守禦屯)	244	296,600	100	10.648	주동	마근곡(馬根谷)	국유
31	송복이(宋卜伊)	135	306,103	88	15.275	주동	간곡(間谷)	

위의 표에 나타나는 것처럼,[35] 양지군 4개 면 양안에 나타난 대토지소유자들의 성명을 바로 실명으로 해석하기 곤란한 점이 있다. 일반적으로 본인의 성에다가 노비명이나 호명 등을 붙여서 기록하는 것으로 보인다. 예컨대 6번 낭주경(浪朱京)은 당시 서울 동부 연화방 이현에 살고 있었던 낭종호(浪宗鎬)를 가리키는 것으로 보인다. 군내의 최대지주인 31번 송복이(宋卜伊)도 양지군 주동면 추계리에 살고 있었던 송종헌(宋鐘憲)을 가리키는 것으로 보인다. 이들 5정보 이상이거나 2결 이상 토지소유자들 31명 중에서 소작지의 비율이 60%이하는 9명에 불과했다. 그밖에 대부분은 자기 소유지의 대부분을 소작으로 경영하는 지주제를 토지경영의 수단으로 삼고 있었다.

그러면 광주군 지역 3개 면의 토지소유분화 현상을 살펴보기로 하자.[36]

35) 출전 : 『양지군양안』(규17658)(단위 : 척, 결.부.속, %, 5정보 : 45,840척 이상).
36) 양안상 양전척과 정보와의 상관 단위는 1정보를 9,168척을 기준으로 하였다.

<표 18> 광주부 3개 면 지역의 토지소유 분화(1900년)

소유규모	인원	비율	필지	비율	면적	정보	비율
5-	57	3.8	2,077	29.9	5,254,929	573.2	37.4
3-5	56	3.7	846	12.2	1,968,874	214.8	14.0
2-3	61	4.0	625	9.0	1,342,164	146.4	9.6
1-2	155	10.3	1,055	15.2	1,994,982	217.6	14.2
0.5-1	270	17.9	956	13.7	1,761,935	192.2	12.6
0.2-0.5	425	28.2	797	11.5	1,260,434	137.5	9.0
0-0.2	483	32.1	594	8.5	451,733	49.3	3.2
합계	1,507	100.0	6,950	100.0	14,035,051	1,531	100.0

광주군 3개 면 양안에서 한번이라도 이름이 거론된 사람은 2,103명이다. 그 중에서 논과 밭을 소유하여 토지소유자층으로 파악된 사람들은 모두 1,507명이었다. 이 밖에 토지를 소유하지 못하거나 아니면 대지를 소유하지만, 한 필지의 농지도 가지지 못한 사람은 596명이었다. 이렇게 농지의 소유에서 배제되어 있는 사람들은 전체의 28.3%를 차지하고 있었다.

토지소유자층 가운데서도 계층적 분화는 크게 늘어났다. 양안상의 실적수 9,168척을 1정보라고 했을 때, 0.2정보 미만의 토지밖에 소유하지 못한 사람들은 483명이었고 이들은 인원상으로 32.1%나 되었다. 이들이 소유한 토지는 594필지 49.3정보, 약 15만평에 불과해서 전체 토지면적의 3.2%를 차지한 데 그쳤다. 0.2정보 이상 0.5정보 미만의 영세농민들도 425명이나 되었지만, 전체 토지에서 차지하는 비중은 9%를 소유하고 있었다. 0.5정보 이상 1정보 미만 농민들도 270명이긴 했지만, 전체 토지에서 차지하는 비중은 12.6%에 불과했다. 이렇게 1정보 미만 농민들이 절대 다수를 차지하면서도 토지소유의 규모에 있어 영세소농의 처지에 있어 전체 토지에서 차지하는 비중은 대단히 낮았다.

반면에 3정보 이상의 토지를 가지고 있는 지주와 부농은 모두 113명이었다. 이들이 소유한 토지는 전체 토지면적의 51.4%로 과반수를 넘고 있다. 특히 5정보 이상의 토지소유자들은 모두 57명이었다. 경기도의 다른 지역의 경우와 비교해 보면, 경기도 용인군이나 양지군의 경우에는 3정보 이상 대토지소유자 숫자가 대개 1,500여 명 중에 4% 정도이므로 60명 내외에 불과하지만, 이곳의 경우에는 비교적 많은 수의 대토지소유자가 있음을 알 수 있다. 광주군 3개면 지역 토지소유의 분화정도는 영세한 소빈농이 많이 차지하고 있으며, 지주제가 다른 지역에 못지않게 크게 발전하고 있었음을 알 수 있다.

이 지역 대토지소유자의 변화추이를 파악하려면, 10정보 이상 대토지소유자의 농지경영실태를 검토해 보면 알 수 있다.[37]

<표 19> 광주군 3개 면지역 10정보 이상 대토지소유자(1900년)

순위	성명(한자)	소유면적(단위:척)	소유면적(정보)	소유필지	경영면적(단위:척)	경영(정보)	결부수	거주지
1	민만길(閔晩吉)	589,228	64.3	199	271,009	29.6	24.485	월곡면 일리
2	한흥록(韓興彔)	394,740	43.1	150	242,736	26.5	17.868	
3	조대철(趙大哲)	203,394	22.2	60	191,618	20.9	10.181	
4	오명상(吳命尙)	160,454	17.5	92	41,217	4.5	6.944	
5	차오장(車五長)	157,614	17.2	28	152,214	16.6	7.751	
6	오인태(吳仁太)	134,205	14.6	52	94,393	10.3	6.646	월곡면 사사리
7	유만복(柳萬卜)	133,847	14.6	39	89,377	9.75	5.456	왕륜면 강산평
8	한순철(韓順哲)	119,423	13	45	27,124	2.96	4.583	
9	김순석(金順石)	112,953	12.3	37	107,851	11.8	5.325	
10	정길복(鄭吉卜)	111,856	12.2	43	14,757	1.61	3.694	
11	장일봉(張一奉)	106,865	11.7	49	38,953	4.25	4.395	의곡면 분기동
12	이순봉(李順奉)	106,293	11.6	35	26,080	2.84	4.639	
13	한칠월(韓七月)	104,696	11.4	47	45,173	4.93	4.744	
14	이흥득(李興得)	104,512	11.4	27	80,822	8.82	5.127	
15	김재경(金在京)	104,053	11.3	36	54,834	5.98	3.846	왕륜면 내금곡
16	양창복(梁昌卜)	99,960	10.9	40	69,609	7.59	3.187	
17	인릉위토(仁陵位土)	98,244	10.7	59	0	0	4.449	

이들 10정보 이상의 대지주는 모두 17명이었는데, 전체 소유한 토지의

37) (단위 : 양전척, 정보, 결부속)

규모는 모두 284만여 척에 310정보에 이르렀다. 광주군 3개 면, 현재의 의왕시 지역의 전체 토지에 20.3%에 이르렀다. 다른 지역과 마찬가지로 이 지역에서도 대토지소유자의 이름이 본인의 성에다가 노비명이나 호명 등을 붙여서 기록하는 방식을 취했다. 예컨대 민만길은 원래 민씨네 성에다가 자명, 혹은 호명이나 노비명으로 추정되는 '만길(晩吉)'을 붙인 것으로 보인다. 최대 토지소유자인 민만길은 주로 월곡면 지역에 토지를 소유하고 있었는데, 모두 199필지, 58만여 척, 64.3정보에 이르렀다. 그는 국가에서 내는 세금의 기준인 결부만 해도 24결 48부 5속이나 되었고, 그 중에서 직접 관리하며 경영하는 토지는 27만 척, 29.6정보에 달했고, 나머지는 많은 소작농들에게 배분하여 지주 소작관계를 맺고 있었다. 이렇게 지주제에 의해 경작되는 토지는 그의 토지의 54%에 달하고 있었다. 다음으로 대토지소유자 중에서도 비교적 지주제로 운영하는 비율이 높은 사람들은 오명상, 한순철, 정길복, 이순봉 등이다. 인릉위토는 전적으로 소작농민들에게 대여하여 완전히 지주제로 경영하고 있는 토지였다.

다음으로 광주군 3개 면 지역 양안에서 당시 5정보 이상 토지를 경작하고 있다고 기록된 사람들도 보인다.

<표 20> 광주군 3개 면 지역 10정보 이상 소유 겸 5정보 이상 경영자(1900년)

순위	성명(한자)	필지	경영면적(단위:척)	경영면적(정보)	소유면적(단위:척)	소유(정보)	결부수	거주지
1	민만길(閔晩吉)	104	271,009	29.6	589,228	64.3	24.485	월곡면 일리
2	한흥록(韓興彔)	88	242,736	26.5	394,740	43.1	17.868	월곡면 당수리
3	조대철(趙大哲)	56	191,618	20.9	203,394	22.2	10.181	
4	차오장(車五長)	27	152,214	16.6	157,614	17.2	7.751	
5	김순석(金順石)	31	107,851	11.8	112,953	12.3	5.325	
6	오인태(吳仁太)	33	94,393	10.3	134,205	14.6	6.646	월곡면 사사리
7	유만복(柳萬卜)	26	89,377	9.75	133,847	14.6	5.456	왕륜면 강산평
8	이흥득(李興得)	22	80,822	8.82	104,512	11.4	5.127	
9	양창복(梁昌卜)	20	69,609	7.59	99,960	10.9	3.187	
10	김재경(金在京)	19	54,834	5.98	104,053	11.3	3.846	왕륜면 내금곡

5정보 이상 토지경영자 중에서도 역시 민만길, 한흥록, 조대철, 차오장, 김순석 등 대토지소유자가 많은 토지를 경영하는 것으로 나타났다.[38] 그런데 이 중에서 광주 지역에 거주하고 있는 민만길, 한흥록, 오인태, 유만복, 김재경 등을 제외하고는 나머지는 부재지주로서 중간에 마름이나 중간소작인을 넣어 장토를 경영하고 있었던 것으로 보인다. 그 밖에도 김재경 등은 이 지역에 거주하고 있었는데, 대체로 자신이 소유한 토지를 거의 그대로 경영하는 지주임을 알 수 있다. 전반적으로는 앞서 10정보 이상 대토지소유자의 경우에서도 알 수 있듯이 지주소작관계가 더욱 확대되고 있었음으로 농민층의 경영확대는 지주제의 위세에 눌려 점차 축소되지 않을 수 없었다.

다음으로 이천군 지역의 양안에 나타난 지주 소작관계를 파악하기 위해 2개의 면을 대상으로 검토해 보려고 한다. 우선 이천군 백면(栢面)지역이 1차 대상이다. 백면은 동쪽으로 여주권에 접해있고, 남쪽으로 부면에, 서쪽으로는 군내면에, 북쪽으로는 사면에 접해있는 지역이다. 이곳은 남한강의 수계에 접하여 수로 교통이 편리하였으며, 복하천, 신대천, 신둔천, 송말천 유역으로 비옥한 평야지대이다. 백면의 토지규모는 전답의 실적이 607만 6,729척으로서 약 662.83정보로서 200만 평에 가까운 넓은 평야지대였다. 논과 밭의 비율은 70대 30으로 논의 비율이 훨씬 높았다. 이곳에 살고 있는 민호는 모두 399호로서 와가 40칸과 초가 1,372칸으로 조사되어 있다.[39] 결부는 양자(養字)에서 념자(念字)에 이르기까지 52개 자호에 257결 96부 1속이었다. 백면 양안의 양식도 다른 지역과 마찬가지로 자호와 지번, 전답 모양과 실적, 등급, 결부, 시주, 시작 순으로 기록되어 있다. 특히 시주와 시작의 표기는 광무양안의 공통적인 특징으로서 당시 지주·소작관계를 일정하게 반영하고 있는 것으로 볼 수 있다.

---

38) 이 표의 단위는 양전척, 정보, 결부속이다.

39) 『이천군양안』(규17643) 백면 상(7책), 하(8책).

이천군 백면 양안에 기록된 시주와 시작의 기록을 통하여 당시 토지소유자층의 소유상황을 살펴보자. 이들의 토지소유 규모를 보다 정밀하게 파악하기 위해 양안에 기록된 실적수를 기준으로 해서 재편성하여 아래의 표로 구성하였다. 먼저 대지를 제외한 전과 답을 중심으로 추출한 내용이다.

<표 21> 이천군 백면 지역 시주의 토지소유분포

구분/구간	소유규모	인원	비율(%)	소유필지	비율(%)	소유면적		비율(%)
						정보	척	
8	10	10	1.5	828	22.8	194.8	1,785,620	29.8
7	5-10	15	2.2	504	13.9	104.8	961,173	16.1
6	3-5	16	2.3	320	8.8	57.3	525,281	8.8
5	2-3	18	2.6	260	7.2	45.2	413,945	6.9
4	1-2	64	9.4	517	14.2	87.0	798,716	13.3
3	0.5-1	101	14.8	456	12.6	71.4	654,344	10.9
2	0.2-0.5	197	28.9	416	11.4	65.3	599,121	10.0
1	0.2	261	38.3	329	9.1	27.1	248,176	4.2
	합계	682	100.0	3,630	100.0	652.9	5,986,376	100.0

위의 표는 각기 (1)~(8)구간은 각기 실적수를 기준으로 하여 8개의 구간으로 나눈 것이다.[40] 1구간은 매우 영세한 토지로서 0.2정보 약 600평 정도를 소유하는데 그친 사람들로 전체 토지소유자 인명 682명 중에서 261명으로 38.3%를 차지하였다. 2구간에서는 0.5정보 미만의 토지소유자로서 197명, 필지수 416필지, 소유면적은 65.3정보를 차지했다. 인원으로는 28.9%였지만, 소유토지의 면적에서는 10.0%에 불과했다.

이어 구간별로 토지소유자는 점감하고 있는데, 3구간에도 0.5정보에서 1정보인 101명으로 전체 14.8%를 차지하였다. 주목되는 것은 5구간이상으로 각기 18명, 16명, 15명, 10명으로 나타나 전체 2정보 이상의 인명은

40) 1구간은 실적수 0이상 0.2정보이고, 2구간은 0.2정보에서 0.5정보, 3구간은 0.5에서 1정보(9168척 기준), 4구간은 1~2정보, 5구간은 2~3정보, 6구간은 3~5정보, 7구간은 5~10정보, 8구간은 10정보이상이다.

69명으로 10.1%에 불과했지만, 소유필지만 해도 52.7%이고 소유면적의 측면에서도 402.1정보로 61.6%를 차지하고 있었다.

따라서 이천군 백면의 토지소유분포의 차이는 0.5정보 미만의 인원은 458명으로 전체의 67.2%를 차지하고 있었지만, 이들이 소유한 면적은 14.2%에 불과하였다. 반면에 5정보 이상의 대토지소유자를 별도로 구별하여 한정한다면, 인원으로는 25명으로 3.7%에 불과했지만, 소유면적으로는 299.6정보로 전체 토지의 45.9%나 차지하고 있었다. 토지소유규모에서 상당한 계층간의 차이가 크게 나고 있음을 알 수 있다.

그렇다면 당시 이천군 백면의 대지 소유 상황은 어떠한가. 대지는 논과 밭으로 구성된 대지의 소유와 경영과 달리 당시 농가호를 단위로 하여 대지의 소유자와 가옥 소유자의 관계를 보다 잘 파악할 수 있다는 점에서 또다른 농민계층의 분화를 알 수 있는 지표이다. 다음은 대지 소유 필지를 기준으로 소유가옥과 차가가옥의 분포를 나타낸 표이다.

<표 22> 대지 소유자와 가옥 소유자의 분포

대지소유 필지	인원	소유필지수	비중1(%)	소유가옥(칸)	소유실적(척)	비중2(%)
57	1	57	14.7	215	16,531	18.6
19	1	19	4.9	69	2,467	2.8
17	2	34	8.8	120	7,596	8.5
11	7	77	19.9	249	14,960	16.8
10	1	10	2.6	27	1,637	1.8
9	2	18	4.6	57	2,705	3.0
8	3	24	6.2	137	11,091	12.5
7	3	21	5.4	61	3,104	3.5
6	2	12	3.1	34	2,045	2.3
5	6	30	7.7	94	5,858	6.6
4	3	12	3.1	51	2,860	3.2
3	6	18	4.6	65	3,160	3.5
2	13	26	6.7	88	6,334	7.1
1	30	30	7.7	115	8,706	9.8
0	317	0	0.0	0	0	0.0
합계	397	388	100	1,382	89,054	100

우선 대지의 소유자를 기준으로 하면, 위의 표 중에서 0은 대지를 하나도 소유하고 있지 않는 사람들로서 전체 397개의 필지 중에서 317필지가 자기의 토지가 아닌 경우를 나타낸다. 1필지의 소유로부터 시작하여 10필지까지는 대개 점감하는 추세를 나타내고 있으며, 11필지 7명, 17필지 2명, 19필지 1명, 57필지 1명 등으로 나타났다.

이들 중 대지 57필지를 소유한 김흥복(金興卜)의 경우에는 모든 토지를 빌려주는 형태로 나타나 있으며, 이 대지의 면적은 16,531척으로 1.8정보에 달하였다. 또한 그는 전과 답을 110필지가 가지고 있으며 면적도 105,137척으로 11.46정보에 이르는 넓은 토지를 대부분 대여해 주고 있는 대지주로서의 면모를 보여주고 있다.[41)]

대지 19필지를 소유하고 있는 자는 최창만(崔昌万)인데, 대지의 면적은 2,467척밖에 안되지만 그 위에 18호의 가옥을 빌려주고 있다. 또한 그 자신이 암평(岩坪)의 상(傷)자 24번의 대지에 자기 이름으로 7칸 초가를 짓고 사는 것으로 나타나 있다. 그가 소유한 전답 필지는 19필지로 대지와 전답을 합한 면적은 53,372척으로 5.8정보였으며 1필지를 제외하고 모두 시주와 시작이 동일인으로 나타나있다. 결국 그는 비교적 큰 규모의 자작농민으로 간주할 수 있다.

또한 대지 17필지를 소유하고 있는 자는 2명인데, 그중 하나는 김성록(金性彔)이었다. 그는 전답 62필지를 소유하는 것으로 나타나 있으며, 102,258척으로 11.2정보를 소유하고 있으며, 그중에서 43필지를 다른 농민에게 대여하여 74,939척, 8.2정보를 대여지로 남기고 있었다. 자신의 토지소유지 중에서 73.3%를 대여하고 있는 대지주로 나타나있다. 또 다른 대지 17필지 소유자인 홍장복(洪長卜)은 자신의 가옥 초 5칸을 방축동대의 염자 61번

---

41) 김흥복의 소유토지 110필지 중 단지 16필지만이 시주와 시작이 동일한 자작지로 나와 있으며 면적은 16,869척으로 1.83정보에 불과하였다. 그는 전체 전답토지 중에서 84%를 대여하는 대지주였다(『이천군 백면 양안』 7책).

대지에 가옥 초 5칸의 집으로 세워두고 있으며 나머지 16필지를 다른 이에게 대여하였다. 그도 전답 16필지를 소유하여 24,063척으로 2.6정보의 소유자이기는 하지만, 4필지를 제외하고 대부분인 73%의 토지를 직접 경영하는 것으로 나타났다. 결국 홍장복은 자작농민이기는 하지만 일부 토지와 많은 대지를 대여하는 농민으로 기록되어 있다.

이렇게 다수의 대지 필지를 가지고 있는 농민은 대부분 지주의 존재로 보이며, 그들의 대지를 빌려 살고 있는 농민들은 영세한 소작농민이거나 영세한 소토지소유자인 영세 빈농을 나타내주고 있다고 할 수 있다. 그러한 예가 바로 자신이 소유한 대지에도 집을 짓지 못하고 다른 사람의 대지에 집을 짓고 사는 317명의 존재이다. 이들은 전체 가호명의의 인명 397명 중에 79.8%를 차지하는 사람들로 영세 빈농의 처지를 보여주고 있다. 이들은 자신들이 소유한 토지만으로는 생계를 꾸려나가기 어려웠으므로 자기 소유이외의 토지를 빌려 짓는 소작지를 얻지 않으면 안되었을 것이다.

이천군의 또 다른 분석 대상은 사면(沙面) 지역이다. 사면은 동쪽으로 백면을 접하고 있으며 남쪽으로는 군내면, 서쪽으로는 신면, 북쪽으로는 여주군을 접하고 있다. 이곳의 전체 결부수는 전답의 실적이 496만 7599척으로 541.8정보로서 백면보다는 약간 작은 규모이다. 논과 밭의 비율은 65대 35로 논의 비율이 높은 편이었다. 이곳에 살고 있는 전체 가호수는 372호로 와가 24칸, 초가 1289칸으로 조사되어 있다.[42)]

그런데 이 사면 지역 양안에 기록된 시주와 시작의 기록은 앞서 분석한 백면의 경우와 비교해 보기 위해 간단히 검토해 보자. 우선 토지소유자인 시주의 토지소유 분포에 대해 살펴보기로 하자.

---

42) 『이천군 사면 양안』(규17643) 백면 상(24책), 하(25책) 참조.

<표 23> 이천군 사면 토지소유 분포(단위 : 정보, %)

구분 구간	경영규모	인원	비율(%)	소유필지	비율(%)	소유면적	비율(%)
8	10-	4	0.4	210	5.8	45.1	8.5
7	5-10	8	0.9	259	7.2	52.3	9.9
6	3-5	16	1.8	362	10.1	60.2	11.4
5	2-3	19	2.1	218	6.1	42.3	8.0
4	1-2	81	8.9	766	21.3	115.0	21.7
3	0.5-1	131	14.5	668	18.6	93.4	17.7
2	0.2-0.5	253	28.0	605	16.9	80.3	15.2
1	0-0.2	393	43.4	501	14.0	39.9	7.6
	합계	905	100.0	3,589	100.0	528.5	100.0

이천군 사면의 토지소유자는 0.2정보 미만의 영세 토지소유자는 393명으로 전체 소유자 905명 중에서 43.4%를 차지하였다. 이들의 토지소유 규모는 필지수에서도 다른 구간에 비해 적은 정도여서 전체 필지의 14.0%에 불과하였다. 0.5정보 이상에서 1정보 미만 토지소유자들은 131명으로 14.5%를 차지했으나 전체 토지 중에서는 17.7%를 차지하고 있었다. 반면에 5정보 이상이나, 10정보 이상의 토지소유자가 각각 8명과 4명으로 되어 매우 소수였으나 토지소유규모가 각각 9.9%와 8.5%에 이를 정도로 상당한 토지를 가지고 있었다. 이렇게 토지소유자의 상당한 격차는 이웃한 백면의 경우와 비교해 보면, 백면의 경우에는 0.5정보 미만의 사람들이 수적으로는 67.2%였지만, 토지소유의 비중이 14.2%를 차지했던 것에 비해서는 인원으로는 71.3%로 약간 높았으나 소유하는 토지도 22.6%를 차지하고 있어 약간 완화된 형태를 보여준다. 다시 말하자면 광무양안상의 기록으로는 지주와 소작 농민의 분포가 백면의 경우가 사면보다 격차가 벌어졌음을 확인해 볼 수 있다.

또한 대지의 소유상황에서도 농민층의 격차를 확인할 수 있다.

<표 24> 이천군 사면 대지 소유자와 가호 상황

대지소유필지	인원	소유필지수	비중1(%)	소유가옥(칸)	소유실적(척)	비중2(%)
60	1	60	16.0	8	18,748	22.2
16	1	16	4.3	6	3,196	3.8
12	1	12	3.2	5	2,093	2.5
11	1	11	2.9	3	2,088	2.5
10	2	20	5.4	6	6,030	7.1
9	1	9	2.4	6	1,421	1.7
7	4	28	7.5	16	4,996	5.9
6	3	18	4.8	4	2,022	2.4
5	4	20	5.3	16	4,117	4.9
4	8	32	8.6	21	7,338	8.7
3	6	18	4.8	17	2,667	3.2
2	31	62	16.6	122	14,068	16.7
1	68	68	18.2	210	15,560	18.4
0	265	0	0	882	0	0
합계	396	374	100	1,322	84,344	100

위의 표에서는 대지의 소유필지를 기준으로 나눈 것으로 가호와 연관된 396명 중에서 대지를 가지지 않고 가호(家戶)만을 구성한 사람이 무려 265명이나 되었다. 이는 전체 농민호 중에서 66.9%나 차지하는 수였다. 이에 비해 10필지 이상의 대지를 소유한 사람은 모두 6명이지만, 소유한 필지는 119필지나 되었으며, 소유한 대지의 실적도 32,155척으로 전체 대지의 38.1%나 차지하였다. 이는 대지 소유자로서 많은 대지를 매점한 상태라는 것을 짐작할 수 있다.

이들 중에서 대지 60필지를 소유한 사람은 김순손(金順孫)으로 전체 농지와 대지의 필지가 107에 이르렀고, 전체 면적도 12.2정보에 이르고 결부로도 5결 45부 1속을 차지하였다. 대부분의 토지와 대지를 다른 농민에게 대여하여 운영하고 있었다.

한편 사면에서 와가를 소유한 사람으로는 최복이(崔卜伊)와 김석규(金錫圭)가 있다. 최복이는 와가 4칸과 초가 5칸의 대지를 포함하여 전체 66필지를 소유하고 있으며, 12.5정보를 소유하며 4결 56결 2부를 가지고 있는 대지주였다. 김석규는 와가로 20칸을 소유하고 있었지만 불과 3필지를 가져 0.98정보에 불과했다.[43)]

그러면 이천군 백면과 사면에서 많은 토지를 소유하고 있는 대지주의 존재형태는 어떻게 확인할 수 있는가 하는 문제가 남아있다. 지금까지 광무양안의 연구에서는 양안 기록상 시주의 기록이 실명이 아닌 호명이나 노비명으로 되어 있을 뿐만 아니라 여러 개의 호명을 사용함으로써 시주의 존재를 명확하게 확인할 수 없다고 비판되었다. 물론 이후 일제의 토지조사사업에서처럼 토지소유자에게 자기 땅에 대한 신고를 할 때 당시 호적자료와 대조하여 인명의 실명과 주소지를 표기하여 비교적 철저하게 소유자의 기재를 관철시켰다는 점에서 토지소유자인 지주의 실체를 바로 확인할 수 있다.

광무양전사업에서도 토지소유자의 파악을 위해 일정한 노력을 기울이고 있었다. 예컨대 정부 고위 관직자의 경우에는 대부분 실명을 사용하거나 관직을 넣어서 표기하는 경우도 많았다. 또한 새로 거주지를 조사함으로써 그 지역에 살고 있는 지주와 농민에 대한 파악을 보다 적절하게 조사하고 있었다. 이러한 기록의 흔적은 어느 지역의 양안에서도 그대로 나타난다고 하겠다. 그렇다면 이천군 백면과 사면의 경우는 어떻게 대규모의 토지소유자를 추적할 수 있는지 알아보자.

우선 10정보 이상의 토지소유자 상황을 각기 살펴보자.[44)]

먼저 양안상 토지소유자의 성명에서는 시주의 기록 형태가 성과 호명을 결합한 경우와 본명을 그대로 사용한 경우로 크게 두 가지로 나뉘어진다. 시주의 성명은 대개 김순대(金順大), 송복용(宋卜用), 이차돌(李且乭)과 같이 성과 호명을 붙이는 경우가 많았음을 알 수 있다. 이러한 경향은 조선후기이래 양반가의 노비명으로 자신들의 토지소유를 표기하는 관행에서 나온

43) 『이천군 사면 양안』 하권, 五자 94번 대지, 285쪽 참조.

44) 이 통계에서는 일단 전답과 대지를 포함한 전체를 통계 처리하였다.

<표 25> 이천군 백면과 사면 10정보이상 대토지소유자(단위 : 척, 정보, 결)

순서	성명	백면			사면			필지합	실적합	결부합	백면 소재지	사면 소재지
		필지	실적(정보)	결부	필지	실적(정보)	결부					
1	김남복(金男卜)	127	31.2	13.318	4	1.2	483	131	32.4	13.801	금곡내서편대, 담여마, 돌현, 조읍동, 십리곡, 도지곡, 소래울	어산동리전평, 소장평
2	최만북(崔万北)	75	32.2	7.225	0	0.0	0	75	32.2	7.225	사묘평, 신의대, 거둔지평,	
3	김석복(金石卜)	104	27.1	12.614	0	0.0	0	104	27.1	12.614	금곡대(거주, 와40칸), 금곡내서편대, 도지곡, 신흥, 금성리 전평	
4	김순대(金順大)	85	17.8	7.593	10	1.4	691	95	19.2	8.284	암평, 상동당무루평, 상동대, 고헌평, 신의대	도봉리, 냉정평, 도립리전평
5	김학원(金學元)	82	18.5	8.202	0	0.0	0	82	18.5	8.202	암평, 상동당무루평, 능태미평, 연지평	
6	김순손(金順孫)	19	5.7	2.191	107	12.2	5.451	126	17.9	7.642	주남평, 황사곡, 시궁교주점, 만석곡례평	광평, 냉정편, 어산동리전평, 소장평, 창기곡평, 장곡, 현암동(거주,초8칸), 온방리전평
7	김경태(金京太)	70	17.4	7.281	0	0.0	0	70	17.4	7.281	십리곡, 이수두, 장승평, 헌평, 만석곡례평, 사묘평	
8	이덕복(李德卜)	64	16.1	6.643	2	0.3	67	66	16.4	6.710	만석곡례평, 하순옥동, 도지곡, 대두곡	기장동, 장동전평
9	김흥복(金興卜)	167	13.3	4.884	3	0.3	106	170	13.6	4.990	고창곡평, 홍화평, 금곡신촌대, 금곡대, 우곡직포촌, 담여마, 신대후평	모곡전평
10	김성록(金性彔)	87	13.0	5.168	0	0.0	0	87	13.0	5.168	암평, 상동당무루평, 능태미평, 상동대, 연지평	
11	최복이(崔卜伊)	0	0.0	0	66	12.5	4.562	66	12.5	4.562		금산평, 기장동, 도봉리, 숙리재전평, 전대전평, 소예평, 온양포

12	이천의(李千儀)	0	0.0	0	74	11.7	4.618	74	11.7	4.618		신대, 냉정평, 방축평, 도립리전평, 송온동(거주)
13	이광석(李光石)	1	0.2	112	44	11.3	5.061	45	11.5	5.173	야수두	금산평, 도봉리, 역평, 숙리전평
14	김충남(金忠男)	55	11.5	4.277	0	0.0	0	55	11.5	4.277	모전도리고두촌, 장승평, 헌평, 두지곡, 만석곡례평, 석전	

것이라고 할 수 있다.

이들 10정보 이상 대토지소유자는 모두 14명으로 가장 많은 토지를 집적한 사람은 김남복으로 백면에 127필지, 사면에 4필지 등 131필지를 가지고 있으며, 면적만 해도 32.4정보, 결부로는 13결 80부 1속이나 되었다. 이하 백면에는 최만북, 김석복, 김순대, 김학원, 김순손, 김경태, 이덕복, 김흥복 등이며, 사면에만 토지가 있는 사람도 있어 최복이, 이천의 등이 그런 사람들이었다.

그런데 김남복, 김석복, 김흥복 등 이름으로 표기된 토지가 대단히 많다는 점이 주목된다. 이 중에서 특히 김석복, 김순대, 김순손, 김흥복 등 성씨는 김씨인데 마치 노복의 이름으로 등장하는 것처럼 성명이 등장하고 있다. 특히 김석복(金石卜)은 금곡대에 와가 40칸을 짓고 사는 자로서 이 지역의 대지주로서 존재하고 있다. 또한 김순손(金順孫)의 경우는 126필지, 17.9정보나 가지고 있는 자인데 현암동에 초가집으로 8칸을 소유하며 살고 있다. 김흥복(金興卜)은 그의 명의로 금곡대(金谷垈)에 무려 56필지에 걸쳐 212칸에 이르는 많은 가옥을 소유하고 있었다.

이 지역에는 19세기 후반 안동김씨 가문이 자리를 잡은 곳으로 김병기(金炳冀)와 김병시(金炳始)의 후손들이 살고 있었다. 이들은 백사면 내촌리 일대에 거주하고 있었으며, 안동김씨의 주요 일문의 묘가 백사면을 중심으로 그 인근에 위치하고 있었다.[45] 이들 집안의 여러 토지소유자들이 위와 같은 성명의 형태로 간접적으로 나타내면서 이천군 양안에 기록하고 있었음을 추측할 수 있다. 이렇게 백면과 사면의 양안상에 호명과 결합한 성명을 가진 이들은 대체적으로 토착 양반 대지주이거나 서울 거주 대지주일 가능성이 높다고 하겠다.

이천군 각 지역은 이미 19세기 중반에 왕실과 양반관료, 토호들의 토지집적 대상으로 주목되고 있었다. 예컨대, 이천군 대양면(大陽面) 단월천(丹月川) 일대에는 서울에 거주하는 민판서댁(閔判書宅)의 전장(田庄)이 있었다. 민판서댁이 소유한 토지규모를 보면 어느 정도의 규모인지 잘 알 수 있다. 그 규모는 1873년(고종 10) 현재 마름 박씨가 관리하는 토지로서 답 27석 17두락과 전 22일경(日耕) 등 10결 58부 2속의 토지가 있으며, 또한 마름 채씨가 관리하는 것으로 답 4석 4두 5승락, 결부로는 3결 68부 1속의 토지를 소유하고 있었다. 두 곳을 합하면 모두 14결 26부 3속의 거대한 토지가 되었다.[46] 이로부터 18년 후인 1891년(고종 28)에 민판서댁 토지규모는 점차 증가하였다. 마침내 전 25일 반(半) 1식경(息耕)이고 답은 40석 6두 2승락으로 되었다.[47] 이는 이전에 비해 전의 경우에는 3일경 반, 답은 8석 3두 7승락이나 증대되어 약 30% 정도 된 것이었지만, 결부는 14결 30부로 책정되었음으로 종전과 거의 비슷한 수준에서 조세를 부담하고 있었다. 그만큼 이 시기 지주들은, 특히 이 경우처럼 고관대작으로서 서울에 거주하는 지주[京居地主]들은 결부를 축소하여 조세부담을 줄이면서 이 지역의 농민들의 토지를 매점하여 토지소유를 확대하고 있었던 것이었다.

45) 李相燦, 1996, 「1896년 義兵運動의 政治的 性格」, 서울대 국사학과 박사학위논문, 141~143쪽.

46) 『利川府大陽面丹月川伏在田畓案』(古4258.5-2).

47) 『利川府大陽面丹月川所在京居閔判書宅結戶京萬吉田畓案』(규27202).

2) 경기도 각 군 토지경작자 시작(時作)의 경영규모와 분포

광무양전사업에서 작성된 양안에는 종전 양안과 다르게 농지의 작인에 대한 기록을 등재하고 있다. 각 군 이하 각 면단위로 작성된 양안에 토지소유자인 시주와 같이 기록된 시작(時作)은 해당 경지를 빌려 경작하거나 가옥을 빌려 사는 소작인, 혹은 임차인이라 할 수 있다. 이들의 존재는 각 군면별 농가사정에 따라 큰 차이도 보이고 있지만 공통적인 경향도 보이고 있다.

우선 경기도 양지군 4개 면의 농민층 분화 양상을 살펴보기로 하자.

<표 26> 양지군 4개 면 경영분화 양상(단위 : 척, 정보, %)

구간	인원	비율	필지	비율	면적(실적)	정보	비율
5-	9	0.4	513	9.0	175,351	19.1	5.2
3-5	22	1.1	588	10.3	233,832	25.5	6.9
2-3	55	2.6	639	11.2	392,301	42.8	11.6
1-2	214	10.3	1,306	23.0	880,879	96.1	26.0
0.5-1	388	18.6	970	17.1	841,460	91.8	24.9
0.2-0.5	654	31.4	957	16.8	641,060	69.9	18.9
0.2	743	35.6	717	12.6	221,501	24.2	6.5
합계	2,085	100	5,690	100	3,386,384	369.4	100.0

이들 양지군 4개 면에 소재한 토지에 대한 작인은 전체 2,085명이다. 이들 중 0.2정보 미만 영세한 규모를 경작하는 농민이 743명으로 전체 경작농민의 35.6%나 되었다. 이들이 경영하는 면적은 22만 평 정도로 농민 1인당 평균 경영면적은 298평에 불과했다.[48)]

또한 0.2정보 이상 0.5정보 미만의 농민들도 654명이었으며, 0.5정보 이상 1정보 미만의 농민들도 388명이었다. 이들 1정보 미만의 농민은 1,611명으로 전체 농민수의 77.3%나 차지하고 있었다. 반면에 3정보 이상

48) 출전 : 『양지군양안』(규17658)(단위 : 평, %).

농지를 경작하고 있는 농민들도 31명이나 보이는데, 이들은 대개 자소작 상농층으로서 자기 소유토지를 전적으로 경작하거나 아니면 일부 대여해 주면서 일부 소작지를 확보하는 등 다각적인 경영을 하는 농민이었다.

물론 이들 중에는 부재지주의 솔하에 있는 중답주나 마름 등의 존재도 있었을 것이다. 대한제국시기 많은 농민들이 영세소농, 빈농의 처지에 놓여 있었으며, 앞에서 살펴본 5정보 이상 대지주 34명 등의 농지를 소작으로 지으면서 살아나가야 했으며, 그것도 엄청난 차지경쟁에 시달리면서 고율의 소작료를 감수하지 않으면 안되는 상황으로 내몰리고 있었다.

다음으로 광주군 지역 3개 면의 상황을 알아보자.

<표 27> 광주군 3개 면지역의 토지경영 분화(1900년, 단위 : 척, 정보, %)

경영규모	인원	비율	필지	비율	면적	정보	비율
5-	19	0.9	646	9.3	1,871,524	204.1	13.3
3-5	53	2.7	777	11.2	1,801,647	196.5	12.8
2-3	89	4.6	922	13.3	2,014,249	219.7	14.4
1-2	276	14.1	1,655	23.8	3,513,669	383.3	25.0
0.5-1	395	20.2	1,287	18.5	2,574,881	280.9	18.4
0.2-0.5	571	29.2	1,000	14.4	1,708,558	186.4	12.2
0-0.2	553	28.3	663	9.5	550,523	60.1	3.9
합계	1,956	100	6,950	100	14,035,051	1,531	100.0

광주군 3개 면에서 농지를 경영하는 농민은 모두 1,956명이며, 비경영자로서 간주되는 사람들은 147명이었다.[49] 그 중에서 0.2정보 미만 영세한 규모를 경작하는 농민이 553명으로 전체 경작농민의 26%를 차지하고 있었다. 이들이 경영하는 면적은 55만여 척 60정보이므로 농민 1인당 평균 경영면적은 326평에 불과했다. 0.2정보 이상 0.5정보 미만의 농민들도 571명이었으며, 이들의 토지경영규모도 매우 열악했다. 이렇게 0.5정보 이상 1정보 미만의 농민들도 395명이었다. 이들 1정보 미만의 농민은

49) 비경영자는 대지를 빌려 사는 가주이기는 하지만, 농지를 경영하지 않는 농민을 말한다.

1,519명으로 전체 농민수의 77.7%나 차지하고 있었다.

5정보 이상 토지를 경작하는 작인은 19명으로 앞서 양지군 4개 면보다 훨씬 많은 편이다. 그런데 이들은 대개 10정보 이상 토지를 이미 소유하고 있는 자들로서 대개 자신의 토지를 직접 경영하거나 아니면 다른 관리인을 두고 관리할 성향이 높다고 할 수 있다. 그런데 5정보 이상 경영자 중에서 10정보 이하의 토지를 경작하고 있는 사람들은 모두 9명 정도였다.

<표 28> 광주부 3개 면 5정보 이상 토지경영자 상황(단위 : 정보, 척, %)

순위	시작명(한자)	필지	경영면적		소유면적		결부수	거주지
			(척수)	(정보)	(척수)	(정보)		
1	이철쇠(李哲釗)	29	67,610	7.37	71,435	7.79	2.700	월곡면 대대일리
2	서득점(徐得占)	30	63,900	6.97	66,026	7.2	2.716	
3	유천복(柳千卜)	27	59,108	6.45	77,291	8.43	3.315	
4	김복성(金卜星)	24	58,913	6.43	60,323	6.58	2.032	월곡면 입북전평
5	조천길(趙千吉)	29	57,547	6.28	67,937	7.41	2.891	
6	이준쇠(李俊釗)	30	54,935	5.99	89,144	9.72	3.015	월곡면 대대동
7	하성영(河性永)	12	53,094	5.79	53,094	5.79	2.648	
8	이순필(李順必)	28	52,161	5.69	48,046	5.24	1.897	월곡면 양지촌
9	윤악돌(尹岳乭)	11	49,793	5.43	49,793	5.43	2.418	

이들은 자기 소유토지와 비슷하게 직접 경영하는 농민으로 나타나며 역농적인 지주, 혹은 경영형 농민으로서 볼 수 있다. 특히 이순필의 경우에는 자신의 소유토지보다 더 많은 농지를 확보하여 경영하는 역농적 농민으로서 주목할 만하다. 물론 이들 중에는 부재지주의 솔하에 있는 중답주나 마름 등의 존재도 있었을 것이다. 그렇지만 그중에서도 자기 소유토지를 전적으로 경작하거나 아니면 일부 대여해주면서 일부 소작지를 확보하는 등 다각적인 경영을 하는 농민들이 있었다.

다음으로 이천군 지역 양안에 나타난 지주 소작관계를 살펴보기로 하자. 이곳은 백면과 사면으로 나누어 검토하였는데, 우선 백면의 경우를 살펴보자.

<표 29> 이천군 백면 시작의 경영지 분포(단위, 정보, 척, %)

경영규모	인원	비율(%)	경영필지	비율(%)	경영면적(정보)	경영면적	비율(%)
10-	1	0.1	41	1.1	10.4	95,690	1.6
5-10	5	0.5	146	4.0	30.9	283,706	4.7
3-5	7	0.7	135	3.7	27.0	247,442	4.1
2-3	42	4.1	562	15.5	100.2	919,057	15.4
1-2	147	14.4	1,015	28.0	202.2	1,853,945	31.0
0.5-1	206	20.1	814	22.4	147.0	1,348,051	22.5
0.2-0.5	298	29.1	555	15.3	99.5	912,130	15.2
0.2	317	31.0	362	10.0	35.6	326,355	5.5
합계	1,023	100	3,630	100	653.0	5,986,376	100

이천군 백면의 토지경영자의 분포에서 전체 분석 대상 농민은 1,023명이다. 우선 0.2정보 미만 영세토지 경영자는 317명으로 전체 농민수의 31.1%를 차지하고 있었고 경영필지도 362필지로 개인당 1.1필지로 거의 농민이 한 필지를 경영할 정도였다. 이러한 추세는 대개 1정보 미만의 농민은 거의 유사한 상태에 놓여 있었다. 그런데 1정보에서 2정보까지 경영하는 농민은 42명으로 인원으로는 4.1%에 불과했지만 경영면적은 15.4%를 차지하고 있었다. 또한 2정보에서 3정보까지의 경우에는 7명으로 매우 소수였으며 경영하는 토지도 4.1%에 지나지 않았다. 그 이상의 토지경영자는 비교적 넓은 규모인 5정보 이상의 농지를 경영하는 자이기는 하지만 양안 장부상으로는 경영필지 못지않게 소유지도 많이 가지고 있으며, 소유지로서 또한 경영자로서 중복되어 기재되어 있었다.

<표 30>에서 5정보 이상 토지를 실제 경영하고 있는 농민은 6명으로 이중에서 최창만은 소유지 19필지와 경영지 18필지로 거의 자작 경영하는 농민으로 나타나 있다. 이는 최광보도 같은 경우로 보인다. 나머지 김성모와 이차돌, 송복용은 경영지에 비해 10필지 정도 소유지가 많아 자작경영 농민이라고 말할 수도 있다.

<표 30> 5정보 이상 토지를 경영하는 농민 현황

순위	시작명(한자)	경영지 규모			소유지 규모			
		필지	(정보)	(척)	필지	(정보)	(척)	결
1	최만북(崔万北)	41	10.44	95,690	75	32.16	294,803	7.225
2	김성모(金性謨)	37	5.84	53,507	49	8.70	79,726	3.491
3	이차돌(李此乭/李且乭)	36	6.40	58,671	46	8.09	74,206	3.124
4	송복용(宋卜用)	33	6.74	61,806	47	9.77	89,585	3.509
5	최광보(崔光甫)	22	6.34	58,089	23	6.66	61,014	2.501
6	최창만(崔昌万)	18	5.63	51,633	19	5.82	53,372	2.314

반면 아무리 최대 경영자라도 하여도 최만북의 경우에는 모두 75개 필지의 소유지 중에서 41필지만이 경영지로 나와 있으나 나머지는 대여하고 있는 지주도 있다. 그의 소유지 면적 중에서 직접 32.5%만을 경영하고 있고 나머지 토지인 67.5%를 모두 대여하고 있다는 점에서 대지주로서 토지 소유와 대여를 위주로 하는 자로 볼 수 있다. 그를 경영 농민이라고 하기는 곤란한 경우이다.

이곳 이천군 백면의 경우 토지소유자와 경작자 등이 모두 관련된 자는 1,133명인데, 토지를 소유하고 있지만 전혀 농사를 짓지 않는 지주는 모두 11명이고, 토지를 전혀 소유하고 있지 않은 경작 농민도 451명이나 되었다. 따라서 0.5정보 미만의 토지를 소유하거나 그 정도의 토지를 경작하고 있는 농민은 대개 영세소농이라고 할 수 있는데, 이들이 286명이나 되었다. 이들 토지를 전혀 소유하지 못한 무전(無田)농민과 영세소농을 합하면 719명으로 전체 농민의 63.5%를 차지하고 있었다. 대다수 농민이 영세한 빈농의 수준에 머무르고 있음을 알 수 있다.

다음으로 이천군 사면(沙面) 지역의 상황을 알아보자.

이곳 사면의 토지경영지의 분포는 0.2정보 미만 영세 토지 경영자는 392명으로 전체 농민수 997명의 39.3%를 차지하고 있다. 이들이 차지한 면적은 39.7정보로 7.5%를 차지하였다. 반면에 5정보 이상의 토지경영자는 불과 4명이지만, 0.2정보 미만 농민들이 경영하고 있는 농지면적보다 컸다. 그만큼 농민의 토지경영에서도 일정한 격차가 있음을 확인할 수 있다.

<표 31> 이천군 사면 시작의 경영지 분포(단위 : 정보, %)

경영규모	인원	비율	소유필지	비율	경영면적	비율
5-10	4	0.4	105	2.9	23.0	4.3
3-5	12	1.2	242	6.8	41.5	7.8
2-3	24	2.4	287	8.0	56.6	10.7
1-2	114	11.4	1023	28.5	159.9	30.1
0.5-1	164	16.5	772	21.5	116.4	22.0
0.2-0.5	287	28.8	671	18.7	93.5	17.6
0-0.2	392	39.3	489	13.6	39.7	7.5
합계	997	100.0	3,589	100.0	530.6	100.0

이천군 사면의 토지소유와 농업경영에 관계된 자는 모두 1,087명인데, 이중에서 토지를 소유하고 있지만 전혀 농사를 짓지 않은 농민이나 지주는 모두 90명이었다. 또한 토지를 전혀 소유하지 않은 경작 농민도 182명이나 되었다. 0.5정보 미만의 소유와 경영 농민은 모두 508명으로 전체 농민들 중에서 46.7%를 차지하였으며, 또한 토지를 전혀 소유하지 못한 무전(無田) 농민은 182명으로 전체 농민의 16.7%를 차지하고 있었다. 양 집단을 합하면 719명으로 전체의 63.5%의 비중을 차지하였다. 이는 이웃한 백면의 농민층 분화 상황과 거의 비슷한 상태에 있었다고 할 수 있다.

한편 이 시기 경기도 지역 농민층의 토지소유와 경작 상황을 알기 위해 수원군 안녕면의 사례를 추가로 살펴보기로 하자.

1900년 광무양전사업 당시 수원군 안녕면 양안에 의하면, 전체 토지 결수가 200결 57부 3속이며, 실적수로는 498만 5,669척이었다. 전체 소유와 경작 면적은 498만 798척으로 산정하여 토지소유자 중 1필지 이상 소유하고 있는 사람은 모두 472명이었다. 이 지역은 일반 대지주의 토지만이 아니라 왕실의 능원전이 큰 비중을 차지하고 있었다. 건릉(健陵)이 소유한 필지는 434필지(101정보), 48결여와 융릉(隆陵)이 소유한 필지는 393필지

(102정보), 40결여를 차지하고 있어, 이들 토지는 전체 토지의 38%나 되었다. 그밖에 최소한 20필지 이상, 5만 척 이상의 토지를 가진 사람은 6명이었는데, 박흥태(朴興台)는 47필지에 결부로 4결 48부 6속을 가지고 있었고, 나순필(羅順必)은 45필지에 1결 76부 4속, 윤용섭(尹容燮)은 38필지 3결 72부 2속, 김순서(金順西)는 25필지 1결 72부 9속, 박복례(朴卜禮)는 25필지 2결 15부 6속, 신인수(申仁守)는 23필지 1결 51부 8속 등을 가지고 있었다. 이들 중에는 박흥태, 김순서, 박복례, 신인수 등이 곡반정동이나 황학동에 거주하고 있으면서 10칸 이상의 가옥을 소유하고 있었다.[50] 나순필, 윤용섭은 소유한 대지들은 많으나 거주하지 않는 부재지주로 보인다. 이들은 이웃한 마을이나 수원, 혹은 서울에 거주하는 부재일 가능성이 높다고 하겠다.

그런데 당시 수원군 안녕면에 살고 있던 농민들 중에는 소유한 토지가 3필지 이하 소규모 영세토지소유자가 무려 358명이나 되었다. 전체 농민수와 비교하자면 75.8%나 차지하고 있었다. 더욱이 0.5정보 미만 극히 영세한 토지를 소유한 사람은 295명으로 전체의 63%를 차지하고 있었으나 이들이 가진 토지의 비중은 12%로 미미한 존재에 지나지 않았다. 이들 영세 자영농은 자기 토지로서는 농업을 짓기 어려웠으므로 다른 사람들의 토지를 빌려 농사를 짓는 소작농민을 겸하거나 다른 직업을 찾지 않으면 안되었다.

더욱 심각한 것은 자기의 토지를 한 필지도 갖지 못한 사람들이 있었다. 이들은 자기 땅 한 필지도 없이 소작으로만 농업에 종사하고 있는 사람들로서 무려 499명에 이르렀다. 이들은 자기 토지를 소유한 사람보다 더 많았다. 이렇게 1900년 당시 화산동에 살았던 농민 중에서는 3필지도 소유하지

---

50) 박흥태는 곡반정(谷潘亭) 효(效) 24, 29번지, 15칸 가옥을 소유하고 있었고, 김순서는 야반정동(野磻亭洞) 남(男) 24, 10칸, 박복례는 곡반정(谷潘亭) 재(才) 64, 10칸, 신인수는 황학동(黃鷄洞) 득(得) 43, 6칸 등이었다.

못하는 사람들이거나 0.5정보 미만 영세소농, 그리고 한 필지도 전혀 갖지 못한 사람들이 많았다.

<표 32> 안녕면 소재 농민들의 토지 소유·경영 상황(단위 : 정보, 척)

단위(정보)	인원	비중	대여지	자작	소작지	합계	자·소작합	비중
5~이상	4	0.4	5,056	63,774	176,678	245,508	240,452	4.8
4~5	2	0.2	10,742	66,299	17,145	94,186	83,444	1.7
3~4	13	1.4	43,742	261,257	145,333	450,332	406,590	8.2
2~3	47	5.2	174,708	482,679	566,617	1,224,004	1,049,296	21.2
1~2	103	11.4	84,478	539,069	818,131	1,441,678	1,357,200	27.4
0.5~1	137	15.1	127,242	433,180	473,195	1,033,617	906,375	18.3
0~0.5	601	66.3	144,785	403,263	511,577	1,059,625	914,840	18.4
합계	907	100	590,753	2,249,521	2,708,676	5,548,950	4,958,197	100

1900년 당시 안녕면 주민들 중 자기 땅을 스스로 경작하거나 남의 땅을 빌려 짓는 농민들은 모두 907명이었다. 이들 중에서 0.5정보 미만 영세빈농은 601명으로 전체 농민의 66%나 되었다. 반면에 0.5정보 이상 2정보 미만의 농민들은 각각 137명, 103여 명이었으며, 그 이상의 토지를 경영하는 농민들은 점차 감소하는 경향을 보여주고 있다. 다만 4정보 이상의 경영지를 갖고 있는 경작 농민도 일부 있음을 확인할 수 있다.

한편 위의 표에서는 나타나지 않았지만 전혀 경작하지 않는 사람들도 있었다. 즉 순수한 지주들은 모두 64명으로 이들이 소유한 토지는 233정보나 되었다. 이들이 소유한 토지는 전체 토지의 43%나 되었다. 그만큼 많은 농민들은 이들 순지주의 토지를 경작할 수밖에 없는 상태였으며, 극히 영세한 소유지와 경영지를 가진 영세소농, 빈농들의 비중이 높았음을 알 수 있다.

이들 영세농민들의 경제 상황을 더 절실하게 보여주고 있는 것은 바로 융릉과 건릉 소유의 토지에 대지를 빌려 살고 있었던 사람들의 존재였다. 하나의 사례로 안녕리 후평에 있는 사(絲)자 지번 내 건릉 소유 대지에 집을 빌려 세 들어 살고 있는 농민층을 살펴보자.

<표 33> 건릉 소유 대지에 세 들어 사는 임차인 현황

자호	지번	면적(척)	결부(속)	칸수	임차인	자호	지번	면적(척)	결부(속)	칸수	임차인
사(絲)	1	63	5	4	유사진	사	48	36	3	2	이성필
사	3	64	5	3	강흥엽	사	49	36	3	2	김재봉
사	5	195	17	4	차원서	사	50	25	2	2	김덕중
사	8	64	5	3	송경천	사	51	49	4	3	하성근
사	9	64	5	3	최장봉	사	52	56	5	7	홍한필
사	10	25	2	3	허학봉	사	53	100	9	7	이경선
사	11	64	5	3	박영숙	사	54	45	4	7	김성보
사	12	196	17	6	최중석	사	55	32	3	3	양덕흥
사	13	121	10	6	김상연	사	56	225	19	3	강한풍
사	14	64	5	3	송윤영	사	57	225	19	3	김시화
사	15	323	27	10	최덕규	사	58	225	19	7	천태화
사	16	168	14	7	정성연	사	59	45	4	3	배창록
사	17	64	5	2	김용기	사	60	54	5	3	이순흥
사	18	25	2	2	이소위	사	61	121	10	3	이명수
사	19	25	2	2	최덕균	사	62	54	5	3	안명진
사	20	64	5	2	송군수	사	63	64	5	3	김치경
사	21	121	10	3	홍복성	사	64	54	5	3	김석천
사	22	81	7	3	김윤칠	사	65	54	5	3	박흥만
사	23	144	12	7	홍성칠	사	66	72	6	3	김치수
사	24	49	4	3	장경준	사	67	30	3	3	김여철
사	25	196	17	4	배경조	사	68	28	2	2	홍영순
사	26	81	7	3	김춘엽	사	69	169	14	9	이원일
사	27	100	9	7	홍춘응	사	70	36	3	3	표수영
사	28	100	9	6	김윤필	사	71	64	5	3	이흥선
사	29	36	3	3	유사선	사	72	49	4	3	윤영년
사	30	64	5	3	최순선	사	74	64	5	3	전치명
사	31	49	4	3	박삼용	사	75	49	4	3	김여국
사	32	25	2	2	이익선	사	76	56	5	2	홍군심
사	33	81	7	3	황춘백	사	77	49	4	2	이성화
사	34	25	2	3	유귀동	사	78	100	9	5	손화순
사	35	49	4	5	김덕조	사	79	56	5	3	이광서
사	36	25	2	3	서명운	사	80	130	11	3	김여로
사	37	49	4	3	정홍준	사	81	169	14	4	김치극
사	38	225	19	8	김원보	사	82	64	5	3	이광선
사	40	81	7	3	이영선	사	83	56	5	3	김치교
사	41	121	10	5	홍성연	사	84	144	12	10	진영운

사	42	144	12	6	유치범	사	85	54	5	3	강순도
사	43	49	4	2	홍숙천	사	86	144	12	5	이성연
사	44	25	2	2	민경로	사	87	72	6	3	안흥석
사	45	126	11	7	백형기	사	88	63	5	7	서은선
사	46	36	3	2	김순서	사	89	56	5	4	이군서
사	47	36	3	2	박경실	합계	83	6,981	599	320	

위와 같이 수원군 안녕면 광무양안에 기록된 사(絲)자 지번내에 있던 건릉이 소유한 대지는 모두 83개 필지였으며, 면적도 2,284평이나 되는 비교적 넓은 땅이었다. 이 대지 위에 모두 83명이 320칸의 가옥을 짓고 살고 있었다. 이들 세입자들은 건릉 궁장토에 소작을 짓고 있는 영세한 농민들이었다. 이렇게 건릉의 땅에 집을 빌려 사는 사람은 무려 171명이나 되었으며, 융릉 소유의 대지에서 살고 있는 사람도 99명이나 되었다. 이외에도 다른 사람의 토지를 빌려 사는 사람은 전체적으로 무려 372명이나 되었다. 이들은 전체 농민층 907명 중에서 38%나 되었다. 이렇게 1900년 당시 화산동 지역에서 영세소농, 빈농층들은 농사를 지을 땅도 아주 작거나 없었던 농민들이었을 뿐만 아니라 자기의 토지 위에 자기 집을 지을 수 없을 정도로 매우 열악한 경제 형편임을 여실하게 알 수 있다. 이러한 토지 소유와 경영 상황을 유추해 보았을 때, 1900년 당시 화산동 지역에서는 한편에서는 영세소농, 빈농의 수가 매우 많았다는 것을 알 수 있으며, 다른 한편에서는 넓은 토지를 소작지로 확보하고 경영하는 부농과 자영농민, 지주 등이 분포되어 있는 상태라는 것을 알 수 있다.

그런데 이렇게 19세기 말 농민층의 경제 형편의 분화는 심각한 상태로 점점 빠져들고 있었다. 이에 따라 계층간 갈등을 크게 일으키고 있었는데, 특히 지주와 소작인 사이의 심각한 갈등관계는 이 시기에 민란을 일으키는 주요 요인이었다.

1891년 6월 현륭원 원군(園軍)·동민(洞民)들의 민란으로 나타났다. 당시

능참봉 민병성(閔丙星)이 과다하게 남작(濫斫)한 것을 기화로 일어난 것이라고 한다. 구체적인 민란의 원인은 참봉의 도조(賭租)의 남징과 토지 경작인의 이작(移作)으로 추정되고 있다. 당시 민란에 참여했던 사족(士族) 김용규(金容圭)는 몰락한 양반으로 향토를 떠돌면서 "생계를 원토(園土)에 의지하였으나 이작에 감정을 품고 마음속으로 불만을 가지고 있었다"고 하였다.[51] 이때 민란에 참여한 사람들은 당시 토지소유와 경영에 관한 극단적인 불평등한 구조에 불만을 가지고 있었을 것이다.

이 지역에서 거대 지주로서 활동하고 있었던 융릉과 건릉의 소유지를 관리하는 왕실, 혹은 조선정부에 대해 영세소농, 빈농층으로 구성되어 있는 대다수 화산동 주민들은 심각한 불만을 제기하고 있었던 것으로 추측된다. 이렇게 지주 소작제의 갈등과 모순은 이후 1894년 농민전쟁을 통해 크게 노출되기도 하였다. 그렇지만 농민전쟁을 통해서도 역시 해결되지 못하였고, 이제 대한제국기 1900년대에 들어와서 더욱 심화되고 있었다.

4. 결론 : 경기도 4개 지역 지주 농민층 분화

19세기 후반기 조선 농촌사회는 경제적으로 분화하고 있었다. 서울의 부재지주들은 주로 관료적 지위를 이용하거나 권력관계를 활용하여 토지소유의 확대를 도모하고 있었으며, 지방유지로서 재지지주들도 각종 경제적 혜택과 우월적인 지위를 이용하여 소작농민들을 구사하고 있었다. 이러한 추세에 따라 실제 19세기 말 전후로 대토지소유자의 토지소유가 크게 확대되고 있었다.

1899년 말부터 경기도 일원에서 시행된 광무양전사업은 그동안 토지를

51) 『비변사등록』 272책, 고종 28년, 6월 23일(557쪽) ; 8월 6일(566~567쪽) ; 고종 29년 5월 13일(642~643쪽) 참조.

둘러싼 적폐를 해결하고 국가 수세지의 확대와 지세 부과의 합리화를 위해 시행되었다. 전국적으로는 충청도에 이어 두 번째로 시행된 지역으로 용인과 수원군으로부터 전 지역으로 확대되었다. 이때 양전을 담당한 관리로는 경기도 양무감리 이종대를 중심으로 양무위원과 학원 등 수백 명을 동원하여 각종 지목의 토지측량과 소유자 및 경작자 파악에 나섰다. 이에 따라 각 군·면별로 하나하나씩 조사의 성과가 모아졌고, 이를 중초본과 정서본 양안으로 정리하기 시작하였다. 각 군별로 조사된 양전의 성과는 다음과 같이 각 군·면별로 취합하면서 기존의 조세장부 등과 대비하여 정리되기 시작하였다.

<표 34> 경기도 지역 양전 후 새로 조사된 결수 및 호수의 증가(단위 : 결)

순서	지역명	면명	양안자호	결총규모	원결	사기결	원호	사기호
1	수원	북부면 (상)	천(天)-양견(兩遣), 1,748	9,137.244				
2	용인	읍치면	천-권(勸), 669	3,542.974				
3	광주	문외동	천-양장(兩章), 1,112	5,675.634	184.203	139.865	638	672
4	과천	군내면	천-지(之), 271	1,387.39				
5	안산	군내면	천-흥(興), 262	1,337.376	186.439	197.497	536	540
6	죽산	군내면	천-계(階), 458	2,323.463	85.469	96.705	?	?
7	여주	주내면(상)	천-역(易), 793	4,029.649	153.914	188.736	346	549
8	안성	읍동리면(상)	천-계(啓), 444	2,279.36	62.205	67.543	300	887
9	양지	읍내면(상)	천-전(傳), 219	1,114.135	47.213	87.224	112	221
10	양성	읍내면	천-채(綵), 438	2,228.363	73.537	77.185	116	127
11	진위	군내면	천-전(顚), 381	1,931.857	67.858	61.341	99	125
12	이천	읍면(상)	천-병(弁), 616	3,132.006	166.53	217.957	421	582
13	음죽	군내면	천-상(上), 329	1,666.155	43.641	52.309	120	135
		합계		39,785.61	1,071.009	1,186.362	2,688	3,838

이를 각 군별로 다시 검토하면 다음과 같은 표로 살펴볼 수 있다. 경기도 각 지역 양안상에 나타난 토지소유자와 경작자의 분화 상황을 살펴보았다. 여기에서는 비록 전체 군을 대상으로 하지 않았으나 추가로 된 대상지역으로는 경기도 양지군 4개 면 지역, 광주군 3개 면, 그리고

이천 백면, 사면 등 2개 면 등 3개 군 8개 면의 상황을 검토하였다.

<표 35> 경기도 4개 지역의 토지소유 규모별 인원 및 소유지 분포(단위 : 정보)

4개 지역 토지소유별 인원 분포	4개 지역 토지소유별 토지규모 분포

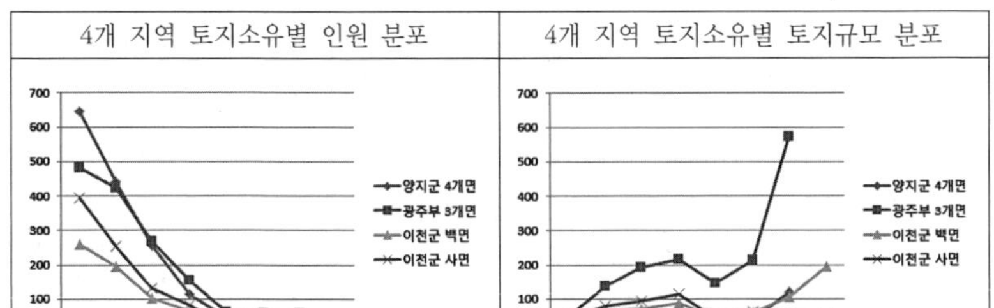

위의 그림과 같이 양지군 4개 면의 경우 0.2정보 미만 인원은 모두 645명이었고, 광주부 3개 면은 483명이었다.[52] 이들의 전체 농민의 비중은 각기 41.2%와 32.1%였다. 또한 이천군의 백면의 경우 0.2정보 미만 인원은 261명으로 백면 전체 농민 중에서 38.2%이고, 사면의 경우에는 393명으로 43.4%나 되었다. 이러한 상황은 위의 그림 왼편 1번 줄에서 확인될 수 있다. 대개 해당 지역에서 0.2 정보 미만을 소유한 농민은 대개 32.1~43.4% 정도에 위치하고 있었다고 하겠다.

반면에 구간 5이상을 뜻하는 2결 이상 토지를 소유한 지주들은 양지군 4개 면은 109명, 광주부 3개 면은 174명, 이천군 백면은 59명, 사면은 47명 등이었다. 전체적으로 7~10% 남짓되는 소수의 인원이었다. 그렇지만 이들이 소유하고 있는 토지는 무려 4개 지역이 192.5정보, 934.4정보, 934.4정보, 402.1정보로 많은 토지를 소유하고 있었으며, 각 면에서 차지하는 비율도 52.1%, 61.0%, 61.6%, 37.7%로 대다수 50~60%로 각면에서

52) 위의 표에서는 세로축은 인원, 가로축은 구간을 가리킨다. 1구간은 0.2정보이하, 2구간은 0.2~0.5정보, 3구간은 0.5~1.0정보, 4구간은 1.0~2.0정보, 5구간은 2.0~3.0정보, 6구간은 3~5정보, 7구간은 5~10정보, 8구간은 10정보 이상을 뜻한다.

절대다수의 면적을 차지하고 있었다.

다음으로 경기도 4개 지역, 3개 군 8면의 경작농민의 상황을 살펴보자.

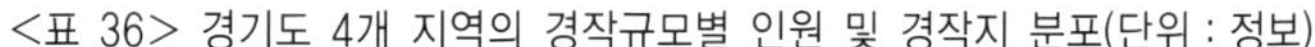
<표 36> 경기도 4개 지역의 경작규모별 인원 및 경작지 분포(단위 : 정보)

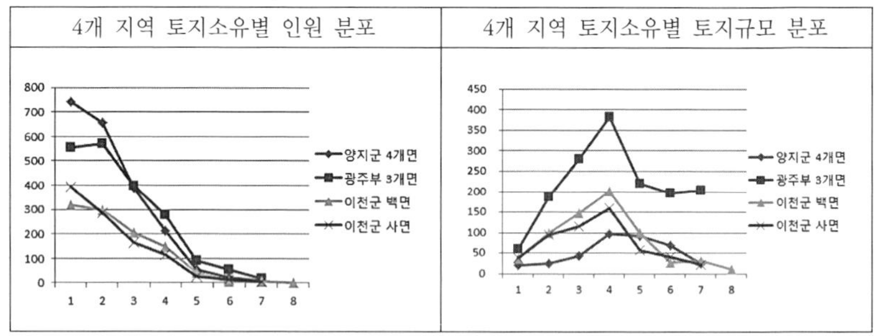

위의 그림과 같이 양지군 4개 면의 경우 0.2정보 미만 토지를 경작하고 있는 인원은 모두 743명이었고, 광주부 3개 면은 553명이었다. 이들의 전체 농민의 비중은 각기 35.6%와 28.3%였다. 또한 이천군의 백면의 경우 0.2정보 미만 인원은 317명으로 백면 전체 농민 중에서 31.0%이고, 사면의 경우에는 392명으로 39.3%나 되었다. 이러한 상황은 위의 그림 왼편 1번 줄에서 확인될 수 있다. 대개 해당 지역에서 0.2정보 미만을 소유한 농민은 대개 28.3~39.3% 정도에 위치하고 있었다고 하겠다.

반면 구간 1정보에서 3정보의 구간으로 대략 3,000~9,000평을 경작하는 4와 5구간의 농민들은 양지군 4개 면은 269명, 광주부 3개 면은 365명, 이천군 백면은 189명, 사면은 138명 등이었다. 전체적으로 12.9~18.7% 남짓되는 규모의 인원이었다. 또한 이들이 경작하고 있는 토지는 매우 큰 규모를 가지고 있었는데, 소유하고 있는 토지는 무려 4개 지역이 187.9정보, 603.0정보, 302.4정보, 216.5정보로 많은 토지를 소유하고 있었고, 각 면에서 차지하는 비율도 50.9%, 39.4%, 46.3%, 40.8%로 상당히 높은 비율을 차지한다. 이들은 숫자는 작았지만, 토지를 경영하는 비중이 다른 구간의 사람들보다 많은 비중을 차지하고 있는 역농층이라고 생각할 수 있다.

그밖에 이천군 백면의 경우에는 10정보 이상 경작하는 사람으로 1명이 있었지만, 이 사람은 당시 백면의 대지주로서 '최만북'이란 이름으로 등록하여 자신의 토지 중 1/3정도만 경영하고 나머지는 대여지로 지주경영을 하고 있는 것으로 나타났다.

이와 같이 경기도 4개 지역의 양안 사례에서 나타났듯이 대지주의 대토지소유를 확대하고 있었고, 반면에 중농이라고 할 수 있는 자영농민층이 어느 정도 확보되어 있기는 했지만, 전반적으로 영세소농과 무전농민이 양산되어 있는 상태를 보여주고 있다.

제6장
대한제국기 지계아문의 강원도 양전사업과 관계(官契) 발급

1. 서론

19세기 말 20세기 초 한국사회는 1876년 개항 이후 제국주의 열강과의 상권 확대와 지주제의 발전을 맞이하였다. 토지의 상품화가 이전 보다 촉진되었으며, 토지소유를 둘러싼 계층간의 분화가 심화되었다. 이에 대응하여 조선정부는 일련의 토지제도 개혁정책을 추진하고 있었다. 1893년부터 실시된 한성부의 가계제도에 이어 1894년 갑오개혁 정부는 외국인의 토지소유 금지 원칙과 외국인 거류지를 설정하려고 하였다.[1] 대한제국의 수립 이후에도 개항장이 확대되고 한성부 지역에서도 일본 상인, 지주, 자본가들의 토지침탈이 더욱 확대되고 있었다.

대한제국은 1898년부터 국가적인 차원에서 양전·지계사업을 추진하였다. 1898년 7월 양전을 전담할 독립관청으로 양지아문을 설립하였고, 한성부로부터 시작하여 전국적으로 토지측량사업을 진행시켰다.[2] 기왕

---

1) 왕현종, 1998, 「대한제국기 한성부의 토지·가옥조사와 외국인 토지침탈대책」 『서울학연구』 10, 서울학연구소, 4~12쪽 ; 왕현종, 2003, 『한국근대국가의 형성과 갑오개혁』, 역사비평사, 347~360쪽.

2) 大韓帝國의 量田·地契事業에 대하여 주로 양전과정과 量案의 기능 및 地契(官契) 발급, 토지소유자로서 '時主'의 성격 등이 연구되었다. 金容燮, 1968, 「光武年間의 量田·地契事業」 『亞細亞研究』 31(『韓國近代農業史研究』, 재수록, 일조각, 1975) ; 裵英淳, 2002, 『韓末日帝初期의 土地調査와 地稅改正』, 영남대 출판부 ; 金鴻植 외, 1990, 『대한제국기의 토지제도』, 민음사 ; 宮嶋博史, 1991, 『朝鮮土地調査事業

의 연구에서는 대한제국의 양전사업이 대체로 한국근대의 토지제도와 소유권제도의 수립에 중요한 전기를 이룰 수 있는 사업으로 간주하였다. 그런데 사업의 성격에 대해서는 논란이 있어 한편에서는 근대적 토지제도로서의 성격을 높이 평가하였지만,[3] 다른 한편에서는 양전사업의 전진성을 일부 인정하더라도 일제의 토지조사사업과 대비하여 토지소유자의 파악에 관한 한, 불철저하다고 비판하였다.[4] 또한 1902년 울진농민항쟁과 1904년 정산농민항쟁에서 드러났듯이 토지파악과 지계발급에 여러 문제점이 노출되었음을 근거로 지계사업의 실효성은 거의 부정하고 있다.[5]

그런데 대한제국의 지계사업은 전국적으로 시행될 예정이기는 했지만, 실제로 시행된 곳은 강원도 전 지역과 충청남도 일부지역이었을 뿐이었다.[6] 그 중에서도 강원도 지역은 지계아문의 양전이 처음 시행되었으며, 지계가 발급된 유일한 도단위 지역이었다는 점을 주목해야 한다.[7] 그럼에도 불구하고 지금까지의 연구에서는 지계아문의 지계사업 자체를 별도로 분석하거나 지계양안의 지역사례를 검토하지 못하였다.

史の研究』, 東京大學 東洋文化硏究所 ; 한국역사연구회 근대사분과 토지대장연구반, 1995, 『대한제국의 토지조사사업』, 민음사 ; 金鴻植 외, 1997, 『조선토지조사사업의 연구』, 민음사 ; 왕현종, 2003, 「광무양전·지계사업의 성격」 『한국농업구조의 변화와 발전』, 한국농촌경제연구원.

3) 崔元奎, 1994, 『韓末 日帝初期 土地調査와 土地法 硏究』, 연세대 사학과 박사학위논문 ; 한국역사연구회 근대사분과 토지대장연구반, 1995, 위의 책.

4) 李榮薰, 1990, 「광무양전에 있어서 <시주> 파악의 실상」 『대한제국기의 토지제도』, 민음사 ; 李榮薰, 1992, 「광무양전에 있어서 <시주> 파악의 실상 2」 『성곡논총』 23 ; 宮嶋博史, 1997, 「광무양안과 토지대장의 비교분석 - 충남 논산군의 사례」 『조선토지조사사업의 연구』, 민음사.

5) 趙東杰, 1981, 「地契事業에 대한 定山의 農民抗擾」 『史學硏究』 33, 38~48쪽.

6) 度支部, 『土地調査參考書』 1호, 1909, 28쪽 ; 왕현종, 1995, 앞의 책, 112~114쪽.

7) 지계아문의 강원도 양전·지계사업에 관한 자료로서 지계아문의 공식문서를 모아놓은 『地契衙門來文』을 비롯하여 현지 자료로서 『江原道平海郡量案』 11책, 『江原道杆城郡量案』 11책, 『平海郡公土成冊』 1책 등이 서울대학교 규장각에 보관되어 있다. 또한 춘천, 강릉, 양양, 평해, 원주 등지의 地契 등이 일부 남아있는 상태이다.

여기서는 대한제국기 지계아문(地契衙門)의 강원도 지역 양전·지계사업의 실체에 대해 검토하려고 한다. 구체적으로 지계아문의 양전이 1902년 이후 강원도 어떤 지역에 시행되었으며, 지계 발급은 어느 지역에서부터 이루어졌으며, 그리고 어느 정도 성과를 거두었는가 하는 문제를 살펴보려고 한다.

우선 지계아문의 '시주(時主)' 파악과 지계발급의 의도를 검토하겠다. 특히 최근 새로 발견된 1899년 양지아문의 양전사목(量田事目)인 '양전조례(量田條例)'와 1902년 지계아문의 사목을 비교 분석해 보겠다.[8] 또한 강원도 평해군(平海郡)과 간성군(杆城郡)의 양전사례를 검토하려고 한다. 양 지방의 지계양안(地契量案)의 수록내용을 분석함으로써 양안 작성 원칙과 변화를 살펴보겠다. 다음으로 당시 토지소유자가 행하는 토지신고의 특징과 추세를 살펴보려고 한다. 특히 지계양안과 1915~1916년 일제의 토지조사사업에 의해 작성된 토지조사부를 비교해 보려고 한다.[9] 이를 통하여 지계양안상의 '시주'와의 비교를 통해서 당시 토지소유자의 동향과 성격을 새롭게 밝혀보려고 한다.[10]

이 시기 지계아문의 양전·지계사업은 단지 대한제국의 정부 주도로만 이루어질 수 있는 것은 아니었다. 이는 당시 농업 현실에서 일반 인민들의 자기 토지에 대한 소유권 확보요구라는 움직임과 맞물려 있었다. 따라서 본고에서는 강원도 지역 양전사업과 관계 발급에 대하여 20세기 초반 당시 지역사회의 동향과 함께 다루면서 실제 토지소유자인 '시주'의 자발

---

8) 『時事叢報』, 52호, 「量地發訓」(1899년 4월 2일, 양력 5월 11일) ; 『時事叢報』, 53호, 「量地告示」 「量地發訓左開條例」(1899년 4월 4일, 양력 5월 13일).

9) 평해군의 토지조사사업관계자료는 정부기록보존소에 소장되어 있는 『江原道 蔚珍郡 箕城面 原圖』 11책과, 울진군 군청에 보관된 『土地調査簿』, 『實地調査簿』 등이 있다.

10) 강원도 평해군 양전관련 자료입력에는 연세대학교 원주캠퍼스 역사문화학과 대학원생 채관식, 학부생 최법화, 신형희, 임승백 군이 수고를 아끼지 않았다. 감사를 표하는 바이다.

적 요구와 지계사업의 강제적 시행이라는 양측면의 사업과정을 동시에 검토함으로써 대한제국의 근대적 토지제도 수립정책의 역사적 성격을 살펴보려고 한다.

2. 대한제국의 지계사업 추진과 토지제도 개혁

1) 지계아문의 설립과 양전·지계사업의 원칙

19세기 말 조선사회는 토지문제를 둘러싸고 사회계급적 갈등이 심화되고 있었다. 당시 농촌에서는 소수의 대토지소유자들의 토지집적과 영세농민들의 토지 없는 농민화가 크게 진전되고 있었다. 이는 기본적으로 토지소유제도의 비합리·불평등에 기인한 것이었지만, 조세제도의 모순에 의해서도 가중된 것이었다. 19세기 말 개항장의 확대 이후 토지문제는 외국자본의 토지침략으로 인해 더욱 심각해졌다.[11]

대한제국 정부는 1898년에 들어와서 비로소 토지제도의 개혁에 착수하였다. 대한제국 정부는 1898년 6월 '토지측량에 관흔 청의서'를 직접 기안하였다. 6월 23일 내부대신 박정양(朴定陽), 농상공부대신 이도재(李道宰)의 명의로 의정부에 정식으로 상정하였다.[12] 당시 청의서에는 전국의 모든 토지를 대상으로 하되, 조사범위를 농지의 비척이나 가옥의 규모,

---

11) 金容燮, 1984, 『韓國近代農業史硏究』(上·下)(증보판), 일조각 ; 왕현종, 1992, 「한말(1894~1904) 지세제도의 개혁과 성격」 『한국사연구』 77, 한국사연구회 ; 李榮昊, 2001, 『한국근대 지세제도와 농민운동』, 서울대학교 출판부.

12) 당시 의정부회의에서는 측량반대론이 도리어 많았다. 의안에 찬성한 대신은 박정양(朴定陽), 이도재(李道宰), 참정 윤용선(尹容善) 및 궁내부대신 윤정구(尹定求) 등 4명에 불과했다. 나머지 대신 6명은 모두 반대하였다. 그래서 이 회의에서는 토지측량건이 부결되고 말았다(『去牒存案(農商工部去來牒存案)』(규18152) 3책, 「土地測量에 關흔 事件」, 1898년 6월 22일).

지질, 산림과 천택 및 해변, 도로에 이르기까지 광범위하게 설정하고 있었다. 이에 고종은 7월 2일 토지측량을 시행하도록 하는 결정을 내렸다.[13] 마침내 7월 6일 의정부회의에서는 정식으로 양지아문 처무규정(處務規定)과 함께 최종적으로 결정하였다.[14]

1898년 7월 양전을 전담할 독립관청으로서 양지아문이 출범하였다. 그렇지만 전국적인 토지조사사업은 곧바로 착수되지 못했다. 이는 외국인 수기사의 고빙문제 등 측량방식의 번거로움이기도 했지만, 토지개혁의 방향이 본질적인 문제였다. 이러한 논쟁은 다음해까지 이어져 1899년 3월 10일 중추원(中樞院)은 심지어 양전방침의 폐기까지 주장하기도 했다.

그렇지만 폐지론을 무마하면서 양지아문의 양전사업은 1899년 봄부터 본격적으로 추진되기 시작했다. 1899년 4월 1일부터 한성부지역의 토지를 측량하기 시작하였다. 4월 5일 양지아문은 전국적인 토지조사를 위해 구체적인 양전조례와 측량계획을 최종적으로 확정하였다. 1899년 6월부터 1901년 7월까지 2개년간 양지아문에서 토지를 측량한 지역은 경기 14군, 충북 13군, 충남 18군, 전북 14군, 전남 13군, 경북 22군, 경남 8군, 황해 2군 등 모두 104군이었다. 양지비용이 19만 9,146원 41전 4리가 들어갔으며 사득결(査得結)은 6만 6,901결 52부이었고 당시 결가(結價) 50량으로 환산하면 61만 7,138원 47전 8리였고 사득호(査得戶)는 10만 8,832호였다고 한다.[15] 이 사업을 통해 새로운 토지결수를 파악했을 뿐만

---

13) 『奏本存案』(규17704), 3책 「주본 123호」; 『일성록(日省錄)』, 1898년 5월 14일(양력 7월 2일), 119쪽.

14) 『일성록』, 1898년 5월 18일(양력 7월 6일), 123~125쪽 ; 이때 한성부의 토지문제에 대한 대책도 마련되고 있었다. 1898년 6월 23일 탁지부 사세국(司稅局)은 '漢城五署字內에 國內外人民家屋基址를 定納年稅홀 事'라는 청의안건(請議案件)을 준비하였다. 당시의 시점에서 외국인 소유 가옥에 대한 통제나 관리를 국가적인 차원에서 강화하겠다는 방침을 세운 것이다(『外部去來牒』(규17889), 1책, 1898년 6월 23일 ; 『奏本』, 「奏142호 : 漢城五署官有地管理定稅에 關훈 請議書」, 1898년 7월 4일).

아니라 새로이 토지소유자를 파악해 내었던 것이다. 이제 전국적인 양전사업이 마감된다면, 지세제도와 토지소유제도 개혁이 본격적으로 착수될 예정이었다.

이렇게 대한제국은 양지아문의 설립을 통해 전국적으로 토지조사를 진행시키고 시주와 작인을 양안에 등재시키는 과정에 있었지만, 근대적인 토지소유제도의 개혁을 구체적으로 확정하지 못하였다. 결국 대한제국 정부는 1901년 10월 20일 지계발급을 담당하는 지계아문을 설립하였다.[16)]

이때 설립된 지계아문(地契衙門)은 한성부와 13도 지역에 전토계권(田土契券)을 정리하는 기관이었다. 지계아문은 토지의 답사(踏査), 신계(新契)의 환급(還給) 및 구계(舊契)의 격소(繳銷), 매매증권(賣買證券)의 발급을 담당할 예정이었다.[17)] 11월 11일에 수정된 '처무규정(處務規程)'에서는 지계의 발급대상이 전답에 국한되지 않고 산림, 천택, 가사 등으로 확대되었다. 특히 외국인의 토지소유를 금지하는 조항을 삽입하였다.[18)] 이는 당시 외국인 토지침탈을 방지하기 위한 특단의 조처였다. 1898년 7월부터 추진되었던 한성부의 관유지 방침은 외국인의 토지소유를 원칙적으로 금지하되 당분간 가사(家舍)의 소유를 허용하던 방침이었으나, 이제는 한 단계 더 나아가 실질적으로 일체의 외국인 소유를 금지하겠다는 개혁방향을 천명한 것이었다. 이는 외국인의 토지소유가 합법화되어 있는 개항장은 논외로 하더라도 종래 한성부에서 외국인의 소유에 대해 일정하게 허용하

---

15) 『皇城新聞』, 1901년 11월 27일, 「査得結戶」 기사 참조.

16) 『奏議』(규17703) 「地契衙門職員及處務規程」 참조.

17) 지계아문의 직원은 총재관 1인과 부총재관 2인, 위원 8인 및 기수 2인으로 구성되었다. 지계아문 총재관에는 내장원경인 이용익(李容翊), 부총재는 김중환(金重煥)이 각각 임명되었다. 지계아문 주사로는 군부, 탁지부, 농공상부, 한성부 주사 등이 고루 배치되었으며, 위원과 기사원으로는 이전 양지아문 소속의 주사들이 대거 발탁되었다(『地契衙門來文』(규17776) 참조).

18) '第十條 山林土地田畓家舍는 大韓國人外에는 所有主되믈 得지 못ᄒᆞᆯ 事 但開港口內에는 不在此限ᄒᆞᆯ 事'(改正 「地契衙門職員及處務規定」 제10조 참조).

고 있었던 종전의 정책을 정면으로 부정한 것이다.[19]

이렇게 지계아문의 지계발급사업은 모든 토지의 소유권 확정과 이전에 관한 국가적인 법인(法認)과 통제(統制)를 목표로 하고 있었으며, 더불어 외국인의 토지침탈을 방지하기 위한 것이었다. 1902년 3월 지계아문은 이전에 양전사업을 총괄하고 있었던 양지아문과 통합됨에 따라 전국적인 토지조사와 관계발급은 보다 구체화되고 실질적인 추진력을 갖게 되었다.

당시 지계아문은 향후 지계의 발급을 위해 세부적인 방침을 미리 세워두려고 했다. 그러면 당시 토지와 토지소유자의 조사를 위한 구체적인 방침은 무엇인지 검토해 보기로 하자. 우선 1903년 2월에 최종적으로 정리된 「지계감리응행사목(地契監理應行事目)」에서 제시된 토지조사 원칙을 살펴보기로 하자.

> 第十二條　量務를 所管地方에 前往實施ᄒᆞ되 正田正畓의 等은 國租舊典을 依ᄒᆞ야 六等으로 定ᄒᆞ되 行量ᄒᆞᆯ 시에 舊案을 憑照ᄒᆞ야 舊陳中可陞者와 原起中陳落者를 昭詳區別ᄒᆞᆯ 事
>
> 第十九條　量案은 或舊案에 依ᄒᆞ야 字號犯數와 四表를 照詳懸錄成案이되 售奸ᄒᆞᄂᆞᆫ 弊가 有ᄒᆞ면 行量各員과 田主與指審人은 弄結之律을 難免이오 事務에 不審ᄒᆞ야 錯誤ᄒᆞᆯ 境에 至ᄒᆞ면 輕重을 隨ᄒᆞ야 責罰을 必施ᄒᆞᆯ 事
>
> 第二十條　中草ᄂᆞᆫ 量案에 字號負數를 一從ᄒᆞ야 別具成冊이되 陳起와 時主姓名을 區別懸錄ᄒᆞᆯ 事
>
> 第二十一條　中草中陳落者를 一一抄出ᄒᆞ야 另成一冊이되 若或執務官吏가 幻弄售奸이거ᄂᆞ 田畓時主가 符同挾雜이다가 監理更査ᄒᆞᆯ 時에 情節이 綻露ᄒᆞ면 該田畓은 一切陞摠ᄒᆞ고 犯科人員은 當律을 必施ᄒᆞᆯ 事.[20]

---

19) 왕현종, 1998, 앞의 논문, 20~28쪽.

20) 『訓令(完北隨錄)(上)』, 「地契衙門 제2호 訓令」, 1903년(광무 7) 2월 27일 참조.

우선 모든 토지를 대상으로 하여 조사가 이루어졌음을 알 수 있다(12조, 20조, 21조). 특히 "구래의 양안 중에서 구진(舊陳) 중에서 경작이 가능해진 것과 원래 기경작 하던 중에서 진전화된 것을 자세히 조사하여 기록할 것" 등을 별도로 규정하고 있다는 점이 주목된다. 양지아문에서는 주로 기경전(起耕田)을 대상으로 측량을 했음에 비하여 이때에는 구진(舊陳), 진락(陳落), 기경(起耕) 등의 다양한 토지상태를 모두 포함한다는 것을 의미했다. 또한 정전(正田)·정답(正畓)의 경우 토지의 형상을 실제 농지형태와 부합되게 다양한 형태로 양안에 등록하게 하였다.

또한 지계아문의 토지면적 표기방식은 위의 양전 규정상에 명시적으로 드러나지 않았지만, 결부이외에도 두락(斗落)과 일경(日耕)을 표시하고 있었다. 이는 개별 필지마다 총실적을 별도로 표기하였던 양지아문의 방식과는 다른 것이었다. 이는 당시 민간에서 쓰이고 있던 토지면적의 용어를 차용하되, 전국 어디에도 통용되는 일정한 토지면적 단위로 규정하고 있었다. 이렇게 개별토지의 실적수와 연동된 두락·일경제로서 결부제로부터 절대면적단위제로 이행하는 과정을 잘 드러내주고 있다.[21] 그리고 토지의 등급은 제12조에 제시된 것처럼, 국조구전(國朝舊典)에 의하여 6등으로 하였지만, 토지가격과 곡출(穀出)을 채탐(採探)하고 지심인(指審人)의 평론 및 구양안(舊量案)의 등급을 비교하여 결정하도록 하고 있다. 이는 종전보다 합리적인 기준을 마련한 것이다. 그렇지만 구양안을 토대로 하여 새로운 양안을 재작성하는 방식으로는 실제 농지상태를 반영하기는 어려웠을 것이다. 더욱이 지계아문 양안에서는 양지아문의 측량방식과 같이 전답도형도를 작성하지 않았기 때문에 토지측량 자체가 정밀하게 이루어지지 못할 가능성도 있었다.

다음으로 토지소유자의 객관적인 조사를 위한 원칙은 다음과 같이

21) 宮嶋博史, 1991, 앞의 책, 전편 제4장, 257~270쪽 ; 최원규, 1995, 앞의 논문, 263~269쪽.

자세히 규정하고 있었다.

> 第八條 地契를 所管地方에 前往實施ᄒᆞ되 田畓山林川澤家舍를 一切調査打量ᄒᆞ야 結卜及四標를 分明홈과 間數及尺量에 的確홈과 時主及舊券의 必認ᄒᆞᆫ 後 成給이되 如或該田畓山林川澤家舍를 因ᄒᆞ야 訴訟에 事件이 有ᄒᆞ거ᄂᆞ 時主及舊券이 無據한 境遇에는 使其領有ᄒᆞᆫ 者로 本郡公蹟을 得付ᄒᆞᆫ 후에 官契를 成給할 事[22]

위의 조항에서 지계(地契)의 발급은 적어도 두 가지 요건이 필요했다. 첫째, 토지조사를 통하여 결부와 사표가 분명한 점과 칸수와 척수가 정확한 점을 확인해야 한다는 것이고, 둘째, 시주(時主)와 구권(舊券)을 반드시 확인해야 한다는 것이다. 위의 예시문에서 지적하고 있는 것처럼, 소송에 걸린 사건이거나 시주 및 구문기(舊文記)가 없는 경우에는 현재 토지의 영유자(領有者)로 하여금 현지 지방관의 추인을 받아 관계를 발급할 것을 규정하였다. 여기서 문제는 시주와 구권의 소유자와 실제 토지소유자가 일치하느냐 하는 것이다.

그런데 당시 지계아문의 토지조사 목표는 지계발급의 대상인 토지소유자를 판별하는 것이다. 이때 토지소유자는 장부상으로 지계아문의 양안에 수록된 '시주(時主)'란에 기록될 인물을 말하는 것이다. 과연 그곳에 기록된 '시주'가 실제 토지소유자인지 여부에 대해서는 논란이 제기되었다. 일부에서는 '시주'의 표기는 양지아문설립시기에는 거론되지 않다가 초기 양전지역이었던 아산군 양전에서 양전관리인 이기(李沂)에 의해 처음으로 시작된 것으로 간주되기도 했다.[23] 그만큼 '시주'의 규정 자체가 현실의

---

22) 「地契監理應行事目」 제8항 참조.

23) 宮嶋博史, 1990, 「광무양안의 역사적 성격」 『대한제국기의 토지제도』, 민음사, 61~62쪽 ; 李榮薰, 1997, 「量案上의 主 規程과 主名 記載方式의 推移」 『조선토지조

전주·답주를 그대로 반영하는 것이 아니라 임시적이고 임의적이라는 것을 강조했던 것이다. 그러나 대한제국의 양전·지계사업에서 '시주'는 양지아문의 양전방침에 이미 명시되어 있었다. 이는 1899년 5월 양지아문이 공포한 「양전조례(量田條例)」에서 잘 나타나있다.

一 成冊式은 左開를 依홀 事

某道某郡時起田畓字號夜味斗數落成冊 △某面, 某坪, 或稱員, 或稱里, 依前日量案 △某字田 幾夜味(或稱座) 幾斗幾升落, (日耕息耕) 時主姓名, 時作姓名 △某字畓(上仝) △已上某字田, 合幾夜味, 幾斗落, 某字畓, 合幾夜味, 幾斗落, 共合田, 幾夜味, 幾斗幾升落, 畓, 幾夜味, 幾斗幾升落, 年月日, 郡守姓名, 鈐章, 踏勘有司姓名鈐章, 該掌書記姓名鈐章

四 自該郡으로 另擇該面內有地望公正解事者 一員或二員ᄒᆞ야 差定踏勘有司ᄒᆞ야 該掌書記와 該面任과 各田畓主와 作人을 指揮辦事케홀 事

五 田畓主或舍音作人輩가 疑阻或漫汗ᄒᆞ야 夜味數와 斗落이 隱漏或錯誤ᄒᆞᄂᆞᆫ 弊가 有ᄒᆞ야 開量後綻露ᄒᆞ면 該有司와 書記와 田畓主를 別般嚴懲홀 事

六 田畓時主가 朝暮變遷ᄒᆞ며 一家異産ᄒᆞ니 田畓主姓名相左ᄂᆞᆫ 勿爲究詰ᄒᆞ야 民等의 便宜를 從케홀 事[24]

위의 양전조례는 모두 9개 조항으로 되어 있는데, 그 중에서 지계아문 단계의 양전사목과 연관된 4개의 조항을 중심으로 검토해 보기로 하자. 첫째, 토지조사의 방식이 실제의 토지상태를 고려하고 배미[夜味]와 두락(斗落)을 이용하여 측정한다는 것(一조항)이다. 이는 조선후기이래 전통적인 양전방식인 결부제를 폐기하고 객관적인 토지면적 단위인 두락제를

사사업의 연구』, 민음사, 156~162쪽.

24) 『時事叢報』 52호, 1899년 4월 2일(양력 5월 11일) ; 53호, 1899년 4월 4일(양력 5월 13일), 「量地衙門 施行條例」 참조.

채택한 것이다. 이 원칙은 이후 아산군의 양전과정에서 변경되기도 했다. 이후 양지아문의 양안에는 종래와 같이 천자문 순서에 따른 자호(字號) 체계, 생산량을 기준으로 토지를 파악하는 결부제(結負制), 전품 6등제에 따른 동적이세제(同積異稅制)를 그대로 준수하고 있었다.[25] 그러나 지계아문 단계에서는 원래 원칙이었던 두락(斗落)과 일경(日耕)을 조사한다는 원칙으로 되돌아갔다. 그래서 지계아문의 양안에는 모든 토지에 두락과 일경의 토지단위로 표시하고 있다.[26]

둘째, 토지의 경영과 소유권과 관련되어 있는 당사자로서 전답주와 작인을 동시에 조사한다는 원칙(一, 四, 五, 六)을 세우고 있다. 당시 양지아문의 양전에서는 지주조사의 원칙을 강조하면서도 개별적인 토지소유자를 파악하는데 현실적인 어려움도 감안하고 있었다.[27] 즉 6번째 조항에서 나타났듯이 "전답 시주가 아침저녁으로 변동하며, 일가(一家)의 경우에도 이산(異産)의 경우도 많으니 전답주의 성명을 확인하는 작업은 다그쳐 묻지 말고 민들의 편의에 따르도록 할 것"이라고 규정하였다. 당시 토지소유자의 변동이 심하고 가족내에서도 분호별산(分戶別産)하는 경우도 많기 때문에 어쩔 수 없다는 것이다. 이렇게 양지아문은 실제 토지소유자의 권리관계가 복잡하거나 가족내의 소유권 판별에 대해서는 소극적으로 대처함으로써 소유권자의 엄밀한 조사를 이루어내지 못할 가능성도 있었다고 추측된다. 그런데 당시 양지아문의 양전에서는 작인도 조사한다는 원칙을 세우고 있었는데, 그 자체만으로도 중요한 의미를 갖고 있었다.

---

25) 『增補文獻備考』, 田賦考 2, 中卷, 645쪽.

26) 지계아문의 양안에서는 양지아문의 양전방식 보다 후퇴한 측면도 있다. 즉 매필지마다 실적수를 기입하여 절대면적을 표시한 점, 전답의 도형도를 그려넣었던 점 등이다(최원규, 1995, 앞의 논문, 222~229쪽).

27) 양지아문(量地衙門)의 전주와 작인들의 조사방식은 오병일(吳炳日)의 「양전조례(量田條例)」를 많이 수용한 것으로 보인다. 그는 "양전을 실시하기 전에 해당지역에 훈령을 내려 전주가 자기 성명의 표를 세워 경계를 판별하도록 할 것"을 주장했다(吳炳日, 『田案式』, 「量田條例」).

예컨대 양안에 작인의 성명이 기록됨으로써 작인의 경작권을 보호하는 후속조치를 기대할 수 있었다. 당시 광무양전에서는 토지소유자에게 지세를 부과한다는 원칙이 세워져 있었고, 이전과 달리 양안에 굳이 작인을 조사하여 넣었다는 것은 토지의 임차권리나 경작권과 관련되어 있을 것이기 때문이었다.

위의 양지아문 시행조례에서 가장 주목되는 점은 양전사업에서 조사될 전주와 답주, 그리고 작인의 이름에 새로운 표기명을 부여하고 있다는 것이다. 즉 '시주(時主)'와 '시작(時作)'이라는 표기가 처음으로 등장했다. 이제까지 1899년 6월 충청남도 아산군의 시험양전을 통해서 표기방식이 정해졌다는 기존의 이해는 명백하게 하나의 오류였다고 할 수 있다.[28] 당시 양지아문의 전국적인 양전사업이 시작되기 이전에 이미 확고하게 하나의 원칙으로 규정되었다고 보는 것이 타당하다.

여기서 '시주'란 당시 양지아문의 토지조사를 통하여 일률적으로 파악된 소유자를 말하는 것이다. 그런데 양안상의 시주 규정 자체를 매우 한정적인 의미로 두는 견해도 있었다. 예컨대, 조선국가가 당초 국전제(國田制) 이념을 1899년에 공포된 대한국국제(大韓國國制)의 기본으로 두고 있었기 때문에 광무양안상의 '시주'도 단지 '인민의 임시적 내지 한시적 존재'임을 규정한 것에 불과하였다는 것이다.[29]

그렇다면 '시주'의 규정은 인민의 토지소유보다 상위에 위치한 국가적 토지지배의 우위성을 전제하여 성립되었다고 보기는 어렵다. 양전조례 규정에서 "전답시주가 아침저녁으로 변천한다"는 표현에서 알 수 있듯이, 양전 조사 당시에도 여러 차례 주인이 바뀌었던 현실을 감안하고 있었다.

---

28) 종전에는 충남 아산군 시험양전의 결과로 이후 광무양안상 '시주'와 '시작'이 수록되었다고 추정했는데, 이제는 기존의 견해를 수정한다(왕현종, 1995, 앞의 논문, 65~75쪽).

29) 李榮薰, 1997, 앞의 논문, 196~197쪽.

그래서 조사 당시의 시점에서 현실의 토지소유자로서 '시주'라고 표기한 것이다. 더구나 1902년 지계아문의 지계사업에서는 기존의 소유문기와의 대조를 통해서 시주에게 지계를 발급함으로써 토지소유자로 확정될 것이었다.

따라서 지계아문 시기 1903년에 확정한 '양전사목'의 원칙은 그 이전 1899년에 공포한 '양전조례'와 매우 긴밀한 일관성을 지니고 있었음을 알 수 있다. 그 핵심은 역시 대한제국이 이미 토지조사와 소유자 파악의 원칙을 일관되게 확립하고 있었다는 점이다. 이 점으로 보아 토지소유자의 파악에 관한 한, 대한제국의 양지아문이나 지계아문에서 작성한 '광무양안'은 1910년대 일제가 토지조사사업에서 작성한 토지대장과 동일한 성격을 지니고 있었다고 볼 수 있다. 그러면 당시 지계아문의 토지원칙과 시주조사 방침이 실제 조사과정에서 어떻게 구체화되었는지에 대하여 검토해 보기로 하자.

2) 강원도 양전·지계사업의 추진과 울진농민항쟁

대한제국이 1901년 10월 지계아문을 설립한 목적은 일본인 등 외국인 토지소유의 확대를 방지하고 한국인의 개별 토지소유권을 확정하고 국가적 차원에서의 토지를 체계적으로 관리하려는 것이었다. 최종적인 목표는 토지소유권자에게 토지소유권 증서인 지계를 발급하는 것이었다.

그런데 지계사업의 실시를 위해서는 일단 양전사업이 완료되지 않으면 안되었다.[30] 그래서 1902년 1월부터 양지아문의 양전과 양안작성업무을

---

30) 1902년 2월 전의관(前議官) 손정현(孫貞鉉)은 중추원에 건의한 헌의서에서, "今之急務 一則量地 一則地契 量地所以正土品 地契所以防奸僞 現方地契實施則 量務尤不可停止也"라고 하여 양전과 지계발급의 긴밀한 관련성을 강조했다(『照會原本』, 2책).

인수하기 시작했다. 그 해 3월 17일 지계아문은 양지아문을 통합하여 명실공히 토지의 측량과 지계의 발급기관으로 재정립하게 되었다.[31)]

지계사업을 담당할 관리는 지계감독(地契監督), 지계감리(地契監理), 지계위원(地契委員) 등이었다. 지계감독은 원래 처무규정에는 해당 조항이 없었으나 각 도의 관찰사로서 양전과 지계사업을 통괄하면서 각 군현의 행정실무에 직접 명령하고 지휘하는 역할을 담당했다. 구체적인 양전과 지계발행의 실무 책임자는 역시 지계감리였다. 지계감리는 각 도에 1명씩 파견되어 관찰사와 대등하게 조회하였고, 각 군의 지방관에게 지령, 훈령 들을 내리면서 양전과 지계 발행에 관한 모든 업무를 실질적으로 관장했다. 양전의 실무는 대개 지계위원, 혹은 사무원(事務員)을 동원하여 이루어졌으며 각 지방에서 지계발행의 업무는 각 군단위로 해군(該郡)의 직원들, 특히 호방(戶房)이 중심이 되어 이루어졌다. 지계아문은 1902년 3월 11일 토지측량과 지계발행의 첫 대상지역으로 강원도 지역을 선정하였다.[32)]

> 地契衙門摠裁署理副摠裁臣李容翊謹奏
>
> 地契現方先施於關東 而該地方土地量案年久頹傷 難以考據 及今地契實施 度量定規 允合事宜 而如無董飭 似難竣事 江原道觀察使金禎根特差地契監督 使之兼察量務 趕速竣工之意 謹上奏
>
> 光武 六年 三月 十一日 奉旨 依奏

위의 주의(奏議)에서는 관동지방의 양안이 너무 오래되어 근거하기 어려운데, 지금 지계사업을 실시하려는 뜻과 잘 맞으므로 특별히 강원도

---

31) 1902년 1월 21일에는 지계아문 사무소를 탁지부로부터 양지아문으로 옮겼으며, 3월 17일 양지아문과 지계아문을 합설하되 양전도 지계아문으로 부속시키는 조치를 취했다(『관보』 2107호, 1902년 1월 27일, 74쪽 ; 『일성록』, 1902년 2월 8일, 44쪽).

32) 『地契衙門來文』 ; 『관보』 2147호, 1902년 3월 14일, 228쪽.

지역에 양전과 지계사업을 실시한다는 내용이다. 여기서 강조된 것은 강원도 지역은 지계아문에서 최초로 실시하는 시범지역이라는 점이다. 1899년부터 실시된 양지아문의 양전사업은 강원도 지역에서는 아직 실시되지 못하였다는 사정을 고려한 것이었다. 아무튼 4월 15일에 울진군수 허후(許逅)를 지계감리로 임명하였고, 현덕종(玄德鍾)을 비롯하여 여러 명의 지계위원을 순차적으로 임명하였다.

<표 1> 강원도 지역 지계관리 변동사항

관직	성명	임명일자	변동사항	관직	성명	임명일자	변동사항
지계감독(地契監督)	김정근(金禎根)	1902.3.11		지계감리(地契監理)	허후(許逅)	1902.4.18	→ 현덕종(玄德鍾, 1902.11. 10)
지계위원(地契委員)	현덕종(玄德鍾)	1902.4.18	→ 지계감리(11.10)	지계위원(地契委員)	남희복(南熙復)	1902.6.28	→ 서병훈(徐丙壎, 12.27)
	최기연(崔基淵)	1902.5.6			정규철(丁奎哲)	1902.6.28	
	조병준(曺秉駿)	1902.5.6	→ 이병동(李秉動, 10.15)		이용승(李容承)	1902.6.28	
	민태직(閔泰稷)	1902.5.6			오응선(吳應善)	1902.6.28	→ 도경순(都景淳, 9.12) → 장재훈(張在纁, 12.26)
	안병희(安秉禧)	1902.5.6			임병상(林炳相)	1902.6.28	→ 서찬(徐燦, 12.27)
	정양시(鄭養時)	1902.5.6			유병룡(柳秉龍)	1902.10.15	
	김준규(金浚圭)	1902.5.6			이병익(李炳翊)	1902.10.15	
	이종형(李鍾榮)	1902.6.28	→ (11.1 해임/11.6 재임명)				
	김택로(金澤魯)	1902.6.28					

출전 : 『지계아문래문(地契衙門來文)』(규17776) : 『관보(官報)』 임명기사 참고

위의 표와 같이 지계아문의 강원도 양전사업은 1902년 3월 중순 지계감독의 임명부터 시작되었다. 영동지역은 울진으로부터, 영서지역은 춘천으로부터 개시하였다. 강원도 지계감리 허후는 현직 울진군수로서 임명되었으며, 현덕종을 비롯하여 최기연 등 6명의 지계위원이 동시에 임명되었다.

이들이 첫 양전지역인 울진지역에서 양전을 담당했다. 그런데 당시 임명된 지계관리의 숫자는 이전 양지아문의 양지위원의 수보다 현저히 적었다. 이 정도 수효의 위원으로는 현지조사에서 그만큼 정밀한 조사와 판정이 이루어지기 어려웠으리라고 추측할 수 있다.

그런데 강원도 지역에서 지계아문의 양전을 이제 막 실시하려는 시점인 1902년 8월 23일(음력 7월 20일) 지계아문은 전격적으로 다음과 같은 훈령을 공포하였다.[33]

> 現今地契事務를 實施於江原道ᄒᆞ야 嶺東은 蔚珍郡으로 始ᄒᆞ고 嶺西ᄂᆞᆫ 春川郡으로 始ᄒᆞ야 土地을 改量後官契를 頒給ᄒᆞ니 無論京鄕ᄒᆞ고 田畓家舍을 該道에 置ᄒᆞᆫ 人民은 舊券을 持ᄒᆞ고 陰曆 八月 十五日內로 該道土在郡에 前往ᄒᆞ야 官契를 換去ᄒᆞᆷ이 可ᄒᆞᆯ 事
>
> 光武 六年 八月 二十三日 地契衙門

강원도 지역에서는 음력 8월 15일, 즉 9월 16일 이전까지 양전을 마치겠다는 일정을 제시한 것이며, 이후 곧바로 새로운 지계, 즉 관계(官契)를 발급하겠다는 내용을 공포하였다. 이는 지계위원의 파송 후 불과 5개월만에 양전을 마치겠다는 것이다. 지계사업의 추진일정은 매우 긴박하게 잡혀져 있음을 알 수 있다.

울진군에는 1902년 5월 중순부터 양전이 실시되었고, 9월 중순에는 이미 중초본 양안의 형태로 정리되었던 것으로 추정된다. 그럼에도 9월 16일부터 양안상의 시주와 구권(舊券)을 소지한 시주를 상호 대조하면서

---

33) 『관보』 2288호, 1902년 8월 26일(음력 7월 23일) 광고 ; 『황성신문』 1192호, 광고 ; 이는 1902년 12월 29일까지 계속되었다(『관보』해당 일자 참조). 또한 추후로 다시 공지하였는데, 만일 음력 8월 15일에 올 수 없는 인민들은 음력 11월말 일내로 와서 관계를 환거할 것을 요청하였다(『地契衙門來文』 1902년 9월 25일 기사 참조).

‘관계’를 발급하려고 한 것이었다. 이렇게 조급하게 관계발급을 서둘렀다. 그래서 지역 주민들의 불만을 야기시키고 있었다. 울진의 군민들은 지계아문의 양전조사가 크게 잘못되었다고 항의하였다. 군민들의 항의는 관계 발급예정일인 9월 16일, 바로 다음날인 9월 17일에 발생했다. 다음은 울진군 농민들의 관청습격사건을 정부에 보고한 문건의 일부이다.

> 九月十七日에 郡民等이 齊會邑下ᄒᆞ야 洞開衙門ᄒᆞ고 欄入官房ᄒᆞ야 跳踉叫鬨曰 官家가 不啻貪饕民財라 結數를 濫執則民何料生ᄒᆞ고 堅執郡守ᄒᆞ야 曳出官門外矣라 官屬等이 挾扶至巡校廳ᄒᆞ니 厥黨이 勒取七面量草而出ᄒᆞ야 散而復合에 聲色이 慌急故로 爲先馳報이고 繼又請願解免 而今月二十日發程上京이옵기 所佩郡守印章은 當日未時量에 定巡校賫送于原兼邑平海郡ᄒᆞ고 監理印章鑰尺은 面看傳授于奏任委員 玄德鍾 處云云等因인바[34)]

1902년 9월 17일 군민들이 관청에 들이닥쳐 양전에서 결수(結數)를 남집(濫執)하였다고 항의하였다. 마침내 군수를 관문 밖으로 끌어내고 7면의 양안 초본을 탈취하여 나와 흩트려 버렸다.[35)] 또한 항쟁의 주도자인 장군익(張君益)은 이후 12월 20일 서울에 올라가 재판을 벌이려고 한다는 것이었다.[36)]

---

34) 『司法稟報(乙)』(규17279) 36, 법부편, 52책, 「보고서 제69호」(1902년 12월 2일).

35) 당시 상황은 “군민의 선두에는 청년시인 張益謙, 尹鎭杓, 田在潤, 田覆基, 金聲五 등이 나서 許郡守 축출을 계획하고 군수를 화장한다고 외치며 官衙三門前에 쇄도하였다. 이어 군수의 면전에서 성토문을 낭독하고 격분한 군중은 군수를 동헌 대뜰 밑으로 끌어내렸지만, 都使令 金在根이 군수를 업고 가마에 태워 서울로 치송하였다”고 한다(울진군지편찬위원회, 1971, 『蔚珍郡誌』, 416~417쪽).

36) “蔚郡民擾 蔚珍郡守 許逅氏가 地契監理로 兼仕視務ᄒᆞᆫ지 未幾에 民擾가 起ᄒᆞ야 免官된지라 平海郡守 張永煥氏가 査官으로 該郡에 往ᄒᆞ야 各面解事人을 招致査問則 所招內에 我侯下車以來로 猛杖倣去ᄒᆞ야 其爲政也錢이오 所執也慾이라 搆其不孝而勒討ᄒᆞ고 禁其雜技而徵族ᄒᆞ며 防築潰決則 謂以農家例而不救ᄒᆞ고 漂木拾得則 解以封山物而

당시 조사관인 평해군수 장영환(張永煥)은 이 사건의 원인을 울진군수 허후의 잘못된 행정 때문이라고 했다. 그의 보고서에 의하면, 허후는 부임 이후 오로지 돈을 모을 욕심으로 불효했다고 하여 토색한다든지 잡기를 금한다고 친족으로부터 징수하고, 방축(防築)의 궤결(潰缺)은 고쳐 주지도 않았고 사환곡(社還穀)을 매석가(每石價) 14량(兩)으로 독봉하는 등 모두 3,500냥이나 토색한 사실을 밝혀냈다.

그런데 부패군수의 토색질 보다 더 큰 현안이 되었던 것은 지계아문의 양전사업이었다. 울진군수인 허후가 강원도 지계감리를 겸임하고 있었고, 강원도에서 울진군이 최초 대상지역이었기 때문이었다. 양전과정의 공평성 문제가 최대 난제로 등장했다. 특히 전품의 판정에 비난이 많았다. 즉, "至於量地一款ᄒᆞ야은 不計土之沃瘠ᄒᆞ고 惟以加數執卜으로 爲已任ᄒᆞ야 等則超越ᄒᆞ고 卜則加倍 而民若有訴면 輒曰我爲監理어니 生殺이 在手라 誰敢違拂고ᄒᆞ니"라고 지적하고 있다. 양전과정에서 토지의 비옥도를 고려하지 않고 결수를 많이 잡으려고 등급을 높이고 결부를 배가했다는 것이다. 더구나 실제 농민항쟁의 주모자로 잡힌 사람 중에는 양전에 참여했던 김성오(金聖五), 전재윤(田在允) 등도 있었다. 김성오는 지심인(指審人)이었고, 전재윤은 아버지가 양지(量地)의 유사(有司)로 차출되었지만 연로하고 병이 들어 수행할 수 없었기 때문에 아버지를 대신해서 여러 달에 걸쳐 학원(學員)과 더불어 참여하고 있었다.[37]

執贓ᄒᆞ며 威脅商民에 害及平民이니 凡此貪饕錢이 殆至五六千兩이오 社還은 國穀也라 每石二十四兩式 期欲待秋督捧ᄒᆞ며 量地一款은 章程法意가 出於恤民均稅어ᄂᆞᆯ 不計土之沃瘠ᄒᆞ고 惟知加數執卜ᄒᆞ며 任意越等ᄒᆞ야 曰我爲監理則 民之生殺이 在我手云故로 感懷戰慄하고 情不得上通ᄒᆞ야 齊會鳴寃타가 竟至衆騷다ᄒᆞ얏더라"(『皇城新聞』 1246호, 1902년 12월 9일, 7-204면 기사 참조).

37) "金聖五 段은 事務員行量之時에 矣身이 以本洞指審人으로 有所言詰 而八月初四日에 忽聞矣弟客地病報ᄒᆞ고 卽往旌善地取厤所이다가 同月十九日還家 則初不參涉於民人聚會中이다이오며 田在允 段은 量地有司를 以矣父差出 而年老且病故로 矣身代行이 至爲數朔에 與學員으로 同心行量이다가 變出之前에 在家不出ᄒᆞ야 民擾一款은 初不參涉이다이오며"(『司法稟報(乙)』, 「보고서 제69호」 참조)

그렇다고 해서 대한제국 정부는 당시 최대의 국정과제였던 지계사업을 중단할 수는 없었다. 그래서 양전의 실무자였던 이들의 책임을 묻지 않았다. 이들을 일단 방면해 버렸다. 이들이 실제 항쟁에 주도적으로 참여한 것이 아니라 잘못 잡힌 것이라는 이유를 달았다. 다만 지계감리에게 개인적인 차원에서 문책을 가해 면직처분을 내려 교체했다. 이는 지계아문의 양전사업을 계속해서 지속하기 위한 여건을 조성하기 위한 것이었다.

따라서 대한제국 정부의 입장에서는 울진군의 양전 성과를 모조리 부정하기보다는 수습 차원에서 사건의 파장을 축소하려고 하였다. 이렇게 1902년 9월 지계아문의 양전·지계사업의 시행과정에서 처음으로 노출된 문제점들에 대해 이후 다른 지역에서도 신중하게 다루어져야 할 과제가 되었다. 특히 농지에 대한 정확한 조사와 공정한 전품판정 여부에 대한 적절한 대책을 강구하지 않으면 안 되었다.

3. 강원도 지계사업의 전개와 관계의 성격

1) 평해·간성 양전의 특징과 양안상의 변화

1902년 강원도 지역에서 행해진 지계아문의 양전사업과 지계 발급에 대해서는 자료의 대부분이 망실되고 극히 일부의 자료만이 남아있다. 당시 지계아문에서 작성한 양안으로는 1902년 평해군(현재 경상북도 울진군) 지역과 1903년 간성군(현재 강원도 고성군) 지역의 것만 남아있다. 그리고 명례궁 등 궁방이나 민간에게 발급된 지계가 일부 발견되었을 뿐이다. 만일 해당지역 양안 자료 자체를 정밀하게 분석할 수 있다면, 당시 양전사업의 전개과정과 그 실체를 구체적으로 파악할 수 있을 것이다. 여기에서는 먼저 평해군 양전과정을 살펴보기 위하여 현존 양안상 기록내용을 분석해 보려고 한다.

우선 강원도 평해군 지역은 강원도 중에서 최남단에 위치하며, 위로는 울진과 아래로는 경상북도 영덕 사이에 위치해 있으면서 왼쪽으로 백암산(白巖山)을 끼고 오른쪽으로 동해(東海)에 인접하여 있다. 매우 협소한 지형적 난점에도 불구하고 산 아래 계곡을 중심으로 형성된 남대천, 황보천, 정명천, 매화천 등 소규모 하천유역에 좁은 평야지대를 구성하고 있었다.[38]

평해군은 모두 8개 면으로 구성되어 있었다. 하리(上里), 북하리(北下里), 남하리(南下里), 남(南), 근서(近西), 원서(遠西), 근북(近北), 원북면(遠北面) 등이었다. 당시 평해군 전체 양전사업은 상리면(上里面) 관아(官衙)터에서 시작하여 각 면별로 사무원을 파견하였다. 이들은 현지의 지심인과 더불어 토지를 파악해 나갔을 것으로 보인다.[39] 이 지역에는 1902년 5월부터 토지측량이 시작되었고, 9월에는 이미 정리작업에 들어간 것으로 보인다.[40] 수개월에 걸친 양전조사의 결과는 평해군 양안에 다음과 같이 기록되어 있다.

<표 2> 평해군 전체 전답실태(단위 : 결, %)

구분	전체		진전					기전			
	결수	비중	무주진	비중	유주	국공유	합계	국공유	민전	합계	비중
전	399.166	40.9	54.511	5.6	61.979	2.041	118.531	6.255	270.592	276.847	69.4
답	575.834	59.1	20.022	2.0	83.403	11.403	114.828	14.600	446.406	461.006	80.1
합계	975.000	100	74.533	7.6	145.382	13.444	233.359	20.855	717.998	737.853	75.7

38) 울진군지편찬위원회, 1971, 『蔚珍郡誌』, 177~191쪽 ; 울진군, 2001, 『蔚珍郡誌(上)』, 3~13쪽, 44~53쪽.

39) 평해군 양전사업에 참여한 종사원은 事務員 郭鼎鉉, 金秉七, 柳鳳魯, 玄義鍾, 郭鼎鉉, 張翰泳, 李圭冕, 指審人 黃景淡, 孫周烱, 崔景南, 黃鍾杰, 南朝旭, 黃震英, 安昌善 등이었다(『江原道平海郡改量案』 11책, 뒷장 참조).

40) 『江原道平海郡改量案』(규17691), 11책 ; 『江原道平海郡公土案』(규17683), 1책(21장).

평해군 전체 토지는 전 399결여, 답 575결여, 전답총계로는 975결이었다. 토지의 지목상으로는 전의 비중보다는 답의 비중이 월등하게 높았다. 경작되고 있는 토지는 75.7%이었다. 답은 80.1%인 반면, 전은 69.4%의 비중을 차지했다. 실경작지에서도 답의 경작비율이 높았던 셈이다. 그렇지만 평해군의 전답총결은 이전에 비해 121결여가 줄어든 것이었고 당시 시기결에 비해서도 38결 정도 줄어든 것이었다.[41] 이렇게 평해군의 양전은 이전의 전답총결을 배려하면서 실제의 경작지를 중심으로 조사해 나간 것이었다.

평해군 양안의 특징은 다음과 같다. 우선 평해군 양안은 위의 전체결수가 1자 5결로 정확하게 끊어서 작성되었다는 점이다. 그래서 천자(天字)부터 사자(絲字)까지 195자(字)의 형태로 정리되었다. 이런 토지구획 파악방식으로는 그 내부에 전품의 규정이나 면적조사 등에 여러 난점을 포함할 수밖에 없었다.[42] 그래서 각 면의 토지조사 이전에 각 지역별로 일정한 토지등급을 미리 상정하기도 하였다. 이렇게 하여 미리 토지등급의 분등을 정하기도 하였다. 상등(上等)으로는 원서면 내선미(內仙味), 외선미(外仙味), 하조금(下操琴), 상조금(上操琴), 중소태(中蘇台), 하소태(下蘇台) 지역과 근북면 하다천(下茶川), 중다천(中茶川) 지역이 편성되었으며, 중등(中等)으로는 상리면 내평(內坪), 북하리면 재평(內坪), 전포평(前浦坪), 남하리면 남산평(南山坪), 원북면 기성평(箕城坪), 마산평(麻山洞), 잠산동(蚕山洞) 지역이었다. 하등(下等)으로 편성된 지역은 중하리면 호포평(後浦坪), 근서면 입암(笠岩), 광곡(廣谷), 구현(九峴), 금천(金川), 근북면 상다천(上茶川), 이평(梨坪),

---

41) 평해군 전답총결은 19세기 전반 『관동지(關東誌)』에 의하면, 원장부상으로 수전(水田)이 498결 10부 7속, 구진잡탈결 136결 7부 1속, 시기결 362결 3부 6속이었으며, 한전(旱田)은 각기 598결 11부, 184결 13부 2속, 413결 97부 8속이었다(『邑誌(18) - 江原道 ①』, 「關東誌」, 아세아문화사, 1986, 355쪽).

42) 『訓令(完北隨錄)(上)』, 「地契衙門 제2호 訓令 : 地契監理應行事目」(1903년 2월 27일), 제19~23항 참조.

비지(飛只), 원북면, 상사동(上沙銅), 하사동(下沙銅), 주담(周潭), 월야동(月夜洞) 등지였다.[43] 여기서 주목되는 것은 상등지역으로 편성된 원서면(遠西面) 전체, 근북(近北) 일부를 제외하고 각 면별로 중등 혹은 하등의 동리로 다양하게 나누어져 있었다. 대개 각지의 평야를 대상으로 구분하여 놓았다는 것을 알 수 있다.

다음으로 이 지역의 측량사업에서 특이한 점은 종래 양지아문의 양전에 쓰였던 전답도형도와 실적수를 적지 않고 대신에 대부분의 토지에 대해 필지마다 두락과 일경을 표시하고 있다는 점이다. 답에는 승락(升落)[1石落, 15斗落, 10升落], 석락(石落), 전에는 일경(日耕)[1日耕, 4時耕, 8刻耕]을 처음으로 사용하였다. 이는 답 1승락을 50평방척, 전의 1각경(刻耕)을 125평방척을 기준면적으로 하였다.[44] 이는 토지면적의 계량단위로 민간에서 쓰이던 용어를 채용하되 현실의 두락은 아니었고 양전 실적수에서 기계적으로 산출된 수치였다.[45] 이러한 두락제의 채택은 양지아문 초기 양전사목의 원칙을 충실하게 반영한 것으로 보인다.

그런데 평해군 양전에서는 모든 필지에 두락과 일경을 일일이 표시하지는 않았다는 점에서 차이가 있었다. 예컨대 진전(陳田)과 낙전(落田)의 경우에는 아예 두락표시를 생략하고 있었다.[46] 이는 지계아문의 토지파악 방식의 불합리한 원칙을 그대로 표현해 주고 있다. 두락과 일경을 표시한다는 원칙은 모든 토지에 해당되어야 함에도 불구하고 진전(陳田)을 제외한

---

43) 『江原道平海郡改案』(규17691) 1책, 「境內各面各洞土品分等」 참조.

44) 宮嶋博史, 1990, 앞의 논문, 민음사, 63~67쪽.

45) 양전 1척은 5주척이었다. 1902년에 제정된 도량형 규칙에 의해 1주척은 20㎝였으므로 양전척 1척은 1m였다. 따라서 이는 국제적인 미터법과 양전척이 일치하는 결과를 가져왔던 것이었다. 1파는 1㎡, 1부가 1a(a=100㎡), 1결이 1ha임(『官報』 호외, 1902년 10월 21일 「度量衡規則」 참조).

46) 평해군 근북면의 경우에는 진전과 낙전에는 일체 두락과 일경을 표시하지 않았으며 다만 부분 진전의 경우에 경작지에 한하여 두락과 일경을 표기하고 있다. 원북면의 경우도 마찬가지였다(『江原道平海郡改量案』 8~11책 참조).

것이 문제였다. 이는 이후 지계아문에서 발급할 지계의 형식과도 맞지 않았다.

보다 구체적인 토지파악의 실태를 알아보기 위해서는 실제 이 지역의 전체양안을 대상으로 하여 분석해야 하지만, 여러 작업상의 난점이 많으므로 여기에서는 일단 평해군의 북쪽에 위치한 근북면과 원북면을 대상으로 구체적인 양전내용을 검토해 보기로 하자.[47]

<표 3> 평해군 근북·원북면 전답실태(단위 : 속, %)

지역	지목구분	전체		진전답					기전답			
		결수	비중	무주	비중	유주	국공유	합계	국공유	민전	합계	비중
근북	전	65,972	36.7	7,329	4.1	12,786	146	20,261	329	45,382	45,711	69.3
	답	114,028	63.3	2,549	1.4	27,443	1,673	31,665	1,581	80,782	82,363	72.2
	합계	180,000	100	9,878	5.5	40,229	1,819	51,926	1,910	126,164	128,074	71.2
원북	전	53,714	35.8	6,882	4.6	5,584		12,466	120	41,128	41,248	76.8
	답	96,286	64.2	4,558	3.0	12,026	25	16,609	181	79,496	79,677	82.8
	합계	150,000	100	11,440	7.6	17,610	25	29,075	301	120,624	120,925	80.6

근북면의 토지는 모두 봉자(鳳字)에서 남자(男字)까지 36자 180결이며, 원북면의 토지는 효자(孝字)에서 사자(絲字)까지 30자 150결이었다. 근북면과 원북면 모두 답의 비중이 매우 높았으며, 진전의 비중은 대개 비슷했는데, 근북면의 전체 토지 중에서 진전이 차지하는 비중은 28.8%나 되었으며, 주인이 없는 것으로 신고된 무주진전(無主陳田)은 전체 토지에 비해 5.5%였고, 주인이 있는 유주진전(有主陳田)은 22.3%나 되었다. 반면 원북면의 진전 비중은 근북면보다 낮게 나타나 19.4%를 차지하고 있었다.

평해군 근북·원북면 양안의 또 다른 특징은 토지면적의 형태가 대단히 단순하게 표현되어 있다는 것이었다. 지계양전의 원칙상 다양한 형태의

47) 평해군의 양전과정을 분석하기 위한 사례로서 원북면(遠北面)과 근북면(近北面)을 대상으로 한 이유는 이곳이 다른 면과는 달리 자연적인 산을 경계로 구획된다는 점과 이후 1914년 일제의 행정구획 개편으로 기성면(箕城面)으로 합쳐졌다는데, 1916년 토지조사사업 당시에 작성된 『土地調査簿』가 남아 있어서 1902년에 작성된 지계아문의 양안과 서로 비교할 수 있기 때문이었다.

토지형상에 대해서는 실제와 가깝게 모양을 표시하도록 되어 있었지만, 이 지역에서는 지나치게 몇 가지 일정한 형태로만 규정하고 있었다. 아래의 표와 같이 근북면의 경우 토지의 형상을 직전(直田)의 형태로 기록한 것은 모두 4,484필지로서 전체 4,970필지 가운데 90%를 차지하고 있었다. 원북면의 경우에도 전체 필지 가운데 97.5%를 차지하고 있었다.

<표 4> 평해군 근북·원북면의 토지형상 실태

구분	근북면			원북면		
	필지	결수	비중	필지	결수	비중
직전(直田)	484	168,450	93.6	3,668	145,756	97.1
방전(方田)	320	6,961	3.9	84	2,598	1.7
구고전(勾股田)	28	659	0.4	6	106	0.1
규전(圭田)	50	1,106	0.6	20	659	0.4
제전(梯田)	54	1,927	1.1	5	367	0.2
고시전(孤矢田)	14	344	0.2	0	0	0
미전(眉田)	7	159	0.1	7	51	0
삼각전(三角田)	4	106	0	5	249	0.2
사전(梭田)	4	78	0	2	22	0
우각전(牛角田)	2	75	0	2	30	0
반환전(半環田)	2	137	0.1	3	209	0.1
원전(圓田)	1	13	0	0	0	0
합계	970	180,015	100	3,802	150,047	100

이것은 토지형상이 실제로는 다양함에도 불구하고 단순한 형태로 측량한 결과로 보이는데, 특히 방전(方田)을 제외하고는 구고(勾股), 규(圭), 제(梯), 미형(眉形) 등이 극히 적다는 것만 보아도 얼마나 단순화시켰는가를 알 수 있다. 이렇게 토지형상의 단순화는 결국 객관적인 토지면적 산출에 부적합한 경우가 많았을 것임을 쉽게 짐작할 수 있다.

또한 근북·원북면 지역은 토지등급의 판정에도 문제가 많았다. 우선 근북면의 경우 전체 4,970필지였으며, 원북면은 3,802필지였다.[48)]

48) 양지아문에서는 실적수 표기를 한 반면, 지계아문에서는 양안상에 군총목이나 면총목에서 실적수를 따로 집계하지는 않았다. 그래서 등급별 토지면적을

<표 5> 평해군 근북·원북면의 전품실태(단위 : 속, %)

구분		전		답		합계			
	등급	필수	결수	필수	결수	필수	비중	결수	비중
근북면	3	123	2,657	157	11,691	280	5.6	14,348	7.9
	4	634	15,546	692	39,281	1,326	26.7	54,827	30.5
	5	582	17,682	1,007	36,498	1,589	32.0	54,180	30.1
	6	1,219	30,360	556	26,300	1,775	35.7	56,660	31.5
	합계	2,558	66,245	2,412	113,770	4,970	100	180,015	100
원북면	3	96	3526	245	19,993	341	9.0	23,519	15.7
	4	457	10,583	490	29,919	947	24.9	40,502	27.0
	5	402	11,044	932	37,491	1,334	35.1	48,535	32.3
	6	1,021	27,710	159	9,781	1,180	31.0	37,491	25.0
	합계	1,976	52,863	1,826	97,184	3,802	100	150,047	100

위의 표와 같이 이 지역의 농지는 토질이 그렇게 높지 않아서 1, 2등급의 토지는 없었다. 근북면의 경우 3등급은 전체 필지수에 대비하여 5.6%에 지나지 않았으며, 결수로는 7.9%를 차지하고 있었다. 원북면도 3등급의 토지는 전체 필지수에 비해 9.0%에 불과한 반면, 결부수의 비중은 15.7%로 근북면 보다는 높았다. 근북면은 결부수의 비중은 3등급 토지를 제외하고는 대개 비교적 고르게 안배되어있는데, 4등급은 30.%, 5등급은 30.1%, 6등급은 31.5%로 대개 30%내외로 판정하고 있었음을 알 수 있다. 반면에 원북면에서는 결부수로는 5등급이 상대적으로 높은 비중인 32.3%를 차지한 반면, 4등급과 6등급은 대개 27%와 25%를 각기 차지하고 있다. 이렇게 보면 원북면은 6등급을 가급적으로 줄이고 등급을 높여 판정했음을 추측할 수 있다.

이 지역의 전품평가와 관련하여 검토해야 할 문제는 2개 면에서 모두 진전이 많았다는 점이다. 근북면의 진전 비중은 28.8%였고, 원북면의 경우에는 19.4%에 이르고 있었다. 원래 진전의 등급은 대개 6등전이었지만

산정하기 어려웠고 대신에 결부수를 중심으로 다음의 표를 구성하였다.

4등과 5등의 진전도 일부 있었다. 그런데 진전(陳田)이나 낙전(落田)은 한 필지 전체의 상태가 분명하게 드러나서 판정하기가 도리어 간단했지만, 부분진전의 경우에는 더욱 판정하기가 어려웠을 것이다.

<표 6> 평해군 근북·원북면 부분진전의 전품 실태(단위 : 속, %)

구분	토지등급	전		답		합계			
		필수	결부수	필수	결부수	필수	비중	결부	비중
근북면	3	0	0	7	765	7	1.5	765	3.4
	4	9	412	55	4,357	64	14.0	4,769	21.1
	5	20	939	221	11,090	241	52.8	12,029	53.3
	6	94	3,053	51	1,960	145	31.7	5,013	22.2
	합계	123	4,404	334	18,172	457	100	22,576	100
원북면	3	0	0	21	2,642	21	6.1	2,642	11.3
	4	9	466	81	6,800	90	26.0	7,266	31.2
	5	5	235	179	10,442	184	53.2	10,677	45.8
	6	39	2,326	12	388	51	14.7	2,714	11.7
	합계	53	3,027	293	20,272	346	100	23,299	100

위의 표와 같이 기왕의 진전보다는 천포락전(川浦落田)의 형태로서 표기되어 있는 토지, 즉 당시 홍수의 피해를 입은 상태로 최근에 진전화된 토지가 많았다. 원북면은 기왕의 진전과 낙전이 비슷한 비중을 차지하고 있었지만, 근북면의 경우에는 진전에 비해 4배에 이를 정도로 많은 포락전이 발생하고 있었다.[49] 그래서 근북면은 전체 필지 4,970필지 가운데 457건으로 9.5%였고, 원북면은 3,802필지 가운데 9.1%를 차지하고 있었다. 특히 4, 5등급의 토지에서 부분적인 진전이 다수 발생했기 때문에 부득이하게 등급을 하향 조정하지 않으면 안되었다.

이렇게 평해군 근북면과 원북면 지역에서는 포락전이 다수 발생하였기 때문에 양전 초기에 세워둔 지역별 전품배정의 원칙을 무색하게 만들었다. 이를테면, 원북면에서 중등으로 평가되었던 기성평과 마산평, 잠산동의

---

49) 1900년 평해군의 재결은 복사결 46결 77부 7속, 천반답 16결 44부 3속이었다(『各部請議書存案』(규17715) 18책, 「江原道各郡庚子災結請議書 제9호」 참조).

경우와 하등으로 평가된 하사동 및 월야동의 경우를 상호 비교해 보면, 결과는 도리어 반대로 나타나고 있다. 즉 하등지의 경우에는 5등과 6등이 고르게 분포된 반면, 중등지의 경우에는 5등전보다 6등전이 월등히 많은 것으로 나타났다.[50] 그 이유는 원북면에서 중등지로서 평가된 지역에서 부분 진전이 많이 나타났기 때문이었다. 따라서 1901년 한해의 영향으로 3, 4등의 농지가 5, 6등으로 떨어진 현상을 어쩔 수 없이 반영하였던 것이다. 결국 평해군 지역에서 본격적인 측량이전에 미리 정해놓았던 지역별 토지등급 방침은 현지 조사과정에서 이미 실현 불가능한 원칙으로 판명되었던 것이다.

이와 같이 평해군 근북·원북면 양전에서는 농지의 전품 결정이나 면적 측량 양면에서 모두 근본적인 문제를 내포하고 있었다. 기본적인 문제로서는 토지파악의 단위가 1자 5결 원칙을 고수하고 있었음으로 각 농지의 현실태와 상관없이 임의적으로 토지의 결수를 조작하는 사례가 많이 나타났다. 아래의 표는 근북면과 원북면 토지 중에서 결부평가의 오류를 모아 놓은 것이다.

우선 근북면에서는 확실하게 오류로 판정할 수 있는 경우만 한정하여 10개의 사례를 적시해 놓았다. 당시 지계아문의 양전사업에서 시행한 전품사정은 종래와 같이 결부제에 근거하고 있었기 때문에 전답의 형태, 실척수, 등급 판정에 따라 결부수가 좌우되었다. 예컨대 재자(在字) 106번 전은 실척수가 364척이므로 6등급으로 판정되면 당연히 9속으로 되어야 했지만, 실제 양안에는 3부 1속으로 기록되었다. 이는 비록 주인이 있기는 했지만 진전이었음으로 이를 감안하여 과다책정한 것이었다. 대부분 2,

---

50) 원북면(遠北面) 기성(箕城), 마산(麻山), 잠산동(蠶山洞) 지역에서는 등급별 토지분포가 3등, 4등, 5등, 6등이 각기 7.9%, 20.9%, 37.1%, 34.1% 등으로 나타났지만, 논의 경우에는 4등급과 5등급이 각기 23.6%와 61.6%로 편중되게 나타났다. 반면에 원남면 하사동(下沙洞), 월의동(月矣洞) 지역에서는 각각 11.9%, 33.5%, 43.6%, 11.5% 등으로 나타나 도리어 6등급전이 상대적으로 적었다.

3부 정도에서 6부까지 과다 평가하고 있지만, 공자(恭字) 133번 전과 같이 약간 축소하여 기록하기도 하였다.

<표 7> 평해군 근북면 결부평가 오류표[단위 : 속, 승락, 각경(刻耕)]

번호	지역명	자	지번	지목	지형	등급	척수1	척수2	실척수	두락	결부	실결부(A)	변동	시주	시주명
1	재재빈곡(才在賓谷)	在	106	전	직	6	26	14	364		31	9	과다	진주	김어둔(金於屯)
2	재재빈곡(才在賓谷)	樹	31	전	직	6	36	22	792	7	32	20	과다	시주	박학선(朴學先)
3	김성곡(金姓谷)	駒	150	전	직	6	44	25	1,100	9	61	28	과다	시주	권재현(權在賢)
4	남아곡원(南牙谷員)	場	97	전	직	6	75	15	1,125		84	28	과다	낙주	김재석(金在石)
5	제동원(齊洞員)	場	116	전	직	5	75	14	1,050	14	72	42	과다	시주	이동수(李東守)
6	정자내평원(亭子內坪員)	賴	46	전	직	6	44	25	1,100		44	28	과다	낙주	장즙(張楫)
7	방하곡(方何谷)	方	80	전	직	6	15	22	330	11	36	8	과다	시주	박규영(朴圭永)
8	와곡(瓦谷)	恭	133	전	직	6	109	19	2,071	11	32	52	축소	낙주	임필호(林必浩)
9	석방곡(硯傍坪)	養	38	답	직	5	13	7	91	10	20	4	과다	시주	김강아지(金江牙之)
10	독가곡(獨駕谷)	男	5	전	직	6	50	25	1,250	14	44	31	과다	시주	황칠성(黃七聖)

한편 평해군 원북면 지역은 진전이나 부분진전으로 말미암아 혼란이 가중될 수 있었다. 예컨대 사례 9, 14, 15의 경우가 바로 그것이었다. 이 지역에서는 결부수가 과다한 경우도 있었지만, 도리어 축소하는 경우도 많이 발견되고 있는데, 경향성은 일정하지 않아서 확실하게 규정하기는 힘들다.

평해군 지역의 토지조사를 전체적으로 평가해 보면, 명백하게 토지의 객관적인 면적과 결부수와의 차이가 발생한 경우는 그렇게 많지 않았다. 전체 필지의 0.39%에 지나지 않았다. 이웃한 울진군 지역에서 양전과정에서 결수 남증의 원인으로 일어난 농민항쟁의 여파로 비교적 객관적인 토지측량과 전품산정을 시도하였을 것으로 추측된다.

<표 8> 평해군 원북면 결수평가 오류표(단위 : 속, 승락, 각경)

번호	지역명	자	지번	지목	지형	등급	척수1	척수2	실척수	두락	결부	실결부(A)	변동	시주	시주명	비고
1	저전동소원(猪田洞小員)	過	62	전	구고	6	42	22	462	8	23	12	과다	시주	한기동(韓基東)	
2	배곡소원(排谷小員)	得	128	답	직	4	36	25	900	25	69	49	과다	시주	남주호(南柱鎬)	
3	재궁동소원(齋宮洞小員)	能	97	답	직	6	99	9	891		223	22	과다	진	무주(無主)	
4	소논소원(所論小員)	談	40	답	직	4	80	59	4,720	15	42	259	축소	시주	김흥이(金興伊)	
5	망양동(望洋洞)	靡	172	전	직	6	6	5	30	1	4	1	과다	시주	임금조(林琴調)	
6	등평(嶝坪)	恃	58	전	직	6	31	13	403	2	7	10	축소	시주	이이상(李伊尙)	
7	등평	恃	67	전	직	6	46	11	506	6	20	13	과다	시주	송치어(宋致魚)	
8	이전동(梨田洞)	長	27	전	직	4	16	4	64	1	7	4	과다	시주	김옥진(金玉振)	
9	이전동	長	60	답	직	4	67	7	469	23	63	26	과다	시주	김계한(金啓漢)	4 부 3 속기 2 부락
10	이전동	長	161	전	직	6	69	14	966	9	29	24	과다	시주	김치영(金致英)	
11	잠산동(蠶山洞)	信	99	답	직	3	210	7	1,470	15	54	103	축소	시주	황하운(黃河運)	
12	잠산동	信	103	전	직	6	15	14	210	1	2	5	축소	시주	윤석문(尹石文)	
13	잠산동	信	155	전	직	6	23	5	115	3	9	3	과다	시주	박재관(朴材寬)	
14	잠산동	信	157	답	직	6	71	11	781	15	31	20	과다	시주	황하운(黃河運)	2 부 7 속기 4 속락
15	잠산동	使	5	답	직	3	210	14	2,940	31	108	206	축소	시주	박정관(朴正寬)	7부기 3 부 8 속락

이렇게 지계아문의 초기양전 과정에서 벌어진 시행착오의 측면을 그대로 담고 있는 평해군의 양안사례는 이후 다른 지역의 양전에서 타산지석으로 영향을 주게 되었다. 이는 1902년 12월에 정리되었던 간성군 양안에

잘 나타나있다. 우선 간성군 양안에는 모두 8개 면과 가사안(家舍案)이 포함되어 있다.[51] 간성군은 천자(天字)부터 소자(所字)까지 299자호, 1,495결의 토지내역이 수록되어 있다. 이 지역에서는 평해군과 마찬가지로 현재 경작하는 토지뿐만 아니라 진전에 대한 조사도 이루어졌으며, 토지의 경작자인 작인은 조사대상에서 제외되었고 토지의 소유자인 '시주'만을 조사하여 기록하였다. 그런데 평해군의 양안과 비교하여 보면 몇 가지 조사방침의 변화가 두드러져 보인다.

우선 간성군 양안에서는 토지의 형상에 대한 조사를 보다 철저히 기하고 있었다. 이전 평해군 양안에서는 거의 대부분 토지형상이 직전, 직답으로 되어 있었던 반면, 간성군 양안에서는 직전이라고 해도 양직(兩直), 재직(裁直) 등으로 재규정한 형태로 보다 세밀하게 토지형상을 파악하고 있었다. 다음에서는 간성군 양안 중에서 군대면 양안을 대상으로 분석하였다.

간성군 군내면의 전체 토지는 2,830필지, 155결 14부 5속이었는데, 직전(直田)은 모두 1,353필지로 전체의 47.8%에 불과했다. 간성군의 직전형태의 토지는 포괄적으로 직전의 형태에 유사하게 재단한 재직(裁直), 양직(兩直), 대직(帶直)의 형상까지도 포함하면, 2012필지로서 전체의 71.1%로 높아진다. 그렇다고 해서 평해군과 같이 90% 이상으로 절대적인 비중을 차지하지는 않는다. 더욱이 직전과 비슷한 모양으로 한 재직(裁直)의 형태가 다수를 차지하는 것은 그만큼 실제의 토지형상에 가깝게 접근하고 있었다고 하겠다. 이렇게 적어도 5개 필지 이상의 토지형상으로도 제(梯), 방(方), 규(圭), 삼각(三角), 원(圓), 남(覽), 우각(牛角), 구고(句股), 사(梭), 반원(半圓) 등 다양한 형태로 파악했을 뿐만 아니라 그밖에 포괄될 수 없는 다양한 형태도 병기해 두고 있었다는 점이 주목된다.

---

51) 『江原道杆城郡田畓量案』(규17692), 11책.

<표 9> 간성군 군내면 토지형상 실태(단위 : 속, %)

	토지형상	필지	결부수	비율		토지형상	필지	결부수	비율
1	직(直)	1,353	59,608	47.8	11	람(覽)	15	621	0.5
2	재직(裁直)	566	34,612	20	12	우각(牛角)	15	624	0.5
3	제(梯)	387	29,248	13.7	13	구고(句股)	14	689	0.5
4	방(方)	107	5,797	3.8	14	사(梭)	12	702	0.4
5	양직(兩直)	82	7,110	2.9	15	대직(帶直)	11	159	0.4
6	규(圭)	46	1,115	1.6	16	타원(橢圓, 半橢圓)	19	1,168	0.7
7	삼각(三角)	35	1,849	1.2	17	반원(半圓)	10	544	0.4
8	삼광(三廣)	31	3,949	1.1	18	미(眉)	8	179	0.3
9	고시(孤矢)	25	773	0.9	19	반환(半圜)	5	406	0.2
10	원(圓,圓圭)	35	1,203	1.2	20	기타	54	4,789	1.9
						합계	2830	155,145	100

간성군 양안의 두 번째 특징은 모든 토지에 객관적인 토지면적인 두락과 일경을 표기하고 있다는 점이다. 이전 평해군의 경우에는 실제 경작지만을 대상으로 했던 것에 비하여 진일보한 것이다. 당시 제작된 관계(官契)의 형식과도 서로 부합되는 것이다. 왜냐하면 모든 부동산에 대한 국가적 공인을 목표로 하는 지계아문의 사업에서는 모든 토지에 절대면적단위를 표기해야만 했기 때문이다. 그래서 간성군의 모든 토지는 다양한 토지의 형상, 실적수의 표기, 그리고 전체 면적을 간단하게 표기해 주는 두락과 일경을 갖추게 되었다.

세 번째로 간성군의 양전에서는 토지등급의 고하를 둘러싸고 갈등을 빚어온 사태를 해결하기 위하여 기존의 6등 전품 이외에 속전(續田)의 규정을 설정하였다. 예컨대 간성군 군내면의 양안에서는 6등 전품을 기본으로 하면서도 6등전 내부에 속전을 따로 규정하는 방식을 취하여 사실상 7개 등급의 전품을 정해두고 있었다.

다음 <표 10>과 같이 간성군 군내면의 경우에는 전과 답의 비중은 필지수로는 답이 51.9%로 전보다 약간 많은 수를 차지하고 있지만, 토지의 결부수로는 65.2%로 상당히 비중이 높았다. 전체 군내면의 토지평가는

6등전이 높은 비중을 차지하고 있었다. 이에 따라 6등전은 전체 토지의 반수를 차지하는 1,437필지, 결부수는 60결 정도였다. 이에 비하여 4등전은 296필지, 5등전은 905필지로서 각각 10.5%와 32%를 차지하고 있었다. 이를 평해군의 경우와 비교해 보아도 3등전과 4등전이 상대적으로 비중이 낮음을 알 수 있다. 그만큼 간성군의 경우에는 전체적으로 토지의 등급을 크게 올리지 않으면서 진전(陳田), 부분진전(部分陳田), 속전(續田) 등을 자세히 파악하는 등 실제 농지의 상태를 반영하려고 한 것으로 보인다.

<표 10> 간성군 군내면 양안의 토지등급실태(단위 : 결, %)

구분	전		답		합계			
	필지	결수	필지	결수	필지	비중	결수	비중
2	3	1.055	0	0	3	0.1	1.055	0.7
3	3	2.077	12	1.729	15	0.5	3.806	2.4
4	64	3.264	232	23.704	296	10.5	26.968	17.4
5	312	11.452	593	47.521	905	32.0	58.973	38.0
6	804	31.908	633	28.135	1,437	50.8	60.043	38.7
7	174	4.300			174	6.1	4.300	2.8
합계	1,360	54.056	1,470	101.089	2,830	100	155.145	100

간성군 양안의 네 번째 특징은 토지에 관한 모든 사항을 수록한 양안 이외에도 가옥의 소유자에 관한 '가사안'을 별도로 만들고 있다는 점이다. 가사의 소유자에 대한 가계(家契)의 발급은 지계아문의 규정에서도 이미 천명되고 있었지만, 강원도 초기 양전에서는 크게 고려되지 않았던 것으로 보인다. 이제 간성군 양전에서는 가사(家舍)를 공해(公廨)와 민가(民家)로 구분하여 모두 조사하되 초가(草家)와 와가(瓦家)의 구별, 간수, 호주(戶主) 성명을 일일이 조사하여 기재하려고 하였다. 특히 가사의 기재순서는 통호(統戶)의 순서대로 기록하고 있는데, 이는 전통적인 오가작통법에 따른 것이었다. 이렇게 가계를 발급하여 소유권을 사정하기 위한 장부로서 가사안을 작성하고는 있었지만, 가사의 위치를 양안상에 따로 적시하지 않아서 정확하게 대지와 가사와의 관계를 규정하기가 어려웠다.[52]

이렇게 간성군 양전과정에서 나타난 가사안의 별도 작성방식은 기존의 토지와 가사를 별도로 파악하여 각각의 소유권을 파악하겠다는 의지를 표현하고 있는 것이었다. 실제 가사관계(家舍官契)는 춘천군 북내일작면(北內一作面) 칠산동(柒山洞)에 위치한 김종우(金鍾佑)의 가사관계에서 보이는 것처럼, 가사안에 근거하여 발급되었다.[53] 이러한 가사발급은 이미 부동산에 대한 권리의식의 강화에 기인한 것으로 장부형태의 발전이라고 볼 수 있다.

이와 같이 1902년 지계아문의 강원도 지역 양전사업은 지계를 발급하기 위한 모든 토지와 가사의 상태에 대한 모든 측면을 조사하여 파악하려고 하였다. 특히 객관적인 토지면적의 파악이나 등급 파악의 측면에서 세밀하게 주의를 기울이고 있었다.

2) '시주'의 등재방식과 관계 발급의 의미

1902년 당시 지계아문은 지계발행에 목표를 두고 있는 만큼 양전과정에서 토지의 소유자를 정확히 파악하는 것에 관심을 기울이고 있었다. 지계아문은 이 시기 일반적으로 쓰이던 '지계(地契)'라는 용어 대신에 '관계(官契)'이라는 새로운 용어를 쓰기 시작했다. 관계에는 일단 2가지 종류가 있었다. 즉 「대한제국 전답관계(大韓帝國 田畓官契)」와 「가사관계(家舍官契)」였다.[54] 이는 대한제국의 인민들이 가지고 있는 모든 토지소유문서는 대한제

---

52) 간성군 양전에서 토지와 가사를 분리하여 파악하는 방식은 이후 경상남도 家戶案의 장부에서 垈主와 家主를 동시에 파악하여 표기하는 방식으로 통일되었다(최원규, 1995, 앞의 논문, 231~239쪽 ; 이영호, 1995, 「광무양안의 기능과 성격」『대한제국의 토지조사사업』, 민음사, 175~179쪽).

53) 『江原道庄土文績』(규19304), 제13책 ; 이영호, 1995, 위의 논문, 171~173쪽.

54) 金容燮, 1975, 『한국근대농업사연구』 증보판, 일조각, 559~582쪽 ; 崔元奎, 1995, 앞의 논문, 280~292쪽.

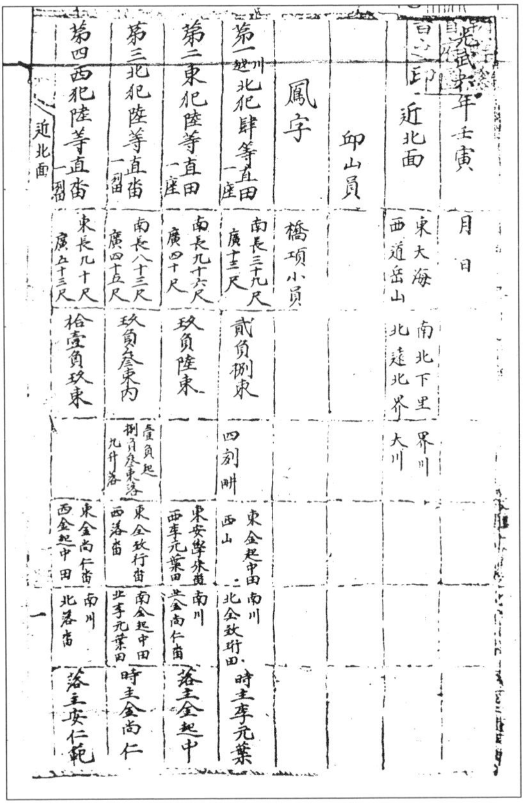
光武六年壬寅 月 日
近北面
東大海 南北下里界川
西道岳山 北遠北界大川
卯山員
鳳字 橋項小員
第一 北犯肆等直田 一座 南長三十九尺 廣十三尺 貳負捌束 四刻畊 東金起中田 南川 西山 北金致府田 時主李元葉
第二 東犯陸等直田 一座 南長九十六尺 廣四十尺 玖負陸束 東安學休畓 南川 西李元葉田 北金尚仁畓 落主金起中
第三 北犯陸等直畓 一習 南長八十三尺 廣四十五尺 玖負叁束內 壹負起 捌負叁束落 九斗落 東金致行畓 南金起中田 西落畓 北李元葉田 時主金尚仁
第四 西犯陸等直畓 一習 東長九十尺 廣五十三尺 拾壹負玖束 東金尚仁畓 南川 西金起中田 北落畓 落主安仁範
近北面

<그림 1>『평해군 근북면 양안』의 시주

국의 관인(官認), 즉 허가를 받아야 한다는 의미를 갖는 것이었다.

그런데 이 평해군 양안의 시주기재 방식에서는 국가의 소유지와 민간 소유지의 표기 방식이 각기 달랐다.

우선 국가와 관련된 토지, 예컨대 관둔전(官屯田), 교궁(校宮) 등에는 시주라는 표기란을 아예 쓰지 않고 있다. 또한 진전 중에서도 무주의 진전의 경우에도 '진무주(陳無主)'로 표현하고 있으며, 포락전의 경우도 '시주' 대신 '낙주(落主)'로 표기하고 있다. 결국 시주는 현재 경작되고 있는 민간의 토지소유자를 가리켜 '시주'라고 쓰고 있는 것이다. 그렇지만 이러한 국유지와 민유지의 구별을 나타내는 '시주'라는 표기는 형식적인 차이에 불과했다.

우선 국가의 입장에서는 지계아문의 양전과정에서 미리 국가소유지를 확인해 두고 있었다. 그런 점에서 민유지의 지주와 다를 것이 없었다. 다만 양전이 끝난 후 작성된 중초본 양안에서 해당 국유지를 선별하여 별도로 성책(成冊)을 공식적으로 작성하고 있었다는 점에서 차이가 있었다. 예컨대 국가는 1902년 5월에 작성되었다고 기록된 『강원도평해군공토안(江原道平海郡公土案)』을 작성하였다. 관둔(官屯), 월송둔(月松屯), 신립역(新立驛) 마위(馬位), 흥부역(興富驛) 마위 등 관둔전(官屯田)과 마위전(馬位田)을 각 면 각 자호별로 일목요연하게 기록하고 있었다. 여기서 주목되는 점은 각 필지별로 양안상에 기록된 사항을 빠짐없이 기록하면서 기존의 두락과 새로 파악된 두락을 집계해 내고 있다는 점이다.[55] 이렇게 대한제국은 국가가 소유한 토지에 대해 해당 지역의 토지 위치와 면적, 경작지의 두락수 등을 철저하게 파악하고 있었다. 향후 개별토지의 소유자에게 환급된 지계의 발급에도 대비하였던 것이다. 왜냐하면 국유지에도 민유지와 마찬가지로 '관계'가 발급될 예정이었기 때문이었다.

그렇다면 일반 민인들은 지계사업에 대해 어떻게 대응하고 있었는가. 이에 대해서는 구체적인 기술자료가 부족한 현실이다. 그래서 여기에서는 평해군 근북·원북면의 양안 상에 등재된 인물의 면모를 살펴봄으로써 간접적으로 접근해 보려고 한다.[56] 우선 평해군 지계양안 상에 수록된 토지소유자의 농지소유분포상황은 <표 11>과 같다.

이 지역 전체 토지소유자의 인원은 모두 2,045명이며, 총 8,630필지, 308결 3부 4속을 소유하고 있었다.[57] 10부 미만의 극히 영세한 토지소유자

---

55) 예컨대 관둔전의 경우에는 모두 2결 78부 1속 중에서 실기전답(實起田畓)이 2결 3부 5속인데, 두락으로 하면 161두락 8승락이며, 새로 파악된 두락수는 총 108두락이나 된다는 점을 적고 있다. 마위전(馬位田)의 경우도 모두 28결 17부 1속 중에서 신기전답이 15결 78부 1속, 688두 1승락인데, 새로 파악한 두락이 394두락이나 되었다(『江原道平海郡公土案』(규17683), 21쪽).

56) 1915~16년에 실시된 일제의 토지조사사업 당시 만들어진 『箕城面 土地調査簿』(울진군청 소장, 총 10책, 12개 리 중 沙洞里, 正明里 토지조사부 결본) 및 『地籍原圖』(정부기록보존소 소장)와 대조하였다.

57) 평해군 근북·원북면의 전체토지규모는 8,772필지, 330결 6부 2속이었다. 이는 원래 양안상에 기록된 330결과는 약간 차이가 있다. 이중에 무주(無主) 진전이 모두 142필지, 22결 2부 8속이 포함되어 있음으로 여기에서는 제외했다. 반면에

는 모두 1,150명으로 전체의 56.2%로 대다수를 차지하고 있었다. 25부 미만 영세농들은 전체 70%를 차지했으나 토지소유규모는 전체 41%에 지나지 않았다. 이곳 평해군 지역은 극히 영세한 토지소유자들은 대부분 심하게 분할된 2~3개 필지의 토지를 소유하고 있는 것으로 나타났다. 반면에 1결 이상 지주도 15명이나 되었고 이들은 전체 필지의 4.3%, 총결부수의 7%를 차지하고 있었다. 이러한 대토지소유자의 농업경영은 지주제로 운영되었을 것이지만, 구체적인 자료는 찾기 어렵다.

<표 11> 평해군 근북·원북면 시주의 토지소유규모(단위 : 결)

구간	인원	비율	필지수	비율	결부수	비율
2결 이상	2	0.1	81	1.0	5.098	1.7
1결-	13	0.7	283	3.3	16.497	5.3
75부이상-	22	1.1	372	4.3	18.702	6.1
50부이상-	66	3.2	907	10.5	39.534	12.8
25부이상-	293	14.3	2,695	31.2	101.955	33.1
10부이상-	499	24.4	2,290	26.5	80.062	26.0
0-10부	1,150	56.2	2,002	23.2	46.186	15.0
	2,045	100	8,630	100	308.034	100

그런데 1902년 지계아문이 작성한 평해군 양안에 등록된 시주는 과연 실재 거주하고 있는 인물들의 인명인가. 양안상의 인명(人名)이 실명(實名)인가 허명(虛名)인가 하는 점이 현재 연구상의 논쟁점이다. 지금까지 광무양전의 사례연구에서는 시주의 실체에 대해서는 의문을 제기하면서 '시주'가 여러 형태로 대록(代錄) 또는 분록(分錄)되고 있다는 분석이 실증적으로 여러 차례 지적되었다. 이는 당시 징세대장인 깃기와 깃기상의 호명(戶名)이 양전과정의 직접적 기초자료였던 데 착안하였던 것이다. 깃기상 호명에서 연유한 각종 분록 대록 현상이 양안으로 이록(移錄)되었다는 주장이었다.[58] 더구나 광무양안과 토지대장, 혹은 토지조사부와의 비교연

관둔, 교궁, 각리의 공유지 등은 일단 그대로 포함시켰다.

58) 이영훈, 1990, 앞의 논문 ; 이영훈, 1992, 앞의 논문 참조.

구에서도 양안상의 인명이 이후 토지조사사업 당시 파악된 지주의 실명과는 현저하게 달랐던 점이 지적되었다.59)

그렇다면 대한제국기에 과연 현지의 토지소유자들이 전혀 적절한 대응을 하지 않았는가. 이는 의문의 여지가 많다. 지계아문은 이미 토지소유권자들에게 소유한 토지의 소유권을 인정하고 보증하는 지계 발급을 선언하였을 뿐만 아니라 1902년 8월부터는 기존의 문기(文記)를 관계(官契)로 바꾸어갈 것을 공지하고 있었기 때문에도 그렇다. 적어도 지계아문의 양전사업이 추진되었던 시기에 '시주'들은 지계아문 양안의 시주명이 대다수 호명의 형태로 수록되었던 양지아문의 양전사업 때와는 달리 대응했을 것으로 생각된다. 여기에서는 1916년에 조사된 『토지조사부』에 등재된 인물의 실명과 대조하여 보려고 한다.60)

아래의 표는 원래 평해군 근북·원북지역의 지계양안에 등록된 인명이 이후 울진군 기성면 토지조사부에 기재된 인원을 표시한 것이다.61) 이전

---

59) 이영호는 경기도 용인군 이동면(二東面)의 사례연구에는 광무양안의 실명제 비율을 상동촌면(上東村面)의 경우 양지양안의 등장인물 613인, 지계양안 653인, 토지조사부 651인 중에 토지조사부에 등장하는 인물 가운데 양지양안이나 지계양안 어느 하나에든 등장하는 인물은 모두 73인으로 약 12%에 불과하고 3개의 토지대장에 모두 등장하는 인물은 43인으로 7%에 불과하다고 하였다(李榮昊, 1990, 「대한제국시기 토지제도와 농민층분화의 양상 - 京畿道 龍仁郡 二東面 「光武量案」과 「土地調査簿」의 비교분석 - 」『한국사연구』 69, 한국사연구회, 91~92쪽).

60) 1914년 일제의 지방제도 개혁을 통하여 평해군 지역은 울진군에 편입되었다. 근북면과 원북면 지역은 거의 대부분 울진군 箕城面 지역으로 흡수되었다. 기성면은 척산(尺山), 기성(箕城), 망양(望洋), 삼산(三山), 방율(芳栗), 이평(梨坪), 사동(沙洞), 정명(正明), 다천(茶川), 황보(黃堡), 구산(邱山), 봉산(烽山) 등 12개 리로 구성되어 있었다(1917, 『新舊對照朝鮮全道府郡面里洞名稱一覽』, 902쪽 ; 2001, 『蔚珍郡誌(上)』, 울진군, 306~312쪽).

61) 1915~16년에 작성된 울진군 기성면 토지조사부에는 전체 토지면적이 총 3,312,962평이며, 전 1,230,779평, 답 1,748,077평, 대지 120,090평 및 지소, 임야 잡종지, 분묘지 등으로 구성되어 있었다. 전체 필지는 11,185필지이고, 그 중에서 전과 답의 필지는 모두 9,712필지로서 이전 평해군 근북·원북면의 전답 8,772필지와 비교하여 약 10.7%가 증가하였다.

지계양안상의 인물 2,045명 중에서 양 토지장부에서 동일한 인명으로 추정되는 인원은 모두 525명이었다. 전체적으로 실명 일치율은 25.7%에 이른다. 물론 이러한 수치는 대다수의 인물들이 실명이 아닐 가능성을 더 나타내주고 있는 것이기도 하다. 그렇지만 시주들이 다른 지역에서 거주하였거나 하는 요인들도 고려해야 한다. 실제로 기성면(箕城面) 전체 면을 포함했을 때는 실명 일치율이 더 높아졌다는 사실에서도 확인될 수 있다.[62] 이 지역의 실명 일치율은 이전 다른 사례연구와 비교해 보아도 비교적 높은 수치임을 알 수 있다.[63] 무엇보다도 중요한 요점은 실명이 일치되는 필지의 수가 적지 않은 비중을 차지하고 있다는 점이다. 지계양안과 토지조사부에서 동시에 나타나는 인명의 필지수는 4,003필지로서 전체 토지조사부의 필지 8,988필의 44.5%를 차지하고 있었다.

한편 전체 기성면 토지조사부에 등재된 인물은 모두 1,533인이었음으로 토지조사부를 기준으로 하면, 동일한 인명은 약 1/3가량이 일치하고 있는 셈이다.[64] 그리고 토지조사부를 기준으로 해서 지계양안상의 인물을 소유

62) 울진군 기성면에 소속된 12개 리 중에서 사동리(沙洞里)와 정명리(正明里)의 토지조사부는 망실되었다. 그렇지만 2개 리의 상황과 관련하여 다행히 지적원도와 실지조사부가 남아있기는 하지만 토지면적을 알 수 없기 때문에 통계표에서 제외하였다. 인명만을 기준으로 2개 리의 것을 포함하여 처리하면, 인명은 모두 1,845명으로 늘어나고 이 중에서 596명이 되어 일치율이 32.3%로 올라간다(『箕城面正明里原圖』, 『箕城面沙洞里原圖』, 『蔚珍郡箕城面沙洞里實地調査簿』).

63) 미야지마 히로시(宮嶋博史)는 충남 논산군 벌곡면(伐谷面) 덕곡리(德谷里)와 연산면(連山面) 송산리(松山里) 사례연구에서 덕곡리 양안상 148명 중 토지대장에도 등장하는 사람은 16명, 19필지로서 전체 419필지 중 4.5%에 불과했으며 송산리의 경우도 양안상 211명 중 중복해서 등장하는 사람은 32명, 77필지로서 전체 518필지 중 14.9%에 불과하다고 하였다(宮嶋博史, 1997, 앞의 논문, 231~240쪽).

64) 기왕의 연구에서 지적되었듯이 인명표기상 동음이의(同音異義)의 인명이 문제라고 하겠다(이영훈, 1992, 앞의 논문, 26~39쪽). 더구나 토지조사부 상의 인물도 다른 리에 거주하는 동일한 인명일 경우도 있을 수 있으나 여기에서는 협소한 지역이라는 측면에서 지계양안상에 여러 가지 발음의 인명이 거의 대부분 동일한 인명을 지칭하는 경우가 대다수이므로 동일한 한글발음을 중심으로 통일하였다. 따라서 양 문서에 나타나는 동명이인(同名異人)의 사례를

<표 12> 울진군 기성면 지계양안 인명의 토지조사부 등재상황(단위 : 평, %)

구간	전체 인원	일치 인원	비율	필지	평균 필지	평수	평균 평수
2결 이상	2	1	50	21	21	7,949	378.5
1결 이상	13	8	61.5	94	11.8	63,307	673.5
75부 이상	22	15	68.2	187	12.5	70,342	376.2
50부 이상	66	32	48.5	350	10.9	115,824	330.9
25부 이상	293	119	40.6	1,081	9.1	307,348	284.3
10부 이상	499	142	28.5	1,015	7.1	260,305	256.5
10부 미만	1,150	208	18.1	1,255	6.0	280,413	223.4
합계	2,045	525	25.7	4,003	7.6	1,105,488	276.2

필지별로 재분류하면, 10부 미만 극히 영세한 토지소유자의 일치율은 18.1%, 10부에서 25부까지의 경우에는 28.5%로 낮았음에 비하여 75부 이상 중소 토지소유자의 경우에는 무려 60%를 넘는 것으로 나타났다.

<표 13>은 지계양안상 75부 이상 중규모 이상의 토지소유자들 중에서 토지조사부상 자신의 이름을 등재시킨 필지와 토지면적이 어떻게 되어 있는가를 알아보기 위한 것이다. 비교적 동일한 인명으로 추정되는 대상은 모두 24명으로서 전체 지계양안상 75부 이상의 전체인원 37명 중에서 64.9%에 이르고 있다. 이 중에서 토지소유자의 씨명이 2개 이상으로 쓰거나 아니면 발음을 동일하나 한자명이 다른 사례로서 2, 3, 5, 7, 15, 16, 19, 20, 24 등은 여러 인물이 혼용되었을 가능성도 있다. 그래도 사례 7의 경우만 문제로 된다.

여기서 주목되는 것은 지계양안상 38개 필지, 2결 52부 5속의 토지를 소유한 황수(黃洙)의 존재이다. 그는 토지조사부에서도 21개 필지, 7,949평의 토지에서 동일한 인명을 쓰고 있다. 이곳에는 평해황씨들이 많이 살고 있었는데, 그 중에서 외자 이름을 쓰는 사람들 44명 중에서 17명은 지계양안과 토지조사부에 동시에 등장하고 있다.[65] 또한 지계아문의 토지조사에서

계통적으로 추적하지는 못했다.

65) 평해황씨 중에서 지계양안과 토지조사부에 동시에 등장하는 인물들은 표에

<표 13> 지계양안과 토지조사부 인명 비교(단위 : 평, 속)

	지계양안의 시주	토지조사부의 지주	필지 1	필지 2	결수	평수	거주지
1	황수(黃洙)	황수(黃洙)	38	21	2,525	7,949	마산리(麻山里)
2	안겸선(安謙善, 安兼先)	안겸선(安兼先)	28	6	1,518	1,643	척산리(尺山里)
3	안용선(安鎔善)	안용선(安鎔瑄, 安鎔善)	14	17	1,299	10,169	척산리(尺山里)
4	김석순(金石順)	김석순(金錫順)	22	12	1,275	9,905	망양리(望洋里)
5	김재수(金在銖, 金在守)	김재수(金在銖)	36	26	1,243	8,480	상다천리(上茶川里)
6	김효연(金孝淵)	김효연(金孝淵)	29	3	1,168	1,770	정명리(正明里)
7	황영(黃泳)	황영(黃暎)	16	3	1,040	616	이평리(梨坪里)
8	황호(黃濩)	황호(黃濩)	17	15	1,037	6,551	상사리(上沙里)
9	정종대(鄭鍾大)	정종대(鄭鍾大)	14	12	1,035	24,173	기성리(箕城里)
10	안용숙(安鎔琡)	안용숙(安鎔琡)	20	19	971	5,765	척산리(尺山里)
11	이근연(李根淵)	이근연(李根淵)	17	2	912	195	방율리(芳栗里)
12	황석하(黃錫河)	황석하(黃錫河)	29	22	878	6,293	다천리(茶川里)
13	안택선(安宅善)	안택선(安宅善)	15	11	872	4,284	척산리(尺山里)
14	이기영(李基榮)	이기영(李基榮)	19	33	860	14,876	감율리(甘栗里)
15	박정관(朴貞寬, 朴正寬)	박정관(朴正寬)	15	8	851	1,017	삼산리(三山里)
16	황진영(黃震英, 黃軫英)	황진영(黃震英)	8	1	837	381	정명리(正明里)
17	안명선(安明善)	안명선(安明善)	22	30	828	15,719	척산리(尺山里)
18	김운수(金云守)	김운수(金云守)	13	3	826	1,208	구산리(邱山里)
19	정두천(鄭斗千, 鄭斗天)	정두천(鄭斗千)	21	18	804	5,594	이평리(梨坪里)
20	이규성(李圭聖)	이규성(李圭聖, 李圭晟, 李圭成)	15	15	793	6,143	황보리(黃堡里)
21	황좌영(黃佐英)	황좌영(黃佐英)	18	1	785	349	상사리(上沙里)
22	김병혁(金炳赫)	김병혁(金炳赫)	16	8	763	3,540	방율리(芳栗里)
23	김두한(金斗漢)	김두한(金斗漢)	22	15	758	4,542	엄곡리(奄谷里)
24	황숙영(黃淑英, 黃肅英)	황숙영(黃淑英)	17	1	755	436	척산리(尺山里)

나타난 황수(黃洙), 황영(黃泳), 황호(黃濩) 등 3인 이외에도 황고(黃皐, 지계양안상 12필지, 토지조사부상 12필지), 기(淇, 4,9), 만(晩, 1,1), 병(昞,4,9), 섭(涉, 10,5), 양(瀁, 4,10), 요(澆, 1,4), 욱(昱, 5,3), 윤(淪, 3,12), 은(溵, 10,1), 조(照, 7,12), 진(溍, 9,16), 하(河, 11,11), 흔(昕, 3,13) 등이 있었다.

자신의 실명 그대로 토지소유자로 등재하고 있었던 사람들이 이전보다 상당히 많아졌다는 사실이 있다. 예컨대 지계양안상에 등재된 토지소유자인 시주로 토지조사부에 20개 이상의 필지를 소유하고 있었던 인물은 15명이었으며, 10개에서 20개 미만의 필지를 소유한 인물은 147명, 5개에서 10개 미만의 필지를 소유한 인물이 178명이었다.

그 중에서도 5개 미만의 필지의 소유자로 신고한 인물도 185명이나 되었다.[66] 그만큼 광무양전·지계사업이 시행되는 동안에 토지소유자로서의 등재경험을 가진 시주들은 일제의 강제조사에 대응하여 자신의 토지소유권을 인정받으려 했던 것이었다고 평가할 수 있겠다.

대한제국기 지계아문은 1902년 8월부터 강원도의 양전사업을 마치고 각 군별로 '관계'를 발급하려고 하였다. 당시 지계아문에서 발급된 지계는 수백만 장에 이를 것이지만 실제 남아있는 것은 극히 소수에 불과하다. 지금까지 발견된 「대한제국전답관계(大韓帝國田畓官契)」는 춘천, 강릉, 평해, 원주, 양양 등 5지역에 불과하며 전체 숫자도 600여 장에 지나지 않는다.[67]

<표 14>에서는 춘천, 강릉, 양양, 평해 등지에서 발급된 전답관계와 가사관계 중에서 지금까지 발견된 것만 기록한 것이다. 여기서 주목되는

---

66) 반면에 지계양안상 등록된 시주들 중에서 토지대장에 등재되지 못한 75%의 인명은 과연 어떻게 되었는가는 문제로 남아있다. 이는 앞으로 보다 구체적인 토지소유자의 실명 비교를 통하여 추적해야 할 문제이지만, 여기서는 지계사업 당시 개인의 실명을 확인해서 등재시킬 수 있는 호적상의 인명과의 대조라든지 하는 제도적인 수단이 제대로 갖추어지지 않았다는 현실적인 난점을 지적하는 것으로 그친다(이영훈, 1992, 앞의 논문, 4~5쪽 ; 최윤오·이세영, 1995, 「光武量案과 時主의 실상」 『대한제국의 토지조사사업』, 민음사, 340~380쪽).

67) 위의 표 중에서 자료의 출전은 다음과 같다. (1) 『大韓帝國田畓官契』(규20990), (2-3) 『江原道庄土文績』(규19304), 제13책, (4-5) 『大韓帝國田畓官契』(국립 한-51-다16-340), (6) 『大韓帝國田畓官契』(규20814), (7) 『大韓帝國田畓官契』(국립 고-6741-2), (8-9) 국민대 박물관 소장, (10) 국립민속박물관 소장 ; 표에서 제시된 이외에도 강원도 원주군 本府面과 富論面에 地契가 있다고 한다(朴秉濠, 1974, 『韓國法制史攷』, 법문사, 72쪽).

점은 궁방전으로서 명례궁장토의 관계가 비교적 많이 발견되고 있었다는 점이다. 이는 1907년 이후 일제의 제실재정정리과정에서 소유권 분쟁이 있었을 때 당시 발급된 관계가 소유권의 근거서류로서 제출되었기 때문이었다.[68] 또한 일부 지역에서는 가사관계가 발견되었다.

<표 14> 강원도 지역 전답관계 발급 현황

	군명	면명	소유자	필지	결부수	발급년월	발급호수	특징
1	春川	南府內, 東內,東山外一作,府內	明禮宮	178	17-05-1	1902.11~12	1始, 1制, 1文, 1鞠	면별 발급번호 다름
2		北內一作	明禮宮	192	13-93-1	1902.12	1福, 1緣, 1尺, 1璧, 1非, 1寶, 1寸, 1陰	
3		北內二作	金鍾佑	1		1903.2	1結	家舍官契
4		北內二作	金夏鎭	68	7-44-6	1902.12	1忠, 1則, 1臨, 1深, 1履	家舍官契 1필지 포함
5		北內二作	柳嫌	1		1902.11	1金	家舍官契
6	江陵	珍富, 道巖	明禮宮	36		1903.9	3後, 3嗣, 3續, 3祭, 3嘗	
7		丁洞	民人72名	149	10-95-7	1903.9	3乎	1책 149장으로 완질
8	襄陽	郡內, 東, 南, 西	金致九 等	46	4-76-6	1903	殷, 1謂, 2致, 2朝	면별 발급번호 다름
9		郡內	金益煥	1		1903.4	1卑	家舍官契
10	平海	遠北	崔義成	1	2-7	1903	1姑	

그런데 위의 표에서 주목되는 점은 관계의 양 측면에 발급호수가 쓰여져 있다는 점이다. 특히 강릉(江陵) 정동면(丁洞面) 관계는 정동면의 지역 민유지의 것으로서 모두 '3호(三乎)'라는 발급번호를 가진 1책 149장의 관계이다. 다른 지역의 관계에서도 마찬가지였다. 이러한 발급호수의 해석을 둘러싸고 여러 가지 이견이 제기되었다. 특히 천자문 앞에 붙어있는

68) 현재 서울대학교 규장각에는 각 도단위의 장토문적이 남아있는데, 여기에는 궁장토, 관둔전 등 국유지의 소송관계 서류들이 다수 남아있다. 종래 매매문기와 더불어 지계아문의 관계가 중요한 문서로서 취급되고 있다(『各道郡各穀市價表』, 『江原道庄土文績』, 『臨時財産整理局事務要綱』 참고).

1, 2, 3이라는 숫자에 대한 해석이 달랐다. 이는 비록 작은 문제이기도 하지만, 지계발급의 방식을 구체적으로 알 수 있는 유일한 단서였다.[69)]

위의 사례 중에서 춘천군(春川郡) 동부내면(東府內面) 등지에서 발급받은 명례궁의 관계에서 발급호수를 추적해 보면, 1902년 11월에 발급된 관계의 호수에는 천자문 표시가 없는 반면, 12월 이후에는 천자문 표시와 함께 숫자가 적혀있었다. 강원도 영서지역에서 최초로 관계를 발급한 지역이 춘천군이었기 때문에 초기에는 별도로 표시하지 않은 채 그저 발급순서에 따라 936, 2102 등 숫자만을 적었을 것이다. 이후 체계적으로 관리할 필요성을 느끼고 면별로 아무 표시를 하지 않은 지역, 1시(一始), 1제(一制) 등 천자문으로 표시한 것이었다. 이러한 발급호수의 표기방식은 다른 지역에서도 동일하게 확인된다. 결국 각 군내에서 관계를 발급할 때 각 군을 단위로 해서 표기를 한 것은 아니고 각 면단위로 일정한 숫자와 천자문을 결합하여 표기하기 시작한 것이다.

그런데 국가의 입장에서 일방적으로 진행시키는 관계의 발급규정은 실제로 어떻게 적용되었는지 잘 알 수는 없다. 당시 지계의 발급규정에 의하면, 앞서 살펴보았듯이 전답, 산림, 천택, 가사를 소유한 자로서 종래 구권을 지계아문에 납부하고 새로운 관계를 발급받도록 하였다. 구체적으로 구권(舊券)과 관계(官契)가 서로 교환될 때, 실제 소유자의 실명과 양안상의 토지소유자로 등재된 시주명을 어떻게 대조 확인할 수 있는가 하는 문제가 있었다.[70)] 현재 남아 있는 자료 중에서 관계발급의 실태를 알 수 있는 자료는 거의 없다. 다만 지금까지 보고된 최초이자 유일한 자료는 강원도 평해군 원북면 양안(量案) 재자(才字) 162번 전(田)의 관계발급 사례

---

69) 지계발급의 단위에 대해서는 일정한 천자문의 호수에 맞추어 149장, 혹은 150장 단위로 철을 했다고 주장되고 있다. 그리고 숫자와 천자문은 하나의 지역단위로서 춘천군은 1, 강릉군은 3등으로 매겼다는 주장도 있었다(이영호, 1995, 앞의 논문, 164~171쪽 ; 최원규, 1995, 앞의 논문, 292~298쪽).

70) 『完北隨錄(上)』, 「地契監理應行事目」 제8항 참조.

이다.[71)]

第一百六十二北犯六等直田	一座
東長二十二尺	廣十九尺
壹負貳束	
四刻耕	
東韓守東畓	西山
南安利範田	北安明善田
時主 崔義成	

<그림 2> 강원도 평해군 원북면 양안 재자 162번 최의성전

一姑第百參拾五號

大韓帝國

江原道平海郡遠北面所在才字第一百六十二田 畓

一座 四刻耕

[illegible] 落 六等 結壹負貳束

四標 東韓守同 西山 南安利範田 北安明善田

田畓官契

光武七年 月 日 時主 崔義成

價金 賣主 保證 住住

地契衙門總裁 印 地契監督 印

一姑第百參拾五號

<그림 3> 강원도 평해군 원북면 소재 최의성 전답관계

<그림 2>의 자료는 1902년 5월에 작성되었던 평해군 원북면 양안이다. <그림 3>의 자료는 1903년에 발급된 '최의성(崔義成)' 명의의 전답관계이다. 전답관계 양쪽 면이 절취되어 있는 것으로 보아 이 밭의 소유자인 최의성 개인 명의로 발급된 부분임을 알 수 있다. 양 자료의 기재내용은 면적, 등급, 결부가 동일하며 사표상의 인명도 역시 동일하다. 지계양안에 등재된 내용 그대로 전답관계에 기재되면서 시주(時主) 본인에게 발급된

71) <그림 2>, 『江原道平海郡遠北面量案』(규17691), 才字 162, 崔義成田 ; <그림 3>, 「江原道 平海郡 遠北面 所在 崔義成 田畓官契」(국립민속박물관 소장).

것을 알 수 있다.

1902년 8월 이후 지계아문은 각 지역별로 양전이 마무리됨과 동시에 해당 지역의 관계발급에 착수했다. 지계아문의 양전사업은 1902~1903년 2년간 전국에 걸쳐 94개 군에 이르렀고 종래 양지아문에서 양전한 지역까지 합치면 218군으로 전국의 2/3에 이를 정도였다. 이렇게 되자 해당 토지의 소유자들은 정부의 법제적 조치에 부응하여 자신들의 토지소유권 확보에 열을 올리게 된다. 예컨대 1904년 1월 강원도 영월군에 사는 나소사(羅召史)는 영월 일대에 산재한 토지의 문기를 잃어버리게 되자 이제 발급된 지계권(地契券)을 받아 문기를 대신하여 토지소유권을 확보할 것을 천명하고 있다.[72]

이렇게 양전사업이 확대되고 도별로 완성됨에 따라 1902년 말부터 강원도 전지역에 관계가 발행되었다.[73] 이러한 성과는 곧 이어 다른 도지역으로 확대 실시되었다. 1903년 11월 12일부터는 직산(稷山)을 비롯하여 충청남도 일대에 확대 실시될 예정이었다.[74] 한성부 지역에서는 전답가사를 측량하는 사무를 완료함에 따라 1903년 10월 29일부터 관계발급사업을 본격적으로 추진할 예정이었다.[75]

이 시기 지계아문에서 추진한 관계의 발행은 단지 매매 혹은 양여의 경우와 같이 소유권의 이전에만 관계된 것이 아니라 전당의 경우에도 해당되었다. 이제 이전의 모든 매매문기를 강제적으로 거둬들이고 새로이 국가가 공인하는 관계를 일체 발급한다는 것이었다. 이제 대한제국기

---

72) 강원도 영월군에 사는 나소사(羅召史)는 남면 토교리 답 99두락, 전 24작, 북면 외온리 답 150두락, 전 34작, 내온리 답 20두락, 원주 동면 판운리 답 50두락, 전 5작 등의 문기를 잃어 버렸다. 그래서 이제 지계권(地契券)을 받아 문기를 대신할 것을 선언하고 있다(『皇城新聞』 1904년(광무 8) 1월 13일자 광고 참조).

73) 『土地調査參考書』 1호, 1909, 27~29쪽.

74) 『관보』 2669호, 1903년(광무 7) 11월 13일 광고 참고.

75) 왕현종, 1998, 앞의 논문, 35~41쪽.

지계아문의 양전사업과 관계발급사업은 이 시기 대한제국이 추구하는 근대적 토지소유제도의 완성을 향해 가고 있었다. 그렇지만 1904년 1월 정부는 갑자기 관계발급사업을 정지시키고 지계아문을 탁지부에 귀속시키는 조치를 취하였다. 이에 따라 지계아문은 그 해 4월 폐지되었다.[76] 러일전쟁 발발 이후 일제가 강제적으로 지계아문의 양전·지계사업을 강제적으로 폐지하려고 했다. 왜냐하면 지계아문의 관계발급사업이 한성부와 전국적으로 확대 실시된다면, 대한제국의 국민들 이외에는 외국인들의 불법적인 토지거래가 모두 금지되고 종국에는 토지소유권 자체를 환수당할 위기에 처하게 되었기 때문이었다.

4. 결론

이상과 같이 본고에서는 대한제국에서 추진하는 양전·지계사업이 지계아문의 단계에서 과연 어떤 목적으로 시행되었으며, 구체적으로 강원도 지역에서 행해진 지계아문의 양전·지계사업이 어떻게 실시되었는지에 대하여 살펴보았다. 그리고 현실의 토지소유자들은 이 사업에 어떻게 대응하고 있었는가에 대해 양안상의 '시주' 등재와 관계발급과정을 살펴봄으로써 규명해 보려고 하였다.

먼저 지계아문의 토지측량과 시주조사의 방침에 대해 살펴보았다. 이를 위해서 이전 양지아문의 설립과정과 양전사업의 목적을 대비하여 서술하였다. 이는 지계아문이 설립되기 이전에도 이미 토지소유자에 대한 엄밀한

76) 1904년 1월 11일 의정부에서는 '地契衙門革罷 屬于度支部'라 하여, 지계아문을 폐지하는 결정을 내렸다. 그해 4월 19일 「度支部 量地局官制」를 제정하여 종래 지계아문이 담당한 지계 발행을 삭제하고 지세수취와 관련된 양전의 기능만 포함하였다(『照會(2)』(규17823, 8-3), 『奏本(3)』(규17703), 議政府編, 1904년 1월 참조).

조사와 지계의 발급을 염두에 두고 있었다는 측면을 강조하기 위한 것이었다. 1899년 5월에 공포된 양지아문의 양전조례에는 객관적인 토지면적의 단위인 두락과 일경이 규정되어 있었으며, 현실의 토지소유자를 규정하는 명칭을 '시주'로 표기해 두고 있었다는 점에 주목했다. 1901년 11월 지계아문은 한성부와 전국 13도 지역에 전토계권을 정리하는 기관으로 설립되었고, 향후 실시하게 될 지계발급사업을 위해 여러 가지 세부방침을 세워두고 있었다. 특히 1903년 2월에 정리되어 공포된 「지계감리응행사목」에서는 구래의 진전을 포함하여 다양한 농지상태를 반영하여 양전을 시행하도록 하였으며, 지계의 발급을 위해 시주를 철저하게 조사할 것을 천명하고 있었음을 확인할 수 있었다. 여기서 '시주'의 의미는 당시 현실의 토지소유자를 가리키는 것으로서 현실적으로 자주 변동될 수 있는 토지소유자를 파악하기 위한 개념이었음을 확인하였다.

다음으로 과연 토지와 '시주'에 대한 조사가 어느 정도 철저하게 이루어졌는지를 살펴보았다. 분석의 대상은 강원도 울진과 평해, 간성 등지의 양전과정이었다. 우선 1902년 3월 강원도 울진과 춘천이 처음 양전 대상지로 확정되었고, 이후 음력 8월 15일 이후에는 양전이 완료된 지역에서는 바로 관계를 실시할 것을 공포하였다. 지계위원 파송 5개월만에 바로 관계를 발급하려는 조치는 당장 현지 농민들의 반발을 불러일으켰다. 1902년 9월 17일 울진농민항쟁은 비록 울진군수 허후의 토색을 빌미로 일어났지만, 가장 큰 현안은 역시 그가 지계감리로서 임했던 양전사업 때문이었다. 이때 전품의 불합리한 산정으로 인해 결부가 과다책정되었는데, 농민항쟁은 이후 강원도 다른 지역의 양전에도 큰 영향을 끼쳤을 것이다.

실제 강원도 평해군 양전사례에서는 현지의 농지상태를 비교적 적절하게 반영하려고 노력하였다. 우선 군내 면별로 토질의 우열에 따라 상등, 중등, 하등 지역으로 편성하였고, 객관적인 토지면적을 재고 두락과 일경으로 표기했다. 그렇지만 실제 양안상의 내용에서는 직전형태의 단순한 토지파악이 절대적인 다수를 차지하고 있었고, 전품도 5, 6등급으로 안배하였을 뿐만 아니라 결부평가에서 오류 기록도 다수 발견되었다. 그러나 진전과 부분 진전이 많이 파악되었음으로 초기에 설정하였던 전품평가의 원칙은 적용되지 않았으며, 등급판정에 따른 결부수의 과다책정 시비는 근본적으로 벗어나기 어려웠던 난제였다.

평해군에서의 시행착오는 이후 간성군 양전에서 크게 개선되었다. 간성군 양전의 경우에는 토지형상을 사실 그대로 다양하게 파악하려고 하였으며, 모든 토지에 양전실적수를 기준으로 하여 두락과 일경을 모두 표기하였으며, 전품에 6등전 이외에 속전을 따로 규정하는 등 농지의 실상태를 반영하도록 노력하였음을 알 수 있었다. 또한 간성군 양전에서는 가옥의 소유자에게 소유권을 부여하기 위한 '가사안'을 별도로 작성하였다. 이는 지계아문의 지계발급사업을 위해서 반드시 필요한 조치였다.

다음으로 지계아문의 양안에 등재되어 있는 '시주'의 실체에 대해 검토하였다. 여기에서는 1902년 평해군 근북·원북면 양안과 1915년 울진군 기성면 토지조사부를 대조하였다. 그렇지만 이후 토지조사부에 등재된 실명의 일치율은 모두 25.7%나 되었고, 다른 주변 면까지 포함하면 더 높아질 가능성이 있었다. 그 중에서도 소규모의 필지 소유자도 많이 등장하였지만, 역시 75부 이상 중규모 토지소유자들 중에서 64.9%는 토지조사부에도 등장하고 있음을 확인하였다. 특히 동일한 인명이 등장한 필지가 무려 4,003필지로서 전체 필지의 44.5%나 되었음을 알 수 있었다.

이러한 실명 등재비율의 상승은 이전 양지아문의 양전단계와는 현저한 차이를 보여주는 것이며, 지계사업의 전반적인 목적에도 부합하는 현상이었다. 즉 지계아문의 지계사업에 대응하여 당시 인민들은 자신이 소유하고 있는 토지의 소유권을 확인받기 위해서 보다 적극적으로 양안에 '시주'로서 등장시키려고 했다. 실제 강원도 지역에서는 춘천, 강릉, 양양, 평해,

원주 등지에서 관계가 발행되었다. 평해군 원북면의 관계발급사례는 양안상의 시주와 관계상의 시주와의 관계를 명확하게 파악할 수 있었다. 이렇게 '구권'과 '관계'의 교환과정을 통하여 그 시점 이후로는 관계의 소유권자인 '시주'가 이제 소유권의 법적, 실재적 권리를 행사하게 되었다. 그러므로 관계발급과정은 바로 이전의 양전과정에서 조사되었으며 잠정적으로 인정되었던 '시주'가 이제 최종적으로 사정 이후에 확정된 토지소유권자가 되었다는 것을 의미했다.

이와 같이 이 시기 지계아문의 양전·지계사업은 단지 대한제국의 정부 주도로 이루어지는 것만이 아니라 일반 인민들의 자기 토지에 대한 소유권 확보라는 일련의 움직임과 맞물려 있었다. 그러나 대한제국의 양전사업과 관계발급사업은 더 이상 실시되지 못하고 중단되고 말았다. 그럼에도 불구하고 조선후기이래 사적 토지소유자인 시주들은 지계아문의 관계발급사업의 중지로 인하여 자신들의 요구를 좌절시킬 수는 없었다. 그리고 대한제국이 추구하는 근대적 토지소유제도의 수립과 외국인 토지침탈 금지정책은 미완의 과제로 남게 되었다.

제3부

1905년 이후 일제의 토지조사 추진과 토지소유자의 변화

第7장
한말 한성부 지역 토지 가옥 거래의 추이와 거주지별 편차

1. 서론

1900년대 한성부 지역에서는 토지 가옥 거래가 크게 활성화되어 있었다. 이미 1893년부터 한성부는 가옥 거래를 관리하기 위해 가계제도(家契制度)를 실시하기도 하였다. 그럼에도 불구하고 소유의 편중, 세입자의 증가, 외국인의 토지 가옥의 침탈이 확대되고 있었다. 대한제국에서도 1899년 한성부 지역에 새로운 토지조사를 실시하였고, 이어 1903년 관계발급사업(官契發給事業)을 실시하여 외국인의 토지소유를 규제하려고 하였다.

개항기이래 1900년대까지 한성부 지역의 토지 가옥 문제에 대해서는 크게 세 가지 방향에서 연구가 이루어져 왔다. 하나는 일본인 거류민과 거류지 현황에 대한 연구이다.[1)] 여기서는 대개 구한말 개항장을 중심으로 외국인 거류지의 종류와 성격, 조직체 등을 다루었는데, 1880년대 일본인들이 서울에 들어와 자리 잡는 과정과 청일·러일전쟁을 거치면서 일본인

1) 이현종, 1967, 「구한말 외국인 거류지의 種別과 性格」『진단학보』 31 ; 이현종, 1968, 「구한말 외국인 거류지내의 상황」『사총』 12 ; 손정목, 1982, 『한국개항기 도시변화과정연구 - 開港場 開市場 租界 居留地』, 일지사 ; 원재연, 2000, 「1880년대 문호개방과 한성부 남문내 명례방 일대의 사회, 경제적 변화」『서울학연구』 14호 ; 박찬승, 2002, 「러일전쟁 이후 서울의 일본인 거류지 확장 과정」『지방사와 지방문화』 5-2 ; 김종근, 2003, 「서울 중심부의 일본인 시가지 확산」『서울학연구』 20.

상권이 확대되는 과정을 추적하였다. 다른 하나는 1910년대 일제의 토지조사사업의 배경으로서 1905년 이후 일제의 토지침탈과 관련하여 일련의 토지법제의 제정과정을 다루는 연구이다.[2] 1906년 토지 관련 입법과 토지 가옥증명규칙의 실시를 둘러싼 제 논쟁을 소개하면서 일본인의 토지소유합법화를 다루었다. 또 다른 하나는 근현대 도시사의 입장에서 한말 일제강점기 한성부 도시의 변화에 관한 연구이다. 여기서는 단지 일본의 토지 침탈보다는 전통과 근대의 변화, 혹은 자본주의 도시화 시각으로 바라보고 있다.[3] 이러한 연구에서는 대부분 이주 일본인들이 남긴 회고록이나 『경성부사』, 한국통감부와 조선총독부의 각종 통계자료에 근거하여 한성부 지역 토지 가옥의 매매 실태를 기술하고 있다. 그렇지만 당시 토지 가옥 매매의 기초 자료인 매매계약서, 가옥증명대장인 『한성부통표(漢城府統表)』, 한성부 호적 내의 가옥 관련 기록 등 다양한 관련 자료를 검토하지 못하였다.[4]

본고는 1904년 이후 1910년대 초까지 한성부 토지 가옥의 소유 현황과 매매의 실태를 구체적으로 검토하려고 한다. 일본인의 이주와 토지 가옥 침탈이 어떻게 이루어졌으며, 한성부의 토지 가옥 거래는 어느 정도 활성화되었는지, 그리고 어떤 요인이 거주지별 주거 양상과 차이를 초래하고 있는지에 대해 다루려고 한다. 이를 해명하기 위해 첫째, 일본인의 이주상

---

2) 정연태, 1995, 「대한제국 후기 부동산 등기제도의 근대화를 둘러싼 갈등과 그 귀결」 『법사학연구』 16 ; 최원규, 1996, 「대한제국과 일제의 土地權法 제정과정과 그 지향」 『동방학지』 94.

3) 전우용, 2001, 「종로와 본정」 『역사와현실』 40 ; 민유기, 2007, 「한국의 도시사 연구에 대한 비평과 전망」 『사총』 64 ; 박은숙, 2009, 「개항기(1876~1894) 한성부 5부의 차별적 변화와 자본주의적 도시화」 『한국사학보』 36.

4) 한성부 토지 가옥의 소유와 거래를 기록한 장부인 『漢城府 統表』는 통호를 단위로 하여 한성부 주민들이 소유한 가옥의 매매 전당 등 관련 사항을 담고 있다. 당시에는 한성부 전체를 대상으로 작성되어 수백 책에 이를 것이지만 현재 발견된 자료는 7책에 불과하다.

황과 아울러 1906년 토지가옥증명규칙 등 토지 법제화와의 관련성을 검토하겠다. 둘째, 관보와 황성신문 등에 나타나는 가옥 문기 분실 광고의 분석을 통해 당시 토지 거래의 문제점을 다루고, 셋째, 당시 한성부 지역 7곳의 '한성부 통표'에 기록된 토지 가옥 거래의 가격 추이와 거래처 변화를 통하여 토지 가옥 매매의 추이와 특성을 살펴보려고 한다.

이러한 연구를 통해 당시 대한제국의 국가적 차원에서 토지거래 규제가 취해지지 않는 상황에서 일본인과 한국인 거주 집단에 각기 다른 영향을 끼치고 있음을 알 수 있을 것이다. 또 이 연구는 이후 일제의 토지조사사업과 관련하여 시가지 조사와 소유권제도의 개편 방향을 설명하는 데 도움을 줄 것이다.

2. 한성부 지역 일본인의 이주와 토지소유의 합법화

1) 일본인의 이주 양상과 토지소유

1900년대 들어 한국으로 이주하는 외국인의 수가 점차 증가하고 있었다. 1903년 말 한국 거주 외국인 수는 3만 5,745명으로 그 중 일본인의 수는 2만 9,429명이나 되었다.[5] 일본 당국은 청일전쟁 이후 적극적인 이민 장려 정책을 추진하고 있었고, 특히 한국내의 저렴한 토지 가격과 맞물려 확대되고 있었다. 그러나 개항장 이외에는 외국인의 토지와 가옥에 대한 소유가 금지되어 있었기 때문에 일본인들은 한국인의 토지를 몰래 사들이고 있었다. 이는 한성부에서도 마찬가지였다. 한성부 지역의 경우에는 1882년 청과의 조청수륙무역장정이 체결된 이래 한성부를 개시장으로

5) 『황성신문』 1904.9.29, 잡보, 10권, 94쪽(이하 10-94쪽).

개방하였다. 그렇지만 1895년 외국인에 대한 거주지 제한 정책이 이루어지는 등 일정한 규제가 시행되고 한성부에서 소유권을 인정하는 가계(家契)를 발급하는데 엄격한 심사가 이루어지고 있었다. 그럼에도 불구하고 일본인들이 전당을 통해 소유권을 빼앗는 등 불법적인 침탈도 일부 횡행하고 있었다. 이에 따라 일본인들의 한성부 거류자가 늘어나면 늘어날수록 토지와 가옥의 매득(買得)이나 세입(貰入)이 증가되고 토지거래상 여러 폐단이 발생하고 있었다.[6]

1904년 2월 러일전쟁이 발발하자 일본군이 한성부에 주둔하기 시작하자 일본인 한성 거류민들도 크게 늘어나기 시작하였다. 기존의 일본인 거류지는 동쪽으로는 진고개로부터 저동과 초동 일대, 남쪽으로는 남산 밑의 남산동, 남학동, 필동 일대로 확대되어 갔다. 1904년 당시 한성부에 거주하고 있는 일본인 호구는 1,350호, 인구수 5,323명이었다. 1906년 5월에는 일본인의 거주자수가 2,469호, 9,007명으로 크게 증가하고 있었다.[7]

당시 한성부 거주 일본인의 증가 현상은 다른 지역의 일본인 이주 상황보다 훨씬 진폭이 컸다. <표 1>은 통감부 산하 각 지역의 이사청에서 파악한 일본인의 이주 상황이다.

일본인의 조선 이주는 이미 1880년대부터 지속적으로 이루어져 왔지만, 본격적으로는 1901년 일본 이민법의 개정 이후였다. 1906년 12월 말에는 조선 전역에서 2만 1,531호, 8만 1,754명에 이르렀는데, 한성부 지역과 그 주변지역에서는 4,823호 1만 7,114명으로 통계가 잡혀있다.[8] 전국에

6) 1880년대부터 1903년까지 한성부의 토지문제에 대해 왕현종, 1998, 「대한제국기 한성부의 토지·가옥조사와 외국인 토지침탈대책」 『서울학연구』 10호, 1~44쪽 참조.

7) 『황성신문』 1906.5.21, 잡보, 13-70쪽.

8) 서울 거주 일본인의 인구는 1908년 1월 호수가 3,856호, 인구 1만 3,616명으로 1907년 12월 말에 비해 약간 감소하였다(『황성신문』 1908.3.15, 잡보, 16-420쪽).

<표 1> 일본인의 조선 이주 상황(1906~1908)

연도	호수			인구			호수증가(%)		인구증가(%)	
	1906	1907	1908	1906	1907	1908	06-07	07-08	06-07	07-08
경성	4,823	6,432	10,799	17,114	21,710	35,316	33.4	67.9	26.9	62.7
인천	3,259	3,295	3,449	13,578	12,434	12,559	1.1	4.7	-8.4	1
군산	1,018	1,453	1,966	3,594	4,948	6,286	42.7	35.3	37.7	27
목포	808	1,309	1,579	3,738	5,148	5,530	62	20.6	37.7	7.4
마산	950	1,514	1,891	3,652	5,319	6,856	59.4	24.9	45.6	28.9
부산	4,599	5,204	6,561	18,236	19,734	24,534	13.2	26.1	8.2	24.3
대구	1,055	1,384	1,990	3,235	4,147	6,139	31.2	43.8	28.2	48
원산	1,328	1,593	1,872	6,086	6,042	6,269	20	17.5	-0.7	3.8
청진	0	574	1,312	0	1,732	3,993	*	128.6	*	130.5
성진	208	117	151	651	359	415	-43.8	29.1	-44.9	15.6
평양	1,912	2,969	3,185	5,961	9,533	10,747	55.3	7.3	59.9	12.7
진남포	807	853	893	2,996	2,864	3,103	5.7	4.7	-4.4	8.3
신의주	764	1,492	1,473	2,913	4,145	4,481	95.3	-1.3	42.3	8.1
합계	21,531	28,189	37,121	81,754	98,115	126,228	30.9	31.7	20	28.7

비고 : 『한국시정년보(1)』(통감부 관방, 1908), 「각이사청 소관별 일본인 호구표」, 400~401쪽 ; 『한국시정년보(2)』(통감부 관방, 1908), 177~178쪽 ; 합계 중에 1908년 통계의 오류가 있어 수정하였음. 청진의 경우 1907년과 1908년의 인구 변동을 비교할 수 없어 '*'으로 표시하였음. 각년도 12월말 기준임.

이주한 일본인의 통계는 1906년 8만 1천여 명에서 1907년 9만 8천여 명으로 증가하였고, 다시 1908년 12만 6천여 명을 넘어서고 있었다. 이렇게 매년 대폭 증가 추세를 보이고 있던 한성부 지역의 일본인 수는 대표적인 개항장이었던 부산, 인천에 비해서 더욱 늘어나 1908년 이후에는 최대 이주처였던 부산을 능가하게 되었다.[9] 1903년 이후 1910년까지 한성부 지역 일본인 거주자의 상황은 <표 2>와 같다.

<표 2>의 통계는 앞서 신문에 보도된 통계와는 차이가 있는데, 1906년 12월에는 호수가 3,216호이고, 인구수도 11,724명으로 거주인구가 1만 명을 돌파하였다. 또한 1907년 12월에는 호수와 인구는 4,300호, 14,879명으로 크게 증가하였다. 이후 1909년 말에는 무려 3만 명에 가까웠다.

이는 정미의병의 활동과 관련된 것으로 보인다.

9) 박찬승, 2002, 앞의 논문, 132쪽.

<표 2> 한성부 거주 일본인의 통계(1903~1910)

연도	호수	남	여	계(명)	인구증가율(%)
1903	902	2,074	1,599	3,673	
1904	1,350	3,978	2,345	6,323	72.1
1905	1,986	4,160	3,517	7,677	21.4
1906	3,216	6,447	5,277	11,724	52.7
1907	4,300	8,125	6,754	14,879	26.9
1908	6,437	12,004	9,783	21,787	46.4
1909	7,745	15,964	12,824	28,788	32.1
1910	11,275	20,045	18,352	38,397	33.4

비고 : 『京城と內地人』(川端源太郎, 日韓書房, 1910.12), 20~22쪽 ; 『京城發達史』(京城居留民團役所 편, 1912.6), 422~423쪽 ; 『조선총독부통계연보(1910)』(조선총독부, 1912. 12) <표 40> 「朝鮮現住戶口地方別」, 60쪽. 앞의 두 자료 중 1904년 인구 합산의 오류(5,323명)를 수정함.

그런데 1906년 12월 현재 당시 한성부 5서 내에서 살고 있던 한국주민의 호수가 40,042호, 196,414명으로 조사되었으므로 일본인의 호수와 인구 비중은 각기 8%, 6%에 불과하였다.[10] 1908년 이후에는 적어도 10%를 상회하였을 것이며, 시간이 지나면서 일본인 거주민의 비중은 크게 늘어나는 추세였다.[11]

이렇게 한성부 지역의 일본인 거주민들이 증가하자 토지와 가옥의 구입 문제가 현안으로 떠올랐다. 당시 일본인이 한성부내에서 토지와 가옥을 취득할 수 있는 방법은 두 가지였다. 하나는 한국통감부 산하 경성이사청의 관리 하에 운영되고 있었던 일본식 장부인 토지증명부에 자신들의 토지 가옥 매입 상황을 신고하여 등록하는 방법이었다. 다른 하나는 대한제국 정부 산하의 한성부에 지계와 가계를 신청하여 새로 발급받는 방법이었다.[12] 전자의 경우는 주로 일본인 사이에 이루어진

10) 『황성신문』 1906.11.21, 잡보, 14-66쪽.

11) 1910년 12월 현재 한성부 거주 한국인의 경우 52,697호, 인구수는 238,499명이므로 일본인 호와 인구 비중이 각각 21.4%와 16.1%로 크게 높아졌다(『조선총독부통계연보(1910)』, 조선총독부 편, 60쪽).

12) 『토지가옥증명원본』, 『토지가옥전당증명원본』(서울대 규장각 소장)에 수록된

경우이지만, 만일 한국인에게서 매입한 토지와 가옥을 증명하는 서류로는 충분한 증거가 되지 못하였다. 그래서 일본인의 경우에도 후자의 방법을 통해서 자신의 소유권을 확보해야 했다. 그렇지만 대한제국 당국의 매우 까다로운 확인절차를 거쳐야 하였다. 일본인은 우선 내부에 매득에 관한 가계 발급을 요청하고 이를 한성부에 보내도록 하였다. 이 서류를 받은 한성부는 이전의 구문기나 각종 서류를 제출받아 대조 검토하여 소유권의 이전이 명확하게 확인된 연후에야 비로소 가계를 발급하였다.

당시 신문에는 까다로운 절차와 일시 지연 등으로 외국인의 가계 발급이 중단되고 있다는 비판 기사가 자주 실렸다. 예컨대 1905년 5월에는 일본인 이노우에 요로시후미(井上宜文)를 비롯한 26명이 매수한 가계 46매와 영국인 희우(喜祐)와 프랑스인 마르텔(馬太乙, E. Martel)도 자신의 가계를 신청하고 있었다.[13] 당시 외국인의 거래는 거래 규모가 커서 여러 명의 가계 신청이 동시에 이루어지는 경우도 많았기 때문에 쉽게 발급되지 않아 이해 당사자들 사이에 불만이 커졌다.[14]

2) 매매 규제 논란과 토지가옥증명규칙

이 시기 한성부내에서 토지 가옥에 대한 거래는 내국인과 외국인 사이뿐만 아니라 내국인 사이에도 빈번하게 이루어지고 있었다.

당시에는 한성 5서내 일정 구역 이외에는 외국인에게 가옥과 토지를

일부의 가옥대장과 기타 증명서류가 해당된다(윤진아, 2006, 「대한제국기 한성부 도시한옥의 평면구성적 특징」, 서울대 건축학과 석사학위논문).

13) 『황성신문』 1905.5.19, 잡보, 11-154쪽.

14) 1905년 9월 일본인 삼안길(三安吉) 외에 여러 사람이 매수한 가계 11매, 미국인 콜브란(高佛安, A.H.Collbran)과 보스윅(寶時旭, H.R. Bostwick)이 용산방에 매수한 가옥 11좌, 프랑스인 로래물리(擄來物理)가 반석방 가옥 1좌 경우에도 각 영사관의 조회와 현지 확인을 거쳐 한성부에 가계(家契)를 발급할 것을 요청하였다(『황성신문』 1905.9.8, 잡보, 12-26쪽).

원칙적으로 방매할 수 없었으나 일부 관리들과 사가(私家) 주인들은 이러한 규정을 무시하고 종종 잠매를 하는 행위를 벌이곤 하였다.[15] 또한 1906년 4월에는 일본인의 토지 침탈을 둘러싼 분쟁이 발생하기도 하였다. 한성 서서 용산방 당현계 소재의 사유지를 사패지라고 하여 일본인이 목책을 둘러싸고 관유지와 민유지로 달리 해석하는 논쟁을 벌였다.[16] 또한 매매 과정에서 가옥을 구매할 때 매매자금 기천냥이 중간에 없어지거나 기일을 연기하여 일본인에게 전당을 잡히고 기한을 넘겨 호주를 쫓아내거나 하는 등 여러 종류의 협잡도 발생하였다.[17] 한성부에서는 민간에서 가옥 거래를 담당해 왔던 가쾌(家儈)를 엄정하게 단속하려고 하였다. 한성부는 매번 거래가 성립되는 대로 바로 거래 당사자로 하여금 가옥 계권(契券)을 발급받도록 계도하고 있었다.

1905년 4월 한성 5서 내의 가옥과 전토에 대한 측량 계획이 수립되었다. 내부에서 한성부에 내린 훈령에 따르면, 탁지부가 양지 기사를 고용하여 관유지와 사유지를 측량할 계획을 세웠다고 하였다.[18] 이렇게 대한제국 정부가 한성부내의 측량 사업을 시도하는 이유는 한성 5서내 민유지와 관유지를 측량하여 일반 시민들이 외국인에게 잠매하는 폐단을 엄금하기 위해서였다.

또 대한제국 정부는 1906년 5월 새로운 가계규칙을 제정하려고 하였다.[19] 다음은 「가계발급규칙」의 내용이다.[20]

---

15) 남서 순산 순검 최규현은 쌍림동의 지단을 인민과 부동하여 일인에게 방매하였는데, 이는 잠매행위로 처벌대상이었다(『황성신문』 1905.9.4, 잡보, 12-10쪽).

16) 『황성신문』 1906.4.16, 잡보, 12-451쪽.

17) 『황성신문』 1904.6.4, 잡보, 9-422쪽.

18) 『황성신문』 1905.4.29, 잡보, 11-86쪽 ; 1906.3.28, 잡보, 12-386쪽.

19) 『황성신문』 1906.4.27, 잡보, 12-491쪽.

20) 『구한국관보』 3461호(1906.5.24) 「내부령 제2호 가계발급규칙」(제정일자, 1906.5.22), 16권-398~399쪽 ; 『황성신문』 1906.5.24, 잡보, 13-82쪽.

제1조, 家舍所有者가 家契를 請求ᄒᆞ고져ᄒᆞᆯ 時ᄂᆞᆫ 左開式樣의 請求書에 舊文券을 添付ᄒᆞ야 漢城府나 各該所管 地方官에 提出ᄒᆞᆷ이 可ᄒᆞᆫ 事. 但 舊文券을 調査ᄒᆞᆫ 後에 家契를 換給ᄒᆞᆷ이 可ᄒᆞᆷ이라.

제2조, 家舍를 買收ᄒᆞᆯ 時ᄂᆞᆫ 買主ᄂᆞᆫ 賣主及家儈와 連署ᄒᆞ야 共히 出廳ᄒᆞ고 前家契를 添付ᄒᆞ야 請求書를 提出ᄒᆞᆷ이 可ᄒᆞᆷ이라.

제3조, 前條境遇에 在ᄒᆞ야ᄂᆞᆫ 家契에 尙未裏書ᄒᆞᆫ 餘地가 有ᄒᆞᆯ 時ᄂᆞᆫ 此에 裏書ᄒᆞ야 發給ᄒᆞᆷ이 可ᄒᆞᆷ이라.

제4조, 家契ᄂᆞᆫ 所管官廳에 備置ᄒᆞᆫ 家契原簿에 査照ᄒᆞ야 發給ᄒᆞᆷ이 可ᄒᆞᆷ이라. 但 新築時에ᄂᆞᆫ 該原簿에 登錄ᄒᆞᆷ이 可ᄒᆞᆷ이라.

<표 3> 가계청구서 양식(1906.5)

買主
家儈
保證
備考 築等ᄒᆞᆯ時ᄂᆞᆫ家主와保證人이連署ᄒᆞ고相續ᄒᆞᆯ時ᄂᆞᆫ相續과保證人이連署ᄒᆞ고闖失毁損時도亦同

家契請求書
一所在 坊 面 契 里 洞 社 統 戶
一瓦家 間草家 間空垈 間
計 間
一賣買價値 舊文券 張 板券 張 立旨 張
右ᄂᆞᆫ 賣買 闖失 新築 毁損 相續 典當 ᄒᆞ왓삽기 官契發給ᄒᆞ심을 望ᄒᆞᆷ
光武 年 月 日 賣主

가계발급규칙에서는 우선 가사소유자가 가계를 청구하고자 할 때에는 일정한 양식의 청구서에 구문권(舊文券)을 첨부하여 신청하도록 하였다. 가사를 매매할 때는 사는 사람과 파는 사람, 그리고 가쾌가 서로 연서하고 한성부나 해당 관청에 함께 나오도록 하였다.

이때 새로 제정된 가계 양식에서는 가계의 발급 번호, 새로운 가옥의 주소를 통호수를 기준으로 적게 되어 있다.21)

21) 和田一郞, 1920,『朝鮮土地制度及地稅制度調査報告書』, 조선총독부, 275쪽 ; 최원규, 2001,「19세기 후반 地契제도와 家契제도」『지역과 역사』8, 106~127쪽 ; 김건우, 2007,「한성부 家契와 공인중개인 家儈에 관한 고찰」『고문서연구』30, 203~204쪽.

또한 와가, 초가, 공대로 나누어 칸수를 적게 되어 있으며, 또 가계(家契)를 발급하는 사유를 구체적으로 적시했는데, 매매, 신축, 상속, 서실(閪失), 훼손, 전당 등이었다. 또 가계를 청구하는 자에게 부과하는 수수료를 정해서 공지했다.[22]

이 신규발행 가계의 특징은 가계의 기재 양식이 대폭 간단해졌다는 점과 가계원부(家契原簿)와 확인하여 대조하여 발급한다는 것이었다. 이 가계원부란 이미 대한제국 초에 만들어졌던 것으로 추정되며 한성부에서는 개별적인 가옥 거래의 증명과 가계의 이동 상황을 기록하고 공증하는 장부로서 '가옥매매증명부'라고 할 수 있었다. 이에 따라 한성부에서는 후속조치로서 새로 소인을 찍어 가계(家契) 발행을 준비하고 있었다.[23]

이렇게 가계발급규칙의 시행이 준비되는 가운데, 대한자강회는 토지 가옥 매매에 대해 보다 강력한 규제조치를 요구하였다. 1906년 5월 19일 대한자강회 통상회에서 평의원 윤효정(尹孝定)은 규제 법안을 제기하였다.[24] 그는 부동산거래에서 위조문권으로 잠매 도매의 폐가 성행한다는 점을 지적하면서 토지거래시 계권(契券)을 동장 면장의 인증과 지방관의 조사를 거쳐 증명을 받아 거래하도록 할 것을 주장하였다. 황성신문에서는 이 부분을 강조하여 "무릇 매매 전당을 할 때 반드시 해당 동임과 면장의 보증을 거쳐야 하고, 또한 지방관의 조사와 증명을 받은 연후에야 매매와 전당의 권리를 비로소 허가하는 것"이라 하였다.[25] 개혁안은 개별 토지거래에 관한 관의 증명서를 사후 발급하는 것이 아니라 사전에 발급하여

22) 한성부에서는 와가 15칸 미만인 경우 수수료 50전을 부과하는 등 15칸, 39칸, 50칸, 100칸 등 각 칸수별로 차등하여 수수료를 부과하였다. 개성, 인천, 수원, 평양, 대구, 전주 등지의 수수료는 한성부의 반값이었다(『구한국관보』 3461호 (1906.5.24) 「탁지부령 제10호 가계수수료규칙」(1906.5.22), 16권-398~399쪽).

23) 『황성신문』 1906.8.8, 잡보, 13-342쪽.

24) 최원규, 1996, 앞의 논문, 120~122쪽.

25) 『황성신문』 1906.5.28, 논설 「對自强會建議案 警告官吏及洞任面長之人」, 13-94쪽.

거래하도록 함으로써 사전적인 증명제도를 도입하고자 한 것이었다.[26] 이는 외국인의 토지소유를 금지시키고 있는 현행 대한제국의 법제도를 유지시키는 동시에, 불법적인 잠매를 금지하기 위한 사전 규제 조치를 담고 있었다.

그러나 대한자강회의 제안은 일제 통감부의 영향하에 국가 차원의 정책으로 채택되기는 어려웠다. 일본은 1906년 6월 한일간의 한국시정개선에 관한 제6회 협의회에서는 토지소유자에게 재산권 보호를 보장하기 위한 법률 제정의 필요성을 제기하였다.[27] 1906년 10월 16일 법률 제6호 토지 건물의 매매·교환·양여·전당에 관한 법률로 공포하였다.[28] 이 법률은 제1조에 "토지나 건물을 매각 양여하거나 교환 혹은 전당하고자 할 시에 소유자가 계권(契券) 및 그 사유를 서면으로 제출하여 토지나 건물의 소재지의 이장과 면장에게 증인(證印)을 받은 후에 군수 부윤에 제출하여 인허(認許)를 받을" 것을 규정하였다. 법률 6호는 부동산거래시 관의 인허와 부정 발생시 강력한 처벌을 포함하고 있었으나 일본측에서 의도한 원래 구상과 상당한 차이가 있었다.

일본은 또다시 이를 폐지하고 10월 26일 칙령 제65호 「토지가옥증명규칙」을 공포하였다.[29] 주요 내용으로는 토지소유권 중에서 증명대상을 소유권과 전당권의 매매·증여·교환에 한정하였는데, 토지거래의 신고 방식이 크게 변경되었다. 토지거래시 군수 부윤에게 인허가 아니라 이제 증명(證明)을 받도록 한 것이다. 이는 계약서에 관이 증명을 하는 방식으로

---

26) 『황성신문』 1906.7.27, 잡보, 13-302쪽.

27) 대한제국 정부와 일본 통감 이토 히로부미(伊藤博文), 우메 겐지로(梅謙次郎) 등과의 논의과정에 대해서는 최원규, 1996, 앞의 논문, 115~128쪽 참조.

28) 황성신문에는 새로 제정된 부동산 규정을 책자로 만들어 배포했다고 하고 있다(『황성신문』 1906.10.5, 잡보, 13-526쪽). 그러나 규정은 일체 관보에 게재되지 않았다. 중도에 폐기된 것으로 보인다.

29) 『구한국관보』 제3598호, 1906.10.31, 16-963쪽.

일종의 '관인계약서 발행제도'라고 할 수 있었다. 따라서 토지가옥 매매를 사전에 통제하는 것이 아니라 거래가 발생한 후 사후에 관의 증명을 받는 것으로 바뀌었다. 더구나 가장 중요한 점은 새로운 증명규칙이 일본인을 비롯한 외국인 토지소유를 허용하고 있었다는 점이다. 일제의 통감부는 기존의 대한제국 형법과 제반 규정에서 규정하고 있던 각 항구 조계지와 그 외 10리 이내 토지 가옥에 대한 외국인 소유금지의 법령을 파기하고 모든 지역에서 외국인 토지 가옥 소유를 합법화시켰다.

한국 정부는 1906년 11월에는 보다 상세한 훈령을 발포하였다.[30] 이를 위해서는 구체적인 절차규정과 인증부와 증명부 등 장부가 미리 갖추어져야 했으므로, 한성부는 다음 해 1월 1일로 시행일을 연기할 것을 요청하였다. 또 거래의 인증관리로 동장과 통수를 두기로 했지만 새로 임명하기는 어려우므로 종전 관행대로 동임의 역할을 거행하였던 가쾌 등으로 대신케 하였다.[31] 또 후속조치로 한성부에서는 1907년 7월 시가지 토지에 대한 측량 사업을 시작하였다. 이때 측량의 대상은 한성부 전체에 대한 측량이라기보다는 한성에 주재하는 외국인 기지(基址)를 우선 측량하기 위한 것으로 보인다.[32]

3. 토지 가옥 매매의 활성화와 관리제도의 변화

1) 가계 발급 실태와 거래상의 문제점

1904년 이후 한성부의 토지 거래는 일본인의 이주뿐만 아니라 한국인들

30) 『구한국관보』 제3608호, 「訓令」(1906.11.12), 16-1007~1008쪽.

31) 『황성신문』 1906.12.20, 잡보, 14-138쪽 ; 1906.12.21, 잡보, 14-170쪽.

32) 『황성신문』 1907.7.8, 잡보, 15-234쪽.

사이의 거래의 활성화로 말미암아 크게 증가하고 있었다. 특히 매매, 전당, 신축 등 다양한 사유로 토지소유자가 빈번하게 교체되고 있었지만, 다른 한편에서는 토지 가옥에 대한 관리 부실로 토지소유자 사이에 분쟁도 발생하고 있었다.

한성부에서는 1893년 가계발급규칙의 제정 이후 실제 토지와 가옥의 소유자는 자신이 직접 거래 관련 문서를 증거서류로 제출하여 한성부의 확인을 받아 판각문권(板刻文券)을 발행받아야 했다. 만일 기왕의 거래 계약서 형태의 매매문기를 분실하거나 새로 발급된 가계의 판각문권을 분실한다면 차후 자신의 권리를 주장하기 어려웠다. 더구나 가계를 분실하는 동안 타인이 그 문권을 이용해서 전당을 잡혀 자금을 대출받거나 해당 토지와 가옥을 직접 다른 사람에게 팔 수 있었기 때문에 주의를 요하였다. 이에 따라 가계문권을 분실한 사람들은 당시 신문에 분실 공고를 하여 자신의 권리를 일정기간 보호받고자 하였다.[33)]

각종 신문과 관보에 공고한 내용에서는 가옥의 종류, 칸수, 계권의 종류, 분실사유, 그리고 소유자 성명 등이 기재되었다. 다음은 1904년 이후 1910년까지 『황성신문』에 실린 가계 분실 공고 기사이다.

<표 4> 가계 발급 신청 사유(1904~1910)

사유＼연도	1904	1905	1906	1907	1908	1909	1910	소계	비중(%)
위조	1	2	2					5	2.7
전당	1							1	0.5
소실					1	4	3	8	4.3
공시		2				1	1	4	2.2

33) 첫 문권 분실 광고는 다음과 같았다. “본인 家舍가 서서 공덕리 육목동 69통 6호 초가 15칸 구문기를 가지고 있으나 근일 집을 팔려고 한성부에 가서 신권을 판출차 정소하였는데, 알 수 없는 金昌大라는 사람의 이름으로 광무 2년 11월 6일에 위조한 구문기로 우선 판권을 발급받았으니 이제 널리 알리니 내외국인을 막론하고 위조문권으로 인해 사기를 당하지 말지어다. 金鎭泰 告白” (『황성신문』 1904.1.20, 9-55쪽).

경매	1	1	4	2	1			9	4.9
분쟁				1	1			2	1.1
신규		1		1				2	1.1
분실	14	33	13	20	30	31	12	153	83.2
합계	17	39	19	24	33	36	16	184	100

비고 : 『황성신문』각 년도 잡보 및 광고 기사 참조.

가계 변동 사유 중에서 가장 큰 비중을 차지하고 있는 것은 '분실'로 153건이었다. 이는 총 광고 184건 중에서 83.2%를 차지하고 있다. 다음으로는 화재로 인한 문권의 소실이고 가옥의 경매가 다음이었다. 그밖에 공시와 방매, 분쟁, 신규, 위조 등의 사유로 나타났다.[34] 연도별 추이를 보면 1905년에 가장 많은 분실 공고가 게재되었으며 다음으로는 1909년과 1908년이었다.

당시 한성부 지역에서는 토지와 가옥이 한 해에도 수백 수천 건이 거래되었음에도 불구하고 단순한 분실 이외에 다른 위조와 변조, 불법 거래 등의 사유는 비교적 적게 발생한 것이 아닌가 추측된다. 그런데 가계의 분실 광고에서 주목되는 점은 증거서류로서 다양한 양식의 문권이 혼재되어 있다는 점이다.[35]

이렇게 가계 변동의 사유를 내는 공고에서 나타난 증빙 문서는 대부분 판각문권(板刻文券), 혹은 판권(板券) 등으로 표현된 문권(文券)이었다. 이는 한성부 당국에서 공식적으로 가옥의 소유자임을 확인해 발급한 문서를 뜻한다. 이 판각문권은 모두 139건으로 전체의 75.5%로 절대다수를

34) 중서 정선방 돈녕 계궁동 72통 4호의 경우 기존의 가옥이 허물어져서 전 가옥주를 찾아서 별도의 대책을 마련해 달라고 하였다. 아마 토지와 가옥 소유주가 따로 있었던 사정인 것으로 추측된다(『황성신문』 1905.5.22, 기사 참조).

35) 문기는 대개 매매문기를 지칭하기 보다는 가옥주와 세입자 사이에 맺은 전세계약서를 가리킨다. 입지는 한성부 당국의 확인을 받아 정식으로 발급받은 공식 문서이고, 인허장은 새로 건물을 신축하기 위해 발급받은 건축허가장을 가리킨다. 그밖에 알 수 없다는 표시는 서류 형태를 밝히지 않는 경우였다.

<표 5> 가계 증빙 문권의 종류(1904~1910)

형태 \ 연도	1904	1905	1906	1907	1908	1909	1910	소계	비중
계약서						3	2	5	2.7
문기	1	1		1		4		7	3.8
인허장					3	3		6	3.3
입지		2	1	3	3	2	3	14	7.6
판각문권	14	34	17	17	24	23	10	139	75.5
알 수 없음	2	2	1	3	3	1	1	13	7.1
합계	17	39	19	24	33	36	16	184	100

비고 :『황성신문』 각년도 잡보 및 광고 기사 참조.

차지하고 있다. 그 이유는 1890년대 중반 이후에는 한성부에서는 새로이 가옥대장을 만들고 토지와 가옥 소유자에게 판각문권을 발급하고 있었기 때문이었다.[36]

한편, 대한제국의 『관보』에서도 한성부의 토지 가옥의 문권 분실에 대한 광고를 찾아볼 수 있다. 관보에는 일반 신문 매체와는 달리 일정한 기간에 몇 건을 묶어서 한꺼번에 공시하는 방식을 취하였다.[37] 이때 잃어버렸다고 신고한 문서의 양식은 다음과 같다.

아래 표에서와 같이 가장 큰 비중을 차지하고 있는 것은 역시 '판권(板券)'으로 211건이며 전체의 65%를 차지하고 있다. 다음으로는 1893년에 새로 발급한 가계로 추정되는 '백지구권(白紙舊券)'이 58건이며, '구문기(舊文記)'는 5건에 불과하다. 대부분 가옥 분실 문서는 한성부에서 발행한 판각문권으로 관리되고 있었다. 그런데 한성부의 토지 가옥 거래는 일회적인 문권 발급으로만 관리되는 것이 아니라 판각문권에 상응하여 한성부에서 관리하는 별도의 가옥대장이 있었다.

36) 왕현종, 1998, 앞의 논문, 12~28쪽.

37) 첫 공고내용은 "중서 장통방 정만석계 13통 5호에 소재한 와가 19칸 반, 소유자는 김봉순이었다. 그가 판각문권을 잃어버려 약 2개월간 유예를 두되 1908년 1월 30일까지 기존의 잃어버린 판권을 제출하지 않으면 신청자 김봉순의 소유로 인정한다"는 것이다(『구한국관보』 3957호, 1907.12.24.).

<표 6> 한성부 가옥 분실 문서 종류(1907~1910)

기간 형태	1907. 12	1908. 1-6	1908. 7-12	1909. 1-6	1909. 7-12	1910. 1-6	소계	비중
계약서						1	1	0.3
구문기		1		2	2		5	1.5
허가장		1	2	2		1	6	1.9
청원서						1	1	0.3
백지구권	1	20	11	9	1	16	58	18.0
양판각	3	4	1	1		1	10	3.1
입지	2	7	7	5	4	6	31	9.6
판권	13	43	47	37	49	22	211	65.3
합계	19	76	68	56	56	48	323	100

비고 :『구한국관보』 각 년도 광고 기사 참조, 각 연도별 해당 기간의 빈도수임.

2) '한성부 통표' 가옥 거래 기록과 장부의 역할

1906년 한성부는 토지 가옥 소유와 거래에 대한 관리를 강화하고 있었다. 앞서 살펴보았듯이 1906년 4월에 만들어진 가계 발급 규칙에서는 가계를 발급하기 위해 가계 원부와 대조할 것을 규정하고 있었고, 10월에 제정된 토지가옥증명규칙에서도 증명을 위한 인증부(認證簿)를 마련해 두고 있었다. 또한 토지와 가옥을 증명하기 위해서 매매에 관한 대조장부로서 '가옥대장'이 구비되어 있었는데, 이것이 바로 '한성부 통표'였다. 이 자료는 한성부를 동·서·남·북·중 등 5개서 지역으로 나누고 각 방과 통내에서 이루어진 가옥의 매매, 임차 등 다양한 상황을 기록한 장부이다.[38)]

38) 한성부 통표는 1898년 6월부터 사용되던 가옥대장과 같은 것으로 생각된다(왕현종, 1998, 앞의 논문, 14~17쪽). 이 자료의 존재는 이미 언급되었으나 본격적으로 분석되지는 않았다(吉田光男, 2009,『近世ソウレ都市社會硏究』, 草風館, 228~229쪽). 자료 입력에는 연세대 역사문화학과 대학원생 구열회와 학부생 김한보람의 도움을 받았다.

<표 7> 한성부 통표 자료 현황

	책 이름	주소	분량	소장처
1	남서2 : 낙선방	상묵동계(上墨洞契) 8통9호~생민동계(生民洞	205장	국사편찬위원회

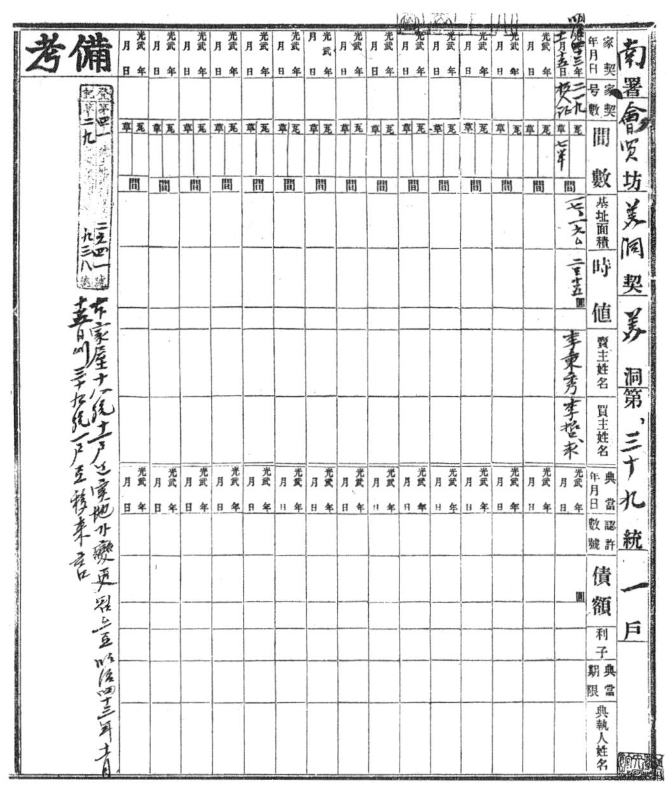

<그림 1> 남서 회현방 미동 39통 1호 통표

한성부 통표의 기재내용으로는 우측 끝에는 주소가 있으며, 다음 단 상단에는 가계 발행 연월일, 가계 번호, 칸수(瓦家, 草家), 면적, 가격, 판 사람[賣主] 성명, 산 사람[買主] 성명이 있다. 하단에는 전당 연월일, 인허

		契) 22통 7호		
2	남서 : 명례방	저동(苧洞)(65통 1호~75통 5호)	98장	국사편찬위원회
3	남서2 : 회현방	생정동계(石井洞契) 15통 3호~38통 9호	168장	국사편찬위원회
4	남서3 : 회현방	미동계(美洞契) 39통 1호~62통 12호	174장	연세대
5	서서 : 인달방	수성궁계(壽城宮契) 남정현동(南征峴洞) 96통 1호~113통 10호	167장	국사편찬위원회
6	서서 : 서강방	현석리계(玄石里契) 1통 9호~19통 11호	50장	연세대
7	북서3 : 순화방	사재감계(司宰監契) 40통 1호~56통 14호	165장	국사편찬위원회

번호, 채무액, 이자, 전당 기한, 전당인 성명이 기록되어 있다. 매매 관련 사항은 왼쪽의 빈칸을 따라 연도별로 기록하게 되어 있으며, 비고란에는 새로 등기한 내역이나 가옥의 소재나 변동 사항을 자세히 기록하도록 하였다. 이 자료에서 가옥 상태의 변화나 소유주의 변화를 살펴볼 수 있으며, 또한 가옥의 전당 관계를 통하여 소유주와 빌려 사는 사람과의 관계를 추측해 볼 수 있다. 한성부 통표에 기록된 지역 중에서 서서 인달방과 북서 순화방은 소속된 지역은 다르지만 바로 붙어있는 지역이며, 남서 회현방과 명례방도 이웃한 지역이다. 다만 남서 낙선방은 약간 떨어져 있으며, 서서 서강방도 서서 인달방과는 멀리 떨어져 있었다.[39)]

그런데 한성부 통표의 기록은 당시 한성부 호적 자료와도 연계하여 파악할 수 있다.[40)] 다음은 북서 순화방 사제감계에 속한 통호 중에서 한성부 호적과 통표 중에서 일치되는 내용을 뽑아 정리한 것이다.

<표 8> 한성부 호적과 가옥통표의 비교(북서 순화방 사제감계)

사례	동명	통수	호수	날 짜	기와칸수	초가칸수	차유와가	차유초가	면적	시치	파는 사람	사는 사람	세든 사람
1	백구	51	11	1906-06-01		5						金鼎基	
				1907-04-22		5				100	新建	金鼎基	
				1909-03-27		6				122	金鼎基	金永植	
				1910-11-07		6				68	金永植	韓在翼	
2	효곡	42	10	1906-06-01		42						金重漢	
				1904-09-05	40				208.605	68000	李有泰	金嘉鎭	
				1912-02-03	40				208.605	1700	金嘉鎭	李秉韶	
3	효가	49	3	1906-06-01		7						金明錫	
				1908-05-06		7				200	金錫鉉	金明錫	
				1911-02-01		6.5				75	金明錫	金顯龜	
				1912-02-29		6.5			16.325	130	金顯龜	金仁植	

39) 김종근, 2003, 앞의 논문, 189쪽 자료(大阪十字屋 編, 『京城市街全圖』 1914).

40) 현재 한성부 호적의 대다수는 교토대학 문학부 지리학연구실에 보존되어 있는데, 3개년도 61책, 호수로는 1만 2,650호분의 1만 2,659매가 남아 있다고 한다(吉田光男, 2009, 앞의 책, 73~76쪽 참조). 한성부 호적에는 가옥의 소유와 차유, 즉 소유와 함께 세든 경우를 구별하여 적고 있어 매매 상황과 비교할 수 있다.

4		40	8	1906-06-01			15						崔翊洙
				1906-08-01	15					1200	李舜甫	孫永熙	
				1907-05-15	15					1000	孫永熙	金基世	
				1907-06-25	15					880	金基世	林在競	
				1909-10-23	15					400	林在競	張憲根	
				1910-08-01	15					270	張憲根	姜範植	
5	세포	51	10	1906-06-01			7	1					李周魯
	장동			1906-05-12		7.5				220	趙在鳳	元重植	
				1907-07-17		7.5				130	元重植	崔容淳	
				1909-03-23		7.5				130	崔容淳	張召史	
				1912-02-15		7.5			15.300	200	張召史	鄭達永	
6	효가	41	10	1906-06-01				12					成樂弘
				1906-08-20		13				236	李熙昇	成樂弘	
7	온정	41	17	1906-06-01				7					金永祚
				1906-07-09		6				160	權召史	金永祚	
8	인	43	10	1906-06-01			12.5	3					崔仁碩
	온정			1906-06-07	12	2				900	崔永壽	崔仁錫	
				1908-05-21	12	2				400	崔仁錫	辛德基	
				1908-11-01	12	3				650	辛德基	金然浩	
				1910-06-30	12	3				240	金然浩	金求模	

비고 : 『한성부 통표(북서 순화방)』, 『한성부 호적』(북서 순화방 147책, 148책, 국사편찬위원회 소장). 표의 첫 줄 자료는 『한성부 호적』자료, 그 이하는 『한성부 통표』자료이다. 면적의 기준은 평으로 보이며, 매매가격은 圜, 圓이고, 2번 사례 1904년 매매가격은 兩임.

첫 번째 사례는 호적 신고 당시에 거주하고 있으면서도 별도의 문기를 내지 않다가 새로 가옥의 계권을 받기 위해 신고하는 경우이다. 김정기는 백구동 51통 11호에 있는 초가 5칸 가옥에 거주하고 있다고 호적 신고를 했으나 1907년 4월 새로 건축했다고 해서 가옥의 소유권을 인정받고 있었다. 그 후 가옥은 2차례에 걸쳐 정상적으로 매매되었다.

두 번째 사례는 같은 가옥에 두 명의 소유자가 중복된 예이다. 1906년 호적상의 신고에는 효곡동 42통 10호에 사는 김중한이 호적상의 호주로 신고되어 있지만, 한성부 통표에는 1904년 9월 5일에 김가진이 이유태로부터 산 것이고 이후 1912년 2월 3일에 이병소라는 사람에게 판 것으로 나타나 있다. 이 경우 한 가옥에 대해 2중의 소유권자가 있다고 간주될 수 있는데, 실제로는 두 사람이 부자관계였다. 호주가 김중한으로 올라 있으나 부친인 김가진의 소유 가옥임을 알 수 있다. 이는 3번의 경우에서도 마찬가지의 상황이다. 호적상으로는 김석현이 김명석의 부친으로 기록된 것으로 보아 재산상속을 통해 김명석이 가옥 소유자로 확정된 것으로 생각된다.

세 번째 사례는 가옥에 세든 사람과 가옥 소유자와의 관계를 보여준다. 4번의 경우, 북서 순화방 사제감계의 40통 8호의 가옥으로 1906년 6월 호적신고 당시에는 최익수는 15칸짜리 기와집에서 살고 있었으나 자기 소유는 아니었다. 소유자는 아마 이순보였을 것인데, 1906년 8월 이 집은 손영희에게 팔렸다. 이는 5번의 경우도 마찬가지이다. 이주로는 이미 1906년 4월 48통 12호 자기집을 팔고 세포동 51통 10호로 이사하여 전세로 등록하였지만, 같은 시기에 이 가옥의 매매가 이루어져 조재봉에서 원중식으로 해당 가옥의 소유자가 바뀌었다.

한편 6번과 7번, 8번의 경우에는 1906년 6월에 세 들어 살다가 그해 원 주인으로부터 가옥을 매입한 것을 보여준다. 이렇게 호적상에 가옥의 소유 여부를 명확하게 기록하고 있으며, 세든 사람으로 기록된 가옥의 경우에도 거주자와 상관없이 가옥의 소유자가 여러 차례 바뀔 수 있다는 사정을 알려주고 있다.

이처럼 호적에 기록된 거주자와 가옥의 소유인 기유(己有)와 차유(借有) 상황은 한성부 통표의 가옥 증명 서류와 거의 대부분 일치하고 있었다. 한성부 통표 자료는 기본적으로 토지와 가옥의 소유와 대여에 관한 변동사항을 기록한 가옥거래의 증명부로서의 기능과 역할을 담당하고 있다고 할 수 있다.

4. 한성부 지역 토지 가옥 거래의 지역별·민족별 편차

그러면 한성부 통표 7개 지역에서 이루어진 토지 가옥 거래의 추이를 각 연도별로 살펴보자.

<표 9> 한성부 7개 지역의 토지 거래 연도별 추이

연도	1898~1905	1906	1907	1908	1909	1910	1911	1912	1915	소계
1.남서 낙선방	1	86	47	47	35	35	31	10	3	295
2.남서 명례방		26	25	38	12	30	30	6		167
3.남서 회현방①	4	50	15	35	29	41	55	21		250
4.남서 회현방②	3	39	30	48	38	60	61	16		295
5.서서 인달방	19	29	27	39	27	54	94	19		308
6.서서 서강방	2	10	7	12	15	13	13	1		73
7.북서 순화방	11	32	39	40	30	46	66	24		288
합계	40	272	190	259	186	279	350	97	3	1,676
비율(%)	2.4	16.2	11.3	15.5	11.1	16.6	20.9	5.8	0.2	100

각 지역별 연도별 추이에서 주목되는 점은 1905년까지 합계가 불과 40건에 불과하였으나 1906년에는 272건으로 대폭 증가하였음을 알 수 있다. 1906년 5월 가계발급규칙과 10월 토지가옥건물증명규칙이 영향을 끼쳤을 것이다. 또한 토지 가옥의 소유자들은 자신의 토지와 가옥을 한성부 통표에 적극적으로 등록하였기 때문이었다. 토지 가옥의 거래와 등재 추이는 해가 갈수록 점차 늘어나 1910년과 1911년에는 각각 16.6%와 20.9%에 이를 정도로 많은 거래가 이루어졌다. 이 시기는 물론 일제의 한국 강제 병합 직후 토지조사사업이 실시되던 시기와 맞물려 있었다.

그렇다면 구체적으로 각 지역별 토지 가옥 거래의 상세한 내용을 살펴보자. <표 10>은 한성부 통표에 기록된 매매 기록 가운데 거래 상대자에 따라서 구분하여 표시한 것이다.

첫 번째 사례는 남서 낙선방의 사례이다. 낙선방에서 이루어진 매매 건수는 모두 295건이다. 1906년에는 86건으로 다른 해보다 빈번하게

<표 10> 한성부 7개 지역의 지역별 민족별 토지 가옥 거래 실태

지역	연도 변수	1898 ~1905	1906	1907	1908	1909	1910	1911	1912	1915	소계
1.남서 낙선방	0		3	2			2				7
	1	1	37	10	10	13	11	6			88
	2		44	33	36	22	17	8	5		165
	3		2	1	1		3	15	4	3	29
	4			1			2	1	1		5
	5							1			1
	합계	1	86	47	47	35	35	31	10	3	295
2.남서 명례방	0		1			1			2		4
	1		22	17	20	3	19	24	1		106
	2		3	8	18	8	11	3	1		52
	3							1	1		2
	4							2	1		3
	5										0
	합계		26	25	38	12	30	30	6		167
3.남서 회현방①	0	1	1		1		1	3	5		12
	1	3	31	12	32	20	24	33	6		161
	2			2	2	8	14	9	8		43
	3							4	2		6
	4						1	2	0		3
	5		18	1		1	1	4	0		25
	합계	4	50	15	35	29	41	55	21		250
4.남서 회현방②	0	2	1	0	0	2	2	1	9		17
	1	1	37	28	38	10	37	36	2		189
	2		1	2	6	24	9	11	3		56
	3					1	3	3	1		8
	4				1		1	5			7
	5				3	1	8	5	1		18
	합계	3	39	30	48	38	60	61	16		295
5.서서 인달방	0					2	2	2	3		9
	1	19	28	26	39	24	50	90	15		291
	2		1			1	1	1			4
	3										0
	4			1					1		2
	5						1	1			2
	합계	19	29	27	39	27	54	94	19		308

6.서서 서강방	0				1	4	6				11
	1	2	10	7	11	8	6	12	1		57
	2					3	1				4
	3										0
	4							1			1
	5										0
	합계	2	10	7	12	15	13	13	1		73
7.북서 순화방	0		1	1			1	3	2		8
	1	11	31	38	40	28	43	61	16		268
	2					1	2	1	6		10
	3					1		1			2
	4										0
	5										0
	합계	11	32	39	40	30	46	66	24		288

비고 : 『한성부 통표』 7건. 표기 구분 0은 대개 새로 건축하거나 처음으로 가계를 발급한 경우. 1은 한국인 사이의 거래, 2는 한국인이 일본인에게 판 거래, 3은 일본인 사이의 거래, 4는 일본인이 한국인에게 판 경우, 5는 기타의 경우로 일본인이 아닌 다른 외국인에게 판 경우를 나타냄.

가옥 거래가 이루어졌다. 특히 한국인간의 거래보다도 한국인과 일본인간의 거래가 165건으로 많았음을 알 수 있다. 일본인에게 넘어가는 토지와 가옥이 당시 거래의 반수 이상을 차지하고 있었다.

두 번째는 남서 명례방의 경우이다. 명례방의 경우에도 역시 1906년부터 한국인들 사이의 거래가 많았다. 1908년, 1910년, 1911년에 한국인과 일본인과의 거래가 늘어나고 있었다. 전체적으로는 한국인 사이의 거래가 가장 많았고 다음이 한국인과 일본인과의 거래였다.

남서 회현방①과 회현방②는 명례방의 경우와 유사하게 나타났다. 1908년부터 1911년까지 한국인끼리 거래가 가장 많았다. 일본인과의 거래는 한국인과의 거래의 1/3수준으로 낮게 나타났다. 또 서서 인달방과 서강방의 경우에는 한국인과의 거래가 압도적으로 많았다. 일본인과의 거래는 극히 미미하였다. 마지막 사례인 북서 순화방의 경우에는 앞서 서서 지역과 유사하게 역시 한국인과의 거래가 압도적으로 많았다.

이렇게 한성부 지역의 토지 가옥 거래에서는 지역별 민족별 특징이 나타났다. 남서 낙선방과 명례방, 회현방의 경우에는 1907년과 1908년에 일본인의 토지 가옥 거래가 집중적으로 이루어졌던 반면, 서서 인달방과 서강방, 북서 순화방의 경우에는 주로 한국인들 사이의 거래가 활성화하였음을 알 수 있다.

이러한 지역별 편차는 토지 가옥 거래의 활성화로 인해 토지 가옥의 가격에도 영향을 미쳤다. 다음은 북서 순화방과 남서 낙선방의 호적 통표에서 가옥 가격의 연도별 차이를 살펴본 것이다.

<표 11> 북서 순화방 가옥 거래 가격의 변화(1906~1911)

연도 / 가격	1906		1907		1908		1909		1910		1911		소계
	초	와	초	와	초	와	초	와	초	와	초	와	
150													
140													
130													
120						1							1
110													
100													
90													
80		1											1
70		1		1		1							3
60		1		1									2
50	1					1		1					3
40	1			2	3	2		2				3	13
30	1		2		6	3	1	2		1	2	6	24
20	3		18		13		8	2	3	2	14	4	67
10	8	1	9	1	4		8		14	4	19	1	69
0		1					1		9		1		12
합계	14	5	29	5	26	8	18	7	26	7	36	14	195

출전 : 『한성부 통표 - 남서 3 : 순화방』(司宰監契 40통 1호~56통 14호, 국사편찬위원회 소장). 표의 가격은 1칸 당 매매가격을 표시하며, 거래 당시 초가와 와가가 동시에 표기되거나 기록이 확실치 않은 것은 통계에서 제외. 화폐단위인 圜과 圓은 동일 가격으로 교환되는 것으로 봄.

우선 북서 순화방의 가옥 매매 상황을 살펴보면, 위의 표에서 1906년 초가 1칸당 10엔대가 가장 많았으나 이후 점차 상승하여 1911년 20~30엔대로 바뀌고 있음을 알 수 있다. 이에 비해 와가의 가격은 초가보다 2배 정도 높은 가격대로 형성하고 있어 대개 30엔대 이상으로 나타나있다.

반면 남서 낙선방의 경우는 보다 다양한 분포를 보여주고 있다. 초가의 경우 가격의 분포가 다양하며 20~60엔에 이르기까지 진폭이 컸다. 다만 가격대의 추이는 1906년에서 20~30엔대가 많았는데, 이후 점차 상승하여 1909년에는 40엔대까지 올라갔다. 다만 와가의 경우는 너무 분산적이어서 주된 변화를 찾기는 어렵다.

<표 12> 남서 낙선방 가옥 거래 가격의 변화(1906~1911)

연도 / 가격	1906		1907		1908		1909		1910		1911		소계
	초	와	초	와	초	와	초	와	초	와	초	와	
150													
140	1												1
130	1												1
120				1									1
110							1						1
100	3		1	1							1		6
90	1					2							3
80	2		1		1	1					1		6
70	3			1	2	1	1	1			1		10
60	13	1	2	1	4	1	1			1	1		25
50	12		6	1	8		4	2	2	1	1		37
40	13		7		11		9		2		1	1	44
30	10	1	11		10		4		5		5		46
20	24		6		2	1	8		9	2	3		55
10	4		1						2	1			8
0			1										1
합계	87	2	36	5	38	6	28	3	20	5	14	1	245

출전 : 『한성부 통표 - 남서 2 : 낙선방』(상묵동계 8통 9호~생민동계 22통 7호, 국사편찬위원회 소장). 표 중에서 1911년 통계에서 와가 3칸에 2,000엔에 팔린 것과 초가 1칸에 430엔이 팔린 가옥은 각각 1건은 표시하지 않았음.

이처럼 순화방과 낙선방 양 지역의 가격의 차이는 컸다. 낙선방의 가옥 가격이 순화방에 비해 약 2배 정도 높은 것을 알 수 있다. 일본인이 1906년 이후 한성부 남서 지역으로 본격적으로 진출하여 점차 가옥 소유 지대를 확장하고 있다는 현상을 확인할 수 있다.[41] 또 양 지역의 가격 변동을 비교하면 전체적으로는 비슷한 경향을 보여 1906년부터 1909년까지는 일정한 상승 국면을 보이다가 1910년에 약간의 하락, 1911년 이후에 종전의 경향으로 회귀하는 것을 보여준다.

이렇게 한성부내에서 외국인의 토지소유가 크게 증가하고 있었는데, 이 추세는 1907년 4월 현재 한성부 거주 일본인의 토지구매 상황에서도 확인할 수 있다. 일본인의 소유는 가옥 기지(基址)가 15만 9,311평, 전토(田土)가 3만 5,631평이었는데,[42] 이후 불과 9개월 만에 기지가 6만여 평, 전토가 62만여 평이나 증가하였다고 한다. 이처럼 격증하는 토지 가옥의 수요는 매년 크게 늘어나는 일본인 이주의 확대에 따라 불가피한 상황이었다.

1904년 이후 일본인의 토지 가옥의 침탈은 더욱 확대되어 1910년 거주호수도 1만 1,275호, 인구수로도 3만 8,397명으로 전체 서울 인구의 23만여 명의 16.1%에 이르렀다. 이들의 가옥 대부분이 일본식으로 개축되면서 한성부 지역에는 일본식 주거 건물과 서양식 관공서 건물들이 대거 들어차기 시작하였으며 1910년을 전후로 하여 도심에는 일본식 대규모 재개발이 이루어지고 있었다.

1910년 12월말 현재 일본인들은 서울 시내의 택지를 소유하고 있는 사람이 1,285명이었으며, 토지소유 규모는 40만 3,391평이나 되었다. 일부 조선식 가옥을 사용하고 있기는 했으나 대부분의 가옥은 자신들이 거주하

41) 강병식, 1994, 『일제시대 서울의 토지연구』, 민족문화사, 62~130쪽 ; 조성윤, 전병재, 1995, 「일제 침략기 경성부 주민의 토지 소유와 변동」 『서울학연구』 6, 1~40쪽.

42) 『황성신문』 1908.1.19, 잡보, 16-248쪽.

기에 적합한 일본식 건물로 바꾸었다. 개축한 가옥은 12만 평의 건평에 5,722동이었다.[43] 1910년 당시 3,000여 명의 일본인 소유자는 전체 한성부 거주 일본인 호수의 1/4에 불과하였다. 이를 통해 한성부 거주 일본인 내부에서도 토지 가옥 소유에 대한 계급적 편차가 컸음을 알 수 있다.

5. 결론

1904년 이후 한성부 지역의 토지 가옥 매매는 매우 활성화되어 있었다. 한성부는 대한제국의 정치 경제적 중심지였으며 외국인의 토지 침탈, 특히 일본인의 이주 증가에 크게 영향을 받고 있었다. 한성부 거류 일본인은 1904년 이후 매년 천여 호씩 증가하더니 1908년 12월에는 가호 6,437호, 인구로도 2만 1,789명이나 되었다. 이제 한성부 거주 일본인 수는 부산지역의 일본인수를 넘어서고 있었다.

이 시기 일본인이 한성부 지역에 토지나 가옥을 취득할 수 있는 방법은 두 가지였다. 먼저 통감부 산하 경성이사청에서 관리하고 있는 가옥대장에 등록하는 방법이 있었다. 이는 일본인 사이의 거래에서는 유효하였지만 한국인과의 거래 증명으로는 충분한 증거 서류가 되지 못했다. 다른 하나는 한성부에 지계와 가계를 신청하여 공식적으로 소유권 이전의 허락을 받는 방법이었다. 그러나 발급 절차가 매우 까다로웠고 한국인과의 거래에서 사용된 판각문권을 그대로 신뢰할 수는 없었다. 그래서 일본인들은

43) <표 13> 한성부 지역 일본인 토지 가옥 침탈 상황(1910년)

구분	소유자수	동수	평수	가격	평균1평 가격
일본식 건물	2,670	5,722	123,165	3,079,125	25
조선식 건물	321	408	9,698	145,470	15
건물 합계	2,991	6,130	132,863	3,224,595	24.3

출전 : 조선총독부, 1910, 『조선총독부통계연보』, 19~20쪽, 34~40쪽.

자신들이 소유한 토지 가옥의 소유권을 보다 확실하게 보장받으려고 하였다.

한편 1906년 5월 대한자강회에서는 부동산 거래에서 위조문권으로 인한 잠매, 도매 등의 폐해가 발생하므로 매매 이전에 미리 증명을 받아 거래하는 제도 수립을 요구하였다. 외국인의 불법적인 잠매를 금지시키기 위한 사전 규제 조치였다. 그러나 일본은 10월 법률 6호, 「토지 건물 매매·교환·양여·전당에 관한 법률」을 공포하여 수용하는 듯하였으나 곧바로 이를 폐기하고 다시 칙령 65호 「토지가옥증명규칙」을 반포하였다. 여기서는 토지거래시 통수와 동장의 인증과 군수, 부윤 등 지방관에게 사전에 인허가 아니라 사후에 증명을 받도록 하였다. 또 한성부내에서 외국인의 토지소유를 전면적으로 합법화하였다. 이로써 일본인들은 토지 가옥 소유를 더욱 확대하였다.

당시 한성부의 토지 가옥은 기존 가계 발급 제도에 의하여 판각문권을 통해서 거래가 이루어졌다. 계약서, 문기, 인허장, 입지 등 다양한 문서가 사용될 수 있었으나 절대적인 비중을 차지한 것은 역시 판각문권이었다. 당시 황성신문이나 관보에는 가계문권을 분실했다는 광고가 많이 실려 있었다. 황성신문에는 모두 184건, 관보에는 323건의 분실 사례를 검토한 결과, 대부분 단순 분실의 경우가 절대 다수를 차지하고 있었으며, 경매, 공시, 분쟁, 소실, 위조 등의 사례는 매우 적었다. 당시 한성부에서 이루어지는 거래 중에서 소유권 분쟁사례는 비교적 적었다고 추측된다.

당시 토지 가옥 거래에 관한 관리제도는 한성부 통표를 통해서 알 수 있다. 이 자료는 토지와 가옥 거래의 상황을 빠짐없이 기록한 것으로 1906년 5월 가계규칙에서 언급된 '가계원부(家契原簿)'였다. 이 자료는 당시 한성부 호적의 가옥 소유 기록과 일치하였다.

한성부 7개 지역 통표 분석 결과, 각 지역의 토지 가옥 거래의 양상은 1906년 하반기에 집중적으로 나타나 1910~1911년까지 확대일로에 있었다. 또 한국인과 일본인 사이의 거래 양상은 남서 낙선방의 경우에는 전체 거래 건수의 2/3, 남서 명례방, 회현방 지역에서는 전체의 1/4이하 정도로 나타났다. 반면에 서서 인달방과 서강방, 북서 순화방 등에서는 일본인과의 거래는 거의 없고 절대 다수가 한국인과의 거래로 나타났다. 한국인과 일본인의 거주 지역에 따라 거래 양상이 달랐고, 남서지역에서는 시간이 흐를수록 한국인과의 거래를 넘어 일본인끼리 거래가 증가하는 경향을 보였다. 또 토지 가옥 거래 가격의 지역별 편차도 크게 나타났는데, 남서 낙선방의 가옥 가격이 북서 순화방에 비해 약 2배 정도 높은 것으로 나타났다. 남서 지역을 중심으로 일본인의 침탈이 본격화되어 초가집을 들어내고 자신들이 거주에 적합한 일본식 가옥으로 개축하는 도심 재개발 사업이 대규모로 이루어졌다. 한성부에 거주하는 상당수 한국인들은 일본인 지주들에게 토지와 가옥을 내주어야 했고, 많은 빈민들은 한성부 교외 지역으로 나가 살아야 했다.

이렇게 1904년 이후 한성부의 토지 가옥 거래의 활성화를 초래하는 가운데, 토지 가옥의 매매시 한성부는 가계문권을 발급하고 있었으며, '한성부 통표'와 같이 가옥대장에 의해 등록하는 관리체계를 가지고 있었다. 그러나 1906년 10월 토지가옥증명규칙의 시행으로 외국인의 토지 금지 조항이 무력화되자 한성부가 유지해왔던 토지 관리체계는 점차 해체 당했다. 결국 1910년 일제의 조선토지조사사업의 시행으로 인해 식민지 토지제도로 이행되었다.

제8장
일제초 토지 조사·장부 체계와 파악 방식의 변화
-안산군 월곡면 월암동 토지 장부와 주민의 대응-

1. 서론

일본은 조선토지조사사업을 통하여 한반도에 위치한 각종 토지를 포괄적으로 조사하면서 일제 식민지 지배의 기반을 다지려고 하였다. 여기서 일본의 토지조사는 여러 종류의 토지를 분류하고 국가의 소유지인 국유지와 민간의 소유지를 구분하여 파악하고, 식민지 재정의 기초인 지세의 확보와 지방 지배의 체계를 마련하려는 것이었다. 특히 토지소유권 제도의 근대화를 위해서 토지소유자인 지주에게 일물일권적인 배타적인 토지소유권을 부여하기 위해 종래 토지소유자의 소유를 그대로 인정하는 가운데 소작농민들의 제권리를 배제하려는 목적을 가지고 있었다.[1)]

이러한 식민지의 기초 작업을 위한 제반 작업은 이미 1906년 한국통감부 시기 이토 히로부미 통감에 의해 수립되어 진행되고 있었다. 이토는 대한제국 정부 대신 관리들과 시정개선협의회를 개최하여 부동산 법제의 정비를 위해 부동산법조사회, 이후 법전조사국 등을 설립하였다. 1906년 10월 부동산권소관법을 마련한 후, 외국인, 일본인의 토지 합법화를 공식화한

1) 최원규, 1994, 「韓末 日帝初期 土地調査와 土地法 硏究」, 연세대학교 사학과 박사학위논문 ; 이영호, 2003, 「일본제국의 식민지 토지조사사업에 대한 비교사적 검토」『역사와 현실』 50, 한국역사연구회 ; 남기현, 2009, 「일제하 조선토지조사사업 계획안의 변경과정」『사림』 32, 성균관대 수선사학회 참조.

법률 6호, 「토지 건물의 매매·교환·양여·전당에 관한 법률」로 공포하였다. 이로써 개항장 이외에 내지에 일본인 토지소유권의 합법화가 시작되었다.

한편 일본은 1909년부터 토지조사에 대한 방침을 세우고 경기도 부평군 일부 지역에서 시험적인 토지조사를 실시하였다.[2] 토지조사 당국은 종래 토지소유자인 지주에게 소유토지를 자진 신고하도록 하는 '신고주의'를 채택하였다. 이에 따라 각 지역에서는 해당 토지에 대한 토지신고서를 군과 면, 지주총대를 거쳐 각 지주에게 배포하였다. 지주는 이 신고서를 토지조사 당국이 제시한 '토지신고심득(土地申告心得)'과 '준비조사규정'에 따라서 신고서의 양식에 여러 사항을 기재하여 지주총대를 통해 제출하게 하였다. 이러한 일본의 조선토지조사사업은 총독부 산하 임시토지조사국에 의해 일사천리로 위로부터 시행되고 있었다.[3]

이러한 일본의 토지조사사업의 진행은 당시 조선사회에 커다란 충격을 주고 있었다. 종래 조선시대 토지조사사업인 양전사업에서는 대개 양전관리에 의해 개별 토지를 '조사'하여 양안에 등록되는 방식이었으나 이제 개별 토지소유자들이 자신의 토지를 직접 신고하여 토지조사 당국의 조사와 등록을 받아야 했다. 더욱이 토지를 측량하는 방식에서도 차이가 나서, 종래 자호와 지번, 결부로 대표되는 토지 기록 방식이 이제 해당 필지의 분필, 합필 등 다양한 편재와 지번, 일본식 평 등으로 개편되었다. 무엇보다도 토지소유자의 실명, 즉 민적부에 기록된 하나의 성씨명을

---

2) 토지조사참고서』 제4호, 「土地調査試行報告」(1910년 4월 28일) ; 이영호, 2008, 「일제의 조선식민지 토지조사의 기원, 부평군 토지시험조사」 『한국학연구』 18, 266~291쪽.

3) 토지신고를 위주로 한 초기 토지조사방식은 이후 1912년 8월 「토지조사령」을 공포하여 대폭 변경하였다. 토지조사당국은 기존 2년 전에 발포한 토지조사법의 세부 원칙을 바꾸어 토지소유자의 신고 내용을 보다 구체적으로 명시하였으며, 실지조사에서 표항의 설치 의무화 등을 규정하였다. 또한 토지소유권 판정 절차와 사정공시 방법을 구체화하여 공시기간 30일과 재결 신청기간 60일 등으로 하여 토지소유자의 신고에 기초하면서 행정처분적인 소유권 사정 절차를 완성하였다.

쓴다는 신고의 원칙은 종래 다양한 소유자명을 허용하였던 조선시대의 양전과는 판이한 것이었다. 따라서 세분화된 토지조사 방침과 토지소유자 신고 방식에 대해 당시 조선 주민들은 어떻게 대응하였는가 하는 것은 토지조사사업의 대응 실체를 규명하는 데 주요한 쟁점이 된다.[4)]

그런데 지금까지는 조선토지조사사업에 대한 연구에서는 전체 시행과정과 결과적인 성과에 대한 논쟁에 치우친 나머지 주민들의 대응을 포함한 아래로부터의 대응과정에 대해서는 거의 관심을 두지 않았다. 적어도 당시 농촌에 거주하고 있던 조선 주민들이 종래 조선의 양전사업과 다른 방식으로 개편해 나가는 일본의 의도와 시행과정에 어떻게 대응하고 있었는지, 그것에 저항할 수 있었는지 아니면 그대로 순응해 나간 것이지 여부에 대해서, 그리고 그것의 의미에 대해 구체적인 사례 연구가 필요한 시점이다. 이러한 측면에 대한 연구의 부진은 사례연구에 필요한 자료의 부재에서 발생하였다. 조선 농촌의 주민들이 스스로 생성해 놓은 각종 일기류 등 기록에서 간단하게 단편적으로 서술한 것 이외에는 거의 발견되지 않았기 때문이다.

여기에서는 1906년 이후 토지조사사업의 전단계와 1910년대 토지조사와 토지 장부의 조제과정에서 생성된 각종 토지관련 문서의 기록 내용에서 당시 주민들의 동향을 추출해 보고자 한다. 여기에 하나의 사례로 추가할 대상은 경기도 안산군 월곡면 월암동의 토지관련 장부이다.[5)] 이곳에는 1910년 대한제국의 광무양전사업의 일환으로 만들어진 광주부 월곡면 양안과 1912년경에 작성된 월암리 과세지견취도, 그리고 1910년 10월에 작성된 토지신고서, 그리고 1911년 5월에 마감된 지적원도 등이 남아있

4) 왕현종, 2011, 「경남 창원 토지조사의 실시와 지역 주민의 대응」 『한국학연구』 24, 7~51쪽 참조.

5) 안산군 월곡면 월암동은 대한제국시기에는 광주부 월곡면 일리, 월암리 등지였다. 1909년 9월 안산군 월곡면 월암리로 변경되었다가, 다시 1914년 지방제도 개혁에 따라 수원군 반월면 월암리로 변경되었다.

다.[6] 이러한 자료를 통해 1900년에서 1910년대에 이르는 시기에 월암동 지역 토지소유와 토지 신고의 과정을 구체적으로 비교 검토할 수 있을 것이다. 특히 해당 지역 주민들이 각 시기의 사업에 대해 조사의 원칙과 시행과정의 제반 문제에도 불구하고 자신들의 토지를 어떻게 등재시키고 있었는지 구체적인 과정을 살펴볼 수 있을 것이다.[7]

따라서 본고는 우선 1905년 이후 일본의 토지조사 준비와 시행방침이 세워지는 과정을 살펴보려고 한다. 여기에는 한국통감부의 토지소유권 및 토지제도 조사에 대해 살펴본 후, 임시토지조사국에서 행한 초기 토지조사 방침과 시행을 간단히 개관하려고 한다. 또한 일본의 토지조사 당국이 당시 토지조사사업에 즈음하여 각지의 토지소유자들에게 토지 신고의 요령과 주의점을 홍보하고 있다는 점에 주목하여 경성 및 경기도 일대 토지소유자인 지주들에게 여론을 환기시켰다는 점을 검토해 보겠다. 다음으로 안산군 월곡면 월암리의 제반 토지조사 장부를 통하여 당시 월암동 토지 상황에 대한 조사와 아울러 토지소유자에 대한 신고와 조사가 어떻게 이루어졌는지 검토해 보려고 한다. 여기에서는 새로 밝혀진 <월암동 과세지견취도>를 통하여 종래 결부제에 입각한 토지 체계와 이후 토지신고과정에서 어떻게 변용되었는가를 밝히려고 한다. 특히 개별 필지의 분필, 합필 등을 통해서 당시 토지소유자의 빈번한 교체와 신고 과정에

---

6) 이곳 월암리 광무양안은 원래 『경기도 광주부 월곡면 양안』(규17641) 70책 중 55~56책이다. 월암리 과세지견취도는 「경기도 안산군 월곡면 월암동 견취도」(작성년도 미상, 7장)이며, 토지조사부는 최종적으로 정리된 판본으로 「수원군 반월면 월암리 토지조사부」(조선총독부 임시토지조사국, 1911, 총 31장)이며, 「경기도 안산군 월곡면 지적원도」(조선총독부 임시토지조사국, 1911.4월 측량) 등이다.

7) 지금까지 이렇게 대한제국의 양전·지계사업과 일제의 토지조사사업을 상호 비교한 연구는 다양하게 시도되었다. 여기에서는 안산군 월곡면 월암리라는 작은 동리의 사례이지만, 상호 연관된 토지 관련 자료를 통하여 세밀하게 변화 과정을 추적할 수 있다는 점에서 매우 미시적이며 적합한 사례 연구라고 할 수 있다.

대해 구체적으로 검토해 볼 것이며, 대한제국의 양전사업의 산물인 광무양안과 토지신고서의 내용을 비교하여 토지의 상황과 토지소유자 성씨명의 변화를 살펴보려고 한다. 이를 통하여 월암동 주민들의 양 사업에 대한 대응 양상과 토지조사와 신고를 통한 토지 관리 체계와 토지소유 상황의 변화를 계통적으로 추적해 보려고 한다.

2. 1905년 이후 일본의 토지조사 준비와 시행방침

1) 한국통감부의 토지제도 조사와 토지조사 방침

일본은 1905년 조선의 보호국화를 추진하면서 조선의 토지조사와 토지침탈에 대한 일련의 방침을 세우고 이를 강력하게 추진하였다. 일본은 러일전쟁을 통해서 조선의 지배권을 확보하자마자, 먼저 1904년 3월 대한제국의 양전·지계사업을 중지시켰다.[8] 이는 일본 본국 자본에 의한 토지침탈을 합법화시키기 위한 사전 조처였다.

이후 일본은 1906년에 '토지가옥증명규칙'을 제정 공포하였으며, 1908년에 '토지가옥소유권증명규칙'과 '토지가옥소유권증명시행세칙' 등 일련의 임시법규에 이르기까지 제반 법령을 제정 공포하였다. 이는 대한제국 시기에 불법적이었던 외국인의 토지소유를 공식적으로 증명하여 일본의 토지점유를 자유롭게 하는 데에 결정적인 공헌을 하였다. 일본인을 비롯한 외국인은 개항장이나 개시장인 서울이 아니라 전국 어디에서도 토지침탈을 이룰 수 있었다.

그럼에도 불구하고 일본이 토지침탈을 용인하는 법제를 마련하는 데에

8) 왕현종, 1995, 「대한제국기 量田·地契事業의 추진과정과 성격」『대한제국의 토지조사사업』, 민음사, 114~116쪽.

는 아직 법적 제도적으로 완결된 것은 아니었다. 우선 토지소유권에 관한 일련의 법제는 아직 완전한 의미의 소유권을 보장하는 법적 체계를 이루지 못했다. 예컨대 토지에 관한 모든 물권을 포괄하지 못했으며, 증명 자체가 제3자에 대한 대항권을 가지지 못하였기 때문이었다. 또한 토지의 절대면적이나 위치 등도 불명확한 상태로 남아 있었다. 이러한 제도적 미비를 시정하기 위해 소유권을 배타적으로 보호할 수 있는 등기제도가 최종적으로 완비되어야 했다. 이를 위해서는 전국의 모든 토지에 대하여 일률적인 기준에 의한 소유권 조사가 선행되어야 했다. 토지소유권의 확정은 또한 일본의 금융자본이 진출하는 데 가장 필수불가결한 토대가 되기 때문에 초기부터 토지조사사업을 위한 사전 전제가 되었다.[9]

한국통감부에 초대 통감으로 새로 부임한 이토 히로부미(伊藤博文)는 새로운 토지관리제도를 수립하기 위한 논의를 시작하였다. 1906년 4월 19일 제5회 시정개선협의회에서 토지에 관한 여러 가지 분쟁에 대비하여 규제를 정해야 한다는 문제를 토론하였다. 당시 법부대신 이하영(李夏榮)은 "한국의 법전을 완비하기 위해 법률가의 고빙할 뜻"을 밝혔지만, 이토는 도리어 이에 반대하였다. 그는, "한국정부에서도 자신의 지휘 감독하에 '임시법전조사국'과 같은 것을 두고 1년에 2만 엔 내외의 경비를 들여 2~3명의 전문가를 촉탁하면 2년 사이에 완성할 수 있다"고 제안하였다.

당시 탁지부 대신은 직접 토지제도를 정리하는 수단으로, 또한 세입 증가의 간접수단으로 삼아 토지소유자에게 땅문서를 교부하면 어떨까라고 의향을 묻기도 하였다. 이토는 "먼저 토지에 관한 법률을 제정하고 내외국인의 소유권 및 소유주의 국가에 대한 의무를 명확하게 한 뒤에 땅문서를 교부하고, 또한 등기소를 만들어 소유권의 이동을 등록시키면 현재 난잡함에 빠진 토지제도를 정리할 수 있는 동시에 토지에서 생기는

9) 崔元奎, 1994, 앞의 논문, 159~199쪽 참조.

세입을 확실하게 할 수 있다"고 답변하였다.[10] 이토 히로부미는 국가에 대한 소유자들의 의무를 명확히 한 뒤 지권을 교부하고 등기소를 설치하여 소유권의 이동을 등록하게 하는 소유권 처리방식과 내외국인의 소유권을 차별없이 인정해야 한다는 입장을 밝힌 것이었다.

이러한 논의과정은 상당히 의례적이고 형식적인 것이었다. 이토는 이미 확고한 자신의 의도와 방침을 갖고 있었다. 그는 의정부 산하에 부동산에 관한 연혁과 관습을 조사하기 위해 '부동산법조사회'를 설치할 것을 주장하였다.[11] 이에 따라 이날 회의에서는 일본 민법 제정에 참여했던 도쿄제국대학 법과대학 교수 우메 겐지로(梅謙次郞)를 초빙하여 맡기기로 최종 결정하였다.[12]

이후 한국정부는 우메 박사를 촉탁하는 형식으로 초빙하였다. 우메 박사에게 한국의 토지소유에 관한 종래의 제도 및 관습을 조사하여 신구를 참작한 법률을 제정해야 하는 과제가 주어졌다.[13] 조사회는 우메 박사를

---

10) 『한국의 시정개선에 관한 협의회 제5회 會議錄』(1906년 4월 19일) 참조.

11) 「1906년 7월 12일, 제8회 시정개선협의회」; 윤대성, 1991, 「일제의 한국관습조사사업과 민사관습법」 『(창원대)논문집』 13-1, 69~76쪽 ; 최원규, 1996, 「대한제국과 일제의 土地權法 제정과정과 그 지향」 『동방학지』 94, 117쪽 ; 鄭鍾休, 1989, 『韓國 民法典の比較法的 硏究』, 일본 : 東京, 創文社 ; 최종고, 1990, 『한국법학사』, 박영사 참조.

12) 김정명 편, 1992, 『일한외교자료집성[일한합방편]』 6의 상, 220쪽 참조.

13) 梅謙次郞(1860~1910)은 프랑스와 독일에서 유학하고, 일본 민법 상법의 입법관련 연구와 기초 작업에 약 15년간 참여하였다. 동경제국대학과 호세이대학의 법과대학 교수로 재직하면서, 동시에 농상공성 참사관, 민법상법시행취조위원, 법제조사회 민법기초위원, 내각법제국장관 겸 내각은급국장, 문부성총무장관까지 역임하였다. 1906년 8월부터 1910년 8월 한국에서 병사할 때까지 한국의 입법에 참가하게 되었다. 우메 문서는 법률학자, 교육행정가, 교육자, 관료로서 직무를 담당할 때 생산된 초안문서들이다. 우메의 한국입법기초관계 문서는 대부분 대한제국의 의정부 부동산법조사회(1906년~1907년)와 대한제국 내각의 법전조사국(1908~1910)의 입법과 관련된 초안문서이다. 부동산법조사회와 관련된 기록은 『韓國立法事業担任当時ニ於ケル起案書類』(분류번호 A5a/25) 등이다.

회장으로 발족하되, 조사회의 위원으로는 한국의 전반적인 법률에 정통한 한국인 가운데에서 선발하기로 했다.[14]

한국정부는 1906년 7월 13일 토지소관법 기초위원회를 설치하였다.[15] 그런데 원래 한국정부가 정한 토지소관법 기초위원회가 먼저 위촉되었으나,[16] 이것이 일본측의 의도에 따라 '부동산법조사회'로 개편되었다.[17] 이 조사회의 위원은 앞서 토지소관법 기초위원들을 제외하고 일본인을 위주로 하는 인사들이었고, 이들은 대부분 1907년 12월 이후 법전조사국의 사무관으로 되었다.[18]

이후 부동산법조사회는 1906년 7월부터 부동산 관례에 관한 현지조사를 착수했고, 일본인과 한국인을 한 조로 구성하여 조사를 맡겼다. 실무조사원은 13도 관찰부에서 조사활동의 원만함과 편의를 도모하기 위해 일정한 원칙을 제정하는 내용으로 의정부 훈령을 통해 지방관에게 하달하였다. 지방의 관습에 대한 조사는 처음으로 1906년 7월 26일부터 8월 6일까지 한국의 대표적인 도시 8곳에서 이루어졌다.[19] 다음으로 2차 조사는 1906년 8월 이후에 전국 각 지방에서 이루어졌다.

한편 1906년 8월 15일에는 제10회 시정개선협의회에서 「부동산권소관법」 초안을 이토에게 제출하였다. 이 법은 답·전·산림·천택·기타의 토지·가옥 토지의 정착물 등 모든 부동산권에 대한 규정을 담고 있었다. 이후 우메는 초안에 대한 수정안을 제출하였으며, 마침내 10월 16일 법률 제6호 「토지 건물의 매매·교환·양여·전당에 관한 법률」로 공포하였다.[20] 이렇게

14) 제8회 <협의회>, 김정명 편, 1992, 앞의 책, 257쪽 참조.

15) 『황성신문』 1906.7.16, <제도위원회>.

16) 『황성신문』 1906.8.18, <정회의안> 참조.

17) 정긍식, 1991, 「한국법률기초기관에 관한 소고」, 박영호교수회갑기념논총발간위원회 편, 『한국법사학논총』, 박영사, 119쪽 참조.

18) 『관보』 4257호, 1908년 12월 19일 서임급 사령 ; 『起案』(규17746), 제19책 참조.

19) 부동산법조사회, 1906, 『韓國不動産ニ關スル調査記錄』.

20) 『황성신문』 2292호, 1906.9.25, 잡보, 13-494쪽 ; 2295호, 1906.9.28, 잡보, 13-506

부동산거래시 관의 인허와 부정 발생시 강력한 처벌을 포함하고 있는 법률 6호는 일본측에서 추진하는 토지 가옥 거래에 관한 법률과 상당한 차이가 있었다. 이에 따라 일본 통감부에서는 불과 10일 후인 10월 26일, 별도로 칙령 제65호「토지가옥증명규칙」을 공포하였다.21)

이는 당시 토지건물의 매매, 교환, 양여, 전당을 통하여 토지거래를 증명하고, 일본인의 토지소유를 합법화시키는 제도를 마련한 것이었다. 토지가옥증명규칙의 시행과 별도로 이루어진 부동산법조사회의 토지관습조사는 원래 취지를 살리지 못하고, 1907년 12월 해체되어 법전조사국으로 재편되었다.

1907년 12월 23일 '법전조사국 관제'를 공포하였다. 법전조사국은 의정부에 소속되어 내각총리대신의 감독을 받으며, 민법, 형법, 민사소송법, 형사소송법 등 부속법령의 기안을 맡았다. 이후 1908년 5월 법전조사국 분과규정을 마련하여 법전의 조사 및 편찬사업을 정비 확정하였고, 이후 6월 위원회의 부분 개편이 있었다.22)

법전조사국은 관습조사를 위해 민사, 상사 전반에 걸쳐 조사항목 206개를 선정하고, 각 지역의 관습에 대한 구체적인 조사에 나섰다. 이는 우메 겐지로가 구상한 민법전 체계에서는 민법과 상법을 하나로 하는 '민·상2법 통일법전'이었기 때문에 일본 민법전과 상법전의 체계에 따라 구성하였

쪽 ; 2296호, 1906.9.29, 잡보, 13-510쪽 ; 1907년 10월 5일 황성신문 기사에 의하면, "정부 부동산조사소에셔 부동산에 관ᄒᆞᆫ 규정을 기초 필료ᄒᆞᆫ 고로 작일 정부에셔 해규정을 인간ᄒᆞ야 십삼도관하 각 군에 발훈ᄒᆞ얏다더라"라고 하여 새로 제정된 부동산 규정을 책자로 만들어 배포했다고 하고 있다(『황성신문』 2300호, 1906.10.5, 잡보, 13-526쪽). 이 규정은 일체 관보에 게재되지 않았으며, 중도에 폐기된 것으로 보인다.

21) 후속조치로 통감부는 11월 16일 통감부령 제42호「토지건물증명규칙」을 공포하였다(『구한국관보』 제3598호, 1906.10.31. 16-963쪽「칙령 65-토지가옥증명규칙」 참조).

22) 이영미, 2011, 『한국사법제도와 우메 겐지로』, 일조각, 156~158쪽.

다.[23] 법전조사국은 1908년 5월말부터 12월말까지 경기도, 충청남북도, 경상남북도, 전라남북도 등 7개도의 조사를 완료했고, 1909년에는 황해도, 평안남북도, 함경남북도, 강원도 조사를 완료하여 전국적 조사사업을 일단 마무리하였다. 각 지역의 조사활동은 모두 조사보고서로 작성되어 법전조사국 위원장인 구라토미 유사부로(倉富勇三郎)에게 보고되었다.[24]

또한 이 시기에는 일본이 황실재정 정리의 일환으로 광범한 국유지 창출과 소유권 분쟁 문제를 정리하였다. 조선후기이래 궁장토(宮庄土)와 역둔토(驛屯土) 등에서는 왕실과 국가, 중답주, 소작농민간의 갈등이 계속되고 있었는데, 일제는 소유권분쟁을 해결하면서도 자신들의 국유지 확대 정책을 추진했다. 그 결과 분쟁토지 중 일부는 원래 민유지로서 판정되어 환급되었지만, 대다수의 국유지는 그대로 국가의 소유로, 결국 일제 총독부의 소유로 넘어갔으며, 이어 동양척식주식회사를 비롯한 일인 토지자본가들에게 불하되었다.

또한 일본은 징세제도의 개혁을 추진하면서 기존의 지세수취체계를 해체하고 중앙집중적인 재정운영체계를 수립하려고 하였다. 이에 따라 통감부에서는 정밀한 지세부과규정과 운영체계를 마련하였다. 대표적인 제도가 1907년부터 시작된 '결수연명부(結數連名簿)'의 조제작업이었

---

23) 법전조사국은 전국을 일반조사 48개 지역, 특수조사 38개 지역, 일반 및 특수조사 16개 지역 등 총 70개 지역을 대상으로 하여 관습을 조사하였다. 또 조사의 편의를 위해 전국 48개 지역을 제1관과 제2관 지역으로 구분하였는데, 제1관 지역은 경기도, 충청도, 경상도, 전라도 등 한반도 중남부 26개 지역이었으며, 제2관 지역은 황해도, 평안도, 함경도, 강원도 등 한반도 중북부 22개 지역이었다. 이에 따라 1908년 5월말부터 12월말까지 제1관 지역을, 1909년에 제2관 지역을 조사하였다. 이승일, 2009, 「일제의 관습조사와 전국적 관습의 확립과정 연구」『대동문화연구』 67, 375쪽 ; 이영학, 2014, 「통감부의 조사사업과 조선침탈」『역사문화연구』 39, 249~253쪽.

24) 1910년 9월 법전조사국이 폐지되었고, 10월에는 잔무 정리 차원에서 전국에서 취합한 각 지방의 관습조사보고서에 채록된 관습을 분석하여 최종적으로 종합된 관습조사보고서가 편찬되었다(조선총독부 중추원, 『조선구관제도조사사업개요』, 1938, 19쪽).

다.[25] 1907년 7월 30일 일본은 13도에 걸쳐 세무감에게 작부의 원칙을 마련하여 훈령하였다.[26] 이 방침에 따르면, 기존의 깃기(衿記) 및 작부안(作夫案)에 일체의 허문(虛文)을 없애고 반드시 납세자의 성명을 기재토록 하였으며, 토지를 정확하게 파악하기 위해서 두락수, 일경수(日耕數) 혹은 평수를 기재하도록 하였다. 또한 지목도 전과 답 이외에도 대지를 구별하게 하였다.[27] 이후 결수연명부는 단순히 지세대장만이 아니라 토지에 관한 기본장부로서 성격을 지니게 되었다.

2) 토지조사의 방침 공포와 경기지역 주민의 대응

일본은 1906년 6월부터 토지조사의 준비에 착수하기 시작하였다.[28] 1908년 7월 이후 탁지부의 산하 기관으로 왕실의 재산 정리를 담당하였던 임시재산정리국은 측량기술자의 양성, 토지조사를 위한 예산 마련, 토지조사 방법의 연구, 토지조사의 시험 실시, 토지조사사업을 담당할 독립기구의 설치 등을 준비하였다.[29]

1909년 2월에는 대구재무감독국장 가와카미 츠네로(川上常郞)는 토지조

25) 趙錫坤, 1995, 「朝鮮土地調査事業에 있어서의 近代的 土地所有制度와 地稅制度의 確立」, 서울대 경제학과 박사학위논문, 242~257쪽.

26) 『한국재정정리보고』 제5회, 1907년 10월, 31~32쪽.

27) 경기도 이천군과 음죽군의 경우에도 새로이 작부사업이 진행되었다. 이천군은 1906년 결수가 2,331결 70부 4속이었는데, 새로이 조사된 결수가 90결 63부 1속이 되어 모두 2,422결 33부 5속으로 증가되었다. 또한 음죽군은 1906년 결수가 1,163결 38부 5속이었는데, 새로이 51결 85부가 조사되어 1,215결 23부 5속으로 늘어났다. 이때 종래 전통적인 속인주의에 입각한 작부방식을 변경하여 속지주의로 바꾸기도 했다. 이천군은 속지주의인 반면, 음죽군은 속인주의에 의해서 이루어졌다(『地稅作夫ニ關スル書類』(규20951), 이천재무서 보고서 제3호, 1908년 1월 27일).

28) 『한국세계계획안(참고자료)』 통감부 재정고문부, 1906년 6월, 31~32쪽 ; 이영호, 2001, 『한국근대 지세제도와 농민운동』, 서울대학교출판부, 541~548쪽.

29) 宮嶋博史, 1991, 『朝鮮土地調査事業史の硏究』, 東京大學 東洋文化硏究所, 379~421쪽.

사의 실시에 대비한 문서로 『토지조사강요(土地調査綱要)』를 만들기도 하였다.[30] 1909년 11월부터 다음 해 2월까지 경기도 부평군 일부 지역에서 시험적인 토지조사를 실시했다.[31] 마침내 일본은 1910년 1월 전국적인 토지조사와 지주의 토지신고를 명시한 「한국토지조사계획서」를 성안해 놓았다.[32] 당시 도하 신문지상에서도 일본이 추진하는 토지조사계획에 대해 연일 자세히 보도하고 있었다. 1910년 2월에는 토지조사계획이 완성되어 다음 달부터 착수하기로 했다고 보도하면서, 이번 조사는 개인의 소유권을 확실하게 하기 위한 조사라고 소개하였다.[33]

1910년 3월 15일에는 토지조사국 관제가 공포되고, 대한제국 탁지부 소속 기관으로 토지조사국이 비로소 설립되었다.[34] 이때부터 토지조사국은 전국 토지에 관한 조사 계획을 구체적으로 마련하기 시작하였다. 당시 신문에서는 4월 28일 「토지재정법(土地裁定法)」 논의과정을 소개하고, 4월 30일에는 토지소유자에게 지권(地券)을 교부한다는 방침을 전하고 있다.[35] 당시 지방 각 군청에서 인민의 토지 매개에 대해 근거가 될 만한 문권을 제출하고 소유지 증명을 신청하고 있기는 했지만 여러 가지 이유를 들어 지방 관아에서 증명을 늦추거나 해주지 않는 경우가 많았기 때문이었다.[36] 가장 중요한 문제는 하나의 토지에 대하여 소유자임을 주장하는 자가 다수인 경우에 그 소유를 조사하여 확정하는 방법에 관한 것이라고 보도하

---

30) 川上常郎, 1909.2, 『土地調査綱要』.

31) 『토지조사참고서』 제4호, 「土地調査試行報告」(1910.4.28.) ; 이영호, 2008, 앞의 논문, 266~291쪽.

32) 탁지부, 「한국토지조사계획서」(1910년 1월) ; 남기현, 2009, 앞의 논문, 139~141쪽.

33) 『경남일보』 40호, 「토지조사착수기」, 1910.2.20., 41호, 「토지조사의 취지」, 1910.2.22.

34) 『관보』 4627호, 「칙령 제23호, 토지조사국관제」, 1910.3.14.~3.15, 69~70쪽.

35) 『경남일보』 70호, 1910.4.28 ; 74호, 「지권교부설」, 1910.4.30 ; 「韓國不動産ニ關スル調査記錄」, 부동산법조사회, 1906.

36) 『경남일보』 74호, 「토지증명에 대한 민 怨聲」, 1910.4.30.

고 있다.37)

1910년 5월에는 토지조사의 목표가 제시되었는데, 첫째 토지권리의 설정법, 둘째 토지 종별 및 등급, 셋째 지권발행이었다.38) 5월 22일 토지조사에 착수할 때는 토지조사의 방법을 소개하기도 하였다. 제실유(帝室有) 또는 관유(官有), 민유(民有)를 불문하고 해당 지주로 하여금 소관 토지조사부에 통고케 한다는 원칙으로 정했다고 하면서 구체적인 신고방법을 소개하였다.39) 또 토지소유권의 문제를 해결하기 위해 각 도에 위원회를 두고 토지소유권 확정에 불복하는 자를 처리하기 위해 경성에 고등조사회를 두기로 결정하였다는 기구 설정 등을 보도하였다.40)

이렇듯 일제의 토지조사 방침에 대해서는 전국을 대상으로 하는 『황성신문』 『대한매일신보』를 비롯하여 경상남도 지방 신문인 『경남일보』에 이르기까지 각종 신문들은 커다란 관심을 불러일으키면서 상세하게 보도하였다. 더구나 토지조사국이 토지조사를 제1차로 착수할 지방으로 선정한 결과를 보도하면서 경기도 교하군 남, 충남 전부, 충북 괴산군 남, 경북 서북반부, 경남진지이동, 전북 진산 금산 부근이라고 시행지역까지 소개하고 있었다.41)

그렇지만 한국인들은 처음에는 통감부 주도의 토지조사 방침이 호의적으로 인식하지는 않았다. "土地調査局에셔 日問調査에 着手ᄒᆞ다ᄒᆞᆷ은 旣報ᄒᆞᆫ 바어니와 各地方人民等은 以謂ᄒᆞ기를 政府에셔 莫大ᄒᆞᆫ 經費를 投ᄒᆞ야 無端히 民有地를 調査ᄒᆞᆯ 理由가 無ᄒᆞᆫ 즉 今番調査ᄂᆞᆫ 暗弱者의 所有地를 官有로 抑奪ᄒᆞ얏다가 後日日本移民에게 與ᄒᆞ랴ᄒᆞᆷ이라고ᄒᆞᆫ다ᄂᆞᆫ 說이 有ᄒᆞ다더라"고 하였다.42) 당시 여론에서는 각 지방의 인민들이 정부에서 막대한 경비를 투입하

37) 『황성신문』 「소유자사출방법」, 1910.4.27.

38) 『경남일보』 75호, 「토지조사방법」, 1910.5.2 ; 76호, 「조사국 방침」, 1910.5.4..

39) 『경남일보』 85호, 「토지조사방법」, 1910.5.22..

40) 『황성신문』 「토지조사의 高等」, 1910.6.2.

41) 『황성신문』 「조사착수지」, 1910.6.4.

여 무단히 민유지를 조사할 이유가 없다고 파악하고, 이번 조사는 암약자의 소유지를 관유로 빼앗았다가 후일 일본 이민에게 주려고 한다는 풍문이 나돌고 있다는 것이다. 이렇게 비록 대한제국 산하 정부 기구로서 토지조사국이 설치되고 전국적인 토지조사에 나선다고 하지만, 일본의 영향 하에 추진될 뿐만 아니라 일본인 이민을 위한 조치라고 하니 회의적일 수밖에 없었다.

그럼에도 불구하고 토지조사당국은 마침내 1910년 8월 23일 법률 7호 「토지조사법」과 「토지조사법시행세칙」을 발포하는 등 토지조사의 시행을 서둘렀다. 토지조사법에는 토지소유자의 신고서 제출, 표항 설치, 지주 총대, 소유자 이동 신고규정 등 세부 내용을 포함하였다. 임시토지조사국은 1910년 9월부터 경기도 일부 지역과 경상북도 대구 등지에서 토지조사를 진행시키겠다는 방침도 공포했다.[43] 각 지역에서는 실시되는 토지조사 기한과 토지신고서의 제출기한이 관보에 고시될 것이니 이에 유의하여야 한다고 하면서 지주가 기한이 지나도 신고하지 않을 시에는 20환 이하의 벌금에 처한다고 하여 강제적인 시행방침을 강조하고 있다.[44]

이후로도 전국 대부분 지역에서 토지신고가 순조롭게 진행되지 못하였다. 한국인들의 대부분은 토지조사를 환영하지도 않고 비협조적이었기 때문이다.[45] 임시토지조사국 부총재 타와라 마고이치(俵孫一)는 1910년 6월 부평군 등지에 토지조사의 상황을 관찰차 출장하였다가 해당 군의

42) 『황성신문』 「土地調査에 民情」, 1910.6.8.

43) 1910년 10월초에는 경기도 지역에서는 부평, 양천 지역의 토지조사가 완료되었고, 김포, 통진, 시흥, 안산, 과천 등 5개 군 지역과 경상북도 대구군에서 시행중이었다. 1911년 4월초 이들 지역에서 이미 마감되고 있었다(조선총독부 임시토지조사국, 『局報』 8호, 63~83쪽, 한국역사연구회편, 2004, 『국보』 1, 국학자료원, 630~650쪽).

44) 『경남일보』 147호, 「토지조사의 주의」, 1910.10.9.

45) 일본외무성, 1912, 「미국대리대사의 조회에 대한 변명」 『朝鮮土地調査法關係一件』, 69~74쪽.

면리장 등을 소집하고 토지조사에 관해 연설해야 했다. 9월 12일에는 학부에서 이를 편찬하여 간행하고 각관청에 1부씩 송치하였다.[46] 이렇게 1차 설명서를 배포했지만, 토지조사의 취지 등은 잘 납득되지 않았다.

왜냐하면 임시토지조사국은 1910년 12월 경기도와 경상남북도 등에서 실지 조사 작업에 대해 근거 없는 유언(流言)들로 인하여 사업의 취지를 오해하는 자가 적지 않다고 파악하고 있었기 때문이었다. 이에 따라 임시토지조사국 타와라 부총재는 신문과의 인터뷰를 통하여 토지조사사업의 취지를 다시 한번 설명할 수밖에 없었다.

이때 타와라 부총재는 "항간에 세인들이 토지의 조사로써 혹은 지세개정을 위함이라 하고, 혹은 지반을 측량할 뿐이라고 생각하는 사람이 있으나 토지조사는 지적을 분명히 하고 지목을 정하여 소유자의 조사를 하는 것으로 후에 지권을 발행하여 소유자에게 교부하는 것"이라고 강조하였다. "기왕에 조선에서는 『대전회통』에서 물론 토지의 소유권을 인정하였으나 소유권을 등록하는 대장의 정리가 불완전하여 이를 증명하는 방법이 없다"고 지적하였다. 그는 이전에 토지증명규칙을 발포하기는 하였지만, 토지소유권의 이전, 즉 매매, 전당, 상속 등의 경우 충분한 증거를 대기 위해서는 현 토지제도에서는 불완전하기 때문에 토지조사사업을 착수하는 것이라고 하였다.

그에 따르면, 토지조사의 취지는 첫째, 지적을 분명히 해 토지소유권 및 토지에 관한 제반 권리를 확인하는 고로 토지의 경제적 가치를 증진하여 그 가격을 등귀(騰貴)케 하고, 둘째, 권리에 대한 증명의 제도를 명확히 실행함으로써 매매 혹은 양여, 전당 등 토지의 경제적 이용을 증대케 하고 장래 시세의 진운(進運)과 인문의 발달에 따라 층생첩출(層生疊出)하는 토지의 분쟁을 방지함을 얻을 것이고, 셋째, 지권(地券)을 발급하여 토지에

46) 『황성신문』 「土地調査視察」, 1910.6.10 ; 「査土演說刊付」, 1910.9.13.

관한 금융을 원활케 함으로써 지방의 금리를 저하케 하고, 넷째, 지세의 기초를 확립하여 부담의 공평을 보지함을 얻음으로써 국고수입의 증진을 기하고 재정운동을 원만케 하고, 다섯째는 산업의 개발 기타 행정각부의 시설 개선 등이 이루어질 수 있다는 것이었다.[47)]

이것으로는 부족했던지 토지조사당국은 별도로 「토지조사사업설명서」를 만들어 해당 지역의 면장이 해당 주민들에게 설명하도록 하였다. 이 「설명서」에서는 전국의 토지를 조사 측량하여 그 강계 및 면적 등을 명확히 하고 각인의 토지소유권을 확인하여 이를 관부(官簿)에 등록하여 지주로 하여금 안전하게 영원히 그 토지를 개선하여 이용케 하려는 것이라고 하였다.[48)] 이 내용을 도하 신문에 아예 거듭하여 연재물로 게재하게 하였다.[49)]

이렇게 토지조사 설명서를 배포한 이유에 대해서는 「토지조사 사업설명서」 '7장 토지조사에 대한 변망(辨妄)'에 잘 나타나있다.[50)] 첫째 토지조사의 필요가 없다는 잘못된 견해에 대해 그동안 소유지의 위치, 형상 면적을 상세히 알지 못하여 토지의 이용 개발을 하지 못했다고 하였다. 둘째, 결세를 증가할 목적이라 한 것도 오해라고 하였다. 국가의 조세는 국가의 통치상 각 제반 시정에 수반하여 국민의 부담력에 비추어 부과하는 것이니 토지조사를 행함에는 조사사업의 완성에 하등 관계가 있지 않다고 변명하였다.

셋째로 중요한 지적은 사유지를 관유지로 함에 있다는 평판에 대한 비판이었다. 이전 궁내부 소유의 토지를 국유로 옮기고 각 도에 산재한

---

47) 『매일신보』 「토지조사사업방침(俵 부총재의 談)」, 1910.12.9, 12.11, 12.14(3회).

48) 『경남일보』, 1910.12.25, 3면, 163쪽.

49) 『매일신보』 「토지조사사업 설명서」, 1910.12.21.~1911.1.1 ; 『경남일보』 「토지조사사업 설명서」, 1910.12.25.~1911.1.22.

50) 『매일신보』 「토지조사 사업설명서」, 1911.1.1, 2면, 410쪽 ; 『경남일보』 「토지조사 사업설명서」, 1910.12.25, 3면, 163쪽.

역둔토와 기타 국유지를 조사하여 관민유지의 구분을 명확하게 한 것이고, 이번에는 각개인의 토지소유권을 확인하여 토지의 개량이용을 완전 원만케 하기 위한 것이라고 하였다.

넷째, 토지조사의 결과, 타인에게 약탈되리라는 평판에 대해 기우라고 지적하였다. 토지의 소유사실을 조사하여 정당한 지주를 인증하는 것 외에는 다른 뜻이 없다고 하면서 지주의 보호와 국민경제의 발전에 있으므로 국가의 대사를 바로 알도록 강조하였다.

이렇게 토지조사에 대한 각종 소문과 오해에 대해 당시 공식적으로 설명서를 배포하거나 신문을 통한 간접적인 홍보를 여러 차례 지속했다. 그럼에도 불구하고 일반 주민들이 가지고 있었던 의구심이 해소되지는 않았다. 경기도를 비롯하여 전국 각지에서는 토지신고가 예상외로 지체되고 있었다는 점에서 알 수 있다.[51)]

1911년 5월『매일신보』기사에는 임시토지조사국에서 각 지방에 측량사무를 실시하기 위하여 삼각 측량 표기와 표석을 토지구역에 설립해두었는데, "우매한 인민들은 해 표기 및 표석을 빼앗아버리는 자도 있고, 절취하는 자도 있어서 방해가 적지 않다"고 보도하였다.[52)] 특히 경기도 수원, 진위, 안성, 양성 등 각 군 인민들은 불온한 말을 전파하여 다양한 방법을 이용해서 조사를 방해하거나 지연시키고 있었다고 하였다. 심지어 "인가의 문밖에서 주인을 부를 때에 대답만 하여도 천리병(千里病)에 걸리거나 혹은 즉사한다고 하고 선동한다"고 할 정도였다고 했다.

이렇게 토지조사 당국은 토지조사 설명회를 개최하여, 각 군별로 보통학교 안에 관계자 및 기타 3~4백 명씩 집합케 하고 소유권의 관념, 소유권

---

51) 경기도 조사에서는 탁지부 토지조사국이 부평, 양천, 김포, 통진, 강화, 교동 등지의 토지를 조사하기 위하여 파송할 때 이들을 극력 보호하라는 훈령을 발하고 있었다(『매일신보』 1911.5 기사 참조).

52) 『매일신보』「골계적 풍설과 오해」, 1911.5.9, 2면 6~7단, 26쪽 ; 「토지조사와 주의」, 1911.5.21, 2면 4단, 70쪽.

확인의 지주의 이익, 조세의 관계 등을 설명하면서 토지조사가 결코 불용(不用)의 업이 아니라는 사실을 강조하였다.[53] 그러면서 여러 차례 설명회를 개최한 결과 점차 홍보의 효과가 나타나기도 하였다. 1911년 3월말까지 조사한 지역은 경기도 11부군 및 경부 대구부 정도였다. 필지수는 23만 1,801필지이고, 면적은 7만 263정보 9반보에 이르렀다고 하였다. 이후 1912년 3월에는 경기도 5개 군과 경상북도 7개 군에 약 30만 정보에 대한 조사를 마칠 예상을 하기도 하였다.[54]

당시 토지의 실지조사 목표는 1) 소유권 조사, 2) 분쟁지에 관한 조사, 3) 개황도의 조제, 4) 실지조사부의 조제, 5) 수확조사, 6) 지위등급조사 등으로 설정하고 있었다. 1911년 8월 현재 전국적인 토지조사의 진행은 다음과 같았다.[55]

<표 1> 전국 토지조사 상황(1911년 8월)

구분	1911.8 조사 완료지역	진행 중인 지역	본년 내 착수할 지역
경기도	시흥군, 김포군, 양천군, 부평군	인천부, 과천군, 통진군, 강화군, 수원군, 안산군	진위군, 양성군, 광주군, 용인군, 양성군, 죽산군, 안성군, 여주군, 음죽군, 이천군, 교동군, 남양군
경상북도		대구부, 고령군	현풍군, 청도군, 영천군, 경산군, 하양군, 자인군
경상남도			밀양군 외 8개 군
충청북도			충주군 외 5개 군
충청남도			직산군 외 22군

1911년 8월에는 토지조사는 전국적으로 적은 지역에서 시행되고 있었다. 경기도만 해도 시흥, 김포, 양천, 부평 등 4곳에서 완결되었을 뿐이고 진행 중인 곳이 인천, 수원, 안산 등 6개 지역에 불과했다.[56] 경상북도에서

53) 『매일신보』「토지조사와 설명」, 1912.1.21, 2면 4~5단, 74쪽.

54) 『매일신보』「토지조사와 설명」, 1911.5.18, 2면 4~5단, 58쪽.

55) 『매일신보』「토지조사의 現狀」, 1911.8.13, 2면 3~4단, 350쪽.

56) 1911년 12월 현재 토지조사를 완결한 지역은 경기도 부평, 양천, 김포, 통진, 강화, 교동, 시흥, 과천, 안산, 인천, 경상북도 대구 등이었고, 1912년 3월 완료

는 대구와 고령 정도였다. 이후 경기도에서 1911년 내로 착수할 지역이 여타 대다수 지역이었으므로 토지조사의 취지와 진행과정에 관한 제반 홍보가 확산될 필요가 있었다.

실제 여러 지역의 토지조사에는 협조하는 분위기가 점차 조성되고 있었다. 1911년 8월 14일에는 수원과 대구지방의 토지조사에서는 "토지조사에 관한 조선인의 의향은 근래에 현저히 변화하여 현금은 토지의 측량을 자청하여 토지를 측량치 안이치 못할 자임을 각오함과 여하니 우는 필경 소유권을 확실히 얻고져 하는 희망으로부터 출(出)함이라"라고 설명하였다. 이렇게 우호적인 상황이 진행되면 전체 도의 조사사항도 의외로 조속 완료될 것이라고 희망어린 전망을 내놓기도 하였다.[57)]

그렇지만 경성부에서 시행된 시가지 토지조사의 경우에는 다른 지역에 비해 훨씬 어려움을 겪고 있었다. 토지조사가 바로 착수하지 못하는 이유로는 토지의 등수(等數)가 많다는 일, 택지 조사가 곤란한 일, 자연 분란이 많은 일, 토지에 관한 이동이 많은 일 등을 들고 있었다. 그래서 임시토지조사국은 미숙한 조사원으로는 도저히 불가능하므로 조사원이 숙련된 이후에나 일시에 투입하여 조사해야 한다는 입장을 밝혔다.[58)] 그래서 경성시가지에 대한 조사는 경기도 다른 지역과 달리 1912년 3월에 뒤늦게 착수되었다. 경성과 같은 대시가지는 토지에 관한 권리의 분쟁과 경계의 쟁의 등이 많고 소유자의 전전이동(轉轉移動)이 격심했기 때문이었다.[59)] 아무튼

예정인 곳은 경기도 광주, 남양, 수원, 진위, 양성, 안성, 죽산, 양지, 용인 및 경상북도 경산, 고령, 현풍, 청도 등이었다(『매일신보』「토지조사의 現狀」, 1911.12.3, 2면 4~5단, 730쪽).

57) 『매일신보』「토지조사와 鮮人」, 1911.8.14, 2면 6단, 318쪽.

58) 『매일신보』「토지조사현상」, 1911.12.3, 2면 4~5단, 730쪽.

59) 『매일신보』「토지조사와 鮮人」, 1912.3.21 ;「경성시가지토지조사에 관한 주의(1)」, 1912.3.21, 274쪽 ;「경성시가지토지조사에 관한 주의(2)」, 1912.3.23, 277쪽 ;「경성시가지토지조사에 관한 주의(3)」, 1912.3.24, 281쪽 ;「경성시가지토지조사에 관한 주의(4)」, 1912.3.27, 289쪽 ;「경성시가지토지조사에 관한 주의

경성시가지토지조사에 대해서는 특별히 주의사항을 몇 차례에 걸쳐 매일신보에 연재하면서 토지조사와 토지소유자에게 반드시 신고해 나설 것을 홍보하고 있었다.

○「京城 市街 土地 調査에 關ᄒᆞᆫ 主意(1)」土地關係者의 一部에는 土地調査局은 故意로 市街地의 調査를 遲延케 함과 如히 思하는 者도 不無ᄒᆞ되 曾往에 余가 陳述함과 如히 本局 開始以前에 旣히 試驗的으로 京畿道 富平郡及慶尙北道 大邱市街의 調査를 行ᄒᆞ고 開局後ᄂᆞᆫ 該試驗地方의 調査를 繼續ᄒᆞ야 其地를 中心으로 ᄒᆞ고 점차 接近地區에 事業을 擴張할 方針을 採ᄒᆞᆷ이오. ……且一理由를 述ᄒᆞ건ᄃᆡ 京城과 如ᄒᆞᆫ 大市街ᄂᆞᆫ 土地에 關ᄒᆞᆫ 權利의 紛爭과 境界의 爭議 등이 多ᄒᆞ고 加之而所有權의 轉轉移動이 激甚ᄒᆞᆷ으로써 一次着手ᄒᆞᆫ 以上에는 可及的 迅速히 完成할 必要가 有ᄒᆞ니.[60]

○「경성 시가 토지 조사에 관한 주의(3)」三, 冒認其他의 紛爭 立錐之地라도 此를 所有ᄒᆞᆫ 者ᄂᆞᆫ 凡申告書를 提出ᄒᆞᆷ에 注意치 안이ᄒᆞ면 或은 眞實ᄒᆞᆫ 所有者가 懈怠ᄒᆞᆫ 結果로 借地人 又ᄂᆞᆫ 小作人이 是를 冒認ᄒᆞ야 自己의 名으로써 申告ᄒᆞ고 久히 紛議ᄒᆞ야 權利의 確定을 遲延케 ᄒᆞᄂᆞᆫ 例가 不尠ᄒᆞ며 특히 遠隔ᄒᆞᆫ 地에 在ᄒᆞᆫ 地主ᄂᆞᆫ 往往土地調査의 開始를 不知ᄒᆞ고 且其管理人도 此를 不知ᄒᆞ야 土地가 他人의 手에 依ᄒᆞ야 申告되야 紛失로 因ᄒᆞ야 當局者가 審議ᄒᆞᄂᆞᆫ 某期間에 自己의 土地가 有ᄒᆞ야도 此를 自由키 不能ᄒᆞ야 不慮의 災厄에 罹ᄒᆞᄂᆞᆫ 者도 不尠ᄒᆞᆫ 즉 申告書ᄂᆞᆫ 반다시 提出치 안이치 못ᄒᆞᆯ지라 局은 實地調査에 當ᄒᆞ야 同一地區에 二以上의 申告書가 有ᄒᆞᆫ 境遇 及 地主立會의 際에 境界에 不明한 者가 有ᄒᆞᆫ 時ᄂᆞᆫ 凡此를 紛爭地로 ᄒᆞ야 審査ᄒᆞᄂᆞᆫ 者이라.[61]

---

(5)」, 1912.3.28, 293쪽.

60)『매일신보』「경성시가지토지조사에 관한 주의(1)」, 1912.3.21, 274쪽.

○ [社說]「土地所有者의 注意」若地主가 所定한 期限內에 調査局 혹은 調査局出張所員에 申告提出을 怠ᄒᆞ거나 又申告를 提出치 안이ᄒᆞᄂᆞᆫ 時ᄂᆞᆫ 當局에셔 該土地에 對ᄒᆞ야 地主의 有無所有權의 確實 等을 審査ᄒᆞ다가 若所有者를 認치 못ᄒᆞᄂᆞᆫ 境遇에는 該土地를 地主가 無ᄒᆞᆫ 자로 看做ᄒᆞ야 當然히 國有地로 編入ᄒᆞᄂᆞᆫ 手段을 執ᄒᆞᆷ으로 一般土地, 所有者ᄂᆞᆫ 告示를 對ᄒᆞ야 申告提出을 勿怠ᄒᆞ라 하얏더라.[62]

○ [社說]「土地所有者의 注意」若土地所有者가 此에 注意치 안이ᄒᆞ고 申告書提出期限을 違越ᄒᆞᄂᆞᆫ 時ᄂᆞᆫ 必相當한 罰金도 有ᄒᆞᆯ려니와 其所有權도 失ᄒᆞᆯ 虞慮가 有ᄒᆞᆯ지라 人民의 知識에 淺短ᄒᆞ야 此注意事項을 汎然看過ᄒᆞ고 혹 申告를 提出치 안이하거나 四表를 不建ᄒᆞ던지ᄒᆞ야 誰某의 所有인지 不知ᄒᆞᄂᆞᆫ 時ᄂᆞᆫ 調査上에 困難은 姑舍ᄒᆞ고 勿論其土地ᄂᆞᆫ 無主로 認ᄒᆞᆯ지라.[63]

우선 토지조사 당국은 소유토지의 소재지가 멀리 떨어진 원지(遠地)에 있는 경우, 해당 지주에게 주의를 주고 있었다. 특히 경성지역에서는 토지의 권리 분쟁과 경계 쟁의가 아주 심하므로 이에 대한 주의가 요한다고 판단하고 있었다. 더욱이 경성 지역은 자본의 소재지로 지방의 군과 부의 땅에 투자를 한 사람이 다수이므로 자기의 소유한 지구에 대해 조사 집행 시에 선량한 소작인 또는 관리인이 그 일을 지주에게 통고하여 신고서 제출 기타의 수속을 밟도록 하였다. 선의로 해석하여도 토지신고시 소작인이나 관리인이 원격지 지주와 달리 신고 절차를 밟는 경우가 많아 분쟁을 야기할 수 있다는 우려에서였다.[64] 그래서 토지조사 당국은 각

61)『매일신보』「경성시가지토지조사에 관한 주의(3)」, 1912.3.24, 281쪽.
62)『매일신보』1913.6.15, 5권, 163쪽.
63)『매일신보』「토지소유자에 대한 주의」, 1912.4.23, 3권, 377쪽.

지주는 반드시 본인 또는 대리인이 토지조사원의 실지조사시에 입회하여 토지소유자임을 확인하도록 당부하고 있다.[65] 이러한 우려는 경성이외 지역에서 부재지주가 소유한 토지에 대해서도 일반화될 수 있는 현상이었다.

또한 "경성내 부자들은 적당한 자기 재산의 수효를 남이 알가 의심하여 전지를 남의 명으로써 출납하는 자도 있고, 각항 세금을 물리지 않을 계획으로 토지와 가옥의 소유권을 은닉하여 또한 남의 명의로써 보관케 하는 자도 있으니"라고 하면서 그와 같이 은닉한 것은 발견하는 동시에 국유로 편입할 것이라고 으름장을 놓고 있다.[66]

토지조사 당국은 애초 토지신고기한 1912년 9월 말일까지 신고하게 하였으나 경성내 토지소유자가 몇 사람이라도 신고기한 내에 제출하지 않으면 마땅히 국유지로 편입할 것으로 강요하고 있었다.

당시 경성 및 경기도 일대에서는 토지신고와 소유권 보존 증명과의 관계를 의심하는 분위기도 있었다. 예컨대 소유권 보존 증명이 있어야 토지신고를 받아준다는 의혹이었다. 1912년 9월 21일자 매일신문 사설은 그렇게 하지 않아도 토지신고를 할 수 있으며, 또한 토지신고 마감의 연기를 통하여 토지신고를 계속할 수 있다는 점을 설명하고 있었다.[67] 당시에는 소유권 보존 증명이 없으면 토지신고를 할 수 없다고 하는

---

64) 『매일신보』「경성시가지토지조사에 관한 주의(4)」, 1912.3.27, 289쪽.

65) 『매일신보』「토지소유자에 대한 주의」, 1912.4.21, 374쪽.

66) 『매일신보』「토지소유자주의 - 토지소유자의 주의할 일」, 1912.6.27, 3권, 603쪽.

67) 『매일신보』[社說] "土地申告와 妄說」京城內市街地土地調査에 對ᄒᆞ야 近來 保存證明이 無ᄒᆞ면 土地申告書ᄂᆞᆫ 受理치 안이ᄒᆞᆫ다ᄒᆞ고 又證明은 本月中에 受치 안이ᄒᆞ면 其所有地ᄂᆞᆫ 國有地에 編入ᄒᆞᆫ다ᄒᆞᄂᆞᆫ 등 流言 浮說이 有ᄒᆞᄂᆞᆫᄃᆡ 原來 申告書ᄂᆞᆫ 現實의 所有者로브터 提出ᄒᆞ면 證明의 有無에 不拘ᄒᆞ고 此를 受理ᄒᆞ야 其效力이 有케ᄒᆞ얏스나 十分寬貸ᄒᆞ야 十二月 三十一日ᄭᆞ지 延期ᄒᆞ얏다ᄒᆞ니"(『매일신보』 1912.9.21, 4권, 69쪽).

풍설로 말미암아 도리어 토지신고가 늦어졌다고 하였으므로 토지조사 당국은 이를 시정하여 보존 증명의 유무와 상관없이 토지신고를 다시 12월 31일까지 관대하게 기한을 늘리니 일개인이라도 지적에 들어가지 않도록 하는 것이 중요하다고 설명하기도 한 것이었다.[68)]

이렇게 토지조사 당국은 한편으로 기한내에 신고하지 않으면 국유지로 편입할 것을 압박하면서도 다른 한편으로 토지신고의 기간을 일정하게 연기해 주면서 지주의 토지신고를 강요하고 있었다.

3. 경기도 안산군 월곡면 월암동 주민의 대응 : 월암동 과세지견취도와 토지신고서를 중심으로

1) 월암동 토지신고 과정과 과세지견취도의 작성

경기도 지역은 다른 지역보다 먼저 토지조사가 착수된 지역이었다. 1910년 8월 토지조사법 공포 이전 부평지역에서 시험조사가 먼저 이루어졌다. 뿐만 아니라 공포 이후에는 부평, 양천, 김포, 통진, 시흥, 안산, 과천 등지에서 토지조사가 착수되었으며, 이들 지역에는 1910년 말까지 토지조사를 마치도록 하였다.[69)] 또 1911년에 들어서는 수원, 남양, 광주, 용인, 양지, 죽산, 안성, 양성, 진위 등지에서 토지조사가 시행되었다. 1912년에 들어서는 이천, 음죽, 여주, 경성시가지, 개성시가지 등에서 토지조사가 진행되었다.

---

68) 당시 실제 토지신고에서 소작인이 자기의 소유지로 신고하고 지주가 이를 모르다가 종종 불복 신청하는 예가 적지 않았다고 한다(『매일신보』「토지조사현황」, 1914.2.10, 2면 2~3단, 272쪽).

69) 『국보』 1, 30~33쪽, 『조선총독부관보』 16호, 1910.9.15 ; 『조선총독부관보』 39호, 1910.10.13 ; 『조선총독부관보』 59호, 1910.11.8 등 관보기사 참조.

이렇게 경기도 지역 토지조사 과정은 1910년 8월 시행 이후 순조롭게 진행되는 것 같았으나 1912년 3월에는 크게 변화하였다. 1912년 3월을 전후로 하여 이전의 토지신고방식과 크게 달라졌기 때문이다. 이제는 토지신고서를 제출하기 이전에 미리 결수연명부의 기재사항과 대조하여 확인하게 하였다. 그 이유는 종전 토지신고서 양식만으로 토지의 위치를 대조할 수 없었기 때문이었다. 이에 부가하여 1912년 3월부터 면밀한 토지 위치와 형상, 면적, 소유자명을 대조할 수 있도록 '과세지견취도'를 새로 작성하였다. 이렇게 지주의 토지신고에 앞서서 상호 대조할 수 있는 「결수연명부」와 「과세지견취도」라는 새 장부를 조제함으로써 토지신고자의 '신고주의'에 의존하기 보다는 다면적인 행정문서의 작성과 통제의 측면을 강화하였다. 이는 토지신고자의 성실한 신고와 확실한 실지조사를 담보하기 위한 것이기도 했지만, 동시에 조선인의 토지신고를 그 자체로 믿지 않으면서 결수연명부와 과세지견취도 등을 통해 상호 대조하여 토지소유자를 확인해 나가려는 것이었다.[70]

그러면 경기도 지역의 토지조사 지역사례로서 안산군 월곡면 월암동의 토지조사과정을 검토해 보자. 이곳 자료로는 토지조사부와 더불어 과세지견취도와 지적원도 및 광무양전사업시 광무양안 등 토지관련 장부가 다수 존재한다.

우선 안산군 월곡면 월암동 지역은 1910년 10월 토지조사사업 당시의 지역 이름이다. 이 지역에서는 1910년 10월 15일에 처음으로 토지소유자의 토지신고를 시작하였다. 안산군의 다른 지역에서는 토지신고서를 접수하

70) 일본의 토지조사 당국은 토지신고서가 지주의 신고에 근거하여 작성되었지만, 신고서 자체만으로는 소유자의 진위 여부를 판단할 수 없다고 보았다. 그래서 1913년 1월 「개정 토지조사심득」과 이후 일련의 통첩을 통해 알 수 있듯이 결수연명부와 과세지견취도를 대조하면서 토지소유자를 확인하였다(왕현종, 2007, 「경남 창원지역 토지조사의 시행과정과 장부체계의 변화」 『역사와현실』 65, 344~345쪽 참조).

는 준비조사 단계는 그해 9월 12일부터 11월 30일까지 80일간에 걸쳐 완료되었다. 안산군 전체 토지신고서는 모두 6,337장, 필지수로는 23,175필지였다. 이후 개별 토지소유지를 일일이 확인하며 상세하게 조사하는 단계로 일필지 조사를 시행하였다. 이때 토지의 경계와 소유자의 여부를 확인하는 작업이 수행되었다. 그렇지만 일필지조사가 그해 10월 26일부터 착수하였으나 조사대상 총필지수가 2만여 필이 넘었기 때문에 다음해로 넘어가 1911년 4월말에야 마칠 수 있었다.[71)]

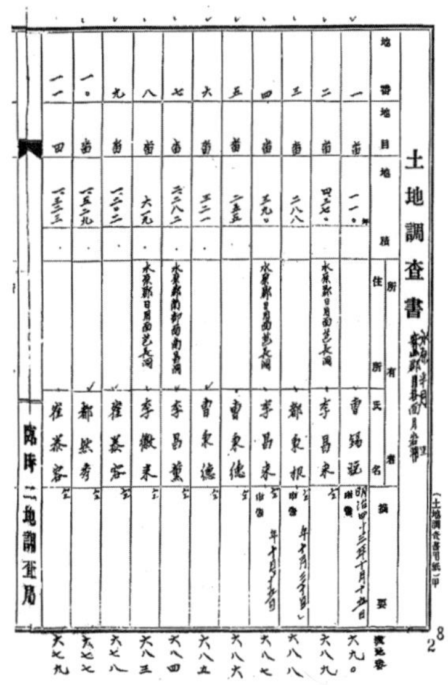

土地調査書

臨時土地調査局

<그림 1> 안산군 월곡면 월암리 토지조사부(1910) 첫 장

이곳 월암리의 토지신고서는 1910년 10월 15일 접수하기 시작하여 전체 696필지 대부분이 그날 신고를 마쳤다.[72)] 또 월암리의 토지측량은 1911년 1월부터 시작된 것으로 보이는데, 5월 13일에 측량을 마치고 지적원도를 완성하였다. 이에 따라 「경기도 안산군 월곡면 월암동 지적원도」 표지에서 나타난 것처럼 1911년 5월에 측량한 결과를 기록해 두었다.[73)]

71) 임시토지조사국, 『국보』 9호, 76~78쪽(한국역사연구회 편, 2004, 앞의 책, 750~752쪽).

72) 전체 696필지 중에서 다른 날짜에 신고한 토지신고서는 21필지에 불과했기 때문에 전체의 97%가 동일한 날짜로 신고되었다. 21필지 중에는 일본인 이와사키 히사야(岩崎久彌)가 10월 7일에 신고한 필지 3개가 있으며, 무신고지로 1필지가 이듬해인 1911년 2월 7일에 국유지로 편입되었다(『수원군 반월면 월암리 토지조사부』 참조).

73) 지적원도에 참여한 사람은 감사원에 기수 오노네(大根治三郎), 부감사원 기수 오야마(大山綱擧), 측량원으로 기수 이해만(李海晩)과 최기신(崔基信) 등이 참여

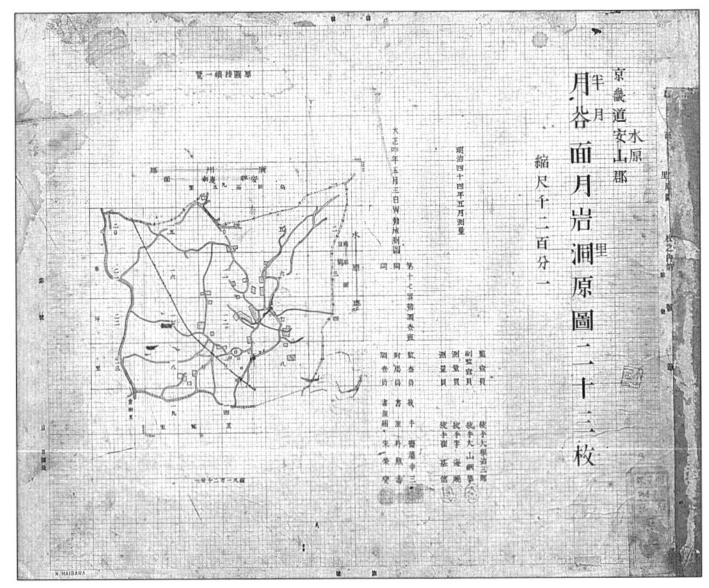

<그림 2> 월암도 지적원도 표지 그림(1911년 5월 측량)

이렇게 하여 1910년 10월 토지신고서의 제출에 이어 실지조사과정이 1911년 5월에 마감할 수 있었다.

그런데 1912년 3월 「과세지견취도」에 관한 조치가 추가되었기 때문에 견취도의 조제와 다른 장부와의 대조작업이 사후에 별도로 추진되었다. 토지신고서 이외에 대조할 수 있는 장부로 「결수연명부」를 조사하는 방침을 추가하였다. 이 때문에 부랴부랴 결수연명부를 다시 정리하기 시작하였다. 1913년 3월경까지 조사한 바에 의하면, 안산군에서 조사했던 결수연명부의 필지는 41,774필지였다. 1910년 10월부터 6개월 동안 조사된 토지필수가 23,175필지였으므로 원래 조사할 필요가 있었던 필지의 55%밖에 미치지 못했던 것이다. 이후 추가로 조사할 필수를 포함하여 모두 30,558필지로 증가하였다고 보고되고 있다.[74] 이렇게 결수연명부와

하였다(정부기록보존소 소장).

74) 『국보』 23호 참고자료 1~3쪽 ; 최종적으로는 안산군 전체 필지수는 41,345필

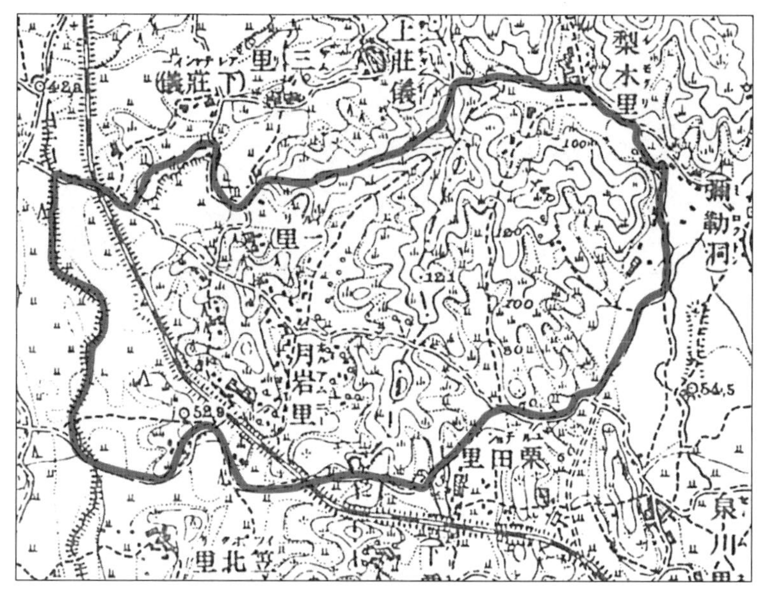

<그림 3> 안산군 월곡면 반월면 월암리 지도(1914) 굵은 회색선 표시는 동리경계 표시임

토지조사필지의 숫자가 차이가 있었던 이유는 결수연명부 조사와 달리 토지신고서와 실지조사를 통해 통폐합된 필지가 다수 발생되었기 때문이었다.

이에 따라 1913년 1월 새로 개정된 '토지신고심득'에서 규정된 바와 같이 토지신고서에다가 결수연명부에 등록되어 있는 토지 번호를 기재하고, 토지 위치를 정확히 파악하기 위해서 과세지견취도에 등재된 번호를 기록하는 것으로 바뀌었다.75)

이렇게 이곳 월암동의 토지조사 과정은 1913년 이후 조사된 전국 다른 지역의 토지조사 과정과 달랐다. 요약하면, [1] 1910년 10월 월암동 토지신고 접수, [2] 1911년 1월 실지조사 때 토지측량과 지적원도 작성, [3] 1912년 이후 결수연명부와 과세지견취도의 작성과 대조 등으로 진행되었

지, 면적은 5,722.8 정보였다(출전 : 『국보』 20호, 43~44쪽).

75) 『조선총독부관보』 제137호, 1913.1.17, 129쪽.

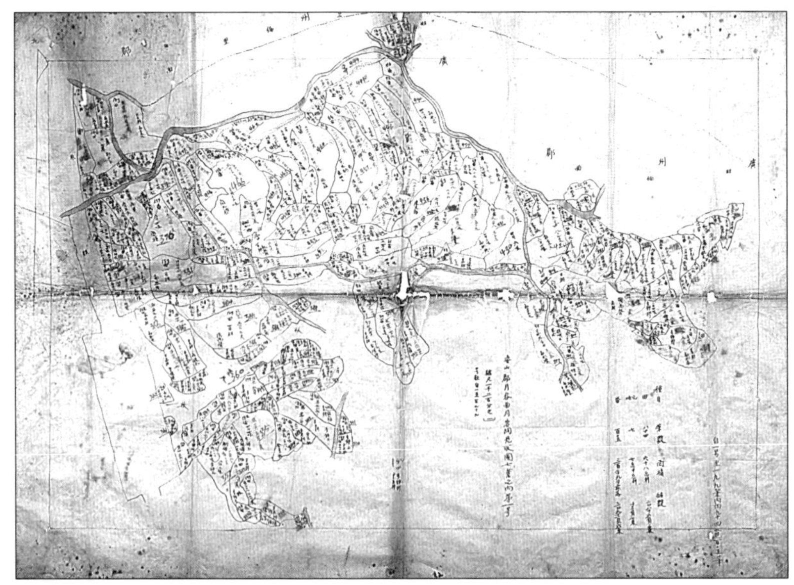

<그림 4> 「월암동 견취도」 제7호 중 제1호 견취도

던 것이다. 일반적인 토지조사사업의 추진 경로와 비교한다면, [3]의 과정은 [1]앞에 있거나 아니면 [2]의 앞에 있어야 하는 것이었다.

그렇지만 안산군 월곡면 월암동 토지조사의 경우, 위의 과정에서 [1]과 [2] 사이에 별도로 과세지견취도를 작성한 것으로 보인다. 월암동 과세지견취도는 매필지별로 토지소유자와 토지 관련 기록을 상호 대조하는 장부로 활용되었다.[76]

이 과세지견취도의 원래 제목은 '경기도 안산군 월곡면 월암동 견취도'이다. 모두 7장으로 되어 있는데, 구체적인 내역은 다음과 같다.[77]

---

76) 이곳 월암리 지역은 1914년 지방제도 개혁에 따라 수원군 반월면 지역으로 편입되었다. 원래 안산군 월곡면에는 사사리(沙士里), 당수리(棠樹里), 초평리(草坪里), 월암리(月岩里), 입북리(笠北里) 등이 있었다. 월암리는 월암동(月岩洞)과 일리동(一里洞), 대대동(大垈洞) 3개 동으로 구성되어 있다(越智唯七 편찬, 1917, 『신구대조 조선전도부군면리동명칭일람』, 경성 : 중앙시장, 74쪽 참조)

77) 월암동 과세지견취도의 도면 번호는 1호, 3~7호로 되어 2호가 결락되어 있으며,

<표 2> 월암동 과세지견취도 결부 기재

호수	지목	필지	중복필지	변경필지	면적	결수	집계 결수
1호	전	84	3	95	68식경	2,863	2,849
	택지	7		6	7식반식경	137	142
	답	105	9	108	329두3승락	3,916	3,542
3호	전	78	7	94	43식경	3,624	3,063
	택지	19		21	5일경	554	376
	답	64	4	91	311두2승락	3,499	3,377
4호	전	75	3	79	63식경	1,816	2,035
	택지	13		12	13식반경	265	255
	답	24		25	103두락	2,760	2,429
5호	전	83	3	88	75식경	1,812	1,719
	택지	29	6	28	18식경	637	642
	답	64	5	73	188두락	1,712	1,805
6호	전	34	3	40	27식경	477	499
	택지	15	4	15	8식경	232	143
	답	99	4	100	240두1승락	2,419	2,366
7호	전	8		8	6식경	168	168
	택지	0		0	0	0	0
	답	20		20	69두8승락	779	796
합계		821		903		27,670	26,206

과세지견취도는 월곡면 월암동 지역에 관한 내용만 수록되어 있다. 지도의 축척은 1,200분의 1이며, 원래 7장으로 구성되었지만 제2호를 빼고 6장이 남아있다. 전체 필지는 926필지 정도이나 미발견된 제2호에 수록된 필지를 비롯하여 확인할 수 없는 필지로 95개 필지가 빠져있어, 도면상으로 확인할 수 있는 필지는 821필지일 뿐이다. 결부로는 27결 67부이다.

이곳 월암동의 명칭과 구역은 원래 광주부 월곡면 일리, 이리 지역이었다. 그러다가 1909년 9월 안산군 월곡면 월암리로 변경되었다가, 다시 1914년 지방제도 변화에 따라 수원군 반월면 월암리로 변경되었다. 과세지

「수원군 반월면 월암리 임야도」가 별도로 첨부되어 있다.

견취도에는 안산군 월곡면 월암리라고 적혀있을 뿐 정확한 작성일자는 없다. 전후 행정구역의 변경 맥락으로 보아 1912년 혹은 1913년 어느 시점에 작성된 것으로 보인다. 작성자는 이 지역 출신 토지조사사업에 참여한 측량기사로 추정된다.[78)]

그런데 과세지견취도 자료에 기재되어 있는 결부에 관한 사항은 기재 정확도 측면에서는 본래 결부의 집계부와의 차이가 크게 났다.[79)] 이것으로 보아 조사내용이 충실하게 정리되지 못한 미완성의 자료라고 할 수 있다.[80)]

---

78) 월암동 과세지견취도 등의 측량 관련 자료는 의왕시 월암동 수성최씨가의 소장자료이다. 이 자료의 작성자인 최형철(崔馨哲, 1909년 당시 24살)은 수원측량학교를 다니고 일제의 토지조사사업 과세지견취도 작성에 참여한 것으로 보인다(의왕시사편찬위원회, 2007, 『의왕시사 6 - 자료집』, 268~269쪽 ; 의왕시사편찬위원회, 2007, 『의왕시사 7 - 사진으로 보는 의왕』, 162~165쪽, 192~199쪽).

79) 위의 표에서는 원래 각 호당 결부 집계부와 실제 수록 내용에 편차가 많다. 각 호별로 따로 기록된 필지는 당시 집계한 것으로 생각되지만, 필지가 차이가 나는 이유는 다음과 같다. 지목을 기록할 때 누락, 혹은 필지 자체가 빠져있기 때문이다. 또 종래 양안상의 자호로 편제된 필지가 과세지견취도를 만들면서 합필된 경우도 있었다. 한편, 필지수의 변화는 통계표를 만드는 과정에서 한 필지 내 중복된 자호 지번의 경우에 분리하여 통계 처리하였기 때문에 원래의 필지보다 늘어났다. 이를 역으로 보면, 원래 자호 지번이 많았지만, 동일한 소유자나 기타 사유로 인해 합필하였다는 것을 보여준다.

80) 각 호별 축적과 필지의 기재 결여, 통계상의 차이는 다음과 같다.

<표 3> 월암동 과세지견취도 호별 내용

호수	축적 및 지번	결번, 기타사항	결수통계
1호	축적1200분의1, 총호수1~199	*51, 119, 151지번없음	38부 3속 적음
3호	축적1200분의1, 총호수200~462	*227~293지번없음	86부 1속 적음
4호	축적1200분의1, 총호수463~575		12부 2속 적음
5호	축적1200분의1, 총호수576~752	*601번 지목 모름	5 속 많음
6호	축적1200분의1, 총호수753~897	*796번 없음 *785, 786, 825, 864, 873번 결부 표시 없음	12부 적음
7호	축적1200분의1,		1부 7속 많음

그럼에도 이곳 월암동 과세지견취도의 기록 내용에서는 다양한 정보를 수록하고 있다. 원래 규정대로 각 필지별로 모양을 그대로 모사하면서 번호, 전답 여부, 두락과 일경, 소유자를 표시하였으며 붉은 색으로 자호와 결부를 표기하였다.

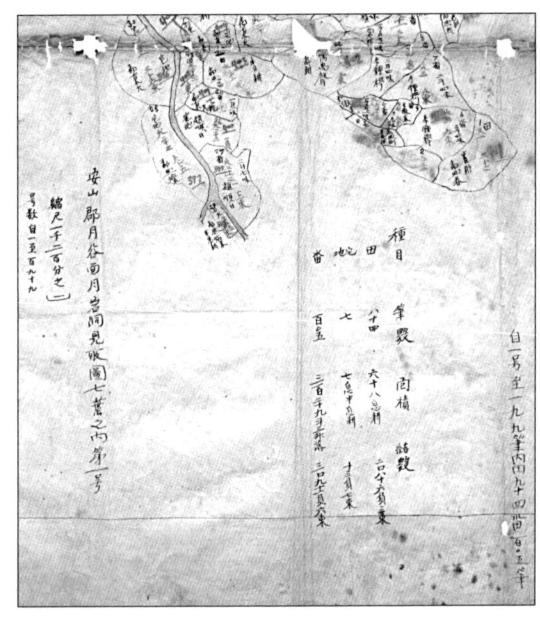

<그림 5> 월암동 과세지견취도 제1호 일부

한편 월암동 과세지견취도는 이전 실지조사의 결과 작성된 지적원도와 일정한 연관성을 가지고 있었다. 과세지견취도는 각 필지의 실제 모습을 보여주면서 종전 필지 지목, 자호와 지번, 두락과 일경 및 배미, 결수, 소유주 등을 기록하였다. 여기에 수정된 지번을 붉은 색으로 덧칠하였다. 지적원도는 필지의 지번, 지목만 기록해 두었으나 토지신고서와 결부시키면 해당 필지의 면적과 토지소유주를 확인할 수 있다.

	총호수898~926		
			총 1결 46부 4속 적음

<표 4> 월암동 과세지견취도와 지적원도 비교

번호	지목	자호	지번	원도 지번	면적	배미	결부	평수	소유주명	비고
31	전	火	21	406	일경		5	1,004	도병대(都秉大)	
32	택지	火	○	404			5	140	도병대(都秉大)	
33	답	火	17	422	2두		38	419	도연창(都然昌)	
34	답	火	17	423	2두	2미	30	392	이종목(李鍾穆)	합필
34	답	火	18	423			11		이종목(李鍾穆)	합필
35	답	火	18	426	2두	1미	8	139	도연창(都然昌)	
36	답	火	25	427	4두	3미	30	1,734	도병대(都秉大)	합필
37	답	火	24	427	6두	4미	87		도병대(都秉大)	합필
38	답	火	24	428	5두	2미	93	734	배동혁(裴東爀)	
39	택지	火	18	425			10	370	도연춘(都然春)	
40	전	火	18(2)	424			5	184	도연춘(都然春)	
41	답	火	26	429	2두	2미	43	242	이휘래(李徽來)	합필
41	답	火	27	429	2두	2미	3		이휘래(李徽來)	합필
42	전	火	24(1)	432	반식		3	152	도병대(都秉大)	
43	전	火	22(1)	402			5	143	도병대(都秉大)	
44	답	火	32	430	4두	6미	52	3,352	이휘래(李徽來)	합필
45	답	火	29	430	2두	4미	29		이휘래(李徽來)	합필
46	답	火	28	431	7두	3미	33	963	도연흥(都然興)	이종필로 변경
47	답	火	50	430	9두	3미	59		이휘래(李徽來)	합필
48	전	火	33	433	1식		12	498	이건호(李建浩)	
49	전	火	34	434	반식		14	214	도병길(都秉吉)	

<표 4>는 <월암동 과세지견취도 1호>의 내용 중 일부를 뽑아서 기록한 것이다. 표제어 번호, 지목, 자호, 지번, 원도지번, 면적, 배미, 결부, 평수, 소유주명 등을 비교해 놓았다.[81]

우선 월암동 과세지견취도와 지적원도를 서로 비교했을 때, 가장 큰 특징은 소유자의 변동이나 일치에 따라 이루어진 분필과 합필의 변화에 있었다. 과세지견취도 번호상 31번과 32번은 소유주가 같은 '도병대(都秉大)' 이지만, 지목이 달라 그대로 분필되었으며, 34번의 경우에는 이전의 자호

81) 원래 소유주명은 한자로 표시되어 있는 것을 한글과 한자로 병기하였다.

지번이 분리되어 있었지만 소유주가 같아 합필하였다. 또한 36번과 37번의 경우 도병대의 경우나, 41번의 경우도 소유주가 같은 경우의 합필이다.

또한 주목되는 경우는 견취도 44번과 45번, 그리고 47번의 경우이다. 이 3필지는 이전에 다른 자호와 지번이었으나 이 시기에는 소유주가 '이휘래(李徽來)'로 같았기 때문에 이를 하나의 필지로 묶었다. 실제 합필된 토지는 약간 기형적인 형태로 묶여져 있었다. 아래의 그림과 같이 과세지견취도 상에서는 화(火)자 26, 27, 50번의 3필지로 나뉘어져 있었고, 또한 견취도의 번호도 부여되고 있었으나 토지조사부에서는 이를 하나의 필지로 합쳐 '이휘래'의 토지로 되었다. 이를 구체적으로 도시하면 아래와 같이 과세지견취도와 지적원도에서 나타난 필지 상황을 비교해 볼 수 있다.

<표 5> 과세지견취도와 지적원도 및 토지조사부의 합필 변동

<table>
<tr><th>지번1</th><th>합필</th><th>지목</th><th>구자호</th><th>지번2</th><th>두락</th><th>결부</th><th>소유주</th><th>비고</th><th>원도지번</th><th>지목</th><th>지적</th><th>소유주</th><th>가지번</th><th>비고 2</th></tr>
<tr><td>663</td><td></td><td>택지</td><td>始</td><td>51(1)</td><td></td><td>12</td><td>최태용(崔泰容)</td><td></td><td>235</td><td>대</td><td>448</td><td>최태용(崔泰容)</td><td>447</td><td>과세지견취도 지번 663,665를 소유주 중심으로 합필함.</td></tr>
<tr><td rowspan="2">664</td><td>1</td><td>택지</td><td>始</td><td>51</td><td></td><td>36</td><td>최태인(崔泰仁)</td><td></td><td rowspan="2">236</td><td rowspan="2">대</td><td rowspan="2">133</td><td rowspan="2">최태인(崔泰仁)</td><td rowspan="2">446</td><td rowspan="2"></td></tr>
<tr><td>1</td><td>택지</td><td>始</td><td>61</td><td></td><td>21</td><td>최태인(崔泰仁)</td><td></td></tr>
<tr><td rowspan="2">665</td><td>1</td><td>택지</td><td>始</td><td>49</td><td></td><td>21</td><td>최종문(崔鍾文)</td><td>최태용, 최종문으로 수정</td><td rowspan="2">235</td><td rowspan="2">대</td><td rowspan="2"></td><td rowspan="2">최태용(崔泰容)</td><td rowspan="2">447</td><td rowspan="2">위와 같음</td></tr>
<tr><td>1</td><td>택지</td><td>始</td><td>60(1)</td><td></td><td></td><td>최종문(崔鍾文)</td><td>최태용, 최종문으로 수정</td></tr>
<tr><td>666</td><td></td><td>전</td><td>始</td><td>51</td><td>반식</td><td>22</td><td>최종문(崔鍾文)</td><td>최태용, 최종문으로 수정</td><td rowspan="3">237</td><td rowspan="3">전</td><td rowspan="3">838</td><td rowspan="3">최태인(崔泰仁)</td><td rowspan="3">445</td><td rowspan="3">3필지 합필 후 다시 분필</td></tr>
<tr><td>667</td><td></td><td>전</td><td>始</td><td>65</td><td>반식</td><td>26</td><td>최태인(崔泰仁)</td><td></td></tr>
<tr><td>668</td><td></td><td>전</td><td>始</td><td>49(1)</td><td>반식</td><td>20</td><td>최태용(崔泰容)</td><td>최종문, 최태용으로 수정</td></tr>
</table>

594		전	始	52	1식경	66	최태용(崔泰容)		238	전	1892	최태용(崔泰容)	416	2필지 합필
595		전	始	54	반일경	33	최태용(崔泰容)							

이렇게 두 장부에서 또렷하게 대조할 수 있는 필지의 분합은 여러 차례 확인될 수 있다. 위와 같이 보다 구체적인 변동사항을 추정할 수 있는 사례도 있다.

위의 표에서 '과세지견취도'에 기록된 663번과 664번, 665번 택지는 종전에 시(始) 자호의 분리된 지번이었다. 이때 토지소유주가 최태용과 최태인으로 나뉘어져 있었다. 이를 소유주를 위주로 하여 합필해야 하는 원칙에 따라 최태인은 최태인의 것으로 236번 필지로 합해졌으며, 최태용의 경우에는 663번과 665번을 합하여 하나의 필지로 만든 것이다. 이를 지적원도 상 가지번 447번과 446번으로 각기 통폐합하였다.

<표 6> 월암동 필지 통폐합 사례(과세지견취도·지적원도)

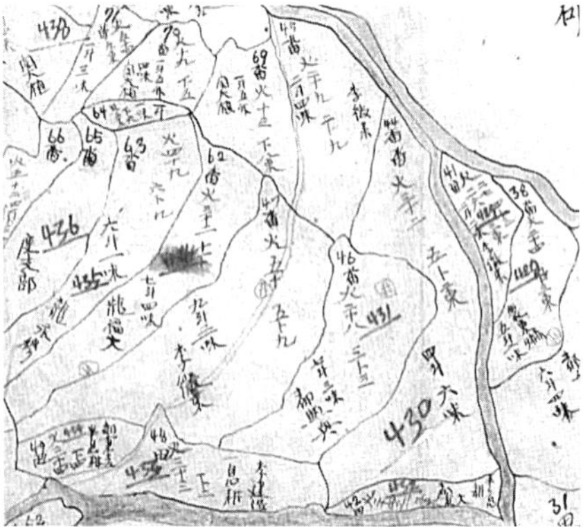 견취도 44, 45, 47번 필지	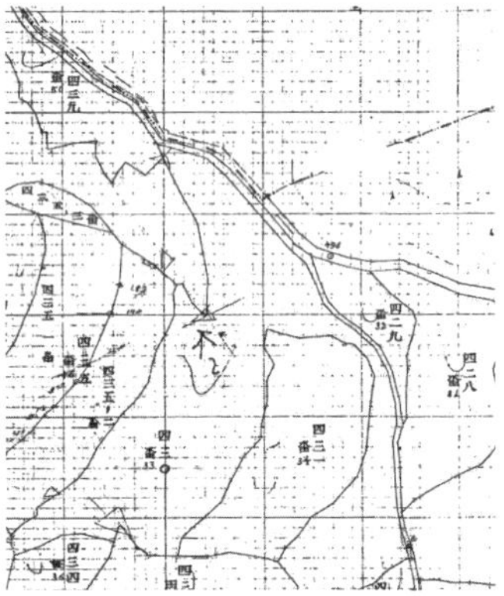 지적원도 430번 필지

또한 견취도상의 지번 666~668번도 3명의 소유자의 분리된 필지였으나, 소유자가 최태인으로 합필되었다. 과세지견취도의 지번 594~595번은 원래 최태용의 것이었으므로 최태용으로 2필지가 합필되었다.[82] 이렇게

이곳 월암동에서는 먼저 지적원도가 작성되고 과세지견취도가 나중에 작성되었지만, 이전의 자호 필지의 위치와 면적, 그리고 소유주의 변동에 이르기까지 거꾸로 상호 대조되면서 토지신고서의 작성 과정에서 보이는 분필과 합필, 그리고 소유자의 변동을 치밀하게 상호 대조 확인하면서 작성되었음을 알 수 있다.

2) 월암동 토지장부에 나타난 지적의 변화

그렇다면 이곳 월암동 지역의 토지조사장부가 대한제국의 광무양안과 비교하여 어떻게 변화했는지를 살펴보자. 지금까지의 연구에서는 광무양안의 토지 상황과 소유자 기재 방식은 일본의 토지조사사업과 크게 달랐다고 한다.[83]

먼저 토지의 소재와 위치에 대해서는 종래 천자문에 의거한 자호 지번을 고수하였으며, 종래 결부제에 의해 토지의 면적을 표시하는 방식과 달리 실면적을 병기하여 기재하고 있지만, 필지별 면적 측량의 정확성 여부는 대단히 의심되고 있다. 또 토지소유자의 기록 측면에서도 실제 토지소유자의 실명이 아닌 호명이나 노비명, 자명 등 다양하게 기록하고 있어 광무양안에서는 실토지소유자를 확인할 수 없다고 비판하였다. 대한제국의 양지아문에서도 1899년 양전조사 원칙을 공포하면서 이 문제에 대해 명확하게

---

82) 과세지견취도와 지적원도 및 토지조사부 상의 합필 기록과 소유주 변천은 복잡하게 전개되면서, 약간의 혼란이 있었다. 지적원도에서는 최종적으로 237번은 다시 237-1, 237-2, 237-3으로 분필되면서 최종문, 최태인, 최태용 3인의 소유지로 변화하게 된 것으로 보인다.

83) 李榮薰, 1997, 「量案 上의 主 規定과 主名 記載方式의 推移」『조선토지조사사업사의 연구』(金鴻植 외), 민음사 ; 김건태, 2009, 「戶名을 통해 본 19세기 職役과 率下奴婢」『한국사연구』 144, 212~233쪽 ; 김건태, 2010, 「양전과 토지조사사업의 陳田과 '主' 파악」『규장각』 37 ; 김건태, 2015, 「광무양전과 조선후기 양전의 관계 - 경기도 용인 오산리 사례」『대동문화연구』 92, 299~320쪽 참조.

처리하지 못한 한계가 있었다.

이러한 연구 상황임에도 불구하고 월암리의 광무양안과 토지조사부의 기록 상황을 대조 비교하는 이유는 1900년과 이후 1910년간에 장부상 나타난 토지소유자명의 기록방식의 차이와 변화상을 동리단위에서 구체적으로 파악할 수 있는 자료이기 때문이다.

<표 7> 수원군 월암동 과세지견취도 및 광무양안 자호 구성

순서	광무양안(월곡면 양안 중 일부)				과세지견취도		
	자호	지역명	지번(첫~마지막)	필지수	자호	지번(첫~마지막)	필지수
1	莊	月岩後谷~月岩前坪	1~76	81	火	1~116	156
2	徘	月岩前坪	1~93	94	帝	2~111	27
3	徊	月岩前坪~一里	1~120	120	鳥	1~105	111
4	瞻	一里	1~57	58	官	1~105	127
5	眺	一里	1~26	26	人	1~128	89
6	謂	大垈洞	15~84	70	皇	1~141	236
7	語	大垈洞, 大垈	1~78	78	始	1~119	149
8	助	大垈	1~65	66	制	0	0
9	者	大垈, 大垈一里	1~74	74	文	31	10
10	焉	大垈一里	1~57	57			
11	哉	大垈一里, 月巖洞	1~50	50			
12	乎	月巖洞	1~14	14			
			12자호	787	합계	8자호	905

위의 표와 같이, 광무양안 상으로는 장(莊)자로부터 호(乎)자에 이르기까지 12개의 자호였다. 반면에 월암동 견취도에 나타난 구래의 자호는 천자문의 순서상 75번째인 화(火)자부터 83번째인 문(文)자까지 9개의 자호이다.[84] 그런데 견취도에 기록된 자호와 필지는 언제 어떻게 만들어졌는지는 알 수 없다. 다만 당시 대한제국기까지 지세를 수취할 때 구래의 자호를

84) 다음 자호인 제(制)는 한 필지도 없고, 문(文)의 31번째 필지가 10개 필지로 쪼개져 수록되어 있다. 전체 필지 중에서 자호 확인 못함 4필지, 필지가 누락되어 확인 못한 67필지가 있다. 후자의 경우에는 견취도 3호에 제(帝)와 인(人) 자호에 포함되어야 하였지만 누락되었다.

그대로 사용하였을 것으로 추측되는데, 이러한 자호 지번이 결수연명부에 그대로 기록되었고, 또한 과세지견취도에 그대로 수용된 것으로 보인다.

그렇다면 월암동 과세지견취도의 기록내용이 1900년 당시 광무양전의 기록과는 어떠한 차이를 보이고 있는지 살펴보자.[85]

1900년 월암동 광무양안 상에는 자호가 장(莊)에서 호(乎)까지 12개의 자호, 787필지가 있었다. 대지는 95필지로 2만 9,570척, 2결 5부 1속이며, 전은 347필지로 48만 1,528척, 결부로는 16결 12부 3속이며, 답은 345필지로 748,103척, 35결 10부 6속이었다.[86] 이에 따라 전체 필지는 787필지, 1,259,201척, 결부수는 53결 28부이며 평수로는 41만 2,042평이었다. 이는 1910년 토지신고 당시 696필지, 48만 9,060평으로 크게 변동되었다.

<표 8> 월암리의 광무양안과 토지조사부의 비교(단위 : 척, 평, 속, %)

구분	광무양안(1900)					토지조사부(1910)			
	필지	실적	평수(A)	결부	비중	필지	평수(B)	비중	비율(B/A)
대지	95	29,570	9,676.05	2,051	2.4%	89	22,160	4.5%	229.0%
전	347	481,528	157,568	16,123	38.2%	340	202,740	41.4%	128.7%
답	345	748,103	244,798	35,106	59.4%	247	230,628	47.2%	94.2%
임야						20	33,532	6.9%	
합계	787	1,259,201	412,042.05	53,280	100.0%	696	489,060	100.0%	118.7%

월암리 지역에서 불과 10년의 차이로 각기 작성된 광무양안과 토지조사부의 기록내용은 내용적으로 차이가 많았다. 우선 대지는 이전에 95필지에서 89필지로 오히려 줄어들었으나 면적에서는 약간 늘어났다. 또한 전과 답의 필지수는 답의 필지가 약 100여 필 정도 크게 줄어들었으며, 답의 면적도 약간 축소된 결과를 낳았다. 전의 경우에는 필지가 비슷함에도

85) 과세지견취도의 수록 내용 중 7종의 것 중에서 2호 과세지견취도가 빠져있다는 점과, 광무양안 월곡리 양안 중에서 월암동에 소속된 마을 중 이리(二里)를 제외했다는 점을 고려하여 양 자료는 완전히 일치하지는 않는다.

86) 월암동 과세지견취도에 나타난 종래 지세부과의 단위인 자호는 천자문의 순서상 75번째인 화(火)자부터 81번째인 시(始)자까지였다.

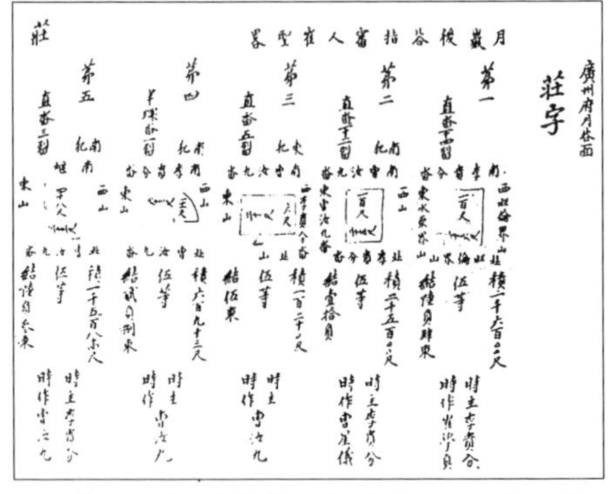

<그림 6> 광무양안(월곡면) 장자(莊字) 1번~5번

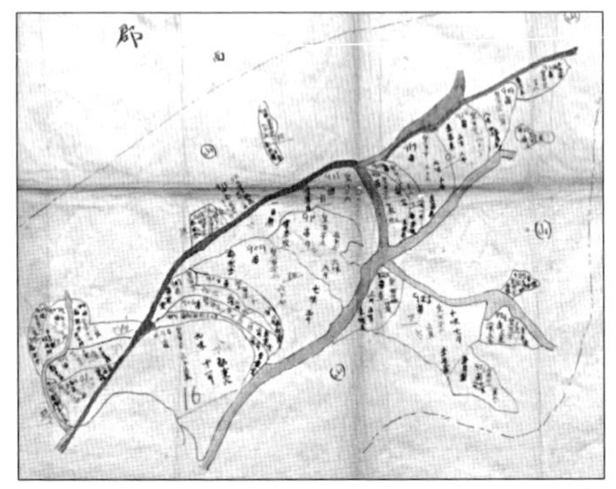

<그림 7> 과세지견취도 황자(皇字) 108번~135번

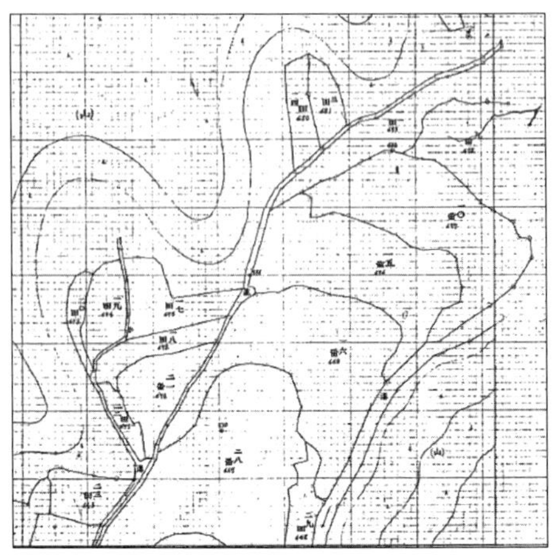

<그림 8> 월암리 지적원도 5번 ~23번

불구하고 평수는 크게 늘었다. 전과 답의 경우 면적을 대비하여 본다면, 128.7%와 94.2%로 차이를 보였다. 전체 면적의 차이는 임야의 평수인 3만 3천여 평을 제외하면 광무양안의 41만 2천평인 반면, 토지조사부의 45만 6천평으로 조금 늘어난 편이다. 전체 면적은 1.1배 정도 늘어난 셈이다. 1900년 광무양안에서 토지의 조사와 일본의 토지조사사업과는 전체 면적 파악에 관한 한 큰 차이가 나지 않았다고 할 수 있다.

다음으로 광무양안과 과세지견취도와 지적도 3개의 자료를 비교해 보겠다.

안산군 월곡면 월암동의 토지관련 장부는 광무양안과 과세지견취도, 지적도 등의 순서로 비교해 볼 수 있다. 대조가 가능한 필지 중에서 하나의 사례로서 광무양안상 장(莊)자와 과세지견취도

<표 9> 월암동 토지 관련 장부(광무양안-과세지견취도/토지조사부-지적원도) 비교표

	광무양안							과세지견취도			토지조사부			
	자호1	지번1	지목	실척수	등급	결부	시주명	자호2	지번2	결부	지번3	평수	지주명	비고
1	莊	3	답	120	5	5	조여구(曺汝九)	皇	135	10	1	110	조석만(曺錫萬)	
2	莊	1	답	1,600	5	64	이귀분(李貴分)	皇	130	93	2	4,370	이창래(李昌來)	합필
3	莊	2	답	2,500	5	100	이귀분(李貴分)	皇	129	81			이창래(李昌來)	합필
4	莊	4	답	693	5	28	조여구(曺汝九)	皇	135	16	3	288	도병근(都秉根)	
5	莊	5	답	1,584	5	63	이귀분(李貴分)	皇	127	7	4	390	이창래(李昌來)	
6	莊	6	답	728	5	29	조상의(曺相宜)	皇	131	5	5	255	조병덕(曺秉德)	
7								皇	131	5	6	321	조병덕(曺秉德)	
8	莊	7	답	5,104	5	204	유덕실(柳德實)	皇	133	60	7	2,282	이창훈(李昌薰)	합필
9								皇	132	16			이창훈(李昌薰)	합필
10	莊	8	답	1,410	5	56	유원명(柳元明)	皇	134	40	8	619	이휘래(李徽來)	
11	莊	9	답	7,700	5	308	최정득(崔丁得)	皇	125	53	9	1,202	최태용(崔泰容)	합필
12	莊	9내	답	400	6	10	도인대(都仁大)	皇	125					합필
13	莊	10	답	4,500	5	180	도인대(都仁大)	皇	123	67	10	1,529	도연수(都然秀)	
14	莊	11	전	3,520	4	194	용공숙(龍公叔)	皇	126	42	11	1,323	최태용(崔泰容)	
15								皇	127(1)	26	12	182	도연귀(都然貴)	미상
16								皇			13	201	조석만(曺錫萬)	합필
17								皇	123	13			도연귀(都然貴)	합필
18	莊	13	전	540	6	14	도순성(都順星)	皇	123				도연귀(都然貴)	합필
19	莊	14	전	760	6	19	서득점(徐得占)	皇	124	14	14	217	도연수(都然秀)	
20	莊	12	답	4,235	5	169	도점덕(都占德)	皇	123	50	15	1,530	이병운(李秉雲)	합필
21								皇	122	62			이병운(李秉雲)	합필
22								皇	121	24			이병운(李秉雲)	합필
23								皇	121	20			도연수(都然秀)	합필
24	莊	19	답	7,404	5	296	용삼매(龍三每)	皇	120	65	16	1,863	도병대(都秉大)	
25	莊	15	전	621	6	16	도판손(都判孫)	皇	119	30	17	445	도연수(都然秀)	
26	莊	16	전	180	6	5	도순화(都順化)	皇	117	31	18	284	도돌규(都乭圭)	
27	莊	18	전	180	5	7	도점덕(都占德)	皇	121	14	19	302	서만성(徐禹聲)	
28	莊	22	전	848	5	34	도순성(都順星)	皇	119	3	20	129	도연수(都然秀)	
29	莊	17	답	1,584	5	63	민만길(閔晩吉)	皇	134	24	21	441	민대식(閔大植)	
30	莊	20	전	494	6	12	도경화(都京化)	皇	124(2)	5	22	110	이봉옥(李鳳玉)	
31	莊	21	전	1,015	5	41	도순화(都順化)	皇	108	17	23	298	도홍정(都洪靖)	
32	莊	23	전	888	5	36	도덕삼(都德三)	皇	105	15	24	404	도연수(都然秀)	
합계				48,608		1,953				908		19,095		

상 황(黄)자를 상호 대조해서 비교할 수 있다. 이것이 가능했던 원인은 광주군 왕륜면과 수원군 형석면의 경계에서 토지측량의 같은 필지로 하였고, 이를 기점으로 해서 나머지 필지의 분포를 대조할 수 있었기

때문이었다.

위의 자료와 같이 광무양안상의 토지 기록은 이후 과세지견취도와 지적원도 및 토지조사부의 기록과 매필지별로 연결될 수 있다. 다만 각 자료별로 불일치가 발생하는 부분은 필지별로 합필이 일어나거나 양전 방향이 바뀌어 연결 상태를 모를 경우 등이다. 먼저 1번 사례로서 장자 3번째 필지는 원래 광무양안에서는 지목은 답이고, 실척수는 120이었고, 등급은 5등급으로 결부는 5속이었다. 평수에서 110평으로 원래 120척과는 크게 차이가 난다.[87] 소유주의 성명은 '조여구'에서 '조석만'으로 바뀌었다. 이명(異名)을 쓰는 동일인인지 아니면 타인인지는 알 수 없다. 또한 장자 1번과 2번 필지는 원래 '이귀분(李貴分)'으로 동명으로 2개의 필지였으며, 또한 과세지견취도에서도 2개의 필지였는데, 토지조사 당시에 소유주가 '이창래(李昌來)'였으므로 이를 합필하였다. 이 합필의 필지는 지적원도의 그림상으로는 일치하나 원래 실척수가 1,342평(4,100척)에서 4,370평으로 크게 차이가 났다.[88]

합필의 경우는 이밖에도 여러 차례 나타나는데, 장자 9번과 9내지번의 합필로 최정득(11)과 도인대(12)의 토지가 황자 125번, 토지조사부상 9번 필지인 최태용의 토지로 합필된 경우가 있다. 결부로는 30부 8속이고, 1부의 2필지였는데, 과세지견취도상으로는 5부 3속에 불과했다. 또한 평수의 비교에서는 광무양안의 경우에는 2,650평(8,100척)이었는데, 토지조사부에는 1,202평으로 되었다. 역시 양자의 면적차이가 컸다.

가장 복잡한 필지의 합필이 일어난 것은 장자 12번으로 '도점덕(都占德)'의 토지는 실척수가 4,235척인데, 이것이 황자 121번과 122, 123번 필지로

87) 1정보를 9,168척을 기준으로 하면, 120척은 39평에 불과했다.

88) 광무양안의 전답도형도와 지적원도를 대조한 결과 사표상 위치가 일치하며 전후 지번 순서가 맞았으므로 거의 확실한 동일 필지임에도 불구하고 현저한 면적 차이를 보이는 원인은 명확하게 알 수 없었다.

분리되었다가 다시 15번 필지 1,530평으로 합쳐지게 되었다. 이에 도점덕의 토지가 '이병운(李秉雲)'의 토지로 변화되었다. 이러한 과정은 사실 과세지견취도가 이전의 자호 필지를 기준으로 했다면, 이를 광무양전시기에 이미 합필로 전환된 것이고 다시 토지조사부 단계에서 그대로 소유자명만 변화한 채 같은 필지로 파악한 것이라고 할 수 있다.

전체 필지 중에서 합필의 토지를 재산정하여 비교대상 23개 필지 가운데 대개 면적의 편차가 40% 이내의 필지는 13개 필지이며, 40% 이상의 편차를 보인 토지는 10개였다. 토지면적에서 가장 근접한 것은 장자 10번 필지로 황자 123번, 그리고 지번 10번 필지인데, 광무양안에서는 1,472평이고, 토지조사부에서는 1,529평으로 약 57평의 차이였다. 전체적으로는 광무양전시 토지면적은 15,906평이었는데, 토지조사시에는 19,095평으로 약 20% 정도 면적의 증가를 보였다.

반면에 결부수에 있어서는 과세지견취도의 결부 합계는 90부 8속이었던 반면, 광무양전상으로는 1결 95부 3속으로 거의 2배 가까이 증가되었다. 이는 기존 과세 부과의 결부가 객관적인 면적에 비해 지나치게 낮게 책정되어 있었으며, 광무양전을 통하여 객관적인 측량을 통해 실척수를 어느 정도 확보하였기 때문에 이전에 비해 결수의 2배 증가를 가져온 것이었다. 또한 토지조사사업시에는 삼각측량법에 의하여 측량 면적의 일부 증가를 가져왔음을 알 수 있다.

3) 월암동 토지장부에 나타난 토지소유자 성명의 변화

안산군 월곡면 월암동 지역 토지소유자의 변동에 대해서는 매우 작은 사례이기 때문에 일반화하기는 어렵다. 토지소유자명은 광무양안과 토지조사부상으로는 모두 일치하지 않았다. 그렇지만 개별 필지별 동일한 성을 쓰는 경우 29개 필지에서는 16개 필지가 일치하였고, 나머지 13개 필지에서는 달랐다. 이러한 결과는 광무양안에서의 성씨가 올바르게 쓰되 이름의 경우에는 다양한 형태로 표현되었던 것으로 볼 수 있다. 그러면 광무양안상 성명과 토지조사시 성명의 연관성을 보다 더 살펴보기 위해 인물들의 성명 등재 방식을 각 가문별로 비교하여 검토해 보자.

우선 이 지역에서 여흥민씨로 추정되는 사람들을 살펴보면 다음과 같다.

<표 10> 수원군 반월면 월암동 민씨 일가 토지소유

순서	광무양안(1900)			토지조사부(1910)		
	지주명	필지	면적	지주명	필지2	면적2
1	민만길(閔晩吉)	121	107,734	민대식(閔大植)	87	105,089
2	민유정(閔有正)	8	3,747	민영원(閔泳元)	6	3,489
3	민유금(閔有今)	5	2,077	민수호(閔壽鎬)	5	1,700
4	민유감(閔有甘)	5	1,819	민복호(閔福鎬)	2	831
5	민정례(閔正禮)	4	1,435	민봉호(閔鳳鎬)	2	689
6	민만쇠(閔晩釗)	2	981	민영춘(閔泳春)	4	632
7	민순삼(閔順三)	1	733			
8	민순화(閔順化)	1	291			

1900년 광무양안상에서 이 월암동의 가장 큰 지주로 등장한 것은 민만길(閔晩吉)이었다. 그는 소유지로서 121필지에 107,734평에 이르는 비교적 큰 장토를 가지고 있었다. 그는 경작지로서 68필지를 경작하는 것으로 기록되어 있으나 그가 부재지주라면 작인인 시작의 기록이 잘못되었다고 할 수 있다. 반면에 토지조사부에는 민대식(閔大植)의 이름으로 87개 필지, 105,089평의 토지가 등록되었다.

민대식은 당시 조선최대의 부자이자 자작인 민영휘(閔泳徽)의 아들로서 1920년 8월 한일은행 이사 등으로 은행 및 재계에서 활동하던 인물이었다.[89] 민대식은 토지조사 당시 경성부 중부 관인방 대사동에 살고 있다고

89) 민대식(1882~?)은 1910년 당시 경성부 중부 관인방 대사동에 거주하고 있었으며, 1910년 10월 15일 월암동 토지신고때 월암동 지역 주민과 함께 같은 날

신고하였다. 이렇게 두 장부에서는 수원군 반월면 월암동에 토지를 가진 최대 지주는 광무양안에서는 민만길, 토지조사부에서는 민대식이었다. 민만길의 토지라고 등재된 광무양안에서는 상당수의 필지에서 소작인을 거느리고 있는 부재지주로 나타났다.[90] 두 장부에 등재 기록된 '민대식'과 '민만길'은 서로 밀접한 관련성을 보이고 있으므로 동일 인물이거나 아니면 민대식 집안과 관련된 인사로 추정할 수 있다.[91]

또한 월암리에 거주하는 용씨 일가는 광무양안상으로는 하나의 이름으로 나타나지 않고 여러 명으로 나타나고 있다. 최대 소유주는 용일희이지만, 광무양안상에는 용공습이나 용삼매로 나타나고 있지만, 서로 비교하기 어렵다.

<표 11> 안산군 월곡면 월암리 용씨 일가 토지소유

순서	광무양안(1900)			토지조사부(1911)		
	소유자명	필지	면적	소유자명	필지	면적
1	용공습(龍公習)	15	8,722	용일희(龍一羲)	9	5,269
2	용삼매(龍三每)	10	8,361	용영목(龍永穆)	4	3,974
3	용복이(龍伏伊)	15	7,922	용영국(龍永國)	3	3,078
4	용복금(龍伏今)	3	4,213	용상문(龍翔文)	1	942
5	용삼월(龍三月)	1	942	용운희(龍雲禧)	1	291
6	용공급(龍公及)	1	432			

이러한 용씨 일가의 경우 광무양전시에는 자신의 실명이 아니라 자명이나 호명으로 등록한 것으로 보인다. 이들은 토지조사사업시에는 민적부에

토지신고를 하였다. 이 지역에서도 최대 지주였다.

90) 민만길은 월곡면 전체에서는 195개 필지를 가지고 있었다. 그중 월암리 지역에만 121개 필지를 가지고 있는 것으로 보아 집중적으로 소유하고 있었다고 보여진다. 양안의 기록상 시주가 시작과 동일한 필지는 105개이고, 다른 경우는 90개였다.

91) 민대식 집안은 족보상으로 閔致敍(증조부), 閔斗鎬(조부), 閔泳徽(부), 閔衡植(장남), 閔大植(차남), 閔奎植(삼남)으로 되어 있다(『대한제국관원이력서』, 『친일인명사전』, 친일인명사전편찬위원회, 2009, 민족문제연구소, 807~809쪽, 832~835쪽, 843~845쪽 참조).

등재된 자신의 실명으로 등록한 것이었다.

한편 광무양전사업 당시 광주군 월곡면 월암동에는 원래 여러 집성촌이 형성되어 있었는데, 그 중에서 성주도씨 일가가 이곳에 집중해서 살고 있었다. 도씨가문에서도 아래의 표와 같이 광무양안상의 이름과 토지조사부의 이름은 동일한 인명은 확인할 수 없다. 다만 도소판손과 도판손, 도소점득과 도점득, 도점덕과 도소점덕, 도춘산, 도소춘산과 같이 형제로 추측되는 인물들이 나타났다.

아래 표는 성주도씨 일가의 족보와 토지조사부를 대조한 것인데, 도연흥과 도연창, 도연춘, 도연강, 도연귀, 도연학, 도연익, 도연찬, 도연위 등이 일가인 것으로 족보상으로 확인된다.[92)]

<표 12> 안산군 월곡면 월암동 거주 도씨 일가 토지소유 상황

순서	소유자명	소유자명(한자)	다른 이름	생몰년	가족	비고	필지	지적
1	도병근	都秉根	자 군보(君輔)	1851-1931	자 연간(화경), 손자 홍규		2	488
2	도병길	都秉吉	자 대경(大敬)	1857-1926	자 연잠		6	3,118
3	도병대	都秉大	자 성재(聖哉)	1851-1930	자 연창		14	11,872
4	도연창	都然昌	자 경춘(敬春)	1871-1961	부 병대, 자 덕규	도병대의 아들	8	3,536
5	도연강	都然剛	자 덕삼(德三)	1854-1894	부 병은, 자 운규		6	1,386
6	도연익	都然翼	자 경률(敬律)	1854-1929	자 태규		2	336
7	도병철	都秉哲	자 덕재(德在) 호 월암(月岩)	1858-1913	자 연창(然昶)		10	4,753
8	도연학	都然學	자 순필(順必)	1866-1923	부 병직, 자 상규		3	1,064
9	도연술	都然述	자 숙현(淑賢)	1866-1935	자 복규		3	390
10	도연수	都然秀	자 순성(順成)	1866-1934	자 한규		14	6,856
11	도연춘	都然春	자 치정(致政)	1868-1939	자 원규(준연)		6	2,823
12	도연흥	都然興	자 선경(善慶)	1880-1929	자 용규, 규봉		19	14,806
13	도연귀	都然貴	자 성오(成吾)	1882-1921	부 병욱, 자 연규		3	1,255
14	도연찬	都然燦	자 홍서(興瑞)	1887-1950	자 정규		1	219
15	도연원	都然元	자 원서(元瑞)	1885-1964	부 병민(德和)		1	135
16	도연위	都然緯					1	112
17	도홍정	都洪靖	자 이흥(而興)	1881-1962	부 연모, 자 응조		6	1,390
18	도문규	都文圭	원 문규(文奎) 자 건서(建西)	1885-1946	자 종한, 종만		13	5,574

92) 『성주도씨 대동보』 권4, 941~1000쪽, http://sungjudossi.com/ 참조.

19	도돌규	都乭圭	원 송규(松圭)	1894-1967	자 순종		7	2,382
20	도종규	都鍾圭					3	2,171
21	도성규	都星圭					7	1,804
22	도철규	都哲圭					3	1,783
23	도희규	都凞圭					2	539
24	도룡풍	都龍豊					2	346
25	도봉규	都鳳圭		1900-1971	부 연극(順和)		2	147

우선 주목되는 인물은 도병대와 도연창의 이름으로 등록된 토지이다. 도병대(都秉大)의 경우 1851년생으로 1910년 토지조사가 실시되었을 때 60세의 나이였고, 그의 아들은 도연창(都然昌)으로 1871년생인데, 토지조사시 40세의 나이였다. 이들의 토지는 아버지 도병대가 14개 필지 11만 1,872평, 아들 도연창이 8필지 3,536평이었다. 이들의 토지 합계는 22필지 1만 5,408평이었다. 또한 도연흥(都然興)의 경우, 1880년생으로 이곳 월암리에서 17세기 중반부터 세거한 도신안(都愼安)의 8대손으로 종가와 가까운 계보를 가지고 있었다.93)

그런데 위의 토지조사부에 기재된 도씨 일가는 광무양안상에도 다수 동일한 성씨의 인물로 등장한다. 모두 37명의 도씨성을 가진 인물을 찾아볼 수 있다. 그러나 토지조사부에서는 25명으로 축소되는데, 개별적으로 연결될 수 있는 이름을 찾기는 어려웠다.

다음의 광무양안상에 등록된 인물 중에서는 1900년 당시 20필지를 등재한 도소판손(都小判孫)과 11필지의 도득순(都得順)과 10필지의 도인대(都仁大) 등이 있었다. 앞서 토지조사부상의 이름과 직접적으로 비교하기 어렵기는 하지만, 다만 광무양안상 최대 필지의 소유자인 도소판손의 경우, 토지조사부의 도연흥(都然興)이나 도병대(都秉大)와 관련된 것이 아닌가 추정해 본다.

93) 『성주도씨 대동보』 권1, 835쪽, 권4, 943~944쪽 참조.

<표 13> 광주군 월곡면 월암리 거주 도씨 일가 토지소유(광무양안)

	지주명	필지	지적		지주명	필지	지적
1	도경오(都敬五)	1	38	20	도이덕(都二德)	2	942
2	도경화(都京化)	1	162	21	도이득(都二得)	4	1401
3	도덕삼(都德三)	2	473	22	도인대(都仁大)	10	5,584
4	도돌명(都乭明)	1	75	23	도인철(都仁哲)	5	1342
5	도득순(都得順)	11	9,507	24	도점덕(都占德)	5	3313
6	도사월(都四月)	1	756	25	도소점덕(都小占德)	2	1311
7	도소사(都召史)	1	23	26	도점득(都占得)	10	5330
8	도소삼(都小三)	7	845	27	도소점득(都小占得)	7	3209
9	도순겸(都順兼)	1	262	28	도춘례(都春禮)	1	21
10	도소순겸(都小順兼)	1	167	29	도소춘례(都小春禮)	1	26
11	도순성(都順成)	2	454	30	도춘산(都春山)	6	1327
12	도순점(都順占)	2	128	31	도소춘산(都小春山)	1	127
13	도소순점(都小順占)	1	277	32	도춘흥(都春興)	3	1001
14	도순화(都順化)	4	895	33	도태산(都太山)	1	33
15	도씨금(都氏今)	2	170	34	도판손(都判孫)	6	2,275
16	도소씨김(都小氏金)	1	252	35	도소판손(都小判孫)	20	6,855
17	도업산(都業山)	2	172	36	도환덕(都還德)	4	1910
18	도소업산(都小業山)	1	98	37	도환득(都還得)	3	847
19	도옥단(都玉丹)	1	1,243		합계	134	52,851

이와 같이 이곳 월암리에 27대 '도연○'과 28대 '도○규' 항렬자의 인물들이 다수 세거하면서 자신의 토지를 광무양전사업에서도 여러 이름으로 등재하고 있었다. 그렇지만 1910년 토지조사사업시에도 자신의 족보상의 이름으로 신고하여 등재시키고 있음을 확인할 수 있다. 이렇게 하여 1910년 월암동 토지조사부에는 토지소유자들이 자신의 토지를 종전과 달리 새로 적용된 민적부에 등재된 이름, 곧 족보상의 이름으로 등재시키게 되었다고 하겠다.

한편 1910년대 당시 월곡면 월암리 토지소유 상황은 다음과 같았다. 전체 소유자로 나타난 인원은 모두 129명인데, 이들의 필지는 차이가 많았다. <표 14>와 같이 단지 1필지만 가지고 있는 지주는 35명이었고, 2필지는 25명, 3필지는 11명 등이었다. 토지조사부에는 소유주의 거주지가 표시되어 있기 때문에 현지의 지주인지 아닌지를 쉽게 판별할 수 있게 되어 있다. 이 중에서 가장 많은 필지를 소유한 사람은 민대식(87), 이종익(28), 서우성(23), 도연흥(19), 이종목(19), 이휘래(18) 등이었다. 이들 많은 필지를 소유한 사람들 중에는 월암동의 거주자가 아닌 경우가 많았다. 민대식, 한상학, 윤호렬, 김승규 등 경성에 주소를 둔 부재지주가 많았다. 이들의 소유필지는 696필지 중에서 193개나 되었고, 면적도 18만 3156평으로 전체 토지의 37.5%나 차지하고 있었다.[94)]

<표 14> 월암동 토지조사부 필지 소유 상황(1910년)

필지 합계	인원수	누적 필수	지적	필지 비중(%)
1	35	35	21,003	5.0
2	25	50	25,995	7.2
3	11	33	28,403	4.7
4	9	36	18,210	5.2
5	9	45	31,016	6.5
6	9	54	24,727	7.8
7	5	35	19,269	5.0
8	4	32	20,320	4.6
9	5	45	33,164	6.5
10	5	50	20,916	7.2
13	2	26	17,581	3.7
14	2	28	18,728	4.0
16	1	16	4,476	2.3
17	1	17	7,291	2.4
18	1	18	13,003	2.6
19	2	38	36,420	5.5
23	1	23	15,385	3.3
28	1	28	28,064	4.0
87	1	87	105,089	12.5
	129	696	489,060	100.0

한편 1907년 5월 8일에는 안산군 월곡면 월암동 주민들이 당시 국채보상의연금을 단체로 황성신문에 기부하였다.[95)] 이때 월암동 주민들의 명단은 이후 토지조사사업시 신고한 실명의 토지신고서와 일정하게 대비되고 있다.

94) 이 중에서 일본인 지주인 이와사키 히사야(岩崎久彌)는 원래 주소지가 동경시 본향구 탕도방 통정1번지인데, 월암동에 10필지 3,015평을 가지고 있다.

95) "安山月谷面月巖洞 都然春 宋相仁 各五拾兩 都然粲 都昌圭 崔鍾文 崔馨德 都然興 各卄兩 都秉性 金在錫 최 馨斗 各拾兩 리 容健 拾五兩 崔鍾星 崔泰容 李容德 都秉哲 都文圭 都秉大 都然창 都星圭 崔泰浩 各拾兩 都學圭 都然昭 都然學 都然友 都然緯 都然述 都然逑 都然鳳 都秉吉 都永洛 쵀 鍾樂 崔泰和 都錫圭 都然翼 都然彬 文光淳 各五兩 合 當五 四百拾五兩"(『황성신문』 [國債報償義務金集送人員及額數], 1907.5.8, 4면 6단).

<표 15> 월암동 국채보상의무금에 나타난 월암동 지주명단

번호	지주명1	합계 필지	합계 지적	국채보상 의무금	비고
1	도연흥(都然興)	19	14,806	20량	1880-1929
2	도병대(都秉大)	14	11,872	10량	1851-1930
3	최태용(崔泰容)	7	5,826	10량	
4	도문규(都文圭)	13	5,574	10량	1885-1946
5	최형덕(崔馨德)	9	4,785	20량	
6	도병철(都秉哲)	10	4,753	10량	1858-1913
7	도병길(都秉吉)	6	3,118	5량	1857-1926
8	도연춘(都然春)	6	2,823	50량	1868-1939
9	도성규(都星圭)	7	1,804	10량	
10	최형두(崔馨斗)	4	1,775	15량	
11	최종락(崔鍾樂)	5	1,566	5량	
12	이용건(李容建)	2	1,280	15량	
13	도연학(都然學)	3	1,064	5량	1866-1923
14	도연술(都然述)	3	390	5량	1866-1935
15	도연익(都然翼)	2	336	5량	1854-1929
16	최태호(崔泰浩)	1	332	10량	
17	도연찬(都然燦)	1	219	20량	
18	도연위(都然緯)	1	112	5량	
19	도연창(都然昶)	1	78	5량	1887-1974,都秉哲의 자
	합계	114	62,513	235량	

<표 15>는 안산군 월곡면 월암면에서 1907년 5월 8일 국채보상의무금으로 모금한 명단 중에서 1910년 당시 토지조사부의 토지소유자명 및 소유 토지 내역을 비교하여 만든 표이다.[96] 위의 표 중에서 가장 많은 의연금을 낸 사람은 도연흥과 최형덕, 도연찬 등이었다. 이 중 20냥을 기부한 도연흥은 월암동 일대 14,806평이나 되는 넓은 땅을 가진 소유주였으며, 10량을 기부한 도병대는 1만여 평이 넘었고, 20량을 기부한 최형덕은 5천여 평에 가까웠고, 이 고을에서 가장 많은 의연금을 낸 50냥의 도연춘은

96) 본 표의 자료는 『황성신문』 2474호, 1907.5.8, 3면 2~3단 기사, 『성주도씨대동보』 권소, 「洛陰公 慶兪派五起, 諱愼安后」, 941~1000쪽, 「수원군 반월면 월암리 토지조사부」(조선총독부임시토지조사국, 1910)를 상호 비교한 것이다.

불과 2,823평 등 편차가 많았다. 그런데 월암리에서 국채보상의무금을 낸 사람은 모두 36명이 있었는데, 이중 토지조사부의 토지신고서에서 확인되는 인물이 무려 19명으로 전체의 52.7%나 되었다는 점이다. 이는 이미 1907년 당시에는 이전 광무양안시 쓰였던 씨명이 아니라 실명이나 족보명으로, 혹은 호적상의 씨명으로 쓰고 있다는 점이다. 이는 그만큼 각종 공문서, 혹은 기부금문서 등에서 현지에서 쓰이는 공적인 실명이 쓰이고 있음을 반증하고 있다.

다음으로 토지조사부에 나타난 소유분화 상황을 살펴보자. 우선 1910년에 조사된 토지조사부에는 월암동의 지적 상황을 다음과 같이 집계하고 있었다.

<표 16> 수원군 반월면 월암리 토지조사부 집계부(1910)

구분	평수	필수	평수비중(%)	필지비중(%)	국유	필지	민유	필지
전	202,740	340	41.4	48.8			202,740	340
답	230,628	247	47.2	35.5	489	1	230,139	246
대	22,160	89	4.5	12.8	0	0	22,160	89
임야	33,532	20	6.9	2.9	1,252	1	32,280	19
합계	489,060	696	100.0	100.0	1,741	2	487,319	694

위의 표와 같이 월암리는 토지조사사업시 전체 696필지에 대해 조사한 결과, 면적상으로는 전보다 답의 비중이 약간 높지만, 필지수로는 전이 훨씬 많은 것으로 나타났다. 지역적 특징으로는 국유지가 2필지에 불과하며, 대부분 민유지였다.

그러면 토지조사부에 나타난 월암리 토지소유자의 소유 분포는 다음과 같이 살펴볼 수 있다.[97]

97) 아래의 표는 월암동 전체 토지 중 대지와 임야를 제외한 통계이다. 이 중 국유지가 1필지, 3인이 공유한 토지 1필지는 분리하여 처리하지 않고 별도의 토지소유주로 처리하였다.

<표 17> 월암동 지역 토지소유분화 상황(1900~1910, 단위 : 정보, 평, %)

자료	광무양안(1900)					토지조사부(1911)				
구간	인원2	비중3	필지2	면적2	비중4	인원	비중1	필지	면적	비중2
5~	3	1.7	178	142,172	34.5	4	3.3	146	166,102	38.3
3~5	5	2.8	103	59,139	14.4	4	3.3	52	47,508	11.0
2~3	5	2.8	71	38,616	9.4	7	5.8	64	49,673	11.5
1~2	18	10.2	133	73,951	17.9	20	16.7	133	82,572	19.1
0.5~1	17	9.7	83	37,115	9.0	24	20.0	99	52,518	12.1
0.2~0.5	44	25.0	113	43,309	10.5	25	20.8	51	24,030	5.5
~0.2	84	47.7	106	17,741	4.3	36	30.0	42	10,965	2.5
	176	100	787	412,042	100	120	100	587	433,368	100

위의 표는 1900년 광무양안과 1910년 토지조사부의 자료를 근거로 하여 월암동 지역의 토지소유분화 상황을 나타낸 것이다.

우선 월암동의 토지조사부상 토지소유 분포에서는 최하위 구간이 0.2정보 미만 즉 600평 미만 소유자 36명이 42개 필지를 가지고 있으며, 이들의 농지 비중은 2.5%에 지나지 않았다. 이는 6백평 이상 1,500평 미만 토지에 대해서도 소유자 25명이고, 전체 농지 중의 비중이 5.5%에 지나지 않았다. 이들 영세소농은 61명으로서 전체 농민의 50.8%를 차지했지만, 전체 농지의 비중은 8.0%에 불과했다. 이에 반하여 3정보 이상의 지주는 8명이고, 전체 농지의 비중은 거의 절반에 가까운 49.3%나 되었고, 그 중 5정보 이상의 지주는 4명인데, 전체 농지의 비중은 38.3%에 이르렀다.

다음으로 양 토지문서를 상호 비교해 보면, 토지조사부에서는 5정보 이상의 토지소유자가 4명으로 전체 120명 중 3.3%에 지나지 않았으나 전체 면적 43만여 평 중에서 무려 38.3%나 차지하였다. 그렇지만 불과 10년 전에 작성된 광무양안에 의하면 5정보 이상의 토지소유주가 3명이고, 전체 면적 41만여 평 중에서 34.5%를 차지하였으므로 인원으로도 1명과 면적이 약간 늘었다고 볼 수 있다. 반면 1정보에서 2정보의 경우 토지조사부에서는 20명이며, 필지수로 133필지인 반면, 광무양안상에서는 18명과

133필지로 우연이지만 거의 동일한 통계를 보여준다. 다만 면적으로는 약 9천여 평 증가한 것으로 나타났다.

월암동 지역에서는 0.2정보 미만의 영세빈농의 경우에는 토지조사부에서는 36명, 30.0%이고, 전체 면적의 2.5%를 차지한 반면, 광무양안에서는 84명으로 47.7%나 되었고, 전체 면적에서는 4.3%가 되었다. 이렇게 양자의 비교를 통해서 광무양안에서는 0.5정보(1,500평) 미만 영세빈농의 숫자가 84명으로 비중이 제법 높았지만 1910년에는 토지조사사업시기에 영세빈농의 숫자는 크게 줄어 36명으로 되었음을 나타내고 있다. 이렇게 된 이유는 영세빈농의 소유자 씨명이 여러 가지 형태로 있었기 때문에 영세소빈농의 토지가 지나치게 세분하게 표기되었다는 점이 가장 컸을 것이다. 또한 이들의 영세 소빈농의 토지 중 상당수가 이후 10년간 계층 분해를 통해 상위 계층의 토지소유자에게 옮겨가는 현상도 작용했다고 하겠다.

<표 18> 광무양안과 토지조사부의 소유자 변화 추이(단위 : 정보, 평, %)

구간	인원			소유면적			소유면적 비중		
	인원1	인원2	인원차	면적1	면적2	면적차	비중1	비중2	비중차
5~	3	4	-1	142,172	166,102	-23,930	34.5	38.3	-3.8
3~5	5	4	1	59,139	47,508	11,631	14.4	11	3.4
2~3	5	7	-2	38,616	49,673	-11,057	9.4	11.5	-2.1
1~2	18	20	-2	73,951	82,572	-8,621	17.9	19.1	-1.2
0.5~1	17	24	-7	37,115	52,518	-15,403	9	12.1	-3.1
0.2~0.5	44	25	19	43,309	24,030	19,279	10.5	5.5	5
~0.2	84	36	48	17,741	10,965	6,776	4.3	2.5	1.8
합계	176	120	56	412,043	433,368	-21,326	100	100	0

위의 표에서 0.2정보 미만과 0.5정보 미만의 인원이 각각 48명과 19명이 줄었으며, 면적의 비중도 역시 14.8%에서 8.0%로 크게 축소되었다. 이에 반하여 3정보 이상 인원은 일부 변동되었지만, 결국 8명으로 동일한데, 면적은 3~5정보 구간에서는 1만 2천평이 줄었으나 5정보 이상에서는 2만 4천여 평이 더 늘어났다. 이렇게 3정보 이상의 지주들이 취득한 농지는

0.5정보 이하 소유농민의 5만 1천평에서 3만 5천평으로 1만 6천평이 줄었다는 것과 대비된다. 결국 이들이 소유한 토지가 이들에게 귀속되었다고 해도 과언이 아니다.

이러한 추이는 물론 확정적으로 설명하기 곤란한 점이 있다. 우선 토지의 구획과 필지가 크게 달라졌다는 점이 세밀하게 고려되어야 하고, 다음으로 광무양전 당시 토지소유자에 대한 조사에서는 훨씬 세분화되고 다양한 이명(異名)이 나타났던 점을 감안하여 이해될 필요가 있다. 그럼에도 불구하고 불과 10년 동안 이 지역 토지소유자의 변동이 크게 일어나고 있었던 점은 부인하기 어렵다.

한편 월곡면 월암동의 토지를 이곳에 거주하는 사람들의 토지인 재지지주의 토지보다는 외방에 사는 부재지주의 월암리 내부 토지침탈이 크게 늘어났다. 이는 전답과 더불어 대지 면적을 포함하여 다시 산출한 월암리 토지소유분화 현상에 대해 다음의 표에서 알 수 있다.

<표 19> 월암동 지역 3정보 이상 지주 현황(1910)

순서	이름	필지	면적	주소	비고
1	민대식(閔大植)	87	105,089	경성부 중부 관인방 대사동	부재지주
2	이종익(李鍾翼)	28	28,064	수원군 반월면 월암리	
3	이종목(李鍾穆)	19	21,614	수원군 반월면 월암리	
4	서우성(徐禹聲)	23	15,385	경성부 서부 서강방 현석리	부재지주
5	도연흥(都然興)	19	14,806	수원군 반월면 월암리	
6	이휘래(李徽來)	18	13,003	수원군 일용면 파장동	
7	한상열(韓相悅)	3	12,342	안성군 기좌면 기좌동	부재지주
8	윤기현(尹冀鉉)	13	12,007	경성부 서부 반석방 합동	부재지주
9	도병대(都秉大)	14	11,872	수원군 반월면 월암리	
10	이종옥(李鍾玉)	9	9,933	수원군 반월면 월암리	
11	한상학(韓相鶴)	9	9,069	경성부 북부 안국방 소안동	부재지주

위의 표에서는 3정보 이상의 지주인 경우 모두 11명이었는데, 이중 월암동 현지 거주자는 5명이고 이웃한 면인 일용면 파장동 거주자 1명까지 포함하면 6명에 불과했다.

다른 지역 중에서 특히 경성에 거주하는 부재지주가 4명이나 되었다.[98] 이 중에서 최대 지주는 민대식이었다. 이는 앞서 설명하였듯이 수원군 반월면 월암동에 토지를 가진 최대 지주는 광무양안에서는 민만길, 토지조사부에서는 민대식으로 등재되었다. 결국 이들은 광무양안에서 민만길의 토지라고 등재된 곳의 상당수 필지에 소작인을 거느리고 있는 부재지주였다.

또한 위 표에는 나타나지는 않지만, 이곳 수원시 월곡면 지역에서 대토지소유자로서 일본인 대지주가 등장했다. 이곳 대지주는 바로 일본의 대표적인 실업가인 이와사키 히사야(岩崎久彌)였다. 그의 토지는 월암동에만 10필지 3,015평으로 적은 규모에 불과했지만, 안산군 월곡면 일대로 포함되는 초평리 등지에 산재되어 있는 지역에서 37필지 농지 6만 8,573평, 즉 20정보 되는 대규모의 토지를 소유하고 있었다.[99] 그는 경기도 용인, 진위, 수원, 시흥에 논 9,557단(段), 밭 2,935단, 산림 1,147단, 임야 1,009단, 기타 162단 등 모두 14,810단, 총 44만 3천평을 소유하고 있었다.

---

98) 한상학은 1899년 6월 "淸州 韓氏 大譜를 설시하는데 보소를 두 곳으로 정하여 남촌서는 명동 전 김성 군수 한병회씨의 집에서 수단하고 북촌서는 재동 붉은고개 전 한림 한상학씨의 집에서 수단차로 광고하오니 청주 한씨 첨 종씨는 조량 하시오"라는 기사(『독립신문』 1899년 6월 9일 잡보 참조)에 나타나 있다. 또한 관원이력서에는 '한성 북서 안국방 홍현계 소안동 제3통 제5호'에 거주하는 것으로 나타난다(『대한제국 관원이력』 35책, 799쪽). 윤기현은 1889년생으로 1909년에 와세다대학에 재학중 동경유학생들로 구성한 대한흥학회에서 운동부를 조직하고, 1920년 6월 조선체육회의 창립준비위원을 역임한 것으로 보인다(『한국민족문화대백과』 참조).

99) 일본인 지주인 이와사키 히사야(岩崎久彌, 1865~1955)는 원래 미쓰이 재벌의 창설자인 이와사키 야타로(岩崎弥太郞, 1835~1885)의 아들로 주소지가 東京市 本鄕區 湯島坊 通町 1번지인데, 그의 투자금액은 무려 48만 3812엔에 이를 정도였다. 농지의 경영형태는 소수의 자작지를 제외하고 대부분의 토지는 소작지로서 경영하였으며, 1년 생산고는 4만 7,894엔이었다(『대정3년 조선총독부경기도통계연보』, 1914, 172쪽). 그는 이후 1924년 일본 동경에 동양문고를 설립하여 조선의 고전 서적 약 2천여 종을 포함하여 장서 100만권을 가지고 있는 일본 최대 동양학 연구 도서관으로 만들었다.

이상과 같이 월암동 지역에서 이루어진 토지소유자의 등재상황은 경기도 토지조사사업의 초기 진행과정을 잘 나타내고 있었다. 1910년 10월 이곳에 토지를 두고 있었던 129명의 지주들은 각자 자신이 소유하고 있는 969필지의 토지를 신고하였다. 토지신고는 거의 대부분 하룻만에 이루어졌다.[100] 이때 지주들은 자신의 토지를 수록한 토지신고서를 작성하면서 종래 전통적으로 써온 자호 지번에 의거하여 해당 토지의 신고를 했으며, 이후 실지조사과정에서 과세지견취도에서 드러나듯이 토지의 위치와 분필, 합필 등이 이루어지면서 토지의 상황이 재정리되었다. 이러한 과정을 거쳐 1915년 토지신고의 각종 내용이 토지대장에 등재되고 토지소유권자로 사정(査定)되었다.

이러한 과정을 통하여 등재된 토지대장상의 성명은 토지조사사업이 실시되기 10년 전에 조사된 광무양전의 소유자명인 시주(時主)의 이름이 아니라 당시 족보상 성명이나 민적부상의 씨명으로 수정되어 등록되었다. 반면에 이곳에 거주하고 있었던 수많은 영세빈농들은 이러한 토지신고과정과 실지조사 지적측량과 과세지견취도 작성 등 토지조사과정에서 배제되고 그들의 경작 권리는 더 이상 국가의 보호대상이 아닌 것으로 취급받았다. 그러한 의미에서 월곡면 월암동 주민들 중 일부는 토지소유자로서 자신의 토지를 정당하게 등재시켜 토지소유권을 확보했지만, 이렇게 소유자로 등재시킬 수 없었던 상당수의 지역 영세빈농은 소작농민이거나 무전농민으로서 토지소유에서 배제되어 나가는 현실을 맞이할 수밖에 없었다.

---

100) 이들 월암리 토지소유자는 전체 전, 답, 대지, 임야를 합쳐서 129명이었고, 이들이 앞서 제시한 969필지의 토지 48만 9,060평을 소유하고 있었다(「수원군 반월면 월암리 토지조사부」(조선총독부 임시토지조사국, 1910).

4. 결론

일본은 1905년 조선의 보호국화를 추진하면서 조선의 토지조사와 토지 침탈에 대한 일련의 방침을 세우고 이를 강력하게 추진하였다. 일본은 자신의 토지 침탈을 용인하는 법제를 마련하기 위해 먼저 대한제국의 양전·지계사업을 중단시켰으며, 토지소유권의 확정과 합법화를 위한 조치를 취해나갔다.

우선 한국통감 이토 히로부미는 부동산의 연혁과 관습을 조사하기 위한 부동산법조사회의 설치 필요성을 주장하고, 일본 민법 제정에 참여했던 우메 겐지로를 초빙하게 하였다. 우메는 한국의 토지소유에 대한 법률을 제정하기 위해 설치된 부동산법조사회를 이용하여 전국적으로 부동산 관례에 관한 현지조사에 착수하는 한편, '부동산권소관법'을 초안으로 하는 법률 제6호 「토지 건물의 매매·교환·양여·전당에 관한 법률」로 공포하였기도 하였다. 그렇지만 1906년 10월 26일 일본측에 유리한 칙령 「토지가옥증명규칙」을 최종 공포케 하여, 토지건물의 매매, 교환, 양여, 전당을 통하여 토지거래를 증명하고 일본인의 토지소유를 합법화시키는 제도를 마련하였다.

한편 일본은 1906년 6월부터 토지조사의 준비에 착수하여 1909년 2월 대구재무감독국에서는 토지조사에 필요한 원칙을 담은 '강요(綱要)'를 만들어 보기도 하였다. 마침내 1909년 11월부터 경기도 부평군 일부 지역에서 시험적인 토지조사를 실시하였다. 마침내 1910년 1월 '한국토지조사계획서'를 성안하였고, 3월 토지조사국 관제를 공포하고 이어 토지조사의 목표와 방침을 구체적으로 세워가기 시작하였다. 8월 23일 법률 7호 「토지조사법」과 「토지조사법시행세칙」을 발표하였다. 이어 9월부터는 경기도와 경상북도 대구 등지에서 토지조사를 진행시키겠다는 방침을 공포했다.

전국적인 토지조사에 앞서 이에 대한 충분한 홍보와 설득이 필요했다. 임시토지조사국 부총재 타와라 마고이치(俵孫一)는 여러 차례 토지조사를 설명하는 자리에서 토지조사의 취지를 "지적을 분명히 하고 지목을 정하여 소유자의 조사를 하는 것으로 지권을 발행하여 소유자에게 교부하는 것"이라고 말하고 토지증명규칙으로는 토지소유권의 이전을 위해 즉 매매, 전당, 상속 등의 경우 충분한 증거를 대기 위해서는 현 토지제도가 불완전하기 때문이라고 밝혔다. 또한 「토지조사사업설명서」라는 자료를 따로 만들어, 취지의 오해가 없도록 설득하는 작업을 폈다.

그럼에도 불구하고 경기도를 비롯한 전국에서 토지신고가 예상외로 지체되고 있었는데, 심지어 토지조사를 물리적으로 방해하거나 다양한 방법을 이용하여 지연시키고 있었다. 특히 경성부와 같은 시가지에서는 토지에 관한 권리 분쟁, 경계의 쟁의 등이 많고 소유자의 이동이 격심했기 때문에 특별히 문제가 되기도 하였다.

이에 토지조사당국이나 매일신보의 사설 등지에서는 해당 토지의 소유자가 아닌 관리인이나 무관계인이 토지를 신고하지 않도록 하고, 토지소유자가 반드시 확인하여 직접 신고하도록 하였으며, 그렇지 않으면 국유로 편입할 것으로 위협하였다. 또한 당시에는 토지조사시 소유권 보존 증명을 하지 않으면 토지신고를 받지 않는다는 풍설도 있어 신고가 제대로 이루어지지 못하는 경우도 있었다. 이에 토지조사 당국은 보존 증명의 유무와 관계없다고 유권해석을 하면서 1912년 12월말까지 신고 기한을 늘려주기도 하였다.

경기도 안산군 월곡면 월암리에서의 토지조사사업은 1910년 10월 15일에 시작되었다. 토지신고서를 처음으로 접수한 10월 15일 당일에 거의 모든 필지의 신고를 마쳤다. 전체 696필지였다. 이곳의 토지측량은 1911년 1월부터 시작하여 5월 13일에 1차 측량을 마치고 지적원도를 작성했다. 그렇지만 토지신고시 개별 필지와 소유자의 진위를 확인하기 위해서 과세지견취도와 결수연명부가 추가로 대조장부가 되었다. 이에 1913년 3월 안산군 지역 결수연명부를 완료하게 되었고, 이 과정에서 별도로 과세지견취도가 작성되었다. 이곳의 견취도는 모두 7장이지만, 6장만이 남아있는데, 전체 필지는 926필지이나 2호가 빠졌기 때문에 도면상으로는 821필지만 확인할 수 있었다.

우선 과세지견취도와 지적원도를 상호 비교하였는데, 견취도의 자호 지번과 지적원도의 지번과는 상당히 상관성을 갖고 있었지만, 동일한 소유주의 필지는 합필된다든지 아니면 소유주의 씨명이 달라 분필하는 경우가 많았다. 또한 토지신고서와 다시 대조되면서 개별 필지별 토지소유주를 판별하는 과정을 거쳐 필지의 소재지와 소유주를 확정해 나갔던 것으로 보인다.

다음으로 월암동 토지조사 장부와 대한제국의 광무양안을 비교해 보았다. 1900년에 작성된 광주부 월곡면 월암리 지역의 양안에서는 장(莊)에서 호(乎)까지 12개의 자호로 필지수는 787개였다. 그런데 과세지견취도에는 화(火)에서 문(文)까지 7개 자호였으며, 필지수는 905개로 추정되었다. 자호 지번이 다른 것은 광무양전사업에서 기존의 자호와의 연계성을 무시하고 독자적으로 측량하면서 자호를 매겼기 때문이었다. 또한 광무양안을 토지조사부와 비교했을 때, 예상한 대로 기록 내용의 차이가 많았다. 대지는 일부 줄어들었으며, 전과 답의 필지 중에서 전은 거의 그대로였으나 답의 경우 345필지에서 247필지로 크게 줄었다. 면적의 경우도 전의 경우는 5만평 정도 증가, 답의 경우는 1만 4천평 축소 등으로 편차가 있었다. 전체적으로는 광무양안에서는 41만 2천평, 토지조사부는 45만 6천평으로 1.1배 정도 면적이 증가하였다.

구체적인 필지별 대조작업은 양전 방향이나 순서, 또한 면적 차이로 인하여 매필지마다 비교하기 어렵게 되어 있었다. 안산군 월곡면 월암동 토지장부의 측량 시작점과 광무양안상의 측량시작점이 같았기 때문에 일부를 서로 비교할 수 있었다. 이 결과 각 필지별로 실척수와 평수에서 커다란 편차가 나서 다른 충청남도 연기 등지의 사례와 달리 정확한 측량의 비교치를 설명할 수 없었다. 또한 분필과 합필 등 복잡한 필지의 변화로 인하여 비교대상 23개 필지 중에서 40%이내 편차를 보인 것이 13개 필지에 불과했다. 전체적으로 비교 필지의 면적은 약 20% 정도 토지조사사업시 증가된 것으로 나타났다.

또한 월암동 지역 토지소유자 인명에 대한 비교에서는 개별 필지별, 혹은 인명별로 거의 일치하지 않았다. 다만 각 성씨별로 토지소유자의 성명과 소유 필지를 조사해 보았을 때, 광무양안상 민만길(閔晩吉)은 토지조사부상 민대식(閔大植)과 직접 관련되거나 아니면 같은 집안으로 간주할 수 있었다. 이 지역에 사는 용씨(龍氏) 일가나 도씨(都氏) 일가의 경우에도 직접적인 연관성을 찾기는 어려웠다. 다만 1900년 당시 20필지를 갖고 있다고 한 도소판손(都小判孫)과 11필지의 도득순(都得順)과 10필지의 도인대(都仁大) 등이 주목될 수 있는데, 토지조사부의 도연흥(都然興)이나 도병대(都秉大)와 관련된 것이 아닌가 추정해 보았다.

한편 1910년 토지신고시 월암동 토지조사부의 인명은 모두 129명이었고, 필지는 696필지였는데, 이들의 인명 중 이미 1907년 월암동 국채보상의연금 기부자 명단에서는 거의 동일한 한자명을 갖는 인명의 이름이 나타나 있었다. 특히 기부자 36명 중 토지조사부에 등재된 인명이 19명으로 그대로 실명을 쓰고 있다는 점에서 이 시기에 이미 개인의 실명이 공식적으로 쓰이고 있음을 확인하였다.

그런데 1910년 광무양안시 토지소유 분화와 비교하여 1910년 토지소유 분화 상황은 크게 변화하였다. 우선 토지소유자가 기록상으로는 176명에서 120명으로 축소되었으며, 0.2정보 미만 소유자가 극히 작은 비중이었는데, 이러한 비중이 더욱 낮아졌다. 결국 0.5정보 미만, 즉 1500평 미만은 128명에서 61명으로 줄어들었으나 전체 농지의 비중은 14.8%에서 8%로 크게 줄었다. 대신에 3정보 이상의 지주는 8명으로 숫자는 같았으나 전체 토지소유의 비중은 48.9%에서 49.3%로 약간 늘었다. 그 중에서 5정보 이상의 지주는 1명이 늘어 4명이 되었고, 면적도 16만 6천여 평으로 약 2만 4천여 평이 늘었다. 이러한 결과는 월암동에서처럼 하나의 작은 동리에서도 토지소유의 심한 격차가 나타나고 있었음을 보여준다. 더욱이 3정보 이상의 토지소유자 중에서 상당수가 서울에 거주하는 부재지주였음을 감안할 때 10년 동안 경성거주 대지주의 토지침탈이 더욱 확대되었음을 짐작할 수 있다. 한 가지 더 첨부할 것은 이곳에 일본인 대토지소유자도 등장했는데, 그가 바로 이와사키 히사야(岩崎久彌)였다. 그는 월암동에는 10필지 3,015평을 소유한 데 불과했지만, 월곡면 일대에서 37필지 농지 6만 8,573평, 즉 20정보 정도를 가지고 있었다. 그는 물론 경기도 일대에 44만 3천평을 소유한 대지주였다.

당시 월암동에 거주하던 지주나 농민, 소작농민들은 각자 자신의 토지소유지를 확인하고 토지소유권을 확보하기 위해 일본의 토지조사 당국의 조치를 어쩔 수 없이 따르면서도 성실하게 토지조사사업에 협조하였다. 그 결과 토지의 위치와 면적이 확정되고, 또한 토지소유자의 실명화가 이루어졌다. 이로 인하여 월암동 토지소유는 보다 확실해졌다고 하겠다.

그렇지만 1910년 광무양전사업 이후 10년간 안산군 월곡면, 이후 지방제도 개혁으로 수원군 반월면 월암리 지역에서는 토지소유의 변화가 크게 일어나고 있었다. 다수의 농민들은 경성거주, 혹은 일본거주 대지주의 토지침탈로 인하여 토지를 빼앗기고 있었으며, 다수의 영세빈농들은 자신들의 소작지조차 확보하기 어려운 상황으로 몰리고 있었다. 이러한 월암동 내부의 토지소유의 편차와 계층적 분화는 지난 10년간 점진적이기는 했지만, 점차 1910년 일제의 강제 병합을 계기로 하여 폭발적으로 강제된 것이기도 하였다. 한편에서는 토지소유권자의 토지신고와 실명 확인을 통하여 토지소유권이 확정되는 한편, 다수의 영세빈농들은 영세토지소유자이자 소작농으로서 제권리를 잃어버리고 몰락해 나가는 농민층으로 빠져들고 있었다.

제9장
일제의 토지조사사업 실시와 경기지역 지주제의 재편

1. 서론

일본은 1906년 6월부터 조선에 대한 토지조사를 준비하기 시작하였다. 1908년 7월 탁지부 산하기관으로 설립된 임시재산정리국에서는 측량기술자의 양성, 토지조사 예산 마련, 토지조사 방법과 시험 실시 등을 준비해 나갔다. 일본은 1909년 말부터 경기도 부평군에서 토지조사를 시험하였고, 이를 기초로 하여 1910년 1월 한국토지조사계획서를 마련하고 사업에 착수했다.[1)]

1910년 8월 22일 일본은 대한제국에 대한 강제 병합 조약을 체결하자마자 바로 다음날인 8월 23일 「토지조사법」을 공포하고 토지조사사업을 실시하여 식민지 지배의 기반으로 삼으려고 하였다. 이어 8월말에 경기도와 경상북도에 여러 지역에서 토지조사를 시행하였다. 이 사업은 1910년부터 1918년까지 약 9년 동안 수행된 조선총독부의 역점 사업이었다. 이 사업은 기본적으로 일제의 '식민지근대화'의 기초 작업이라고 할 수 있다.

일제의 조선 토지조사사업에 대한 연구는 1910년대 말부터 이루어졌다.[2)] 일본 식민지 당국은 당시 대한제국의 토지 지세 정책의 문란을

---

1) 이영호, 2003, 「일본제국의 식민지 토지조사사업에 대한 비교사적 검토」『역사와 현실』 50, 한국역사연구회 ; 남기현, 2009, 「일제하 조선토지조사사업 계획안의 변경과정」『사림』 32, 성균관대 수선사학회.

시정하고 근대적인 토지제도의 확립과 자본주의 발전의 기초를 세웠다고 자평하고 있었다. 또한 토지조사에 직접 간접으로 참여한 당국자들의 공식 보고서나 관료출신 연구자들의 저서에서도 마찬가지로 강조되었다.[3)]

그렇지만 1930년대에 이르러 조선 농촌사회의 심각한 위기 현상을 목도하면서 이를 초래한 원인이 일제의 토지조사사업이라고 보기 시작했다. 당시 토지조사사업의 결과 소수의 일본인, 조선인 지주들에 의한 토지집적이 이루어지고 식민지 지주제의 강화로 이어졌으며, 소작농민의 다수 배출과 경제적 곤란 등으로 인하여 심각한 농촌사회의 모순 현상이 나타났다는 것이다. 이러한 사업의 성격과 영향에 대한 비판적인 연구가 비로소 시작되었다.[4)]

---

2) 宮嶋博史, 1991, 『朝鮮土地調査事業史の硏究』, 東京大 東洋文化硏究所 ; 조석곤, 1999, 「조선토지조사사업연구를 둘러싼 최근 쟁점에 대한 소론」『사회과학논평』 18 ; 왕현종, 2003, 「조선토지조사사업 연구의 과제와 시론적 검토」『역사와 현실』 50 ; 이영호, 2003, 위의 논문.

3) 和田一郎, 1920, 『朝鮮土地地稅制度調査報告書』.

4) 일본제국주의가 수행한 사업에 관한 과학적 연구가 시작된 것은 1930년대 중반에 이르러서였다. 주로 박문규, 인정식, 박문병, 이청원 등이 제기한 '농촌사회성질논쟁'에서 비롯되었다. 박문규(1933)는 사업이 "농촌사회의 새로운 계급분화의 기점으로서 토지사유제도의 확립, 토지조사사업의 특질인 농민의 전통적 토지점유권으로부터 분리가 이루어졌다"는 점을 강조하였다. 사업의 결과는 오히려 반봉건적인 영세농과 소작관계를 발달시켰다고 보았다. 인정식(1937)은 사업이 봉건적 소유관계를 근대적으로 가장한 데 불과한 것으로 "농촌의 새로운 분화과정은 결코 농촌의 봉건적 생산관계를 완전히 또는 영구히 극복하여 지양할 수 없으며, 도리어 농촌의 새로운 분화와 봉건적 생산관계는 불가분의 상관관계를 형성하여 농촌의 봉건적 성질 그 자체를 일층 강화시킨다"고 보았다. 한편 박문병(1936)은 농업에서는 자본제적 요소와 봉건적 요소가 병존한다고 하면서 제국주의 자본의 이중성은 보다 효율적인 식민지 초과이윤의 수탈을 위한 식민지 생산관계의 재편과정에서 비롯된 것이라고 하였다. 이 논쟁은 조선사회의 정체성론을 기반으로 하였지만, 주로 근대적 토지소유와 식민지 농업의 반봉건성이라는 양면성을 비판한 것이었다. 그렇지만 원론적 수준에 머무르고 있었던 한계를 가졌다. 그럼에도 이 논쟁은 이후 1990년대에 재연된 식민지의 근대성 논쟁에도 영향을 미쳤다(朴文圭, 1933, 「農村社會分化の起點としての土地調査事業に就て」『朝鮮社會經濟史硏究』, 경성제국대학 법문학회, 521~ 527쪽 ; 印貞植, 1937, 「土地調査事業의 基軸으로서 朝鮮土地=農村關係의 變革過程」『朝鮮の農業機構分析』, 東

해방 이후에는 한국근대사의 주체적인 발전과정에 대한 연구시각과 일제의 식민지 지배에 대한 비판 연구의 성과가 축적되면서 토지조사사업이 재평가되었다. 이 사업은 '식민지 수탈'을 가능케 한 식민지 토지조사사업으로 국유지 창출과 소작농민 등 농민적 권리의 박탈, 일본인 대지주를 중심으로 하는 식민지 지주제의 형성을 초래하였다고 평가되었다.[5] 이는 일본학계 내부의 자기반성에서도 제기되었지만, 한국학계에서 수행한 본격적인 연구로서 일제의 조선토지조사사업 자체의 식민지 수탈의 성격을 더욱 강조하게 되었다.[6]

京：白楊社；朴文秉, 「農業朝鮮의 檢討 - 현단계의 조선 농업의 경제적 제관계의 해부」『朝鮮中央日報』 1936년 6월 8일~8월 26일(39회 연재)；朴文秉, 「朝鮮農業의 構造的 特質」『批判』 4-9, 1936년 10월).

5) 1945년 해방이후 일제의 사업에 대한 비판은 대개 1950년대 중반부터 1970년대 중반에 이르기까지 본격적으로 전개되었다. 일본학계에 속한 이재무(李在茂), 다나카 신이치(田中愼一), 한국학계에서는 김용섭, 신용하, 김준보 등이 참여하였다. 이재무(1955)는 사업에서 토지소유권의 확인이 '신고주의'라는 독특한 방법에 의해 행해졌음을 주목하고, 토지신고서와 결수연명부와의 관련성, 지주위원회의 실체 등을 밝혔다. 그리고 토지소유권의 최종적인 확정이 재판에 의하지 않고 오로지 행정처분에 의해 행해졌다는 점, 대규모의 국유지의 강제적 창출 등을 강조하였다. 사업이 이조말기의 생산관계를 본질적으로 해체시키지 않고 일본국가가 최대 지주의 지위를 점하기 위해 거대 일본인대지주와 구래 이조사회의 양반=귀족관료를 매판지주로 확보하는 식민지지배체계를 완성했다는 결론이었다. 또한 다나카 신이치(1974a, 1974b)는 사업 이전에 행해졌던 한국재정정리의 중요한 일환이었던 징세제도의 재편정책에 주목하여 징세제도의 개혁에 의한 농촌 계급배치의 변화, 토지소유관계의 변화를 규명하였다. 특히 제2차 결수연명부에 기초하여 사업의 토지소유권 법적 확인을 진행했음을 규명하였다(李在茂, 1955, 「朝鮮に於ける'土地調査事業'の實體」『社會科學硏究』 7-5, 日本：東京大；田中愼一, 1974a, 「韓國財政整理における徵稅制度改革について」『社會經濟史學』 39-4, 사회경제사학회；田中愼一, 1974b, 「韓國財政整理における『徵稅臺帳』整備について - 朝鮮土地調査事業史硏究序論」『土地制度史學』 61, 토지제도사학회).

6) 김용섭(1969)은 일제가 사업을 통해 광무양전·지계사업에서 일단락된 토지소유관계를 토지조사를 통해 재확인하고, 소작제도 내의 근대적인 요소를 제거하면서 농민수탈을 위한 식민지 농업체제를 마련하였다고 보았다. 그는 "일제의 사업은 실로 구래의 토지제도와 지세제도를 대폭 개정한 것이기는 하지만, 기본적으로 봉건적 농업체제를 그대로 온존하고 있었으며, 일제는 식민지

1980년대 중반 이후에는 일제 식민지 지배정책의 성격을 재평가해야 한다면서 식민지 수탈 여부를 재해석하고자 하는 연구가 경제사 연구 일각에서 제기되었다. 여기서는 기존 연구가 일제의 토지조사사업에 대한 제도적·정책적 측면에서 연구한다거나, 아니면 당시 농촌사회의 비참한 현실을 그대로 드러내면서 하는 차원에 그쳤다는 한계를 비판하였다. 경상남도 김해의 토지조사와 관련된 제장부를 분석하면서 토지조사의 시행사례를 실증적으로 재검토하였다. 이로써 '사업'의 실체에 다가갈 수 있었다고 하였다. 그 결과 종래 토지수탈의 상징으로 여겨졌던 '신고주의'는 본래 토지소유자의 자발적인 신고를 통해 자신의 토지소유권을 확정하는 것으로 간주되었으며, 사적 소유권을 확립시키는데 일제의 사업이 크게 기여했다는 결론을 내렸다. 일부 논자는 사업 연구의 결과를 보다 거시적인 관점에서 설명했는데, 일제의 토지조사사업은 조선사회의 내적 발전이라는 추세를 수용하여 조선인 토지소유자의 권리를 '법인'하여 확정한 사업이라는 측면을 크게 강조하였다.[7] 이는 토지소유권 확립에

한국으로부터의 수탈을 더욱 효과적으로 수행"할 수 있었다는 점을 강조했다. 신용하(1977, 1982)에 의하면, 사업은 토지소유관계의 근대화라는 미명하에 이루어졌지만, 그 본질은 토지를 약탈하고 지세를 수탈하는 데에 있었던 만큼 조사사업의 실시과정에서 농민의 권리를 박탈하는 폭력성이 나타났으며 토지의 측량과 신고·사정과정에서 "민족적·계급적 자의성이 작용"했다는 점을 강조했다. 또 조선후기이래 내재적으로 발전해 오던 경작권, 개간권, 도지권, 입회권 등 농민의 각종 권리는 부정되고 지주의 사유권만 보장되었다고 했다. 그는 일제의 사업으로 적지 않은 토지가 지주의 소유지로 둔갑되거나 국유지로 강제 편입되고 광대한 국유지가 무상으로 창출되었고, 그 일부가 국유지 불하방식으로 일본인 이민·상인·회사로 넘어갔다고 주장하였다(金容燮, 1969, 「수탈을 위한 측량 - 토지조사」『한국현대사』, 신구문화사 ; 愼鏞廈, 1977, 「日帝下의 『朝鮮土地調査事業』에 대한 一考察」『韓國史硏究』 15 ; 愼鏞廈, 1982, 『朝鮮土地調査事業硏究』, 지식산업사).

7) 1980년대 중반 경상남도 김해지방에서 사업의 원자료들이 대거 발견되었다. 이를 활용한 연구성과가 발표되면서 실증적 연구가 물꼬를 텄다. 여기에서는 '신고주의'에 입각한 토지수탈은 사실이 아니라고 주장하는 반론을 제기하였다. 이는 조석곤과 배영순, 미야지마 히로시, 이영훈 등이 해당된다. 조석곤

대한 지나친 일반화 내지 식민지 근대화의 긍정적 측면을 부각시켰으므로 '신판 근대화론'이라는 냉혹한 평가를 받았다.[8)]

2000년대 들어 일제의 토지조사사업의 과정, 즉 토지조사 법제를 비롯하여 경남 창원군 지역의 토지조사사례, 소유권 분쟁에 대한 사례 분석 등으로 보다 연구 영역이 확대되고 구체화되는 경향을 보여주고 있다.[9)] 또한 토지조사사업의 실시과정에 대한 연구를 통하여 이른바 '신고주의'라는 것이 지주의 자발적인 신고과정이라고 보기 어렵고, 이와 더불어 토지조사당국은 결수연명부 및 지세 장부 조사를 통하여 지주에게 압박을 가하고 있었다는 점이 지적되었으며, 또한 토지소유자의 배타적 소유권 확정이라는 '사정'이 법적인 소유권 확정이 아니라 행정적인 처분이었다는 점을 밝혔다.[10)]

(1986)은 김해군 녹산면의 사례를 통해서 신고는 철저히 이루어졌고 지주총대의 구성원도 반드시 유력지주층만으로 구성된 것은 아니었으며, 분쟁지처리에서도 사업 후기에는 민간인에게 환급되는 경향이 강했다고 보았다. 미야지마 히로시(宮嶋博史, 1991)는 사업이 조선의 토지제도 발전사에서 차지하는 역사적 위치는 무엇인가라는 거시적인 문제를 제기하였다. 사업은 종래 수탈적인, 혹은 외재적인 개혁이 아니라 내발론적 발전에 기초하면서도 새롭게 근대적 토지제도로의 이행에 결정적인 역할을 수행한 것으로 평가되었다(趙錫坤, 1986, 「朝鮮土地調査事業에 있어서 所有權調査過程에 관한 한 研究」『經濟史學』 10 ; 배영순, 1988, 「韓末·日帝初期의 土地調査와 地稅改正에 關한 硏究」, 서울대 국사학과 박사학위논문(『韓末日帝初期의 土地調査와 地稅改正』, 영남대학교출반부, 2002, 재수록), 178~195쪽 ; 김홍식 외, 1997, 『조선토지조사사업의 연구』, 민음사).

8) 장시원, 1997, 「서평 : 김홍식 외 5인 공저, 『조선토지조사사업의 연구』」『경제사학』 23, 경제사학회, 186쪽 ; 장시원, 1999, 「조선토지조사사업 연구의 새로운 지평 : 김홍식 외, 『조선토지조사사업의 연구』에 대한 서평」『사회과학논평』 18, 152~153쪽 ; 박명규, 1991, 「낡은 논리의 새로운 형태 : 宮嶋博史의 『朝鮮土地調査事業史の研究』 비판」『한국사연구』 75 ; 윤수종, 1991, 「토지조사사업 연구와 '신판근대화론'」『역사비평』 15 ; 한국역사연구회 근대사분과 토지대장연구반, 1992, 「'내재적 발전론'을 가장한 또 하나의 식민주의 역사인식」『역사와 현실』 7 참조.

9) 한국역사연구회 토지대장연구반, 2011, 『일제의 창원군 토지조사와 장부』, 선인 ; 한국역사연구회 토지대장연구반, 2014, 『일제의 창원군 토지조사사업』, 선인.

이와 같이 일제하 식민지 지주제의 형성과 추이에 대해서는 일제 강점하 근대적 토지소유제의 제도적 확립과 지주제의 강화로 인해 체제적으로 확립되었다는 시각을 가질 필요가 있다. 다시 말하자면, 일제하 식민지 지주제의 형성에 토지조사사업이 어떻게 계기적 전환점을 이루는가를 검토할 필요가 있다.[11)]

여기에서는 일제의 조선 토지조사사업 전반의 추진과정과 영향을 파악하기 위한 하나의 사례연구로서 경기도 지역 토지조사의 추진과정과 그에 대한 주민들의 대응을 검토하려고 한다. 이렇게 지역사례로 주제를 설정한 이유는 지금까지의 연구에서는 개별 군단위의 시행사례를 분석한 경우가 있었지만, 하나의 도단위로 시행과정을 검토하지 못했기 때문이다. 또한 일제의 토지조사가 처음부터 시행된 지역이 경기도라는 점에서, 그리고 경성에 주소를 둔 부재지주들이 많은 토지를 집적하고 있었던 곳이 경기도라는 점을 주목했기 때문이다.[12)] 본고에서는 일제의 사업 시행 과정을 정밀하게 다루는 것이 목표이기도 하지만, 먼저 경기도 지역

---

10) 최원규, 2003, 「일제 토지조사사업에서의 소유권 査定과정과 裁決」『한국근현대사연구』 2003년 여름호, 25, 273~287쪽 ; 왕현종, 2007, 「경남 창원지역 토지조사의 시행과정과 장부체계의 변화」『역사와 현실』 65 참조.

11) 지금까지 한말 일제하 지주제 연구는 개별 지주가의 경제 규모와 경영 변화를 대상으로 분석되었다. 이는 식민지 지주제의 형성이 단지 일본의 경제적 침탈에서 만들어진 것이 아니라 조선후기이래 지주 소작제의 발전과 지주적 토지소유의 확대를 기본 추세로 보자는 것이었다. 당시 지주제가 일본자본주의 발전에 기생하는 식민지 지주제로서의 특징을 지니며, 토지조사사업을 계기로 성립하였다는 점이 강조되었다(김용섭, 1972, 「한말 일제하의 지주제 - 사례 1 : 강화 김씨가의 추수기를 통해서 본 지주경영」『동아문화』 11 ; 김용섭, 1976, 「한말 일제하의 지주제 - 사례 3 : 나주 이씨가」『진단학보』 42 ; 홍성찬, 1986, 「한말 일제하의 지주제연구 - 보성 이씨가의 지주경영사례」『동방학지』 53 ; 장시원, 1984, 「식민지하 조선인대지주 범주에 대한 연구」『경제사학』 7, 181~189쪽).

12) 강병식, 1994, 『日帝時代 서울의 土地硏究』, 민족문화사 ; 왕현종, 2010, 「한말 한성부 지역 토지 가옥 거래의 추이와 거주지별 편차」『한국사연구』 150 ; 왕현종, 2011, 「경남 창원 토지조사의 실시와 지역 주민의 대응」『한국학연구』 24 참조.

시행과정에서 주민 집단의 다양한 대응 양태에 주목하려고 한다.

또한 1910년대 경기도 지역 토지조사사업이 진행되면서 이 지역의 거대 지주들의 동향, 특히 일본인 지주와 조선인 관료 지주, 혹은 경성지주와 재지지주의 동향을 주목할 필요가 있다. 우선 이들은 토지조사과정에서 어떻게 자신들의 토지소유를 확인받으려고 하였는지 여부를 구체적으로 살펴보려고 한다. 그리고 경기도 각 지역별 지주의 토지소유 규모와 변화 추이를 통하여 당시 농촌사회의 계층적 분화 추이를 전망해 보려고 한다. 이로써 1920년대 이후 경기도 지역 농촌사정과 지주·소작제의 변화 추이를 살펴보아 사업의 영향으로 농촌사회에 어떠한 결과를 초래했는가를 검토하려고 한다.[13]

여기에서는 우선 경기도 지역 전반에 걸쳐 시행된 토지조사사업의 전개과정을 살펴보려고 한다. 경기도 지역의 토지조사에서는 토지조사법의 시행으로 인하여 이미 1910년 8월부터 토지신고를 받기 시작하였고, 일부 지역에서는 1910년 말 이전에 토지신고를 마치도록 하고 있었다. 이에 따라 1912년 8월 '토지조사령'으로 인하여 일부 방침이 변경되기 이전에 이미 상당수 지역에서 토지조사를 마친 상태였다. 따라서 경기도 일부 지역에서는 지주의 토지신고와 실지조사가 완료된 후에 결수연명부와 과세지견취도 등의 토지신고 관련 서류가 사후적으로 보강될 수밖에 없었다. 또한 일본은 토지소유자의 소유권을 확인하는 사정과 고등토지조사위원회를 통한 소유권과 강계 분쟁을 해결하는 재심 청구 제도를 통하여 사업의 제도적 정비를 가하였다. 이로 인하여 토지소유권자의 사정 이후 부동산등기제도를 도입하여 근대적인 토지제도를 완료하려고 하였다. 이렇게 토지조사와 소유권 확정에 대해 행정조치를 통한 제도적인 보완을

---

13) 1930년대 이후 경기지역 대지주의 동향에 관한 연구는 다음의 연구가 있다(임대식, 1995, 「1930년대말 경기지역 조선인 대지주의 농외투자와 지방의회 참여」 『한국사론』 34).

갖춰 가는 가운데 진행되었던 경기도 지역 토지조사사업의 추진 경과와 성과를 검토해 보려고 한다.

다음으로 1900년대 이후 경성거주 대지주들의 존재형태에 대해 검토해 보려고 한다. 이들은 대개 대한제국의 관료 지배층이면서 각지에 대규모 토지를 소유한 부재지주였다. 이들이 경기도 지역에 어느 정도 토지를 소유하고 있었으며 어떻게 신고하고 있었는지를 구체적으로 살펴보는 것은 당시 일제의 식민정책과의 상호관련성을 규명하기 위해서도 필요한 작업이라고 할 수 있다. 나아가 과연 1910년대 일본의 조선 토지조사사업이 지주들에게 어떻게 작용하여 지주·소작농민의 경제적 변화에 영향을 주었는지 살펴볼 필요가 있다. 이는 당시 일본 당국이 조사한 경기도 농촌사정의 조사내역을 통해서 일부 실상을 추적할 수 있다.[14] 이러한 검토를 통하여 경기도 지역 토지조사의 실태와 지주 소작관계의 변화를 전반적으로 검토해 보려고 한다.

2. 일제의 조선 토지조사 방침과 경기도 지역 시행과정

1) 일제의 토지조사사업의 방침과 추진과정

일본은 1910년 8월 대한제국의 강제 병합 이전에 이미 전국적인 토지조사사업을 준비하고 있었다. 일본은 1910년 1월 전국적인 토지조사와 지주의 토지신고를 명시한 「한국토지조사계획서」를 성안해 놓고, 3월에 토지

14) 1910년대 경기도 지역 농촌경제에 관한 조사자료로는 1910년대 토지조사사업 시기 작성된 각 군의 「토지조사부」와 「토지대장」, 경기도 차원에서 조사한 『경기도농촌사정』, 그리고 총독부에서 조사한 각년도판 『총독부 통계연보』 등을 들 수 있다.

조사국을 발족한 상태였다. 이러한 상황에서 일본은 8월 23일 법률 7호 「토지조사법」과 「토지조사법 시행세칙」을 공포하였다. 일본이 아직 병합 조약을 공포하지 않은 시점에서 토지조사사업을 공포했다는 것은 식민지 경제의 지배체제를 사전에 먼저 구축하려는 의도라고 볼 수 있다.

일본은 조선토지조사사업을 추진한 목적에 대하여 대외적으로는 조선의 토지제도의 문란과 토지소유권 제도의 미성립을 시정하고 근대적 토지제도와 토지소유권을 확립하려는 것이라고 선전하였다. 실제로는 대한제국의 외국인 토지소유 금지를 철회하기 위해 이미 1906년에 '토지가옥증명규칙'을 제정 공포하였고, 1908년에 '토지가옥소유권증명규칙'과 '토지가옥소유권증명시행세칙' 등 일련의 임시법규를 이미 제정 공포한 상태였다.[15] 이러한 신설 법제는 대한제국시기 불법적이었던 외국인의 토지소유를 공식적으로 합법화시켜 일본인의 토지점유를 확대하게 하려는 목적으로 취한 것이며, 식민지 토지제도 개편의 초석이었다.[16]

일본은 1910년 1월부터 8개년에 걸쳐서 시행할 예정으로 전국적인 토지조사계획을 수립한 이후, 1910년 3월 14일 칙령 23호로 「토지조사국관제」를 공포하면서 본격적인 토지조사사업을 준비하였다.[17] 이렇게 일본이 조선에서 토지조사사업을 서두르게 된 이유는 무엇보다도 일본자본이 조선에 진출하여 용이하게 토지를 매집할 수 있도록 토지소유의 증명제도를 확립하기 위해서였다. 또한 지세 수입을 증대시켜 일본의 식민지 통치에 필요한 조세수입체계를 확보하기 위한 것이기도 했다. 또한 임야 등 국유지를 창출 조사하여 조선총독부의 소유지로 재편하기 위한 목적도 함께 갖고 있었다. 향후 일본 이민에게 토지를 불하하여 일본 식민에 대한

---

15) 최원규, 1994, 「韓末 日帝初期 土地調査와 土地法 硏究」, 연세대 사학과 박사학위논문, 116쪽.

16) 趙錫坤, 1995, 「朝鮮土地調査事業에 있어서의 近代的 土地所有制度와 地稅制度의 確立」, 서울대 경제학과 박사학위논문, 242~257쪽.

17) 이영호, 2003, 앞의 논문 ; 宮嶋博史, 1991, 앞의 책 ; 남기현, 2009, 앞의 논문.

제도적 지원 대책을 확립하기 위한 것이었다. 또한 이 사업은 전국적으로 지방경제와 관습조사를 비롯하여 지방행정구역 개편, 지도의 완성 등 제반 식민지 통치에도 반드시 필요한 개혁을 수반하고 있었다. 이렇게 다면적인 측면에서 일제의 조선 토지조사사업은 추진되었다.

1910년 8월 22일 '한국병합조약'을 체결한 지 불과 하루만인 8월 23일 '토지조사법(土地調査法)'을 공포하고, 토지조사의 구체적인 실행조건을 담고 있는 시행세칙을 공포하였다.[18] 9월에는 조선총독부내에 임시토지조사국(臨時土地調査局)을 설치하여 본격적인 토지조사사업을 전담해서 실시하도록 하였다. 처음 토지조사에 나선 곳은 경기도와 경상북도였다. 이들 지역에서는 1910년 8월말에 시작되어 다음해 4월초에 이르면 상당수 지역에서 마감하는 단계에까지 이를 정도로 빠르게 진척되어 갔다.[19]

당초 일본은 수많은 종류의 토지를 객관적으로 조사하고 토지소유권자를 법적으로 확인한다는 것을 표방하고 있었지만, 이 과정에서 농민들의 제권리를 배제하고 지주의 일물일권적인 배타적인 토지소유권을 위주로 재편성하려고 하였다. 따라서 가장 중점을 두고 조사한 것은 소유권 조사였다. 토지조사사업은 준비조사(準備調査), 일필지조사(一筆地調査), 분쟁지조사(紛爭地調査) 등 3단계로 진행되었다.

우선 준비조사는 토지조사의 최소단위로서 동리별로 토지신고서를 받아 정리하면서 토지소유권 조사를 준비하는 과정이었다. 여기서는 면·동·리의 명칭 및 경계를 조사하고, 토지신고서를 거둬들이는 동시에 지방의 경제 및 관습을 조사하였다.[20]

토지소유자 지주 조사의 원칙은 처음부터 '신고주의'를 채택하였다.

18) 왕현종, 2007, 앞의 논문, 322~323쪽 참조.

19) 조선총독부 임시토지조사국, 『局報』 8호, 63~83쪽(한국역사연구회 편, 2004, 『국보』 1, 국학자료원, 630~650쪽).

20) 조선총독부임시토지조사국, 1918, 『조선토지조사사업보고서』, 57쪽.

일제는 구래의 장부가 부실하다는 이유로 처음부터 토지조사를 지주신고에 근거하기로 정하였다. 임시토지조사국은 신고서를 기초로 하여 실질심사과정을 거쳐 토지소유권을 사정하도록 하는 절차를 처음으로 정하였다. 토지신고서는 임시토지조사국에서 각 군에 신고서를 배부하고 군 이하 면, 리의 지주총대를 거쳐 지주에게 배포되었다. 지주는 「토지신고심득(土地申告心得)」과 「준비조사규정」에 따라 토지신고서를 작성하여 지주총대를 통해 면에 제출하였다.

토지신고서의 작성원칙은 1910년 8월 29일에 공포된 '토지신고심득'에 잘 나타나 있다. 첫째 신고자규정으로 개별 토지소유자 이외에 사단, 재단 및 공공단체 등의 경우 관리인이 신고할 것, 둘째 소유권 분쟁 토지와 소송중인 토지는 진술서와 증빙서를 첨부할 것, 셋째 신고서는 1동리씩 한꺼번에 만들고, 연속 토지는 1구역으로 할 것, 넷째 지목은 지방에서 통용하는 것으로 할 것, 다섯째 성명은 민적(民籍)과 일치할 것, 여섯째 신고서와 표항(標杭)의 내용 일치, 일곱째 관리인 또는 이해관계인이 신고할 경우 지주를 기입한다는 원칙 등이었다.[21] 동일한 토지에 대하여 2인 이상의 권리주장자가 있는 경우 또는 단순한 1인의 권리주장자인 경우에도 권원(權原)이 의심되는 경우를 제외하고 신고명의인을 지주로 인정하였다. 경계조사는 신고자를 통하여 그 토지의 주위에 표항(標杭)을 세워 소유자를 표시케 했다.[22] 그밖에 전과 답, 대지 등을 구별하는 지목조사와 통일된 기준에 의해 재정리된 지번조사 등이 이어졌다.

그런데 토지신고는 지역적인 사정에 따라 순조롭게 진행되지 않았고, 여러 미비점들이 드러났다. 경기도 지역 등 일부 지역에서 토지조사가 한창 조사되던 때인 1912년 8월 13일 기존 토지조사법의 세부 원칙을 대폭 수정하여 「토지조사령」을 공포하였다.[23] 토지소유자의 신고 내용을

21) 『구한국관보』 제4768호, 1910년 8월 29일, 22책, 1081쪽.

22) 조선총독부 임시토지조사국, 1918, 『조선토지조사사업보고서』, 81쪽.

보다 구체적으로 명시하였으며, 실지조사에서 표항 설치의 의무화 등을 규정하였다. 또 토지소유권 판정 절차와 기구의 강화에도 중점을 두었다. 공시기간 30일과 재결신청기간 60일로 각각 분리하여 사정공시방법을 구체화시켰다. 고등토지조사위원회의 재결 조건을 구체화시키고, 재심기능도 추가하였다. 또 토지조사법에 있었던 지권 발행 규정을 삭제하여 토지소유자들이 조선부동산등기령에 따라 등기 절차를 밟을 수 있도록 규정하였다.

토지조사에 대한 몇 가지 조사방식의 변경은 원래 토지신고서를 위주로 하는 조사방식에서와 달리 토지신고서의 조사 방식과 장부체계가 새롭게 설정되었다. 우선 1913년 1월「개정 토지신고심득」에서는 토지신고서 제출 이외에도 결수연명부와의 대조를 반드시 확인하도록 하였다. 이에 따라 토지신고서의 양식도 수정되었는데, 결수연명부에 등록되어 있는 토지 번호를 기재하였고, 또한 토지신고서상의 토지 위치를 정확히 파악하기 위해 과세지견취도에 등재된 번호를 기록하게 하였다.[24] 이는 종전 토지신고서 양식만으로는 토지의 위치를 대조할 수 없었기 때문이었으며, 또한 토지신고자를 그대로 소유권자로 확정하기에는 기존의 방식으로는 미흡했다는 판단 때문이었다.

이때 시행된 과세지견취도는 과세지 각 필지의 개형을 그리고, 실지의 형상과 면적, 그리고 소유자명을 기록하는 도면이었다.[25] 이제 각동의 토지이동을 조사하여 장부를 조제함이 필요하므로 토지실지도면을 조제할 뜻을 지시하게 되었다.[26] 도면상에 각 소유구획에 그 동의 자번, 호자(號

23)『조선총독부관보』 12호, 제령2호「토지조사령」(1912.8.13), 85~86쪽.

24)『조선총독부관보』 제137호, 1913.1.17, 129쪽.

25)『과세지견취도조제경과보고』, 조선총독부, 1911, 1면 ;『조선총독부관보』 제466호「과세지견취도작성수속」, 1912.3.19, 176~179쪽.

26)『매일신보』「토지실지도면작성」, 1911.9.23, 2면 5~6단 ;「토지도면의 작성」, 1911.9.24, 1면 1~2단.

字), 토지의 지목과 결부수 등을 열기하고 전후에 지주의 성명을 기록하여 한눈에 공·사유 및 소유지의 대소를 확실하게 알 수 있게 하였다. 1911년 9월부터 충북과 충남 일부지역에서 견취도가 시험 작성되었다. 1912년 3월 「과세지견취도작성에 관한 건」과 「과세지견취도작성수속」을 발표하고 전국적으로 확대 적용시켰다.[27] 과세지견취도의 작성은 이미 1911년 7월부터 시작된 결수연명부의 작성과 맞물려 진행되었다.

임시토지조사국은 각 부군에 명령하여 1912년에 경기, 충남, 전북, 전남, 경북, 경남, 황해, 평남의 8도와 강원도의 8개 군 평북의 9개 군, 함남의 7개 군, 함북의 1개 군에서 과세지견취도를 작성하였다. 1913년에는 강원도, 평북, 함남, 함북의 잔여 군에서 과세지견취도를 작성하였다. 그리하여 1913년 6월에는 257부군, 3,492면, 49,697리동에서 과세지견취도 작성을 마감하였다.[28] 이렇게 일제의 토지조사의 준비조사 단계는 1910년 5월부터 시작하여 1916년 5월에 종결되었다. 이때까지 수집된 토지신고서는 총 518만 1,652통, 필지수는 1,857만 3,731필이라는 엄청난 규모의 문서가 모아졌다.

이와 같이 토지신고서의 정확성을 입증하기 위해 각 군에서 토지신고서 제출 이전에 결수연명부와 대조한다는 원칙이 정해졌고, 또한 토지의 위치와 개별 토지의 소유자를 연결시켜 파악하기 위해서는 먼저 과세지견취도가 필요했음에도 불구하고 단계적으로 사업이 추진되지는 않았던 것이다. 실제 과정은 토지신고서 제출 이후에야 결수연명부 대조, 과세지견취도 작성이 이루어지는 등 혼란이 초래되었다. 그만큼 토지신고서의 접수와 위치의 확인, 토지에 관한 제반 사항에 대한 조사 방침의 변동이

27) 「조선총독부령 제20호 課稅地見取圖作成ノ件」 『조선총독부관보』 제453호, 1912.3.4.

28) 「과세지견취도작성실적」 『조선총독부관보』 제261호, 1913.6.14 ; 이영학, 2013, 「1910년대 과세지견취도의 작성과 그 성격」 『한국학연구』 29, 433~439쪽 참조.

여러 차례 일어나고 있었고, 이에 따라 토지조사사업 각 단계가 서로 착종되는 사태가 일어났다.

2) 경기도 각 지역의 토지신고와 준비조사

경기도 지역의 토지조사는 이미 시험측량사업을 통해 전국에서 가장 먼저 시행되었다. 임시토지조사국은 1909년 11월부터 1910년 2월까지 인천시가지를 비롯하여 부평, 양천에서 시험측량을 실시하였다.[29] 이어 1910년 5월 30일부터 강화, 교동, 수원, 진위, 남양 등지와 7월 3일부터 용인, 양지, 양성, 안동, 죽산 등지에서 토지조사를 개시하려고 하였다. 광주는 8월 20일부터 시작될 예정이었다.[30] 그렇지만 이때 토지측량은 조선의 토지조사사업이 본격화되기 이전에 예비적인 토지조사에 불과했다.

경기도 지역에서 본격적으로 토지조사가 이루어진 것은 1910년 8월 23일 토지조사법이 공포된 이후였다. 1910년 8월말부터 경기도 지역 서남부로부터 토지신고를 추진하게 되었다. 각 지역에서는 토지소유자들에게 빠른 시일내에 신고서를 제출하도록 독려하기 시작했다.[31] 당시 토지조사 당국은 경기도 각 군별로 토지신고 기간을 다음과 같이 공포하였다.

---

29) 이영호, 2008, 「일제의 조선식민지 토지조사의 기원, 부평군 토지시험조사」 『한국학연구』 18, 266~291쪽.

30) 임시토지조사국, 『국보』 1호, 8쪽(한국역사연구회 편, 2004, 앞의 책, 60쪽).

31) 『매일신보』 「토지조사구역」, 1911.5.6, 1면 8단 ; 『매일신보』 「토지조사의 현상」, 1911.8.13, 3면 5단.

<표 1> 경기도 각 군별 토지신고 기간

순서	구분	신고서 제출 기한	출전
1	부평(시험조사)	1909.11.17~1910.2.4	국보 9호(1911.6.25.)
2	부평	1910.8.24~9.23	국보 1, 30-33면
3	양천	1910.8.24~9.23	국보 1, 30-33면
4	김포	1910.8.24~11.23	국보 1, 30-33면
5	통진	1910.8.24~11.23	국보 1, 30-33면
6	시흥	1910.9.15~12.15	총독부관보 16호 1910.9.15
7	안산	1910.9.15~12.15	총독부관보 16호 1910.9.15
8	과천	1910.9.15~12.15	총독부관보 16호 1910.9.15
9	인천	1910.10.13~1911.1.20	총독부관보 39호 1910.10.13
10	강화	1910.10.13~1911.2.28	총독부관보 59호 1910.11.8
11	교동	1910.10.13~1911.2.28	총독부관보 59호 1910.11.8
12	수원	1911.2.2~1911.7.31	총독부관보 129호 1911.2.6
13	남양	1911.4.5~1911.11.30	총독부관보 177호 1911.4.6
14	광주	1911.5.16~1912.3.31	총독부관보 211호 1911.5.16
15	용인	1911.5.16~1912.3.31	총독부관보 211호 1911.5.16
16	양지	1911.5.16~1912.3.31	총독부관보 211호 1911.5.16
17	죽산	1911.5.16~1912.3.31	총독부관보 211호 1911.5.16
18	안성	1911.5.16~1912.3.31	총독부관보 211호 1911.5.16
19	양성	1911.11.7~1911.12.31	총독부관보 359호 1911.11.7
20	진위	1911.11.7~1912.1.31	총독부관보 359호 1911.11.7
21	이천	1912.1.15~1912.8.31	총독부관보 402호 1911.12.28
22	음죽	1912.1.15~1912.8.31	총독부관보 402호 1911.12.28
23	여주	1912.1.15~1912.8.31	총독부관보 402호 1911.12.28
24	경성(경성시가)	1912.3.12~1912.9.30	총독부관보 460호 1912.3.12
25	개성(시가)	1912.7.1~1912.11.30	총독부관보 517호 1912.5.20
26	경성(경성시가 제외)	1913.1.1~1913.8.31	총독부관보 111호 1912.12.12
27	풍덕	1913.1.1~1913.8.31	총독부관보 111호 1912.12.12
28	파주	1913.1.1~1913.8.31	총독부관보 111호 1912.12.12
29	고양	1913.1.1~1913.8.31	총독부관보 111호 1912.12.12
30	개풍	1913.1.1~1913.8.31	총독부관보 111호 1912.12.12
31	교하	1913.3.1~1913.9.30	총독부관보 111호 1912.12.12
32	적성	1913.3.1~1913.9.30	총독부관보 111호 1912.12.12
33	개성(시가이외)	1913.3.1~1913.9.30	총독부관보 111호 1912.12.12
34	장단	1913.1.1~1913.8.31	총독부관보 111호 1912.12.12
35	마전	1913.8.1~1914.6.30	총독부관보 297호 1913.7.26
36	삭녕	1913.8.1~1914.6.30	총독부관보 297호 1913.7.26

37	연천	1913.8.1~1914.7.31	총독부관보 297호 1913.7.26
38	양주	1913.8.1~1914.7.31	총독부관보 297호 1913.7.26
39	양평	1914.2.11~1914.9.30	총독부관보 453호 1914.2.4
40	영평	1914.2.21~1914.1.31	총독부관보 453호 1914.2.4
41	포천	1914.2.21~1914.1.31	총독부관보 453호 1914.2.4
42	가평	1914.4.22~1915.2.28	총독부관보 516호 1914.4.22

위의 표와 같이 1910년 시행될 예정지역은 부평, 시흥, 안산, 과천, 강화 등 주로 경기도의 서부지역이었다. 1911년에 시행 예정 지역으로는 수원, 광주, 용인, 양지 등 서남부지역이었다. 1912년에는 이천, 음죽, 여주, 경성시가지, 개성시가 등지로 확대되었다. 이어 1913년에는 풍덕, 파주, 양주 등으로 주로 동북부지역이었다. 1914년에는 포천, 가평 등 경기도 나머지 지역에서 이루어졌다. 이들 지역에서는 토지신고서 제출기한이 적게는 3개월, 많게는 11개월에 걸쳐 이루어졌다. 토지조사법 제정 당시에는 90일인데도 불구하고 대부분 지역에서 이를 넘어 3개월 이상 기간을 넘기기가 일쑤였다. 그렇다면 경기도 각 지역의 토지신고과정이 구체적으로 어떻게 진행되었는지 살펴보자.

<표 2> 경기도 4개 군 7개 면 지역 토지신고서 제출 추이(1910~1912)

순서	지역명	면명	리명	신고개시일	비고
1	시흥군	동면	안양리	1910년 9월 10일	
		서이면	이동리	1910년 9월 3일	* 과천군 상서면, 하서면, 1914년 시흥군으로 개편
			호계리	1910년 9월 7일	
			일동리	1910년 9월 10일	
			안양리	1910년 9월 23일	
			비산리	1910년 9월 27일	
			박달리	1910년 9월 28일	
2	수원군	수원면	북수리, 신풍리, 남수리, 산루리, 매산리, 남창리	1911년 3월 15일	
		월곡면	월암리, 초평리	1910년 10월 15일	원래 안산군, 월곡면에서 1914년

						수원군 반월면으로 변경
		의왕면	왕륜면	고천리, 이리	1911년 10월 5일	원래 광주군 왕륜면과 의곡면에서 1914년 수원군 의왕면으로 변경
				왕곡리	1911년 10월 10일	
				삼리	1911년 10월 1일	
				오전리	1911년 10월 7일	
			의곡면	내손리, 학의리, 청계리	1911년 10월 5일	
				포일리	1911년 10월 4일	
3	이천군	백사면		현방리	1912년 3월 27일	
				경사리	1912년 3월 21일	
				도립리, 송말리, 상룡리, 백우리	1912년 3월 30일	
				신대리	1912년 3월 20일	
				모전리	1912년 4월 1일	
				도지리	1912년 4월 5일	
				조읍리	1912년 4월 14일	
				우곡리	1912년 3월 27일	
				내촌리	1912년 7월 27일	
4	양지군	내사면		대대리, 정수리, 주북리	1911년 11월 15일	*최초 신고일 용인 지역, 1911년 5월 16일

위의 표는 시흥군, 수원군, 이천군, 양지군 등 4개 군 지역인데, 내부에 7개 면 지역에서 이루어진 토지신고서의 진행과정을 나타낸 것이다. 신고서 제출 기간 동안에 일부 군과 면제의 구획 변동을 통하여 면의 위치나 면의 통폐합된 경우까지를 포함하고 있다.

우선 위의 지역에서 토지신고서가 먼저 이루어진 곳은 시흥군 지역이었다. 1910년 9월 3일부터 서이면 이동리에 2필지가 신고된 이래 1910년 9월에만 7개 지역에 3,588건의 토지신고가 이루어졌다. 이후 1910년 10월과 11월에는 토지신고가 각각 2,460건과 326건이었다. 시흥군 지역에서는 경기도 다른 지역에 비해서도 매우 빠르게 이루어졌음을 알 수 있다.

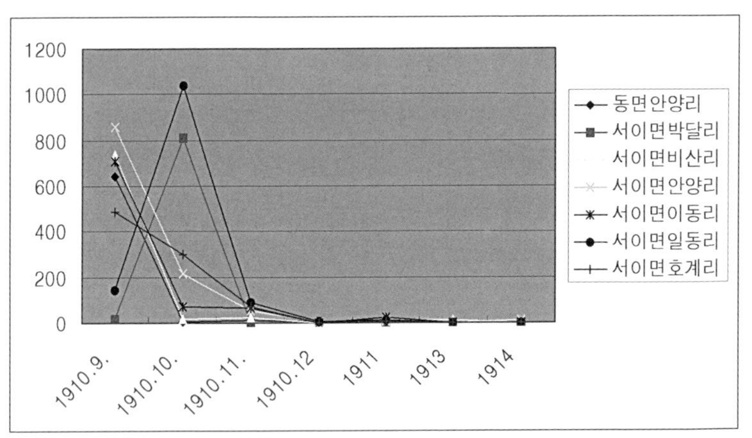

<그림 1> 시흥군 지역 토지 신고 일시 현황(1910~1914)

위의 표와 같이 시흥군 동면, 서이면 등 7개 리의 경우에 사업 시작 초기인 1910년 9월부터 12월까지 토지신고가 대다수 이루어졌음을 알 수 있다. 이 시기 서이면 일동리는 10월만 해도 1,000건 이상, 서이면 박달리도 10월 중 800건 이상이 이루어졌다. 이 지역 토지소유자들은 1910년 9월과 10월 중에 대부분 신고하였던 것으로 보이며, 이후에는 간헐적으로 토지신고 수정이 이루어지고 있었음을 알 수 있다.

다음으로 수원군과 안산군 지역에서의 경우를 살펴보자. 의왕면과 같이 일부 면의 경우 원래 행정구획에 속하였던 수원면 지역 이외였는데도 불구하고 1914년에 주변 지역이 편입된 사례가 있었다. 또한 안산군 월곡면도 1914년 지방제도 개혁시 수원군으로 편입되었다.

수원과 이웃한 안산군의 경우에는 준비조사가 이미 1910년 9월 12일부터 11월 30일까지 80일간에 걸쳐 완료되었다. 토지신고서는 모두 6,337장으로 필지수가 23,175필지였다. 조사원들이 동장, 지주총대 등과 함께 작업공정을 잘 진행하였으나 조사총필수는 2만 774필로 늘어났기 때문에 하루에 평균 16.9필을 검토하였으므로 1911년 4월말까지 마칠 예정이었다.[32]

또한 광주군 왕륜·의곡면 지역은 원래 안산군 지역으로 대개 1911년 10월 1일부터 토지신고서가 접수되기 시작했다. 반면에 안산군 월곡면 지역의 경우에는 한 해 전인 1910년 10월 15일부터 토지신고서가 접수되었다. 이 중 월곡면 월암리 토지신고서는 1910년 10월 15일 접수되기 시작하여 전체 696필지 대부분이 그날 신고를 마쳤다.[33] 이렇게 진행되는 동안 지역 편제가 수원군으로 편입되었기 때문에 신고서철을 다시 편철하여 정리하는 등 토지신고서 편철상에 지역명의 교체가 이루어졌다.

다음으로 이천군 백사면 지역의 경우에도 1912년 3월 20일 신대리를 비롯하여 경사리 3월 21일, 현방리 3월 27일 등으로 이어졌고, 내촌리의 경우에는 뒤늦은 7월 27일에 최초의 토지신고가 이루어졌다. 마지막으로 경기도에서 비교 검토할 곳은 이웃한 양지군 내사면 지역이었다. 이곳의 최초 토지신고일은 1911년 11월 15일이었으며, 이후 수개월간 토지신고가 이루어졌다.

1911년 8월에 이르면 경기도 지역에서 토지조사를 완료한 지역이 나타나기 시작했다. 경기도 시흥군, 김포군, 양천군, 부평군 등이 완료된 지역이며, 당시 조사 중인 지역은 인천부, 과천군, 통진군, 강화군, 수원군, 안산군 등지로 파악되고 있다.[34]

한편 1911년 8월 1일 이후부터 경기도 진위, 양성, 광주, 용인, 양지, 죽산, 안성, 교동, 고양 등지에서 토지조사가 착수되었다. 12월에는 경기도 부평, 양천, 김포, 통진, 강화, 교동, 시흥, 과천, 안산, 인천 등지에서 토지조사가 완료되었다. 또한 1912년 3월내로 경기도 광주, 남양, 수원, 진위,

---

32) 임시토지조사국, 『局報』 9호, 76~78쪽(한국역사연구회 편, 2004, 앞의 책, 750~752쪽).

33) 월암리 토지조사 대상 필지 전체 696필지 중에서 다른 날짜에 신고한 토지신고서는 불과 21필지에 불과했다. 전체의 97%가 동일한 날짜로 신고되었다(『수원군 반월면 월암리 토지조사부』 참조).

34) 『매일신보』 「토지조사의 현상」 1911.8.13, 3면 5단.

양성, 안성, 죽산, 양지, 용인 등 경기도의 대부분 지방이 완료될 예정이었다. 다만 1912년 1월까지 비교적 늦게 완료될 예정 지역으로는 여주와 이천, 음죽 등지가 거론되고 있었다.

토지조사의 다음 단계는 일필지 조사(一筆地調査)였다. 당시 임시토지조사국은 각 군에서 면리별로 수집된 토지신고서를 취합하고 이에 기초하여 곧바로 개별 필지에 대한 실지조사에 들어갔다. 이때 특히 중점을 둔 것은 지주조사와 경계조사였다. 경계조사는 신고자를 통하여 그 토지의 주위에 표항(標杭)을 세워 소유자를 표시케 했다.[35] 지주조사는 민유지에 대해서는 토지신고서에, 국유지에 대해서는 국유지통지서에 기초하여 조사하는 것을 원칙으로 삼았다.[36] 그런데 경기도 토지조사 조사과정에서는 민유지와 국유지의 필지가 우선적으로 구별되어 파악되었다.

<표 3> 경기도 5개 군 지역 민유 국유지 현황(단위 : 정, 단, 평)

구분	민유		국유		1필지 평수	
	단별	필수	단별	필수	민유	국유
용인	7,548.8	44,574	517.2	3,375	508	455
양지	5,771.8	64,364	105.4	893	269	364
광주	11,335.4	123,837	1,192.0	5,692	301	628
안산	5,349.5	38,463	373.3	2,882	417	388
이천	6,061.2	61,491	198.8	1,463	6,260	62,954

출전 :『토지조사국보』 20호, 43~44쪽 ; 각 군 면 『토지조사부』 총목 참조.

위의 표는 경기도 5개 군 지역 민유지와 국유지의 현황을 보여주는 표이다. 먼저 용인군의 경우에는 민유지가 7,548정보였으며, 양지군은 민유지가 5,771정보였다. 양지군이 민유지를 비롯한 농지의 규모가 크지 않았음에도 불구하고 필지수에서 큰 차이를 보였다.[37] 또한 국유지의

35) 조선총독부 임시토지조사국 편, 1918, 『조선토지조사사업보고서』, 81쪽.

36) 조선총독부 임시토지조사국 편, 1918, 『조선토지조사사업보고서』, 85쪽.

37) 용인은 4만 4천여 필이었는데, 양지는 6만 4천여 필지로 기록되어 있으나 이는 잘못 조사된 것이었다.

경우에는 용인군 지역이 517정보인 반면, 양지군 지역은 105정보였다. 용인군 지역에 국유지가 많았다는 것을 알 수 있다.[38] 광주군은 전체 12만 9,529필지 가운데 민유지는 95.6%였고, 1필지 평균 면적은 301평이었다. 안산군의 경우에는 4만 1,345필지 가운데 민유지가 93%였으며, 1필지 평균 면적은 417평이었다.

그런데 실지조사가 진행될 때는 지주 또는 관리인, 이해관계인 또는 그 대리인 및 지주총대의 입회아래 일필지의 경계에 표목을 세우고 조사를 마칠 때까지 가지번(假地番)을 부여하였다.[39] 토지조사 당국은 정식으로 토지필지에 대해 매필지별 지적원도를 작성하기 이전에 별도 추가 작업을 진행하였다. 당국은 토지신고서 만으로는 토지의 위치와 면적을 확실히 알 수 없었기 때문에 이를 간략하게 알 수 있는 장부로 개황도(槪況圖)를 따로 작성해 두기도 하였다. 당시 시흥군 전체에는 504건을 작성해 두었다.[40] 1910년 11월의 진행상황을 보면, 새로 17개 지역의 강계조사를 수행하여 전체 47개 지역을 완료했으며, 신고서는 20개 동리가 추가되어 전체 40개 동리, 5,873통이 접수되었다. 12월에는 다시 8개 동리, 1,320통이 추가되었다. 1911년 2월에는 개황도 4,513필을 추가하여 전체 13,496필의

---

38) 광무양전사업시기 용인·양지지역의 양전과정에서 파악한 면적은 용인군의 경우 8,311만 2,711척이었고, 양지군의 경우 1,612만 6,958척이었음으로 이를 정보로 환산하면, 9,065.52정보와 1,759.05정보였다. 용인군 전체의 토지면적은 모두 1만 824.57정보가 되었다. 그런데 토지조사사업에서는 19,670정보였다. 이로써 무려 7,500정보나 증가되었으며, 광무양전사업의 조사 당시보다 무려 69.3%나 증가한 셈이었다. 토지조사사업 당시 일제는 강제적으로 조사를 강행하면서 객관적인 토지면적을 파악한다는 명분아래 기존의 결세를 내지 않은 토지를 새로이 대규모로 찾아내고 지세부과의 원천으로 삼았다.

39) 일필지 조사의 결과는 차후 실지조사부(實地調査簿)에 수록되었다. 실지조사부는 개황도(槪況圖)에 의거하여 토지신고서를 참조하여 동리별로 가지번의 순서에 따라 작성하였다. 실지조사가 많이 진척됨에 따라 개황도를 폐지하고 측량원도를 바로 작성했을 경우에는 측량원도를 이용하기도 하였다.

40) 임시토지조사국, 『국보』 1호, 통계, 5쪽(한국역사연구회 편, 2004, 앞의 책, 51쪽).

개황도를 완성하였다.[41)]

그런데 당시 준비조사에서 파악한 토지신고서의 내역은 아직 철저하게 조사된 것은 아니었다. 이에 따라 토지의 위치와 면적에 관한 기왕의 장부와 대조하여 확실하게 조사해둘 필요성 때문에 토지신고서와 결수연명부를 면밀하게 대조하였다.

<표 4> 경기도 지역 결수연명부 필수와 조사 필수

구분	결수연명부	준비조사	대비비율	조사필수	대비비율	준비조사와의 비율
과천	28,119	13,772	49	19,502	69	142
시흥	23,326	11,531	49	15,551	67	135
광주	118,529	60,917	51	95,021	80	156
안산	41,774	23,175	55	30,558	73	132

1913년 3월경에 경기도 일부 지역을 조사한 바에 의하면, 실제 토지신고서를 받은 결과는 이전의 결수연명부 작성 때에 비해 아직 반 정도밖에 지나지 않았다. 이렇게 전체 토지의 상황과 대비하여 토지신고서의 분량을 파악할 수 있게 되었으며, 여러 관련 장부를 대조하고 또한 실지조사가 진행되면서 추가로 많은 토지가 조사될 수 있었다.[42)] 각지에서의 토지조사 조사상황은 광주군, 안산군과 같이 종래 수준에 버금가게 파악되고 있음을 알 수 있다. 이렇게 준비조사단계에서는 아직 많은 토지가 파악되지 않았으나 결수연명부와의 대조 등을 병행함으로써 더 많은 토지가 추가로 확보되고 조사되었음을 알 수 있다.

이렇게 토지신고와 준비조사, 그리고 실지조사라는 복잡한 대조과정을 거쳐 최종적으로 토지조사부가 완성되었다. 여기에서는 각 토지조사부

41) 임시토지조사국, 『국보』 6호, 통계 19쪽(한국역사연구회 편, 2004, 앞의 책, 415쪽).

42) 『국보』 22호, 참고자료 1~3쪽(한국역사연구회 편, 2004, 『국보』 3, 국학자료원, 269~270쪽).

장부에는 개별 토지조사 내역을 기록하여 편철한 후 토지조사부 장부책의 끝 쪽에 해당 면리의 토지조사상황에 대한 최종 결과를 담았다. 즉, 전, 답, 대지, 임야, 잡종지, 분묘지 등 각종 지목별로 지적, 필지, 국유와 민유의 내역 등 각종 통계수치를 기록하였다.

경기도의 토지신고와 측량에 대한 상황 중에서 1917년 5월 당시의 상황을 요약한 것이 아래와 같은 표로 정리되었다. 1913년 2월을 경계로 하여 이전에는 토지신고서와 실지조사부, 개황도 등을 작성하고 이후 지적원도를 작성하는 것으로 정리하고 있다. 그러나 1913년 2월 이후로 시행된 지역에서는 개황도 작성 없이 직접 현장에 나가 현지측도와 세부측도를 병행하여 바로 지적원도까지 작성하였다.[43] 이에 따라 빠르게 토지측량과 신고토지의 대조 작업이 수행되었다.

<표 5> 경기도 전체 측량 사적표(1917.5)

도명	부군수	면수	리정동수	확정필수	신고서책수	신고자수	실지조사부책수	개황도매수	원도매수
경기도(구제도)	25	254	1,735	949,081	1,801	228,133	1,776	25,096	37,902
경기도(신제도)	18	131	944	658,941	1,170	142,571	968		32,494
합계	42[44]	385	2,679	1,608,022	2,971	370,704	2,744	25,096	70,396

경기도에는 전체 35개 군 지역에서 토지조사가 시행되었는데, 1913년 이후로 착수된 지역은 대개 경기도 서북부 지역과 각 도서지역이었다. 이렇게 하여 경기도 각 군별 토지신고와 측량이 완결되었는데, 이때 측량 사적은 다음의 표와 같다.[45]

43) 최원규, 2003, 앞의 논문, 273~287쪽.

44) 신구 제도에 의한 경기도 지역 측량 상황은 구·신제도하에서 중복하여 측량이 이루어진 경성부를 포함하면 총 43개 지역이므로 중복 지역인 경성부를 배제하면 42개 지역이다.

45) 아래의 표 중에서 강화군의 사항은 일부 누락이 있어 전체 통계에서 역으로

<표 6> 경기도 각 군별 측량사적표(1913년 2월 이전)

순서	구제도	면수	정동리	확정필지수	신고자수	무신고 필수	무통지국 유필수
1	경성부	6	186	33,390	20,137	23	
2	인천거류지		24	315	1,596	19	
3	인천	10	62	26,372	5,133	46	
4	광주	17	187	95,034	24,275	163	
5	여주	15	159	79,766	18,624	120	
6	이천	8	97	52,973	12,184	40	
7	음죽	5	35	22,243	4,566	4	
8	용인	10	71	49,560	11,008	18	
9	양지	6	51	20,910	4,325	94	
10	죽산	8	50	40,446	9,742	87	
11	안성	9	91	40,220	10,820	63	
12	양성	13	42	20,457	4,629	23	
13	진위	14	54	32,824	6,694		
14	수원	36	200	114,062	23,257	102	
15	남양	18	98	75,307	12,844	44	
16	시흥	6	22	15,558	3,690	121	
17	과천	7	28	19,507	4,364	54	
18	안산	9	49	50,584	6,357	54	
19	부평	15	6	25,515	5,850	21	
20	김포	8	20	14,891	2,897	5	
21	양천	5	15	7,784	1,810	26	
22	통진	10	53	51,514	5,846	10	
23	강화	14	123	35,086	17,713	67	
24	교동	4	19	15,592	2,870	5	
25	개성	1	13	9,171	6,902	13	
	계	254	1,755	949,081	228,133	1,222	

산정하였으며, 신제도에 의한 조사표에서는 통계가 일부 맞지 않는다. 정동리의 수에서는 원래 통계는 944이나 추계는 936에 불과하며, 또 무신고필지도 통계에는 155이나 실제 합계는 159이다(대한지적공사, 2005, 「임시토지조사국 측지과 업무전말서」『한국지적백년사(자료편 III : 측지과업무전말서외)』, 223~228쪽).

<표 7> 경기도 각 군별 측량사적표(1913년 2월 이후)

순서	신제도	면수	정동리	확정필지수	신고자수	무신고 필수	무통지국 유필수
1	경성부	7	90	35,821	15,334	21	7
2	고양	7	51	35,799	7,712		
3	광주	1	5	3,773	681		
4	양주	17	153	98,976	21,798	15	
5	연천	12	82	62,499	12,292	10	25
6	적성	3	29	13,572	3,226		
7	포천	12	88	64,343	13,285	22	
8	가평	6	47	32,038	5,355		
9	양평	12	112	87,489	15,315	4	
10	수원군도서	3	2	552	91		
11	시흥군도서	1	1	181	38		
12	부천군도서	7	30	30,966	4,542		3
13	강화군도서	2	4	2,796	482		
14	파주	7	50	30,475	6,651	3	
15	교하	8	34	18,717	3,685	5	
16	장단	10	67	65,085	13,234	37	27
17	개성	8	45	39,022	10,962	21	5
18	풍덕	8	46	36,837	7,888	17	
	계	131	944(936)	658,941	142,571	155	67

<표 6>의 경우는 지방제도 개편 이전이고, <표 7>의 경우는 지방제도 개편 이후이다. 토지신고자수는 2개의 조사 결과를 합쳐서 경성부가 3만 5,471명으로 가장 많았으며, 그 다음이 광주, 수원, 여주, 강화, 여주 순으로 나타났다. 경기도 전체적으로는 385개 면, 동리수로는 2,691개 동리인데, 전체 필지는 160만 8,022필지로 토지신고자는 37만 704명이었다. 이 중에서 특히 주목되는 것은 무신고필지수로 전체 1,377필지이고, 전체 신고필지의 0.085%로서 1만 필지 중에서 8필지 수준으로 극히 낮았다. 이는 경기도에 소재한 모든 토지의 신고가 거의 빠짐없이 철저하게 이루어졌음을 보여주는 것이었다.

이렇게 모든 토지가 충실하게 신고된 이유는 원래 토지소유자가 토지신고서의 제출 요령에 따라 그대로 성실하게 신고했다는 것으로 보아 단순하

게 토지소유자의 적극적 참여로 해석될 수는 없다. 실제로는 토지조사 당국에 의해 토지신고자에게 결수연명부와 과세지견취도 등 각종 토지관련 장부를 대조하면서 토지신고를 압박해 나갔기 때문일 것이다. 또한 만일 이번에 자기 토지를 신고하지 않는다면, 영원히 국가의 토지로 빼앗길지도 모른다는 1910년대 무단통치의 강요로 말미암은 것이 더욱 큰 요인이었을 것이다.

3) 경기도 지역 토지신고서의 사정과 재결 처리과정

경기도 지역 토지조사사업에서는 최후로 토지소유권의 '사정'작업이 이루어졌다. 여기에는 사정(査定), 재결(裁決), 재심(再審)의 절차가 있었다. 사정의 기초 근거는 민유지에서는 지주가 제출한 '토지신고서'였으며, 국유지에서는 해당 관청에서 제출한 통지서였다.

1913년 8월 경기도 광주군의 경우에는 187개 동 9만 5,023필지에 대한 신고를 이미 끝내고 제반 서류의 검사과정을 거쳤다. 검사과정에는 토지신고서의 접수, 실지조사부의 작성, 개황도의 작성 등으로 이루어져 있었다. 1913년 8월에는 원도 작성과 제도를 거쳐 정리 작업에 들어갔다. 안산군의 경우에도 거의 비슷한 시기에 동일한 과정을 거쳤는데, 49개 동에 3만 585필지에 대한 검사와 교정, 정리 작업에 들어갔다. 이는 토지조사부, 토지대장, 토지대장집계부, 지세명기장, 조복서류, 이동지신고서 등 제반 서류를 재정리하는 과정이었다. 이렇게 하여 경기도의 토지신고는 1910년 8월부터 시작하여 1916년까지 대부분의 지역에서 토지신고와 조사를 거쳤다. 이후 각 군별로 토지사정의 내용을 공시하였다.[46]

46) 조선총독부 임시토지조사국, 1918, 『조선토지조사사업보고서』, 415~437쪽.

<표 8> 경기도 각 군별 토지 사정 일자

사정공시 일자	군명	면명	사정공시 일자	군명	면명
1913.6.1	인천부 거류지		1915.5.7	안성군	
1913.12.27	수원군	수원면	1915.11.27	파주군	
	개성군	송도면		개성군	송도면 제외
	인천부		1916.2.1	장단군	
	경성부			양주군	
1914.10.23	시흥군			연천군	
	김포군			고양군	
	부천군	도서지역 제외	1916.6.1	양평군	
	강화군	도서지역 제외		가평군	
1915.4.2	여주군			포천군	
	수원군	수원면 및 서신면 제부리 제외	1916.12.1	수원군	서신면 도서 등지
	이천군			시흥군	군자면 정왕리 오이도
1915.4.12	용인군		1917.4.2	강화군	도서지역
	진위군		1918.8.1	부평군	도서
	광주군		이상 22개 지역		

위의 표와 같이 1913년 6월 1일 경기도에서는 처음으로 인천부 거류지에서 토지신고서의 공시가 이루어졌다. 12월 27일에는 수원군 수원면에 토지신고서의 공시가 이루어졌다. 같은 날에 개성군 송도면, 인천부, 경성부 등지에서 이루어졌다. 1915년 4월 2일 수원군의 경우 수원면과 서신면 제부리를 제외한 지역에서 공시가 이루어졌다. 또한 수원군 의왕면 지역 토지조사부는 1915년 4월 2일부터 5월 1일까지 1차 공시가 되었다. 이후 5월 2일부터 6월 30일까지를 불복신립기간으로 설정하였다.[47] 이렇게

47) 수원군 의왕면 반월면 토지조사에서는 1915년 3월 27일 지방토지조사위원회가 열릴 예정이었다. 실지조사부의 측량조사와 정리를 마치고 2월 등급조사부를 조리과에 인계하고, 2월 하순에는 토지조사부를 정리하고 3월 하순에는 지적도를 제도과에 인계할 예정이었다(임시토지조사국, 『국보』 60호, 「사업진행예정기일지정의 건」, 55~56쪽(한국역사연구회 편, 2004, 『국보』 8, 국학자료원, 322~323쪽).

1913년 6월부터 8월까지 각지에서 토지소유권 사정 결과가 공시되고 부평군 도서 지역 등으로 모두 22개 지역의 공시가 이루어졌다.

조선총독부 임시토지조사국은 열람 후 사정에 대하여 이의가 있을 경우에는 두 가지 경로를 거쳐 문제를 처리하도록 하였다. 우선 공시기간 만료 후 60일 이내에 고등토지조사위원회에 재결을 청구하는 방법을 취하거나 다음으로 사정이나 재결 후 3년 이내에 고등토지조사위원회에 재심을 청구하는 방법이었다. 예상외로 분쟁지의 비중은 대단히 낮은 편이었다. 또한 불복신청대상은 대개 소유권과 강계에 관한 사항이었다.

경기도 지역의 경우에는 1914년 8월 1일부터 1916년 9월 29일까지 재결지목과 필수를 파악할 수 있다.[48] 경기도 지역 전체 재결건수는 267건, 740필지에 이르고 있었다. 지목별로 보면 전이 가장 많았으며, 답, 대, 임야의 순이었다. 분쟁지가 많았던 지역은 고양으로 답과 대지에서 많이 발생하였다. 경성지역에서는 대지의 소유를 둘러싼 분쟁이 많았으며, 강화에서는 임야에 관한 분쟁이 많았다.

그런데 재결 처리 이전에도 미리 각 군별 분쟁에 관한 화해 조정과 분쟁지 등으로 처리되고 있었다. 경성부의 경우에는 이미 분쟁지 건수가 2,492건에 4,035필지가 발생하였으며, 강화의 경우에도 206건에 24,673필지가 문제되었다.[49] 이러한 분쟁지가 최종적으로 재결의 심사대상이 되었던 것은 경성 37건 60필지, 강화는 11건 91필지에 불과하였다.[50]

---

48) 최원규, 2003, 앞의 논문, 295쪽, <표 11> 경기도 각 군별 재결 지목 필수, 재인용.

49) 대한지적공사, 2005, 「임시토지조사국 측지과 업무전말서」, 223~228쪽 참조.

50) 용인지역은 그 중에서 전이 2필지, 분묘가 1필지 등으로 분쟁지가 극히 적었다. 1916년 5월 10일 고등토지조사위원회는 용인군 지역과 관련된 3건의 분쟁을 처리하였다. 수여면 김양장리(金陽場里) 80번지 대지와 81번지 대지 사이의 강계분쟁, 내사면 양지리(陽智里) 370번 국유지와 375번 유택수(柳澤秀)의 대지와의 강계분쟁, 그리고 350번 이면승(李冕承)의 전과 번지내 구역의 일부 국유지의 경계분쟁이었다(『조선총독부관보』 1128호, 「고등토지조사위원회공문」,

<표 9> 경기도 각 군별 재결지목 필수

	구분	전	답	대	임야	잡종	지소	수도	분묘	사사	철도	건수	필지합
1	고양	126	45	46	8	1			2	1		65	229
2	경성	14	1	45								37	60
3	양주	18	38	2								23	58
4	포천	29	18	6	1							18	54
5	장단	9	10		3				1			16	23
6	시흥	8	14	1	4	2	1	2		1		12	33
7	강화	7	3	4	77							11	91
8	개성	14	16	4								10	34
9	수원	6	4	2								10	12
10	진위	6	5	2	13						1	10	27
11	이천	10	18	8								6	36
12	광주	6	6	1	2							9	15
13	김포	7	2	3						1		4	13
14	여주	13	2									5	15
15	부천	1	1	2		1			1			5	6
16	안성	1		1	4				1			4	7
17	연천	3	2	2					1			7	8
18	용인	2							1			3	3
19	인천	4	2	1	1							4	8
20	파주	5	3									8	8
합계		289	188	130	113	4	1	2	7	3	1	267	740

자료 : 『조선총독부관보』, 1914.8.1~1916.9.29(경기도 재결서)

이렇게 분쟁지조사 단계에서는 토지소유권에 대한 분쟁을 행정기관인 고등토지조사위원회에서 판결하였을 뿐만 아니라 최종적으로 심사대상이 된 것에 한해서만 사후적으로 처리하고 결정하였다. 이에 따라 전국적으로 분쟁지로 조사된 숫자는 전체 토지조사필수 1,910만 7,520필 중에서 3만 3,937건, 9만 9,445필에 불과했다. 전체 조사필지수에 비해 약 0.5% 정도였다고 한다.[51] 이렇게 토지조사사업 당시 신고된 필지수에 비해서 분쟁지의 건수가 그렇게 많지 않은 것은 이미 토지신고의 제출과 확인과정

1916.5.10, 131~132쪽).

51) 조선총독부 임시토지조사국, 1918, 『조선토지조사사업보고서』, 123~124쪽.

에서 소유권의 조정이 이루어졌을 뿐만 아니라, 고등토지조사위원회에서 결의하기 전에 기각되거나 사전 합의로 처리되었던 것이 많았기 때문이다. 또 민유와 국유의 분쟁지, 특히 일제의 왕실재산정리 및 역둔토 정리에서의 분쟁이 강압적으로 해소되고 있었기 때문에 분쟁지로 사전에 별도로 처리되고 있었던 것이 많았던 데서 나타난 현상이었다.[52)]

이러한 경기도 지역 토지조사사업은 최종적으로 각 토지의 실면적, 지목, 지질, 종류, 위치, 지가, 기타 토지에 관한 권리가 표시된 토지대장의 작성으로 마감되었다. 경기도 지역 토지소유자들은 이미 이전에 토지소유권자임에도 불구하고 일본의 조선토지조사사업이라는 복잡한 토지조사와 신고과정을 거쳐야 했다. 이를 통해서 확정된 소유권은 배타적인 소유권으로 '원시취득(原始取得)한 최초의 소유권자'로서 합법성과 배타성을 동시에 부여받았던 것이다.

3. 1910년대 경기도 토지장부에 나타난 지주층의 변화

1) 경기도 지역별 토지소유 분화

1910년대 일본의 토지조사사업으로 작성된 「토지조사부」 장부에서 나타난 경기도 지역의 토지소유의 분화 상황을 살펴보자. 주요 지역별 토지분화 상황을 검토하기 위해 다음과 같이 4개 지역으로 나누어 보았다.[53)]

52) 최원규, 2003, 앞의 논문, 294~307쪽 ; 최원규, 2011, 「창원군 토지조사사업에서 소유권 분쟁의 유형과 성격」 『한국학연구』 24, 91~99쪽 참조.

53) 아래는 시흥군 3개 면, 수원군 2개 면, 용인군 1개 면, 이천군 1개 면 등을 비교한 것이다. 각 면의 농지규모와 농업자수가 비슷한 규모로 추출하였으며, 지리적 분포에서 경성의 부재지주와 연계하여 경기도 서남부 지역 중에서 어느 정도 가까운 지역을 선택한 것이다. 따라서 지구별 구분은 다소 임의적이면

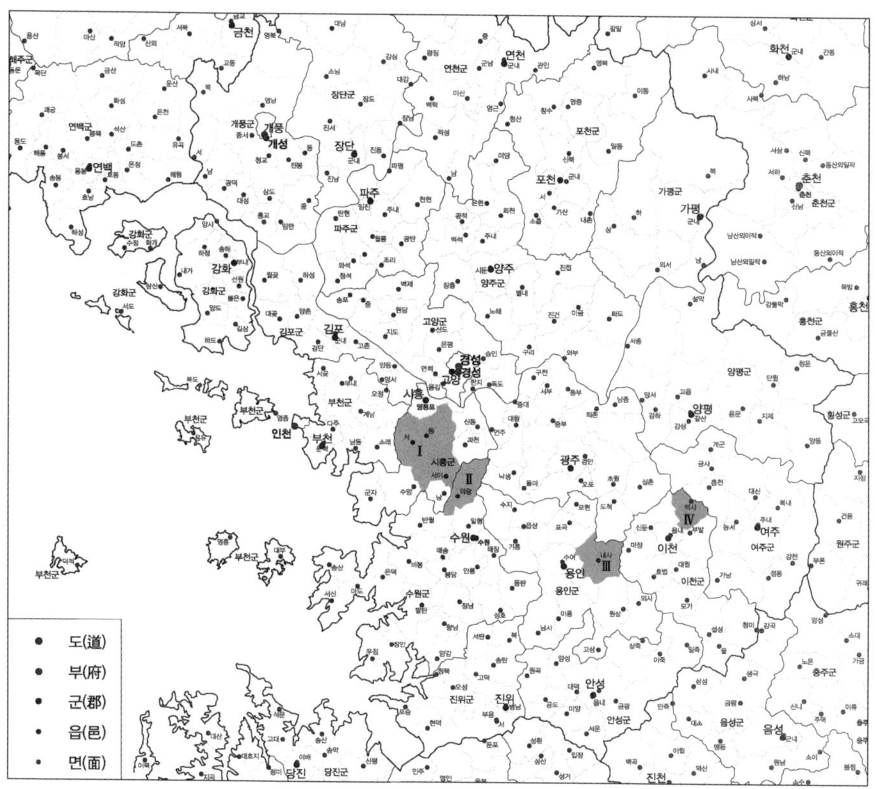

<그림 2> 경기도 행정구역 중 검토 대상 지역(1914)

첫째, Ⅰ지구는 시흥군 동면과 서면, 서이면을 포괄하는 지역으로 현재의 안양시 지역이다.[54] 이곳은 경성과 가장 가까운 지역으로 경성에 주소를 둔 부재지주의 토지집적이 활발한 지역으로 간주될 수 있다. 둘째, Ⅱ지구

서도 일정한 지역의 연계를 고려한 것이지만, 각 지역 농업 실태의 특징을 기준으로 구분한 것은 아니었다. 『한국 근대 전자역사지도 편찬』(2011년 선정 한국학 분야 토대연구지원사업, 1935년 경기도 행정지도 참조).

54) Ⅰ지구는 현재 안양시 박달리 등 6개 리 지역에 해당된다. 전체 토지는 6,506필지에 걸쳐 658만평에 걸쳐 있었고, 그 중에서 전은 3,000필지, 291만여 평과 답 2,514필지, 265만여 평, 대지 584필지, 22만여 평에 이르고 있었다(시흥군 각 면 『토지조사부』 참조). 다만, 서이면 비산리 2필지, 일동리 11필지 등 13필지가 원본 자료에서 잘못 복사되어 이 부분을 반영하지 못했다.

<표 10> 경기도 지역 각 군 토지 조사 분석 지역

지역 구분	조사 당시 군·면 이름	현재 지명	토지규모
I지구	시흥군 동면, 서면, 서이면	안양시 박달리, 안양리, 비산리, 호계리, 이동리, 일동리 6개동	6,506필지, 658만평
II지구	광주군 왕륜면과 의곡면, 안산군 월곡면(→ 1914, 수원군 의왕면과 반월면)	의왕시 고천, 왕곡, 이, 삼, 월암, 초평, 오전, 내손, 포일, 학의, 청계리 등 11개 리	7,215필지, 518만평
III지구	용인군 내사면	용인군 양지면 식금, 추계, 제일, 평창, 주북, 대대, 정수, 송문, 양지, 남곡 등 10개 리	6,471필지, 431만평
IV지구	이천군 백사면	현방, 경사, 도립, 송말, 신대, 모전, 도지, 조읍, 우곡, 내촌, 상룡, 백우리 등 12개의 리	6,966필지, 501만평

는 1914년 당시 수원군 의왕면과 반월면 지역이지만, 실제 토지조사 때는 광주군 왕륜면과 의곡면 및 안산군 월곡면 지역이다. 이곳도 해당 지역 지주들과 경성지주들의 신고여부가 주목된다.[55] 세 번째로 III지구는 용인군 내사면 지역인 양지면 지역이다. 이 양지면은 육로와 남한강을 끼고 형성되어온 용인 상권 변화에 크게 영향을 받고 있었던 곳이다.[56] 네 번째로 IV지구는 이천군 백사면 지역이다. 이천지역에서는 특히 남한강을 끼고 형성되어온 여주 이천의 상권 변화에 크게 영향을 받고 있었으며, 경성에 주소를 둔 재경지주와 현지의 지주들의 동향이 관심의 대상이 될 수 있었다.[57]

55) II지구는 현재 의왕시 지역으로 고천 등 11개 리에 해당된다. 전체 토지는 7,215필지에 걸쳐 518만평에 걸쳐 있었고, 그 중에서 전은 3,503필지, 230만여 평과 답 2,793필지, 228만여 평, 대지 646필지, 19만여 평에 이르고 있었다(의왕시 각 면 『토지조사부』 참조).

56) III지구는 현재 용인군 양지면, 당시 내사면으로 불렸으며, 식금 등 10개 리 지역이다. 전체 토지는 6,471필지에 걸쳐 431만 평에 걸쳐 있었고, 그 중에서 전은 3,401필지, 223만여 평과 답 2,440필지, 181만여 평, 대지 536필지, 19만여 평에 이르고 있었다(용인시 내사면 『토지조사부』 참조).

57) IV지구인 이천군 백사면 지역은 현방 등 12개의 리로 구성되어 있는데, 전체 토지규모는 6,966필지에 501만 6,875평이었다. 이 중에서 전은 2,978필지에 164만여 평이며, 답은 3,389필지에 274만여 평으로서 전체적으로 답의 비중이

<표 11> 경기도 각 지구별 토지분화 종합상황표(1)

	Ⅰ 지구의 소유분화 분포						Ⅱ 지구의소유분화 분포					
소유필지수	인원수	비중	필지합	비중	지적합	비중	인원수	비중	필지합	비중	지적합	비중
1-5	591	70.9	1,323	24.0	942,646	16.9	751	67.3	1,599	21.9	1,043,441	20.1
6~9	115	13.8	828	15.0	648,985	11.6	143	12.8	1,041	14.2	590,957	11.4
1-9	706	84.8	2,151	39.1	1,591,631	28.5	894	80.1	2,640	36.1	1,634,398	31.5
10~19	75	9.0	996	18.1	908,588	16.3	152	13.6	2,056	28.1	1,354,990	26.1
20~29	19	2.3	456	8.3	434,633	7.8	37	3.3	873	11.9	663,609	12.8
30~39	14	1.7	477	8.7	527,402	9.5	13	1.2	432	5.9	348,335	6.7
40~49	6	0.7	269	4.9	305,429	5.5	10	0.9	427	5.8	425,224	8.2
50~59	6	0.7	317	5.7	507,176	9.1	2	0.2	107	1.5	73,941	1.4
60 이상	7	0.8	840	15.2	1,301,002	23.3	8	0.7	780	10.7	687,916	13.3
합 계	833	100	5,506	100	5,575,861	100	1,116	100	7,215	100	5,188,413	100

<표 12> 경기도 각 지구별 토지분화 종합상황표(2)

	Ⅲ지구의 소유분화 분포						Ⅳ 지구의 소유분화 분포					
소유필지수	인원수	비중	필지합	비중	지적합	비중	인원수	비중	필지합	비중	지적합	비중
1-5	724	69.9	1652	25.6	961,030	22.4	658	63.9	1,534	20.2	903,320	18.0
6~9	148	14.3	1,060	16.5	618,012	14.4	164	15.9	1,190	15.6	617,574	12.3
1-9	872	84.2	2,712	42.1	1,579,042	36.9	822	79.8	2,724	35.8	1,520,894	30.3
10~19	111	10.7	1,450	22.5	808,949	18.9	135	13.1	1,841	24.2	1,003,502	20.0
20-29	24	2.3	563	8.8	389,321	9.1	37	3.6	876	11.5	513,771	10.2
30-39	9	0.9	301	4.7	216,919	5.1	11	1.0	370	4.9	312,211	6.2
40-49	10	1.0	436	6.8	331,601	7.7	9	0.9	397	5.2	296,757	5.9
50-59	3	0.3	163	2.5	130,247	3.0	9	0.9	486	6.4	362,554	7.2
60	6	0.6	811	12.6	827,760	19.3	7	0.7	915	12.0	1,009,843	20.1
합계	1,035	100	6,436	100	4,283,839	100	1,030	100	7,609	100	5,019,532	100

우선 5필지 이하 소규모의 토지소유자는 4개 지구에서 공통적으로 인원 비중이 63.9%(Ⅳ)~70.9%(Ⅰ) 정도로 나타났다. 이들이 소유한 필지의 비중은 20.2%(Ⅳ)~24%(Ⅰ)정도였으며, 지적 합계의 비중은 16.9%(Ⅰ)~22.4%(Ⅲ)로 각기 달랐다.

그런데 30필지 이상의 토지소유자의 합계는 각 지구에서 공통적인 특징

54.6%로 나타나고 있어서 다른 지구에 비해서 비교적 높은 편이다(이천군 백사면 『토지조사부』 참조).

이 나타났다. 우선 인원으로는 33명(Ⅰ), 33명(Ⅱ), 28명(Ⅲ), 36명(Ⅳ)에 불과했지만, 면적의 비중상으로는 각각 47.4%, 29.6%, 35.1%, 39.4%로 대개 40%를 상회하고 있었다. 각 지구 중에서 Ⅰ>Ⅳ>Ⅲ>Ⅱ의 순으로 대토지소유자가 많다. 특히 Ⅲ지구에서는 60필지 이상을 소유한 사람은 모두 6명에 불과했지만, 전체 토지의 19.3%를 차지할 정도였다.[58] 더욱이 Ⅰ지구에서 주목되는 것은 소유 필지가 무려 100필지를 넘는 사람들이 존재한다는 점이다. 113필지와 133필지, 180필지, 212필지 등을 소유한 4사람은 무려 106만 5,681평을 소유하고 있었다. 이들은 5필지 이하의 토지를 소유한 591명의 소유토지보다 많은 규모의 토지를 소유하고 있는 셈이었다. 이렇게 50정보 이상의 거대토지소유자는 0.5정보 소토지소유자 70%와 맞먹는 소유 규모를 갖고 있는 토지소유의 극단적인 편차를 보여주고 있다.

그러면 각 지구별로 토지소유자의 소유 분화 양상에 대하여 소유토지 면적별 분포를 중심으로 살펴보기로 하자.

<표 13> 경기 Ⅰ지구(시흥군 동·서·서이면) 토지소유 분화

구분	인원	비중	필지	비중	면적	비중
~0.2	151	18.1	196	3.6	48,983	0.9
0.2~0.5	217	26.1	413	7.5	215,870	3.9
0.5~1	156	18.7	505	9.2	338,179	6.1
1~2	133	16.0	738	13.4	571,499	10.2
2~3	57	6.8	454	8.2	412,988	7.4
3~5	50	6.0	633	11.5	560,549	10
5~	69	8.3	2,567	46.6	3,427,794	61.5
합계	833	100	5,506	100	5,575,862	100

경기 Ⅰ지구 토지소유자 833명 중에서 극히 영세한 빈농으로 생각되는

58) 이들 50필지 이상의 토지소유자는 대개 10만평 이상의 광대한 토지를 소유한 지주로서 이흥재(李興宰), 송종헌(宋鍾憲), 민범식(閔範植), 김영호(金榮灝)이었다. 이들은 재지지주이거나 서울에 주소를 둔 재경지주였다. 그밖에 국유지와 단바 게조(丹波敬三)와 오니시 분자로(大西文三郎)의 소유지였다. 이렇게 하위의 영세한 필지소유자에 비해 상위의 필지소유자의 편차가 크게 나고 있었다.

0.2정보 미만의 토지소유자는 151명으로 전체 인원의 18.1%를 차지하고 있었다. 이들의 소유토지필지는 196필지에 불과하여 평균 1.3필지 정도였으며, 면적은 4만 8,983평으로 전체 토지의 0.9%에 불과했다. 또한 0.2정보 이상 0.5정보 미만 토지를 소유한 사람은 모두 217명으로 전체 인원의 26%를 차지했으나 역시 면적으로는 3.9%에 지나지 않았다. 결국 1정보 미만 토지를 가지고 있는 인원은 전체 인원의 절대 다수를 차지하는 524명으로 62.8%를 차지했으나 이들이 소유한 토지는 전체 토지의 10.8%에 불과한 60만 평에 그쳤다.

이에 반하여 5정보 이상을 가진 토지소유자는 69명으로 전체 인원의 8.3%에 불과했으나 면적은 필지수로 2,567필지, 면적으로도 342만 7,794평에 이르러 전체 토지의 61.5%나 되었다. 이렇게 5정보 이상 대토지를 가지고 있는 사람들은 1정보 미만의 토지를 가진 사람들이 소유한 총면적보다도 5.8배나 많은 토지를 가지고 있었던 것이다.

<표 14> 경기 II지구(수원군 의왕·반월면 지역) 토지소유 분화

구간	인원	비율	필지	비율	면적	비율
~0.2	270	26.2	365	6.0	78,350	1.8
0.2~0.5	255	24.7	552	9.1	260,486	5.9
0.5~1	183	17.8	680	11.3	393,407	9.0
1~2	139	13.5	950	15.7	592,247	13.5
2~3	61	5.9	634	10.5	442,334	10.1
3~5	64	6.2	898	14.9	721,529	16.5
5~	59	5.7	1,963	32.5	1,893,713	43.2
합계	1,031	100	6,042	100	4,382,066	100

위의 표는 경기 II지구인 전체 토지소유자는 1,116명인데, 이 중 전과답을 소유한 사람은 모두 1,031명이었다. 이들 중 0.2정보 미만의 영세토지소유자는 270명으로 전체 인원의 26.2%를 차지하고 있었다. 그렇지만 이들의 소유토지필지는 365필지에 불과하여 평균 1.4필지 정도였으며, 면적은 7만 8,350평으로 전체 토지의 1.8%에 불과했다. 1정보 미만 토지를

가지고 있는 인원은 전체 인원의 절대 다수를 차지하는 708명으로 68.7%를 차지했으나 이들이 소유한 토지는 전체 토지 16.7%에 불과한 73만 평에 그쳤다. 이에 반하여 5정보 이상을 가진 소유주는 59명으로 전체의 5.7%에 불과했으나 필지수는 1,963필지, 면적은 189만 3,713평에 이르러 전체 토지의 43.2%나 되었다. 이렇게 5정보 이상 대토지를 가지고 있는 사람들은 1정보 미만의 토지를 가진 사람들이 소유한 총면적보다도 2.5배나 많은 토지를 가지고 있었던 것이다.[59] 이와 같이 Ⅰ과 Ⅱ지구에서는 공히 경기도 다른 평야지역에 못지않게 지주제가 극단적으로 발전해 있는 지역에 속한다는 것을 알 수 있다.

<표 15> 경기 Ⅲ지구(용인군 내사면) 토지소유 분화

구간	인원	비율	필지수	비율	면적	비율
~0.2	194	20.1	256	4.7	64,684	1.7
0.2~0.5	262	27.2	587	10.7	255,349	6.7
0.5~1	218	22.6	807	14.8	476,080	12.5
1~2	164	17	1,069	19.5	690,445	18.1
2~3	49	5.1	499	9.1	349,848	9.2
3~5	43	4.5	642	11.7	464,342	12.2
5정보 이상	34	3.5	1,614	29.5	1,509,184	39.6
합계	964	100	5,474	100	3,809,932	100

경기 Ⅲ지구 토지소유자 1,035명 중에서 전과 답을 소유한 사람은 모두 964명이었다. 이들 중 0.2정보 미만의 영세 토지소유자는 194명으로 전체 인원의 20.1%를 차지하고 있었고, 이들의 토지 필지는 256필지로 평균 1.3필지 정도였으며, 면적은 6만 4천여 평으로 전체 토지의 1.7%에 불과했

59) 이러한 수치는 이웃한 용인군 내사면 지역에서 5정보 이상 토지를 소유한 사람이 전체 토지의 39.6%를 차지하는 경우보다도 훨씬 대토지소유자의 소유토지 비율이 높았음을 알 수 있다. 이렇게 의왕시 지역의 3정보 이상의 토지소유자의 분포가 전체 토지의 59.7%를 차지하고 있는데, 이러한 수치는 이웃한 이천군 백사면의 경우에는 3정보 이상의 토지소유자가 110명이고, 전체 토지의 60%를 차지한 것과도 비슷하다는 것을 알 수 있다.

다. 0.5정보 이상 1정보 미만을 소유한 사람은 모두 218명으로 전체 인원의 22.6%이고 면적상으로는 12.5%에 불과했다.

반면에 5정보 이상의 토지를 소유한 지주는 34명으로 인원상으로 3.5%에 불과했으나 필지수로는 29.5%, 면적상으로는 39.6%를 차지하여 토지소유의 불평등정도가 앞의 지역보다는 약간 낮았다.

<표 16> 경기도 Ⅳ지구(이천군 백사면) 토지소유 분화 상황

구간	인원	비율	필지수	비율	면적	비율
0.2	224	21.7	356	4.7	77,377	1.5
0.2~0.5	263	25.4	675	8.9	255,395	5.1
0.5~1	199	19.2	935	12.3	429,847	8.6
1~2	165	15.9	1,287	16.9	696,113	13.9
2~3	75	7.3	912	12.0	552,170	11.0
3~5정보	58	5.6	988	12.9	675,862	13.4
5정보이상	51	4.9	2,456	32.3	2,332,768	46.5
합계	1,035	100	7,609	100	5,019,532	100

경기 Ⅳ지구 토지소유자 1,035명 중에서 0.2정보 미만의 영세 토지소유자는 224명으로 전체의 21.6%를 차지하고 있었다.[60] 이들이 소유하고 있는 면적의 총량은 전체 토지의 1.5%에 불과했다. 0.5정보에서 1정보에 이르는 농가는 199명으로서 면적 비율이 8.6%에 불과했다. 이렇게 1정보 미만의 토지를 소유한 사람들은 모두 686명으로 66.3%에 이를 정도로 많은 수의 농민이 편입되어 있었지만, 이들이 소유하는 토지는 전체 총면적의 15.2%에 불과한 실정이었다.

반면에 5정보 이상 지주는 51명으로 인구비율상으로는 4.9%를 차지하는 정도에 그치고 있었지만, 이들이 소유하는 토지는 233만 2,768평이라는 거대한 규모이다. 이들의 소유 토지는 무려 전체 토지 총면적의 46.5%를 차지하고 있다. 요컨대 5정보 이상의 지주들은 한말이래 많은 토지를

60) 이천군 백사면의 통계는 현재 대지를 포함하여 전과 답 및 모든 지목의 것을 합계한 것이다.

집적하고, 영세한 토지소유농민들을 소작인으로 경영하는 지주제를 운영하고 있는 지주들이었다.

<표 17> 경기도 4개 지주 토지소유규모의 편차 상황(단위 : 정보, %)

구분	~0.2이하		1~2		5~	
	인원(비중)	면적(비중)	인원(비중)	면적(비중)	인원(비중)	면적(비중)
Ⅰ	151(18.1)	4.8(0.9)	133(16.0)	57.1(10.2)	69(8.3)	342.7(61.5)
Ⅱ	270(26.2)	7.8(1.8)	139(13.5)	59.2(13.5)	59(5.7)	189.3(43.2)
Ⅲ	194(20.1)	6.4(1.7)	164(17.0)	69.0(18.1)	34(3.5)	150.9(39.6)
Ⅳ	224(21.6)	7.7(1.5)	165(15.9)	69.6(13.9)	51(4.9)	233.2(46.5)

경기도 4개 지구 토지소유규모 편차의 일반적인 경향은, 첫째 1~2정보를 소유한 지주가 전체 소유자에서 인원의 비중보다 소유면적의 비중이 높다면 5정보 이상의 소유면적이 상대적으로 적으며, 반대의 경우로 소유면적의 비중이 도리어 낮다면 5정보 이상의 토지소유자의 면적 비중이 높아지는 경향을 볼 수 있다. 둘째, 5정보 이상 토지소유면적이 많을수록 0.2정보 미만 소유면적은 더 낮아지는 경향을 볼 수 있다. 이는 당연한 소유편중 현상일 수 있지만, 인원수와 비교해 보면 5정보 이상 소유면적이 많이 차지하는 지역은 0.2정보 미만 소유자의 면적 비중이 낮지만, 동시에 0.2정보 미만 소유자의 인원수도 크게 줄어듦을 알 수 있다. 결국 지역내에 대토지소유자의 증가는 중규모의 토지소유자의 인원과 소유면적 규모도 줄어들게 할 뿐만 아니라 다수의 영세 토지소유자인 0.2정보 미만 소유자들을 토지소유자의 대열에서 이탈시켰다는 것을 알 수 있다. 이들 영세토지소유자들은 이제 토지소유에서 배제되어 무전농민, 노동자로 전락해갔을 것이다.

2) 경기도 지역 경성 대지주의 토지소유 현황

그러면 경기도 4개 지역의 토지소유 편차에 대해서 대토지소유자를 중심으로 하여 그 추이를 다시 검토해 보자. 우선 해당 지역에서 거주하는 재지지주 이외에 부재지주의 토지소유 규모와 상황을 살펴보기로 하자. 이는 대토지소유자 중에서 부재지주가 어느 정도 차지하고 있으며, 이러한 부재지주의 토지집적이 해당 지역내 농민층 분화에 어떤 영향을 끼치고 있는가를 살펴보기 위해서이다.

<표 18> 경기도 I 지구(시흥군 동·서·서이면) 토지소유자별 소유현황(단위 : 평)

지역 구간	경성			타도 타군			전체 토지에서의 비중		
	인원	필지	면적	인원	필지	면적	인원비	필지비	면적비
~0.2	8	8	3,131	23	29	7,348	3.7	0.7	0.2
0.2~0.5	30	46	32,889	30	51	31,003	7.2	1.8	1.1
0.5~1	25	51	54,894	17	44	36,248	5.0	1.7	1.6
1~2	19	92	82,085	18	98	76,863	4.4	3.5	2.9
2~3	12	87	88,103	5	45	35,845	2.0	2.4	2.2
3~5	12	139	130,384	5	75	57,155	2.0	3.9	3.4
5~	48	1,968	2,792,668	6	249	268,620	6.5	40.3	54.9
합계	154	2,391	3,184,154	104	591	513,082	30.8	54.3	66.3

우선 I 지구(시흥군 동·서·서이면) 토지소유 분화상황에서는 현지의 토지를 소유하고 있으나 경성에 거주하고 있는 부재지주는 모두 154명이었다. 이들 중에는 물론 1정보 미만의 소유자도 다수 있어 63명이었지만, 2정보 이상은 12명, 3정보 이상은 12명 등이었다. 여기서 주목되는 것은 5정보 이상의 소유자들이었다. 다른 도나 다른 군에 거주하는 부재지주도 있었다. 이들을 포함하여 5정보 이상 토지소유자는 전체 인원의 6.5%이며, 면적의 비중은 54.9%로 있었다.

<표 19> 경기도 I 지구(시흥군) 5정보 이상 부재지주 현황

구분	인원	비중	필지	비중	면적	비중
경성지주	48	69.6%	1968	76.7%	2,792,668	81.5%
타지지주	6	8.7%	249	9.7%	268,620	7.8%
재지지주	15	21.7%	350	13.6%	366,506	10.7%
합계	69	100.0%	2567	100.0%	3,427,794	100.0%

이 지역에서는 경성지주의 비중이 압도적으로 많음을 알 수 있다. 전체 5정보 이상에서 차지하는 비중은 48명, 69.6%이며, 면적 비중은 무려 81.5%였다. 반면에 재지지주는 15명이고, 면적의 비중도 10.7%에 불과했다. 경성거주 5정보 이상 대토지소유자는 48명이었는데, 이들이 소유한 면적은 이 지역의 전체 토지의 50%에 이르고 있었다.

이곳의 부재지주 중에는 10정보 이상 지주들의 현황은 다음과 같았다.

<표 20> 경기 Ⅰ지구 10정보 이상 지주 현황(단위 : 평)

순위	지주명	주소지	필지수	면적
1	성문영	경성부 남부 광통방 미동	212	426,284
2	안상호	경성부 북부 경행방 주동	180	334,776
3	이근배	경성부 중부 장통방 동곡	52	180,928
4	이기훈	수원군 남부면 남수동	133	157,715
5	이재면	경성부 중부 정선방 니동	113	146,906
6	이승경	경성부 북부 순화동 온정동	70	83,682
7	김연영	경성부 중부 서린방 모교동	64	79,302
8	김봉현	경성부 서부 반송방 아현	37	76,560
9	윤수영	경성부 서부 여경방 송교동	52	75,481
10	한규설	경성부 남부 대평방 하리동	68	72,337
11	이민경	경성부 남부 광통방 무교동	57	69,224
12	고희경	경성부 남부 회현방 동현동	55	68,895
13	남명선	경성부 동부 연화방 이현동	44	60,820
14	박영진	경성부 남부 명례방 저동	45	58,685
15	최상옥	경성부 북부 가회방 재동	50	50,005
16	김화진	경성부 북부 인달방 내사내동	42	48,477
17	이여간	경성부 용산면 청파삼계동	38	47,928
18	주선범	경성부 남부 광통방 견정동	42	47,680
19	조윤구	시흥군 서이면 호계리	47	46,571
20	이경천	경성부 남부 눌명방 소필동	49	43,196
21	정진택	경성부 서부 반석방 합동	38	42,185
22	김용집	경성부 남부 대평방 상리동	30	39,977
23	양상익	경성부 중부 장통방 비파동	37	39,479
24	오태영	경성부 중부 인평방 전동	32	39,261
25	김용은	경성부 북부 순화방 누각동	34	39,012
26	홍순일	경성부 중부 장통방 혁묵후동	32	36,069
27	손창원	경성부 중부 서린동 부정동	23	35,180

28	이윤용	경성부 남부 광통방 하다동	37	32,164
29	홍택주	경성부 중부 정선방 니동	32	31,908
30	최경원	경성부 중부 장통방 정자동	22	31,107

위의 표와 같이 10정보 이상의 지주는 모두 31명인데, 국유지를 제외하고는 민간 소유주가 30명이라 하겠다.[61] 이 중에서 시흥 지역 거주 소유자는 조윤구이며, 수원군에 거주한 이기훈이다. 이들을 제외하고 28명이 모두 경성거주 부재지주였다.

이들 경성 부재지주 가운데 가장 주목되는 인물은 이재면(李載冕)이다. 그는 고종의 친형으로서 대한제국시기 궁내부 대신 등을 역임한 왕실 종친이다.[62] 그는 경성부 중부 정선방 니동에 주소를 두고 있으면서 113필지, 14만평의 토지를 소유하고 있었다. 또 한규설(韓圭卨)도 주목된다.[63] 그는 대한제국시기의 대신으로서 법부대신, 의정부 참정 등을 역임한 관료였다. 그는 경성부 남부 대평방 하리동에 주소를 두고 있으면서 이 시흥군 지역에 68필지, 7만여 평을 소유하고 있었다.

경기 I 지구는 경성에서 멀리 떨어져 있지 않아서 경성거주 지주들이

61) 13번째 국유지는 51개 필지 62,643평이 있기는 했지만, 부재지주 표에서는 생략하였다.

62) 이재면(1845~1912)은 고종의 형으로 영선군 준용의 아버지이다. 1864년 정시 문과에서 병과로 급제해 규장각시교 예문관 검열 등을 거쳐, 1866년 동승지 등을 거쳐, 임오군란 뒤 1885년부터 운현궁에서 10년간 칩거했다고 한다. 1894년 갑오개혁시 1차 김홍집 내각에서 궁내부 대신이 된 이후 1900년 11월 보빙대사, 1910년 병합 후 흥친왕(興親王)에 봉해졌다(『한국민족문화대백과사전』 해당 인명조 참조).

63) 한규설(1848~1930)은 부사 승렬의 아들로 무과에 급제하여 28세에 진부병사에 발탁된 후, 갑신정변에 연루된 유길준을 연금 형식으로 보호하고, 친군우영사 등과 1887년 한성부 판윤을 거쳐 1896년 법부대신 겸 고등재판소 재판장에 임명되었으며, 1901년 궁내부 특진관, 1905년 의정부 참정이 되었다. 을사조약 강제 체결시 이를 반대하였으나 징계를 받은 후 중추원 고문 등을 역임하고, 1910년 강제 병합 후 남작의 작위를 주었으나 받지 않았다(『한국민족문화대백과사전』 해당 인명조 참조).

집중적으로 토지를 매집한 것으로 보인다. 특히 10정보 이상의 지주들, 대개 관료지주로 보이는 부재지주들이 전체 토지의 45%를 차지하고 있었다는 점에서 주목할 만한 토지분화의 현상임을 알 수 있다.

<표 21> 경기 II지구(수원군 의왕·반월면) 부재지주의 현황

지역 / 구간	경성지주			타군			전체 토지에서의 비중		
	인원	필지	면적	인원	필지	면적	인원비	필지비	면적비
-0.2	17	18	7,192	58	74	18,159	7.3	1.5	0.6
0.2-0.5	31	43	31,508	76	117	73,999	10.4	2.6	2.4
0.5-1	20	52	46,332	49	132	104,005	6.7	3.0	3.4
41276	20	89	78,155	30	172	128,003	4.8	4.3	4.7
41308	15	125	112,791	10	99	74,610	2.4	3.7	4.3
41338	10	135	110,477	12	149	132,140	2.1	4.7	5.5
5-	28	989	991,904	6	187	223,244	3.3	19.5	27.7
합계	141	1,451	1,378,359	241	930	754,160	37.0	39.3	48.6

II지구의 경우에는 I지구와 마찬가지로 경성지주의 비중이 타군 지주보다 훨씬 높았다. 인원 수로는 적었지만, 타군 지주의 토지 면적보다는 2배나 되었다. 해당 지역의 토지와 비교해 보면 전체 인원의 37%가 부재지주였고, 토지에서 차지하는 비중은 48.7%였다.

<표 22> 경기도 II지구(수원군) 5정보 이상 부재지주 현황

구분	인원	비중	필지	비중	면적	비중
경성지주	28	47.4%	989	50.4%	991,904	52.4%
타지지주	6	10.2%	187	9.5%	223,244	11.8%
재지지주	25	42.4%	787	40.1%	678565	35.8%
합계	59	100.0%	1,963	100.0%	1,893,713	100.0%

이 지역에서 경성지주는 28명으로 5정보 이상 지주 중에서 약 반수를 차지하고 있었고, 면적으로는 과반을 약간 넘어섰다. 반면에 재지지주는 경성지주와 비슷한 숫자를 차지하고 있었지만, 토지소유면적은 크게 낮아서 35.8%에 지나지 않았다. 이에 따라서 이 지역에서는 5정보 이상 지주

중에서 재지지주의 숫자가 어느 정도 있었지만, 전체 토지의 면적에서 차지하는 비중이 낮아진 것으로 보아 5정보 이상 중에서도 더 큰 규모의 토지를 집적한 사람들은 역시 경성에 거주한 부재지주였다고 할 수 있다.

<표 23> 경기 II지구 10정보 이상 지주 현황(단위 : 평)

순위	지주명1	주소지	필지합	면적합
1	민대식	경성부 중부 관인방 대사동	92	115,525
2	정갑조	경성부 남부 회현방 회동	92	91,123
3	배동혁	경성부 중부 장통방 동곡	64	72,438
4	이와사키 히사야 (岩崎久彌)	도쿄시 혼고구 탕도방 통정1번지	37	68,573
5	김승규	경성부 중부 관인방 대사동	51	53,719
6	한규설	경성부 남부 자동	61	49,921
7	김용진	경성부 북부 관인방 사동	36	46,667
8	한창수	경성부 북부 가회방 제동	50	44,731
9	양윤수	경성부 중부 장통방 비파동	48	43,916
10	한익교	경성부 북부 관광방 조격동	41	43,712
11	김완식	과천군 군내면 관문동	42	42,791
12	김태현	경성부 서부 인달방 야주현	23	39,632
13	한광수	경성부 서부 서강방 하수일리	32	38,552
14	양상현	과천군 하서면 인덕원 평촌동	35	33,729
15	이건호	경성부 북부 연희방 신촌동	34	31,222

위의 표는 그러한 경향을 그대로 보여준다. 10정보 이상 부재지주들은 대부분 경성에 거주하는 지주였다. 이건호, 한광수, 김태현, 한익교, 양윤수, 한창수, 김용진, 한규설, 김승규, 배동혁, 정갑조, 민대식 등이었다. 한편 도쿄시 혼고구(本鄕區)에 주소를 둔 이와사키 히사야(岩崎久彌)의 경우 37필지, 6만 8천여 평을 소유하고 있었다.

이와사키는 미쓰비시 총수로서 아버지 이와사키 야타로(岩崎彌太郎)의 사후에 1895년 남작 작위와 기업을 계승한 자였다. 그는 1907년 1월 동산(東山)농장을 상치하고 1909년 말부터 서울에 본부를 두고 경기도 수원, 인천, 남양, 과천, 안산 등지와 전라북도 전주, 전라남도 영산포와 영암, 광주, 나주 등지에 지부를 설치하였다. 1910년 12월말 현재 경기도

인천, 수원, 남양, 과천, 안산 및 전라남도 등지에 4,057정보의 농토를 집적하였다. 그리고 미쓰비시 합자회사에 농장 경영을 위탁시켜 경영하였다.[64] 이후 1919년에 동산농사주식회사가 창설되면서 경영권이 이관되었고, 동산농장이라는 명칭 대신, 동산농사주식회사 조선지점으로 개명하였다. 그러한 동산농장의 조선 농장 경영은 경기도 수원군 수원면 매산리 148번지 오산(烏山)출장소에서 총괄하고 있었다.[65] 그의 농장은 수원군 의왕 및 반월면 일대에만 6만 8,573평을 집적하고 있었다.

경기도 다른 군에 거주하는 부재지주는 양상현, 김완식 등이었다. 또한 이들 경성거주 부재지주 가운데 이 지역에서 가장 많은 토지를 가지고 있었던 지주는 한때 호서은행장을 지냈던 민대식(閔大植)이었다. 그는 경성부 중부 관인방 대사동에 주소를 가지고 있으며, 92필지에 걸쳐 11만여 평을 소유하고 있었다.[66] 또한 한규설(韓圭卨)은 앞서 시흥군 지역과 마찬가지로 이 지역에서도 61필지, 5만여 평을 소유하고 있었다.[67] 이들 관료지주는 수원군 지역에서도 많은 토지를 가지고 있는 경성거주 부재지주였다.

---

64) 大橋淸三郞, 1915, 『朝鮮産業指針』, 1쪽 ; 尾西要太郞 편, 1913, 『南鮮發達史』, 경성, 200쪽 ; 東山農事株式會社, 1940, 『東山事業』, 1~3쪽 ; 하지연, 2007, 「일본인 회사지주의 식민지 농업경영」 『사학연구』 88, 863~864쪽 재인용.

65) 하지연, 2012, 「일제시기 수원지역 일본인 회사지주의 농업 경영」 『이화사학연구』 45, 296~297쪽.

66) 민대식(1882~?)은 군인으로 동일은행 취체역 두취로 외국으로 건너가 구미제국의 금융사정을 조사한 일이 있다고 하며, 1920년 8월 한일은행 이사에 선출되고, 그해 12월 아버지 자작 민영휘의 뒤를 이어 은행장에 취입했다. 1931년 1월 호서은행을 합병하여 동일은행으로 개칭한 이래 1935년 현재 은행장이었다(『조선공로자명감』 59쪽, 『조선총독부시정25주년기념표창자명감』 953쪽). 1931년 동일은행 총 자본금 400만원 중 대주주로서 1,072주(1주 50원)를 가지고 있었다(「각은행의 대주주」 『삼천리』 3권 9호).

67) 한규설의 주소지는 앞서 시흥군 지역에서는 경성부 남부 대평방 하리동인데 반하여 이곳에서는 경성부 남부 조동으로 신고하였다.

<표 24> 경기도 III지구(용인군 내사면) 부재지주의 현황

구간 \ 지역	경 성			타 군			전체토지비중(%)		
	인원	필지수	면적	인원	필지수	면적	인원비	필지비	면적비
0.2	0	0	0	1	1	483	0.1	0.0	0.0
0.2~0.5	4	5	3,191	8	14	7,663	1.2	0.3	0.3
0.5~1	11	34	24,249	4	16	8,135	1.6	0.9	0.8
1~2	5	25	22,217	5	29	23,131	1.0	1.0	1.2
2~3	6	53	45,066	1	5	6,438	0.7	1.1	1.4
3정보이상	10	371	360,317	3	245	265,631	1.3	11.3	16.4
총계	36	488	455,040	22	310	311,481	5.9	14.6	20.1

위의 표와 같이 경성에 주소를 둔 부재지주들은 모두 36명이었다. 1정보 미만의 지주들은 15명으로 적은 수를 차지하고 있었지만, 1정보 이상의 부재지주들은 모두 21명이나 되었다. 이들 경성거주 지주 전체가 내사면에 소유한 토지는 모두 488필지, 면적상으로는 45만 5천평에 이르고 있었다.[68] 경기도의 타군이나 여타 도지역, 그리고 일본에 주소를 둔 부재지주들은 모두 22명이었고, 그 중에서도 단파농장(丹波農場)의 토지가 많았다.[69] 단파농장은 또다른 소유자 오니시 분자로(大西文三郎)와 함께

68) 3정보 이상의 경성거주 부재지주는 함태진, 이봉환, 유병철, 배동혁, 낭종호, 민영선, 이종국, 민윤식, 민범식, 김영호 등 10명이었다. 5정보 이상의 토지소유자는 1901년 양전사업 당시 34명이었는데, 10년 후 토지조사사업에서도 같은 수였다. 1901년 대한제국시기 양지아문에서 시행했던 광무양전사업시 양지군의 토지조사와 그로부터 10년 후인 1911년 토지조사사업 당시 토지소유자의 소유현황을 비교해 보면, 1901년 전체 토지소유자수가 1,565명인데, 1911년에는 964명으로 601명이나 축소되었다. 주목할 만한 부분은 바로 1정보 이상의 토지소유자들의 변화이다. 3정보 이상의 토지를 가지고 있는 지주의 인원의 증가뿐만 아니라 전체 토지에서 차지하는 비중도 42.8%에서 51.8%로 증가되어 거의 10%가량 증가되었다.

69) 단파농장은 1923년 5월 3일 탄바(丹波直太郎)가 자본금 7만원으로 설립한 합자회사로 경기도 용인군 내사면 남곡리에 본사를 두고 토지 개간 및 일반 농업경영, 조림, 농산물 가공 판매를 담당하였던 일본인 농장이었다. 농장의 중역으로는 탄바 야스오(丹波康夫), 탄바 코우이치(丹波鴻一郎) 등이 있었다(『朝鮮銀行會社組合要錄』, 동아경제시보사, 1939 참조). 토지조사사업시에는 용인군 내사면에 두 사람의 인명으로 토지소유를 확보한 상태로 보인다.

소유하는 것으로 표시된 토지 209개 필지, 22만 6,007평에 이르렀다. 다른 지역 주소를 둔 지주들은 경성에 거주하는 부재지주에 비해서는 인원상으로나 면적상으로 적은 편이었다. 전반적으로 다른 지구에 비해서는 타군 및 경성지주의 비중이 인원으로는 6%에 지나지 않았으며, 면적으로도 20.1%에 지나지 않았다.

<표 25> 경기도 III 지구(용인군 내사면) 3정보 이상 부재지주 현황

구분	인원	비중	필지	비중	면적	비중
경성지주	10	13.0%	371	16.4%	360,317	18.2%
타지지주	3	3.9%	245	10.9%	265,631	13.5%
재지지주	64	83.1%	1,640	72.7%	1347578	68.3%
합계	77	100.0%	2,256	100.0%	1,973,526	100.0%

그런데 이 지역에서는 경성 부재지주의 비중이 다른 곳에 비해서는 현저하게 낮음을 확인할 수 있다. 그 이유는 재지지주 중에서도 경성지주 등을 능가하는 지주가 있었기 때문이었다. 이 지역에서는 송종헌(宋鍾憲)은 187개 필지, 20만 1,233평을 소유하고 있었다. 정보로는 67정보라는 거대한 토지를 소유하고 있었다. 그의 토지는 전체 내사면에서 5.2%나 되었다. 그는 친일파 송병준의 아들이며 일제시기에 조선귀족 백작의 작위를 받았다.

한편 경기 Ⅳ지구의 대지주들도 비슷한 양상을 나타내고 있다. 이 지역 백사면과 기타 다른 면에 주소를 둔 이천지역내의 지주들이 많은 수를 차지하고 있었지만, 이들 이외에도 서울을 비롯하여 경기도 및 충청북도 일원에 소재한 부재지주들도 많았다. 다음 표는 경성 및 타군에 거주지를 둔 부재지주를 정리한 것이다.

<표 26> 경기 Ⅳ지구(이천 백사면) 부재지주의 분포

구간 \ 지역	경성			타군			전체토지비중(%)		
	인원	필지수	면적	인원	필지수	면적	인원비	필지비	면적비
0.2	6	7	2,079	30	45	11,150	16.1	14.6	17.1
0.2~0.5	16	23	15,891	41	95	37,026	21.7	17.5	20.7
0.5~1	11	31	24,814	23	70	48,924	17.1	10.8	17.2
1~2	12	73	55,124	18	107	79,356	18.2	14.0	19.3
2~3	9	85	69,410	5	59	31,418	18.7	15.8	18.3
3정보~	17	995	1,110,917	10	241	193,120	24.8	35.9	43.3
총계	71	1,214	1,278,235	127	617	400,994	19.1	24.1	33.5

위의 표와 같이 경성에 주소를 둔 부재지주들은 모두 71명이었다. 그 중에서 1정보 미만 지주들도 모두 33명으로 면적은 4만 2천여 평에 달했다. 특히 주목되는 부분은 3정보 이상의 지주로서 17명인데 111만여 평을 차지하고 있을 정도로 매우 비중이 높았다. 백사면 전체 토지의 20%가량을 이들이 차지하고 있는 셈이었다. 이천 이외에 다른 군에 주소를 둔 부재지주들도 127명이나 되었다. 1정보 미만 지주들은 94명으로서 타군 부재지주의 74%를 차지할 정도로 높은 비중을 보여주고 있다. 경성에 주소를 둔 부재지주들이 이천의 재지지주를 제외하고 다른 군의 부재지주들보다 월등하게 많은 토지를 소유하고 있었다.[70]

<표 27> 경기 Ⅳ지구(이천 백사면) 3정보 이상 부재지주의 분포

구분	인원	비중	필지	비중	면적	비중
경성지주	17	15.6	995	28.9	1,110,917	36.9
타지지주	10	9.2	241	7.0	193,120	6.4
재지지주	82	75.2	1,020	29.6	1,704,593	56.7
합계	109	100.0	2,256	65.5	3,008,630	100.0

70) 백사면에 토지를 소유한 일본인 지주는 구로사와(黑澤安平)가 유일하다. 그는 읍내면 관고리에 살고 있으면서 백사면 송말리 등지에 있는 토지 31필지, 83,311평을 소유하고 있었다.

다음으로 이 지역 경성거주 부재지주들 중에서 10정보 이상 부재지주들의 현황을 알아보자.

<표 28> 경기 Ⅳ지구 경성거주 부재지주(10정보이상)

	성 명	필지	소유면적
1	김승진	439	554,420
2	민영소	89	116,539
3	안유풍	58	65,708
4	한용식	45	52,825
5	사립양정의숙	56	51,001
6	김성연	49	44,147
7	박인식	57	37,722
8	성문영	25	37,415
9	박경호	43	35,189

한편 이 지역에 가장 많은 토지를 가지고 있는 사람은 경성부 북부 관광방(觀光坊) 동곡계(東谷契) 동천변동(東川邊洞)에 주소를 둔 김승진(金升鎭)이었다. 그는 백사면 각리에 439개 필지에 걸쳐서 모두 55만 4420평을 소유하여 백사면 내에서 최대 지주였다. 그의 소유면적은 전체 백사면 토지의 11%가량을 차지하고 있으며, 0.5정보 이하의 토지를 소유한 영세농민들 482명의 토지보다도 많았다. 김승진은 다름아닌 김병기(金炳冀)의 손자로서 김병기의 계후손(繼後孫)으로 입양된 사람이었다.[71] 그는 경성에 주소를 둔 부재지주인 동시에, 이천군 백사면에 토착적 기반을 두고 있는 대지주였다. 또한 민영소(閔泳韶)는 여흥민씨 세도가 출신으로 경성부 중부 수진방(水進坊) 전동(磚洞)에 주소를 두고 있으면서 이곳에 89필지, 11만여 평의 토지를 소유하고 있었다.[72] 사립 양정의숙(私立養正義塾)은 경성부 서부 적선방(積善坊) 공조후동(工曹后洞)에 주소를 두고 토지는 모두 56필지에 5만여 평이었다.

이렇게 경성거주 조선인 대지주들이 경기도 각지에 많은 토지를 이전에

71) 李相燦, 1996, 「1896년 義兵運動의 政治的 性格」, 서울대 국사학과 박사학위논문, 142쪽.

72) 민영소(1852~1917)는 민철호의 아들로 민규호에게 입양되었다. 1878년 정시문과에 병과로 급제하였다. 1882년 임오군란 때 민씨척족의 거물로 가옥이 파괴당했다. 1885년에 춘천부사를 지냈으며, 1895년 8월에 궁내부 특진관에 임명되었다. 1910년 일제 강제병합 이후 '조선귀족령'에 따라 일본정부로부터 자작 작위를 받았다(『한국민족문화대백과사전』, 『친일인명사전』 해당 인명조 참조).

사들였거나 아니면 이 시기에 새로 추가했던 것으로 보인다. 이러한 경향은 경기도 남서부에 그치지 않았다. 경기도 전역에서 벌어진 것으로 보아도 될 것이다.

3) 경기도 지역 일본인 지주의 토지소유 확대

경기도 지역에는 멀리 일본에서 직접 경기도 지역 토지에 투자한 일본인 지주들이 등장하고 있었다. 1910년 8월 토지조사사업이 시행되는 동안, 외국인의 토지소유는 확대일로에 있었다. 조선총독부 당국은 종래 조선의 토지를 소유한 일본인 또는 외국인이 소유에 대해 별도로 법령 규정이 없어 투자하기가 극히 위험하다고 하면서 그 불편함을 이야기하였으나 최근에는 농사경영에 착수하는 자가 격증하였다고 파악하고 있었다.

1910년 말 조사에 의하면, 외국인의 토지소유 수는 일본인은 결수로 2만 7천 6백 82결여이고, 세금이 21만 4천 7백원(圓)이었으며, 인원이 7,625인이나 되었다.[73] 또 그 밖의 외국인은 311결에 세금이 2,186원이고 인원은 346인이었다. 국적별로는 청국인이 214인, 미국인이 68인, 영국인이 28인, 프랑스인이 24인, 러시아인이 7인, 독일인이 4인, 이태리인이 1인으로 보고하였다. 그만큼 외국인의 토지소유자 중에서 일본인의 비중은 결수로는 98.9%이고, 인원상으로도 95.7%나 되어 절대다수를 차지하였다.

또 1911년 9월 일본인의 농업자 중에서 600인 이상은 대구부로 가장 많았고, 500인 이상은 경성부, 200인 이상은 인천부, 100인 이상은 경기도 부평군, 과천군이었으며, 50인 이상은 경기도 시흥군 등으로 조사되었다. 전체 일본인 농업자의 호수는 2,132호, 인구로는 6,892인으로 증가되었다.[74]

---

73) 『매일신보』「내지 외국인의 소유토지」 1911.5.11, 3면 4단.

74) 『매일신보』「내지인농업자수」 1911.9.19, 2면 4~5단, 478쪽.

<표 29> 경기도 소재 일본인 소유 토지 상황(1912)

순서	지역	소유자	답	전	택지	기타	계	가격
1	경성부	1,994	186,594	1,661,378	615,377	910,181	3,373,530	7,845,159
2	인천부	406	131,088	489,273	283,066	384,622	1,288,049	4,491,626
3	양주군	42	11,506	307,145	9,059	119,672	447,382	76,543
4	포천군	4	11,700	0	600	0	12,300	1,856
5	영평군	2	0	54,160	0	0	54,160	3,249
6	가평군	6	15,015	9,225	630	0	24,870	5,569
7	광주군	6	196,875	47,400	2,100	204,600	450,975	50,613
8	용인군	5	31,025	58,800	3,525	25,957	119,307	8,316
9	양지군	3	73,500	322,800	5,100	990,000	1,391,400	68,805
10	이천군	10	6,000	9,900	5,100	54,000	75,000	7,013
11	양평군	0	0	0	0	0	0	0
12	여주군	10	10,146	56,560	2,093	94,500	163,299	11,362
13	음죽군	6	7,050	11,715	1,200	0	19,965	2,999
14	죽산군	11	52,129	8,185	250	2,000	62,564	7,622
15	안성군	31	150,720	84,134	12,535	171,500	418,889	90,626
16	양성군	13	172,800	127,440	2,880	28,560	331,680	50,212
17	진위군	125	1,023,579	790,011	47,501	1,653,975	3,515,066	265,577
18	남양군	6	26,400	2,400	300	0	29,100	8,260
19	수원군	174	3,078,000	1,089,900	71,993	899,700	5,139,593	684,212
20	안산군	3	347,729	80,982	715	123,889	553,315	26,048
21	과천군	47	56,500	370,500	30,274	60,900	518,174	61,025
22	시흥군	122	219,679	513,821	20,867	291,304	1,045,671	229,517
23	양천군	13	284,314	6,249	25	95,357	385,945	27,654
24	부평군	231	1,225,200	575,870	16,197	1,165,442	2,982,709	209,802
25	김포군	0	0	0	0	0	0	0
26	통진군	6	348,000	29,700	0	0	377,700	38,774
27	강화군	2	200	0	185	0	385	135
28	교동군	1	4,000	50	0	0	4,050	129
29	고양군	13	8,200	0	722	1,387,052	1,395,974	37,051
30	교하군	7	69,900	26,095	0	704,035	800,030	19,228
31	파주군	12	13,694	23,176	6,876	30,000	73,746	4,680
32	장단군	15	750	8,853	2,361	0	11,964	2,133
33	풍덕군	6	83,400	25,625	0	2,732,859	2,841,884	67,259
34	개성군	67	295,615	488,682	31,072	1,843	817,212	300,826
35	적성군	0	0	0	0	0	0	0
36	연천군	10	16,735	261,994	100	0	278,829	12,503
37	마전군	10	0	16,292	0	0	16,292	245
38	삭녕군	1	0	0	350	0	350	35
	총계	3,420	8,158,043	7,558,315	1,173,053	12,131,948	29,021,359	14,716,663

1912년 현재 경기도 지역 일본인 토지소유는 위의 표와 같이 인원으로는 3,420명이고, 토지 규모는 2,902만 1,359평이나 되었다.[75] 총규모로 2,902만평, 정보로는 9,673정보나 되는 엄청난 규모의 땅이 일본인 지주에게 넘어갔던 것이다. 경성부 및 각 군별 사항을 보면, 일본인 토지소유자가 가장 많은 곳은 역시 경성부였으며, 이어 인천부, 부평군, 수원군, 진위군 순으로 나타났다. 이들 지역은 100명이 넘었지만, 대부분 지역에서는 대개 몇 십명 정도였다. 10명 이하 군도 포천군, 영평군 등을 포함하여 전체 35개 지역 중에서 19개 지역이나 되었다. 이렇게 경기도 지역내에서도 커다란 편차가 있었다. 앞서 경기도 4개 지역의 토지소유 상황을 검토한 것과 비교해 보면, 용인과 이천에서는 일본인 토지소유주가 많지 않았으나 수원과 시흥군은 일본인 토지소유자가 많은 곳이었다.

한편 각 지역별 답과 전, 대지 등을 포함한 전체 토지소유의 규모로 보면, 일인 소유규모는 경성부가 오히려 적고, 가장 넓은 면적의 토지를 차지한 지역은 수원군이었으며, 이어 진위군, 경성부, 부평군, 풍덕군, 고양군, 양지군, 인천부 순으로 나타났다. 토지의 가격은 이와는 대조적이어서 역시 경성부가 784만엔으로 가장 높았으며, 다음은 인천부가 449만엔으로 경기도 전체 토지 가격의 83.8%를 차지하고 있었다. 다음으로는 수원군, 개성군, 진위군, 부평군 등의 순위였다.

경기도 전체 일본인 토지소유자의 평균 답 면적은 2,385.4평이며, 평균 전 면적은 2,210평, 대지의 면적은 343평이었다. 또한 일본인 평균 토지 투자액은 4,303엔이었다. 그만큼 일본인 토지소유자 중에서도 거대 토지의 대지주와 중소규모 토지소유자의 편차가 있었을 것으로 짐작된다.

---

75) 전체 인원 총계는 3,420명인데, 원문에는 3,411명으로 되어 있다. 표의 출전은 경기도, 『경기도 통계연보』(1912), 15~16쪽, 국립중앙도서관 소장본이다. 표의 숫자 중 양평군과 김포군, 적성군 등지는 토지소유가 0인 것으로 보아 조사결과가 미처 수록되지 못한 것으로 보인다.

이들 일본인들의 토지소유가 증가된 상황은 경기도 지역 부동산에 대한 매매와 증명이 격증하고 있었던 현상과 관련이 있다. 1911년 봄 이후 은사공채의 매매성행으로 조선인 대지주의 토지집적이 확대되었으며, 또한 일본의 토지자본 투하와 일본인 이주자의 증가로 인하여 토지거래가 활성화되었기 때문이었다. 이러한 부동산의 구입 열기로 토지가옥증명을 청구하는 자가 매일 증가일로에 있었다. 경성부 관내에서는 1911년 1월부터 8월까지 일본인과 조선인의 토지가옥증명 신청서를 수리한 숫자가 1만 1,389건이었으며, 증명을 발급해준 수도 8,999건이라 하였다. 이는 작년 동기간에 비하여 2배 이상 증가된 것이었다.[76)]

<표 30, 31>은 경기도 지역 중 5개 지역의 부동산 증명건수의 변화를 나타낸 것이다.[77)] 우선 1912년도에 경성부에서 토지와 건물의 매매 건수가 6,997건과 320건으로 나타났고, 소유권 보존증명의 경우에는 8,900건과 298건으로 나타나 소유권 보존이 높았다. 다른 지역에서도 비슷한 비율을 보여준다. 시흥군과 수원군은 매매가 활발한 반면, 양지군과 이천군은 그렇지 못했다. 이는 앞서 통계분석에서 대지주의 해당 지역 토지의 매입이 점차 증가되는 현상과 일치한다.

그런데 불과 3년 후인 1915년에 이르면 시흥군의 매매가 토지의 경우 이전의 193건에서 243건으로 소폭 증가했지만, 관련 필지의 개수로는 3배 정도 증가하였으며, 수원군의 경우에도 4배 이상의 증가가 있었다. 용인과 이천군의 경우에도 7~8배 이상 매매 건수가 늘어났다. 이렇게 보면, 토지조사사업이 점차 완결된 이후에는 매매의 증가와 더불어 전당권 등의 설정도 대폭 늘어나는 추세였음을 알 수 있다. 이는 곧 토지의 매매와 전당을 통해 대지주들이 합법적으로 토지 확대를 가져올 수 있었음을

76) 『매일신보』 「부동산증명격증」 1911.9.10, 2면 5단, 450쪽.

77) 조선총독부, 『경기도 통계연보』(1913년도판, 「부동산증명사건」 12~15쪽, 1916년도판, 1915년 「부동산증명사건」 7~10쪽) 참조.

의미하는 것이다.

<표 30> 경기도 지역 전체 및 관련 지역 부동산증명건수(1912.4~12)

지역	구분	상속으로 인한 소유권 취득		증여 유상		매매		소유권보존		전당권설정		합계	
		건수	개수	건수	개수	건수	개수	건수	개수	건수	개수	건수	개수
경기도	토지	59	335	60	442	9,630	18,451	15,130	42,812	3,006	6,658	32,734	78,709
	건물	21	66	5	27	590	7,025	1,137	7,586	231	3,583	3,299	22,794
경성부	토지	40	63	22	56	6,997	7,446	8,900	10,507	2,727	3,731	22,235	25,631
	건물	20	63		22	320	6,401	523	6,125	138	3,388	2,146	20,176
시흥군	토지	3	5	8	40	193	337	298	1,354	14	183	541	2,038
	건물					16	16	34	34	1	7	52	62
수원군	토지	2	2			114	374	406	1,481	18	104	609	2,194
	건물		2			6	56	40	205	4	15	85	344
양지군	토지			6	263	12	74	52	216	7	68	86	646
	건물					1	1	6	6	2	2	12	12
이천군	토지					20	35	66	462	3	63	122	1079
	건물					20	21	22	22	9	9	65	66

<표 31> 경기도 지역 전체 및 관련 지역 부동산증명건수(1915.1~12.)

지역	구분	상속으로 인한 소유권 취득		증여 유상		매매		소유권보존		전당권설정		합계	
		건수	개수	건수	개수	건수	개수	건수	개수	건수	개수	건수	개수
경기도	토지	160	2,306	47	167	11,104	39,370	11,109	59,214	1,450	15,376	27,014	139,068
	건물	2	2			427	520	975	1,319	258	301	1,973	2,589
시흥군	토지	4	313			243	1,290	160	702	42	475	539	3,600
	건물					17	17	19	16	15	16	53	51
수원군	토지	8	161	2		538	2,340	407	3,537	47	1,222	1,171	9,123
	건물					9	15	8	11	2	3	36	52
용인군	토지	5	34	1	3	814	2,363	627	3,835	43	546	1,576	7,463
	건물					19	19	30	32	14	14	69	71
이천군	토지					700	2,355	667	4,224	66	1,378	1,567	9,380
	건물												

* 부동산증명건수 중 중요한 항목만 추출한 것임.

<표 32> 경기도 소재 일본인 소유 토지 상황(1915)

구분 지역		토지		소유지(단위 : 단보)						투자 평균	투자 면적	투자 비중 (%)
		경영	투자금액	답	전	산림	원야	기타	계			
1	경성부	48	159,785	34	1,605	28	23	0	1,690	3,329	35	6.0
2	인천부	7	22,900	0	125	0	53	0	178	3,271	25	0.9
3	고양군	63	169,922	26	4,064	84	1,035	4,230	9,439	2,697	150	6.4
4	광주군	19	64,566	92	947	1,213	158	774	3,184	3,398	168	2.4
5	양주군	22	13,538	43	488	2,093	85	0	2,709	615	123	0.5
6	연천군	24	23,620	162	2,117	125	91	0	2,495	984	104	0.9
7	포천군	1	2,100	97	0	0	0	0	97	2,100	97	0.1
8	여주군	8	8,100	21	255	0	237	60	573	1,013	72	0.3
9	이천군	24	52,600	1,253	1,061	320	740	0	3,374	2,192	141	2.0
10	용인군	31	199,441	1,220	2,430	10,503	188	169	14,510	6,434	468	7.5
11	안성군	8	16,929	220	291	15	430	648	1,604	2,116	201	0.6
12	진위군	93	359,187	12,302	4,150	1,080	3,374	3,583	24,489	3,862	263	13.5
13	수원군	40	519,849	11,895	3,445	1,794	1,140	371	18,645	12,996	466	19.6
14	시흥군	194	288,511	3,483	3,803	1,122	1,330	455	10,193	1,487	53	10.9
15	부천군	295	573,247	4,751	5,004	2,275	1,215	88	13,333	1,943	45	21.6
16	김포군	19	73,239	2,757	372	298	716	68	4,211	3,855	222	2.8
17	파주군	4	9,765	269	256	327	139	25	1,016	2,441	254	0.4
18	장단군	9	5,165	47	177	0	0	0	224	574	25	0.2
19	개성군	27	90,193	1,428	609	8,593	0	36	10,666	3,340	395	3.4
	총계	936	2,652,657	40,100	31,199	29,870	10,954	10,507	122,630	2,834	131	100

위의 표는 경기도 지역에서 토지를 경영하고 있는 일본인 토지소유 현황을 보여준다.[78] 우선 경성부에 사는 48인의 지주는 전체 토지에 대한 투자금액이 15만엔이며, 소유지는 1,690단보(段步)로 50만 7천평이었다. 경기도 지역에서 가장 많은 일본인 토지소유자가 있었던 곳은 부천군과 시흥군, 진위군, 고양군, 수원군, 개성군 등지의 순서로 되어 있다. 또한 각 지역별 일본인 1인당 투자액으로서는 수원이 1만 3천엔 정도로 가장 높으며, 그 아래로는 용인군, 김포군, 광주군, 개성군 등지였다. 또한 평균

78) 본 표는 경성 및 경기도 22개 면 중에서 가평군, 양평군, 강화군 3개 지역의 통계가 빠져있다. 이에 따라 일본인 소유자 수와 토지소유면적이 과소평가되어 있음을 감안하여 보아야 한다(『경기도 통계연보』, 1915, <표 152> 내지인농사 경영상황, 189~190쪽 참조).

토지투자 면적으로는 용인군이 가장 높으며, 다음이 개성군, 수원군 등의 순이었다. 이렇게 1915년도 경기도 각 지역의 일본인의 토지소유 규모는 이전 1912년에 비해서는 비약적으로 확대되고 있었다. 답의 면적은 1912년에 815만평이었는데, 1915년에는 1,203만평으로 약 50%가 증가하였으며, 전의 면적의 경우에도 755만평에서 936만평으로 23.8%이상 증대되었다. 전체 토지소유의 규모도 12만 2,630단보, 즉 3,678만평 정도로 이전 2,902만평에 비해 26.8%나 증가하였다. 불과 3년 전에 비해 일본인 농업경영자수가 340여 명이 증가한 936명이 되었으며, 소유토지 면적도 26.8% 정도 크게 늘어나고 있었다.

<표 33> 1만엔 이상 농업투자 일본인 농사 경영 상황(1915)

순위	인명	투자금액	지역	소유지(단위 : 단보)			자작		소작		소작 비율(%)
				답	전	합계	답	전	답	전	
1	岩崎久彌	486,333	용인, 진위 수원, 시흥, 부천	9,613	2,873	14,834	60	185	9,553	2,688	98.0
2	大西文三郎	170,820	용인, 시흥	179	895	11,455	0	250	179	645	76.7
3	朝鮮勸農株式會社	130,395	고양, 시흥, 경성	3	429	4,548	3	429		0	0.0
4	國武合名會社	104,090	수원	2,728	752	4,309	0		2,728	752	100.0
5	朝鮮興業株式會社	94,556	안성, 진위, 수원, 시흥, 부천, 김포	3,410	507	4,585	0		3,410	507	100.0
6	升本喜八郎	70,000	광주, 진위	130	786	4,729	0	245	130	541	73.3
7	稻垣合名會社	44,924	김포, 부천	1,570	128	1,793	0	0	1,570	128	100
8	三井合名會社	43,493	개성	976	85	1,097	0	0	976	85	100
9	副島安一	36,200	경성	0	31	31	0	31	0	0	0.0
10	末永省二	33,500	부천	250	150	440	30	50	220	100	80.0
11	振威興業株植會社	29,050	진위	128	1,403	1,693	0	30	128	1,373	98.0
12	鳥居金之助	28,500	시흥	186	1,245	2,034	0	0	186	1,245	100

13	大獄久治郎	27,000	진위	2,535	510	3,082	0	0	2,535	510	100
14	山口太兵衛	22,900	부천, 수원	288	144	462	30	0	258	144	93.1
15	石原磯次郎 趙秉澤	21,000	이천	700	600	2,100	0	0	700	600	100
16	平山松太郎	20,000	부천	55	180	312	0	150	55	30	36.2
17	中村再造	20,000	경성	0	66	66	0	66	0	0	0.0
18	關繁太郎	20,000	고양, 시흥, 경성	811	13	824	0	0	811	13	100
19	鍋島直映	18,581	경성	916	155	1,089	0	0	916	155	100
20	丸山重吉	18,400	개성	335	0	335	0	0	335	0	100
21	伊勢德三郎	18,300	인천	424	133	822	0	0	424	133	100
22	多田仲太郎	17,226	진위	59	49	720	8	3	51	46	89.8
23	秋吉富太郎	16,900	부천, 양주, 포천	97	248	585	97	230	0	18	5.2
24	桶下田仙藏	16,874	수원	501	4	745	2	4	499	0	98.8
25	笠松吉次郎	15,800	시흥, 부천	485	55	540	15	5	470	50	96.3
26	和田常市	15,697	진위	807	165	996	0	0	807	165	100
27	久保田六三郎	15,000	고양, 시흥, 경성	0	50	67	0	50	0	0	0.0
28	剛本市太郎	14,500	개성	14	77	8,640	0	0	14	77	100
29	松山源太郎	14,300	진위, 수원	600	10	620	0	6	600	4	99.0
30	眞鍋貞一	13,428	수원	389	100	507	0	0	389	100	100
31	朝鮮實業 株式會社	13,188	고양, 광주	3	6	3,193	0	0	3	6	100
32	德久米藏	12,500	경성	605	0	680	0	0	605	0	100
33	瀧原顯	12,000	경성	10	70	120	10	70	0	0	0.0
34	木野村元之進	11,800	수원	589	32	621	0	0	589	32	100
35	濱田捷彦	16,789	시흥, 용인	349	135	484	0	0	349	135	100
36	石原磯次郎	11,000	이천	210	130	540	100	65	110	65	51.5
37	水津彌三松	11,000	부천	310	290	815	10	40	300	250	91.7
38	市村貞雄	12,000	부천	400	50	450	0	0	400	50	100
39	朝鮮農業 株式會社	11,000	김포, 부천	380	50	430	0	0	380	50	100
40	都合德太郎	10,700	고양	0	417	486	0	88	0	329	78.9
41	小峰源作	10,000	부천	70	150	900	20	70	50	80	59.1
42	高野周三郎	10,000	부천	6	200	506	6	200	0	0	0.0
43	小林長兵衛	10,000	고양	0	337	427	0	15	0	322	95.5
44	寺澤捨三郎	10,000	수원	30	50	80	0	50	30	0	37.5
45	田島米吉	10,000	부천	0	220	290	0	220	0	0	0.0

46	佐佐木次	10,000	부천	20	52	72	5	32	15	20	48.6
47	太平多女助	10,000	시흥	16	5	41	16	5	0	0	0.0
	총계	1,789,744		31,187	14,037	84,195	412	2,589	30,775	11,448	93.4

위의 표는 1915년 현재 경기도 지역에서 1만엔 이상 농업투자를 한 일본인 지주의 현황이다.[79] 위의 표에서 주목되는 것은 경기도에서의 투자액이 가장 높은 48만 6,333엔을 투자한 이와사키 히사야(岩崎久彌)였다. 그의 토지소유 규모는 답이 9,613단보, 전은 2,873단보로 총 1만 4,834단보라는 엄청난 규모였다. 그는 앞서 살펴보았듯이, 수원군 의왕면 일대에도 37필지의 농지 6만 8,573평을 소유하고 있었다. 또한 그는 경기도 용인, 진위, 수원, 시흥에 논 9,557단(段), 밭 2,935단, 산림 1,147단, 임야 1,009단, 기타 162단 등 모두 14,810단, 총 444만 3천평을 소유하고 있었다. 그런데 그의 동산농장 운영은 종래 지주 소작제를 답습한 것이었다. 소수의 자작지를 제외하고 대부분의 토지는 소작지로서 경영하였다. 물론 이 전체 소유지에서 나오는 1년 생산고는 4만 7,894엔에 이를 정도로 가장 규모가 크고 생산고로 가장 높은 거대 일본인 지주였다.[80]

다음의 규모를 가진 것은 오니시 분자로(大西文三郎)의 경우였다. 그는 경기도 지역에 농업 투자액으로 17만 820엔을 기록하여 제2위의 인물이었다. 그는 용인과 시흥지역에 토지를 가지고 있었는데, 답은 179단보, 전은 895단보로 모두 1만 1,455단보, 즉 343만 6,500평이나 되었다. 그는 공동으로 소유한 토지가 양지군 내사면 일대에 모두 209필지로서 22만 6,007평이나 되어 이들은 면내 최대지주로서 자리하고 있었다. 그는 1908년 3월 용인군 내사면에 먼저 진출하여 1910년에 합자회사로 단파농장(丹波農場)을 설립하였다. 단파농장은 모두 16만 2,700엔을 투자했으며, 1913년

79) 『대정5년 朝鮮總督府 京畿道統計年報』(1916), 191~192쪽.

80) 『대정3년 朝鮮總督府 京畿道統計年報』(1914), 172쪽 ; 경기도, 『경기도 요람』, 70~73쪽 참조.

당시 농장의 경영방식은 자작은 전에서 20정보는 직접 경영했으나 나머지 47.1정보는 소작으로 경영했다고 한다.[81] 이후 1922년에는 답 19.9정보, 전 45.4정보, 기타 2.6정보 등 76.9정보를 가지고 있었으며, 1929년 7월에는 81.2정보를 소유하였던 거대한 농장지주가 되었다.[82]

이밖에 시흥군 동면, 서면, 서이면 지역에서는 일본인 대토지소유자가 별로 나타나지 않았다. 다니노 헤이시치(谷野平七)과 다치바나 다다오(橘忠雄) 2인에 불과했다. 이들은 과천과 진위에 살고 있던 부재지주였는데, 5필지 1만 5,989평과 2필지 1,050평을 소유할 뿐이었다. 이들 일본인 지주들이 이 지역에는 아직 많은 수가 진출하지 않은 것으로 보인다. 양지군의 경우에는 1912년 말에 조사된 양지군 인구가 1만 2,798명이었다. 이곳에 거주하는 일본인의 수효는 용인 지역이 64명, 양지 지역이 60명에 불과했다.[83] 역시 토지조사부상으로는 일본인 토지소유자는 그렇게 많이 나타나지 않았다.

반면에 이천지역에서 외국인, 일본인의 숫자는 비교적 소수였다. 1913년 현재 외국인의 거주인구수에서 일본인이 266명, 조선인은 26,509명, 외국인은 10명으로 모두 26,785명이었다. 음죽군의 경우에는 내지인이 89명, 조선인이 15,035명, 외국인이 5명으로 15,129명이었다. 따라서 이천군과 음죽군을 합한 전체 지역에서 일본인의 총수는 333명이어서 전체 인구상으로는 0.8%에 불과했다.[84] 이천지역에서 비교적 일본인들의 토지소유가 많았던 청미면의 경우에만 이천 내 다른 곳보다는 집중되어 나타났다.[85]

---

81) 조선총독부, 『경기도 통계년보(1913년도)』, 1915, 189쪽.

82) 한국농촌경제연구원, 1986, 『농지개혁시 피분재지주 및 일제하 대지주 명부』 「일제하 지주명부」, 218쪽, 226쪽, 250쪽.

83) 『국보』 20호, 54~55쪽.

84) 청미면에 소재한 토지를 소유한 일본인들 가운데 최대의 지주는 역사 동양척식주식회사였다. 동척은 청미면 진압리, 대서리, 송산리 등에 걸쳐 52필지에 3만 4047평을 소유하였다.

85) 청미면 오남리에 거주하는 야마우치 헤이스케(山內平助)로서 7필지에 3720평을

그러면 1910년대 초반 경기도 소재 지역에 대한 일본인 농사 경영 상황을 보다 구체적으로 살펴보기로 하자.

<표 34> 경기도 소재 일본인 농사경영 상황(1911~1916)

연도	농업		소유지 면적(단)						비중(%)	
	경영자	투자금액	답	전	산림	원야	기타	계	경영자수 증가	투자금액 증가
1911	188	1,054,878	16,216	9,375	25,853	2,674	3,882	58,000	100	100.0
1912	597	1,830,641	22,143	15,511	18,407	7,792	1,439	65,292	317.6	173.5
1913	742	2,288,227	37,438	19,877	24,290	8,954	6,916	97,475	394.7	216.9
1914	901	2,263,914	35,219	25,446	26,570	11,268	6,975	105,478	479.3	214.6
1915	936	2,652,657	40,100	31,199	29,870	10,954	10,507	122,630	497.9	251.5
1916	1,297	2,982,008	81,972	94,113	20,291	10,486	7,602	214,464	689.9	282.7

위의 표는 1911년부터 1916년까지 6년 동안 일본인 농사경영 상황의 확대 경향을 보여준다.[86] 앞서 1912년 현재 경기도 소재 일본인 소유자와는 현저하게 다른 통계이며, 실제 농사경영자를 중심으로 한 통계이다.[87]

우선 1911년 현재 농업경영자는 모두 188명이었으나 이후 매년 300%이상으로 확대되어 1912년에 597명, 1913년에 742명 등으로 급증하더니 1916년에는 1,297명에 이르렀다. 이들의 소유지의 면적도 크게 늘어나 답의 면적의 경우 1911년 현재 16,216단보에서 1916년에는 81,972단보로 증가하였고, 전의 면적은 9,375단보에서 94,113단보로 크게 증가하였다.

소유하고 있었다. 그다음은 오자와 기요시(小澤淸), 오하시 마사키치(大橋政吉), 마쓰나가 하치조(益永八藏), 스에키 호타로(居樹保太郎), 스즈키 야마토(鈴木倭), 사토 마사치카(佐藤正親) 등의 순이었다. 이들이 소유한 토지는 79필지에 4만 5132평으로서 청미면의 전체 토지 가운데 필지수로는 0.9%이고 면적으로는 6.2%에 불과했다.

86) 『경기도 통계연보』 1911~1916 각년도판 <내지인농사경영상황> 표 참조.

87) 앞서 통계와는 일본인 토지소유자 인원과 면적에서 큰 차이를 보인다. 각 통계상의 차이는 본 표에서는 실제 농사를 경영하는 자를 대상으로 조사한 것으로 앞서 토지소유자 일반과는 차이가 있다. 1912년을 기준으로 보면, 지주 숫자에서도 3,420명과 597명이 다르며, 전체 면적도 2,902만평과 1,958만평(65,292단보)의 차이가 있다.

특히 답의 면적 증가에 비해서 비약적으로 전의 면적이 늘어남을 볼 수 있다. 전체 토지의 면적도 5만 8천 단보에서 21만 4,464단보로 확대되어 평수로 환산하면 6,433만평으로 증가한 것이다. 이러한 일본인 농업경영자, 특히 대지주의 확대는 토지조사사업이 진행되면 될수록, 해가 가면 갈수록 기하급수적으로 증가하는 경향을 보인다.

4. 토지조사사업 이후 지주제의 확대와 농촌경제의 변화

1910년대 토지조사사업을 전후한 시기 경기도 농촌지역의 지주·소작농민층의 변화는 급격하게 변화를 겪고 있었다. 이러한 상황은 토지조사사업시 토지소유권의 법인과 일본인 토지소유 확대라는 목표를 성취하였을 뿐만 아니라 식민지 지주제의 강화라는 정책 추이로 살펴볼 수 있다.

우선 조선총독부가 1910년대 각 년도에 조사한 경기도 농촌사정조사를 검토할 수 있다. 그 중에서 1914년과 1917년 2차례에 걸쳐 나타난 경기도 각 군의 지주와 농민층 분화 양상을 비교하여 보기로 하자.[88] 이 통계표의 구분은 지주, 자작, 소작, 자소작 등으로 나뉘어져 있다.

<표 35> 경기도 지주 농민층 분화 양상(1914)

구분 / 지역명		농가 호수					농가 비중(%)			
		지주	자작	소작	자소작	합계	지주	자작	소작	자소작
1	경성부	2,510	217	570	119	3,416	73.5	6.4	16.7	3.5
2	인천부	11	3	44	11	69	15.9	4.3	63.8	15.9
3	고양군	210	1,613	6,211	4,530	12,564	1.7	12.8	49.4	36.1
4	광주군	452	1,540	5,471	6,543	14,006	3.2	11.0	39.1	46.7
5	양주군	2,218	1,829	7,487	4,380	15,914	13.9	11.5	47.0	27.5

88) 관련자료는 『조선총독부 통계년도』 중 경기도 통계 각년도판 중 1914년도와 1917년도를 뽑은 것이다. 그런데 1914년 양주군, 용인군 지주의 숫자는 지나치게 많은 것으로 보인다.

6	연천군	395	1,947	4,574	5,274	12,190	3.2	16.0	37.5	43.3
7	포천군	416	1,502	4,375	4,610	10,903	3.8	13.8	40.1	42.3
8	가평군	75	1,303	2,831	1,209	5,418	1.4	24.0	52.3	22.3
9	양평군	54	4,167	2,888	5,276	12,385	0.4	33.6	23.3	42.6
10	여주군	73	797	5,565	3,675	10,110	0.7	7.9	55.0	36.4
11	이천군	53	618	4,552	4,283	9,506	0.6	6.5	47.9	45.1
12	용인군	1,765	1,007	5,362	4,663	12,797	13.8	7.9	41.9	36.4
13	안성군	98	985	5,520	4,463	11,066	0.9	8.9	49.9	40.3
14	진위군	60	361	5,491	3,111	9,023	0.7	4.0	60.9	34.5
15	수원군	345	2,223	9,514	8,494	20,576	1.7	10.8	46.2	41.3
16	시흥군	213	757	4,782	3,342	9,094	2.3	8.3	52.6	36.7
17	부천군	180	2,321	4,670	4,886	12,057	1.5	19.3	38.7	40.5
18	김포군	86	575	5,119	1,970	7,750	1.1	7.4	66.1	25.4
19	강화군	593	1,414	4,043	5,012	11,062	5.4	12.8	36.5	45.3
20	파주군	156	409	4,264	3,623	8,452	1.8	4.8	50.4	42.9
21	장단군	369	1,176	5,183	4,092	10,820	3.4	10.9	47.9	37.8
22	개성군	638	813	10,492	3,306	15,249	4.2	5.3	68.8	21.7
	계	10,970	27,577	109,008	86,872	234,427	4.7	11.8	46.5	37.1

우선 1914년의 조사에 의하면, 지주수로는 경성부가 2,510명으로 가장 많으며, 다음이 양주군, 용인군 등으로 되어 있다.

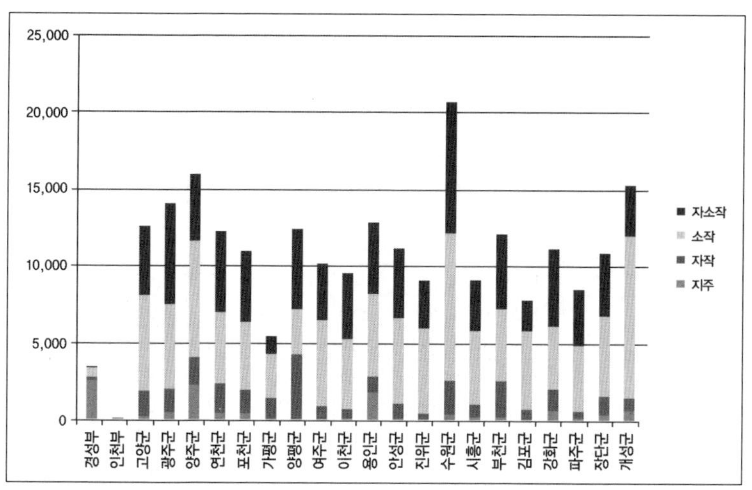

<그림 3> 경기도 지주 농민층 분화 양상(1914)

1914년 경기도 각 군별 지주, 자작, 소작, 자소작의 비율을 비교해 보면, 우선 수원에서 지주와 농민의 숫자가 가장 많아 2만 576명이었는데, 소작농이 가장 많은 46.2%를 차지하고 있었고, 그 다음이 자소작농, 자작, 지주의 순이었다. 소작농의 비중이 가장 높은 곳은 인원이 작은 인천을 제외하고 개성군(68.8%), 김포군(66.1%), 진위군(60.9%)의 순이었다. 자작농민의 비중이 높은 곳은 양평군(33.6%), 가평군(24.0%), 연천군(16.0%) 순이었다. 자소작 농민은 광주군(46.7%), 연천군(43.3%), 파주군(42.9%)의 순이었다.

<표 36> 경기도 지주 농민층 분화 양상(1917)

지역명 \ 구분		농가호수					농가 비중(%)			
		지주	자작	소작	자소작	합계	지주 비율	자작	소작	자소작
1	경성부	2,515	197	479	113	3,304	76.1	6.0	14.5	3.4
2	인천부	7	3	67	11	88	8.0	3.4	76.1	12.5
3	고양군	296	576	8,850	4,254	13,976	2.1	4.1	63.3	30.4
4	광주군	455	1,565	6,497	7,056	15,573	2.9	10.0	41.7	45.3
5	양주군	437	2,375	8,463	6,495	17,770	2.5	13.4	47.6	36.6
6	연천군	254	2,712	5,139	4,147	12,252	2.1	22.1	41.9	33.8
7	포천군	403	842	4,526	5,367	11,138	3.6	7.6	40.6	48.2
8	가평군	215	1,002	2,976	1,620	5,813	3.7	17.2	51.2	27.9
9	양평군	328	3,036	4,134	5,205	12,703	2.6	23.9	32.5	41.0
10	여주군	182	662	6,150	3,693	10,687	1.7	6.2	57.5	34.6
11	이천군	348	476	4,847	3,843	9,514	3.7	5.0	50.9	40.4
12	용인군	37	872	6,908	5,442	13,259	0.3	6.6	52.1	41.0
13	안성군	271	479	6,936	3,609	11,295	2.4	4.2	61.4	32.0
14	진위군	173	365	4,333	4,751	9,622	1.8	3.8	45.0	49.4
15	수원군	272	1,608	10,478	9,959	22,317	1.2	7.2	47.0	44.6
16	시흥군	792	1,369	4,296	3,782	10,239	7.7	13.4	42.0	36.9
17	부천군	307	1,260	4,261	4,886	10,714	2.9	11.8	39.8	45.6
18	김포군	252	440	4,302	3,316	8,310	3.0	5.3	51.8	39.9
19	강화군	499	1,643	3,758	5,418	11,318	4.4	14.5	33.2	47.9
20	파주군	228	390	3,029	5,291	8,938	2.6	4.4	33.9	59.2
21	장단군	370	1,824	5,298	3,703	11,195	3.3	16.3	47.3	33.1
22	개성군	743	743	10,465	3,281	15,232	4.9	4.9	68.7	21.5
	합계	9,384	24,439	116,192	95,242	245,257	3.8	10.0	47.4	38.8

그런데 1917년에는 지주수가 많은 곳은 경성에 이어 시흥군, 개성군, 광주군 순으로 되어 있다.[89] 각 군별 지주, 자작, 소작, 자소작의 비율을 살펴보면, 우선 수원에서 지주와 농민의 숫자가 가장 많아 2만 2,317명이었는데, 소작농의 비율은 47.0%였으며, 그 다음이 자소작농, 자작, 지주의 순이었다. 1914년에 비해 약간의 수치 변동이 있었다. 경기도 전체에서 소작농의 비중이 가장 높은 곳은 인원이 작은 인천을 제외하고 개성군(68.7%), 고양군(63.3%), 안성군(61.4%)의 순이었다. 자작 농민의 비중이 높은 곳은 양평군(23.9%), 연천군(22.1%), 장단군(16.3%) 순이었다. 자소작 농민은 진위군(49.4%), 포천군(48.2%), 광주군(45.3%)의 순이었다.

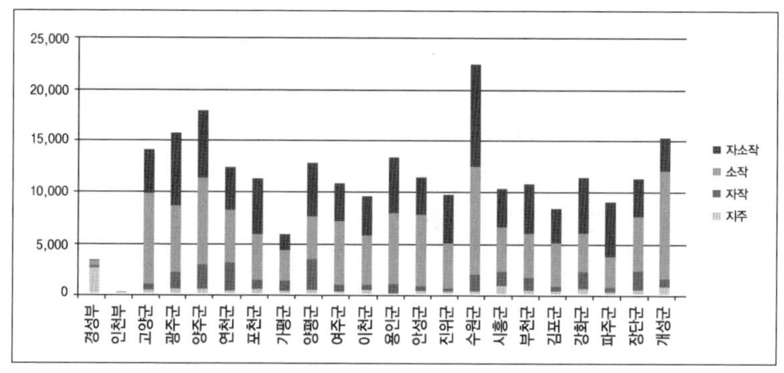

<그림 4> 경기도 지주 농민층 분화 양상(1917)

앞서 1914년과 크게 달라진 군은 진위군으로 지주 0.7%, 자작 4.0%, 소작의 비중이 60.9%이고, 자소작이 34.5%였는데 비하여 지주의 수가 60명에서 173명으로 늘고, 소작농이 줄어드는 대신 자소작농이 늘어 비율이 변동하였다. 지주와 자작이 1.8%와 3.8%, 그리고 소작이 45.0%, 자소작이 49.4%로 크게 늘어났다. 지주가 늘고, 자소작농이 느는 특이한 경우이다. 한편 소작농민의 비중이 높아진 곳은 고양군, 안성군이었으며 반대로

89) 양주와 용인군의 통계는 도리어 명확하지 않은 것으로 보인다.

소작농민의 비중이 크게 낮아진 곳은 진위군과 김포군, 파주군 등지였다. 경기도 전체 군을 대상으로 소작과 자소작의 비중이 늘어난 곳은 인천, 고양, 광주, 양주를 비롯하여 13개 지역이며, 소작과 자소작의 비중이 줄어든 곳은 경성, 연천, 이천을 비롯하여 9개 지역이었다. 1914년부터 1917년까지 3년간 지주와 농민층의 분화는 크게 변동되었다가 1910년대 중반에서 점진적인 변화를 보이고 있다는 것을 알 수 있다.90)

전체적으로는 그림과 같이 경기도 지역에서는 지주수와 소작 농민의 분포 변화가 보였다. 지주와 자작농민의 수가 줄어드는 대신 소작과 자소작 농민이 점차 많아지고 있는 경향을 볼 수 있다.

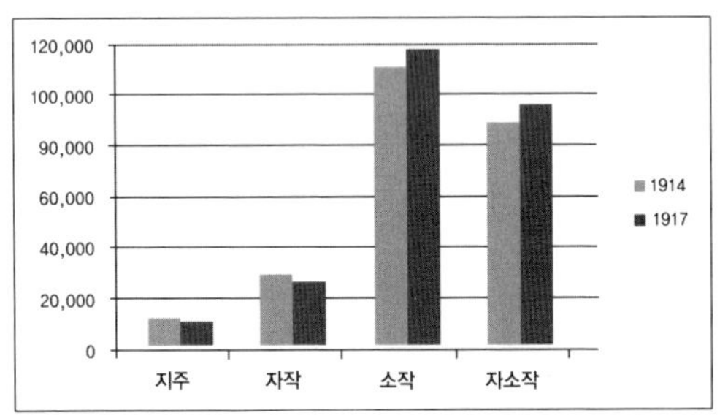

<그림 5> 경기도 지역 지주와 소작층의 변화

다음으로 1920년대 경기도에서 조사한 지주와 농민층 분화에 관한 자료를 살펴보자.91)

1920년 말 조사통계에서는 부재지주를 뜻하는 지주(갑)과 자작, 혹은 경영지주를 뜻하는 지주(을)로 나누고, 자작, 자작겸 소작, 소작농으로 나누어

90) 본 통계 수치의 한계는 1910년대 초반과 중반에 경기도 각지역 토지조사 시기의 차이가 나고 있다는 점과 경성부 거주 부재지주의 토지경영이 각지에서 어떻게 되고 있는가를 정확하게 산정하지는 못했기 때문으로 보인다(『조선총독부 통계년도』(1914, 1917) 참조).

91) 1910~20년대 지주제의 동향과 농민층 분해의 추계에 대해서 우대형은 <표 2-1>의 분석에서 1913년과 1923년 경지면적, 농가호수 그리고 호당 경지면적의 변화에서 10년간 총 농가호수는 증가하였으나 경작 농가호수는 감소하여, 호당 경작면적은 2% 정도 줄었으나 경작농가 기준으로는 증가하였으며, 경영규모를 확대하는 상층농이 존재하고, 경작에서 배제되는 농가가 늘어나 0.3정보 이하 계층과 3.0정보 이상의 계층은 증가한 반면, 1~3정보 중간계층은 감소하였다고 하였다(우대형, 2001, 『한국근대농업사의 구조』, 한국연구원, 제2장 일제하 개량농법의 보급과 농민층 분해, 83~92쪽).

보다 구체적으로 파악하였다.[92)]

<표 37> 경기도 각 지역별 지주·농민의 농업경영(1920년 12월말 기준)

순서	지역	전업	겸업	지주(갑)	지주(을)	자작	자작겸소작	소작	총수	1917년 농가수
1	경성부	752	2,089	2,020	140	141	156	384	2,841	3,304
2	인천부	135	72	1	9	18	38	141	207	88
3	고양군	8,516	3,771	182	224	422	3,225	8,234	12,287	13,976
4	광주군	12,787	1,816	40	331	1,554	5,532	7,146	14,603	15,573
5	양주군	15,194	2,552	129	416	1,851	6,228	9,122	17,746	17,770
6	연천군	9,694	2,461	109	739	1,767	4,416	5,124	12,155	12,252
7	포천군	8,544	2,212	198	572	1,327	4,508	4,151	10,756	11,138
8	가평군	5,179	239	36	195	501	1,342	3,344	5,418	5,813
9	양평군	10,862	1,546	80	492	1,683	4,051	6,102	12,408	12,703
10	여주군	10,491	922	26	229	1,145	4,715	5,298	11,413	10,687
11	이천군	8,693	1,151	45	256	528	3,553	5,462	9,844	9,514
12	용인군	12,161	1,363	40	186	785	5,246	7,267	13,524	13,259
13	안성군	10,715	1,752	67	278	501	3,472	8,145	12,463	11,295
14	진위군	9,432	1,133	19	213	322	5,107	4,904	10,565	9,622
15	수원군	18,995	3,513	288	623	1,716	8,201	11,679	22,507	22,317
16	시흥군	9,007	1,237	39	791	1,183	4,296	3,935	10,244	10,239
17	부천군	7,645	3,084	69	301	880	4,458	5,021	10,729	10,714
18	김포군	7,371	710	29	273	445	3,272	4,061	8,080	8,310
19	강화군	9,174	1,648	155	650	1,167	3,792	5,058	10,822	11,318
20	파주군	8,241	509	42	259	349	1,976	6,124	8,750	8,938
21	장단군	10,983	501	127	293	1,676	3,702	5,686	11,484	11,195
22	개성군	13,204	1,773	147	670	457	3,461	10,305	15,040	15,232
	계	207,775	36,054	3,888	8,140	20,418	84,747	126,693	243,886	245,257

경기도 각 군별 지주의 분포는 우선 지주(갑)의 경우 경성부와 수원군, 포천군, 고양군, 강화군, 개성군, 장단군, 양주군 등의 순이며, 지주(을)은 시흥군, 개성군, 강화군, 수원군, 양평군 등의 순이었다. 이들 지역에서는 지주의 숫자가 비교적 많은 곳이므로 소작인의 숫자가 많았다. 자소작농의 경우 수원군과 양주군, 용인군 등이 많았으나 순소작농은 수원군, 개성군, 양주군, 고양군 등지로 역시 지주의 숫자와 상관관계가 있었다.

92) 조선총독부 경기도 편찬, 1922, 『京畿道事情要覽』, 184~188쪽.

이러한 경기도 지역 지주와 농민층의 분화현상은 사실 일본인 대지주의 농업투자와 농장 등의 확대에 큰 영향을 받고 있었다.

<표 38> 1만엔 이상 농업투자 일본인 농사경영 상황(1911~1915)

연도	토지		토지현황						자작		소작		생산고
	경영자	투자금액	전	답	산림	원야	기타	계	답	전	답	전	
1911	16	902,129	6,154	13,562	24,452	0	3,875	48,043	39	877	13,231	5,254	67,030
1912	25	1,299,903	10,357	18,660	14,425	6,207	837	50,486	229	1,740	18,431	8,617	207,295
1913	30	1,656,733	10,451	28,930	22,887	6,373	5,776	74,417	220	2,318	28,710	8,133	184,772
1914	40	1,717,231	13,049	27,049	22,997	6,458	5,489	75,042	357	2,211	26,692	10,838	181,325
1915	47	1,789,744	14,037	31,187	26,767	6,503	5,701	84,195	412	2,589	30,775	11,448	205,933

1만 엔 이상을 투자한 일본인의 숫자는 1911년 16명에서 1915년 47명으로 늘어났다. 이들의 투자액도 90만 엔에서 178만 엔 정도로 2배 정도 크게 늘어났으며 토지도 역시 4만 8천 단보에서 8만 4천 단보로 크게 늘었다. 또한 대규모 농업 투자 일본인의 농업경영 상황에서 주목되는 것은 자소작의 비중이다. 자작지는 답 39단보에서 412단보로 전 877단보에서 2,589단보로 늘었지만, 소작지는 답 1만 3,231단보에서 3만 775단보로 전 5,254단보에서 1만 1,448단보로 크게 늘었다. 이를테면 자작지는 답과 전을 합하면 1915년 현재 자작지 3,001단보와 소작지 4만 2,223단보로 추산되므로, 1만엔 이상 토지소유자의 토지경영 비중은 자작지가 6.6%에 불과하고 소작지가 93.4%로 대부분을 차지했다고 하겠다. 그만큼 조선인 토지소유자들이 자작농 내지 자소작농들이 소작농으로 전락하는 상황을 부채질한 것으로 보인다.

또한 1920년 현재 경기도 농촌사회 사정을 보여주는 자료에서는 경기도 각 지역에 재지지주들이 어느 정도 규모로 토지를 집적하고 있는 지를 보여준다.93)

93) 『경기도 사정요람』(1922). 경기도의 농업자수는 1920년 12월말 기준이다. 합계는 원문과 차이가 있는 것은 수정하여 고친 것이다.

<표 39> 경기도 각 군별 재지지주의 토지소유 현황(1920년말)

부군명	5반 미만	5반 이상	1정 이상	3정 이상	5정 이상	10정 이상	50정 이상	100정 이상	합계
경성부	936	51	29	4	2	1	1	0	1,024
인천부	79	10	11	4	2	0	0	0	106
고양군	6,836	1,283	853	371	264	157	13	6	9,783
광주군	8,493	3,082	3,151	723	444	176	14	3	16,086
양주군	7,912	3,649	732	621	407	217	14	7	13,559
연천군	2,789	2,199	3,159	1,809	917	151	20	7	11,051
포천군	3,552	2,100	3,027	777	482	168	9	1	10,116
가평군	1,761	998	1,247	255	149	76	1	0	4,487
양평군	5,610	2,798	3,433	570	272	125	9	2	12,819
여주군	4,693	2,148	2,312	591	398	184	17	4	10,347
이천군	5,630	2,279	2,255	642	3	187	14	8	11,018
용인군	6,808	2,502	1,909	521	345	199	15	8	12,307
안성군	4,842	1,512	1,449	376	220	111	9	3	8,522
진위군	4,758	1,963	1,930	491	341	273	25	12	9,793
수원군	12,926	4,330	4,345	805	502	348	24	10	23,290
시흥군	3,643	1,267	1,305	337	223	117	3	10	6,905
부천군	5,600	1,923	1,816	433	371	111	5	0	10,259
김포군	2,996	1,341	1,092	512	256	187	11	2	6,397
강화군	7,035	2,268	2,445	522	256	107	4	7	12,644
파주군	3,123	1,661	1,644	532	316	193	12	5	7,486
장단군	2,375	1,425	1,746	530	276	74	1	0	6,427
개성군	9,507	1,695	1,588	330	186	283	23	5	13,617
계	111,896	32,479	41,490	11,756	6,632	3,443	244	100	208,040

이 표 중에서 경기도 용인지역의 경우에는 전체 지주 12,307명 중에서 1정보 미만은 9,310명으로 전체 인원의 75.6%로 다수를 차지하고 있었으며, 1정보 이상 3정보 미만의 경우에는 1,909명이었고, 3정보 이상 5정보 미만의 지주는 521명이었고, 5정보 이상 10정보 미만의 지주는 345명, 10정보 이상의 경우는 199명, 그리고 50정보 이상은 15명, 100정보 이상은 8명이었다.[94] 용인지역은 이웃한 이천의 경우에도 10정보 이상의 대지주

94) 경기도 내무부 사회과, 1924, 『경기도농촌사회사정』 95~96쪽.

의 숫자가 거의 비슷하게 나타날 정도로 거의 같은 수준으로 지주제가 발전하고 있다.95)

<표 40> 경기도 4개 군 지주 농민층 분화 상황 I (1923년말)

구분 / 부군명	지주					자작농					궁민
	20정보~	5~20정보	1~5정보	1정보미만	계	3정보~	1~3정보	1정보미만	3단보미만	계	
이천군	48	104	118	56	326	179	250	234	204	867	503
용인군	24	53	66	38	181	128	224	370	276	998	789
수원군	91	202	206	258	757	252	653	924	558	2,387	442
시흥군	9	56	344	202	611	73	315	488	361	1,237	580
합계	172	415	734	554	1,875	632	1,442	2,016	1,399	5,489	2,314
비중(%)	0.3	0.8	1.3	1.0	3.4	1.2	2.6	3.7	2.6	10.0	4.2

<표 41> 경기도 4개 군 지주 농민층 분화 상황II(1923년말)

구분 / 부군명	자작겸소작					소작농					합계
	3정보~	1~3정보	1정보미만	3단보미만	계	3정보~	1~3정보	1정보미만	3단보미만	계	
이천군	745	763	678	758	2,944	923	1,798	2,244	888	5,853	10,493
용인군	314	1,217	2,055	1,569	5,155	269	1,349	3,210	1,482	6,310	13,433
수원군	821	1,692	2,105	1,762	6,380	863	2,026	4,380	3,985	11,254	21,220
시흥군	192	679	1,535	1,092	3,498	98	774	1,504	1,207	3,583	9,509
합계	2,072	4,351	6,373	5,181	17,977	2,153	5,947	11,338	7,562	27,000	54,655
비중(%)	3.8	8.0	11.7	9.5	32.9	3.9	10.9	20.7	13.8	49.4	100.0

<표 42> 경기도 4개 군 지주 농민층 분화 상황III (1923년 말)

	지주 농민 인원수						지주 농민 비중(%)				
	지주	자작	자소작	소작	궁민	합계	지주	자작	자소작	소작	궁민
이천군	326	867	2,944	5,853	503	10,493	3.1	8.3	28.1	55.8	4.8
용인군	181	998	5,155	6,310	789	13,433	1.3	7.4	38.4	47.0	5.9
수원군	757	2,387	6,380	11,254	442	21,220	3.6	11.2	30.1	53.0	2.1
시흥군	611	1,237	3,498	3,583	580	9,509	6.4	13.0	36.8	37.7	6.1
합계	1,875	5,489	17,977	27,000	2,314	54,655	3.4	10.0	32.9	49.4	4.2

위의 표는 1923년 말 당시 경기도 각 지역 농가의 농업경영방식의

95) 경기도 내무부 사회과, 1924, 『경기도농촌사회사정』, 95~96쪽.(통계수치의 오류가 있어 수정함.)

차이를 살핀 것이다. 먼저 지주와 자작농을 보여주는 표에서는 지주의 숫자는 이천군은 326명, 용인군은 181명, 수원군은 757명, 시흥군은 611명 등이었다. 이 중에서 20정보 이상의 대지주는 4개의 군에서 각기 28명, 24명, 91명, 9명 등이었다. 4지역의 지주 합계는 경기도 전체 농가의 4.1%보다 약간 작은 3.5%를 차지했다. 4지역의 자작농의 경우는 전체 농가의 10.2%, 자작겸소작농은 33.5%, 순소작농은 48.5%였으며, 그 외에 궁민은 4.3%였다. 특히 자작겸소작의 규모가 1정보 이하인 자가 20%를 넘고 있다는 점과 소작농의 경우도 1정보 미만의 경우가 35%를 넘고 있다는 것을 알 수 있다.

이러한 통계는 경기도 전체의 추이와 비슷한데, 위의 표에서 주목되는 것은 농민층 분화의 정도가 더욱 심화되고 있었다는 점이다. 토지소유에서 배제된 순소작농과 궁민이 전체 52%를 차지하고 있으며, 1정보 미만의 자작겸소작농과 소작농의 비중이 무려 60%를 넘어서고 있다는 것이다. 이러한 추이는 앞서 1910년대 통계보다는 지주가 약간 증가하고 있으며, 자작농이 증가하는 대신, 소작농과 궁민이 늘어나고 있음을 보여준다. 그만큼 1920년대 이후 일제하 농촌 현실은 일본의 조선 토지조사사업의 영향으로 지주의 토지소유권의 법인과 소유토지 집적이 확대되었으며, 이에 따라 지주제의 발전과 자작 및 자소작 농민층의 몰락이 가중되고 있었음을 확인할 수 있다.

5. 결론

일본은 1910년 8월 대한제국의 강제 병합 이전에 이미 전국적인 토지조사사업을 준비하고 있었다. 이는 이미 1906년 토지가옥증명규칙과 1908년 토지가옥소유권증명규칙 등을 통하여 제도적으로 일본인의 토지소유를 확대시키려는 조치에서도 알 수 있다. 또한 1908년 이후 제실유재산정리를 비롯하여 국유지조사 등 국유지에 대한 전면적인 조사에 착수했다. 이어 일본은 1910년 1월 이후 8개년에 걸쳐서 시행할 예정으로 전국적인 토지조사계획을 수립하였다. 1910년 3월 14일 「토지조사국관제」를 공포하면서 본격적인 토지조사사업의 실행을 준비하였다. 그렇지만 1910년 8월 마침내 일제는 한국을 식민지로 강점하자마자 본래 계획을 수정하여 실행에 옮겼다. 1910년 8월 22일 '한국병합조약'을 체결한 지 불과 하루만인 8월 23일 「토지조사법」을 공포하고, 토지조사의 구체적인 실행조건을 담고 있는 시행세칙을 공포하였다. 토지조사의 첫 대상지는 경기도와 경상북도였다.

일본의 조선 토지조사사업은 농민들의 제권리를 배제하고 지주의 배타적인 소유권을 확정하는 차원에서 추진하였다. 토지소유권의 조사는 준비조사, 일필지 조사, 분쟁지 조사라는 3단계로 진행되었다. 토지조사에서 가장 중요한 절차적인 단계는 토지신고서 작성과정이었다. 개별 토지의 지주는 토지신고서를 작성하여 지주총대를 통해 면에 제출하였다. 소유토지에 대한 지주의 신고주의는 절차 규정으로서 '토지신고심득'과 각종 준비조사 규정에 따라 신속하게 이루어졌다. 토지신고서에서는 소유자의 성명을 민적과 일치시키고 신고서와 토지신고의 내역을 일치하게 하는 등 엄밀하게 조사되었다. 이에 따라 토지신고서 이외에 결수연명부와 과세지견취도와의 대조 확인이 추가되었다. 결국 결수연명부를 수정 보완하고 과세지견취도를 새로 만들어야 했기 때문에 각 지역에서는 여러 착오가 일어났으며, 토지조사는 얼마간 순연될 수밖에 없었다.

경기도 지역의 토지조사는 1910년 8월 조사방침을 결정한 이래 서부→서남부→동북부 등으로 시행될 예정이었다. 구체적인 시행 사례를 검토하기 위해 경기도 4개 군에 걸친 7개 면 지역을 선정하여 토지신고서 제출의 추이를 살펴보았다.

경기도 서남부 지역은 1910~1911년에 걸쳐 이미 토지신고와 토지측량을 통해 실지조사를 마쳤다. 시행지역이 넓어 각기 차이가 많았는데, 시흥군 동면, 서이면 등 7개 지역은 1910년 9~12월 사이에 일찌감치 토지신고를 마쳤고, 안산군 월곡면 월암리의 경우에는 1910년 10월 15일에 거의 모든 토지신고를 마쳤다. 그리고 다음해 1월에는 토지측량도 완결하여 지적원도까지 작성하였다. 각 지역의 토지신고는 특히 1914년 지방제도의 개편에 따라 소속 면과 군의 변동이 있었다. 그럼에도 불구하고 서류적으로는 순차적으로 진행되었으며, 각 지역에서 대체로 토지신고서의 초기 제출기간 중 1~2개월 내에 대부분 신고를 마친 것으로 나타났다. 이렇게 토지신고가 순조롭게 진행된 것은 해당 지역의 토지소유자들이 총독부 임시토지조사국 당국의 방침에 따라 절차에 맞춰 성실하게 신고했기 때문이었다.

토지조사의 다음 단계는 일필지 조사였다. 각 면리별로 수집된 토지신고서에 기초하여 개별 필지에 대한 실지조사에 들어갔다. 그런데 일제는 다시 1912년 8월 「토지조사령」을 발포하면서 결수연명부와 과세지견취도를 만들어 토지신고서와 대조하는 작업을 벌여야했다. 1917년 5월 토지조사 당국이 경기도 지역 토지신고와 측량상황을 정리한 자료에 의하면, 1913년 2월 이전에는 토지신고서와 실지조사부, 개황도 등을 병행적으로 작성하며 조사가 이루어지고, 나중에 지적원도가 작성되었지만, 1913년 2월 이후에는 개황도 없이도 바로 현장에 나가 측량한 지적원도를 작성하였으므로 지적원도와 토지신고서, 실지조사부 등을 일치시켜 나가는 작업을 수행하였던 것을 알 수 있다. 이에 따라 1913년 이후 착수된 지역은 경기도 서북부와 도서지역이었다. 경기도 지역에는 전체적으로 토지신고 필수가 160만 8,022건이었고, 신고자수는 37만 704명에 이르렀다. 경기도 전체 42개 지역에서 광범위한 토지조사가 이루어지고 해당 토지의 소유자 등 이해관계자가 무려 37만명에 이르는 비교적 커다란 규모였음을 알 수 있다. 무신고필지는 전체 1,377필지로 극히 미미할 정도로 적었다. 이렇게 거의 모든 토지는 빠짐없이 신고되었다. 이렇게 된 이유는 토지소유자가 신고요령에 따라 성실하게 신고했다는 사실에 근거하여 적극적인 참여였다는 식으로 단순하게 평가될 수 있는 것은 아니었다. 실제 토지조사 당국은 결수연명부와 과세지견취도 등 별도의 토지관련 장부를 작성하고 이를 토지신고서와 대조시켰을 뿐만 아니라 신고하지 않는다면 국유지로 몰수할 수 있다는 협박을 토지소유자에게 강요했기 때문이라고 할 수 있다.

경기도 토지조사의 마지막 단계는 분쟁지 조사와 '사정(査定)' 단계였다. 여기에서는 사정 공시, 분쟁지신고, 재결, 재심 등의 절차로 진행되었다. 경기도 지역의 경우 1913년 6월 1일 인천부 거류지로부터 시작하여 12월 수원군, 개성군, 인천부, 경성부, 1914년 10월 시흥군, 김포군, 부천군, 강화군, 1915년 여주군, 수원군, 이천군 등지로 사정 결과를 공시하였다. 이후 1918년 8월 1일자로 부평군 도서 지역 등 모두 22개 지역에서 공시가 이루어졌다. 공시 열람 후 이의가 있을 경우 재결을 청구하고, 이후 재심을 처리하는 과정을 통하여 분쟁지를 조정했다. 그런데 이러한 토지소유권의 확정과정에는 토지소유자간의 분쟁이 재판을 통해 이루어지지 않고, 고등토지조사위원회에 의한 행정적 차원에서 재결 처분이 이루어진데 문제가 있었다. 더구나 재결 처리 이전에 각 군별로 화해 조정과 처리가 있었고, 이에 따라 많은 분쟁지들이 사전에 걸러지고 나서 고등토지조사위원회로 올라왔다.

이에 따라 고양 등 20개 경기도 지역 각 군의 재결 지목 및 필수는 총 267건에 740건에 불과했다. 전국적으로도 총 1,910만 7,520필지 중에서 3만 3,937건, 9만 9,445필지에 불과했다. 이렇게 경기도 지역의 토지신고 과정과 대조작업을 통해 1913년 6월부터 1918년 8월 1일까지 사정 공시가 이루어지고 분쟁지의 경우 화해와 재결로 처리되었다. 이후 경기도 지역 토지조사사업에서는 토지신고자의 '사정'이 확정되고 토지소유자의 소유권은 토지대장에 기재되어 마감되었다. 이렇게 복잡한 토지조사와 신고과정을 통해서 확정된 소유권은 배타적인 소유권으로 원시취득한 최초의 소유권자로서 합법성과 배타성을 동시에 부여받았던 것이다.

한편 1910년대 경기도 토지조사 관련 자료를 통하여 지주층의 분포와 변화를 경기도 4개 지구를 나누어 살펴보았다. 시흥군, 수원군, 용인군, 이천군 등에서 대개 2~3면단위로 토지소유자의 분포를 살펴보았다. 우선 1910년대 중반 토지조사부상에서 주목되는 것은 토지소유자의 분화 정도가 공통적인 현상을 보여준다는 것이다. 예컨대, 각 지구에서 0.2정보 미만의 농민 수는 대개 20~30%였지만, 이들이 소유한 토지의 규모는 1% 후반대에 그쳤으며, 5정보 이상의 경우 지주의 수는 각 지역에서 대체로 5%가 되지 않았지만, 전체 농지의 40%를 넘었다는 사실이다. 필지별로 보았을 때도 30필지 이상의 토지소유자의 합계는 각 지구에서 공통적인 특징이 나타났다. 각 지역에서는 33명(Ⅰ), 33명(Ⅱ), 28명(Ⅲ), 36명(Ⅳ)에 불과했지만, 면적의 비중상으로는 각각 47.4%, 29.6%, 35.1%, 39.4%로 대개 40%를 상회하고 있었다. 5정보 이상의 대지주와 0.2정보 미만 영세토지 소유자의 분포에서 상관관계는 5정보 이상의 토지소유면적이 많을수록 0.2정보 미만 소유자의 면적비중이 낮아지며, 또한 소유자의 인원수도 줄어든다는 것을 알 수 있다. 이들은 토지에서 배제되는 궁민, 소작농으로 전락하였음을 간접적으로 추론할 수 있었다.

또한 경기도 지역은 서울 경성과 연계되어 있는 지역이므로 경성에 거주하는 관료지주, 부재지주들이 경기도 일대에 토지를 갖고 있을 가능성이 높았다. 각 지구별로 부재지주, 특히 경성거주 부재지주의 현황을 보면 타도와 타군의 지주보다 월등하게 많았으며, 이들 부재지주가 소유한 토지가 전체에서 50~60%를 차지하고 있었다. 지역별로 토지소유의 분화가 면과 군의 경계를 넘어서고 있다는 점을 확인할 수 있었다. 더욱이 경성지주의 경우 각 지역에 10정보 이상의 대지주의 대다수를 차지하고 있었다는 사실과 아울러 아무리 작은 소유자라도 경성거주 지주들이 자신들의 토지를 빠짐없이 신고했다는 점을 알 수 있었다.

한편 1910년대 일제의 토지조사사업이 진행됨에 따라 일본인 지주들의 토지침탈이 본격화되기 시작하였다. 이에 경기도 일원에서도 점차 일본인 대지주들의 토지 투자가 이루어졌다. 1912년 현재 경기도 지역에는 일본인 3,420명이 진출해 있었으며, 이들이 매집한 토지 규모는 2,902만 1,359평이나 되었다. 정보로도 1만 정보에 가까웠으며, 가격도 1,471만 엔에 이르고 있었다. 일본인 토지소유자의 소속 지역이 가장 많은 곳은 역시 경성부였으며, 이어 인천부, 부평군, 수원군, 진위군 등지로 나타났다. 이들 중에는 특히 1만 엔 이상 투자한 일본인 지주, 자본가 등이 있었는데, 이들은 1915년 현재 경기도에만 47개 집단에 이르고 있었다. 그중에서 대표적인 자가 이와사키 히사야(岩崎久彌) 등이었다. 이들 일본인들의 토지투자 확대는 일본 당국의 정책적 권유와 조선 토지조사사업의 실시와 동반하여 부동산 증명과 등기제도를 활용하여 집중적으로 투자한 것 때문이었다.

이렇게 1910년대 일본 식민지하 농촌경제는 토지조사사업의 결과 지주의 토지소유가 확대되고, 경성대지주와 일본인 대지주가 경기도 일대 거의 모든 지역에서 자작, 자소작 농민층의 토지를 매입하는데 열을 올리고 있었다. 그 결과 1910년대 중반 지주와 자작, 소작, 자소작 농민층의 분해 경향은 더욱 확대되었다. 1914년 수원의 경우 지주와 농민을 합한 농민의 수가 2만 576명이었는데, 지주가 1.7%, 자작이 10.8%, 소작농이 46.2%, 자소작농이 41.3%였다. 이후 3년 후인 1917년에는 소작농과 자소작농의 비율이 약간 증가하는 수치를 보여주었지만, 9년 후인 1923년에는 지주는 3.6%로 증가했고, 자작은 11.2%로 비슷했지만, 자소작농이 30.1%로 줄고, 소작농이 53.0%로 증가하였다. 더구나 궁민도 2.1%나 파악되고 있었다. 이러한 추이는 다른 3개 군 지역인 이천, 용인, 시흥군 지역에서도 공통적으로 나타나는 현상이었다. 1910년대 지주와 농민간에 토지소유의 편차가 더욱 확대되고 있었다. 토지소유에서 배제된 순소작농과 궁민이 전체 52%를 차지하고 있으며, 1정보 미만의 자작겸소작농과 소작농의 비중이 무려 60%를 넘어서고 있었다. 이렇게 실제 각 계층별 토지소유와 토지경영 규모가 크게 영세화되고 있다는 점을 확인할 수 있었다.

이와 같이 1910년대 말 토지조사사업의 결과 지주제가 더욱 확대되어 감을 여러 가지 토지소유규모별, 지주와 농민층의 경영 변화 지표를 통해 알아보았다. 지주적 토지소유는 1900년대에 지주 소작관계의 진전과 함께 1910년대 토지조사사업으로 인하여 확대되었으며, 특히 일본인의 토지소유는 더욱 확대되고 지주적 토지소유권의 법인을 통하여 법제적으로나 행정적인 차원에서나 더욱 안정되고 탄력을 받았다. 따라서 이후 식민지 지주제의 확대는 농촌사회의 불안정과 지주 소작인의 갈등으로 치달아 결국 식민지 농업정책의 파탄을 가져오고 점차 밑으로부터 식민지 지배구조의 붕괴를 초래하고 있었다.

맺음말

본서는 19세기 조선 농촌사회에서 지주·농민들의 토지소유권 확립과 소유권 등재를 위한 노력이 조선말기 국가의 체제 내에서 어떻게 반영되며 제도적 변화를 일으켰는가를 살펴본 것이다. 주요 자료로서 18세기 말부터 20세기 초에 이르는 조선, 혹은 대한제국기 '양안(量案)'을 대상으로 하였다.

조선후기 사회에서는 18세기이래 양안의 등재기록 방식이 점차 변화하고, 19세기 중반에 이르러 토지의 도조(賭租)와 국가의 세금을 둘러싼 국가·지주·작인 3자간의 대립이 심화되었으므로 도조와 부세 부담의 편중이 심각한 경제문제로 대두되고 있었다. 이에 따라 국가나 지방에서 실시한 양전은 토지소유자뿐만 아니라 토지경영자로서 작인까지도 파악하려는 방식으로 변화하고 있었고, 이에 부응하여 대한제국의 광무양전사업에서는 토지경작자인 '시작(時作)'조사를 포함하고 있었다. 이에 반하여 일제의 조선토지조사사업에서는 이들 소작인의 제반 권리를 인정하지 않고 아예 조사의 사항에서 탈락시키고 작인의 권리를 배제함으로써 토지소유자인 지주만을 대상으로 토지조사사업과 소유권 법인을 시도한 것이었다. 이러한 양전사업과 양안의 등록 과정에서의 변화는 대한제국과 일제식민지를 구별하게 하는 근거이기도 하였다.

여기서 조선후기이래 '양안'이란 단지 소유자의 등재만을 대상으로 하고 있는 것이 아니라 경작자인 작인(作人)의 등록도 포함하고 있으므로 결국 양안에는 토지소유자로서 지주(地主)와 토지경작자로서의 작인이 공히 등재되는 것이다. 따라서 양안에 등재된 인물들과 그들의 토지 상황에 대한 기존의 연구에서는 단지 토지소유자들의 토지소유권 등재에만 초점을 맞추고 있으므로 본 연구에서는 이를 넘어서려는 연구방법을 취하려고 하였다. 따라서 본서에서는 조선농촌사회에서 토지소유와 경영을 둘러싼 두 축, 즉 지주와 작인의 양자에 입각하여 전개된 토지에 대한 권리를 둘러싼 대립 과정을 보려고 하였으며 이러한 갈등과 대립이 결국 한국 근대 토지제도의 형성의 특질이라는 점을 밝히려고 하였다.

우선 제1부에서는 '18~19세기 조선사회 양전의 실시와 등록 제도의 변화'를 다루려고 하였다. 제1장 「조선후기 양전방식의 변화와 토지소유권 등록의 변화」는 1791년 충청도 회인현 양안사례를 통해 분석한 논문이다.

조선후기 농촌사회에서는 토지의 소유와 경영뿐만 아니라 국가의 조세수취를 둘러싼 계층간의 대립이 심화되고 있었다. 1720년 경자양전 이후 영조·정조년간에 전국 각 지역에서는 양전사업이 계속해서 시행되고 있었다. 이 시기에 시행된 양전은 대체로 두 가지 형태로 이루어졌다. 하나는 결폐가 심한 지역을 대상으로 개량전(改量田)이었으며, 다른 하나는 진전을 조사하는 사진양전(査陳量田)을 실시하는 경우였다. 이에 대한 분석을 위해 당시 양전사례로서 1748년과 1759년에 실시된 전라도 고산현 진전양안과 1791년에 실시된 충청도 회인현 양안을 비교 검토하였다.

우선 경자양전 이후 18세기 중·후반 양전 방식의 변화와 양안 기재방식의 추이를 검토하였다. 이때 주목한 등재의 방식은 경자양안상의 기주(起主), 후일 양주(量主) 이외에 별도로 '시(時)'라는 표기였다. 당시 법전규정상으로는 '시'는 아직 본주가 나타나기 이전에, 혹은 본주로 확정되기 이전에 임시로 '잠정적인 소유자'로 규정하는 것이었지만, 18세기 말 당시 양전의 변화와 양안 등재 방식의 변화를 보여주는 것으로 보았다.

1791년에 시행된 충청도 회인현 양안에서 '시(時)'가 비로소 공식적인 기재방식으로 채택되었다. 회인현에 세거한 단양우씨, 영해박씨, 남양홍씨, 고령신씨의 가문 족보와 대조하여, 양안상의 시(時)가 현실의 소유자임을 확인하였다. 다른 일반농민층들도 자신의 이름을 '시'로서 토지대장인 양안에 등재시키고 있었다. 따라서 회인현 양안상에 등장하는 시(時)는, 사실상 시주(時主)를 가리키는 것으로 토지를 조사할 당시 현실적으로 존재한 토지소유자를 지칭하는 것이었다. 이것은 경자양안상에 '기주'로서 표기되는 것과는 달랐다. 회인현 양전은 이전 양전에서 조사한 토지소유자를 '구주(舊主)'로 규정하면서 새로이 토지소유권자인 '시주(時主)'를 확정하고 있다고 보았다. 18세기 중반이후에는 진기(陳起)와 상관없이 현실의 토지소유자로서 인정했다는 것으로 해석될 수 있다.

다음으로 2장에서는 「19세기 후반 충청도 온양군 동상면 양안과 지주·농민층의 추이」를 살펴보았다. 개항 이후 조선 농촌사회에서 일어난 농업경영관계의 변화와 농민층의 분화현상을 살펴보기 위해서는 개항이후 농촌사정을 알 수 있는 지역 양안의 실재를 찾아야했다. 그 중에서 1879년에 시행된 충청도 온양군 동상면(東上面)의 양안 사례를 검토하였다. 이 온양군 양안 자료는 개항 이전의 것과는 비교할 수 없지만, 1899년에 조사된 광무양전사업의 결과물인 「온양군 동상면 양안」과 비교할 수 있었다.

이 온양군 동상면 양안의 특이점은 1879년 양안과 1899년 광무양안을 직접 비교할 수 있다는 점이다. 즉, 토지소유자인 지주와 경작자인 작인이 동시에 등재되어 있었다. 이는 광무양전사업 이전에 작성된 양안 중 거의 유일한 경우가 아닌가 한다.

그런데 1879년 당시 양전은 매우 불철저해서 불과 40% 정도의 필지만을 대상으로 하는 사진양전이었다. 그럼에도 토지소유의 편중 현상은 극히 심하였는데, 25부 미만 영세토지소유자는 양안상 등록된 토지소유자수 204명 중에 118명으로 57.8%를 차지했지만, 실제 소유규모는 19%에 지나지 않았다. 반면 1결 이상의 토지소유자 10명은 전체 농지의 33.2%나 차지하고 있었다. 농업경영분화에서도 25부 미만의 농민 128명이 21.7%를 경영하는 정도에 불과했고, 1결 이상 농민 11명이 면내 농지 20.5%를 차지했다. '봉금(奉今)'으로 등록된 지주는 56필지를 가지고 6결 8부 1속의 토지를 소유한 대지주였다.

대한제국기 양안에서는 종전 양안에 비해 많은 토지를 파악하고 있었는데, 25부 미만 토지소유자층 381명이 전체 인원 589명의 64.7%에 이르렀지만, 토지소유 전체 실적의 17.8%, 결수의 14.7%에 지나지 않았으며, 2결 이상의 지주층은 22명으로 실적수의 35.4%, 결부수 39.1%를 차지하고 있었다. 농업경영의 측면에서도 25부 미만 농민 128명이 경영 면적으로 19.8%에 불과했고, 1결 이상 2결 미만 농민은 11명으로 전체 결부의 23.7%를 차지하고 있었음을 알 수 있다. 결국 1879년에서 20년 지난 19세기 말 농촌 현실에서는 다수 농민이 영세빈농으로 전락하고 있으며, 대지주들은 토지의 집적을 통해 소유토지의 확대, 소작지 확대, 소작농민들의 증가와 통제를 진행시키고 있었음을 알 수 있었다.

따라서 18세기 말 충청도 회인현 양안에서 경자양안 이후 토지소유권 의식의 성장을 반영하는 가운데, 현실의 소유자명인 시주명을 등재시켰다면, 19세기 후반 온양군 양안에서는 소유자뿐만 아니라 경영자인 작인의 등록도 함께 이루어졌으며, 이후 대한제국시기 광무양전·지계사업에서는 현실의 토지소유자를 지칭하는 '시주(時主)'와 더불어 '시작(時作)'의 용어가 정식으로 양안상에 등재되는 과정이었음을 확인할 수 있었다. 이는 조선후기에 전개된 현실의 토지소유자의 권리가 점차 강화되는 추세에 있었음을 반영하는 것이었으며, 동시에 현실 농업경영자인 작인의 권리도 함께 성장하고 있었음을 의미하는 것이었다.

제3장에서는 「19세기말 호남지역 지주제의 확대와 토지문제」를 살펴보았다. 이 논문은 19세기 후반기에 지주제의 변화와 농민층의 대응을 살펴보기 위한 것으로 전라도 명례궁장토의 설치와 농민층의 동향을 사례로 하였다.

이 시기 지주층의 토지집적은 양반토호나 서민지주에게서도 일어나고 있었고 또한 봉건권력을 배경으로 왕실에 의해 추진되고 있었다. 명례궁은 1886년과 1891년 사이 5년간 집중적으로 토지를 매득하거나 개간에 의하여 거대한 장토를 설치하고 있었다. 여기에 명례궁이 정상적인 매득이라기보다는 일반 민전을 불법적으로 소유권을 빼앗아 소유권분쟁을 발생시켰던 흥덕군 일대의 궁장토에 대해 살펴보았다.

이 장토는 1888년에 흥덕, 고부, 무장, 고장, 부안 등 5개 군현에 걸쳐서 설치되었는데, 원래 이 지방의 토호인 진기섭(陳基燮)이 소유하던 토지가 대부분이었으며, 그가 기존의 자기소유토지를 매매의 형식으로 명례궁에 원납했다. 토지의 대부분은 다른 지주나 농민에게 이미 방매된 상태였으므로 결국 명례궁에서 일반민전을 침탈하면서 장토에 포함시켰기 때문에 장토설치과정에서 토지규모는 더욱 확대되어 무려 5,300여 두락으로 결부로는 226결여(結餘)나 되었다.

명례궁은 1888년 설치 직후 장토의 관리를 강화하기 시작하여 점차 도조 인상을 통해 지대 수입의 확대를 꾀하고 있었다. 명례궁의 장토설치와 지주경영은 영세소농·빈농들의 경제적 형편을 더욱 악화시키고 있었다. 농민들은 명례궁에 대한 항조투쟁과 부세의 가혹한 수탈에 반대하면서 민란을 일으켰다. 이곳 흥덕 일대 5개 군의 명례궁장토 문제는 1891년 전라도 북부 일대 7개 군의 민전수도와 결합되면서 1894년 농민전쟁시 이 지역 최대의 토지문제로 대두되었다. 이때 농민들은 토지소유권의 확립과 농업경영의 안정을 위협하는 국가와 궁방의 제침탈을 방지하려고 하였다. 그렇지만 농민전쟁에서 농민들의 요구는 2차 봉기의 실패로 인하여 받아들여지지 않았고, 이어진 1898년 영학당 운동에서도 계속 주장될 수밖에 없었다.

한편 당시 장토내의 농민층 분화는 하층농의 확대가 크게 일어났고, 상대적으로 상층농도 증가하였는데, 이는 상층농들이 장토내의 영세소농과 빈농층들을 축출하면서 경영 확대를 꾀했기 때문으로 보았다. 이러한 하층농과 상층농이 농업경영의 확대를 둘러싼 대립이 농민전쟁이후에도 크게 심화되었다는 것을 명례궁의 양안 및 소작 관련 자료를 통해 파악할 수 있었다.

다음으로 제2부에서는 '대한제국기 광무양전사업과 지주·농민의 변화'를 검토하였다. 우선 제4장 「대한제국기 양전·지계사업 연구와 양안 자료의 활용」에서는 현재 광무양전·지계사업의 연구사와 더불어 자료의 소장 현황과 자료 연구를 살펴보았다. 기존의 연구에서는 대한제국의 토지조사사업의 전개과정과 양안의 기재양식의 성격에 대한 논란을 초점으로 하였을 뿐이었다. 토지소유의 실태와 농민층의 분화양상에 대한 기초적인 자료 현황분석이 부족하였다.

1898년부터 1904년까지 7년여 동안 추진한 광무양전·지계사업은 근대적인 토지제도와 지세제도를 수립하고자 하는 목표아래 전국가적인 차원에서 추진되었다. 이 사업은 양지아문이 주도한 양전사업과 지계아문의 양전·관계발급사업으로 전개되었다. 대한제국의 양전사업은 무엇보다도 '토지소유권의 법인'이라는 측면에 중점을 두고 있었고, 주관부서가 양지아문에서 지계아문으로 옮겨간 것도, 결국 대한제국이라는 근대국가의 이름으로 발급하고자 했던 관계 발급사업을 목표로 하고 있었다. 이 관계 발급사업은 양전사업을 통해 개별 토지와 소유자를 조사하고, 기존에 관행으로 쓰였던 매매문기 등을 제출하여 이를 대조하여 최종적으로 토지소유권자를 확정하는 과정을 거쳤다. 이 사업은 주도면밀하게 양전사업과 결합되지는 않았으나 적어도 사적 토지소유자에 대한 근대적 법인을 목표로 한 것임은 분명했다.

이러한 대한제국의 양전·지계사업에 대한 연구는 이미 1960년대에 시작되었으나 1980년대 들어 여러 논자들의 비판이 가세되면서 크게 논쟁화되었다. 주요 쟁점은 기존 양안 연구에서 소홀하게 다루어진 '기주=농가세대설'에 대한 부정적 연구였다. 이 연구에서는 양안상에 기록된 시주가 이후 토지대장, 광무호적, 족보 등을 비교했을 때 서로 일치되지 않고, 광범위하게 분록, 대록 현상이 확인됨으로써 더 이상 분석적인 양안 연구가 불가능하다는 점을 지적하였다. 따라서 광무양전·지계사업은 토지소유권 조사측면에서 추진주체가 의도했을지는 모르겠지만, 근대법적인 소유권 확정과 관리체계를 결여하고 있었기 때문에 양전사업이 그 자체로 실패할 수밖에 없다고 결론지었다.

이러한 반론으로는 1990년대 중반 한국역사연구회 토지대장연구반의 공동 연구가 있었다. 대한제국기 양전사업은 전통적 조선국가의 양전사업을 이어받으면서도 근대적인 토지조사사업을 지향하고 있었으며, 실제 각지에서 실지측량과 토지소유권자의 확인이 이루어졌다는 점에서 대한제국의 근대적 토지제도의 수립과정이었다고 설명하였다. 결국 관계발급을 통해 취득한 소유권은 어떤 이유로도 취소할 수 없는 일지일주의 배타적 소유권으로서 이른바 토지조사사업 시기에 '원시취득'한 소유권과 동일하게 규정될 수 있다고 결론지었다. 물론 이러한 관계발급은 제3자 대항권을 가진 등기제도에 기반한 것이 아니라 국가가 토지소유자에게 증명해 주는 증명제도의 틀 속에서 운영되었다.

대한제국시기 양전·지계사업이 일제의 조선토지조사사업과 대비되는 점은 기본적으로 일본인 등 외국인의 토지소유를 허용하지 않았으며, 소작농의 제권리를 일정하게 보호하려는 정책을 취했던 것이었다. 이로 인하여 대한제국의 토지개혁정책이 본래 의도한 바대로 근대적 토지소유제도의 확립과 외국인의 토지침탈 방지정책을 수행되었다면, 최종적으로 한국의 주체적인 근대화를 위해 토지제도의 개혁사업을 완수하려고 하였을 것이라는 점을 재확인하였다.

다음으로 제5장에서는 「경기도 지역 광무양전사업의 추진과 농민층 분화」를 다루었다.

본래 이 장에서는 대한제국 광무양전사업의 시행과정과 그 성과를 종합적으로 다루려고 하였으나 전국적인 양상을 다루기에는 아직 충분한 분석사례를 축적하기 어려우므로 사업의 시행과 결과를 핵심적으로 다룰 수 있는 경기도 도단위의 지역 사례를 검토하는데 그쳤다.

1899년 말부터 경기도 일원에서 시행된 광무양전사업은 그동안 토지를 둘러싼 적폐를 해결하고 국가 수세지의 확대와 지세 부관의 합리화를 위해 시행되었다. 충청도 아산에서의 시험 양전에 이어 두 번째로 시행된 지역으로 용인과 수원군의 양전시행에 주목했다. 이때 양전을 담당한 관리로는 경기도 양무감리 이종대를 중심으로 양무위원과 학원 등 수백 명을 동원하여 각종 지목의 토지측량과 소유자 및 경작자 파악에 나섰던 것으로 보았다. 이에 따라 각 군 각 면별로 하나하나씩 조사의 성과가 모아졌고, 이를 중초본과 정서본 양안으로 정리하였으며, 각 군별로 조사된 양전의 성과는 기존의 조세장부 등과 대비하여 정리되었다.

그리고 경기도 각 지역 양안상에 나타난 토지소유자와 경작자의 분화 상황을 살펴보았다. 여기에서는 비록 전체 군을 대상으로 하지 않았으나 대상지역으로는 경기도 양지군 4개 면 지역, 광주군 3개 면, 그리고 이천 백면, 사면 2개 면 등 3개 군 8개 면이었다. 각 면의 조사상황에서 주목되는 것은 양지군 4개 면의 경우 0.2정보 미만 인원은 모두 645명이었고, 광주부 3개 면은 483명이었다. 이들의 전체 농민의 비중은 각기 41.2%와 32.1%였다. 또한 이천군 백면의 경우 0.2정보 미만 인원은 261명으로 백면 전체 농민 중에서 38.2%이고, 사면의 경우에는 393명으로 43.4%나 되었다. 따라서 해당 지역에서 0.2정보 미만을 소유한 농민은 대개 32.1~43.4% 정도에 위치하고 있었다. 반면 구간 5정보 이상을 뜻하는 2결 이상 토지를 소유한 지주들은 양지군 4개 면 109명, 광주부 3개 면 174명, 이천군 백면 59명, 사면 47명 등이었다. 2결 이상의 지주들은 인구 비중으로는 7~10% 남짓 되는 소수의 인원이었으나 이들이 소유하고 있는 토지는 무려 4개 지역이 192.5정보, 934.4정보, 934.4정보, 402.1정보로 많은 토지를 소유하고 있었으며, 각 면에서 차지하는 비율도 52.1%, 61.0%, 61.6%, 37.7%를 차지하고 있었다. 따라서 이들의 소유토지면적은 각 면의 50~60%로 각 면에서 절대다수의 면적을 차지하고 있었다.

다음으로 경기도 4개 지역, 3개 군 8면의 경작농민의 상황을 살펴보았는데, 0.2정보 미만 토지를 경작하고 있는 인원은 양지군 4개 면 743명이었고, 광주부 3개 면 553명으로 전체 농민의 비중은 각기 35.6%와 28.3%였다. 또한 이천군 백면의 경우 0.2정보 미만 인원은 백면 317명으로, 면 전체 농민 중에서 31.0%이고, 사면의 경우에는 392명으로 39.3%나 되었다. 대개 해당 지역에서 0.2정보 미만을 소유한 농민은 대개 28.3~39.3% 정도에 위치하고 있었다.

반면 구간 1정보에서 3정보의 구간으로 대략 3,000~9,000평을 경작하는 농민들은 양지군 4개 면 269명, 광주부 3개 면 365명, 이천군 백면 189명, 사면 138명 등이었으로 전체 경영 농민 중에서 12.9~18.7% 남짓 되는 규모의 인원이었다. 또한 이들이 경작하고 있는 토지는 매우 큰 규모를 가지고 있었는데, 4개 지역에서 187.9정보, 603.0정보, 302.4정보, 216.5정보로 많은 토지를 소유하고 있었고, 각 면에서 차지하는 비율도 50.9%, 39.4%, 46.3%, 40.8%로 상당히 높은 비중을 차지했다. 결론적으로 이들의 숫자는 작았지만, 토지를 경영하는 비중이 다른 구간의 사람들보다 많은 비중을 차지하고 있는 역농층으로 간주하였다.

이와 같이 경기도 4개 지역의 양안 사례에서 나타났듯이 대지주의 대토지소유를 확대하고 있었고, 반면에 중농이라고 할 수 있는 자영농민층이 어느 정도 확보되어 있지만, 대부분은 영세소농과 무전농민이 크게 양산되어 있는 상태를 보여주고 있었다.

다음으로 제6장에서는 「대한제국기 지계아문의 강원도 양전사업과 관계(官契) 발급」을 검토하였다. 대한제국에서 추진하는 양전·지계사업이 지계아문의 단계에서 어떤 목적으로 시행되었는지를 알아보기 위해 강원도 지역에서 행해진 지계아문의 양전·지계사업의 시행과정을 살펴보았다.

먼저 지계아문의 토지측량과 시주조사의 방침에 대해 살펴보았다. 1899년 5월에 공포된 양지아문의 '양전조례'에는 객관적인 토지면적의 단위인 두락과 일경이 규정되어 있었으며, 현실의 토지소유자를 규정하는 명칭을 '시주'로 표기해 두고 있었다는 점에 주목했다. 1901년 11월 지계아문은 한성부와 전국 13도 지역에 전토계권을 정리하는 기관으로 설립되었고, 1903년 2월에 정리되어 공포된 「지계감리응행사목」에서는 구래의 진전을 포함하여 다양한 농지상태를 반영하여 양전을 시행하도록 하였으며, 지계의 발급을 위해 시주를 철저하게 조사할 것을 천명하고 있었다. 여기서도 '시주'의 의미는 당시 현실의 토지소유자를 가리키는 것으로서 현실적으로 자주 변동될 수 있는 토지소유자를 파악하기 위한 개념이었음을 확인하였다.

다음으로 강원도 울진과 평해, 간성 등지의 양전과정과 관계 발급사업을 검토하였다. 우선 1902년 3월 강원도 울진과 춘천이 처음 양전 대상지로 확정되었고, 음력 8월 15일 이후에는 양전이 완료된 지역에서는 바로 관계를 실시할 것을 공포하였지만, 지계위원 파송 5개월 만에 바로 관계를 발급하려는 조치는 당장 현지 농민들의 반발을 불러일으켰다. 1902년 9월 17일 울진농민항쟁은 울진군수의 토색을 빌미로 일어났지만, 가장 큰 현안은 역시 그가 지계감리로서 임했던 양전사업에서 결부가 과다 책정되었다는 문제 때문이었다.

강원도 평해군에서의 양전 시행착오는 이후 간성군 양전에서 크게 개선되었다. 또한 간성군 양전에서는 가옥의 소유자에게 소유권을 부여하기 위한 '가사안(家舍案)'을 별도로 작성하였다.

마지막으로 지계아문의 양안에 등재되어 있는 '시주'의 실체에 대해 검토하였는데, 1902년 평해군 근북·원북면 양안과 1915년 울진군 기성면 토지조사부를 대조하였다. 이후 토지조사부에 등재된 실명의 일치율은 모두 25.7%나 되었고, 다른 주변 면까지 포함하면 더 높아질 가능성이 있었다. 소규모의 필지 소유자도 많이 등장하였지만, 역시 75부 이상 중규모 토지소유자들 중에서 64.9%는 토지조사부에도 등장하고 있음을 확인하였다. 경기도와 충청도 광무양안의 사례연구와 달리 동일한 인명이 등장한 필지가 무려 4,003필지로서 전체 필지의 44.5%나 되었음을 알 수 있었다.

이러한 평해군 지역의 실명 등재비율 상승은 이전 양지아문의 양전단계와는 현저한 차이를 보여주는 것이었다. 지계아문의 지계사업에 대응하여 당시 인민들은 자신이 소유하고 있는 토지의 소유권을 확인받기 위해서 보다 적극적으로 양안에 '시주'로서 등장시키려고 했던 것이다. 실제 강원도 지역에서는 춘천, 강릉, 양양, 평해, 원주 등지에서 관계가 발행되었다.

이 시기 지계아문의 양전·지계사업은 단지 대한제국의 정부 주도로 이루어지는 것만이 아니라 일반 인민들의 자기 토지에 대한 소유권 확보라는 일련의 움직임과 맞물려 있었다고 보았다. 그러나 대한제국의 양전사업과 관계발급사업은 더 이상 실시되지 못하고 중단되고 말았다. 따라서 대한제국이 추구하는 근대적 토지소유제도의 수립과 외국인 토지침탈 금지정책은 미완의 과제로 남게 되었다.

다음으로 제3부에서는 「1905년 이후 일제의 토지조사 추진과 토지소유자의 변화」라는 주제로 3편의 논문을 검토하였다.

제7장에서는 「한말 한성부 지역 토지 가옥 거래의 추이와 거주지별 편차」라는 주제였다. 한성부는 대한제국의 정치 경제적 중심지였으며 외국인의 토지 침탈, 특히 일본인의 이주 증가에 크게 영향을 받고 있었다. 한성부 거류 일본인은 1904년 이후 매년 천여 호씩 증가하더니 1908년 12월에는 가호 6,437호, 인구로도 2만 1,789명이나 되었다.

이 시기 일본인이 한성부 지역에 토지나 가옥을 취득할 수 있는 방법으로 하나는 통감부 산하 경성이사청에서 관리하고 있는 가옥대장에 등록하는 방법이 있었다. 다른 하나는 한성부에 지계와 가계를 신청하여 공식적으로 소유권 이전의 허락을 받는 방법이었다. 그러나 발급 절차가 매우 까다로웠고 한국인과의 거래에서 사용된 판각문권을 그대로 신뢰할 수는 없었다.

한편 1906년 5월 대한자강회에서는 부동산 거래에서 위조문권으로 인한 잠매, 도매 등의 폐해가 발생하므로 매매 이전에 미리 증명을 받아 거래하는 제도 수립을 요구하였다. 외국인의 불법적인 잠매를 금지시키기 위한 사전 규제 조치였다. 그러나 일본은 10월 법률 6호, 토지 건물 매매 교환 양여 전당에 관한 법률을 공포하여 수용하는 듯하였으나 곧바로 이를 폐기하고 다시 칙령 65호 '토지가옥증명규칙'을 반포하였다. 여기서는 토지거래시 통수와 동장의 인증과 군수, 부윤 등 지방관에게 '사전'에 인허가 아니라 '사후'에 증명을 받도록 하였다. 이로 인해 한성부내에서 외국인의 토지소유를 전면적으로 합법화하였다.

당시 한성부의 토지 가옥은 기존 가계 발급 제도에 의하여 판각문권을 통해서 거래가 이루어졌다. 계약서, 문기, 인허장, 입지 등 다양한 문서가 사용될 수 있었으나 절대적인 비중을 차지한 것은 역시 판각문권이었다. 당시 황성신문이나 관보에는 가계 문권을 분실했다는 광고가 많이 실려 있는데, 황성신문에는 모두 184건, 관보에는 323건이었다. 분실 사례를 검토한 결과, 대부분 단순 분실의 경우가 절대 다수를 차지하고 있었고, 경매, 공시, 분쟁, 소실, 위조 등의 사례는 매우 적었다. 당시 한성부에서 소유권 분쟁사례는 비교적 적었다고 추측된다.

당시 한성부의 토지 가옥 거래에 관한 관리제도는 '한성부 통표'를 통해서 알 수 있다. 이 자료는 토지와 가옥 거래의 상황을 빠짐없이 기록한 것으로 1906년 5월 가계규칙의 '가계원부(家契原簿)'였다. 한성부 7개 지역 통표 분석 결과, 각 지역의 토지 가옥 거래의 양상은 1906년 하반기에 집중적으로 나타나 1910~11년까지 확대일로에 있었음을 알 수 있었다.

또 한국인과 일본인 사이의 거래 양상은 남서 낙선방의 경우에는 전체 거래 건수의 2/3, 남서 명례방, 회현방 지역에서는 전체의 1/4이하 정도로 나타났다. 반면 서서 인달방과 서강방, 북서 순화방 등에서는 일본인과의 거래는 거의 없고 절대 다수가 한국인과의 거래로 나타났다. 이렇게 한국인과 일본인의 거주 지역에 따라 거래 양상이 달랐고, 남서지역에서는 시간이 흐를수록 한국인과의 거래를 넘어 일본인끼리 거래가 증가하는 경향을 보였다. 한성부에 거주하는 상당수 한국인들은 일본인 지주들에게 토지와 가옥을 내주어야 했고, 많은 빈민들은 한성부 교외 지역으로 나가 살아야 했다.

다음 제8장에서는 「일제초 토지 조사·장부 체계와 파악 방식의 변화」를 다루었다. 특히, 새로운 토지조사 관련 장부로 과세지견취도에 주목하여 '안산군 월곡면 월암동 토지 장부와 주민의 대응'을 주로 다루었다.

1910년 8월 일제는 조선 토지조사사업의 시행에 앞서서 '토지조사사업설명서'를 만들어 토지조사의 취지를 대대적으로 홍보해 나갔다. 경기도 안산군 월곡면 월암리에서의 토지조사사업은 1910년 10월 15일에 시작되었다. 토지신고서를 처음으로 접수한 10월 15일 당일에 거의 모든 필지의 신고를 마쳤다. 전체 696필지였다. 이곳의 토지측량은 1911년 1월부터 시작하여 5월 13일에 1차 측량을 마치고 지적원도를 작성했다. 그렇지만 토지신고시 개별 필지와 소유자의 진위를 확인하기 위해서 과세지견취도와 결수연명부가 추가로 대조장부가 되었다.

여기서는 이러한 안산군 월곡면 월암리 과세지견취도와 지적원도를 상호 비교하고 양 문서의 차이를 밝혔다. 또한 월암동 토지조사 장부와 대한제국의 광무양안과 비교해 보았는데, 자호 지번이 서로 달라 광무양전사업에서 기존의 자호와의 연계성을 무시하고 별도로 측량하였음을 재확인했으며, 광무양안을 토지조사부와 비교했을 때, 예상한 대로 기록 내용의 차이가 많았다. 과세지견취도와 지적원도 등 자료의 측량 시작점과 광무 양안상의 측량시작점이 같았기 때문에 일부 상호 비교할 수 있었다. 분석 결과 각 필지별로 실척수와 평수에서 커다란 편차가 났으며, 분필과 합필 등 복잡한 필지의 변화로 인하여 정확하게 대조하는 것을 불가능했다. 또한 월암동 지역 토지소유자 인명에 대한 비교에서는 개별 필지별, 혹은 인명별로 거의 일치하지 않았다. 다만 각 성씨별로 토지소유자의 성명과 소유 필지를 조사해 보았을 때, 광무양안상 민만길은 토지조사부상 민대식과 유사했으며, 도소판손과 도득순, 도인대 등이 토지조사부에 등재된 도연흥이나 도병대와 관련되지 않나 추정해 보는 정도였다.

그렇지만 토지조사사업시 월암동 마을의 인명 중 이미 1907년 월암동 국채보상 의연금 기부자 명단에서는 거의 일치했다. 양 자료에서는 동일한 한자명을 갖는 인명의 이름이 많이 중첩되어 나타났다는 점에서 이 시기에 개인의 실명화가 이루어지고 있음을 확인해 볼 수 있다.

한편 1910년 광무양안시 토지소유 분화와 비교하여 1910년 토지소유 분화 상황은 크게 변화하였는데, 월암동에서처럼 하나의 작은 동리에서도 토지소유의 심한 격차가 나타나고 있었음을 보여주었다. 3정보 이상의 토지소유자 중에서 상당수가 서울에 거주하는 부재지주였음을 감안할 때 10년 동안 경성거주 대지주의 토지침탈이 더욱 확대되었다. 이렇게 다수의 농민들은 경성거주나 일본거주 대지주의 토지침탈로 인하여 토지를 빼앗기고 있었으며, 다수의 영세빈농들은 자신들의 소작지조차 확보하기 어려운 상황으로 몰리고 있었다.

이러한 월암동 내부의 토지소유의 편차와 계층적 분화는 지난 10년간 점진적이기는 했지만, 점차 1910년 일제의 강제병합을 계기로 하여 폭발적으로 강제된 것이기도 하였다. 이에 따라 토지소유권자의 토지신고와 실명 확인을 통하여 토지소유권이 확정되는 한편, 다수의 영세빈농들은 영세토지소유자이자 소작농으로서 제권리를 잃어버리고 몰락해 나갔다.

마지막으로 제9장에서는 「일제의 토지조사사업 실시와 경기지역 지주제의 재편」이라는 주제를 검토하였다.

일본은 1910년 8월 대한제국의 강제 병합 이전에 이미 전국적인 토지조사사업을 준비하고 있었다. 일본은 1910년 1월 이후 8개년에 걸쳐서 시행할 예정으로 토지조사계획을 수립하였다. 1910년 8월 마침내 일제가 한국을 식민지로 강점하자마자 본래 계획을 수정하여 실행에 옮겼다. 1910년 8월 22일 '한국병합조약'을 체결한 지 불과 하루만인 8월 23일 '토지조사법'을 공포하였다. 토지조사의 첫 대상지는 경기도와 경상북도였다.

일본의 조선 토지조사사업은 지주의 배타적인 소유권을 확정하는 차원에서 추진하였다. 토지조사사업은 토지소유권의 조사를 위해 준비조사, 일필지조사, 분쟁지조사라는 3단계로 진행되었다. 경기도 지역의 토지조사는 1910년 8월 조사 실시 이후 '서부→ 서남부→ 동북부 지역' 등으로 시행될 예정이었다. 여기서는 경기도 4개 군에 걸친 7개 면 지역을 선정하여 토지신고서 제출의 추이를 살펴보았다.

경기도 서남부 지역은 1910~1911년에 걸쳐 이미 토지신고와 토지측량을 통해 실지조사를 마쳤다. 시행지역이 넓어 각기 차이가 많았는데, 시흥군 동면, 서이면 등 7개 지역은 1910년 9~12월 사이에 일찌감치 토지신고를 마쳤듯이, 대체로 토지신고서의 초기 제출기간 중 1~2개월 내에 대부분 신고를 마친 것으로 나타났다.

다음으로 '일필지 조사'에서는 각 면리별로 수집된 토지신고서에 기초하여 개별 필지에 대한 실지조사에 들어갔다. 일제는 1912년 8월 '토지조사령'을 발포하면서 결수연명부와 과세지견취도를 만들어 토지신고서와 대조하는 작업을 벌여야했다. 1913년 2월 이전에는 토지신고서와 실지조사부, 개황도 등을 병행적으로 작성하며 조사가 이루어지고, 나중에 지적원도가 작성되었지만, 1913년 2월 이후에는 개황도 없이도 바로 현장에 나가 측량한 지적원도를 작성하였으므로 지적원도와 토지신고서, 실지조사부 등을 일치시켜 나가는 등 커다란 혼선이 야기되었다. 1913년 이후 착수된 지역은 경기도 서북부와 도서지역이었다. 경기도 지역에는 전체적으로 토지신고 필수가 160만 8,022건이었고, 신고자수는 37만 704명에 이르렀다. 무신고필지는 전체 1,377필지로 극히 미미할 정도로 적었다.

경기도 토지조사의 마지막 단계는 분쟁지 조사와 '사정(査定)'단계였다. 여기에서는 사정 공시, 분쟁지신고, 재결, 재심 등의 절차로 진행되었다. 경기도 지역의 경우 1913년 6월 1일에 시작하여 이후 1918년 8월 1일자로 부평군 도서지역 등 모두 22개 지역에서 공시가 이루어졌다. 공시 열람 후 이의가 있을 경우 재결을 청구하고, 이후 재심을 처리하는 과정을 통하여 분쟁지를 조정했는데, 고양 등 20개 경기도 지역 각 군의 재결 지목 및 필수는 총 267건에 740건에 불과했다. 전국적으로도 총 1,910만 7,520필지 중에서 3만 3,937건, 9만 9,445필지에 불과했다. 이렇게 경기도 지역의 토지신고 과정과 대조작업을 통해 분쟁지의 경우 화해와 재결로 처리되었다. 이후 경기도 지역 토지조사사업에서는 토지신고자의 '사정'이 확정되고 토지소유자의 소유권은 토지대장에 기재되어 마감되었다. 이렇게 복잡한 토지조사와 신고과정을 통해서 확정된 소유권은 배타적인 소유권으로 '원시취득'한 최초의 소유권자로서 합법성과 배타성을 동시에 부여받았다.

다음으로 1910년대 경기도 토지조사 관련 자료를 통하여 지주층의 분포와 변화를 경기도 시흥군, 수원군, 용인군, 이천군 등 4개 지구를 나누어 살펴보았다. 1910년대 중반 토지조사부상에서 주목되는 것은 각 지구에서 0.2정보 미만의 농민 수는 대개 20~30%였지만, 이들이 소유한 토지의 규모는 1% 후반대에 그쳤으며, 5정보 이상의 경우 지주의 수는 각 지역에서 대체로 5%가 되지 않았지만, 전체 농지의 40%를 넘었다. 5정보 이상의 대지주와 0.2정보 미만 영세토지 소유자의 분포에서 상관관계는 5정보 이상의 토지소유 면적이 많을수록 0.2정보 미만 소유자의 면적비중이 낮아지며, 또한 소유자의 인원수도 줄어든다는 것을 알 수 있다. 특히 경성에 거주하는 관료지주, 부재지주들은 타도와 타군의 지주보다 월등하게 경기도 각 지역의 토지를 집적하고 있어 이들 부재지주가 소유한 토지가 전체에서 50~60%를 차지하였다. 지역별로 토지소유의 분화가 면과 군의 경계를 넘어서고 있다는 점을 확인할 수 있었다.

또한 경기도 일원에서도 점차 일본인 대지주들의 토지 투자가 이루어졌다. 1912년 현재 경기도 지역에는 일본인 3,420명이 진출해 있었으며, 이들이 매집한 토지 규모는 2,902만 1,359평이나 되었고, 가격도 1,471만 엔에 이르고 있었다. 일본인 토지소유자의 소속 지역이 가장 많은 곳은 역시 경성부였으며, 이어 인천부, 부평군, 수원군, 진위군 등지로 나타났다. 이들 중에는 특히 1만 엔 이상 투자한 일본인 지주, 자본가 등이 있었는데, 1915년 당시, 이와사키 히사야(岩崎久彌) 등 47개 지주와 회사가 그들이었다. 이들 일본인들의 토지투자 확대는 일본 당국의 정책적 권유와 조선토지조사사업의 실시와 부동산 증명과 등기제도를 활용하여 집중적으로 투자했기 때문이었다.

이렇게 1910년대 일본 식민지하 농촌경제에서는 지주와 자작, 소작, 자소작 농민층의 분해 경향은 더욱 확대되었다. 1914년 수원의 경우 지주와 농민층 분화의 사례와 같이 1910년대 지주와 농민간에 토지소유의 편차가 더욱 확대되고 있었다. 4개 지역에서 공히 계층별 토지소유와 토지경영 규모가 크게 영세화되고 있었음을 확인할 수 있다. 이렇게 1910년대 말 토지조사사업의 결과 지주제가 더욱 확대되어 감을 여러 가지 토지소유규모별, 지주와 농민층의 경영 변화 지표를 통해 알아보았다. 식민지 지주제의 확대는 농촌사회의 불안정과 지주 소작인의 갈등으로 치달아 결국 식민지 농업정책의 파탄을 가져오고 장기적으로 식민지 지배구조의 붕괴를 초래하고 있었다. 이로써 일본 식민지하 조선농촌에서는 근대적 토지제도의 형성과 식민지 지주제와의 모순구조로 들어서고 있었음을 확인할 수 있다.

이와 같이 18~19세기 조선사회 내부에서 일어난 사적 토지소유권의 발달과 그 변화과정을 살펴보기 위한 방법으로 조선국가의 양전사업 등 토지관련 자료를 중심으로 검토하였다. 조선후기 경자양전이래 18~19세기 토지소유제도의 변화가 '양안'에 어떻게 반영되었는지를 살펴보려고 하였다. 특히 농촌사회에서 자신의 권리를 확보하기 위한 지주와 농민층의 노력과 대응과정을 중심으로 검토하였다.

검토의 결과, 조선후기 양안의 작성 이후 대한제국기 광무양안에까지 등재된 토지소유자의 기록방식이 '기주(起主) - 시(時) - 시주(時主)'로 변화하고 있었으며 토지경영자인 작인들도 자신의 이름을 양안상에 등록하는 광무양전에 대응하여 '시작(時作)'으로 정식 등재되었음을 밝혔다. 따라서 근대 한국에서 근대적 토지제도의 형성이란 단지 토지소유권자의 토지대장 등록으로만 이루어지는 것이 아니라 토지를 실제 경영하는 자소작농민, 소작농민들이 동시에 등재되어 자신의 제반 권리를 누리는 토지제도의 완성을 의미하는 것이었다.

그렇지만 일본은 1905년 조선의 보호국화를 추진하면서 조선의 토지조사와 토지침탈에 대한 일련의 방침을 세웠다. 일본은 일본인의 토지 침탈을 용인하는 법제를 마련하기 위해 먼저 대한제국의 양전·지계사업을 중단시켰으며 조선 관습조사를 통하여 토지의 경작자인 작인의 권리를 전적으로 배제하였다. 일제의 토지조사사업에서는 오로지 토지소유자의 권리의 확정과 합법화를 위한 조치를 취했다.

따라서 일본의 식민지 토지조사사업 추진은 이전 한국의 근대적 토지제도 형성과정과 배치되는 방향이었다. 일본은 조선후기 토지소유권의 발달과 더불어 성장하고 있었던 농민들의 제권리를 배제하였으며, 또한 토지소유권과 경작권의 증명제도에서 등기제도로의 단계적인 발전이라는 대한제국의 근대적 토지제도 수립과정을 중단시키고 식민지의 토지제도로의 전환을 강요하였다.

결과적으로 일제의 토지조사사업은 조선 농민들의 생산능력과 제권리를 무시하고 수탈하였으므로 식민지 지주제의 고질적인 병폐인 지속적인 생산성의 저하와 소작 농민의 강고한 투쟁으로 귀결되었다. 따라서 일제 식민지로부터 해방이라는 역사적 과제는 결국 식민지 토지제도의 편향된 소유제도와 식민지 지주제를 그 자체로 청산하는 방향으로 나아가지 않으면 안되었다.

[보설 2]

일제 식민지 토지조사와 한·일 역사교과서 서술 비판*

1. 머리말

한국과 일본 사회의 근현대사 역사서술은 지난 19세기 후반이래 21세기 초에 이르기까지 한국과 일본 양국간의 관계뿐만 아니라 중국과 베트남을 포함한 동아시아사의 서술과 밀접한 관계를 가지고 있다.

일본의 중학교·고등학교 역사교과서의 근현대사 서술은 주로 일본의 근대국민국가 형성과 전개를 중심으로 서술되어 왔다. 그런데 일본 근현대사의 서술 기조는 자국사의 입장에서 서술하는 가운데 19세기 중반이래 동아시아가 서양 제국주의 열강의 침략을 받고 있는 상황에서 일본이 서양의 근대화를 일본식으로 수용하여 재빠르게 제국주의 국가로 발전하면서 아시아 일대를 침략하였다는 사실에 애써 눈을 감으려고 하고 있다. 더구나 1930년대에서 1945년에 이르는 시기에 일본의 군국주의, 침략주의가 당대 아시아인들에게 수많은 압제와 희생을 강요하였다는 사실에 대한 반성이 거의 보이지 않는다. 이는 단지 전쟁의 상흔과 과거의 기억에 머물러 있는 것에 그치지 않고 오늘날 동아시아의 전쟁 없는 평화를

* 이 글은 2010년에 쓴 「식민지 근대화·개발론의 서술과 비판」(2010, 『2010년 일본역사교과서 왜곡 대응논리 개발』, 동북아역사재단) 원고를 전면 개고한 것이다. 2010년 이후 개정된 일본 중·고등학교 역사교과서 및 한국 고등학교 한국사 교과서 등의 내용을 분석하여 보충하였다.

구현하는데 커다란 걸림돌로 자리잡고 있다.[1]

1945년 이후 일본 사회 내에서는 일본 정부 차원에서 전전의 자기반성이 제대로 이루어지지 않은 채, 정부가 개입하는 일본 역사교과서의 역사체계가 운영되고 있었다. 일본 역사교과서의 왜곡문제는 이미 1980년대 중반부터 제기되었다.[2] 2001년 일본 우익 국가주의자들이 결성한 '새로운 역사교과서를 만드는 모임'이 만든 후소샤판 중학교 일본사 교과서 '새로운 역사 교과서'가 일본 문부 과학성의 검정을 통과함으로써 일본 역사교과서 파동이 크게 확대되었다. 2005년 4월에도 '새로운 역사교과서'를 비롯하여 여러 종류의 일본사 교과서가 일본 문부성의 검정과정에서 통과되는 문제가 발생되었다. 이후 한·일간의 역사교과서 분쟁은 단순히 교과서 왜곡서술을 넘어 양국간의 역사갈등을 부추기고 있었다.

이후 2010년대에 들어서서는 일본 정부 당국은 종래 1980년대 중반이래 일본의 교과서 집필 원칙의 하나로 정립된 '근린제국'을 고려하여 이웃한 한국과 중국의 역사 왜곡 시정 요구를 교묘하게 회피하였고 세련되게 역사 서술 내용을 수정하게 하였지만, 최근에는 이를 무시한 채 본래 일본 제국주의의 공과에 대한 비판의식을 배제하고 일본의 침략사실을 호도·왜곡하는 내용을 그대로 유지하거나 혹은 강화하고 있다.[3]

---

1) 이원순·정재정 편저, 2002,『일본 역사교과서, 무엇이 문제인가』, 동방미디어 ; 일본교과서바로잡기운동본부·역사문제연구소·전국역사교사모임·한국역사연구회편, 2003,『한국사 교과서의 희망을 찾아서』, 역사비평사 ; 신주백, 2002,「동아시아 근현대사에서 전쟁과 평화에 대한 기억의 차이, 그리고 역사교육 - 동아시아 5개국의 중고교용 자국사 및 세계사 교과서를 중심으로 -」『역사교육』 82 참조.

2) 김문길, 1998,「한국에서 본 일본사교과서의 문제점(1860년부터 1890년까지)」『외대논총』18집 ; 권오현, 2001,「일본 중학교 사회과 학습지도요령과 후소샤(扶桑社)판 공민교과서의 분석 - 국가주의적 교육의 강화를 중심으로」『역사교육논집』27 ; 이충호, 2001,「일본의 교과서 검정과 중학교 역사교과서 왜곡 - 후소샤(扶桑社)를 중심으로」『실학사상연구』 19·20.

3) 아시아 평화와 역사연구소 편, 2008,『역사인식을 둘러싼 자화상, 외부의 시선』, 선인 참조.

여기서는 2000년대 들어 2005년, 2007년에 이어 2012~13년과 2015년 등 여러 차례에 걸쳐 이루어진 일본 검정교과서를 대상으로 하여 다음과 같은 주제를 검토해 보려고 한다. 즉, 최근 한국과 일본 학계에서 진행 중인 '식민지 근대화론'에 대한 논쟁과 교과서 서술상의 문제를 관련지어 검토하려고 한다. 1910년 일제의 강제 병합 이후 일제의 토지조사사업의 실시와 식민지 근대화 정책의 내용 서술에 집중해 보려고 한다. 우선 본격적으로 교과서 내용을 검토하기 전에 일제의 토지조사사업과 식민지 지배정책에 대한 연구사의 흐름을 개관해 보자.

2. 일제 강점기 식민지 시기 역사서술과 연구 동향

일제시기를 바라보는 관점이나 연구의 시각은 1945년 해방 전후로 크게 바뀌어 갔다. 1960년대이래 한국 역사학계에서는 식민사학의 역사왜곡을 비판하면서 주체적인 근대화의 좌절과 일제의 의한 '식민지수탈론'의 시각으로 일제의 식민 지배를 연구하였다. 그러나 1980년대 중반 이후 일제 강점기 일제의 지배정책과 식민지 자본주의화의 성과에 주목하면서 일제의 토지조사사업의 재평가와 식민지 자본주의에 의한 소위 '식민지 개발론'이 제기되었다. 이것은 결국 '수탈론'과 '식민지 근대화론'의 논쟁으로 양립되면서 격렬한 비판과 반론이 이어졌다. 또한 논쟁의 대열에 '포스트 모더니즘(Post-Modernism)'에 입각한 논의가 추가되면서 논쟁은 보다 복잡한 양상으로 전개되고 있다.

여기에서는 우선 크게 1910년 일제의 식민지 기초 작업의 하나인 '조선 토지조사사업'의 연구와 1920년대 이후 식민지 근대화론의 연구로 나누어 논쟁의 대체적인 흐름을 개관하여 보려고 한다.

1) 일제의 조선 토지조사사업에 관한 연구 동향

(1) 일제하 '사업'의 평가와 농촌사회성질에 관한 논쟁

우선 일제의 조선토지조사사업에 대한 연구 동향이다.[4] 1910년 일본제국주의는 식민지 조선의 경제구조 형성에 가장 커다란 영향을 끼친 '토지조사사업'(이하 '사업'으로 약칭함)을 실시하였다. 이 '사업'의 성격과 평가에 대해서는 이미 사업초기부터 제기되고 있으나, 본격적으로는 1930년대 박문규(朴文圭), 인정식(印貞植), 박문병(朴文秉) 등에 의해서 이루어졌다. 이들은 '사업' 이후 근대적 토지소유제의 도입과 농민층 몰락 현상의 본질을 둘러싸고 일련의 논쟁을 벌였다.

일본제국주의가 1910년대 실시한 조선의 '사업'은 조선에 식민지적 경제구조의 구축을 위한 기초 작업의 하나로서 당시 농촌사회에 심대한 영향을 미쳤다는 의의를 갖고 있었다. 이 '사업'에 관한 과학적 연구는 대개 1930년대에 이루어지기 시작한 것으로 보인다.[5] 당시 조선의 연구자, 혹은 사회운동가들은 일제의 사업추진 당국자들이 자신만만하게 공표했던 식민지 시혜론과는 입장이 달랐다. 그렇지만 이들은 대체로 조선사회에 대한 정체론적 시각을 전제하였는데, 조선사회 "내부로부터는 토지조사사업을 수행할 내적 생산력의 발전은 없었고, 자력으로 봉건적 토지소유관계를 해체할 단계에 나가지 못했다"고 규정하였다. 일제의 '사업'은 봉건적

---

4) 일제의 조선토지조사사업에 관한 연구사와 관련된 논문은 다음과 같다. 李在茂, 1955, 「朝鮮に於ける'土地調査事業'の實體」『社會科學研究』 7-5, 東京大 ; 金容燮, 1969, 「수탈을 위한 측량 - 토지조사」『한국현대사』, 신구문화사 ; 田中愼一, 1977, 「朝鮮に於ける土地調査事業の世界史的位置(一)」『社會科學研究』 29-3 ; 宮嶋博史, 1977, 「「朝鮮土地調査事業」研究の新たな前進のために」『東洋史研究』 36-2 ; 宮嶋博史, 1978, 「朝鮮『土地調査事業』研究序說」『アジア經濟』 19-9 ; 조석곤, 1999, 「조선토지조사사업연구를 둘러싼 최근 쟁점에 대한 소론」『사회과학논평』 18.

5) 宮嶋博史, 1977, 위의 논문, 106~107쪽.

속박으로부터 조선사회를 해방시킬 수 있는 진보적 내용을 지닌 것으로 평가하는 반면, 식민지 시기의 조선사회가 반농노적 생산방식을 답습하였다는 점을 비판하였다. 이러한 이해는 1930년대 중반 주로 박문규, 인정식, 박문병, 이청원 등의 논자에 의해 진행된 농촌사회성질논쟁에서 제기되었다.[6)]

박문규는 사업의 의의에 대하여 "농촌사회의 새로운 계급분화의 기점으로서 토지사유제도의 확립, 토지조사사업의 특질=농민의 전통적 토지점유권으로부터의 분리, 분리된 농민의 반봉건적 영세소작농으로의 전화 및 반봉건적인 영세토지소유의 창출, 총괄해서 토지영유의 근대적 성질과 봉건사회에서 그대로 답습된 영세농적 생산양식과의 본질적 모순을 기초로 하는 반봉건적인 영세농 및 소작관계의 정립"이라고 보았다.[7)] '사업'의 결과, 농업생산에서 자본주의적 생산방법을 발달시키기보다 오히려 반봉건적인 영세농과 소작관계를 발달시켰다고 보았다. 즉, 자본주의적 소유관계와 봉건적 수공업적 생산력의 대립을 조선농촌의 본질적 모순으로 보고 있었다.

이에 반해서 인정식은 '사업'이 봉건적 소유관계를 근대적으로 가장한데 불과한 것으로 비판하였다.[8)] 즉, 토지소유의 근대자본가적 소유관계, 영세농적 생산방식은 생산양식으로 파악해야 한다고 보았다. 식민지화과정에서 조선의 농업은 봉건적 생산관계를 영구히 극복, 지양할 수 없게 되어 조선농촌사회의 봉건적 성질을 더욱 강화, 봉건성의 본질적 관계가 더욱 강고하게 되었다고 보았다. 박문규의 기존 견해는 양자의 상호보완성

---

6) 오미일, 1991, 「1930년대 사회주의자들의 사회성격논쟁」 『식민지시대 사회성격과 농업문제』, 풀빛, 11~49쪽.

7) 朴文圭, 1933, 「農村社會分化の起點としての土地調査事業に就て」 『朝鮮社會經濟史研究』, 경성제국대학 법문학회, 521~527쪽.

8) 印貞植, 1937, 「토지조사사업의 기축으로서 조선토지=농촌관계의 변혁과정」 『朝鮮農業機構分析』, 백양사.

을 강조한 것이라고 하면서 본래 정당한 이론적 코스에서 벗어난 반역사적 이론이라고 비판하였다.

당시 과학적 학파사이의 논쟁을 크게 두 개의 유파로 볼 수 있는데, 제1유파는 생산양식, 수취관계, 토지소유관계에서 봉건적=반농노적 영세농적 성질을 주장하였고, 제2유파는 농촌에서의 농업생산의 자본제적 전화를 필연적이라고 보았다. 후자의 대표적인 논자는 박문병이었다. 그는 '농업에서 자본의 지배'를 중심으로 하여 효율적인 식민지 초과이윤의 수탈을 위한 식민지 생산관계의 재편과정에서 비롯된 자본제적 요소와 봉건적 요소의 병존으로 보았다. 박문병은 유통부문에서 자본의 지배가 발생하고 있으며, 생산과정에서의 자본제적 양식이 일부 국지적이기는 하지만 이미 발생, 존재하고 있다고 보았다.[9]

반면에 인정식은 "토지조사사업에서 비롯된 농촌의 새로운 분화과정은 결코 농촌의 봉건적 생산관계를 완전히 또는 영구히 극복하여 지양할 수 없으며, 도리어 농촌의 새로운 분화와 봉건적 생산관계는 불가분의 상관관계를 형성하여 농촌의 봉건적 성질 그 자체를 일층 강화시킨다"고 보았다.[10] 조선 농촌은 내부적 생산력의 미발달로 자본주의화 과정이 불구화·기형화되고, 동시에 봉건적 성질이 더욱 강화되는 사회라는 것이라 하였다.

사업 이후 근대적 토지소유관계의 성질에 대해서도 크게 대립된 견해로 나타났다.[11] 박문규는 사업을 획기로 근대적 토지소유제도가 수립되었다

9) 박문병, 1936, 「농업조선의 검토」 33회, 『조선중앙일보』 1936년 8월 4일, 「조선농업의 구조적 특질」 『비판』 4-9, 1936년 10월.

10) 印貞植, 1940, 『朝鮮의 農業機構』, 65쪽.

11) 宮嶋博史는 朴文圭에 대한 印貞植의 비판이 2가지 측면에서 오류를 범하고 있다고 했다. 인정식은 과도적 지대론을 이해하지 못하고 본원적 지대에 관한 제규정을 지주·소작관계에 적용시켰으며, 박문규의 반봉건적 생산관계 규정을 비판하면서 생산력=노동과정이 봉건적이므로 생산관계도 봉건적인 것이라고 하는 공식주의적 견해를 취하였다고 비판하였다(宮嶋博史, 1977, 앞의 책, 111쪽).

고 보았는데, 이때 근대적 토지소유제도의 확립은 곧 근대법적 토지사유권의 확립, 일물일권주의의 확립과 같은 의미로 썼다. 이에 대하여 인정식은 세 가지 이유를 들어 비판하면서 특히 토지사유제도의 확립과 토지영유의 근대적 성질은 서로 다른 개념으로 17~18세기의 프랑스에서는 두 가지가 합치하여 성립되었으나, 외래자본의 요구에 의해 토지변혁이 수행된 조선에서는 병행될 수 없었으므로 분리하여 보아야 하는데, 박문규는 이를 혼동하고 있다고 비판하였다.[12] 더구나 인정식은 자본-임금-이윤의 3분할제가 실현되어 자본주의적 지대론이 관철되는 토지소유로 보는 반면, 박문규·박문병은 생산자의 생산수단으로부터의 분리, 배타적인 일물일권의 확립, 토지의 상품화 등이 실현되는 토지소유관계로 설정하고 있다.[13]

또한 이 논쟁은 농촌사회의 성격 파악과 관련하여 고율소작료를 유지하는 지주소작제를 어떻게 볼 것인가를 둘러싼 논쟁으로 연결되었는데, 인정식, 박문규는 이를 봉건성의 잔존으로 본 반면, 박문병은 생산자의 토지로부터의 분리를 강조하였다. 한편, 1930년대 중반 '사업'의 성격에 대해 특히 근대적 토지소유와 식민지 농업의 생산관계에서의 반봉건성에 대한 파악은 이후 1990년대 말까지도 논쟁이 거듭되는 가장 핵심적인 난제 중의 하나였다.[14]

---

12) 印貞植, 1940, 「토지소유의 역사성 : 박문규씨에 대한 비판을 주로 하여」『朝鮮의 農業機構』, 241~242쪽.

13) 朴文秉, 1936, 「농업조선의 검토 - 현단계의 조선 농업의 경제적 제관계의 해부」『朝鮮中央日報』 1936년 6월 8일~8월 26일(39회 연재) ; 오미일 편, 1991, 『식민지시대 사회성격과 농업문제』, 풀빛, 재수록, 318~402쪽.

14) 1999년 장시원과 조석곤의 논쟁(『사회과학논평』 18호)에서도 근대적 토지소유권과 반봉건적 토지제도의 성격문제가 집중적으로 검토되고 있다.

(2) 해방 이후 '사업'의 식민지 수탈성 비판과 민족주의 논리

해방 이후, 1960년대이래 일제 식민정책에 대한 광범위한 비판과 반성이 제기되는 가운데, '사업'에 관한 새로운 시각과 연구가 본격적으로 전개되기 시작했다.

우선 이재무(李在茂)가 '사업'의 실체를 본격적으로 해부하였다. 그는 '사업'에서 토지소유권의 확인이 '신고주의'라는 독특한 방법에 의해 행해졌음을 주목하였다. 또 토지신고서와 결수연명부와의 관련성, 지주위원회의 실체, 토지소유권의 최종적인 확정이 재판에 의하지 않고 오로지 행정처분에 의해 행해졌다는 점, 대규모의 국유지의 강제적 창출 등을 강조하였다. 결론적으로 '사업'은 이조말기의 생산관계를 본질적으로 해체시키지 않고 일본국가가 최대 지주의 지위를 점하기 위해 거대 일본인 대지주와 구래 이조사회의 양반=귀족관료를 매판지주로 확보하는 식민지지배체계를 완성했다는 것이다. 여기서는 '사업'의 식민지성을 집중적으로 부각시켰다.

또한 다나카 신이치(田中愼一)는 '사업' 이전에 행해졌던 한국재정정리의 중요한 일환이었던 징세제도의 재편정책에 주목하여 징세제도의 개혁에 의한 농촌 계급배치의 변화, 토지소유관계의 변화를 규명하였다. 특히 제2차 결수연명부에 기초하여 '사업'의 토지소유권 법적 확인이 행해졌다는 점을 규명하여 사업의 직접적인 전사로서 중요한 의미를 지닌다고 지적하였다. 특히 지주위원회의 분석을 통해 조선봉건제하에서 생성되었던 부차적인 우크라트인 반봉건적 지주적 토지소유가 지배적인 우크라트로 확립되고, 이를 통하여 식민지지배권을 배경으로 하는 일본본국 지주제의 식민지적 이식·정착이 이루어졌다고 하였다(田中愼一, 1974b, 20쪽).

해방 이후 한국에서 '사업'의 연구는 김용섭(金容燮)의 수탈을 위한 측량론, 신용하(愼鏞廈)의 '사업'에 대한 전면 비판 등으로 이어졌다. 이 시기 연구에는 식민사학의 정체성론을 비판하고 조선사회의 내재적 발전을 강조하는 특징이 있었다. 그래서 한말 농민적 토지소유에의 지향을 주목하면서 구한국 정부의 지주적 개혁을 강조하였다. 이에 따라 일제의 '사업'이 지닌 단절적인 측면, 즉 식민지성을 부각시켰다.

김용섭은 조선후기이래 발전하여온 농민적 토지소유의 좌절 내지 부농적 경영이 좌절되는 계기를 '사업'에서 구하고자 하였다. 구체적으로는 일제가 '사업'을 통해 광무양전·지계사업에서 일단락된 토지소유관계를 토지조사를 통해 재확인하고, 그러한 가운데 소작제도 내의 근대적인 요소를 제거하면서 농민수탈을 위한 식민지 농업체제를 마련하였다고 보았다. 이에 따라 "일제의 토지조사사업은 실로 구래의 토지제도와 지세제도를 대폭 개정한 것이기는 하였다. 그러나 기본적으로 봉건적 농업체제를 그대로 온존하고 있었다. (중략) 일제는 이와 같은 농촌의 재편성 또는 흡수과정을 통해서 식민지 한국으로부터의 수탈을 더욱 효과적으로 수행할 수가 있었다. 한국농촌은 희생되고 이러한 희생 위에서 제국주의 일본은 번영하였다. 토지조사사업은 일제의 그러한 수탈, 그러한 번영을 위한 기초공사인 것"이었다고 비판하였다. 이러한 '사업'의 성격을 한마디로 요약하면, '수탈을 위한 측량'이었다.[15]

한편 신용하는 조선봉건사회 말기부터 발전되어 온 토지사유제를 일제가 그들의 침략에 적합하도록 재확인하는 과정이 '사업'이었다고 주장하였다.[16] 이 사업은 토지소유관계의 근대화라는 미명하에 이루어졌지만, 이것이 조선의 농업발전의 필요에서 이루어진 것이 아니고 일제의 식민지 수탈정책의 하나로 이루어졌다는 것이다. 이 사업의 본질은 토지를 약탈하

---

15) 金容燮, 1969, 「수탈을 위한 측량」(1980, 『한국근대민족운동사』, 돌베개, 재수록), 174쪽.

16) 愼鏞廈, 1977, 「日帝下의 『朝鮮土地調査事業』에 대한 一考察」 『韓國史硏究』 15 ; 愼鏞廈, 1982, 『朝鮮土地調査事業硏究』, 지식산업사.

고 지세를 수탈하는 데에 있었던 만큼 조사사업의 실시과정에서 농민의 권리를 박탈하는 폭력성이 나타났을 뿐만 아니라 토지의 측량과 신고·사정 과정에서 '민족적·계급적 자의성이 작용'했다는 것이다. 또 실시과정에서 조선후기이래 내재적으로 발전해 오던 경작권, 개간권, 도지권, 입회권 등 농민의 각종 권리는 부정되고 지주의 사유권만 보장되었다고 강조했다. 그래서 그는 '사업'으로 적지 않은 토지가 지주의 소유지로 둔갑되거나 국유지로 강제 편입되고 광대한 국유지가 무상으로 창출되었고, 그 일부가 국유지 불하방식으로 일본인 이민·상인·회사로 넘어갔다고 주장하였다. 이로써 식민지 지주제가 발전되고 농민이 급속하게 몰락하게 되었다는 것이다.

이러한 연구경향은 다른 비판론자들에 의해 후에 소위 '수탈론'으로 명명되었는데, 주요한 논리는 일제의 침략정책의 일환으로 취해진 것으로 토지신고의 원칙으로 '신고주의'를 이용하여 불법적인 소유권 침탈이 자행되었으며, 그 결과 농민이 보유하고 있었던 관습상의 권리가 철폐되었고, 광대한 국유지가 창출되었다고 요약될 수 있다.[17]

(3) 1980년대 중반 이후 근대적 토지제도 수립과 '사업'의 재평가

1980년대 중반까지도 '사업'에 관한 통설적인 이해는 대체로 '사업'의 수탈성 강조와 함께 내재적 발전을 강조한 민족주의적 해석에 머무르고

17) 이영훈은 소위 수탈론의 근거에 대해 지세 부담도, 국유지수탈의 허상, 경작권의 유무 등으로 반증적으로 비판한 바 있다(이영훈, 1993, 「토지조사사업의 수탈성 재검토」『역사비평』 22). 조석곤은 수탈론에 대해 세 가지 측면으로 비판했다. 첫째, 토지신고서의 조작을 통한 소유권 변동은 가능하지 않았다는 점, 둘째, 분쟁지는 모두 국유로 귀속되지 않았으며, 분쟁지가 매우 적었다는 점, 셋째, 사업에 의한 지세부담의 변화는 그다지 크지 않았으며, 일본보다 상대적으로 적었다는 점을 주장했다(조석곤, 1997, 「수탈론과 근대화론을 넘어서」『창작과 비평』 여름호).

있었다. 그렇지만 80년대 중반의 연구에서는 경남 김해지방에서 '사업'의 원자료를 대거 이용하여 새로운 시각과 비판점을 제시하였다.

조석곤은 토지신고에서 사정에 이르기까지의 토지소유권 정리과정을 김해군 녹산면의 사례를 중심으로 검토하였다. 그는 이재무이래 통설이었던 '신고주의에 의한 토지약탈성'에 대하여 중대한 반론을 제기하였다. 즉 첫째, 신고는 철저히 이루어졌고 지주총대의 구성원도 반드시 유력지주층만으로 구성된 것은 아니었으며, 둘째, 분쟁지처리에서도 '사업' 후기에는 민간인에게 환급되는 경향이 강하였다는 사실을 구체적으로 면밀하게 논증하였다.[18]

배영순은 광무개혁에서 '사업'에 이르기까지 토지조사와 지세개정을 전반적으로 다루었다. 그는 일제의 '사업'이 토지소유권의 근대적 법인이라는 측면보다는 일본자본주의에 의한 조선 농업의 기구적 착취 기제로 지주제의 확립이라는 관점을 내세웠다. 그래서 일제의 '사업'에서의 소유권 사정은 현실의 소유를 소유로, 현실의 지주를 지주로 인정해 나가는 것으로 기존의 소유관계의 변혁을 가할 필요도 없었고 그렇게 하지도 않았다고 평가하였다.[19] 따라서 근대적 소유관계 성립의 획기로서 '사업'의 중심적 의의는 사적 토지소유관계의 변혁에 있지 않다는 것이었다. '사업'의 중심적 의의는 구래의 결부제의 폐기를 통한 근대적 지세제도의 확립에 있다고 보았다. 또한 '사업'은 역사 연속적으로 보아 근대사회로 향한 조선후기이래의 지주적 개혁에 속한다고 파악하였다.[20]

---

18) 趙錫坤, 1986, 「朝鮮土地調査事業에 있어서 所有權調査過程에 관한 한 硏究」『經濟史學』 10.

19) 배영순, 1988, 「한말 일제초기의 토지조사와 지세개정에 관한 연구」, 서울대 국사학과 박사학위논문 ; 배영순, 2002, 『한말·일제초기의 토지조사와 지세개정』, 영남대학교출판부, 312~313쪽.

20) 요컨대 "'사업'에 의한 근대적 소유권의 형성과 근대적 지세제도의 확립은 구한국 정부가 수행하려한 지주적 개혁의 지향과 배치되는 것은 아니었다. 차라리 구한국 정부가 완결하지 못한 개혁사업을 완결하는 의미를 지니기도

배영순의 기본관점은 일제하 사회성질논쟁에서 제기된 것처럼, 일제의 농업정책의 핵심을 지주제의 온존과 농민수탈이라고 본 식민지 반봉건사회 성질론의 연장선상에 있었다. 그러나 1930년대의 논쟁과는 달리 배영순은 김해군 토지조사의 실증적 연구를 기초로 하여 토지소유권 제도의 근대성을 크게 강조했다. 그는 "토지조사 직전에 도달해 있었던 지주적 토지소유의 발전단계와 근대법적 소유권을 확립하려 한 토지조사사업과는 괴리를 보여주지 않는, 말하자면, 조선말기의 지주적 토지소유는 토지조사에서 그에 상응하는 형식으로서의 근대법적 확인을 얻게 되었다는 사실을 말해주는 것으로 보아도 좋은 것"이라고 결론지었다. 이러한 결론은 그의 의도와 상관없이 '사업'의 근대적 토지소유권의 법인이라는 논점을 보강해주는 사례로 인용되고 있다.

한편, 미야지마 히로시(宮嶋博史)는 '사업'이 조선의 토지제도 발전사에서 차지하는 역사적 위치는 무엇인가라는 문제의식에서 연구를 출발시켰다. '사업'에 의해 국가에 의한 토지파악방식이 조선시대의 그것과 어떻게 달라졌는가라는 점에 문제의 초점을 두고 있다. 다시 말하자면, 한국사의 내재적 발전이라는 관점에 입각하여 '사업'을 조선시대 토지소유제도 발전과정의 최종 도달점에 위치하는 것으로 보았다.[21] 그는 첫째, 일제가 '사업'을 입안하는 과정에서 조선의 토지제도에 대한 이해가 깊어짐에 따라 '사업'의 방침이 수정되어갔음을 구체적으로 추적하였다. 둘째, 토지와 관련된 장부체제를 분석하면서, 그것이 토지소유권제도의 발전을 일정 정도 수용하는 방향으로 변모하고 있었으며 토지대장에서 최종적으로 완성되었다고 주장함으로써 양안과 토지대장의 역사적 의의를 분명히 하였다. 셋째, 조선시대의 토지제도를 수조권분여에 기초한 국가의 토지지

한 것"이라고 평가했다(배영순, 2002, 위의 책, 315쪽).

21) 趙錫坤, 2002, 「토지소유제도의 연속과 단절 ; 宮嶋博史, 『朝鮮土地調査事業社の研究』 서평」, 연세대 현대한국학연구소 발표문(2002.12.26), 1쪽.

배로 규정하고, 이것이 최종적으로 '사업'에 의한 국·민유 구별에 의해 해체되었음을 주장하였다.

또한 미야지마의 연구에서는 '사업'의 입안 및 실시과정을 구체적으로 분석하였다. 그래서 국유지조사는 '사업'에 의한 소유권 확정의 대전제가 되었다는 점을 강조했다. 또 '사업'의 정책이 입안되는 과정에서 1906년 부동산법 조사회, '한국시정개선에 관한 협의회' 등의 논의를 구체적으로 살폈으며, '사업'의 추진과정에서 카와카미(川上常郎)의 『토지조사강요(土地調査綱要)』가 중요한 역할을 했음을 주장했고, 실시과정에 대해서도 1910년 공포된 「토지조사법」과 2년후 「토지조사령」으로의 변화에서 사업의 특징을 찾을 수 있다고 강조했다.[22] 그는 결론적으로 다음과 같이 '사업'의 의의를 요약하였다.[23] 첫째 조선에 있어서 근대적 토지소유제도와 지세제도를 확립한 것이었다. 근대적 제도의 확립으로 토지의 상품화 및 자본전환이 현저하게 촉진되었고 지세수입이 안정적으로 확보되었으며, 이후의 제산업정책에 큰 영향을 주었다고 보았다. 둘째, '사업'은 외래 권력에 의해 강요된 것이 아니라 조선사회의 내재적 전개에 부응한 근대적 토지변혁으로서의 성격을 가진다는 것이다. 셋째, 근대적 토지변혁으로서의 '사업'은 사회변동의 영향을 조절하고 완화시킬 통치기구가 없었다는 점에서 식민통치체제와 모순을 노정하는 기점이 되었다고 파악했다.

또한 1990년대 후반 경제사학계의 새로운 연구성과가 학계에 제출되었다. 1997년 김홍식을 비롯하여 미야지마 히로시, 이영훈, 박석두, 조석곤, 김재호 등 6인의 공동연구인 『조선토지조사사업의 연구』는 다년간에

22) 첫째, 소유권 확정시 토지신고서와 결수연명부를 대조한 것, 둘째, 국유지신고의 주체를 명확히 하여 국·민유 구분을 '사업'을 통해 완성하고자 한 것, 셋째, 고등토지조사위원회의 권한을 명확히 한 것, 넷째, '사업'의 조기 완료를 위한 체제정비가 도모된 것 등이다.

23) 宮嶋博史, 1991, 『朝鮮土地調査事業史の研究』, 545~554쪽.

걸친 공동연구의 성과였다. 여기에서는 '사업'의 역사적 의의를 근대적 토지소유제도의 성립에서 찾고, '사업'의 수탈성을 강조하는 기존의 통설을 근본적으로 비판하고자 했다.24)

이 책의 결론은, 첫째, '사업'은 전국적 범위에서 인민의 사적 소유를 '소유자'라는 근대적 형식으로 법인하고 그에 상응하는 증명제도를 구비하였으며, 나아가 구래의 결부제를 폐지하고 근대적 토지소유를 성립시킨 역사적 의의를 갖는 것으로 보았다. '사업'은 한편으로는 역사적으로 성숙해온 인민의 사실상의 사적 소유를 전제하였다는 점에서 한국사의 내재적 발전과정과 연속성을 지니지만, 다른 한편으로 그에 대한 근대적인 법인의 형식·제도를 도입하였다는 점에서 단절성도 갖는다고 볼 수 있다는 것이다.

둘째, '사업'의 과정에서 농민의 토지와 관습적 권리가 폭력적으로 수탈되는 국면이 국책적으로 조장되거나 실태적으로 관철된 것은 없었다고 하였다. '사업' 이전에 이미 인민의 사실상의 사적 소유가 상당 수준으로 발전하고 있었기 때문에 신고주의는 오히려 소유자를 파악하는 효율적인 발상이었다. 다만, 전국적 범위로 볼 때는 작았지만, 구래의 궁방전과 역둔토 등에서 소유권 분쟁이 발생하였는데, 이는 대부분 형식적으로는 왕실과 국가의 소유지이었지만 실질적으로는 인민의 사실상의 소유지였다는 유토 자체의 특성 때문이었다. 따라서 분쟁지의 상당 부분을 민유지로 인정하였으며, 나아가 '사업' 종료 이후 국유지를 유상으로 불하함으로써 분쟁 문제를 해결하였다고 긍정적으로 이해하였다.25)

이렇게 1980년대 후반에서 1990년대 후반까지 '사업'의 실증적 연구에

24) 장시원, 1997, 「서평 : 김홍식 외 5인 공저(1997), 『조선토지조사사업의 연구』(민음사, 564면)」『경제사학』 23, 경제사학회, 186쪽 ; 장시원, 1999, 「조선토지조사사업 연구의 새로운 지평 : 김홍식 외, 『조선토지조사사업의 연구』에 대한 서평」『사회과학논평』 18, 152~153쪽.

25) 김홍식, 1997, 위의 책, 44~46쪽.

토대를 두고 새로운 논점이 제기되었으며, '사업'에 대한 기본시각과 관련하여 첨예한 논란으로 비화되었다. '일제의 식민지 근대화의 결과적 인정, 혹은 긍정적 이해'라는 비판을 받았다.[26] 그런데 일제의 '사업'에 대해서는 근대적인 토지소유제도·지세제도를 확립하는 것과 동시에 식민지 지배를 위한 기초작업이라는 성격을 통일적으로 이해하여야 한다. 그러나 경제사학자들은 후자의 관점을 소홀히 취급하면서 근대사회의 수립과 발전을 위한 출발로 강조하고 있다. 그래서 '신판근대화론'이나 '또 하나의 식민주의 역사인식'이라고 비판받았다.[27]

이후 경제사학의 공동연구의 성과도 경제사학계 내에서 근대적 토지소유권과 지주제에 관한 개념과 실체에 대해 상호비판이 이루어졌으며, 곧이어 역사학계를 포함하여 '사업'의 총체적 인식에 대한 전반적인 검토가 진행되고 있다.[28]

2) 식민지 근대화론, 혹은 식민지 개발론에 관한 연구동향

일제의 식민지 근대화론은 1945년 이전에 일제의 관료와 학자들이 자기들의 식민지 지배를 합리화하면서 설명하기 시작한 것이었다. 또 1930년대 일본이 조선에서 추진하였던 공업화 정책을 산업혁명이라고 호도하면서 조선경제를 자본주의적으로 개발하고 발전시켰다고 강변하였다.

26) 박명규, 1991, 「낡은 논리의 새로운 형태 : 宮嶋博史의 『朝鮮土地調査事業史の研究』 비판」 『한국사연구』 75 ; 윤수종, 1991, 「토지조사사업 연구와 '신판근대화론'」 『역사비평』 15 ; 한국역사연구회 근대사분과 토지대장연구반, 1992, 「'내재적 발전론'을 가장한 또 하나의 식민주의 역사인식」 『역사와 현실』 7.

27) 한국역사연구회 근대사분과 토지대장연구반, 1992, 위의 책, 448~452쪽.

28) 장시원, 1997, 앞의 논문 ; 장시원, 1999, 앞의 논문 ; 조석곤, 1999, 앞의 논문 ; 최원규, 1999, 「한말·일제 초기의 토지조사사업 연구와 문제점」 『역사와 현실』 31, 한국역사연구회.

해방 이후 1960년대이래 한국학계의 식민지 시기 연구는 일제의 토지조사사업, 산미증식계획, 군수공업화 정책 등을 통해 수행한 물적 인적 수탈에 초점을 맞추었다. 식민지의 기초 작업은 일관되게 식민지를 통한 수탈론으로 설명되어 왔다.

1980년대 중반 이후에는 한국근대경제사 연구자들을 중심으로 하는 비판론이 제기되었다. 이들은 한국 근대사회의 발전과정에서 국제적 계기, 또는 외래적 요소가 수행한 역할을 정당하게 평가하지 못했고, 일제의 침략과 억압에만 눈을 뺏겨 그것의 문명화 작용, 즉 개발의 측면을 무시했다고 비판하였다. 그런데 이러한 논리는 일본의 학계에서 크게 영향을 받았다.

나카무라 사토루(中村哲)는 중진국자본주의론을 전개하면서 역사적으로 보면 세계자본주의가 후발자본주의국의 국내 경제구조에 규정적 영향을 주게 되었다고 하였다. 세계자본주의에 포섭된 저개발국, 혹은 저개발지역에서 자본주의 발전은 매우 왜곡된 형태로 발전하는데, 이것은 저개발국의 일반적 현상이라고 하였다. 이러한 과정 속에서 어떻게 독자적인 자본주의 발전의 요소들이 성장하는가를 보려는 것이었다.[29] 이에 따라 중진자본주의론에서는 저개발국, 중진자본주의, 선진자본주의로 구분하여 이를 식민지를 경험한 나라의 발전단계로 제시하고 있다.

한편 식민지 근대화론의 재평가는 이미 1980년대에 구미학계에서 일찍이 제기되었다. 20세기 후반 이후 소위 동아시아 후발국들이 제3세계 일반에서 나타난 전형적인 '저발전'이 아닌 '경제 성장'을 이루어내면서 이의 원인을 분석하기 위한 시도가 다각도로 이루어졌다. 즉 동아시아라는 이질적 문화권에서 이루어진 독특한 경제성장의 양상으로 파악하고자 하는 관점에서 식민지시기에 대한 재해석 논의가 이루어졌다.[30]

---

29) 中村哲, 1991, 『세계자본주의의 이행의 이론 - 동아시아를 중심으로』(안병직 역), 비봉출판사.

(1) 1980년 중반 이후 식민지 근대화론의 주요 논리

1980년대 후반 일본학계의 영향을 받은 한국경제사학계에서는 주로 식민지시대의 공업화와 개발의 측면에 대한 실증적 연구를 추구해 왔다. 이를 흔히 '식민지 근대화론'이라고 한다.[31)]

이들에 따르면, 한국자본주의는 국내적 계기보다는 국제적 계기에 의해서 전개되어 왔다고 보았다. 식민지시기에는 일본 자본에 의한 식민지자본주의, 그리고 해방 후에는 1950년까지 종속적 자본주의가 추진되어 일본자본주의 및 미국자본주의의 분지에 불과하여, 결국 한국 경제의 통합보다는 외국자본주의에 편입되는 과정이었다. 따라서 식민지체제하에서 일본제국주의에 의한 한국전통사회의 철저한 파괴, 구래의 재정제도, 화폐제도, 토지소유제도의 개혁과 새로운 경제제도의 확대, 근대적 계급의 출현이 나타났다고 하였다. 이러한 관점에서 종전 식민지시기를 '수탈과 억압'으로 바라볼 것이 아니라 '개발과 성장'의 개념을 새로이 제시했다.[32)]

식민지 근대화론에 의하면, 양적 지표로 볼 때 식민지시대에 높은 경제성장과 산업구조의 변화를 확인할 수 있는데, 1911~1938년의 기간 연평균 실질경제성장률은 3.7%여서 같은 기간 세계적인 고도성장으로 알려진 일본 및 대만과 같은 수준이라고 하였다. 특히 1930~1938년에

30) 신기욱, 1997, 「식민지조선 연구의 동향 - 미국 학계의 동향을 중심으로 - 」『韓國史 市民講座』 20, 일조각 ; 헨리 임, 1997, 「미국 내 한국 근현대사 연구동향」『역사와 현실』 23, 역사비평사.

31) 배성준, 1995, 「1930년대 일제의 "조선공업화론"비판」『역사비평』 1995년 봄호, 136쪽 ; 정재정, 1996, 「1980년대 일제시기 경제사연구의 성과와 과제」『한국의 근대와 근대성 비판』, 역사비평사, 82쪽 ; 신용하, 1997, 「「식민지근대화론」의 재정립 시도에 대한 비판」『창작과 비평』 98호, 1997년 겨울호, 8쪽 ; 정연태, 1999, 「식민지 근대화 논쟁의 비판과 신근대사론의 모색」『창작과 비평』 1003, 1999년 봄호.

32) 안병직, 1997, 「한국근현대사 연구의 새로운 패러다임 - 경제사를 중심으로」『창작과비평』 98, 창작과비평사.

진행된 식민지공업화는 식료품 및 섬유공업을 중심으로 하는 공업이 발달하였고, 1937년 중일전쟁 이후에는 군사공업화로 인한 대륙전진병참기지정책으로 금속공업과 기계공업도 상당히 발전하여 화학공업과 더불어 중화학공업이 크게 발전하였다는 것이다.[33)]

이러한 양적 지표상의 성과와 함께 조선사회는 구조적 변화가 일어나 비농업사회의 팽창과 자본주의적 공업이 일어났고, 도시와 농촌을 묶는 광범위한 자본주의적인 사회적 분업이 형성되었다고 하였다.[34)] 이에 따라 조선의 민족자본은 공업화과정에 적극적으로 참여하였고, 1930년대 식민지 공업화과정에서 조선인 노동자 계급이 양적으로 크게 성장하였고, 조선인 노동자계급에 비숙련공과 자유노동자가 큰 비중을 차지했지만 공업화가 진행되면서 숙련공과 기능공으로 점차 향상되어 가는 과정에 있었다. 이렇게 식민지시기 경제성장과 개발성과에 대한 장기적인 관점에서 실증적 연구는 주로 계량적 분석을 중심으로 다각도로 행해졌다.[35)]

식민지 근대화론의 주요 논리 중에서 우선 수탈의 측면을 무시하고 개발의 측면을 부각시킨다는 문제를 살펴보자. 첫째, 식민지하 조선에서 가장 큰 산업은 농업이었고, 쌀은 당시 대일 수출의 가장 큰 항목이었다. 그들은 쌀 수출에 대해 '자발적 거래'의 결과라고 본다. 전시체제기에는 일제가 군량미를 확보하기 위해 쌀을 공출한 적이 있었고, 공출미의 보상가격이 농민들이 처분하여 받을 수 있는 가격보다 크게 낮았기 때문에 농민들은 당연히 공출을 기피하였다. 따라서 일제는 공출미의 확보를 위해 강제성을 띠지 않을 수 없었다는 점은 인정한다. 그렇지만 시장경제체제에서 이루어진 쌀의 거래와 이출은 자발적으로 이루어진 것으로 수탈이

---

33) 안병직·中村哲 공편, 1993, 『근대 조선 공업화의 연구』, 일조각.

34) 허수열, 1990, 「조선인 자본의 존재형태」 『경제논집』 6, 충남대학교 경상대학 ; 주익종, 1991, 「일제하 조선인 회사자본의 동향」 『경제사학』 15, 경제사학회.

35) 이영훈 편, 2004, 『수량경제사로 본 조선후기』, 서울대학교출판부 ; 김낙년 편, 2006, 『한국의 경제성장, 1910~1945』, 서울대학교 출판부.

라고 하는 것은 무리라는 것이다.[36] 또한 조선경제가 일본제국 경제에 통합되면서 쌀 가격의 상승으로 인해 쌀 소비가 억제되었으며, 소작미가 지주에게 집중됨에 따라 쌀의 상품화율이 높아졌다고 하였다. 따라서 당시 가장 중요한 산업인 미곡이 그 생산의 절반 가까이를 수출할 정도로 수출산업화가 되었으며, 이후 공업화는 일본 자본의 유입뿐만 아니라 쌀 증산과 수출증대가 중요한 역할을 하였다고 결론지었다.[37]

둘째, 일제가 조선을 경제적으로 수탈한 증거를 '잉여의 유출'이라고 설명한 데에 대한 반론이었다. 예컨대 정태헌은 일제시기에 유출된 자금이 유입된 자금보다 4.3~4.5배(간접적인 것까지 포함하면 6.3~7.4배)나 많았다고 하면서 방대한 규모의 자금수탈이 이루어졌다고 하였다.[38] 그렇지만 김낙년은 일제시기에는 전반적으로 무역수지가 상당한 규모로 적자였기 때문에 도리어 자금의 유입초과가 있었으며, 자금의 유출이 유입보다 몇 배나 많았다는 주장은 당시의 통화제도와도 양립할 수 없는 일이라고 비판하였다.[39]

셋째, 식민지경제에 관한 최근의 통계적 연구 성과를 기초로 하여 조선인의 생활수준이 향상되었다는 점을 설명하고 있다. 1911~1940년에 걸쳐 GDP를 비롯한 국민계정통계를 추계하였는데, 이에 따르면 이 기간의 연평균 경제성장률은 3.7%, 인구증가율은 1.3%, 따라서 1인당 소득증가율은 2.4%로 나왔다.[40] 광공업과 전기 건설업이 성장을 주도하였고, 서비스

36) 김낙년, 2003, 『일제하 한국경제』, 해남 참조.

37) 김낙년, 2006, 「식민지 시기의 공업화 재론」 『해방전후사의 재인식 1』(박지향 외 편), 책세상, 188~288쪽.

38) 정태헌, 1995, 「일제하 자금유출구조와 조세정책」 『역사와현실』 18, 189~224쪽.

39) 김낙년, 2003, 위의 책, 112쪽.

40) 주익종은 GDP가 1912~1939년간에 2.66배, 연평균 증가율 3.7%가 증가되었고, 조선인 인구가 40%(연평균 증가율은 1.3%) 증가하였다고 하였다(주익종, 2006, 「식민지 시기의 생활수준」 『해방전후사의재인식』, 책세상, 107~144쪽).

업이 그 뒤를 이었다고 보았다. 그 결과 농업은 이 기간에 68%에서 41%로 낮아졌고, 광공업은 5%에서 14%로 높아졌다. 지출면에서는 무역과 함께 투자의 증가가 성장을 주도한 것으로 나타났다. 무역의존도는 20% 수준에서 60%로 상승하였고, 투자율도 5%에서 14%로 높아졌다. 민간소비지출도 연평균 3.3% 증가하였는데, 인구증가를 감안한 1인당 증가율은 1.9%로 추계되었다. 곡물소비가 약간 감소한 것으로 나타났지만, 나머지 음식물과 공업제품 소비가 늘어났다.[41] 이 추계결과 해방 후 한국에 비하면 일제시기 경제성장률은 절반 수준이지만, 무역과 투자, 그리고 공업화가 성장을 주도하는 패턴은 유사하게 이어지고 있다고 하였다. 또한 이 시기의 경제성장률은 일본과 대만과 같은 수준이지만, 그 외의 다른 지역에 비하면 상당히 높은 편이라고 하였다. 이렇게 일제시기 경제성장의 측면은 GDP를 포함한 경제성장률, 인구증가율, 무역과 투자, 공업화의 면에서 공히 이루어졌다고 긍정적으로 파악하였다.[42]

(2) 식민지 근대화론과 한국·일본 역사교과서의 역사서술과의 관계

이러한 식민지 근대화론은 일본 역사교과서의 식민지 근대화론의 역사서술과는 서술 주체에서 큰 차이를 가지고 있다. 일본 교과서의 역사서술은 일제에 의한 식민지 자본주의에 의한 조선경제의 개편과 근대적 발전을 일방적으로 옹호하고 설득하려고 하는데 비하여, 한국경제사학계는 한국자본주의의 입장에서 후진자본주의에서 중진자본주의로의 발전과 식민지 경제의 개편과정을 학술적으로 설명하려는 차이를 보인다.

그렇지만 일본제국주의와 조선총독부, 일본자본가에 의한 식민지 자본주의 정책의 긍정성을 강조하려는 점에서 일치하고 있다. 이렇게 된 이유는

41) 김낙년 편, 2006, 앞의 책, 281~287쪽.

42) 김낙년, 2007, 「'식민지 근대화'재론」『경제사학』 43, 159~165쪽.

조선에서 어떻게 밖으로부터 자본주의를 수용할 수 있는 정치 경제체계가 형성되는가에 관심을 가지고 있기 때문이다. 이를테면 개방체제와 후발성의 이익 흡수라는 측면을 강조하고 있다. 이를 위해서는 후발자본주의에서 제도개혁과 경제정책의 전개에서의 정부 역할을 중시하고 있기 때문이다. 식민지시기 일제 혹은 조선총독부의 역할로는 1905년 이후 화폐정리사업과 재정정리사업, 1910~1918년 토지조사사업 등 제도개혁을 추진하였으며, 1920~1934년 산미증식계획과, 1930~1945년 식민지공업화정책을 통하여 식민지 한국경제를 자본주의로 전환하는 데 크게 기여했다는 것이다.

이에 따라 식민지 근대화론자들은 일제의 식민지 지배 전반을 긍정적으로 묘사하여 서술하면서 일본 역사교과서의 검정 당국, 또는 일본 우익의 입장과 일정한 공통점을 가지고 있다. 첫째, 조선사회의 자생적 자본주의화의 가능성을 부정하며 한국의 근대화는 서구의 근대를 이식, 수용함으로써 발전의 계기를 맞이했다고 보는 시각이다. 둘째, 식민지 개발자로서 일제의 역할을 주목한다는 것이다. 일제는 사회기반시설을 건설하고 근대적 제도를 도입하고 보급함으로써 식민지를 개발하였고, 한인도 일제의 개발에 자극을 받아 자기 성장을 도모했다는 것이다. 셋째, 식민지 시기의 개발경험과 성과는 1960~1970년대 경제발전의 역사적 기반이 되었다는 것이다.[43] 해방후 한국의 경제성장 모델 및 경제성장의 인적 자산 등의 측면에서 일제의 영향이 나타나고 있는 점이 강조될 수 있다.[44]

---

43) 카터 J. 에커트, 1991, 『제국의 후예 - 고창 김씨가와 한국 자본주의의 식민지 기원, 1876~1945』(원제, *Offspring of empire : The Koch'ang Kims and the colonial origins of Korean capitalism, 1876~1945*, University of Washington Press, 1991) 푸른역사, 2008.

44) 정연태, 1999, 앞의 논문.

3. 한·일 중등학교 역사교과서의 식민지 지배정책 서술 비교

1) 일본 중·고등학교 교과서의 토지조사사업 및 식민지 지배정책 서술

2010년대에 들어와서 일본 중·고등학교 교과서 검정제도는 2011년과 2015년 2차례 시행되었다. 우선 2015년 일본 중학교 역사교과서 검정신청본에서 한국 근대사(1860~1910)에 관련된 쟁점은 ① 개항과 한일 조약 체결, ② 1880년대 조선을 둘러싼 청일의 대립, ③ 1894년 청일전쟁의 발발과 전쟁의 결과, ④ 러일전쟁 이후 한일관계의 변화, ⑤ 1910년 일본의 한국강제병합 등이다.

일본 중학교 역사교과서에서 서술된 한·일 근대사의 쟁점은 고등학교 역사교과서에서 나타난 많은 오류와 편향성과 비교해 보면, 비교적 적은 편이다. 그럼에도 중학교 교과서에서도 근대사 서술의 분량과 관련하여 부득이하게 구체적인 서술을 생략한 채, 압축적으로 간략한 사실에 불과한 것으로부터 연유하는 부분이 많다. 내용상으로도 역사서술의 기조는 일본 메이지 국가의 부국강병과 강대국으로의 등장만 강조하고 있으며, 반면에 일본 제국주의의 침략사실을 가능한 한 배제하려는 관점을 견지하고 있다.

특히 2015년 검정신청본에서 주목되는 점은 1870년대 이후 일본의 국경 확정과 관련된 지도와 칼럼 등에서 독도(일본식 竹島)의 위치 표기와 일본령으로의 편입을 강조하고 있다. 또한 청일전쟁과 러일전쟁의 기술에서 일본의 전쟁 승리와 역사적 의의를 부각시키고 있다. 따라서 2011년에 이어 2015년에서도 전체적으로는 근대사 관련 서술에서는 주요 사건의 흐름을 서술하면서도 일본의 대외침략 의도와 사실 부분을 생략한 채 서술하고 있는 한계를 보이고 있다.[45]

1905년 이후 1910년 한국 병합의 사실에 대해서는 사건의 추이대로 기술하되, 병합이 열강의 공인을 받은 사실을 강조하였다. 강제병합에 이르는 과정에 대해 ① 을사늑약 체결로 외교권을 빼앗아 장악하고, ② 한국통감부를 설치하여 보호통치를 시작하고, ③ 1907년의 정미조약으로 내정까지 장악하여 대한제국의 군대나 경찰까지 해산하였으며, ④ 이에 반발하는 세력들이 의병운동에 참여하였고 독립운동가 안중근의 경우에는 1909년 중국 동북부의 하얼빈에서 초대 통감 이토 히로부미(伊藤博文)를 암살하였으며, ⑤ 이에 맞서 일본은 무력을 수단으로 한국을 병합하고 조선총독부를 설치하였다는 내용 등으로 구성되어 있다. 각 교과서에 따라서 기술 분량의 차이가 있지만, 대개 1905년 이후 외교권 강탈과 한국통감부의 설치를 설명하면서도 일부 교과서에서는 열강의 공인을 받은 사실을 강조하여 일본의 침략사실을 희석시키고 있다(이쿠호샤, 2015년도 검정통과본, 192~193쪽).

모든 교과서 서술에서 일본에 의한 조약체결 절차상의 불법성, 또는 을사조약과 같이 무력으로 조약을 강제한 사실 등을 언급하지 않았다. 한편, 일본 근대 헌법의 기초자이며 근대국가로의 발전에 기여한 이토 히로부미(伊藤博文)의 암살사건을 부각시켜 '안중근'을 반드시 넣어 기술하였다.[46)]

---

45) 최근 일본 역사교과서에 대한 논문으로서는 사카이 히로미(酒井裕美), 2015, 「일본 역사교육 속의 청일전쟁과 조선 - 중학교 역사교과서를 중심으로」『한국독립운동사연구』 50 ; 하태석, 2012, 「일본 중학교 역사교과서의 근·현대 한국사 학습자료 분석」『청람사학』 20 ; 김흥수, 2012, 「일본 역사교과서의 강화도조약 기술 검토」『동북아역사논총』 35 ; 서영희, 2012, 「일본 학계의 병합사 연구와 역사교과서 서술에 대한 비판적 검토」『역사문화연구』 42 ; 박소영, 2011, 「한일 강제병합 추진에 관한 일본 고등학교 역사교과서의 서술 : 山川出版社와 實敎出版 발행 교과서를 중심으로」『역사교육연구』 13 ; 남상구, 2011, 「2011년 일본 중학교 교과서 문제 검토」『한일관계사연구』 40 ; 최영호, 2011, 「2011년 검정통과 일본 역사교과서의 근대 서술에 나타난 변화와 특징 : 한일관계 관련 서술을 중심으로」『한일관계사연구』 40 ; 이원우, 2011, 「일본 중학교 역사교과서와 '정한론' 문제 - 2011년도 검정합격본을 중심으로」『역사교육논집』 47 ; 왕현종, 2010, 앞의 논문 ; 아시아평화와 역사연구소, 2008, 앞의 책 참조.

<표 1> 2015년도 일본 사회(역사)교과서의 한국병합과 식민지 지배 서술

출판사(쪽)	2015년판 교과서 내용	종전 교과서(2005,2009)
교이쿠 출판(180쪽)	한국병합(180쪽) 일본은 포츠머스조약을 체결하고 이어서 한국을 보호국으로 만들었다. 한국의 외교권을 장악하여 한국에 통감부를 두고 통감이 외교를 감독하였다. 일본은 얼마 안 있어 한국의 내정의 실권도 장악하고 군대를 해산시키는 등, 한국에 대한 지배를 강화했다. 국가로서의 권리를 빼앗긴 한국에서는 무기를 취하여 일본과 싸우는 의병 등의 저항운동이 확산되었다.……일본은 한국의 저항을 억누르고 1910(명치43)년 한국을 영유하여 조선이라고 고쳤다. 이를 한국병합이라고 말한다. 조선에는 총독부를 두고 무력을 배경으로 **식민지 지배**가 이루어졌다.	**조선에의 식민지정책** 조선인의 권리와 자유를 극히 제한하였습니다. (2) 조선인의 학교에는 일본어와 일본의 역사, 수신을 가르치게 하였습니다. (3) 또한 토지조사사업을 실시하여 (4) 토지소유권이 명확하지 않아 다수의 조선의 농민이 토지를 상실하여 소작인으로 되고, 만주와 일본에 이주하게 되었습니다. 일본에 이주한 조선인은 임금과 사회생활에서 여러 가지 차별을 받았습니다.[133쪽 날개설명] (2) 이러한 가운데 조선에는 철도와 농업 용수 등의 시설이 정비되었습니다. (3) 교육칙어(→ 125쪽)를 취했던 소·중학교의 교과의 하나로 국민으로서의 도덕을 학습하는 것이었다. (4) 조선총독부는 세금(지세)의 금액을 결정하기 위하여 농민에 대하여 토지를 가진 주인을 신고하도록 명령하였다. 그 결과 토지의 소유권이 불명확했다는 이유로 토지를 빼앗긴 사람들도 많이 나왔다(教育出版, 2005, 『新しい歴史教科書』, 132~133쪽)
시미즈쇼인(195쪽)	조선의 식민지화 일러전쟁에서 승리한 일본은 한국의 식민지화를 추진하였다. 1905년에 외교권을 빼앗아 통감부를 두고서 보호국으로 하였다.……1910년에 일본은	대만을 식민지화한 일본은 총독을 두고 전권을 주어 통치하였다.……토지조사를 실시하여 근대적 소유권에 기초한 토지제도를 만들었고, 일본어에 의한 초등교육도 실시하였다.... 일본은 조선

46) 2015년도 일본 중학교 사회(역사)교과서는 모두 8종이었다. 교이쿠 출판(教育出版), 시미즈쇼인(清水書院), 이쿠호샤(育鵬社), 데이코쿠쇼인(帝國書院), 도쿄 서적(東京書籍), 니혼분교 출판(日本文教出版), 지유샤(自由社), 마나비샤(學び舍) 등이었다. 이 중 이쿠호샤와 마나비샤는 2015년도에 새로 등록된 검정교과서이다.

	한국병합을 강행하고 조선총독부를 설치하고 무력에 의해 지배하려고 했다. 총독부는 토지조사를 시행하여 촌의 공유지 등은 국유지로 하였다. 식민지 사람들도 대일본제국의 신민으로 되었지만 일본인과 동등한 권리를 갖지는 않았다.	총독부를 두고 대만과 유사한 통치를 행하였지만……(淸水書院, 2005, 『新中學校 歷史 - 日本の歷史と世界』, 168쪽)
이쿠호샤(192~193쪽)	한국병합 일러전쟁이 시작되자 일본은 그 무력을 배경으로 한국과 일한의정서를 체결했다. 이것은 한국의 영토를 타국(러시아)으로부터 지키기 위해 일본군이 한국 내에서 전개하는 것을 인정한다고 하는 내용이었다.……1910(명치43)년 정부는 한국병합(주2)을 단행하였고, 그 통치를 위해 조선총독부를 설치하였다. 구미열강에도 조선반도의 문제에 대하여 일본에게 간섭할 의도는 없었습니다. 우리나라의 조선통치는 병합의 일환으로 근대화가 추진되었지만, 미의 작을 강요하였고 일본어교육 등 동화정책이 행해졌고, 조선의 사람들의 일본에의 반감은 강해졌다. <날개 주 ②> 일본은 무력을 배경으로 한국 내의 반대를 누르고 병합을 하였다. 한국의 국내에서는 민족의 독립을 잃은 것에 대한 저항이 일어났고 그 후에도 독립회복 운동이 끈질기게 이루어졌다. <날개 주 ④> 1911년과 1936년 통계제시(조선총독부 통계연보), 인구, 호수, 보통학교 및 생도 수 문제	
	한국병합 1905년 일본은 한국을 보호국으로 하여 외교를 일본의 지배하에 두고 伊藤	<u>식민지가 된 조선에서는 많은 농민이 토지를 빼앗겼기 때문에,</u> 소작인이 되는 자나, 일본이나 만주로 이주하지 않

데이코쿠 쇼인 (182~183쪽)	博文을 한국 통감으로 파견하였다 .……다음 10년 일본은 한국을 병합하여 식민지로 만들었다(한국병합). 한국을 조선으로 고치고 군인인 조선총독을 두어 지배하고, 수도 한성(현재의 서울)도 경성으로 이름을 바꾸었다. 일본의 지배에 대하여 조선민중의 저항은 그 후에도 계속되었다. (날개주 ① 한국의 왕궁 앞에 세워진 조선총독부 현재는 취거(取去)되어 있다.	을 수 없는 자도 있었다(帝國書院, 2005, 『社會科 中學生の歷史』, 175쪽).
도쿄 서적 (180쪽)	한국의 식민지화 일러전쟁이 한창일 때부터 한국은 일본에 의한 식민지화의 압력을 받게 되었다.……1910년 일본은 한국을 병합하였다(한국병합). 한국은 조선이라고 부르게 되었고, 수도인 한성(서울)도 경성으로 개칭되었다. 또한 강한 권한을 가진 조선총독부를 설치하여 무력으로 민중의 저항을 억눌렀고 식민지 지배를 추진하였다. 학교에서는 조선의 문화와 역사를 가르치는 것을 엄격하게 제한하고, 일본사와 일본어를 가르쳐 일본인에 동화하려는 교육을 행하였다. 식민지지배는 1945(소화 20)년에 일본의 패전까지 계속되었다. (날개주 ②) <u>토지제도의 근대화를 목적으로 하여 일본이 행한 토지조사사업에는</u> 소유권이 명확하지 않아 다수의 조선 농민이 토지를 상실하였다. 그러한 사람들은 소작인이 되고 일본과 만주에로 이주하지 않으면 안 되었다.	<u>[날개주] 토지제도의 근대화를 명목으로 하여 일본이 행했던 토지조사사업에는 소유권이 명확하지 않은 다수의 조선농민이 토지를 잃었습니다.</u> 그러한 사람들은 소작인으로 되거나 일본과 만주에로 이주하는 것을 할 수밖에 없었습니다.(출전 : 東京書籍, 2005, 『新しい歷史教科書』, 160~161쪽)
	한국병합	일본은 반일항쟁을 군대와 경찰의 힘으

니혼분교 출판 (194쪽)	일러전쟁 후 일본은 한국의 외교권을 빼앗아 보호국으로서 일본의 지배하에 두었다.……이 같은 움직임에 대하여 일본은 1910(명치43)년 군대의 힘을 배경으로 조선을 병합하여 식민지로 만들었다. 이것을 한국병합이라고 말한다. ……이렇게 조선민족의 역사와 문화를 부정하고 일본으로 동화하려는 정책을 추진하였다. 또한 총독부가 실시한 토지조사사업은 토지의 소유권자를 확정하는 한편, 소유권이 명확하지 않아 토지를 상실한 농민도 나타났다. (날개주 ① 그 중에는 소작인으로 되는 사람, 일본과 만주로 이주하지 않으면 안되는 사람도 있었다. 추가됨).	로 누르고, 1910(메이지 43)년 한국을 일본의 영토에 병합하여(한국병합), 한국에는 식민지로서 지배하였다. 조선인들은 조국을 잃고 동화를 강제 당하였고 만주와 일본에로 이주할 수밖에 없었다.(日本文敎出版, 2005, 『新しい歷史敎科書』 140~141쪽)
지유샤 (198~199쪽)	한국병합 일본정부는 일본의 안전과 만주의 권익을 방위하기 위해 한국의 안정이 필요하다고 생각했다. 일로전쟁 후 일본은 한국통감부를 설치하여 보호국으로 만들고 근대화를 추진해갔다. ……1910(명치43)년 일본은 무력을 배경으로 한국내의 반발을 억누르고 병합을 단행했다(한국병합). 한국의 국내에는 민족의 독립을 상실한 것에 대한 심한 저항이 일어났다.	한국병합 후 설치된 조선총독부는 식민지정책의 일환으로 철로·관개를 정비하는 등의 개발을 행해, 토지조사를 개시했다. 하지만, 이제부터의 근대화 사업에 따라 여태까지의 경작지로부터 쫓겨난 농민들도 적지 않고, 또한 그 외로도 조선의 전통을 무시하는 여러 가지의 동화정책을 진행시켰기 때문에, 조선 사람들은 일본에 대한 반감을 더해갔다. 일본은 청일전쟁 후 영토로 한 대만도, 주민의 저항을 억누르고 대만총독부를 두어, 현지의 개발을 실시했다.(自由社, 2009, 『新編 新しい歷史敎科書』, 172~173쪽)
마나비샤 (202~203쪽)	(5) 토지를 빼앗긴 조선의 농민 - 한국병합(202~203쪽) 조선총독부에 의한 지배 1910년 8월 일본은 한국을 병합하고 한국을 조선으로 고쳐 식민지로 하고 조선총독부라는 기관을 설치했다. 조	

	선총독에는 일본의 육해군 대장을 임명하였다. 천황이 직접 임명하는 조선총독은 군사권 뿐만 아니라 조선의 통치권을 일체 장악하였다. <토지조사사업과 조선인> 토지조사사업에는 본인의 신고에 의하여 토지의 소유자를 결정하였다. 새로운 세금이 부과되는 것을 두려워하여 수속하지 않았던 사람, 복잡한 서류를 내지 않았던 농민도 다수였다. 일본의 사업에의 반발도 있었다. 또한 이것을 이용하여 토지를 매집하는 조선인 지주도 있었다.	

위의 표에서는 각 출판사별로 일제의 강제 병합과 식민지 지배에 대한 서술 전문을 번역하여 수록한 것이다. 이 중에서 일제의 식민지 정책과 관련된 부분은 대개 밑줄을 부가하였다. 우선 교이쿠 출판의 기술은 특별히 식민지 근대화에 대한 언급을 하지 않았다. 그렇지만 시미즈쇼인(清水書院)은 "(조선)총독부는 토지조사를 시행하여 촌의 공유지 등은 국유지로 하였다"고 간단히 서술하면서 "식민지 사람들도 대일본제국의 신민으로 되었지만, 일본인과 동등한 권리를 갖지는 않았다"고 비판하였다. 다음으로 이쿠호샤(育鵬社)는 "우리나라의 조선통치는 병합의 일환으로 근대화가 추진되었지만, 미의 작을 강요하였고 일본어교육 등 동화정책이 행해졌고, 조선 사람들의 일본에의 반감은 강해졌다"고 하였다. 이는 일본의 식민지 근대화를 크게 강조하면서 다소 부정적인 요인으로 설명하고 있다.[47] 데이코쿠쇼인(帝國書院)은 병합 정책을 간단히 설명했으나 도쿄

47) 이쿠호샤(育鵬社)의 서술에서 크게 문제되는 부분은 <날개 주 ④>로 1911년과 1936년 『조선총독부통계연보』의 인구, 호수, 보통학교 및 생도 수 등을 제시하면서 일본의 식민지 교육으로 보통학교 수와 생도가 크게 늘어났음을 강조한 것이다.

서적(東京書籍)은 원래 검정신청본에서 “토지제도의 근대화를 목적으로 하여 일본이 행한 토지조사사업”이라고 표현하였는데, 이에 대한 일본 문부과학성은 생도들이 이를 명목으로 오해할 수 있기 때문에 보다 명확하게 서술하도록 지시하였다. 그럼에도 도쿄 서적은 “토지조사사업에서는 소유권이 명확하지 않아 다수의 조선 농민이 토지를 상실하였다. 그러한 사람들은 소작인이 되고 일본과 만주에로 이주하지 않으면 안 되었다.”고 기술하였다. 1910년 토지조사사업 당시 한국의 토지소유권 의식과 등재 노력을 낮추어 보면서 ‘토지소유권이 명확하지 않다’고 기술하고 있다.

또한 니혼분교 출판(日本文教出版)도 “총독부가 실시한 토지조사사업은 토지소유권자를 확정하는 한편, 소유권이 명확하지 않아 토지를 상실한 농민도 나타났다”고 서술하였다. 이는 원래 “토지조사사업의 결과, 다수의 농민이 토지를 잃어버리고 소작인이 되는 자와 일본과 만주로 이민하지 않을 수 없는 자도 나타났다”고 서술하였지만, 일본 문부과학성은 이렇게 수정지시를 해서 수용한 것이었다. 요컨대 일제의 토지조사사업으로 토지소유권자를 확정했다는 근대적 토지제도의 의미를 강조하고 있다.

반면 지유샤(自由社)는 이전 2011년판보다 보다 노골적으로 식민지 근대화를 강조하였다. 일제의 강제 병합은 이후 1911년 관세자주권을 완전 회복하고 근대일본의 국가 건설이 완성되었음을 강조하였다.48)

이에 반하여 마나비샤(學び舍)는 비교적 토지조사사업과 조선인의 동향을 부각시켜 설명하였다. “<토지조사사업과 조선인> 토지조사사업에는 본인의 신고에 의하여 토지의 소유자를 결정하였다. 새로운 세금이 부과되는 것을 두려워하여 수속하지 않았던 사람, 복잡한 서류를 내지 않았던 농민도 다수였다. 일본의 사업에의 반발도 있었다. 또한 이것을 이용하여 토지를 매집하는 조선인 지주도 있었다.”고 토지조사사업과 식민지 지주

48) 지유샤(自由社), 2015, 『중학교 사회(역사)』, 198쪽, 날개주 ① 참조.

제의 확대를 비판적으로 기술하였다. 더구나 조선총독부의 토지조사에서 신고 방식이 “본인의 신고에 의하여 토지의 소유자를 결정하였다.”고 간단히 언급한 것은 실제 현재 사업의 연구와 거리가 있었다. 더구나 “세금이 부과되는 것을 두려워하여 수속하지 않았던 사람” 등의 기술은 사실 당시 토지조사사업에서 확인되지 않은 사실이었다. 또한 일본인 지주의 조선 진출에 대한 설명이 생략되어 있어 충실한 서술로 보기 어렵다.

다음으로 2016년 일본 고등학교 일본사 및 세계사 교과서에 실린 일제의 식민지화와 토지조사사업에 관한 기술을 살펴보자.

현재 일본의 중학교·고등학교 역사교과서에서 근현대사 서술은 지난 19세기 후반이래 21세기 초에 이르기까지 일본의 국민국가 형성과 전개를 중심으로 서술되어 왔다. 일본 교과서의 역사서술은 단순히 일본 국내에 국한된 것이 아니라 동아시아, 그리고 세계사의 연관 속에서 밀접하게 연동되고 있다. 일본은 서양의 근대화를 일본식으로 수용하면서 재빠르게 제국주의 국가로 발전하면서 아시아 일대를 침략하였다. 일본은 일제 침략의 기원을 1868년 메이지 유신 직후 나타났던 ‘타이완 침략’이나 ‘정한론(征韓論)’에 두고 있지 않다. 현행 일본 근대사 역사서술의 주조(主潮)는 메이지유신 이후 아시아 최초의 입헌제 근대국가의 성립과 발전과정에 초점을 두고 있다.

그동안 일본 고등학교 역사교과서 근대사 부분 분석에서는 종래와 같이 쟁점이 되는 부분으로 ① 개항과 조일수호조규(정한론과 불평등조약), ② 갑신정변과 일본의 관계(근대화 지원과 탈아론), ③ 청일전쟁의 원인과 결과(청의 조선 속국화와 일본의 대립), ④ 러일전쟁의 원인과 결과(방위전쟁으로서 러일전쟁), ⑤ 일제의 한국강제병합(조약의 합법성 여부), ⑥ 독도(영토와 영유권 분쟁) 등이었다.[49] 이 중에서 특히 일제의 한국 강제병합에 관한 서술과 조선 토지조사사업을 중심으로 살펴보자.[50]

<표 2> 최근 일본 고등학교 교과서 한국 병합과 식민지 근대화 서술 비교

출판사 (페이지)	교과서내용(2016)	교과서 내용(2012~2013)
도쿄 서적, 『일본사 A』 (2016, 82~83쪽)	[제국일본] 조선총독부가 통치하는 조선에는 병합후 일본의 식민지로서 기초를 만들기 위하여 토지조사사업이 시작되었다. 총독부는 조선인 농민으로부터 수탈한 토지를 일본인 지주와 동양척식회사 등에 불하하였다. 또한 군용지와 철도용지 등의 명목으로 하여 엄청나게 많은 토지를 빼앗았고, 총독부는 막대한 소유지를 손에 넣었다(83쪽)." [날개주 ②] 토지를 잃은 조선인은 소작인으로 되고, 직업을 구하여 일본과 만주에 유출되었다].	[한국병합] 1910년 일본은 군사력을 배경으로 하여 마침내 한국병합을 단행하였다. 통감부는 조선총독부로 되고 초대총독에 데라우치 마사다케(寺內正毅) 육군대장이 임명되었다. 그리고 일본 식민지로서 기초를 형성하기 위하여 토지조사사업이 시작되었다. 총독부는 조선인 농민으로부터 수탈한 토지를 일본인 지주와 동양척식회사 등에 불하하였다. 또한 군용지와 철도용지 등의 명목으로 토지를 수탈하여 총독부는 엄청난 소유지를 입수했다. [날개주 ④] 토지를 잃은 조선인은 소작인으로 되고, 직업을 구해 일본과 만주로 유출되었다(東京書籍, 『일본사 A』 2012, 92쪽).
도쿄 서적, 『신선 일본사B』 (2013, 191쪽)		다음해 1910년에 일본은 한국병합에 관한 조약을 강요하여 한국을 병합하고, 조선총독부를 설치하여 무력을 배경으로 한 식민지지배를 강행했다. 토지조사사업을 진행시켜 소유권의 불명확을 이유로 토지를 접수하고 척식사업을 추진하여 국책

49) 2016년도 개정에서는 새로이 쟁점으로 부각된 부분은 많지 않다. 다만 ③과 ④에 대한 서술 기조가 크게 달라졌으며, ⑤에서 조약의 합법성 여부 등은 일체 언급하지 않았다. 또한 ⑥은 <근대일본의 영토 확정>이라는 측면을 1905년의 사실이 아닌 1880년대에 소급하여 적용하고 있다는 점에 주의를 요한다.

50) 일본 고등학교 역사는 일본사 A, 일본사 B, 세계사 등으로 구분되고 있으며, 2012년과 2013년 2년에 걸친 교과서 검정에 이어 2016년과 2017년에 새로 교과서 검정이 이루어질 예정이다. 아래의 표는 2012년이후 검정된 교과서 중에서 주로 일본사 A, B에 기술된 부분을 소개한 것이다.

		회사로서 설립된 동양척식회사가 농업경영 및 금융사업을 추진하고, 철도건설과 연안항로의 개설도 본격화하였다. 학교에는 일본사와 일본어가 필수로 되고, 조선의 문화와 역사는 경시되었다. 식민지지배는 1945(소화 20)년 일본의 패전까지 유지되었다. [날개주 ③] 토지를 상실한 조선인은 소작인으로 되고 직업을 구해 일본과 만주로 유출되었다(東京書籍, 『新選 일본사 B』, 2013, 191쪽).
짓쿄 출판, 『신일본사 A』 (2013, 39쪽).		1910년 한국병합조약을 맺고, 한국을 식민지화하였다(한국병합). 일본은 한국을 폐멸하여 조선으로 고치고 수도 한성을 경성으로 개칭하여 조선총독부를 지배기관으로서 설치하였다(實敎出版, 『신일본사 A』, 2013, 39쪽).
짓쿄 출판, 『일본사A』 (2016, 73쪽)	토지조사사업을 진행하면서 소유권의 신고를 하지 않았던 토지와 촌의 공유지 등을 관유지(官有地)로 하였고, 조선총독부는 막대한 토지를 소유하는 것으로 되었다. 다수의 조선인농민은 토지를 잃었고 관유지를 불하받은 일본인 지주와 동양척식주식회사② 의 소작농으로 되었고 일본 및 만주에 이주하지 않으면 안되었다. [날개주 ②] 1908년 조선에온 인본인 농업이민을 보내기 위해 설립되었던 회사로 이민용지로서 광대한 농지를 소유하고 다수의 조선인을 소작인으로 사용하였다.	[한국폐멸] 1910년 일본정부는 한국정부에 합방조약을 체결하여 한국을 일본의 식민지로 하였다(한국병합).……토지조사사업을 추진하여 소유권의 신고를 하지 않은 토지와 촌의 공유지 등을 관유지로 접수하였고, 조선총독부는 엄청난 토지를 소유하는 곳으로 되었다. 다른 한편 많은 조선인 농민은 토지를 상실하고, 관유지를 불하받은 일본인지주와 동양척식회사의 소작인으로 되었고, 일본과 만주로 이주하지 않으면 안되었다(實敎出版, 『고교일본사 B』,2013, 187쪽).
시미즈쇼인, 『고등학교 일본사A 최신판』 (2016, 83쪽)	[한국병합] 그 후 일본은 1910년 제2차 카쓰라 타로 내각 때에 한국병합조약에 의해 한국병합을 강행하여 조선반도의 신민지화를 완성하였다.……총	[한국병합] 그 후 일본은 1910년 제2차 카쓰라 타로(桂太郞) 내각 때에 한국병합조약에 의해 한국병합을 강행하여 조선반도의 식민지화를 완

	독부는 토지조사사업을 시작하여 공유지와 신고하지 않은 많은 토지를 국유지가 되고 국책회사로서 설립된 동양척식회사의 토지에 편입시켰다. 그래서 다수의 농민이 토지를 상실하는 것으로 되었다.	성하였다.……총독부는 토지조사사업을 시작하여 공유지와 신고하지 않은 많은 토지를 국유지가 되고 국책회사로서 설립된 동양척식회사의 토지에 편입시켰다. 그래서 다수의 농민이 토지를 상실하는 것으로 되었다(清水書院, 『고등학교 일본사 A 최신판』, 2013, 92쪽).
시미즈쇼인, 『고등학교 일본사B 최신판』 (2013, 187쪽).		[한국병합] 그리고 의병운동이 격화되자 일본은 제2차 일러협상체결에 의해 러시아의 승인을 얻어 다음달 1910년 8월 한국병합을 강행하여 식민지로 하였다.……더욱이 총독부는 민족자본의 확동을 억제하였다. 또한 토지조사사업을 추진하여 공유지와 신고하지 않은 토지를 국유지로서 빼앗아 동양척식주식회사 등 일본의 토지회사에 낮은 가격에 불하하였다(清水書院, 『고등학교 일본사 B 최신판』, 2013, 187쪽).
야마가와출판사, 『신일본사 B』(2016, 296~297쪽)	[일러전후의 국제관계] 1910(메이지 43)년에 한국병합조약을 강요하여 한국을 식민지로 하였다(한국병합).……총독부는 지세부과의 기초로 되는 토지의 측량, 소유권의 확인을 조선전투에 실시하였지만(토지조사사업), 실제로는 소유권이 불명확하다는 등을 이유로 광대한 농지·산림이 접수되었다. 그 일부는 동양척식회사와 일본인 지주에게 불하되었다.	[일러전후의 국제관계] 1910(메이지 43)년에 한국병합조약을 강요하여 한국을 식민지로 하였다(한국병합).……총독부는 지세부과의 기초로 되는 토지의 측량, 소유권의 확인을 조선전투에 실시하였지만(토지조사사업), 실제로는 소유권이 불명확하다는 등을 이유로 광대한 농지·산림이 접수되었다. 그 일부는 동양척식회사와 일본인 지주에게 불하되었다(山川出版社, 『詳說 일본사 B』, 2012, 296쪽).
야마가와출판사, 『일본사A』 (2016, 87~89쪽)	총독부는 지세부과의 기초인 토지의 측량 및 소유권을 확인하기 위해 토지조사사업에 착수하여 1918년에 완료하였다. 그때 소유권이 불명확하다는	

	등을 이유로 광대한 농지·산림을 접수하여 그 일부는 일본인에게 불하하였다. 이것에 의해 소농민의 몰락이 진행되고, 그 일부의 사람들은 일자리를 구하기 위해 일본에 이주하려고 하였다. [칼럼 - 만주와 동척] 동양척식주식회사에 대해 자세히 설명하고, "토지조사사업에 의해 조선의 농민으로부터 빼앗을 토지를 합쳐 조선최대의 거대지주로 되었다. 만철과 동척은 동시에 일본의 패전으로 해제되었다"(89쪽)	
다이이치 학습사, 『일본사 A』(2016, 78~79쪽)	또한 1910년부터 토지조사사업을 실시하여 소유권이 확인되지 않았던 다수의 조선 농민으로부터 토지를 빼앗았다.③ [날개주 ③] 토지를 빼앗긴 조선 사람들의 다수는 만주 및 일본으로 건너와 열악한 노동조건에서 저임금을 받을 수밖에 없었다.	

위와 같이 일본 고등학교 『일본사 A』와 『일본사 B』에 서술된 한국병합과 조선토지조사사업에 대한 부분은 매우 간략한 형태로 기술되어 있다.

우선 도쿄 서적의 『일본사 A』에서는 토지조사사업이 실시되고 "총독부는 조선인 농민으로부터 수탈한 토지를 일본인 지주와 동양척식회사 등에 불하하였다"고 간단히 서술하였다. 이에 대하여 문부과학성은 "생도로서는 이해하기 곤란한 표현이라고 하면서 날개주 ②에 "토지소유권을 확정하여 지세를 징수하는 토지조사사업"과 관련하여 설명하라는 수정지시를 내리고 있다.

이러한 수정 지시의 원래 의도는 "토지조사사업이 근대적 토지소유권을 조사하여 확정하였던 사업"이라는 성격을 강조하라는 것으로 보인다.

이는 기존 교과서 서술에서 토지조사사업 이후 토지수탈과 농민층 몰락을 강조하기보다는 근대적 토지소유권 제도의 수립을 서술하여 일본 식민지 근대화가 이루어졌음을 의도적으로 서술하라는 지시로 생각된다.

현재 일본 고등학교 일본사 교과서에서는 일제의 조선토지조사사업이 끼친 영향을 서술하면서 식민지 지주제의 강화, 이에 따른 농민층 몰락만이 아니라 식민지근대화 정책으로서 근대적 소유권 제도 도입으로 설명하는 기술은 거의 보이지 않는다. 대부분의 교과서에서는 일본 식민지 지배의 무단통치 서술, 일본사와 일본어를 필수로 하는 동화정책, 농민층 몰락을 초래한 토지조사사업으로 서술하려고 하는 것이었다.

그럼에도 불구하고 토지조사사업 이후 국유지의 확대, 동양척식주식회사의 불하와 농업이민 등이 초래된 원인의 하나로 토지조사사업에서 '소유권이 불명확하다'는 것을 이유로 그렇게 되었다는 점을 서술하고 있는 부분이 문제이다. 이러한 서술은 도쿄 서적의 『신선 일본사 B』(2013, 191쪽)와 짓쿄 출판의 『일본사 A』(2016, 73쪽), 시미즈쇼인의 『일본사 A』(2016, 83), 야마가와 출판사의 『일본사 A』(2016, 89쪽), 『신일본사 B』(2016, 297쪽) 및 『상설 일본사 B』(2012, 296쪽), 다이이치 학습사의 『일본사 A』(2016, 78~79쪽) 등 모두 마찬가지로 서술되어 있다. 이는 일제의 토지조사사업에서 거의 모든 토지에 대해 소유권자를 확인할 수 있고 무신고토지는 미미한 정도에 불과했다는 최신의 연구를 무시하는 것이라고 할 수 있다.

한편, 중학교 사회(역사) 교과서와 비교해 보면, 일제의 식민지 통치와 토지조사사업에 대한 부분은 거의 비슷한 분량으로 서술되고 있었고, 내용상으로는 중학교 교과서가 도리어 토지소유권의 근대화로 토지조사사업을 설명한 반면, 고등학교에서는 이를 기술하지 않는 대신 농민수탈이라는 문제를 부각시키고 있음을 살펴볼 수 있다.

따라서 최근 개정된 일본 중·고등학교 역사교과서에서는 1910년 일제의 한국강제 병합과 식민지 지배 정책에 대해 몇 가지 편향을 가지고 서술하고 있다.

첫째, 1905년 이후 1910년까지 일련의 강제 조약을 설명하면서도 한국과 일본과의 조약에 대한 강제성 여부를 설명하지 않고 있다. 특히 러일전쟁 이후 미국 중개하에 이루어진 포츠머스 강화조약에 따라 자연스럽게 을사조약 등 한일 조약이 체결된 것으로 서술하는 한편, 1905년 이후 통감부 시기 외교권의 강탈과 통감부의 설치에 대한 한국인의 저항운동을 소개하면서 의병투쟁이나 안중근의 이토 히로부미 암살 사건 등을 일제의 지배에 반대하는 운동에 대해 무력으로 진압할 수밖에 없었다는 서술로 연결되고 있다. 이에 따라 1904년 한일의정서, 을사늑약, 정미7조약, 한국강제병합조약 등 조약의 불법성에 대한 논의를 아예 차단하고 있으며, 한국인의 국권회복을 위한 정당한 운동이었던 의병운동에 대해 철저하게 무시내지 배제하려는 입장에서의 서술을 하고 있다.

둘째, 1910년 일제의 식민지 지배정책에 대해서는 대부분 '동화'를 목적으로 하는 식민지 정책이었기 때문에 강압성에 문제가 있었다고 지적하고 있다. 특히 학교에서 일본어의 사용, 일본사와 수신교과서의 시행 등을 들어 일본 문화로의 동화정책이 조선인에게 반감을 주었다고 하였다. 그렇지만 토지조사사업이나 철도, 농업용수 시설 등 근대화 시설 등은 매우 긍정적으로 설명하고 있다. 다만, 토지조사사업의 결과 토지 없는 농민들이 다수 나타나게 되어 해외 이민이 어쩔 수 없었음을 지적하고 있다. 전반적으로 일제의 지배정책은 무리한 동화정책의 문제점을 지적하면서도 식민지 근대화 정책을 긍정적으로 서술하려는 방향으로 기술되고 있다.

2000년대 들어 출간된 중학교 역사교과서에는 일제가 조선에 시행한 제반 경제 사회정책에 대해 대부분 구체적인 언급이 없다. 1910년대 일제의 한국 강제 병합과 토지조사사업의 시행에 대한 언급이 대체로 언급되고 있을 뿐이다. 예를 들면, "조선에서 철도와 농업용수 등의 시설이 정비되었다"(교이쿠 출판, 2005, 133쪽), "일본은 조선총독부를 두고 대만과 유사한 통치를 행하였지만"(시미즈쇼인, 2005, 168쪽) 등이었다. 그만큼 일제의 수탈 사실을 포함하여 일제의 식민통치 전체에 대한 사실 기술을 가급적 회피함으로써 일제의 수탈성을 서술에서 배제하고 있다.

그렇지만 2005년에 출간된 후소샤와 지유사 등 2개의 우익교과서에서는 일제의 정책을 식민지 근대화론으로 적극적으로 부각시켜 서술하고 있다.

> "한국병합 후 설치된 조선총독부는 식민지정책의 일환으로 철로·관개를 정비하는 등의 개발을 행해, 토지조사를 개시했다. 하지만, 이제부터의 근대화사업에 따라 여태까지의 경작지로부터 쫓겨난 농민들도 적지 않고, 또한 그 외로도 조선의 전통을 무시하는 여러 가지의 동화정책을 진행시켰기 때문에, 조선 사람들은 일본에 대한 반감을 더해갔다."(『新編 新しい歴史教科書』, 自由社, 2005, 172~173쪽)

이러한 서술은 후소샤 교과서에 대한 앞서의 지적에서도 "식민정책이 근대화에 노력하였다"는 식으로 표현하고자 하였던 것에서도 알 수 있듯이, 전반적으로 식민지 정책의 일환으로 철도 부설과 관개 개선이 이루어져 근대화되었다는 것을 적극 강조하고 있는 것이다. 이는 대부분의 다른 교과서에서는 언급되지 않았던 것으로 최근의 우익적 관점을 본격적으로 드러내려는 경향의 단초라고 할 수 있다.

셋째, 일제의 식민지 농업정책에 대해 토지소유권 조사로서 1910년대 토지조사사업을 긍정적으로 서술하면서도 일제의 토지 수탈과 농정책의 기저에 대해서는 일본 중학교 교과서의 경우에는 아예 소개하거나 비판하지 않고 있다. 반면 토지수탈과 농민몰락에 대해 서술하고 있는 고등학교 일본사 교과서에서도 일제의 조선토지조사사업의 목적과 목표에 대해서 왜곡된 기술을 하고 있다. 일제의 사업에 대한 목적은 우선 일제의 지배기반, 즉 지방제도의 개편을 통한 면리단위까지의 지배권 확보, 농촌사회에서 토지소유자인 지주의 파악과 지세의 증수, 궁방전과 역둔토 등 국유지 확보와 임야에서의 대량의 국유지 창출, 일본인 대지주, 자본의 조선 진출 합법화 등을 마련하는 데 있었다.

더구나 일제의 사업은 어떠한 대한제국의 국민적 동의를 거치면서 수행된 것이 아니라 헌병경찰제도하에서 강제적, 강압적으로 위로부터 시행한 사업이었다. 그만큼 일제 당국의 일방적인 토지조사와 수탈 정책이었다. 이러한 사업의 식민지성에 대한 관점이 세워지지 않는다면 아무리 상세하게 서술한다고 해도 분절적이거나 부차적인 서술에 지나지 않을 것이다.

2) 한국 고등학교 역사교과서와 일제의 토지조사사업 서술 문제

현재 한국 고등학교 교과서에서 일제의 식민지 지배와 토지조사사업 서술을 알기 위해서는 기존 검정교과서 체제 이전 국정교과서의 관련 서술을 검토할 필요가 있다. 제7차 개정 교육과정에 따른 고등학교 국사교과서는 2002년부터 편찬되었는데, 2006년 3월부터 새로 수정된 국사교과서가 출판되었다.

> 가-1) 토지조사사업에서는 우리 농민이 토지 소유에 필요한 서류를 갖추어 지정된 기간안에 신고해야만 소유권을 인정받게 하였다. 그러나 당시 토지신고제가 농민에게 널리 알려지지 않았으며, 신고 기간도 짧고 절차가 복잡하여 신고의 기회를 놓친 사람이 많았다. 일제가 이와 같이 까다로운 신고 절차를 택한 것은 한국인의 토지를 빼앗기 위한

것이었다. 그 결과 일제는 미신고 토지는 물론 공공 기관에 속해 있던 토지, 마을이나 문중 소유의 토지와 산림, 초원, 황무지 등도 모두 조선 총독부 소유로 만들었다. 그리고 이렇게 탈취한 토지를 동양 척식 주식 회사를 비롯한 일본인의 토지 회사나 개인에 헐값으로 불하하였다(『고등학교 국사』, 2002년판, 180쪽).

가-2) 1910년에 시작된 토지조사사업은 1912년 토지조사령을 공포하면서 본격화되었다. 이 사업은 토지의 소유권, 토지 가격, 지형 및 용도를 조사하는 것이었다. 그런데 총독부는 당사자가 소유권을 증명할 수 있을 때에만 소유권을 인정하고, 대한제국 정부 소유지와 황실 소유지, 미신고 토지 및 소유관계가 불분명한 토지 등은 강제로 빼앗았다(『고등학교 국사』, 2006년 수정판, 244쪽).

2002년판 고등학교 국사교과서에서는 '토지신고주의'를 잘못해석하고 있다. 밑줄 친 부분과 같이, 당시 토지신고제가 널리 알려지지 않았다든지, 신고 기간도 짧고 절차가 복잡하여 신고의 기회를 놓친 사람이 많았다는 서술은 실제 사실과는 차이가 있다. 최근 토지조사사업 연구에 따르면, 당시 사업에서는 정해진 신고기간이 지난 이후에 토지신고서를 제출하였을 경우에도 그 신고가 타당하다고 인정되면 토지신고서를 접수하였다고 한다. 당시 조사한 총 필지수는 1,910만 1,989필이었는데, 이 중 무신고지는 9,355필로 전체의 0.05%에 불과하였다.[51] 토지조사사업에서는 토지소유자가 일정한 절차를 거쳐 토지신고서를 제출하면, 소유권에 이상이 없는 한 토지소유권자로 인정되었다고 보는 것이 타당할 것이다. 이런 연구

51) 조석곤, 2003, 『한국 근대 토지제도의 형성』, 해남, 386~389쪽 ; 조석곤, 2003, 「토지조사사업과 토지제도의 변화」『한국 농업구조의 변화와 발전』, 한국농촌경제연구원, 192~193쪽.

성과를 반영하여 '수정판' 국사교과서에서는 신고주의의 약탈성 서술을 삭제하였다. 일제의 토지수탈론이라는 잘못된 견해를 고쳤다는 점에서는 올바른 정정이라고 할 수 있다.

그럼에도 신고주의에 대한 서술부분에는 아직도 여러 문제가 남아있다. 우선 "당사자가 소유권을 증명할 수 있을 때에만 소유권을 인정하고"로 되어 있는데, 이러한 표현에서는 당사자가 소유권을 증명할 수 없었을 때는 소유권을 인정하지 않았으며, 그러한 사례가 많았을 것이라는 복선을 깔고 있다.[52] 고친 부분도 사실관계를 정확하게 설명한 것은 아니라고 할 수 있다. 이는 단지 어떻게 표현할 것인가의 기술적 차원이라기보다는 토지조사사업을 바라보는 시각과 관점의 문제일 것이다.[53] 일본 제국주의는 당시 토지조사사업을 통해 결국 일본 토지자본의 합법화와 조선인 지주 경제의 확대를 도모함으로써 식민지 지배의 경제적 기초를 쌓았다. 일본 자본주의의 폭력적 재편에 의한 조선 지배였다는 있는 사실을 그대로 이해할 필요가 있다. 따라서 토지조사사업으로 말미암아 근대적 토지소유권이 확립되었다는 일면적 설명은 당시 토지문제의 본질을 다루지 못한 것이라고 할 수 있다.

그러면 최근 사용하고 있는 2014년판 검정교과서의 서술을 각 교과서별로 비교해 보기로 하자.

---

52) 『한국 근·현대사』 검정교과서에서도 이 부분을 간단히 언급하는 정도다. "이 사업에서 지주는 조선 총독이 정한 기간에 토지를 신고하도록 규정하였다."(금성교과서, 2003, 156쪽), "일제는 토지조사사업을 통하여 근대적 소유권이 인정되는 토지 제도를 확립한다고 선전하였다."(중앙교육, 2003, 166쪽).

53) 최근 미야지마 히로시는 일제 토지조사사업에서 신고주의 채택은 조선사회 내부에서 사적 토지소유의 성립에 따른 것이라면서, 『미래를 여는 역사』(92쪽)에 기술되었듯이 농민의 경작권을 인정하는 것은 '학문적 성실성이 결여된 것'이라고 평가하였다(宮嶋博史, 2006, 「現在をも規定する土地調査事業」 『東洋文化研究』 8, 252~253쪽).

<표 3> 한국 『고등학교 한국사』의 사업 관련 기술(2014년판)

교과서명	일제의 토지조사사업 서술	문제점
교학사, 2) 「일제의 식민지 경제정책」 (243쪽)	일제는 1912년에 토지조사령을 공포하고 전국적인 토지조사사업을 시작하였다. 조선총독부는 이 사업이 지세를 공정하게 하고, 근대적인 토지 소유권을 확립하기 위한 것이라고 하였다. 그러나 주된 목적은 지세를 안정적으로 확보함으로써 식민지 경제 기반을 구축하려는 것이었다. 토지조사사업은 토지소유자가 조선 총독이 정한 기간 내에 자신의 소유지를 신고하면 토지조사국에서 소유권, 토지 가격, 지형 등을 조사 및 측량하여 토지대장과 지도를 작성하는 방법으로 진행되었다. 1918년에 마무리된 이 사업으로 신고 기한을 넘기거나 소유권이 불분명한 토지는 조선총독부의 소유가 되었으며, 동양 척식 주식회사와 일본인 농업 이주민에게 헐값으로 넘겨졌다. 토지조사사업으로 농민들이 가지고 있던 관습상 경작권을 부정되고 소유권만 인정되었다. 따라서 지주의 권한은 더욱 강화되었으나, 많은 농민들이 기한부 계약에 의한 소작농으로 전락하였다. 이들은 도시의 토막민이나 화전민이 되었으며, 만주나 연해주 등 해외로 이주하기도 하였다.	*토지조사 기간 잘못, 용어상 토지대장과 지도(지적도) 표기, 신고 기한 및 소유권 불분명한 토지 표기 문제 등 부분 오류임
금성출판사, 2. 식민지 조선, 창살없는 감옥(294쪽)	(생략) 조선 총독부는 1910년 임시 토지 조사국을 설치하고, 1912년 토지 조사령을 공포하여 본격적으로 토지 조사 사업을 시행하였다. 토지 조사 사업은 토지 소유자가 토지 신고서를 작성하여 일정한 기한 내에 직접 신고해야 소유권을 인정받을 수 있었다. 이 때문에 기한을 넘기거나 신고하지 못한 토지와 소유권이 불분명하였던 공유지, 황무지나 미개간지 등은 조선 총독부의 소유가 되었다. (중략) 토지 조사 사업에서 일제는 지주들의 소유권만 인정하고 농민들의 관습적인 경작권은 부정하였다. 그 결과 농민들의 지위는 약화되었고, 토지를 빼앗긴 농민들은 대거 소작농으로 전락하거나, 만주나 일본 등 국외로 이주하였다. 조선 총독부는 토지 조사 사업을 지세를 공정하게 하고 근대적 토지 소유권을 확립하기 위한 것이라고 선전하였다. 그러나 실제로는 식민 지배에 필요한 재정을 안정적으로 확보하는 데 목적이 있었다.	* 토지조사 기간 잘못(1910년부터 시행함), 기한을 넘기거나 신고하지 못한 토지 등 표현 문제

동아출판사, 2. 식민통치가 시작되다 (215쪽)	일제는 국권을 강탈하자마자 주요 자원과 산업을 통제하여 식민통치의 기반을 마련하였다. 1910년부터 근대적 토지 소유권을 확립한다는 명분으로 토지 조사 사업을 실시하였다. 실제로는 일본인들의 합법적인 토지 소유를 가능하게 하고, 식민통치에 필요한 지세를 안정적으로 확보하기 위한 것이었다. 토지 조사 사업으로 국가와 황실이 소유한 토지, 소유권이 불분명한 마을과 문중의 공유지, 황무지나 미개간지 등이 국유지가 되었다. 조선 총독부는 이 토지를 동양 척식 주식회사를 비롯한 일본인 회사에 넘겨주었다. 토지 조사 사업으로 농촌은 지주를 중심으로 개편되었다. 많은 농민들은 관습적으로 누려왔던 경작권 등을 잃어버리고, 기한부로 계약하는 소작농이 될 수밖에 없었다. 반면 일본인들과 일부 조선인들은 대지주로 성장할 수 있었다.	
리베르스쿨, 2. 일제의 식민 통치와 경제수탈 (278~279쪽)	일제는 식민지 지배의 토대를 구축하기 위해 1910년부터 토지 조사 사업에 착수하였고, 1912년에 토지 조사령을 공포하였다. 조선총독부는 이 사업의 목적이 근대적인 토지 소유권 확립을 위한 것이라고 선전하였지만, 실제로는 일본인의 토지 소유를 쉽게 하고 지세를 안정적으로 확보할 수 있는 법적 근거를 마련하기 위한 것이었다. 농민이 토지 소유권을 인정받으려면 신고주의 원칙에 따라 임시토지 조사국에 토지 신고서를 제출해야 하였다. 그런데 조선 총독부는 구비 서류나 절차를 매우 까다롭게 만들어 놓고 신고 기간을 짧게 정해 놓아 미신고 토지가 많이 나올 수밖에 없었다. 조선 총독부는 이러한 토지들과 함께 대한제국 황실 소유의 토지나 마을과 문중 소유의 토지는 물론이고 주인이 확실하지 않은 들판이나 삼림들까지도 국유지로 만들었다. 토지 조사 사업이 완료된 1918년에 조선 총독부는 전체 농경지의 약 10%, 전체 임야의 약 60%를 국유지로 편입하였는데, 이는 전 국토의 약 40%에 해당되었다. 이 중에서 비옥한 토지는 다시 동양 척식 주식회사나 조선으로 이주한 일본인에게 헐값으로 팔아넘겼다. 조선 총독부는 지주의 토지 소유권과 권리를 강화하였는데, 이는 지주를 포섭하여 일제의 협력자로 만들기 위해서였다. 지주들이 일제와 연결되어 토지 소유권을 강화하면서 농민	* 교과서 중 가장 상세하게 서술함, 설명 가운데 토지 신고 방식 중 미신고지 발생에 대한 서술은 오류임

	들은 관습적인 경작권을 보장받았던 예전과는 달리 다시 기한을 정해 계약해야 하는 계약제 소작농으로 전락하고 말았다. 한편, 일부 농민은 도시 빈민이 되거나 산지를 떠도는 화전민이 되었으며, 국외로 이주하기도 하였다.	
미래엔, 일제의 강점과 수탈 (243쪽)	(생략) 토지 조사 사업은 전국 토지의 소유권을 조사하여 식민 통치에 필요한 재정(지세)을 확보하고, 아울러 방대한 토지를 점탈하려는 것이었다. 토지 소유권을 인정받으려면 정해진 기간 내에 신고해야 했는데, 신고기간이 짧고 절차가 까다로워 기한 내에 하지 못한 농민이 많았다. 총독부는 지세 수입이 크게 늘었고, 미신고 토지나 국·공유지를 차지하였다. (중략) 토지 조사 사업의 결과 소작농으로 전락하는 농민이 많아졌다. 소작농은 영구소작권을 잃고 고율의 소작료 등 불리한 조건으로 지주와 계약을 해야 하였다. 살기 어려워진 농민은 화전민이 되거나 만주, 연해주 등지로 이주하였다.	* 토지신고절차와 과정에 대해 잘못된 기술
비상교육, 02, 일제의 침략과 식민지 지배 정책(274~275쪽)	토지조사사업 실시(1919~1918) 일제는 식민 통치의 기초 자료를 확보하기 위해 1912년에 토지조사령을 공포하고 본격적으로 토지조사사업을 시행하였다. 일제는 토지조사사업이 지세 부담을 공정히 하고, 근대적인 토지소유권을 확립하기 위한 것이라고 선전하였다. (중략) 토지조사사업은 총독이 정한 일정한 기간 안에 토지소유권자가 직접 신고하여 소유지로 인정받는 신고주의 방식으로 진행되었다. 이 과정에서 일제는 대한제국 황실 소유지인 궁방전과 관유지인 역둔토, 마을이나 문중의 공유지 등 특정한 소유자가 없는 토지를 총독부 소유의 국유지로 편입하였다. (중략) 일제는 토지조사사업 과정에서 농민의 도지권을 부정하고 지주의 소유권만을 인정하였다. 이 때문에 땅을 소유하지 못한 농민들은 관습적으로 인정받고 있던 경작권을 잃고 지주와 농지 임내 기간을 정해 계약해야 하는 소작농으로 전락하였다.	* 1912년 토지조사령으로 본격적으로 시행했다는 문장은 일부 잘못임.
지학사, 02. 일제의 식민 통치와 경제수탈 (283~284쪽)	(생략) 일제는 토지 조사 사업으로 근대적인 등기 제도를 실시하여 토지소유권을 보호한다는 구실을 내세웠다. 그러나 실상은 토지 대장에 누락된 토지를 조사하여 식민 통치에 필요한 지세를 안정적으로 확보하고, 왕실과 공공 기관에 속한 토지 및 주인이 불분명한 토지를 총독부가 차지하기 위함이었다.(중략)	* 신고주의를 강조하였지만, 이어 미신고 토지가 많았다는 인상을 지움.

	토지 조사 사업은 신고주의 원칙에 따라 소유권을 주장하는 지주가 필요한 서류를 구비하여 정해진 기일 내에 신고하면 이를 심사하여 인정하는 방식으로 진행되었다. 그 결과 조선 총독부는 미신고 토지, 왕실과 국가의 토지였던 궁방전과 역둔토 등을 모두 차지하여 최대 지주가 되었다. (중략) 토지 조사 사업으로 토지에 대한 지주의 소유권만 인정되고 종래 농민들이 누려왔던 관습적인 경작권이나 영구 소작권은 부정되었다. 그리하여 농민들은 기한부 계약에 의한 소작농으로 전락하였고, 이로 말미암아 소작료가 크게 올랐다. 소작권마저 잃은 가난한 농민들은 생계를 유지하기 위하여 화전민이 되거나 만주, 연해주, 일본 등지로 떠났다.	
천재교육, 2. 무단통치와 토지조사사업(243쪽)	일제는 지세의 공정한 부과와 근대적 토지 소유권을 확립한다는 명분으로 토지 조사 사업을 실시하였다(1910~1918). 그러나 실제로는 지세 수입을 늘려 식민 지배에 필요한 재정을 확보하고, 일본인이 쉽게 토지에 투자할 수 있게 하려는 것이었다. 또한, 왕실과 국가 소유 토지, 마을이나 문중 소유 토지 등을 조선 총독부 소유지로 만들기 위한 목적도 있었다. 토지 조사 사업은 소유권자가 정해진 기간 내에 직접 신고하여 소유자임을 밝히는 방식으로 진행되었다. (중략) 또한, 토지 조사 사업 이후 일본의 농업 회사와 지주들이 조선에 대거 진출하였으며, 이들은 관습상 인정되던 소작인의 경작권을 무시하였다. 이로써 소작인은 기한이 정해진 계약에 따라 소작을 해야 했으므로 고율의 소작료를 부담하는 등 소작 조건이 크게 나빠졌다.	

2013년 이후 현생 고등학교 한국사로 사용되고 있는 8종의 『고등학교 한국사』에서 서술된 일제의 조선토지조사사업의 기술 내용이다.

우선 일제의 토지조사사업의 시점과 관련된 서술이 문제이다. 일반적인 교과서의 서술로서는 1910년 8월 22일 일본은 대한제국에 강제로 병합을 추진한 이후인 8월 23일 의정부의 결의를 통해 '토지조사법'의 시행을 공포하였다. 이는 이전에 토지조사국 관제를 미리 만들기는 했지만 아직 시행을 결정하지 않았는데, 이때부터 비로소 경기도와 경상북도 지역에 토지조사를 추진하였으며, 이후 1911년과 1912년에 계속하여 확대되었다.

다만 1912년 8월에 별도로 토지조사령을 내려 토지조사 방식의 일부 변경과 등기제도의 채택으로 변경한 것이었다. 이러한 사정을 잘못 이해하여 토지조사사업이 1912년부터 시작된 것으로 잘못 기술한 교과서는 위의 표와 같이 교학사, 금성출판사의 『고등학교 한국사』 교과서였다.

또한 토지조사사업시 토지신고 방식과 관련하여 '지주의 자율신고'와 미신고지의 문제가 잘못 기술된 부분이 많았다. 일반적으로 신고주의는 토지소유자가 토지신고서를 작성하여 일정한 기한 내에 직접 신고해야 소유권을 인정받을 수 있었다고 전제하면서도 신고과정에서의 문제점을 지적하고 있다. 교학사의 경우, "신고 기한을 넘기거나 소유권이 불분명한 토지"라는 기술이라든지, 미래엔의 경우도, "토지 소유권을 인정받으려면 정해진 기간 내에 신고해야 했는데, 신고기간이 짧고 절차가 까다로워 기한 내에 하지 못하는 농민이 많았다."고 하는 것은 일반적인 서술의 오류라고 할 수 있다. 더구나 상세히 기술한 리베르스쿨의 경우에도, "구비서류나 절차를 매우 까다롭게 만들어 놓고 신고 기간을 짧게 정해 놓아 미신고 토지가 많이 나올 수밖에 없었다"고 기술하고 있다. 이는 실제 조사과정과는 커다란 괴리가 있었는데, 토지신고서의 작성은 본인이 스스로 작성하는 것을 원칙으로 하였지만 실제로는 지주총대가 일괄적으로 작성하는 경우가 많았고, 또한 지주 본인이 다시 확인하게 하였을 뿐만 아니라 과세지견취도와 결수연명부 상의 지주와 반드시 상호대조하여 확인하고 토지신고서를 재작성하게 하였기 때문에 위와 같은 서류절차나 미신고지가 발생할 가능성이 극히 적었다고 하겠다.[54)]

---

54) "무신고지는 별도의 조사를 거쳐 지주 혹은 그 토지와 관련된 사람이 밝혀지면 신고를 권유하고, 신고할 의사가 없을 경우 무신고지로 처리하였다. '사업'에서 조사한 총필지수는 1,910만 1,989필이었는데, 이중 무신고지는 9,355필로 전체의 0.05%에 불과하였다(『토지조사사업보고서』, 414쪽). 이 중에서 민간인이 소유자임이 드러난 무신고지는 411필에 지나지 않았다. 소유자가 드러났음에도 신고를 받지 않은 이유는 소유자가 그 토지에 대한 장래 과세가 두려워 소유권을 포기하였기 때문이었다. 결국 조사대상토지에 대해서는 거의 완벽하

다음으로 쟁점이 될 수 있는 것은 조선총독부의 토지조사사업의 목적이 식민통치의 기초자료를 확보하기 위한 것이라고 하거나, 아니면 지세부담을 공정히 하고 근대적인 토지소유권을 확립하기 위한 것이라고 '선전'하였다고 기술하고 있다. 그리고 사업의 결과에 대해 지세수입의 확대, 국유지의 대규모 창출에는 상세히 설명하였지만, 식민지 통치의 기초자료를 확보하거나 경제 기반을 창출한다는 의미만 설명하는 것에 그치고 있다. 일제의 토지조사사업이 목적과 그 성과에서도 근대적인 토지소유권의 확립이라는 문제를 명확하게 서술한 교과서는 없었다. 이는 소위 식민지 근대화론과 관련된 부분이기 때문에 뚜렷하게 설명하지 못하는 부분이 있다. 다만 토지조사사업의 결과 대규모의 국유지 창출을 배경으로 동양척식주식회사와 일본일 지주들에게 헐값으로 불하하여 식민지 지주제를 확대시켰다는 사실은 예외없이 기술하고 있다.

마지막으로 쟁점 사항은 사업이 토지소유권만 인정하고 농민적 경작권을 배제시켰다는 문제이다. 대부분의 교과서에서는 많은 농민들이 관습적으로 누려왔던 경작권, 혹은 영구 소작권 등을 잃어버리고, 기한부 계약으로 소작을 계약하여 고율의 소작료 등 불리한 조건으로 지주와 계약을 해야 했다는 점을 부각시켜 설명하고 있다. 1910년 이전까지 조선 농촌에서 지주소작제의 채권적인 권리가 아니라 물권적인 농민적 경작권이 보장되어 있었는가에 대해서는 이미 1907년이래 일제의 조선관습조사에까지 소급될 수 있는 문제였다.[55] 일본은 부동산법조사회나 법전조사국을 통해

게 토지신고서가 제출되었다고 보아도 무방하다."(趙錫坤, 1986, 앞의 논문 참조).

55) 윤대성, 1991, 「일제의 한국관습조사사업과 민사관습법」『(창원대)논문집』 13-1 ; 김태웅, 1994, 「1910년대 전반 조선총독부의 취조국·참사관실과 '구관제도조사사업'」『규장각』 16 ; 최원규, 1996, 「대한제국과 일제의 土地權法 제정과정과 그 지향」『동방학지』 94 ; 심희기, 2003, 「일제강점 초기 '식민지 관습법'의 형성」『법사학연구』 28 ; 배성준, 2009, 「통감부시기 관습조사와 토지권 관습의 창출」『사림』 33 ; 이승일, 2009, 「일제의 관습조사와 전국적 관습의 확립과정

이미 전국적인 조사를 거쳐 영소작권, 농민적 경작권 등을 부정해 놓은 상태였다. 이를 토대로 하여 일제는 토지조사사업을 강행하였던 것이다. 따라서 토지조사사업시기에는 당연히 소작농민의 물권적 권리를 부인하고 지주 위주의 소유권 확정과 식민지 지주제의 정책을 폈던 것이다.

이렇게 본다면 위의 표에서 언급한 토지조사사업 관련 서술에서 기초적인 사업의 착수 기간, 토지신고의 절차와 확인, 사업의 목적과 성과 평가, 소작 농민층의 권리 문제 등이 일부 미흡하게 다루어지고 있음을 확인할 수 있다.

3) 일제의 토지조사사업과 식민지 근대화에 대한 평가 문제

이상과 같이 2000년대 들어 한국과 일본의 중·고등학교 교과서에서 일본의 조선토지조사사업에 대한 기술 내용과 분량은 거의 일정한 틀로 기술되고 있다. 한 가지 첨가하고 싶은 것은 일본의 중·고등하교 역사교과서에서는 조선의 토지소유권 발달 정도에 대해서는 부정적이라는 점이다. 즉, "토지제도의 근대화를 목적으로 하여 일본이 행한 토지조사사업에는 소유권이 명확하지 않아 다수의 조선 농민이 토지를 상실하였다. 그러한 사람들은 소작인이 되고 일본과 만주에로 이주하지 않으면 안되었다."(東京書籍, 2015, 『新編『新しい歷史教科書』, 180쪽)는 표현이다. 이러한 서술로는 토지조사사업을 시행할 때 한국의 토지소유권 자체가 발달하지 않아 명확하게 구분되지 않았기 때문에 많은 농민들이 토지를 잃는 것으로 오해되기 쉽다. 다수의 농민들이 소유권의 문제로 토지를 상실한 것은 주로 국유와 민유의 분쟁을 통해서 발생하였다. 궁장토나 역둔토를 실제

연구 -『관습조사보고서』의 편찬을 중심으로」『대동문화연구』 67 ; 李英美, 2005,『韓國司法制度と梅謙次郎』(법정대학출판국, 일조각 번역, 2011) ; 이승일, 2008,『조선총독부 법제정책』, 역사비평사 참조.

경작하고 있었던 소작농민들이 토지의 유래에 따라서 본래 소유하고 있었던 토지임에도 불구하고 국유지 창출 정책으로 인하여 소유권을 인정받지 못하고 방출된 경우를 말한다.

또한 1910년대 조선 농민들의 토지상실에 대한 이유는 토지의 상품화, 자본화와 더불어 지주제의 강화, 지세의 증수 등 복합적인 원인이 작용하고 있다. 그 중에서 토지의 자본화와 지주제의 강화가 가장 큰 요인으로 간주할 수 있다. 따라서 농민들이 가진 토지소유권이 불명확하기 보다는 일제의 지배정책의 영향이라고 할 수 있다. 따라서 "총독부는 토지소유자의 조사를 추진하였는데 그 결과 토지는 진출한 일본인이나 조선의 유력자들 아래로 집중되었다. 그 때문에 많은 농민이 토지를 잃고 생활이 곤란한 사람들은 일본이나 만주 등으로 이주하게 되었다."(日本書籍, 2016, 『일본사 A』, 182~83쪽)고 간단히 기술되어 있는 것이 문제이다.

따라서 일제의 토지조사사업에 관한 식민지 수탈성에 대한 보다 구체적이고 적실하게 서술되어야 한다. 최근 일본 근대경제사가인 미야지마 히로시(宮嶋博史)는 일제의 '사업'의 수탈성 서술에 대하여 비판적인 입장을 제시하였다. 그는 토지조사사업 실시 과정에서 제기된 문제로서 ① 신고주의에 대하여 농민의 소유지를 신고하지 않는 경우가 많고, 지주총대와 지역의 유력자들이 농민의 소유지까지 자신의 소유지로 신고하였다는 것이 많았다는 설명(이재무, 1955)은 실증적으로 부정되는 사실이라고 지적하였다. 사업에 있어서 각 토지의 소유자는 명확하게 있으므로 신고주의에 의해 소유자가 결정되는 것도 문제가 발생하지 않았다고 보았다. ② 국유 민유의 분쟁지 문제에 대해서는 소유권 사정시 복수의 사람들이 소유권을 신고한 경우, 소유권이 의심되는 경우 등이 분쟁지로 취급되었는데, 분쟁지는 전체 조사필지수의 약 0.5%인 9만 9,400여필의 토지에서 발생되고 그 중에서 3만 4천건은 화해되었으므로 분쟁지는 큰 문제가 아니었다고 보았다. ③ 국유와 민유의 분쟁에 대해서는 대한제국의 국유지조사에서도 문제가 발생되었고, 국유지에 대한 애매한 토지가 많았으므로 민유지로 인정하려고 하였으나 세수의 확보와 일본인 이민 장려와 관련하여 다수의 국유지가 필요하였다고 보았다.[56)]

그러나 미야지마식의 사업 이해와 비판은 일제의 사업에서의 강제성을 포괄적으로 해석하지 않으려는 기본 인식을 가지고 있으며 실증연구를 근거로 사적 소유권의 발달과 추인이라는 일방적인 과정으로만 설명하고 있다는 데 일차적인 문제가 있다.

1910년 당시 일제는 사업의 추진과정에서 강제성을 동원했을 뿐만 아니라 지주의 신고주의에서도 다른 신고서류, 즉 결수연명부와 과세지견취도들을 철저하게 조사하면서 지주의 토지신고를 압박해 나갔다.[57)] 또한 분쟁지의 문제는 이미 1906년부터 시작된 일본인의 토지소유합법화와 국유지조사 정책을 통해서 사전에 조정했을 뿐만 아니라 분쟁 소송 이전에 화해를 유도하여 미연에 방지하기도 하였다. 특히 분쟁지는 대개 조선인과 일본인, 국유와 민유 사이에 발생한 것으로 일본의 불법적인 토지 침탈이 주요 원인이었다는 사실을 간과하고 있다. 더욱이 국유와 민유의 분쟁에서는 양자간의 소송의 한계를 분쟁 제기 후 20년 이내의 것으로 한정하였다는 점도 작용하여 조선후기이래 계속되어온 국유와 민유의 전체 토지를 대상으로 하지 않았다.

또한 일제의 식민지 통치정책 중에서 토지조사사업의 결과와 식민지 근대화와의 관련성에 대한 문제도 있다. 전반적으로 서술 기조는 일제의 식민지 조선 통치에 대해서는 간략하게 기술하는 대신, 식민지 근대화 정책에 대해서는 아예 서술을 배제하려는 경향을 보여준다. 1920~1930년대 식민지 조선의 사회 경제 상태의 변화에 대한 서술은 도리어 지극히

56) 宮嶋博史, 2006, 「朝鮮土地調査事業 實態」『동양문화연구』 8, 238~249쪽.

57) 왕현종, 2007, 「경남 창원지역 토지조사의 시행과정과 장부체계의 변화」『역사와 현실』 65 참조.

적은 편이다.

종전 2010년대 이전에는 이 부분에 대한 서술이 일부 기술되고 있었다. 예컨대, 야마가와 출판사의 2007년도 일본 고등학교 검정 『일본사 B』에서는 일제 식민지 통치하에서 산미증식계획이 비록 쌀의 증산과 일본으로의 유출을 위한 것이었다고 하면서도 여러 생산력 증대 조치에 힘입어 쌀의 생산량이 상승했다는 점을 강조하고, 중화학 공업의 육성을 통해 조선인 중견간부도 양성되었다는 측면을 강조하였다. 또한 초등학교 취학률의 상승 등이 조선인의 성장과 발전에 도움을 주었다고 결론지었다.[58] 이렇게 일제의 개발 정책이 식민지 근대화에 큰 역할을 했다는 내용으로 오해할 만한 서술이 포함되어 있었다.

그렇지만 한국역사교육학회는 일본 검정교과서의 식민지하 조선의 사회 경제적 변화에 대한 잘못된 기술이라고 계속 지적함으로써 이러한 부분은 이후 다행히 삭제되었다. 그럼에도 이후 일본사 교과서에서 식민지 조선의 수탈정책과 평가에 대한 부분이 일체 삭제됨으로써 도리어 일제의 식민지 지배정책 전반을 이해하지 못하는 상황을 초래하기도 하였다.

4. 맺음말

최근 한국 근현대사에 대한 역사 서술은 주변 이웃인 중국과 일본을 포함시켜 동아시아사의 전개와 밀접하게 서술되는 경향을 가지고 있다. 반면에 일본의 역사서술은 종전 19세기 중반 이후 일본의 침략 사실인 '타이완 침략'이나 '정한론(征韓論)'을 부각시키지 않고, 일본 근대사 역사

58) 산천출판사, 2007, 『신일본사』, 319~320쪽 ; 정재정, 2008, 「일본사 교과서에 기술된 식민지지배와 민족운동 - 2007년도 검정 합격본의 경우」 『한일관계사연구』 30, 283~284쪽, 재인용.

서술의 주조는 메이지 유신 이후 아시아 최초의 입헌제 국가의 성립과 발전에 초점을 두고 있다. 다만 1894년 청일전쟁과 1904~5년도 러일전쟁을 통하여 일본의 제국주의국가화를 강조하기는 하지만, 이 역시도 일본제국의 발전과정으로서 해석하기는 마찬가지였다.

이러한 일본 근대사 서술에서 1910년 일제의 강제병합은 일본제국을 형성하는데 중요한 계기로 보기는 하지만, 어디까지나 근대제국으로서의 일본 형성과정과 일본 본국과 식민지간의 통치 방식에만 관심을 기울이고 있다.

이러한 일본 근대사의 이해는 근대 동아시아사의 전개, 특히 한국의 독립과 보호국, 식민지로의 전락이라는 일본의 침략과정과 맞물려 일방적인 인식을 강조하는 것이다. 올바른 근대 동아시아사의 이해는 이웃한 국가간의 경쟁과 갈등뿐만 아니라 당해 사회에 살고 있는 동아시아 민중의 입장에서 다시 인식할 필요가 있다.

이러한 문제의식의 초점 변화를 위해서는 일제의 침략과정과 식민지 지배에 대한 보다 정확한 문제의식과 실증적인 서술이 필요하다. 일제의 조선토지조사사업에 대한 서술은 그런 의미에서 하나의 시금석을 제공해 준다. 일제가 토지조사를 통하여 토지의 수탈과 농민의 몰락을 초래했다는 입론은 이제 학술적으로 극복되었지만, 반면에 근대 토지소유제도의 확립과 식민지 지주제를 통한 식민지 근대화를 연결시키는 탈식민지적 근대화론도 비판받아야 한다.

따라서 당대 역사적 현실은 오늘날 동아시아 민중의 입장에서 재평가가 필요하다고 하는 것처럼, 식민지 토대 구축을 위한 토지조사사업의 역사적 성격을 규정할 때, 근대사의 발전과정으로만 해석할 것이 아니라 결국 파멸할 수밖에 없는 일본제국주의의 종말에 대한 준엄한 역사인식과 더불어 더 이상 고통받아온 민중의 삶을 외면하지 말아야 한다는 근본적인 역사비판의식으로 접근해야 한다는 문제의식의 전환이 필요한 시점이다.

참고문헌

Ⅰ. 조선후기 토지제도·농민 관련 주요 논문

1) 資料

『經世遺表』, 『朝鮮王朝實錄』, 『備邊司謄錄』, 『承政院日記』, 『增補文獻備考』, 『度支志』
『全羅道高山縣己卯降續降等陳田正案』(규15031), 2책, 영조 35년(1759)
『新補受教輯錄』 戶典 量田(규장각자료총서 법전편, 1997, 서울대학교 규장각)
『居官大要』(奎古5122－7), 『湖西邑誌』(1871), 『量田事目』(庚辰5月, 純祖20)
『田畓等別記』(B13G86, 국사편찬위원회 소장), 「量案」(『雪村古文書』 국민대학교 박물관 소장), 『溫陽量案 抄-東上面(上, 下)』(규17667, 18-5~6)
『臨時財産整理局事務所要綱』, 『全羅道庄土文績』(규19301), 『明禮宮元結及田畓收稅井間冊』(규19577), 『明禮宮新買新屬田畓收稅總案』(규19580), 『往復書類綴』(규20610), 『明禮宮捧下冊②』(규19075), 『各道郡各穀時價表』(규21043), 『明禮宮屬付興德縣所在陳基燮畓土開錄量案』(규18224), 『高敞縣所在明禮宮畓量案』(규18229), 『明禮宮屬付茂長縣所在興德陳基燮畓土開錄量案』(규18225), 『扶安縣所在明禮宮屬付畓土量案』(규18223) 1책, 『全羅道高敞縣明禮宮畓楮田各面賭租成冊』(규20506), 『全羅道興德縣沙浦·後浦·牛浦·石湖等 四浦口都旅客主人節目』(규18288의 19), 『明禮宮秋收記』(규21914), 『經理院驛屯土成冊』(규20249), 『民狀置簿冊』(규고 5125-63), 『明禮宮秋收記』(규22037), 『內藏院各部府來牒』, 『草亭集』, 『參考書綴』(규21701)

2) 저서

金容燮, 1995, 『增補版 朝鮮後期農業史研究Ⅱ』, 지식산업사.
金容燮, 1990, 『朝鮮後期農業史研究』 2, 一潮閣.
金容燮, 1995, 『朝鮮後期農業史研究』, 지식산업사.
金容燮, 2000, 『韓國中世農業史研究』, 지식산업사.
金容燮, 2004, 『新訂 增補版 韓國近代農業史研究 Ⅰ』 지식산업사.
망원한국사연구실 (19세기 농민항쟁분과), 1988, 『1862년 농민항쟁 - 중세말기 전국 농민들의 반봉건투쟁』.

손병규, 2008,『조선왕조 재정시스템의 재발견 - 17~19세기 지방재정사 연구』, 역사비평사.
신용하, 1996,『동학과 갑오농민전쟁연구』, 일조각.
원종규 외, 1995,『갑오농민전쟁100돌기념논문집』, 집문당.
이대근 외, 2005,『새로운 한국경제발전사 - 조선후기에서 20세기 고도성장까지』, 나남.
李榮薰, 1988,『조선후기사회경제사』, 한길사.
정창렬, 2014,『갑오농민전쟁』, 선인.
최윤오, 2006,『조선후기 토지소유권의 발달과 지주제』, 혜안.
하원호, 1997,『한국근대경제사연구』, 신서원.
한우근, 1971,『동학난기인에 관한 연구 - 그 사회적 배경과 삼정의 문란을 중심으로』, 한국문화연구소(1971, 1986, 서울대학교 출판부 간행).
홍이섭, 1959,『정약용의 정치경제사상연구』, 한국연구총서 3집, 한국연구원.
한국역사연구회 토지대장연구반, 2008,『조선후기 경자양전연구』, 혜안.

3) 논문

고동환, 1991,「19세기 부세운영의 변화와 그 성격」『1894년 농민전쟁연구(1)』, 역사비평사.
김건태, 1999,「갑술·경자양전의 성격」『역사와 현실』 31, 한국역사연구회.
김건태, 2000,「경자양전 시기 가경전과 진전 파악 실태 - 경상도 용궁현 사례」『역사와 현실』 36.
김도형, 1983,「대한제국의 개혁사업과 농민층동향」『한국사연구』 41, 한국사연구회.
김선경, 1990,「'1862년 농민항쟁'의 도결 혁파요구에 관한 연구」『이재룡환력기념 한국사학논총』, 한울.
金容燮, 1968,「고종조의 균전수도문제」『동아문화』 8, 서울대 동아문화연구소.
金容燮, 1970,「양안의 연구」『조선후기농업사연구 I』, 일조각.
金容燮, 1974,「갑신·갑오개혁기 개화파의 농업론」『동방학지』 5, 연세대 국학연구원.
金容燮, 1974,「철종 壬戌改革에서의 應旨三政疏와 그 농업론」『한국사연구』 10.
金容燮, 1978,「한말·일제하의 지주제 - 사례 4 : 고부김씨가의 지주경영과 자본전환」『한국사연구』 19.
金容燮, 1978,「한말에 있어서의 중답주와 역둔토지주제」『동방학지』 20.
金容燮, 1981,「土地制度의 史的推移」(『韓國中世農業史研究』, 지식산업사, 2000 재수록).
金容燮, 1983,「前近代의 土地制度」『韓國學入門』, 學術院.
金容燮, 1989,「朝鮮後期 土地改革論의 推移」『東方學志』 62.
金容燮, 1995,「朱子의 土地論과 朝鮮後期 儒者」『增補版 朝鮮後期農業史研究』II, 지식산업사.
金容燮, 2000,「결부제의 전개과정」『한국중세농업사연구』, 지식산업사.

金駿錫, 1996,「柳馨遠의 公田制 理念과 流通經濟 育成論」『人文科學(延世大)』 74.
남금자, 2014,「19세기 충주지역 외척 세도가의 토지소유와 지주경영」, 충북대학교 사학과 박사학위논문.
朴宗根, 1963,「茶山 丁若鏞의 土地改革思想의 考察」『朝鮮學報』 28.
박찬승, 1986,「丁若鏞의 정전제론 고찰 - "경세유표" '전제'를 중심으로 -」『역사학보』 110, 역사학회.
방기중, 1990,「19세기전반 조세수취구조의 특질과 기반」『국사관논총』 17, 국사편찬위원회.
송찬섭, 2000,「숙종대 재정 추이와 경자양전」『역사와 현실』 36.
愼鏞廈, 1983,「茶山丁若鏞의 井田制土地改革思想」『金哲俊博士華甲紀念史學論叢』, 김철준박사 화갑기념 사학논총 간행준비위원회..
愼鏞廈, 1987,「갑오농민전쟁과 두레와 집강소의 폐정개혁 - 농민군 편성. 집강소의 토지정책, 다산의 여전론. 정전론 및 '두레'의 관련을 중심으로」『한국사회사연구회논문집』 8, 문학과 지성사.
안병욱, 1989,「19세기 부세의 도결화와 봉건적 수취체제의 해체」『국사관논총』 7, 국사편찬위원회.
염정섭, 2000,「숙종대 후반 양전론의 추이와 경자양전의 성격」『역사와 현실』 36.
오세창, 1988,「영학당 연구」『계촌민병하교수정년기념사학논총』.
오인택, 1992,「숙종대 양전의 추이와 경자양안의 성격」『부산사학』 23.
오인택, 1996,「17·18세기 양전사업 연구」, 부산대 사학과 박사학위논문.
오인택, 2000,「경자양전의 시행 조직과 양안의 기재 형식」『역사와 현실』 38.
왕현종, 1991,「19세기말 호남지역 지주제의 확대와 토지문제」『1894년 농민전쟁연구(1)』 역사비평사.
왕현종, 2002,「18세기 후반 양전의 변화와 '시주(時主)'의 성격 : 충청도 회인현(懷仁縣) 사례를 중심으로」,『역사와현실』 41.
원재영, 2014,『조선후기 황정연구』, 연세대학교 박사학위논문.
이세영, 1983,「18·9세기 곡물시장의 형성과 유통구조의 변동」『한국사론』 9.
이세영, 1985,「18·9세기 양반토호의 지주경영」『한국문화』 6.
이영호, 1991,「대한제국시기 영학당운동의 성격」『한국민족운동사연구』 5.
李榮薰, 1985,『조선후기 토지소유의 기본구조와 농민경영』, 서울대 경제학과 박사학위논문.
李榮薰, 1985,「開港期 地主制의 一存在形態와 그 停滯的 危機의 實相 - 明禮宮房田에 관한 事例分析」『경제사학』 9.
李榮薰, 1988,「양안의 성격에 관한 재검토 - 경상도 예천군 경자양안의 사례분석」『조선후기사회경제사』, 한길사.
李榮薰, 1996,「다산의 정전제개혁론과 왕토주의」『민족문화』 19, 민족문화추진회.
이헌창, 1985,「한국 개항장의 상품유통과 시장권 - 한국개항기에서의 시장구조의 변동을 초래한 일차적 요인 -」『경제사학』 9호.
정선남, 1990,「18, 19세기 전결세의 수취제도와 그 운영」『한국사론』 22, 서울대학교 국사학과.
정창렬, 1982,「한말 변혁운동의 정치 경제적 성격」『한국민족주의론』 1.
조성을, 1992,「丁若鏞의 정치경제 개혁사상 연구」, 연세대학교 박사학위논문.
조성을, 1998,「丁若鏞의 토지제도 개혁론」『한국사상사학』 10, 한국사상사학회.
崔潤晤, 1992,「肅宗朝 方田法 시행의 역사적 성격」『국사관논총』 38, 국사편찬위원회.
崔潤晤, 1997,「18, 19세기 서울 不在地主의 土地集積과 農業經營」『한국 고대 중세의 지배체제와 농민』, 지식산업사.
崔潤晤, 2000,「조선후기의 양안과 행심책」『역사와 현실』 36.
崔潤晤, 2001,「반계 유형원의 정전법과 공전제」『역사와 현실』 42, 한국역사연구회.
吉野誠, 1975,「朝鮮開國後の穀物輸出について」『조선사연구회논문집』 12.

Ⅱ. 대한제국기 토지제도·농민관련 주요 논문

1) 資料

① 個人記錄 및 자료 - 金允植,『續陰晴史』(국사편찬위원회, 1955), 兪吉濬,『兪吉濬全書』(Ⅰ-Ⅳ)(일조각, 1971), 黃玹,『梅泉野錄』(국사편찬위원회, 1955),『梧下記聞』, 李沂,『海鶴遺書』(국사편찬위원회, 1955), 兪致範,『一哂錄』(고려대학교 도서관), 吳知泳,『東學史』(1926, 초고본, 1940, 영창서관).

② 官撰文書 -『高宗純宗實錄』,『秘書院日記』,『舊韓國官報』.『奏議·奏本』,『章程存案』(규17237),『議案』(규20066),『議奏 勅令(上)』,『訴狀①』(고 5125-106),『上疏存案』(규17232),『漢城府去來案』(규17984),『漢城來案』, 奎章閣 所藏量案資料,「勸農節目」(규3261),『三政策』(1-2),『增補文獻備考』,『忠淸北道懷仁縣量案』(규17684),『量案』(光武年間 各郡量案) 등

2) 저서

김상용, 1995,『토지소유권 법사상』, 민음사.
김양식, 2000,『근대권력과 토지 - 역둔토 조사에서 불하까지 -』, 해남.
金容燮, 1992,『한국근현대농업사연구 ; 한말·일제하의 지주제와 농업문제』, 일조각(『韓國近現代農業史硏究』, 지식산업사, 2000).
金容燮, 2001~2004,『韓國近代農業史硏究』 1~3, 지식산업사.
김홍식 외, 1990,『대한제국기의 토지제도』, 민음사.
朴秉濠, 1974,『韓國法制史攷』, 법문사.
사계절편집부, 1983,『한국근대경제사연구』, 사계절.

孫禎睦, 1982,『韓國開港期 都市變化過程研究』, 일지사.
신영우 외, 2010,『광무양안과 충주의 사회경제구조』, 혜안.
신영우 편, 2012,『광무양안과 진천의 평산신씨 무반가문』, 혜안.
심희기, 1992,『한국법사연구』, 영남대학교 출판부.
역사학회, 2007,『한국 역사학의 성과와 과제』, 일조각.
元永喜, 1972,『韓國地籍史』, 新羅出版社.
이영호, 2001,『한국근대 지세제도와 농민운동』, 서울대 출판부.
한국역사연구회 토지대장연구반, 1995,『대한제국의 토지조사사업』, 민음사.
한국역사연구회 토지대장연구반, 2010,『대한제국의 토지조사와 근대』, 혜안.
吉田光男, 2009,『近世ソウル都市社會研究：漢城の街と住民』, 日本 草風館.

3) 논문

강은경, 2010,「광무양안에 나타난 충주군 율지면 남창마을」『역사와 실학』42.
金容燮, 1968,「光武年間의 量田·地契事業」『韓國近代農業史研究』(재수록, 일조각, 1975 ;『韓國近代農業史研究(下)』, 증보판, 일조각, 1984).
金容燮, 1984,「韓末 高宗朝의 土地改革論」『東方學志』41(『韓國近代農業史研究(下)』 증보판, 재수록, 일조각).
金容燮, 1988,「近代化過程에서의 農業改革의 두 方向」『한국자본주의 성격논쟁』, 대왕사.
김의환, 2010,「충주 豊德 마을의 모습과 농민층의 토지소유」『역사와 실학』42.
김종근, 2003,「서울 중심부의 일본인 시가지 확산」『서울학연구』20.
민유기, 2007,「한국의 도시사 연구에 대한 비평과 전망」『사총』64.
朴慶龍, 1992,「大韓帝國時代 漢城府 研究 - 漢城府 [去文] 內容을 中心으로 - 」『水邨 朴永錫 敎授華甲記念 韓國史學論叢(下)』(『開化期 漢城府研究』, 1995, 一志社, 재수록).
박경안, 2010,「대한제국기 忠州郡 金目面의 주막에 관하여」『역사와 실학』42.
박은숙, 2009,「개항기(1876 ~ 1894) 한성부 5부의 차별적 변화와 자본주의적 도시화」『한국사학보』36.
박찬승, 2002,「러일전쟁 이후 서울의 일본인 거류지 확장 과정」『지방사와 지방문화』5-2.
서태원, 2008,「대한제국기 충주군 양안을 통해서 본 연원마을」『역사와 실학』37.
서태원, 2010,「대한제국기 충주군 양안을 통해서 본 가흥역마을」『역사와 실학』42.
愼鏞廈, 1976,「김용섭 저『한국근대농업사연구』서평」『한국사연구』13, 한국사연구회.
왕현종, 1991,「(서평)광무양전사업의 다양한 성격과 좁은 시각」『역사와 현실』5, 한국역사연구회.

왕현종, 1992, 「한말(1894-1904) 지세제도의 개혁과 성격」『한국사연구』 77, 한국사연구회.

왕현종, 1995, 「대한제국기 양전·지계사업의 추진과정과 성격」『대한제국의 토지조사사업』, 민음사.

왕현종, 1997, 「19세기 후반 地稅制度 改革論과 甲午改革」『韓國 近現代의 民族問題와 新國家建設』, 지식산업사.

왕현종, 1997, 「대한제국기 한성부의 토지·가옥조사와 외국인 토지침탈대책」『서울학연구』 10, 서울학연구소.

왕현종, 1999, 「광무양전·지계사업」『한국사42 - 대한제국』, 국사편찬위원회.

왕현종, 2001, 「갑오개혁기 개혁관료의 상업육성론과 경제정책」『한국학보』 2001년 겨울호, 105, 일지사.

왕현종, 2004, 「대한제국기 지계아문의 강원도 양전사업과 관계 발급」『동방학지』 123, 연세대학교 국학연구원.

왕현종, 2004, 「『한국근세지역경제사 - 전라도 영광군 일대의 사례 -』(정승진 저, 경인문화사, 2003)」『경제사학』 36.

왕현종, 2010, 「한말 한성부 지역 토지 가옥 거래의 추이와 거주지별 편차」『한국사연구』 150.

원재연, 2000, 「1880년대 문호개방과 한성부 남문내 명례방 일대의 사회, 경제적 변화」『서울학연구』 14호.

李炳天, 1985, 「開港期 外國商人의 侵入과 韓國商人의 對應」, 서울대 경제학과 박사학위논문.

이세영, 1995, 「대한제국기 농촌사회경제구조의 변화 ; 1900~1903년 경기도 광주부 북방면을 중심으로」『韓國文化』 16, 서울대 한국문화연구소.

이세영·최윤오, 1995, 「대한제국기 토지소유구조와 농민층분화」『대한제국의 토지조사사업』, 민음사.

이영학, 1991, 「광무양전사업 연구의 동향과 과제」『역사와 현실』 6, 한국역사연구회.

이영학, 1995, 「총설·대한제국기 토지조사사업의 의의」『대한제국의 토지조사사업』, 민음사.

이영호, 1990, 「대한제국시기의 토지제도와 농민층분화의 양상」『한국사연구』 69, 한국사연구회.

이영호, 1995, 「光武量案의 기능과 성격」『대한제국의 토지조사사업』, 민음사.

이영호, 2003, 「서평 : 『한국 근대 토지제도의 형성』(조석곤 저) - 도서출판 해남, 2003)」『경제사학』 35.

李榮薰, 1989, 「光武量田의 歷史的 性格 - 忠淸南道 燕岐郡 光武量田에 관한 事例分析」『近代朝鮮의 經濟構造』, 비봉출판사.

李榮薰, 1990, 「광무양전에 있어서 <시주> 파악의 실상」『대한제국기의 토지제도』, 민음사.

李榮薰, 1992,「광무양전에 있어서 <시주> 파악의 실상 2」『성곡논총』23, 성곡학술문화재단.

李榮薰, 1997,「量案上의 主 規程과 主名 記載方式의 推移」『조선토지조사사업의 연구』, 민음사.

이윤갑, 1995,「(신간서평)대한제국의 양전 지계발급사업을 둘러싼 제2단계 광무개혁 논쟁」『역사와 현실』16, 한국역사연구회.

이현종, 1967,「구한말 외국인 거류지의 種別과 性格 」『진단학보』31.

이현종, 1968,「구한말 외국인 거류지내의 상황」『사총』12.

임용한, 2010,「대한제국기 충주의 사원전과 사하촌」『역사와 실학』42.

전우용, 2001,「종로와 본정」『역사와 현실』40.

鄭暻稔, 2011,「광무양안을 통해 본 충북 소읍민의 경제상황」, 충북대학교 사학과 석사학위논문.

조동걸, 1981,「地契事業에 대한 定山의 農民抗擾」『사학연구』33, 사학연구회.

조석곤, 1995,「(서평) 한국역사연구회 근대사분과 토지대장반 : 대한제국의 토지조사사업」『경제사학』19, 경제사학회.

崔元奎, 1994,「韓末·日帝初期 土地調査와 土地法 研究」, 연세대 사학과 박사학위논문.

崔元奎, 1995,「대한제국기 量田과 官契發給事業」『대한제국의 토지조사사업』, 민음사.

崔元奎, 1996,「대한제국과 일제의 土地權法 제정과정과 그 지향」『동방학지』94.

최윤오·이세영, 1995,「光武量案과 時主의 실상 - 충청남도 온양군 양안을 중심으로」『대한제국의 토지조사사업』, 민음사.

崔潤晤, 2004,「대한제국기 충주군 양안의 지주제와 부농경영」『동방학지』128.

한국역사연구회 근대사분과 토지대장연구반, 1992,「(서평)'내재적 발전론'을 가장한 또 하나의 식민주의 역사인식」『역사와 현실』7, 한국역사연구회.

宮嶋博史, 1990,「광무양안의 역사적 성격」『대한제국기의 토지제도』, 민음사.

宮嶋博史, 1996,「量案における "主"の性格 - 1871年 慶尙道彦陽縣量案の事例」『論集 朝鮮近現代史 - 姜在彦先生古稀記念論文集』, 明石書店.

吉田光男, 1994,「大韓帝國期の서울 住民移動」『朝鮮文化研究』1, 東京大學 文學部 朝鮮文化研究室.

Ⅲ. 일제하 토지조사사업 관련 주요논문

1. 일제시기 토지조사사업에 관한 자료 및 논문

1) 자료

朝鮮總督府 臨時土地調査局, 1918,『朝鮮土地調査事業報告書』, 朝鮮總督府, 朝鮮總督府,『朝鮮總督府官報』,『朝鮮總督府統計年報』,『土地調査簿(경기도 지역 각군 각면)』,『매일

신보』, 조선총독부 임시토지조사국, 『局報』, 『朝鮮總督府 京畿道統計年報』(1911~1916), 한국농촌경제연구원, 1986, 『농지개혁시 피분재지주 및 일제하 대지주 명부』, 『京畿道事情要覽』(조선총독부 경기도 편찬, 1922), 『경기도 농촌사회사정』(경기도 내무부 사회과, 1924)

2) 단행본 및 논문

朝鮮總督府 臨時土地調査局, 1918, 『朝鮮土地調査事業報告書』, 朝鮮總督府.

和田一郎, 1920, 『朝鮮土地制度及地稅制度調査報告書』, 朝鮮總督府.

朴文圭, 1933, 「農村社會分化の起點としての土地調査事業に就て」 『朝鮮社會經濟史研究』 경성제국대학 법문학회 제1부 논집 제6책, 刀江書院.

朴文圭, 1934, 「朝鮮農村과 金融機關과의 關係」 『新東亞』 28, 1934년 2월.

朴文圭, 1935, 「朝鮮農業機構의 統計的解說」 『新興』 8, 1935년 5월.

朴文圭, 1936, 「조선 토지조사사업의 특질 : 반봉건적 토지소유제의 창출과정에 관한 분석」 『朝鮮土地問題論考』, 朝鮮人民報社.

印貞植, 1936, 「농업자본제화의 제형과 조선토지조사사업의 의의」 『비판』 4권 6호(1936.9)~5권 4호(1937.3).

印貞植, 1937, 「토지조사사업의 기축으로서 조선토지=농촌관계의 변혁과정」 『朝鮮農業機構分析』, 白揚社.

印貞植, 1940, 『朝鮮의 農業機構』, 白揚社.

朴文秉, 1936, 「농업조선의 검토 - 현단계의 조선 농업의 경제적 제관계의 해부」 『朝鮮中央日報』(1936년 6월 8일~8월 26일).

2. 해방이후 한국 학계 토지조사사업 연구논문

1) 단행본

강만길 외, 2004, 『일본과 서구의 식민통치 비교』, 선인.

김낙년, 2003, 『일제하 한국경제』, 해남.

김낙년 편, 2006, 『한국의 경제성장 1910~1945』, 서울대출판부.

김홍식 외, 1997, 『조선토지조사사업의 연구』, 민음사.

배영순, 2002, 『韓末日帝初期의 土地調査와 地稅改正』, 영남대학교 출판부.

대한지적공사, 2005, 『한국지적백년사(자료편 III : 측지과업무전말서외).

愼鏞廈, 1982, 『朝鮮土地調査事業研究』, 지식산업사.

愼鏞廈, 2006, 『일제 식민지정책과 식민지근대화론 비판』, 문학과지성사.

안병직 편저, 1989, 『近代朝鮮의 經濟構造』, 비봉출판사.

우대형, 2001, 『한국근대농업사의 구조』, 한국연구원.

이대근 외, 2005, 『새로운 한국경제발전사 - 조선후기에서 20세기 고도성장까지』, 나남.

이윤갑, 2011,『한국 근대 상업적 농업의 발달과 농업변동』, 지식산업사.
이윤갑, 2013,『일제강점기 조선총독부의 소작정책연구』, 지식산업사.
정연태, 2011,『한국근대와 식민지 근대화 논쟁 - 장기근대사론을 제기하며』, 푸른역사.
정연태, 2014,『식민권력과 한국 농업』, 서울대학교 출판문화원.
정태헌, 2007,『한국의 식민지적 근대 성찰 - 근대주의 비판과 평화 공존의 역사학 모색』, 선인.
조석곤, 2003,『한국 근대 토지제도의 형성』, 해남.
하지연, 2010,『일제하 식민지 지주제 연구 - 일본인 회사지주 조선흥업주식회사 사례를 중심으로』, 혜안.
한국농촌경제연구원, 1986,『농지개혁사편찬자료 X』.
한국역사연구회 토지대장반, 2011,『일제의 창원군 토지조사와 장부』, 선인.
한국역사연구회 토지대장반, 2013,『일제의 창원군 토지조사사업』, 선인.
허수열, 2005,『개발없는 개발 - 일제하, 조선경제 개발의 현상과 본질』, 은행나무.

2) 논문

김낙년, 2004,「식민지기 조선의 '국제수지'추계」『경제사학』 37.
김낙년, 2005,「서평 :『개발 없는 개발』(허수열 저)」『경제사학』 38.
김낙년, 2006,「식민지기의 공업화 재론」『해방전후사의 재인식 1』(박지향 외편), 책세상.
김낙년, 2007,「'식민지 근대화' 재론」『경제사학』 43.
김동노, 1998,「식민지시대의 근대적 수탈과 수탈을 통한 근대화」『창작과비평』 99.
김동노, 2003,「식민지시기 인식의 새로운 방향 정립」『한국사회사연구』(김귀옥 외), 나남출판.
김용섭, 1969,「수탈을 위한 측량」『한국현대사』, 신구문화사(『한국근대민족운동사』, 돌베개, 1980 재수록).
박명규, 1986,「식민지 지주제의 형성 배경 - 한말 전북지역을 중심으로」『한국근대농촌사회와 일본제국주의』.
박명규, 1991,「낡은 논리의 새로운 형태 : 宮嶋博史의『朝鮮土地調査事業史の硏究』, 비판」『한국사연구』 75.
배성준, 2000,「'식민지 근대화'논쟁의 한계 지점에 서서」『당대비평』 13.
裵英淳, 1982,「日帝下 驛屯土拂下와 그 귀결」『(영남대)社會科學硏究』 2-2.
裵英淳, 1984,「일제하 국유지정리조사사업에 있어서 소유권 분쟁의 발생과 전개과정」『인문연구』 5, 영남대학교 인문과학연구소.
裵英淳, 1985,「조선토지조사사업기간의 국유지분쟁에 있어서 소유권의 정리방향」『일제의 한국 식민통치』(차기벽 엮음).

愼鏞廈, 1977, 「日帝下의 『朝鮮土地調査事業』에 대한 一考察」『韓國史研究』 15.
愼鏞廈, 1997, 「'식민지근대화론' 재정립 시도에 대한 비판」『창작과비평』 98.
안병직, 1997, 「한국근현대사 연구의 새로운 패러다임」『창작과비평』, 98.
오미일, 1989, 「일제시기 사회주의자들의 농업문제 인식 - 1920년대 후반기 방향전환, 민족협동전선논쟁과 관련하여 - 」『역사비평』 7.
왕현종, 2003, 「조선토지조사사업 연구의 과제와 시론적 검토」『역사와 현실』 50.
왕현종, 2007, 「경남 창원지역 토지조사의 시행과정과 장부체계의 변화」『역사와 현실』 65.
왕현종, 2011, 「경남 창원 토지조사의 실시와 지역 주민의 대응」『한국학연구』 24, 인하대학교 한국학연구소.
유재건, 1997, 「식민지·근대와 세계사적 시야의 모색」『창작과비평』 98.
이송순, 2002, 「일제하 1930·40년대 농가경제의 추이와 농민생활」『역사문제연구』 8.
이송순, 2005, 「1930년대 식민농정과 조선 농촌사회 변화」『현대문학의 연구』 25.
이영호, 2003a, 「서평 : 『한국 근대 토지제도의 형성』(조석곤 저), 도서출판 해남, 2003)」『경제사학』 35.
이영호, 2003b, 「일본제국의 식민지 토지조사사업에 대한 비교사적 검토」『역사와 현실』 50.
이영호, 2007, 「조선토지조사사업에서 국유지의조사와 활용」『역사와 현실』 65.
이영호, 2008a, 「일제의 한국토지정책과 "증명(證明)→지권(地券)→등기(登記)"로의 단계적 전환」『한국사연구』 142.
이영호, 2008b, 「일제의 조선식민지 토지조사의 기원, 부평군 토지시험조사」『한국학연구』 18.
李榮薰, 1993, 「토지조사사업의 수탈성 재검토」『역사비평』 제22호, 1993 가을.
李鍾範, 1990, 「1915~1950년대 농지소유구조의 변동 ; 광산군 하남면 사례」『이재룡박사환력기념 한국사학논총』, 서울, 이재룡박사환력기념한국사학논총간행위원회.
李鍾範, 1991, 「1908~09년 일제의 과세지조사에 관한 실증적 검토 ; 전라남도 구례군 토지면 오미동 사례」『역사와 현실』 5.
李鍾範, 1992, 「1910年 前後 地税問題의 展開過程에 관한 研究」『역사연구』 창간호.
李鍾範, 1994, 「19世紀末 20世紀初 鄕村社會構造와 租税制度의 改編 : 求禮郡 吐旨面 五美洞 『柳氏家文書』 分析」, 연세대학교 사학과 박사학위논문.
張矢遠, 1989, 『日帝下 大地主의 存在形態에 관한 研究』, 서울대 경제학과 박사학위논문;
張矢遠, 1997, 「서평 : 조선토지조사사업의 연구」『경제사학』 23.
張矢遠, 1999, 「조선토지조사사업 연구의 새로운 지평」『사회과학논평』 18.
전상인, 1998, 「식민지 근대화론에 대한 이해와 오해」『동아시아비평』 창간호.
정연태, 1999, 「'식민지근대화론' 논쟁의 비판과 신근대사론의 모색」『창작과비평』

103.
정연태, 1991, 「1930년대 식민지 농업정책의 성격전환에 관한 연구」『일제말 조선사회와 민족해방운동』, 한국근현대사회연구회.
정연태, 1997, 「大韓帝國 後期 啓蒙運動系列의 土地守護運動과 農業振興論」『韓國民族運動史研究』, 于松趙東杰先生停年紀念論叢刊行委員會.
정연태, 1997, 「수탈론의 속류화 속에 사라진 식민지」『창작과비평』 97.
정재정, 1996, 1980년대 일제시기 경제사 연구의 성과와 과제」『한국의 '근대'와 '근대성' 비판』(역사문제연구소편), 역사비평사.
정재정, 2008, 일본사 교과서에 기술된 식민지지배와 민족운동 - 2007년도 검정 합격본의 경우」『한일관계사연구』 30.
趙錫坤, 1986, 「朝鮮土地調査事業에 있어서 所有權調査過程에 관한 한 硏究」『經濟史學』 10.
趙錫坤, 1995, 「朝鮮土地調査事業에 있어서의 近代的 土地所有制度와 地稅制度의 確立」 서울대 경제학과 박사학위논문(『한국 근대 토지제도의 형성』 해남, 2003).
趙錫坤, 1997, 「수탈론과 근대화론을 넘어서」『창작과비평』 96.
趙錫坤, 1998, 「식민지근대화론과 내재적 발전론 재검토」『동향과전망』 38.
趙錫坤, 1999, 「조선토지조사사업연구를 둘러싼 최근 쟁점에 대한 소론」『사회과학논평』 18.
趙錫坤, 2006, 「식민지 근대화론 연구성과의 비판적 수용을 위한 제언」『역사비평』 75.
조형근, 2007, 「근대성의 내재하는 외부로서 식민지성/식민지적 차이와 변이의 문제」『사회와 역사』 73, 한국사회사학회.
주익종, 2006, 「식민지시기의 생활수준」『해방 전후사의 재인식』, 책세상.
주종환, 1999, 「일제 조선토지조사사업에 관한 '식민지근대화론'비판 - 근대성을 강조하는 나카무라교수의 역사이론에 대하여 - 」『역사비평』 통권47호.
崔元奎, 1996, 「19세기 후반·20세기초 경남지역 일본인 지주의 형성과정과 투자사례」『한국민족문화』 14.
崔元奎, 1997, 「한말 일제초기 일제의 토지권 인식과 그 정리방향」『한국 근현대의 민족문제와 신국가건설』, 지식사업사.
崔元奎, 1999, 「19세기후반 20세기초 경남지역 일본인 지주의 형성과정과 투자사례」『韓國民族文化』 14-1.
崔元奎, 1999, 「한말·일제 초기의 토지조사사업 연구와 문제점 - 『조선토지조사사업의 연구』(김홍식 외, 민음사, 1997) - 」『역사와현실』 31.
崔元奎, 2000, 「東洋拓殖株式會社의 이민사업과 동척이민 반대운동」『韓國民族文化』 16-1.
崔元奎, 2003, 「일제토지조사사업에서의 소유권 査定과정과 裁決」『한국근현대사연구』 25, 한국근현대사학회.

崔元奎, 2006, 「일제초기 일본인의 사회적존재형태와 토지소유관계」『한국민족문화』 28.
崔元奎, 2007, 「일제의 토지조사사업에서 경남창원지역의 토지소유권분쟁」『지역과 역사』 21.
崔元奎, 2009, 「일제초기 창원군 토지조사과정과 토지신고서 분석」『지역과 역사』 24.
崔元奎, 2010, 「일제시기 조선토지조사사업의 관계장부의 내용과 성격 - 창원군 사례」『중앙사론』 32.
崔元奎, 2011, 「일제초기 창원군 과세지견취도의 내용과 성격」『한국민족문화』 40, 부산대학교 한국민족문화연구소.
崔元奎, 2011, 「창원군 토지조사사업에서 소유권 분쟁의 유형과 성격」『한국학연구』 24.
하원호, 1991, 「1930년대 사회주의자들의 농업·농민론」『일제말 조선사회와 민족해방운동』, 한국근현대사회연구회.
하지연, 2007, 「일본인 회사지주의 식민지 농업경영」『사학연구』 88.
하지연, 2012, 「일제시기 수원지역 일본인 회사지주의 농업 경영」『이화사학연구』 45.
한국역사연구회 근대사분과 토지대장연구반, 1992, 「내재적 발전론을 가장한 또 하나의 식민주의」『역사와 현실』 7.
허수열, 2006, 「『해방전후사의 재인식』의 식민지경제에 대한 인식 오류」『역사비평』 75.

3. 해방이후 일본학계 토지조사 연구

李在茂, 1955, 「朝鮮に於ける'土地調査事業'の實體」『社會科學研究』 7-5, 東京大.
權寧旭, 1960, 「日本統治下の朝鮮における所謂「驛屯土」問題の實體」『朝鮮近代史料研究集成』 3, 友邦協會.
林炳潤, 1991, 『植民地における商業的農業の展開』, 東京大學出版會.
田中愼一, 1974a, 「韓國財政整理における徵稅制度改革について」『社會經濟史學』 39-4, 社會經濟史學會.
田中愼一, 1974b, 「韓國財政整理における『徵稅臺帳』整備について - 朝鮮土地調査事業史研究序論」『土地制度史學』 61, 土地制度史學會.
田中愼一, 1977, 「朝鮮における土地調査事業の世界史的位置(一) - 帝國主義·植民地的土地政策の特殊日本=朝鮮的性格 - 」『社會科學研究』 29-3.
田中愼一, 1978, 「朝鮮における土地調査事業の世界史的位置(二)」『社會科學研究』 30-2.
宮嶋博史, 1977, 「朝鮮土地調査事業」研究の新たな前進のために」『東洋史研究』 36-2.
宮嶋博史, 1978, 「朝鮮『土地調査事業』研究序說」『アジア經濟』 19-9.

宮嶋博史, 1991,『朝鮮土地調査事業史の研究』, 東京大 東洋文化研究所.
宮嶋博史, 2006,「朝鮮土地調査事業 實態」『東洋文化研究』8, 東京大 東洋文化研究所.
宮川澄, 1978,『日本における近代的所有權の形成』, 御茶の水書房.
中村哲, 安秉直 譯, 1991,『世界資本主義와 移行의 理論 - 東아시아를 中心으로 -』, 비봉 출판사.

IV. 서양학계의 일제 식민지 연구

Edwin H. Gragert, 1994, *Landownership under Colonial Rule : Korea's Experience, 1900-1935*, University of Hawaii Press.
Eckert, Carter, 1991, *Offspring of empire : The Koch'ang Kims and the colonial origins of Korean capitalism, 1876~1945*, University of Washington Press ; 주익종 역, 2008,『제국의 후예 - 고창김씨가와 한국 자본주의의 식민지 기원, 1876~1945』, 푸른역사.
Shin, Gi-Wook and Michael Robinson, eds., 1999, *Colonial Modernity in Korea*, Harvard University Press ; 도면회 역, 2006,『한국의 식민지 근대성』, 삼인.

찾아보기

| ㅂ |

| ㅅ |

| ㅇ |

출전

제1장 18세기 후반 양전사업의 변화와 '시주(時主)'의 성격

- 2001, 「18세기 후반 양전의 변화와 '시주(時主)'의 성격 : 충청도 회인현(懷仁縣) 사례를 중심으로」『역사와 현실』 41, 한국역사연구회, 214~247쪽.

제3장 19세기말 호남지역 지주제의 확대와 토지문제

- 1991, 『1894년 농민전쟁연구 1 - 농민전쟁의 사회경제적 배경』, 한국역사연구회, 역사비평사 간행, 31~70쪽.

제6장 대한제국기 지계아문의 강원도 양전사업과 관계(官契) 발급

- 2004, 『동방학지』 123, 연세대학교 국학연구원, 131~183쪽.

제7장 한말 한성부 지역 토지 가옥 거래의 추이와 거주지별 편차

- 2010, 『한국사연구』 150, 한국사연구회, 143~175쪽.

근대 한국학 총서를 내면서

새 천년이 시작된 지도 벌써 몇 해가 지났다. 식민지와 분단국가로 지낸 20세기 한국 역사의 와중에서 근대 민족국가 수립과 민족문화 정립에 애써 온 우리 한국학계는 세계사 속의 근대 한국을 학술적으로 미처 정립하지 못한 채, 세계화와 지방화라는 또 다른 과제를 안게 되었다. 국가보다 개인, 지방, 동아시아가 새로운 한국학의 주요 연구대상이 된 작금의 현실에서 우리가 겪어온 근대성을 다시 한 번 정리하고 21세기에 맞는 새로운 모습으로 탈바꿈시키는 것은 어느 과제보다 앞서 우리 학계가 정리해야 할 숙제이다. 20세기 초 전근대 한국학을 재구성하지 못한 채 맞은 지난 세기 조선학·한국학이 겪은 어려움을 상기해 보면, 새로운 세기를 맞아 한국 역사의 근대성을 정리하는 일의 시급성은 아무리 강조해도 지나치지 않다.

우리 '근대한국학연구소'는 오랜 전통이 있는 연세대학교 조선학·한국학 연구 전통을 원주에서 창조적으로 계승하고자 하는 목표에서 설립되었다. 1928년 위당·동암·용재가 조선 유학과 마르크스주의, 그리고 서학이라는 상이한 학문적 기반에도 불구하고 조선학·한국학 정립을 목표로 힘을 합친 전통은 매우 중요한 경험이었다. 이에 외솔과 한결이 힘을 더함으로써 그 내포가 풍부해졌음은 두말할 나위가 없다. 연세대학교 원주캠퍼스에서 20년의 역사를 지닌 '매지학술연구소'를 모체로 삼아, 여러 학자들이 힘을 합쳐 근대한국학연구소를 탄생시킨 것은 이러한 선배학자들의 노력을 교훈으로 삼은 것이다.

이에 우리 연구소는 한국의 근대성을 밝히는 것을 주 과제로 삼고자 한다. 문학 부문에서는 개항을 전후로 한 근대 계몽기 문학의 특성을 밝히는 데 주력할 것이다. 역사부분에서는 새로운 사회경제사를 재확립하고 지역학 활성화를 위한 원주학 연구에 경진할 것이다. 철학 부문에서는 근대 학문의 체계화를 이끌고 사회과학 분야에서는 학제간 연구를 활성화시키며 근대성 연구에 역량을 축적해 온 국내외 학자들과 학술교류를 추진할 것이다. 이러한 연구들은 일방성보다는 상호 이해와 소통을 중시하는 통합적인 결과물의 산출로 이어질 것이다.

근대한국학총서는 이런 연구 결과물을 집약적으로 정리하기 위해 마련하였다. 여러 한국학 연구 분야 가운데 우리 연구소가 맡아야 할 특성화된 분야의 기초 자료를 수집·출판하고 연구 성과를 기획·발간할 수 있다면, 우리 시대 연구자들뿐만 아니라 학문 후속세대들에게도 편리함과 유용함을 줄 수 있을 것이다. 새롭게 시작한 근대 한국학 총서가 맡은 바 역할을 충분히 할 수 있도록 주변의 관심과 협조를 기대하는 바이다.

연세대학교 원주캠퍼스 근대한국학연구소

왕 현 종

연세대학교 사학과를 졸업하고 같은 학교 대학원에서 석사와 박사학위를 받았다. 현재 연세대학교 역사문화학과 교수로 재직하고 있다. 전공분야는 한국근대사이며, 갑오개혁기에서 대한제국기까지 근대국가의 개혁운동과 근대사회 형성의 경제적 기초구조에 대한 연구이다. 이 시기 19세기말 토지제도와 지주제 문제, 1894년 동학농민혁명의 사료 수집과 편찬, 대한제국의 토지조사에 대한 공동연구를 수행하였다. 최근 일제초기 마산 창원 토지조사사업에 대한 공동연구를 수행하였고, 일제의 관습조사사업 토대 기초 연구로서 한국의 근대법 수용과 식민지 법제 형성의 역사적 기원을 연구하고 있다. 이 책은 박사학위논문을 증보한『한국 근대국가의 형성과 갑오개혁』(역사비평사, 2003)에 이은 근대국가의 형성 과제에 관한 두 번째 책이다.
저서로『한국 근대국가의 형성과 갑오개혁』(역사비평사, 2003), 공저로『1894년 농민전쟁 연구』(1·4)(역사비평사, 1991·1995),『대한제국의 토지조사사업』(민음사, 1995),『한국근대이행기 중인연구』(신서원, 1999),『청일전쟁기 한·중·일 삼국의 상호전략』(동북아역사재단, 2009),『대한제국의 토지제도와 근대』(혜안, 2010),『일제의 창원군 토지조사와 장부』(선인, 2011),『일제의 창원군 토지조사사업』(선인, 2013),『식민지 조선의 근대학문과 조선학연구』(선인, 2015) 등이 있다.

연세근대한국학총서 109 (H-022)

한국 근대 토지제도의 형성과 양안
지주와 농민의 등재 기록과 변화

왕 현 종 지음

초판 1쇄 발행 2016년 12월 30일

펴낸이 오일주
펴낸곳 도서출판 혜안

등록번호 제22-471호
등록일자 1993년 7월 30일

주 소 ㉾04052 서울시 마포구 와우산로35길3 (서교동) 102호
전 화 3141-3711~2
팩 스 3141-3710
이메일 hyeanpub@hanmail.net

ISBN 978-89-8494-572-2 93910
값 40,000 원